COLLI

Mikhaïl Bakhtine

Esthétique et théorie du roman

TRADUIT DU RUSSE
PAR DARIA OLIVIER

PRÉFACE
DE MICHEL AUCOUTURIER

Gallimard

*Cet ouvrage a initialement paru
dans la « Bibliothèque des Idées » en 1978*

Titre original :
ВОПРОСЫ ЛИТЕРАТУРЫ И ЭСТЕТИКИ

JE TIENS A EXPRIMER MA GRATITUDE
A CEUX ET CELLES
QUI M'ONT APPORTÉ LEURS CONSEILS
ET LEUR AIDE PATIENTE ET EFFICACE
ET TOUT SPÉCIALEMENT

MONSIEUR EFIME ETKIND
Professeur à l'Université de Paris-X (Nanterre)

MONSIEUR MICHEL AUCOUTURIER
Chargé d'enseignement à l'Université de Paris-Sorbonne

MONSIEUR GEORGES PHILIPENKO
Assistant à l'Université de Paris-X (Nanterre)

MONSIEUR BERNARD LORTHOLARY
Maître assistant à Paris-Sorbonne

et

CHRISTIAN MICHEL

à qui je dédie cette traduction.

MIKHAIL BAKHTINE PHILOSOPHE ET THÉORICIEN DU ROMAN

C'est vers 1960, au moment où le dégel amenait en U.R.S.S. un renouveau des études dostoïevskiennes, et plus généralement des études littéraires, que l'on s'est ressouvenu de Mikhaïl Bakhtine. Révélé en 1929 par un livre capital sur la poétique de Dostoïevski, son nom, parmi tant d'autres, devait presque aussitôt sombrer dans le silence. On savait qu'il vivait encore, quelque part en Mordovie, cette petite république autonome de la moyenne Volga, connue surtout, hélas, pour ses camps de travaux forcés ; qu'il enseignait dans une École normale récemment promue au rang d'Université ; que la soutenance d'une thèse (encore inédite alors) sur Rabelais avait provoqué vers 1946 un petit scandale à l'Institut de littérature mondiale de Moscou : malgré l'avis d'une partie du jury, qui souhaitait lui conférer le titre de docteur, il n'avait obtenu, après sept heures de délibération, que celui, beaucoup plus modeste, de « candidat ès sciences ».

Il a fallu attendre un volume de mélanges publié, de façon quasi confidentielle, par l'Université de Saransk à l'occasion de son soixante-quinzième anniversaire, pour en apprendre un peu plus. Fils d'un employé de banque issu d'une famille noble appauvrie, il terminait, au moment de la Révolution, des études de lettres à l'Université de Saint Pétersbourg (devenue alors Petrograd), tout en se passionnant pour la philosophie allemande contemporaine. Il est d'abord instituteur dans une petite ville de province, puis professeur et conférencier à Vitebsk, où il participe à une vie culturelle animée (c'est l'époque où y travaille aussi Marc Chagall). Il s'y fait des amis et des disciples en la personne du linguiste Nicolas Volochinov et du critique littéraire Pavel Medvedev, qui est alors président du Comité exécutif de la province. Une ostéomyélite chronique, qui nécessitera une quinzaine d'années plus tard l'amputation d'une jambe, le ramène à Petrograd (devenue Leningrad), où il collabore à l'Institut d'histoire de l'art, l'une des citadelles de l'école formaliste, et travaille aux Éditions d'État. Il fréquente le milieu littéraire, un peu marginal et frondeur, du Leningrad des années 20, et se lie à des écrivains tels que le poète paysan Nicolas Kliouïev, ou Constantin Vaguinov, qui devaient disparaître au cours de la grande terreur des années 30. « Peu après la publication de son livre sur Dostoïevski (en 1929), écrit discrètement son biographe, M. Bakhtine s'établit dans la ville de Koustanaï, à la frontière de la Sibérie et du Kazakhstan. » Cet euphémisme recouvre évidemment un exil administratif, qui paraît s'adoucir en 1936, avec une première nomination à l'École normale de Saransk. En 1937, il peut même s'établir à Kimry, à une centaine de kilomètres de Moscou. Il ne cesse pas de travailler : c'est de cette période que datent la plupart des textes réunis dans ce volume, dont deux sont des conférences prononcées en 1940 et 1941 à l'Institut de littérature mondiale de Moscou. Un livre sur le roman allemand du XVIIIe siècle, prêt à l'impression en 1937, se serait perdu au cours de la débâcle. En 1941, il achève son ouvrage sur Rabelais. Au lendemain de la guerre, il est nommé une seconde fois à l'École normale (puis Université) de Saransk, où il dirige jusqu'à sa retraite, en 1961, la section de littérature russe et étrangère. En 1970, les soins de sa santé le ramènent à Moscou, où il meurt en 1975.

Il aura eu la satisfaction, pendant ces quinze dernières années, de voir émerger du silence la majeure partie de son œuvre. Ce livre, le dernier paru (en 1975) constitue, pour l'essentiel, le panneau central d'un triptyque dont le Dostoïevski (complété et réédité en 1963) et le Rabelais (paru vingt ans après sa soutenance, en 1965) forment les deux volets. Il met en pleine lumière ce que l'on pouvait seulement deviner à travers ces deux ouvrages : une base méthodologique et philosophique rigoureuse, une théorie du roman audacieuse et novatrice, et peut-être aussi une vision du monde discrètement subversive, qui explique mieux pourquoi ce savant est resté pendant toute sa vie un paria.

*

L'essai par lequel s'ouvre ce volume, et qui est le premier écrit connu de Bakhtine (il date de 1924), a dormi un demi-siècle dans ses tiroirs : la revue à laquelle il était destiné est morte, comme la plupart des revues littéraires indépendantes des années 20, avant d'avoir pu le publier. Il complète et éclaire trois autres livres, parus en 1927 et 1929 sous la signature de N. Volochinov (Le freudisme et Marxisme et philosophie du langage) et de P. Medvedev (La méthode formelle dans la science de la littérature), mais qui, aujourd'hui, lui sont généralement attribués : indépen-

damment même de la problématique qui leur est commune, le style, avec sa rigueur démonstrative, sa précision et sa vigueur imagée dans le maniement de termes abstraits, confirmerait, s'il en était besoin, la paternité de Bakhtine. Nous avons là l'exemple assez rare d'un savant acceptant l'anonymat, sacrifiant sa notoriété personnelle à la diffusion de son œuvre.

Or il s'agit d'une œuvre importante, qui est peut-être la seule entreprise philosophique originale de la Russie post-révolutionnaire. Issue d'une réflexion méthodologique sur les sciences humaines, et en particulier celles du langage, la pensée de Bakhtine s'inscrit par là dans le mouvement général de la philosophie européenne de son temps.

Le point de départ de cette réflexion est le formalisme. Né du besoin de définir avec précision l'objet de la science de la littérature, trop souvent confondue jusque-là avec l'histoire des idées, le formalisme, on le sait, a profondément renouvelé les études littéraires, en Russie et ailleurs. Dans le livre qu'il lui a consacré, (sous la signature de P. Medvedev) Bakhtine approuve sans réserves la volonté « spécificatrice » des formalistes. Mais il démontre qu'en réduisant au rang d'élément neutre, donc indifférent, tout contenu idéologique, éthique ou cognitif, de l'œuvre d'art, ils en arrivent à reprendre, en la renversant, la dichotomie traditionnelle du fond et de la forme ; plus généralement, en réduisant la littérature à une pure fonction sans substance, ils lui ôtent son sens et sa place dans l'ensemble de la culture humaine. Pour Bakhtine, l'échec partiel du formalisme résulte d'un parti pris positiviste d'autant plus dangereux qu'il n'a jamais été clairement formulé. Le formalisme représente en effet à ses yeux un cas particulier de l' « esthétique matérielle » : sous prétexte de s'en tenir aux faits, de bannir des études sur l'art toute spéculation abstraite sur le beau, et plus généralement tout a priori *philosophique, il prétend déduire les lois de la création artistique des seules propriétés du matériau — en l'occurrence du langage. Or l'esthétique matérielle ne peut que manquer son objet, dans la mesure où celui-ci n'est pas une « chose », réductible à ses constituants physiques, mais un « objet esthétique », constitué par une intention spécifique s'appliquant, certes, à une « chose » matérielle, mais la débordant de toutes parts. La notion d' « objet esthétique », qui est au centre de la conception de Bakhtine, ne peut donc se déduire des propriétés du matériau. Elle doit être posée au départ, non comme un présupposé métaphysique, mais comme la réalité empirique d'une « attitude créatrice » de la conscience, qui se définit à côté des attitudes cognitive et éthique, toujours préexistantes, mais en dehors et au-dessus d'elles. C'est seulement à partir de cette notion d' « objet esthétique » que l'on peut assigner aux divers éléments constitutifs de l'œuvre d'art leur fonction et leur signification effectives.*

La démarche de Bakhtine s'apparente à la phénoménologie, s'en inspire peut-être[1]*. Il s'agit ici aussi de dépasser le dilemme du positivisme et de l'idéalisme en partant d'une description « naïve » de l'acte par lequel la conscience constitue son objet, et en réintégrant ainsi le « moment axiologique » à la positivité du fait. Bakhtine ne suit pas Husserl sur le terrain de la philosophie pure : il ne cherche pas à fonder la connaissance en général, mais seulement à constituer une « eidétique » des sciences humaines, et en particulier des sciences de l'art. Mais la portée méthodologique de sa démarche est considérable. Elle débouche en effet sur une théorie du signe qui fait de lui le précurseur de la sémiotique contemporaine, et représente l'une des tentatives les plus intéressantes qui aient été entreprises pour créer une poétique sociologique dans le cadre d'une science générale des idéologies.*

Pour Bakhtine en effet c'est la notion de signe qui permet d'échapper à un idéalisme purement spéculatif, sans tomber dans un psychologisme qui relativise, donc dévalorise les opérations de l'esprit, et par conséquent se nie lui-même. La notion de signe recouvre en effet un type particulier d'objets, parfaitement réels, entièrement matérialisés (que ce soit sous la forme d'une perception extérieure ou d'un phénomène cérébral ou organique), mais ne se laissant pas réduire à cette réalité matérielle, puisqu'ils sont indissociables d'une signification. Toutes les idéologies, — religion, droit, art, littérature, science, — ne sont que des systèmes de signes spécifiques : « le domaine de l'idéologie coïncide avec celui des signes ». Le langage n'est que le plus universel de tous, ce qui en fait l'instrument commun de la plupart des idéologies, — et de la linguistique, la préface et le modèle d'une sémiotique générale, conçue comme une science universelle des idéologies.

Cette science serait par définition sociologique. Car le signe, pour Bakhtine, n'est pas un fait de conscience individuel, « intérieur », réductible aux lois de la psychologie. C'est au contraire un fait social, objectif, toujours donné du dehors à la conscience : « La conscience individuelle, écrit-il, n'est pas l'architecte de la structure idéologique, elle en est seulement l'habitant, logé dans l'édifice social des signes idéologiques. » Ce qui est individuel, subjectif, ce sont les réactions physiques de l'organisme. Mais celles-ci ne deviennent des faits de conscience qu'en prenant une signification, donc en devenant des signes, plus ou moins clairs, plus ou moins élaborés, mais qui tendent toujours à la clarté et à l'élaboration d'un langage ; or celui-ci, même lorsqu'il n'est qu'intérieur, a toujours un caractère

1. Les *Recherches logiques* de Husserl, et sa *Philosophie comme science rigoureuse* sont citées et commentées dans *Marxisme et philosophie du langage* (cf. pp. 41-42).

social. Notre conscience est en dehors de nous, aux frontières de l'organisme individuel et de la société. Ceux-ci se rencontrent dans le langage, et d'une façon générale dans les signes : « La conscience s'accomplit et se réalise dans un matériau sémique, créé au cours du processus de la communication sociale d'une communauté organisée. » Ou encore : « Dans le mot, je me constitue du point de vue d'autrui et, en fin de compte, du point de vue de la collectivité [1]. »

Cette « matérialisation » et cette « socialisation » de la conscience par le biais de la notion de signe n'est pas, à première vue, étrangère au marxisme. C'est ce que suggèrent les titres du livre de Bakhtine sur la philosophie du langage, et du chapitre introductif de son livre sur le formalisme (« Objet et tâches d'une science de la littérature marxiste »). Il est possible que ces formulations représentent la part des signataires, Volochinov et Medvedev, soucieux d'adapter les principes méthodologiques de Bakhtine à l'orthodoxie marxiste. Mais cette orthodoxie, à l'époque en tout cas, est plus exigeante. La phénoménologie a, de son point de vue, des relents d'agnosticisme. Quant à la « sociologie » de Bakhtine, elle représente plutôt une pétition de principe qu'un principe d'explication : en posant d'entrée de jeu le caractère social du signe, ne se dispense-t-on pas de le rattacher à telle ou telle infrastructure économique? Or c'est ainsi que l'on comprend, dans les années 20, la sociologie de l'art et de la culture, telle que Plekhanov en a posé les fondements.

*

Comme historien de la littérature, Bakhtine est aujourd'hui connu du lecteur français par ses deux grandes « monographies », consacrées l'une à Dostoïevski, l'autre à Rabelais. Le choix de ces deux écrivains, dont l'association surprend, répond aux préoccupations et aux principes méthodologiques que nous ont révélés les écrits des années 20. Il y a en effet quelque chose de commun, le « format » mis à part, entre ces deux géants : c'est le défi que leur œuvre adresse à l'attitude « spécificatrice ». L'un et l'autre, semble-t-il, appartiennent autant à l'histoire des idées qu'à celle de la littérature. La vogue de Dostoïevski, au lendemain de la Révolution (on assiste alors à un véritable épanouissement des études dostoïevskiennes, dont le livre de Bakhtine est à la fois le bilan et le sommet) s'explique par l'actualité de sa problématique historico-philosophique : pour l'intelligentsia russe des années 20, l'auteur des Possédés *et de la* Légende du Grand inquisiteur *est un peu le prophète de la Révolution. Quant à l'œuvre de Rabelais, elle est, à l'époque où Bakhtine l'étudie, l'objet d'un grand débat entre les disciples*

1. Toutes ces citations sont extraites de *Marxisme et philosophie du langage.*

d'Abel Lefranc, qui y voient l'expression d'un rationalisme athée, et ceux de Lucien Febvre, qui situent le « progressisme » du curé de Meudon dans les limites admises par son temps. Faut-il chercher la vérité de Dostoïevski du côté de Kirillov ou de Chatov, d'Ivan ou d'Aliocha, du Grand inquisiteur ou du Christ? Voir en Rabelais un athée, presque un révolutionnaire, ou un homme qui partage les croyances, les aspirations et les préjugés de son époque? Pour Bakhtine, le problème est mal posé. « L'œuvre de Dostoïevski, écrit-il dans la préface de la première édition de son livre, a été jusqu'à présent l'objet d'une approche et d'un éclairage étroitement idéologiques. On s'est intéressé surtout à l'idéologie qui avait trouvé son expression directe dans les déclarations de Dostoïevski (ou plus exactement de ses héros). Quant à l'idéologie qui a déterminé sa forme artistique, sa construction romanesque exceptionnellement complexe et absolument nouvelle, elle restait jusqu'à présent presque entièrement ignorée. » De même pour Rabelais : « Le livre de Lucien Febvre est d'un piètre secours pour la compréhension du roman de Rabelais en tant qu'œuvre littéraire, *pour la compréhension de sa* vision du monde *et de sa* sensibilité *artistiques (...). La thèse de Lefranc, tout comme la thèse opposée de Febvre, nous éloigne d'une interprétation correcte de la vision du monde artistique de Rabelais. »*

La vérité ultime de l'œuvre de Dostoïevski n'est accessible qu'à partir de sa spécificité d'œuvre d'art. Ce n'est ni par son discours propre, ni à travers tel ou tel de ses personnages que le romancier s'est exprimé, mais par la structure entière de son œuvre, par la forme romanesque originale qu'il a créée. Dostoïevski est en effet selon Bakhtine le créateur du « roman polyphonique » dont le principe est le dialogue. Loin de faire du personnage un « il » enfermé dans un réseau de déterminations (la nature humaine, le type social, le caractère psychologique), il en fait un « tu », une liberté. Au lieu de le déterminer, il l'interroge, le provoque, l'écoute. Cette attitude de provocation et d'écoute du discours d'autrui, Bakhtine la montre à l'œuvre dans la structure du récit dostoïevskien, mais surtout, beaucoup plus profondément, dans celle de son langage même, constamment travaillé par le jeu complexe de deux voix, de deux intentions croisées, opposées, concurrentes, complémentaires, contradictoires...

*Or c'est cette attitude, génératrice d'une forme neuve, qui est pour Bakhtine la philosophie dernière de Dostoïevski. Non le discours idéologique qu'il prête à tel ou tel de ses personnages, même favoris, ou qu'il prononce lui-même à l'occasion, mais au contraire le refus de tout discours achevé, fermé sur lui-même, qui emprisonne la vérité dans le monologue, c'est-à-dire dans le monde clos d'une conscience. La vérité, pour lui, ne peut être qu'*entre *des consciences,* *dans le mouvement, l'échange, le dialogue toujours ouvert, toujours inachevé, qui est la seule forme d'existence authentique des idées. Et l'expression adéquate de cette vérité ne peut être que romanesque.*

De même, la vérité de Rabelais n'est pas dans telle doctrine religieuse, philosophique, morale, politique, qu'il peut lui arriver de défendre, en clouant au pilori ses adversaires, ou de professer, entre deux éclats de rire, par la bouche d'un de ses personnages. Elle est dans ce rire même, qui est véritablement la « substantificque moelle » de ses livres et non ce qui la cache, qui en est l'essence et la loi, non la parure ou le déguisement. Car ce rire est à lui seul une vision du monde, mais qui ne saurait s'exprimer, ni même se traduire de façon tout à fait adéquate, par un discours. Ce n'est ni le rire d'un amuseur, ni celui d'un railleur. Universel, il ne s'en prend pas à des personnes ou à des institutions particulières, mais à l'existence tout entière, le rieur compris. Ambivalent, il jubile en même temps qu'il moque, affirme en même temps qu'il nie. La seule valeur qu'il admette est la vie toujours inachevée, toujours ouverte, qui ne se reconnaît dans rien de ce qui la fige — aucune institution établie, aucun discours sérieux —, qui refuse même de s'incliner devant la mort, qu'elle associe toujours à la naissance et au renouveau. C'est le grand rire de la fête collective, des saturnales ou du carnaval, dont le sujet est le peuple, hors de toute hiérarchie sociale, dont le lieu est la place publique, et dont les rites expriment l'ambivalence fondamentale en abolissant les distances et en associant les contraires, la naissance et la mort, la fin et le commencement, le haut et le bas. Ces rites constituent ce que Bakhtine appelle la « culture populaire du rire », qui s'élabore au sein de chaque civilisation et qui pénètre de façon sporadique, fragmentaire, toujours refoulée, dans l'édifice de la culture « officielle », et en particulier dans la littérature.

Il y a une littérature « carnavalisée », dont les genres, le style, les images grotesques reproduisent la structure des rites du carnaval. Rabelais en est l'expression la plus géniale et la plus accomplie. Sa sagesse est celle de ce rire populaire, universel, existentiel, qui défie la mort elle-même et qui signifie « la négation de tout l'ordre de la vie présente, y compris la vérité dominante, négation indissociablement liée à l'affirmation de ce qui est en train de naître ». Cette affirmation triomphante d'une vie irréductible à toute vérité achevée n'est pas tellement éloignée de ce que Bakhtine a lu dans l'œuvre de Dostoïevski.

*

Polyphonie, rire « carnavalesque », ces deux notions, développées dans des analyses magistrales, éclairent de façon pénétrante, et sans doute définitive, l'univers artistique de Dostoïevski et celui de Rabelais. Mais elles ont servi aussi, dans les quatre textes échelonnés entre 1934 et 1941 que l'on trouve réunis dans ce livre, à édifier une théorie générale du roman.

On retrouve, à la base de cette théorie, les préoccupations méthodologiques que nous connaissons déjà. Il s'agit, ici encore, de dépasser le formalisme en partant de ses propres exigences. En définissant la langue poétique, par opposition à la langue pratique, par une organisation du discours à partir de sa matière sonore, les formalistes s'interdisaient d'aborder les genres prosaïques par le biais du langage. La nouvelle et le roman se définissaient chez eux (par exemple chez Chklovski) par la mise en œuvre et la motivation d'un certain nombre de procédés narratifs, identiques, dans leur principe, à ceux des contes populaires, analysés par Propp. Le langage, ici, n'était pas un élément pertinent de la structure de l'œuvre, mais un simple instrument de transmission, neutre dans son principe. On aboutissait ainsi à deux poétiques, parallèles, mais hétérogènes : une poétique du langage, qui s'appliquait à la poésie, et une poétique du récit adaptée à la prose.

Bakhtine, lui, pose en principe que le roman, comme la poésie, est d'abord un phénomène du langage. En ce sens, il est plus formaliste que les formalistes eux-mêmes, puisqu'il étend à la prose le principe de spécification radicale, à partir du matériau lui-même, qu'ils n'ont appliqué qu'à la poésie. Mais le langage pour lui ne se définit pas seulement par sa réalité physique, ou linguistique, au sens étroit et traditionnel. Ici, la théorie du roman que cherche à construire Bakhtine se greffe sur sa critique de l' « *objectivisme abstrait* »*, l'une des tendances majeures de la pensée linguistique, dont il trouve l'expression canonique chez Saussure*[1]*. En définissant le langage par un système de normes abstraites, cette doctrine, selon lui, en laisse échapper la réalité vivante. Car le langage n'est rien en dehors de la parole, qui l'anime d'intentions (on reconnaît ici une notion fondamentale de la méthodologie de Bakhtine). Et la parole n'est rien en dehors du dialogue, qui la fait vivre (car dans le monologue, elle se fige et meurt).*

Or le dialogue, qui est le mode d'existence concret du langage, le soumet toujours aux feux croisés de deux ou plusieurs intentions, opposées ou concurrentes, affrontées ou complémentaires, et détermine par là de mille façons la structure des énoncés linguistiques.

L'exploitation consciente et systématique des structures « *dialogiques* » *du langage, de la* « *plurivocité* » *du mot, de la présence simultanée, dans un même énoncé, de ma voix et de celle d'autrui, — telle est pour Bakhtine, la caractéristique fondamentale du dis-*

1. Cf. *Marxisme et philosophie du langage,* IIe partie.

cours romanesque. Il s'oppose par là, de façon diamétrale, au discours proprement poétique, monologique et autoritaire, livré sans partage à une intention unique, absolue, ignorante d'autrui — le seul que reconnaissent la poétique et la rhétorique traditionnelles. Aussi celles-ci ignorent-elles le roman, ou le réduisent-elles à une rhapsodie stylistique, alors qu'il est essentiellement une orchestration de plus en plus complexe du discours d'autrui. La poétique du roman, telle que Bakhtine la conçoit, et qu'il l'a du reste inaugurée dans son Dostoïevski, *est avant tout une stylistique systématique et fonctionnelle des divers types de rapports qui peuvent s'instaurer dans un même texte, un même énoncé, à la limite un même mot, entre mon intention et l'intention d'autrui.*

Aussi l'histoire du genre romanesque est-elle liée à celle de la conscience linguistique. Le roman naît, selon Bakhtine, d'une attitude nouvelle, réflexive et critique, vis-à-vis du langage, à partir du moment où celui-ci cesse d'être purement et simplement vécu du dedans, comme un absolu, pour être saisi du dehors, entendu comme langage, distancié, relativisé. Historiquement, la genèse du roman est liée aux époques où l'absolutisme autoritaire de la langue unique, consubstantielle d'une société et d'une civilisation, est remis en question par le surgissement, à l'horizon culturel, d'une ou plusieurs langues étrangères : l'époque hellénistique, l'Empire romain, l'aube de la Renaissance, lorsque les langues nationales de l'Europe occidentale se substituent au latin.

Mais cette remise en question de la langue unique, autoritaire, hiérarchique et hiératique des grands genres littéraires traditionnels est liée aussi à un autre facteur. On la voit à l'œuvre, pour la première fois, dans les genres parodiques qui, de l'Antiquité au Moyen Age et à la Renaissance, réfléchissent la grande littérature dans le miroir déformant du rire. La parodie est l'exemple le plus simple du langage « bivoque », où le parodiste superpose son intention comique à l'intention sérieuse du parodié. Or la parodie est liée au carnaval, c'est-à-dire à cette contre-culture populaire du rire dont Bakhtine a analysé les structures dans son Rabelais. *« C'est là, dans le rire populaire, écrit-il, qu'il faut chercher les authentiques racines folkloriques du roman. C'est là que s'élabore une attitude fondamentalement nouvelle vis-à-vis du langage, du mot (...). On voit fleurir ici la parodie et le travestissement de tous les genres élevés et de toutes les images élevées du mythe national. » C'est dans la tradition « carnavalesque », représentée notamment par l'immense domaine des genres « comico-sérieux » de l'Antiquité, tels que la poésie bucolique, la fable, le banquet, le dialogue socratique, le dialogue des morts, la satire ménippée, que se situe pour Bakhtine la « préhistoire du discours romanesque », étudiée dans l'un des essais qui forment ce livre. C'est en particulier dans la satire ménippée, genre auquel il rattache également le* Satiricon *de Pétrone, et qui se caractérise par l'association du grotesque, du fantastique et de la profondeur philosophique, que Bakhtine situe les racines du roman polyphonique de Dostoïevski.*

*

On a reproché à Bakhtine de céder parfois à l'entraînement d'une idée nouvelle, et de brouiller, à force de les étendre et de les généraliser, les notions lumineuses qu'il a lui-même créées. Ainsi la polyphonie, d'abord marque distinctive du roman dostoïevskien, par opposition au « monologue » du roman traditionnel, devient bientôt une caractéristique du roman en général, puis du langage à un certain stade de son développement (le stade du « plurilinguisme »), et enfin de tout langage, — puisque je ne puis employer de mot que je n'aie reçu d'un autre, où donc mon accent ne se superpose au sien. De même, les structures du rire carnavalesque, qui ont d'abord servi à expliquer l'originalité de Rabelais, se retrouvent en fin de compte dans la plupart des formes du comique (par exemple celui de Gogol, analysé dans l'un des essais de ce livre), y compris du comique « réduit », d'où le rire est totalement absent et qui se confond à la limite avec l'ironie, c'est-à-dire la distance que le plurilinguisme introduit entre le locuteur et son langage. Et le roman lui-même, en se rattachant à toute la variété des genres parodiques, travestis, burlesques, à toutes les façons de retransmettre le discours d'autrui, finit par perdre ses contours, et reste aussi mal défini, en tant que genre, qu'il pouvait l'être avant Bakhtine.

Remarquons que le génie novateur de Rabelais ou de Dostoïevski n'est pas remis en cause par cet élargissement. C'est bien Rabelais qui, le premier dans la « grande littérature », a ouvert en grand les vannes de la culture populaire du rire, où s'élaboraient depuis l'Antiquité les structures du discours romanesque. C'est bien Dostoïevski qui, le premier de tous les grands romanciers, en a entièrement réalisé les virtualités polyphoniques : c'est chez lui que la parole d'autrui, depuis toujours présente dans le discours romanesque, s'accomplit dans la plénitude d'un dialogue authentique, faisant d'autrui un sujet de plein droit. Mais il est certain que, dans cette perspective, ils font moins figure d'inventeurs que d'accoucheurs. Le véritable héros de Bakhtine, ce n'est ni Rabelais ni Dostoïevski, c'est le genre romanesque lui-même, essentiellement novateur et subversif. Car si Bakhtine n'en définit pas les contours de façon précise, c'est que le roman n'est pas vraiment un « genre », au sens de ceux que nous trouvons définis depuis Aristote jusqu'à Boileau et ses émules, et que nous pouvons *définir parce qu'ils sont essentiellement « finis », achevés, déterminés, épuisés. En ce sens, le roman est plutôt un anti-genre, toujours inachevé, qui se développe sur les ruines des genres clos, « monologiques », dogmatiques, officiels, et se nourrit de leur substance.*

Définition purement négative, ou simplement formelle (par le langage), donc anti-historique? Bakhtine a consacré une longue étude, l'une des plus riches de ce recueil, à ce qu'il appelle le « chronotope » du roman, c'est-à-dire la façon — ou plutôt les façons successives — qu'il a eues de structurer l'expérience spatio-temporelle, de forger des coordonnées propres à appréhender la totalité du monde accessible. Cette étude, qui est sans doute la moins théorique, la plus descriptive de ce livre, est restée inachevée, et ne se laisse pas réduire à la démonstration d'une thèse. Mais elle va dans le même sens que l'étude sur « le roman et l'épopée », qui est la plus synthétique : contrairement à l'épopée qui, comme tous les genres « canonisés », construit son univers dans un passé mythique, consacré par la légende, sans rapport avec le temps réel de l'expérience, le roman, dès l'origine, situe le sien dans la proximité immédiate et l'inachèvement essentiel du présent. « C'est précisément au cours du processus de destruction de la distance épique, de familiarisation comique du monde et de l'homme, d'abaissement de l'objet de la représentation artistique au niveau d'une réalité actuelle, fluide et inachevée, que s'est constitué le roman [1]. » Il y a un contenu spécifique du discours romanesque : c'est la réalité en devenir, c'est l'inachèvement essentiel de l'existence. « Rien de définitif ne s'est encore produit au monde, le dernier mot du monde et sur le monde n'a pas encore été dit, le monde est ouvert et libre, tout est encore à venir et sera toujours à venir [2]. » C'est ainsi que Bakhtine traduit le sens purificateur du rire carnavalesque, qui est aussi, pour lui, celui du grand dialogue dostoïevskien et, ajouterons-nous, le sens profond, quoique virtuel, de la forme romanesque en général.

Le roman, c'est la vie triomphant de l'idéologie. Et Bakhtine n'en est pas seulement le théoricien : il en est aussi le héraut.

Michel Aucouturier.

1. Cf. p. 472.
2. *Problèmes de la poétique de Dostoïevski*, Editions L'Age d'homme, Lausanne, 1970, p. 195 (trad. Guy Verret).

Première étude

LE PROBLÈME DU CONTENU, DU MATÉRIAU ET DE LA FORME DANS L'ŒUVRE LITTÉRAIRE

Le présent ouvrage est une tentative d'analyse méthodologique des conceptions et des problèmes fondamentaux de la poétique, à partir d'une esthétique systématique et générale.

Nous avons pris pour point de départ de notre recherche certaines études russes sur la poétique, que nous soumettons à un examen critique dans nos premiers chapitres. Toutefois, nous ne comptons pas nous occuper des tendances ou des œuvres particulières dans leur ensemble ou dans leur définition historique, et nous ne porterons pas de jugement sur elles; pour nous, c'est une appréciation systématique pure des conceptions et des positions qui occupe le premier plan. Nous ne prétendons pas à une vue d'ensemble historique ou informative des travaux sur la poétique : elle n'est guère opportune dans des recherches qui ont un objet purement systématique et où ne peuvent avoir valeur et portée que des positions et des démonstrations théoriques. Nous avons également délesté notre ouvrage des citations et références superflues. Elles n'ont, en général, aucune signification méthodologique hors des recherches historiques, et dans une œuvre concise de caractère systématique, elles sont absolument inutiles : le lecteur érudit n'en a pas besoin, et pour celui qui ne l'est pas, elles sont vaines.

I

Histoire de l'art et esthétique générale

A l'heure actuelle, en Russie [1], on se livre à un travail extrêmement sérieux et fructueux dans le domaine de l'art [2]. Ces dernières années la littérature scientifique russe s'est enrichie de travaux de valeur sur la théorie de l'art, particulièrement dans le domaine de la poétique. On peut même parler d'un certain épanouissement des recherches de l'histoire des arts en Russie, surtout si l'on se réfère aux époques précédentes, où le domaine de l'art paraissait servir de refuge aux gens scientifiquement irresponsables, qui prêtaient à leurs bavardages un sens profond : toutes les pensées et considérations qui passaient pour pénétrantes, vivaces, fructueuses, ne trouvaient à s'intégrer dans aucune science, ni trouver de place dans l'entité objective des connaissances; ce qu'on qualifiait d' « aventureuses découvertes » paraissait classé au hasard, par référence à l'art en général, ou à telle œuvre en particulier. La pensée esthétisante, à demi scientifique, qui, quelquefois, par suite d'un malentendu, se disait philosophique, a toujours penché vers l'art, se sentant apparentée à lui par des liens de sang, pas tout à fait légitimes, il est vrai.

Les choses sont en train de changer. Même un vaste public peut reconnaître les droits imprescriptibles de la pensée scientifique dans le domaine de l'art. Déjà l'on peut presque entrevoir un nouveau danger : la mode du scientisme, de l'érudition superficielle, du ton docte, anticipateur et prétentieux, puisque le temps n'a point mûri encore d'une connaissance véritable. En effet, l'ambition d'édifier une science à tout prix et le plus

1. Étude écrite en 1924.

2. En russe, le mot « art » *isskoustvo* englobe tous les arts, y compris la littérature *(N.d.T.)*.

rapidement possible, abaisse fréquemment le niveau du problème, conduit à un appauvrissement de l'objet à étudier, dans notre cas, de l'œuvre d'art littéraire, et même à sa substitution par quelque chose de tout différent. Comme nous le verrons, la jeune poétique russe n'a pas toujours su éviter ce danger. Il est extrêmement difficile de fonder une science dans tel ou tel domaine *de la culture et de la création culturelle*, tout en conservant à *son objet toute sa complexité, sa plénitude et son originalité* [1].

En dépit de l'indiscutable fécondité et importance des travaux russes consacrés à la poétique, parus ces dernières années, la position prise dans la plupart d'entre eux ne saurait être tenue pour tout à fait bonne et satisfaisante. Cela concerne en particulier les travaux des représentants de ce qu'on a appelé la méthode formelle ou morphologique, mais vise aussi certaines recherches qui n'adoptent pas entièrement cette méthode, tout en partageant avec elle certains postulats : il en va ainsi des remarquables études du Professeur V. M. Jirmounski [2].

Si la position scientifique de ces travaux sur la poétique n'est pas satisfaisante, c'est qu'en fin de compte elle est conditionnée par une attitude fausse ou, dans le meilleur cas, vague, quant à la méthode de la poétique conçue par eux à l'égard de l'esthétique générale, systématiquement philosophique. Cette attitude négative devant l'esthétique générale, ce refus radical de se laisser diriger par elle, c'est le péché originel de l'histoire de l'art dans tous ses domaines. Il arrive même souvent que l'on définisse la science de l'art en l'opposant à une esthétique philosophique notoirement a-scientifique. Les travaux contemporains sur la poétique tendent à édifier un système de jugements scientifiques sur tel art donné, dans le cas présent sur l'art littéraire, *indépendamment des problèmes de l'essence de l'art en général.*

Si, à propos de l'essence de l'art, on entend la métaphysique de l'art, il faut reconnaître, en effet, que la science n'est possible que là où la recherche est faite indépendamment de pareilles questions. Mais heureusement, de nos jours, on n'a plus guère l'occasion d'une polémique sérieuse avec la métaphysique, et l'indépendance à laquelle prétend la poétique prend un sens tout différent, plus triste pour elle, qu'on peut définir comme

1. Tout au long du présent ouvrage, les *italiques* sont de l'auteur. Quand une note sera de lui, nous le signalerons par la mention *(N.d.A.)*. Les autres notes sont de la traductrice.

2. V. M. Jirmounski (1891-1971), critique et théoricien de la littérature, éminent germaniste, publia des études importantes sur Goethe, Pouchkine, Byron, et des ouvrages capitaux sur le rythme, la métrique, le vers.

une prétention à édifier la science d'un art donné, indépendamment de la connaissance et de la définition systématique du caractère propre du domaine esthétique dans l'unité de la culture humaine.

En fait, pareille prétention est tout à fait irréalisable : sans une conception systématique du domaine esthétique, tant dans ce qui le distingue du domaine de la connaissance et de celui de l'éthique, que dans ce qui le lie à eux dans l'unité de la culture, on ne peut même pas dégager l'objet d'étude de la poétique, ici *l'œuvre d'art littéraire*, hors de la masse d'œuvres verbales d'une autre espèce. Certes, le chercheur ne manque jamais de recourir à une conception systématique de cet ordre, mais en aucun cas il ne le fait de façon *critique*.

Il en est qui affirment que l'on pourrait trouver cette conception directement, dans l'objet d'étude; celui qui étudie la théorie de la littérature n'aurait nul besoin de chercher dans la philosophie systématique le concept de l'esthétique, pouvant le trouver dans la littérature elle-même. Il est vrai que le domaine esthétique se trouve d'une manière ou d'une autre dans l'œuvre d'art : il n'a pas été inventé par le philosophe; mais seule la philosophie systématique, avec ses méthodes, peut en comprendre scientifiquement le caractère particulier, sa relation à la connaissance et à l'éthique, sa place dans l'ensemble de la culture humaine, enfin les limites de son application. Le concept de l'esthétique ne peut être déduit par la voie intuitive ou empirique de l'œuvre d'art : il serait naïf, subjectif et instable. *Pour se définir de façon sûre et précise, elle a absolument besoin de définitions réciproques avec les autres domaines, dans l'unité de la culture.*

Pas une seule valeur culturelle, pas un seul point de vue créateur ne peut et ne doit demeurer au stade de la pure donnée, d'une pure situation de fait d'ordre psychologique ou historique : seule une définition systématique dans l'unité de signification de la culture permet de dépasser la facticité de la valeur culturelle. L'autonomie de l'art est fondée et garantie par sa participation à l'unité de la culture, où elle occupe une place non seulement originale, *mais nécessaire et irremplaçable.* S'il n'en était pas ainsi, cette autonomie ne serait que de l'arbitraire. D'autre part, on pourrait imposer à l'art tous les objectifs, toutes les destinations qu'on voudrait; ils seraient étrangers à sa nature dépouillée (effective) mais il n'aurait rien à objecter, puisque la nature nue ne peut être qu'exploitée. Un fait et une originalité purement factuelle n'ont pas droit à la parole; pour y avoir droit, ils doivent devenir *sens*, ce qui est impossible sans participation à l'unité, sans acceptation de la loi de l'unité. Un sens isolé est une *contradiction dans les termes.* Ce n'est pas en inventant une nouvelle méthode — une de plus, qui participerait au conflit général des méthodes et exploiterait à sa façon la facticité de l'art, que l'on pourra surmonter la discordance méthodologique dans le domaine de l'histoire de l'art : cela ne peut se faire qu'en fondant de façon systématiquement philosophique le fait et l'originalité de l'art dans l'unité de la culture.

Privée du fondement d'une esthétique générale, systématique, philosophique, la poétique devient fuyante et fortuite dès le départ. *La poétique, systématiquement définie, doit être l'esthétique de l'art littéraire.* Cette définition souligne sa dépendance vis-à-vis de l'esthétique générale.

L'absence d'une orientation esthétique générale, systématique, philosophique, l'absence de tout regard soutenu, méthodique, réfléchi, sur les autres arts, et sur *l'unité de l'art, domaine de la culture commune à tous les hommes*, conduit la poétique russe contemporaine [1] à une simplification extrême du problème scientifique, et à un traitement superficiel et insuffisant de l'objet d'étude : cette exploration ne se sent sûre d'elle qu'en se maintenant à la périphérie de l'art littéraire. Elle fuit tous les problèmes qui font déboucher l'art sur la grand-route de la culture humaine *une*, et qui sont insolubles hors d'une vaste orientation philosophique. *La poétique s'accroche à la linguistique*, craignant de s'en écarter d'un pas (ce que l'on constate chez la majorité des formalistes et aussi chez V. M. Jirmounski); parfois même elle cherche à n'être qu'une section de la linguistique (V.V. Vinogradov) [2].

Bien entendu, la linguistique, comme discipline auxiliaire, est indispensable à la poétique comme à toute esthétique particulière qui doit tenir compte de la nature du matériau (ici le matériau verbal), aussi bien que des principes d'esthétique générale; mais ici elle commence à occuper une place prépondérante qui ne lui convient aucunement, quasiment celle que devrait prendre l'esthétique générale.

1. Naturellement, parmi les travaux russes récents sur la poétique et la méthodologie de l'histoire littéraire, il en est qui défendent une position méthodologique plus juste, de notre point de vue. On doit accorder une attention toute particulière au remarquable article de A. A. Smirnov : « Voies et Problèmes de la science littéraire » (*Pouti i zadatchi naouki v litératouré)*, La Pensée littéraire *(Litératournaya mysl)* II, 1923. Dans le présent ouvrage, nous nous rallierons à bien des positions et conclusions de cet article *(N.d.A.)*.

2. Victor Vladimirovitch Vinogradov (né en 1894), tenant de la méthode « formelle-linguistique ». Bien qu'il s'en soit détaché en 1934, le formalisme inspira ses œuvres nombreuses avant cette date, portant sur l'analyse de plusieurs œuvres et auteurs majeurs de la littérature russe. Sans doute M. Bakhtine se réfère-t-il ici à *L'Évolution du naturalisme russe*, paru en 1921.

Le phénomène que nous venons de signaler est extrêmement caractéristique des théories sur les arts, qui se définissent en s'opposant à l'esthétique : dans la majorité des cas, elles ont un jugement erroné sur l'œuvre d'art; leur surestimation de l'aspect matériel est motivée par certaines considérations de principe.

Il fut un temps où l'on clamait ce mot d'ordre classique : l'art n'existe pas, il n'y a que *les* arts différents! Cette théorie faisait effectivement émerger *la primauté du matériau* dans l'œuvre d'art, puisque c'est lui qui différencie les arts et qui, méthodiquement mis au premier plan de la conscience de celui qui se consacre à l'esthétique, isole les arts les uns des autres. Mais par quoi est déterminée cette primauté du matériau? Est-elle légitime?

Dans son ambition d'élaborer une définition de l'art indépendamment de l'esthétique générale philosophique, la théorie de l'art choisit le matériau comme la base la plus solide de ses arguments scientifiques, car s'appuyer sur le matériau, c'est se rapprocher de façon tentante de la science empirique positive. De fait : le théoricien de l'art (et l'artiste) reçoit l'espace, la masse, la couleur, le son, des différents secteurs des mathématiques et de la physique, et le mot, de la linguistique. Et voici que dans le domaine de la science des arts, on tend *à comprendre la forme artistique comme celle d'un matériau donné, et rien de plus, comme une combinaison du matériau, dans les limites, la définition et la conformité imposées par les sciences naturelles et la linguistique.* Cela permettrait aux thèses des théoriciens de l'art de relever de la science positive, dans certains cas, directement démontrables par les mathématiques. Ainsi la théorie de l'art parvient-elle à créer *des postulats d'un caractère général esthétique*, parfaitement compréhensibles psychologiquement et historiquement à partir de ce que nous venons de dire, mais guère légitimes ni capables d'être démontrés systématiquement. En développant quelque peu nos propos, nous formulerons ces postulats ainsi : *l'activité esthétique, orientée sur le matériau, ne donne forme qu'à celui-ci : la forme signifiante du point de vue esthétique est celle du matériau, compris à partir des sciences naturelles ou de la linguistique. Si les artistes affirment que leur œuvre est valable, qu'elle est orientée vers le monde, vers la réalité, qu'elle concerne les hommes, les rapports sociaux, les valeurs éthiques, religieuses ou autres, il ne s'agit que de métaphores; car ce qui appartient à l'artiste, c'est uniquement le matériau : l'espace physico-mathématique, la masse, le son, le mot, et l'artiste ne peut occuper une position dans l'art que par rapport à tel matériau donné, précis.*

Ce postulat sert implicitement ou explicitement de base à de nombreux ouvrages, voire à des écoles entières, nous permettant de parler d'une conception particulière d'esthétique générale, proposée sans aucun sens critique, et que nous qualifierons d'*esthétique matérielle. Elle se présente comme une hypothèse de travail des courants de la théorie de l'art*, qui se prétendent indépendants de l'esthétique générale. Elle sert d'étai tant aux formalistes qu'à V. M. Jirmounski, unis ici par le même postulat[1].

Il n'est pas superflu de noter que ce qu'on nomme la méthode formelle, n'est aucunement lié, ni historiquement, ni systématiquement, à l'esthétique formelle (de Kant, Herbart et autres) au contraire de l'esthétique du contenu (de Schelling, Hegel, etc.). Elle n'est pas sur la même voie. Au plan de l'esthétique générale, la méthode formelle doit être définie comme l'une des variantes, assez simplifiée et primaire, il faut le dire, de l'esthétique *matérielle*, dont nous venons de parler, et dont l'histoire est celle des *Kunstwissenschaften*[2] dans leur lutte pour se rendre indépendants de la philosophie systématique.

En portant un jugement sur les recherches de la théorie des arts, il est indispensable de distinguer cette conception générale de l'esthétique matérielle (tout à fait inacceptable, comme nous espérons le démontrer) des affirmations concrètes, particulières, qui peuvent néanmoins avoir une portée scientifique, indépendamment de la fausseté de leur conception générale, mais seulement, il est vrai, dans le domaine où l'œuvre d'art est déterminée par la nature d'un matériau donné[3].

On peut dire que l'esthétique matérielle (comme hypothèse de travail) est inoffensive et que, clairement et méthodologiquement consciente des limites de son application, elle peut même devenir féconde à condition de n'étudier que *la technique de l'œuvre d'art*. Elle devient positivement néfaste et inacceptable lorsqu'on s'appuie sur elle pour tenter de comprendre

1. Ce postulat, défini par nous de façon nette et catégorique adopte souvent des formes plus estompées, dont l'une des variantes est la conception de V. M. Jirmounski : il met en relief l'*aspect thématique*, tout en introduisant le thème uniquement comme *élément du matériau* (comme le sens d'un mot); selon lui, dans certains arts, dont le matériau est dépourvu de cet élément, le thème n'existe pas *(N.d.A.)*.

2. Sciences des arts.

3. Dans les travaux des formalistes, en même temps que des affirmations parfaitement justifiées (surtout de caractère général), on trouve bien des observations scientifiquement valables. Des œuvres telles que *La Rime, sa Théorie et son Histoire* (*Riphma, eïo Théoria i Istoria)* de V. M. Jirmounski, *Métrique russe (Rousskaya Metrika)* de B. V. Tomachevski, ont une haute valeur scientifique. L'étude de la technique de l'œuvre d'art littéraire débuta, somme toute, sur la base de l'esthétique matérielle, dans des études sur l'esthétique, tant en Europe occidentale qu'en Russie *(N.d.A.)*.

et d'explorer l'œuvre globale dans sa singularité et sa signification esthétiques.

L'esthétique matérielle, qui ne borne pas ses prétentions à l'aspect purement technique de l'œuvre d'art, aboutit à toute une suite d'erreurs radicales et de difficultés insurmontables. Nous analyserons les principales d'entre elles. De plus, dans tout ce qui va suivre, nous explorerons l'esthétique matérielle indépendamment de la théorie des arts, et comme une conception d'esthétique générale autonome, ce qu'elle est, en effet. Comme telle, elle doit être discutée et critiquée. Pourra-t-elle satisfaire aux exigences absolument obligatoires à l'égard de toute théorie d'esthétique générale ?

1) *L'esthétique matérielle n'est pas apte à fonder la forme artistique.* Le principe fondamental de l'esthétique matérielle, en ce qui concerne la *forme*, provoque quantité de doutes, et, dans l'ensemble, paraît peu convaincante.

La forme, comprise comme forme du matériau dans sa seule détermination scientifique, mathématique, linguistique, en devient comme l'ordonnance purement extérieure, sans élément axiologique. Ce qui reste incompris, c'est que *la forme est sous-tendue par une intention émotionnelle et volitive*, sa capacité inhérente d'exprimer la relation de valorisation de l'artiste et du spectateur à quelque chose qui se trouve au-delà du matériau. Car cette relation émotionnelle et volitive, exprimée par la forme (le rythme, l'harmonie, la symétrie et autres aspects formels), porte un caractère trop tendu, *trop actif*, pour être interprété comme une relation au matériau.

Tout sentiment, privé de l'objet qui lui donne son sens, se réduit à un état psychique de fait, isolé, extra-culturel. C'est pourquoi le sentiment exprimé par la forme n'étant relaté à rien, devient simplement un état psychophysique, dénué de toute intention qui romprait le cercle de l'émotivité pure; il devient simplement un plaisir, en fin de compte explicable et interprété de manière purement hédoniste, par exemple ainsi : dans l'art, le matériau est organisé par la forme de façon à exciter des sensations agréables et un état psychophysique de l'organisme. L'esthétique matérielle n'aboutit pas toujours, et de loin, à cette conclusion, mais logiquement, elle devrait y aboutir.

L'œuvre d'art comprise comme *matériau organisé*, comme *chose*, ne peut être signifiante que comme un excitant physique de certains états physiologiques et psychiques, à moins de recevoir quelque affectation utilitaire et pratique.

La méthode formelle russe, avec un esprit de suite propre à tout ce qui est primaire, et avec une certaine dose de nihilisme, recourt à des termes tels que « ressentir » la forme, « faire » une œuvre d'art, et ainsi de suite.

Lorsque le sculpteur travaille le marbre, indiscutablement il façonne aussi le marbre dans sa réalité et l'objet dans sa détermination physique; mais ce n'est pas sur lui que se porte son activité esthétique valorisante de créateur; ce n'est pas à lui que se rapporte la forme réalisée par l'artiste, même si l'exécution elle-même ne peut se faire un seul instant sans le marbre. Du reste, elle est impossible aussi sans le ciseau qui, lui, n'est en aucun cas un élément de l'objet artistique à créer. La forme de la sculpture est *la forme esthétiquement signifiante, d'un homme et de son corps :* telle est l'intention de l'artiste et du spectateur. Mais la relation de l'artiste et du spectateur au marbre lui-même, comme à un corps physique précis, porte un caractère secondaire, dérivé, régi par une sorte de relation primaire aux valeurs objectales, dans le cas présent, à celles de l'homme de chair.

Il est douteux, bien sûr, que quelqu'un applique au marbre, aussi sérieusement et systématiquement que nous venons de le faire, les principes de l'esthétique matérielle (du reste, le marbre, en tant que matériau a effectivement une signification plus spécifique, plus étroite, que n'en donne habituellement au terme « matériau » l'esthétique matérielle). Mais, dans son principe, il n'en va pas autrement lorsque, en place de marbre, on considère le son ou le mot (acoustique et linguistique); simplement, la situation devient un peu plus compliquée, et moins évidemment absurde au premier coup d'œil, particulièrement lorsque le « matériau », c'est le mot, objet d'une science humaine : la linguistique.

L'art « chante quelqu'un », « orne » quelque chose, « métamorphose », « révèle », « confirme », etc., etc. Ce sont là des expressions métaphoriques qui, tout de même, ont une certaine part de vérité scientifique, et précisément parce que la forme, quand elle est signifiante pour l'art, est effectivement relatée à quelque chose, orientée sur une valeur *en dehors du matériau* auquel elle est attachée et, malgré tout, indissolublement liée. Apparemment, il est indispensable d'admettre *un élément du contenu, qui permettrait d'interpréter la forme de manière plus substantielle que par le biais d'un hédonisme grossier.*

Pourtant, il existe une beauté libre, liée à rien; il existe un art non figuratif à l'égard duquel l'esthétique matérielle semble justifiée. Sans entrer pour le moment dans une discussion plus détaillée de ce problème, nous voulons seulement noter ceci : les arts libres ne sont libérés que d'une détermination purement cognitive et d'une différenciation objectale de leur contenu : la musique, par exemple. Mais là aussi, et dans la même mesure, la forme est libérée d'un rapport direct, premier, avec le matériau : le son de l'acoustique.

De façon générale, il faut distinguer strictement (ce qu'on ne fait guère) entre le contenu, élément indispensable à l'objet artistique, comme nous le verrons, et la différenciation des objets de la connaissance, élément nullement indispensable. Être libéré de la détermination du concept n'équivaut pas à être libéré du contenu : l'absence d'objet figuré n'est pas absence de contenu. Il existe aussi, dans d'autres domaines culturels, des valeurs qui par principe n'admettent ni une différenciation objectale ni une limitation imposée par un concept précis et ferme : ainsi l'action morale à son sommet réalise une valeur qu'on peut simplement accomplir, mais ni exprimer, ni connaître selon un concept adéquat. La musique est dénuée de précision objectale et de différenciation cognitive, mais elle est profondément chargée de contenu : sa forme nous conduit au-delà des limites de sa réalisation acoustique, et certes pas vers un vide axiologique. Ici le contenu, dans son principe, est éthique (on pourrait parler aussi d'objectalité libre, non prédéterminée, de la tension éthique que recouvre une forme musicale). Une musique sans contenu en tant que matériau organisé ne serait rien d'autre que l'excitant physique d'un état psycho-physiologique de plaisir.

Ainsi donc, même dans les arts abstraits la forme ne peut guère être définie comme forme du matériau.

2) *L'esthétique matérielle ne peut fonder la différence essentielle entre l'objet esthétique et l'œuvre matérielle, entre les articulations et les liaisons à l'intérieur de cet objet, et les articulations et liaisons matérielles à l'intérieur de l'œuvre : partout elle montre une tendance à mêler ces éléments.*

Pour l'esthétique en tant que science, l'œuvre d'art se présente, évidemment, comme objet de connaissance, mais cette attitude cognitive a un caractère secondaire; l'attitude première doit être purement esthétique. L'analyse esthétique ne doit pas s'orienter sur l'œuvre dans sa réalité sensible, systématisée par la seule connaissance, mais sur l'œuvre telle qu'elle apparaît quand l'artiste et le spectateur orientent vers elle leur activité esthétique. De la sorte, c'est le *contenu de l'activité esthétique (contemplation) orientée sur l'œuvre* qui apparaît comme l'*objet de l'analyse esthétique*. Ce contenu, nous allons désormais l'appeler *objet* esthétique, pour le distinguer de l'œuvre extérieure proprement dite, qui permet d'autres attitudes et, avant tout, une attitude de cognition au premier degré, c'est-à-dire une perception sensorielle réglée par un *concept*.

Comprendre l'objet esthétique dans sa singularité et sa structure purement artistiques (structure que désormais nous qualifierons d'*architectonique de l'objet esthétique*), telle est la tâche première de l'analyse esthétique.

Cette analyse doit aborder l'œuvre dans son donné initial, purement connaissable, et comprendre sa structure tout à fait indépendamment de l'objet esthétique : l'esthéticien doit devenir géomètre, physicien, anatomiste, physiologue, linguiste, comme aussi, jusqu'à un certain point, est contraint de le faire, l'artiste. Ainsi l'œuvre littéraire doit être comprise intégralement, sous tous ses aspects, comme un phénomène du langage, c'est-à-dire de manière purement linguistique, sans égard à l'objet esthétique qu'elle réalise, et seulement dans la limite des lois scientifiques qui régissent son matériau.

Enfin, troisième tâche de l'analyse esthétique : *comprendre l'œuvre extérieure, matérielle, comme réalisant un objet esthétique, comme appareil technique d'une réalisation esthétique.* Il est clair que cette troisième tâche suppose déjà connus et explorés, tant l'objet esthétique dans sa singularité, que l'œuvre matérielle dans son donné extra-esthétique.

Pour résoudre cette tâche, il faut procéder par *la méthode téléologique.*

Nous appellerons *composition de l'œuvre*, sa structure comprise téléologiquement, comme réalisant l'objet esthétique. La composition de l'œuvre matérielle dirigée vers un but ne coïncide nullement avec l'existence sereine, se suffisant à elle-même, de l'objet esthétique.

On peut aussi définir la composition comme l'ensemble des facteurs de l'impression artistique.

L'esthétique matérielle ne prend pas conscience avec assez de netteté méthodique de son caractère dérivé, et ne réalise pas totalement l'esthétisation préalable de son objet. Aussi, jamais n'aborde-t-elle l'objet esthétique dans sa pureté absolue, et elle est radicalement incapable d'en saisir la singularité. Conformément à ses prémisses, elle ne peut aller au-delà de l'œuvre en tant que matériau organisé.

A strictement parler, l'esthétique matérielle ne peut accéder totalement qu'à la deuxième tâche (indiquée par nous) de l'analyse esthétique qui est, somme toute, une exploration, non esthétique encore de la nature de l'œuvre, comme objet de la physique ou de la linguistique. Son analyse de l'œuvre comme ensemble compositionnel ayant sa propre destination, ne peut être satisfaisante, étant donné son incompréhension de l'originalité de l'objet esthétique. Celui-ci provient, naturellement, de l'observation esthétique vivante du chercheur, mais sans examen critique ni prise de conscience méthodique.

Faute de différencier les trois aspects que nous venons de déterminer : *a*) l'objet esthétique, *b*) le donné matériel, extra-esthétique de l'œuvre, *c*) l'organisation compositionnelle du matériau, conçue téléologiquement, les travaux de l'esthétique matérielle (et cela concerne presque toute la théorie de l'art) apportent beaucoup d'ambiguïté et d'obscurité, aboutissent constamment au *quaternio terminorum* dans les déductions : tantôt on a en vue l'objet esthétique, tantôt l'œuvre extérieure, tantôt la composition. L'analyse oscille surtout entre le deuxième et le troisième élément, sautant de l'un à l'autre, sans suite ni méthode. Mais, plus grave encore, *la composition de l'œuvre qui a sa destination propre, n'étant pas conçue de façon critique, est présentée directement comme valeur artistique, comme objet esthétique.* A l'activité artistique (et à la contemplation) on substitue un jugement cognitif et une appréciation technique erronée, car elle n'est pas appréhendée méthodiquement.

3) *Dans les ouvrages d'esthétique matérielle, il se produit une constante et inévitable confusion entre les formes architectoniques et compositionnelles ; au surplus, les premières ne sont jamais éclairées radicalement ou nettement définies, et ne sont pas appréciées à leur juste valeur.*

Ce défaut de l'esthétique matérielle est motivé par l'essence même de cette conception, et, à cause d'elle, insurmontable. Naturellement, ce défaut est étroitement lié aux particularités indiquées dans nos premier et deuxième points.

Voici quelques exemples de délimitation méthodique des formes architectoniques et compositionnelles.

L'individualité esthétique est une forme purement architectonique de l'objet esthétique lui-même : on individualise un événement, un visage, un objet animé par l'esthétique, etc. L'individualité de l'auteur-créateur, qui, elle aussi, fait partie de l'objet esthétique, porte un caractère particulier. Mais dans ce sens purement esthétique, cette forme de l'individualité ne peut absolument pas être aussi attribuée à l'œuvre, en tant que matériau organisé : un tableau, une œuvre littéraire... On ne peut leur attribuer une individualité que métaphoriquement, c'est-à-dire en en faisant l'objet d'une œuvre d'art littéraire nouvelle et élémentaire — une métaphore — en les poétisant.

La forme de tout ce qui se suffit à soi-même, inhérente à tout ce qui est esthétiquement parachevé, est une forme purement architectonique; en aucun cas, elle ne peut être transférée sur l'œuvre comme matériau organisé, se présentant comme une totalité téléologique compositionnelle, dont tous les éléments et tout l'ensemble sont dirigés vers un but, réalisent quelque chose. Par exemple, on peut dire de la totalité verbale d'une œuvre littéraire qu'elle se suffit à elle-même seulement en usant d'une métaphore extrêmement hardie et purement romantique.

Le roman est une forme proprement compositionnelle de l'organisation des masses verbales. C'est par elle que se réalise dans un objet esthétique, la forme architectonique du « couronnement » littéraire d'un événement historique ou social, une variante de la forme du *couronnement épique.*

Le drame est une forme compositionnelle (dialogue, articulation en actes, etc.) mais *le tragique et le comique* sont les formes architectoniques de sa réalisation.

On peut, naturellement, parler des formes compositionnelles de la tragédie et de la comédie, comme variantes de la forme dramatique, si l'on a en vue les procédés de l'agencement compositionnel du matériau verbal et non les valeurs cognitives et éthiques : la terminologie est instable et incomplète. Il faut considérer que toute forme architectonique est réalisée au moyen de procédés compositionnels définis; d'autre part, aux principales formes compositionnelles (celles de genre, par exemple), correspondent, dans l'objet esthétique réalisé, des formes architectoniques essentielles.

La forme lyrique est architectonique, mais il existe des formes compositionnelles de poésies lyriques.

L'humour, l'héroïsation, le « type », le caractère, sont des formes purement architectoniques, mais, évidemment, leur réalisation n'est possible que grâce à des procédés compositionnels précis. *Le poème, le récit, la nouvelle, sont des formes compositionnelles pures.* Le chapitre, la strophe, le vers, sont des articulations proprement compositionnelles (bien qu'on puisse les comprendre de manière purement linguistique, indépendamment de leur *telos* esthétique).

Le rythme peut être compris de deux façons : comme forme architectonique ou comme forme compositionnelle. En tant qu'arrangement du matériau sonore, empiriquement perçu, audible, et connaissable, le rythme est compositionnel; dirigé émotionnellement, rapporté à la valeur de l'aspiration et de la tension intérieures qu'il couronne, il est architectonique.

Entre ces formes architectoniques énumérées sans système, il existe, s'entend, des gradations notables que nous ne pouvons examiner ici. L'important c'est que toutes, *contrairement aux formes compositionnelles, elles appartiennent à l'objet esthétique.*

Les formes architectoniques sont les formes que prennent les valeurs morales et physiques de l'homme esthétique, les formes de la nature perçues comme son environnement — les formes de l'événement vu par lui dans l'aspect de sa vie personnelle, sociale, historique, etc. Toutes sont des acquisitions, des réalisations, elles ne servent à rien, mais se suffisent tranquillement à elles-mêmes; ce sont les formes de la vie esthétique dans sa singularité.

Les formes compositionnelles qui organisent le matériau, portent un caractère téléologique, utilitaire, tumultueux, dirait-on, et relèvent d'une appréciation purement technique pour déterminer leur adéquation à leur tâche architectonique. La forme architectonique détermine le choix de la forme compositionnelle; ainsi, la forme de la tragédie (forme des événements et, dans une certaine mesure, des personnages, de leur caractère tragique) choisit la forme dramatique comme compositionnellement adéquate. Il n'en faut pas conclure, s'entend, que la forme architectonique existe « quelque part », « toute prête », qu'elle peut être réalisée en dehors de la forme compositionnelle.

Une stricte distinction de principe entre les formes architectoniques et compositionnelles est absolument impossible à partir de l'esthétique matérielle; et souvent elle manifeste une tendance à dissoudre les formes architectoniques dans les formes compositionnelles. La manifestation extrême de cette tendance, c'est la méthode formelle russe, où les formes de la composition et du genre visent à absorber tout objet esthétique et où n'existe point, de surcroît, une stricte distinction entre les formes linguistiques et compositionnelles.

Les choses ne changent guère, en fait, lorsqu'on rattache les formes architectoniques à la thématique, les formes compositionnelles à la stylistique, à l'orchestration de la composition (dans un sens plus étroit que celui que nous donnons à ce terme), et qu'on les juxtapose, de surcroît, dans l'œuvre (la distinction entre objet esthétique et œuvre matérielle faisant défaut), les distinguant seulement *comme deux formes d'organisation de deux aspects différents du matériau* (par exemple, dans les œuvres de V. M. Jirmounski). On ne trouve pas davantage ici de distinction méthodique radicale entre formes architectoniques et compositionnelles, ni aucune perception de leurs plans tout à fait différents.

Ajoutons-y la négation de l'aspect thématique dans certains arts (la musique, par exemple), ce qui creuse un véritable abîme entre arts thématiques et non thématiques! Il faut noter que la thématique, dans la conception de Jirmounski, ne coïncide pas, et de loin, avec l'architectonique de l'objet esthétique : il est vrai qu'il y a fait entrer la plupart des formes architectoniques, mais pas toutes, et avec elles, certains éléments étrangers à l'objet esthétique.

Les formes architectoniques fondamentales sont communes à tous les arts, à tout le domaine de l'esthétique, et en constituent l'unité. Entre les formes compositionnelles des différents arts, il existe des analogies, déterminées par la communauté des tâches architectoniques, mais c'est ici qu'entrent dans leurs droits les particularités des matériaux.

Un énoncé correct du *problème du style*, l'un des problèmes majeurs de l'esthétique, n'est pas possible sans une distinction stricte entre les formes architectoniques et compositionnelles.

4) *L'esthétique matérielle est incapable d'expliquer la vision esthétique hors de l'art :* la contemplation esthétique de la nature, les aspects esthétiques du mythe, de la conception du monde, enfin tout ce qu'on nomme l'esthétisme, c'est-à-dire un transfert illégitime des formes esthétiques dans le domaine de l'acte éthique (personnel, pratique, politique, social), et dans le domaine de la connaissance (pensée esthétisée, semi-scientifique, de philosophes tels que Nietzsche et d'autres).

Une particularité caractéristique de tous ces phénomènes de la vision esthétique hors de l'art, c'est l'absence d'un matériau précis et organisé, et donc, d'une technique. Dans la plupart des cas, la forme n'est ici ni objectivée, ni fixée. C'est précisément pourquoi ces phénomènes ne parviennent pas à une méthode claire, pas plus qu'à une autonomie et originalité plénières, ils sont confus, instables, hybrides. L'esthétique ne se réalise pleinement que dans l'art, aussi faut-il l'orienter sur l'art. Il serait inepte, du point de vue de la méthode, d'entreprendre une édification d'un système esthétique à partir de l'esthétique de la nature ou du mythe, mais expliquer ces formes esthétiques impures et hybrides c'est bien la tâche de l'esthétique, tâche extrêmement importante du point de vue de la philosophie et du vécu. Elle peut servir de pierre de touche à la fécondité de toute théorie esthétique.

Sa conception de la forme ne permet même pas à l'esthétique matérielle d'aborder ces problèmes.

5) *L'esthétique matérielle ne peut pas fonder l'histoire de l'art.* Il ne peut faire de doute qu'une élaboration féconde de l'histoire de tel ou tel art présuppose une étude sérieuse de l'esthétique de cet art. Il faut néanmoins souligner l'importance fondamentale de l'esthétique systématique générale, en sus de celle qu'elle a déjà, pour l'élaboration de toute esthétique particulière; car elle seule voit et motive l'art, dans son interdépendance et son interaction essentielles avec tous les autres domaines culturels, dans l'unité de la culture et dans l'unité du processus historique de son devenir.

L'Histoire ne connaît point de séries isolées. Une série isolée, en tant que telle, est statique; en elle, l'alternance des aspects peut être seulement une articulation systématique ou simplement une disposition mécanique des séries, mais aucunement un processus historique : seule la détermination d'une interaction et d'un conditionnement mutuel de la série en question avec d'autres, crée une approche historique. Il faut cesser de n'être que soi-même pour entrer dans l'Histoire.

L'esthétique matérielle qui isole, dans la culture, non seulement l'art, mais *les* arts particuliers, qui traite l'œuvre non comme une œuvre d'art vivante, mais comme une chose, un matériau organisé, peut, au mieux, dresser simplement un tableau chronologique des modifications des procédés techniques d'un art donné, car une technique isolée ne peut avoir d'histoire.

Tels sont les défauts principaux et inévitables de l'esthétique formelle, telles sont ses insurmontables difficultés. Elles sont assez éloquemment illustrées par la méthode formelle russe, à cause de sa conception générale esthétique du primitivisme et de son intransigeance quelque peu sectaire.

Tous les défauts soulignés par nous en cinq points sont, en fin de compte, déterminés par la position méthodiquement fausse, indiquée au début de ce chapitre, position affirmant la possibilité et l'obligation de bâtir une théorie de l'art indépendamment de l'esthétique philosophique. Le résultat, c'est l'absence de toute base scientifique solide. Pour se sauver, la théorie de l'art cherche à se réfugier auprès des disciplines scientifiques auxquelles ressortit le matériau de tel art; de même qu'autrefois (et parfois encore aujourd'hui) l'histoire de l'art s'accroche dans le même but à la psychologie, voire à la physiologie. Mais ce sauvetage est fictif : un jugement ne devient vraiment scientifique que lorsqu'il ne dépasse pas les limites de la discipline salvatrice, mais dès qu'il les franchit et devient, en fait, un jugement esthétique, il se retrouve pris dans les flots aussi violents du subjectif et du fortuit, dont il espérait se sauver; c'est dans cette situation que se trouve au premier chef l'affirmation fondamentale de l'histoire de l'art établissant l'importance du matériau dans l'œuvre d'art : ce jugement ressortit à l'esthétique générale, et qu'il le veuille ou non, il doit accepter la critique de l'esthétique générale philosophique : elle seule peut fonder un tel jugement, comme seule elle peut l'infirmer.

Les points examinés rendent extrêmement douteux le postulat de l'esthétique matérielle, et indiquent partiellement l'orientation d'une connaissance plus exacte de l'essence du champ esthétique et de ses aspects. Dans les chapitres suivants, nous aurons pour tâche d'aller plus loin dans cette direction, au plan de l'esthétique générale, mais en privilégiant ses applications littéraires.

Lorsque nous aurons défini le contenu comme aspect de l'œuvre d'art, et défini comme il se doit la place du matériau, nous pourrons aborder correctement la forme, nous saurons comprendre comment la forme est, d'un côté, *effectivement matérielle, entièrement réalisée à partir d'un matériau et soudée à lui; d'autre part comment, en tant que valeur, elle nous mène hors des bornes de l'œuvre comprise comme matériau organisé, comme objet.* Voilà qui éclairera et affermira tout ce que nous avons noté plus haut sous forme de simples hypothèses et indications.

II

Le problème du contenu

Le problème de tel ou tel domaine culturel dans son ensemble — connaissance, éthique, art — peut être compris comme celui des frontières de ce domaine.

Tel ou tel point de vue créateur possible ou déjà réalisé, ne devient nécessaire, indispensable de façon probante, que corrélaté à d'autres points de vue créateurs : c'est seulement lorsque, sur leurs frontières, naît la nécessité absolue de ce point de vue dans son originalité créatrice, qu'il trouve son fondement et sa justification véritables; mais à l'intérieur de lui-même, hors de toute participation à l'unité de la culture, il n'est qu'un fait brut, et son originalité peut se présenter simplement comme un arbitraire, comme un caprice.

Il ne faut pourtant pas imaginer le domaine culturel comme une entité spatiale ayant des frontières, mais aussi un territoire intérieur. Il n'a aucun territoire, il est entièrement situé sur des frontières qui passent partout, traversant chacun de ses aspects; l'unité systématique de la culture s'étend aux atomes de la vie culturelle comme le soleil se reflète dans chaque gouttelette. Tout acte culturel vit, en substance, sur des frontières; de là son sérieux et son importance; attiré hors de ses frontières il perd pied, devient vide, arrogant, dégénère et meurt. Dans ce sens nous pouvons parler du *caractère concrètement systématique* de tout phénomène culturel, de tout acte culturel isolé et de sa *participation autonome*, ou de son *autonomie participante.*

C'est seulement dans son caractère systématique concret, c'est-à-dire dans sa mise en rapport immédiate et son orientation par rapport à l'unité de la culture, que ce phénomène cesse d'être un fait existant et brut, qu'il acquiert une signification, un sens, qu'il devient comme une monade reflétant tout en elle, et se reflétant en tout.

De fait, pas un seul acte culturel créateur n'a affaire à une matière tout à fait indifférente à sa valeur, absolument fortuite et désordonnée (matière et chaos sont, du reste, des notions relatives), mais il a toujours affaire à une chose déjà appréciée, plus ou moins ordonnée, devant laquelle il doit maintenant occuper une position axiologique en connaissance de cause. Ainsi l'acte cognitif trouve une réalité déjà élaborée dans les concepts de la pensée préscientifique, mais surtout déjà appréciée et réglementée par l'acte éthique, quotidien, social, politique; il la trouve affirmée avec ferveur. Enfin, l'acte cognitif découle de la représentation de l'objet esthétiquement ordonné, de la vision de l'objet.

Ainsi, ce que la connaissance présuppose n'est pas une *res nullius*, mais la réalité de l'acte éthique dans toutes ses variantes et la réalité de la vision esthétique. L'acte cognitif doit, par rapport à cette réalité, occuper partout une position importante qui, bien entendu, ne doit pas résulter d'une collision fortuite, mais peut et doit être systématiquement motivée par l'essence de la connaissance comme celle d'autres domaines.

Il faut en dire autant de l'acte artistique. Lui non plus ne vit ni ne se meut dans le vide, mais dans l'atmosphère tendue, valorisante, de ce qui est consciemment déterminé. L'œuvre d'art en tant que *chose* est tranquillement et inexpressivement délimitée dans le temps et l'espace, séparée de tout le reste : une statue ou une peinture expulse toutes choses de l'espace qu'elle remplit; la lecture d'un livre commence à heure fixe, occupe quelques heures de notre temps, les comble, puis — toujours à une heure donnée, s'achève. De plus, le livre lui-même est solidement protégé de toutes parts par sa reliure. Mais l'œuvre, elle, vit; elle est littérairement signifiante, dans une définition réciproque, active et tendue avec la réalité, identifiée et valorisée par l'acte. L'œuvre est vivante et signifiante — en tant qu'œuvre d'art — mais pas pour notre psychisme, s'entend : elle n'y est présente qu'empiriquement, comme un processus psychique, localisé dans le temps, et dépendant des lois psychologiques. L'œuvre est vivante et signifiante, de façon connaissable, sociale, politique, économique, religieuse, dans un monde également vivant et signifiant.

L'opposition courante entre la réalité et l'art, ou entre la vie et l'art, et l'aspiration à trouver entre eux quelque lien essentiel, est parfaitement légitime, mais nécessite une formulation scientifique plus précise. La réalité opposée à l'art ne peut être que la réalité de la connaissance et de l'acte éthique, sous tous ses aspects : réalité de la vie courante, réalité économique, sociale, politique, réalité morale proprement dite.

Il faut noter qu'au plan de la réflexion habituelle, la réalité (dans ce cas, on aime à dire « la vie ») opposée à l'art est déjà fortement esthétisée : c'est déjà une représentation littéraire de la réalité, mais hybride et instable. Très souvent, reprochant à l'art nouveau sa rupture avec la réalité en général, on lui oppose, en fait, la réalité de l'*art ancien*, « *classique* », y voyant une sorte de réalité neutre. Mais ce qu'il faut opposer à l'esthétique, en tant que telle, de la façon la plus rigoureuse et la plus nette, c'est la réalité non esthétisée encore, et donc non unifiée, de la connaissance et de l'acte. Il faut se souvenir qu'elle devient unité de vie concrète, ou réalité, seulement dans l'intuition esthétique, et unité systématique imposée, seulement dans la connaissance philosophique.

Il faut aussi se méfier de la restriction illégitime, méthodologiquement injustifiée, qui dégage, selon son caprice, tel ou tel aspect du monde non esthétique : ainsi oppose-t-on la nécessité de la connaissance scientifique à la liberté et à la fantaisie de l'artiste; ou bien, très souvent, on n'insiste que sur un aspect social ou d'actualité politique, parfois même sur la réalité naïve, instable du vécu. Il faut se rappeler une fois pour toutes, *qu'on ne peut opposer à l'art aucune réalité en soi, aucune réalité neutre : par le fait même d'en parler, de l'opposer à quelque chose, nous la définissons et l'apprécions d'une façon ou d'une autre ; il faut seulement arriver à être au clair avec nous-mêmes, et comprendre l'orientation réelle de notre appréciation.*

Tout cela peut se résumer ainsi : *on peut opposer la réalité à l'art seulement comme quelque chose de bon ou de vrai peut être opposé au beau.*

*

Chaque phénomène culturel est concret et systématique, c'est-à-dire qu'il occupe quelque position substantielle à l'égard de la réalité préexistante d'autres attitudes culturelles, et par là même, il participe à l'unité de la culture posée en principe. Mais les positions de la connaissance théorique, de l'activité pratique et de la création artistique vis-à-vis de cette réalité sont profondément différentes.

La connaissance n'accepte pas l'évaluation éthique et la mise en forme esthétique du vécu, elle s'en écarte. Dans ce sens, c'est comme si la connaissance ne rencontrait rien de préexistant, comme si elle repartait à zéro, ou, pour être plus exact, comme si la préexistence de quelque chose de signifiant en dehors d'elle restait en marge, reculait vers le domaine des faits historiques, psychologiques, biographiques et autres, fortuits du point de vue de la connaissance elle-même. L'évaluation éthique et la mise en forme esthétique préexistante ne pénètrent pas à l'intérieur de la connaissance. La réalité, en pénétrant dans la science, se dépouille de toutes ses valeurs pour devenir la réalité nue et pure de la connaissance, où seule est souveraine la vérité « une ». Dans l'unité de la culture, une interdétermination positive n'a de place que par rapport à la totalité de la connaissance dans la philosophie systématique.

Il existe un monde scientifique unique, une seule réalité de la connaissance, en dehors de laquelle rien ne peut devenir signifiant de façon cognoscible. Cette réalité de la connaissance est inachevée et toujours ouverte. Tout ce qui la concerne est défini par elle et, en principe, déterminé à tous égards : tout ce qui, dans l'objet, semble lui résister, qui n'est pas encore identifié par elle, ne résiste qu'en tant que pur problème de connaissance, et nullement comme quelque chose de valable hors d'elle — quelque chose de bon, de saint, d'utile. Pareille résistance des valeurs est inconnue de la connaissance.

Naturellement, le monde de l'acte éthique et celui de la beauté deviennent eux-mêmes objets de connaissance, mais ils n'y introduisent pas leurs valeurs et leurs lois propres. Pour devenir signifiants du point de vue de la connaissance, ils doivent se soumettre entièrement à son unité et à sa loi.

Ainsi, l'acte de connaissance a une attitude purement négative à l'égard de la réalité préexistante de l'acte et de la vision esthétique, et c'est là qu'il réalise sa pure originalité.

Ce caractère premier de la connaissance motive ses particularités suivantes : l'acte de connaissance ne compte qu'avec le travail d'une connaissance préexistante qui le précède, et n'occupe aucune position autonome à l'égard de la réalité de l'acte et de la création artistique, dans leur détermination historique. Mieux encore, le caractère séparé, unique, de l'acte de connaissance et de son expression dans telle œuvre scientifique individuelle, ne sont pas signifiants du point de vue de la connaissance elle-même : *dans le monde de la connaissance il n'existe pas, par principe, d'actes et d'œuvres séparés.* Il est indispensable d'apporter d'autres points de vue, afin de trouver une voie d'accès et de rendre substantielle l'unicité historique de l'acte de connaissance, le caractère fini, individuel et séparé de l'œuvre scientifique; alors que, comme nous le verrons plus tard, le monde de l'art doit, de par son essence, se morceler en entités séparées, autonomes, individuelles — les œuvres d'art, dont chacune occupe une situation indépendante vis-à-vis de la réalité de la connaissance et de l'acte, ce qui crée l'historicité immanente de l'œuvre d'art.

L'acte éthique est relaté de manière quelque peu différente à la réalité préexistante de la connaissance et de la vision esthétique. Cette relation est habituellement conçue comme *relation du droit au fait*. Nous n'examinerons pas ici ce problème, et remarquerons seulement que cette relation a également ici un caractère négatif, quoique différent de celui du champ de la connaissance [1].

Passons à l'œuvre d'art.

La particularité principale du champ esthétique, qui le différencie de façon nette de la connaissance et de l'acte, c'est son caractère réceptif, positivement accueillant : la réalité, préexistant à l'acte esthétique, une réalité connue et évaluée éthiquement entre dans l'œuvre (plus exactement dans l'objet esthétique) *et en devient dès lors un élément constitutif indispensable*. Dans ce sens, nous pouvons dire : *effectivement la vie ne se trouve pas seulement hors de l'art, mais en lui, à l'intérieur, dans toute la plénitude, de son poids axiologique — social, politique, théorique et autre.*

L'art est riche. Il n'est ni sec, ni spécialisé. L'artiste n'est un spécialiste que comme un artisan, c'est-à-dire seulement à l'égard du matériau.

Naturellement, la forme esthétique transfère cette réalité connue et évaluée sur un autre plan de valeurs, la soumet à une nouvelle unité, la réorganise différemment : elle l'individualise, la concrétise, l'isole et la parachève, mais ne récuse pas son identification et sa valorisation sur lesquelles s'oriente la forme esthétique qui les parachève.

L'activité esthétique ne crée pas une réalité entièrement nouvelle [2]. A la différence de la connaissance et de l'acte, qui créent la nature et l'humanité sociale, l'art célèbre, orne, évoque cette réalité préexistante de la connaissance et de l'acte — la nature et l'humanité sociale — les enrichit et les complète et *avant tout, crée l'unité concrète, intuitive de ces deux mondes, place l'homme dans la nature, comprise comme son environnement esthétique, humanise la nature et « naturalise » l'homme.*

1. La relation du droit au fait porte un caractère *conflictuel*. De l'intérieur du champ de la connaissance lui-même, aucun conflit n'est possible, car en lui on ne peut rien rencontrer de vraiment hétérogène. Ce n'est pas la science qui peut entrer en conflit, mais le savant, et encore nullement *excathedra*, mais comme sujet esthétique, pour qui la connaissance est *un acte de connaissance*. Le passé qui sépare le droit du fait n'a de signification qu'à l'intérieur du droit, c'est-à-dire pour la conscience éthique agissante, et n'existe que pour elle *(N.d.A.)*.

2. Ce caractère, comme dérivé, du champ esthétique, ne diminue en rien, bien sûr, *son autonomie ou son originalité*, à côté du champ éthique et du champ de la connaissance. L'activité esthétique crée sa réalité à elle, dans laquelle la réalité de la connaissance et de l'acte se révèle positivement admise et transformée : en cela réside l'originalité du champ esthétique *(N.d.A.)*.

C'est en intégrant le domaine éthique et le domaine cognitif dans son objet que l'esthétique montre sa bonté en la concrétisant : l'esthétique paraît ne rien sélectionner, partager, récuser, ne rien repousser, ne s'écarter de rien. Ce sont des traits qui n'ont de place dans l'art que par rapport au matériau : à l'égard de celui-ci, l'artiste se montre sévère et impitoyable : le poète rejette avec rigueur les mots, les formes, les expressions, n'en garde que peu; les éclats du marbre volent sous le ciseau du sculpteur; mais l'homme intérieur dans un cas, l'homme de chair dans l'autre, se révèlent enrichis : l'homme éthique s'est enrichi d'une nature positivement affermie, l'homme naturel d'un concept éthique.

Presque toutes les catégories de la pensée humaine sur le monde et sur l'homme, catégories bonnes, réceptives, enrichissantes, optimistes (non religieuses, naturellement, mais purement laïques) portent un caractère esthétique. Esthétique aussi est l'éternelle tendance de cette pensée à imaginer ce qui existe en droit ou en principe comme déjà donné et existant quelque part, tendance qui créa la pensée mythologique et, en grande partie, métaphysique.

L'art crée une nouvelle forme comme une nouvelle relation axiologique à ce qui est déjà devenu réalité pour la connaissance et pour l'acte : dans l'art nous reconnaissons tout, nous nous rappelons tout, alors que dans la connaissance nous ne reconnaissons rien, ne nous rappelons rien, en dépit de la formule de Platon. C'est pour cela que l'élément de nouveauté, d'originalité, de surprise, de liberté, a tant d'importance pour l'art, car il y a là un fond sur lequel peuvent être perçues cette nouveauté, cette originalité, cette liberté : le monde reconnu et éprouvé de la connaissance et de l'acte, dont nous pouvons partager les sentiments; c'est lui qui, dans l'art, a un aspect et un son nouveaux; c'est par rapport à lui que l'activité de l'artiste est perçue comme libre. La connaissance et l'acte sont premiers, ce qui signifie qu'ils créent leur objet pour la première fois; le connu n'est ni reconnu, ni remémoré sous un éclairage neuf, mais défini pour la première fois, et l'acte n'est vivant que par ce qui n'existe pas encore; tout ici est absolument neuf, aussi il n'y a pas ici de nouveauté; tout est *ex-origine*, aussi il n'y a pas ici d'originalité.

Cette particularité de l'esthétique que nous avons indiquée (l'admission positive et l'unification concrète de la nature et de l'humanité sociale) nous explique aussi la relation originale du domaine esthétique à la philosophie. Dans l'histoire de la philosophie, nous observons une tendance constamment récurrente à substituer à *l'unité postulée* de la connaissance et de l'acte, *l'unité comme déjà donnée et présente de la vision esthétique, concrète, intuitive.*

Car l'unité concrète et vivante de la connaissance et de l'acte éthique, du fait et du droit, nous est donnée dans notre vision immédiate, dans notre intuition. Cette unité intuitive ne serait-elle pas l'unité requise de la philosophie ? Il y a là, en effet, une grande tentation pour la pensée qui a créé, parallèlement à la grand-route de la *science philosophique*, non des chemins, mais des îlots isolés d'intuitions individuelles, artistico-philosophiques (fussent-elles parfois géniales dans leur genre [1]). Dans ces conceptions intuitives esthétisées, l'unité quasi philosophique découverte par elles a la même relation au monde et à la culture que l'unité de la forme esthétique au contenu, dans l'œuvre d'art [2].

L'une des tâches les plus importantes de l'esthétique consiste à trouver une façon d'aborder ces « philosophèmes » esthétisés, *fonder une théorie de la philosophie intuitive sur la base d'une théorie de l'art.* L'esthétique matérielle n'est absolument pas en mesure d'accomplir pareille tâche; faisant fi du contenu, elle n'est même pas en état d'aborder l'intuition artistique en philosophie.

La réalité de la connaissance et de l'acte éthique qui entre, déjà connue et évaluée, dans l'objet esthétique et y subit une unification concrète, intuitive, une individualisation, une concrétisation, une isolation et un achèvement, c'est-à-dire une élaboration artistique multiforme à l'aide d'un matériau déterminé, nous la nommons, en plein accord avec l'usage traditionnel, « contenu de l'œuvre d'art » (plus précisément : de « l'objet esthétique »). Le contenu représente ici l'indispensable élément constitutif de l'objet esthétique, auquel est corrélative la forme artistique qui, hors de cette corrélation, n'a aucun sens.

En dehors de son rapport au contenu, c'est-à-dire au monde et à ses aspects, au monde comme objet de la connaissance

1. Une autre variante originale de l'unité intuitive et esthétique de la connaissance et de l'acte, c'est le mythe : celui-ci, par suite de la prédominance de l'aspect éthique sur l'aspect cognitif (ce dernier étant de surcroît presque totalement indifférencié), étant donné la liberté de la mise en forme esthétique — plus grande que dans la philosophie intuitive — (plus l'aspect d'isolement ou de séparation de l'événement mythique est fort, encore qu'infiniment plus faible que dans l'art, plus est fort l'aspect de subjectivation et de personnification et d'autres aspects), est beaucoup plus proche de l'art que ne l'est la philosophie intuitive *(N.d.A.)*.

2. La philosophie peut en profiter comme d'un adjuvant, dans le genre d'un croquis en géométrie, et comme d'une hypothèse heuristique grâce à la figure intuitive de l'unité; dans la vie aussi nous travaillons à tout moment à l'aide d'une telle figure intuitive *(N.d.A.)*.

et de l'acte éthique, la forme ne peut être esthétiquement signifiante, ni réaliser ses fonctions fondamentales.

La position de l'auteur-artiste et sa tâche artistique peuvent et doivent être comprises dans le monde en liaison avec toutes les valeurs de la connaissance et de l'acte éthique : ce qui s'unifie, s'individualise, se totalise, s'isole et se parachève, ce n'est point le matériau, qui n'a que faire d'unification, ne connaissant pas de rupture, ni d'achèvement, dont il ne se soucie guère; car pour en avoir besoin, il doit participer au mouvement axiologique et sémantique de l'acte; c'est le contenu axiologique de la réalité vécue sous toutes ses formes, c'est *l'événement de la réalité.*

La forme esthétiquement signifiante est l'expression d'une relation substantielle au monde de la connaissance et de l'acte. Mais il ne s'agit pas de relation cognitive ou éthique : l'artiste n'est pas concerné par l'événement comme participant direct (car alors il serait connaissant ou agissant selon l'éthique), mais il occupe une position essentielle en dehors de l'événement, en tant que contemplateur désintéressé, mais comprenant *le sens axiologique de ce qui s'accomplit ;* il ne subit pas l'événement, mais sympathise avec lui et y participe, car sans avoir, dans une certaine mesure, une attitude de participation axiologique, on ne peut contempler un événement en tant qu'événement.

Cette extériorité, qui n'est pas indifférentisme, permet à l'activité artistique d'unifier, d'élaborer et de parachever l'événement *de l'extérieur.* De l'intérieur de la connaissance et de l'action elles-mêmes, unification et parachèvement sont radicalement impossibles : la réalité de la connaissance ne peut rester fidèle à elle-même si elle s'unit à l'impératif éthique, et celui-ci ne peut garder sa spécificité en s'unissant à la réalité. Une position axiologique est nécessaire, hors de la conscience connaissante et de la conscience agissant selon un impératif, à partir de laquelle pourraient être accomplis cette unification et cet achèvement (car l'achèvement de l'intérieur de la connaissance théorique et de l'acte pratique est impossible).

La forme esthétique qui, intuitivement, unifie et parachève, s'applique de l'extérieur au contenu éventuellement morcelé et toujours postulé non satisfait (ce morcellement et ce caractère postulé sont réels hors de l'art, dans une existence éthiquement vécue); cette forme transporte le contenu sur un nouveau plan axiologique : celui d'une existence séparée et parachevée, sereinement refermée sur soi : le plan de la beauté.

La forme qui embrasse le contenu de *l'extérieur,* l'extériorise, autrement dit, *l'incarne ;* ainsi, la terminologie classique demeure, en somme, exacte.

Dans la poétique contemporaine le refus du contenu comme

élément constitutif de l'objet esthétique a déterminé deux courants, du reste pas toujours strictement distincts, et une même formule nette :

1) Le contenu n'est qu'un élément de la forme, c'est-à-dire que dans une œuvre d'art les valeurs de la cognition et de l'éthique ont une signification purement formelle.

2) Le contenu n'est qu'un élément du matériau. Dans le chapitre suivant consacré au matériau, nous toucherons brièvement au second courant. Arrêtons-nous au premier [1].

Il faut noter tout d'abord que dans l'objet artistique le contenu est donné entièrement formé et totalement incarné, sinon il apparaît comme un mauvais « prosaïsme », comme un élément qui ne s'est pas fondu dans la totalité littéraire. Il n'est pas possible de détacher de l'œuvre d'art un élément réel qui serait un contenu pur, du reste, *realiter*, la forme pure n'existe pas, non plus : le contenu et la forme s'interpénètrent et sont inséparables. Toutefois, pour l'analyse esthétique ils ne fusionnent pas et se présentent comme des grandeurs d'ordre différent : pour que la forme ait un sens purement esthétique, le contenu qu'elle embrasse doit avoir une signification cognitive et éthique, la forme ayant besoin du poids extra-esthétique du contenu, faute de quoi, elle ne pourrait se réaliser en tant que forme. Mais pouvons-nous, en nous fondant là-dessus, déclarer que le contenu est un élément purement formel ?

Sans parler de l'absurdité, du point de vue de la logique et de la terminologie, de conserver le terme « forme », tout en niant le contenu (puisque la forme est un concept corrélatif au contenu qui, justement, n'est pas la forme), cette affirmation recèle un danger plus grave du point de vue de la méthode : elle considère le contenu comme remplaçable du point de vue de la forme, qui n'a rien à voir avec la signification cognitive et éthique du contenu, signification absolument fortuite dans l'objet d'art; la forme relativise complètement le contenu, tel est le sens de l'assertion qui tient le contenu pour un élément de la forme.

Or, cet état de choses peut, en effet, se trouver réalisé dans l'art : la forme peut perdre sa relation première au contenu, dans sa signifiance cognitive et éthique, et le contenu peut être ravalé au niveau d'un *élément purement formel*. Pareil affaiblissement du contenu rabaisse avant tout la signification artistique de la forme. Celle-ci perd l'une de ses fonctions capitales, l'unification intuitive du champ de la connaissance et du champ éthique, si importante, particulièrement pour l'art verbal;

1. Il faut garder à l'esprit que l'auteur polémique continuellement avec les formalistes.

les fonctions d'isolation et de parachèvement s'affaiblissent également. Même en pareil cas, nous avons encore affaire à un contenu, élément constitutif de l'œuvre d'art (qui, dans le cas contraire, n'existerait point du tout); mais il s'agit d'un contenu de seconde main, délesté, et donc d'une forme allégée : nous sommes tout bonnement en présence de ce qu'on qualifie de « littérature »! Il faut nous arrêter sur ce phénomène, car certains formalistes tendent à considérer la « littérature » comme l'aspect unique de la création artistique en général.

Il existe des œuvres qui, effectivement, n'ont rien à voir avec le monde, mais seulement avec le mot « monde », dans un contexte littéraire. Ces œuvres naissent, vivent et meurent sur les pages des magazines, ne franchissent pas les pages des éditions périodiques contemporaines, ne nous emmènent pas au-delà de leurs limites. L'élément cognitif et éthique, qui est malgré tout indispensable à leur contenu comme élément constitutif de l'œuvre d'art, n'est pas puisé par elles directement dans le monde de la connaissance et de la réalité éthique de l'acte, mais dans d'autres œuvres, ou construit par analogie avec elles. Il ne s'agit pas des influences, des traditions, qui trouvent nécessairement leur place dans l'art le plus élevé, mais de relation interne au contenu assimilé : dans les œuvres littéraires auxquelles nous nous référons, le contenu n'est pas empathiquement connu et ressenti, mais assimilé d'après des considérations purement « littéraires ». Ici, ce n'est pas la forme artistique qui affronte le contenu, avec son poids cognitif et éthique; on pourrait dire plutôt que c'est l'œuvre littéraire qui en affronte une autre, qu'elle imite ou qu'elle « singularise », et sur son fond elle est « ressentie » comme neuve. Dans ce cas, la forme devient indifférente au contenu dans sa signification directe et extra-esthétique.

A côté de la réalité de la connaissance et de l'acte, qui préexistent pour l'artiste du verbe, préexiste aussi la littérature : il est contraint de lutter *avec* ou *pour* les anciennes formes littéraires, de s'en servir, de les combiner, d'avoir raison de leur résistance ou de trouver en elles un soutien. Mais au fond de ce mouvement, de ce conflit à l'intérieur d'un contexte purement littéraire, a lieu une lutte plus importante, déterminante, initiale, avec la réalité de la connaissance et de l'acte : *tout artiste dans son œuvre, si elle est signifiante et sérieuse, apparaît comme le premier artiste ; il doit spontanément occuper une position esthétique, par rapport à la réalité non esthétique de la connaissance et de l'acte*, ne serait-ce que dans les limites de son expérience personnelle, éthique et biographique.

Ni l'œuvre d'art dans son intégralité, ni aucun de ses éléments, ne peuvent être compris à partir des seules lois de la littérature, mais il est indispensable de tenir compte aussi de la série sémantique, c'est-à-dire des lois possibles de la connaissance et de l'acte, car la forme esthétiquement signifiante n'embrasse pas le vide, mais l'intention sémantique, autonome et opiniâtre de la vie. Dans l'œuvre d'art il y a comme deux pouvoirs et deux ordres légaux déterminés par ces pouvoirs : chaque élément peut être défini par deux systèmes de valorisation — celui du contenu et celui de la forme, puisque dans chacun des éléments dotés de signification, les deux systèmes se trouvent dans une interaction essentielle, intensément axiologique. Mais, naturellement, la forme esthétique entoure de tous côtés l'éventuelle loi interne de l'acte et de la connaissance, la subordonne à son unité : c'est à cette seule condition que nous pouvons parler d'une œuvre comme étant une œuvre d'art.

Comment se réalise le contenu dans l'œuvre d'art et dans sa contemplation, et quelles sont les tâches et les méthodes de son analyse esthétique ? Nous devons aborder brièvement ces problèmes d'esthétique. Nos observations n'auront pas un caractère exhaustif et ne feront qu'indiquer le problème, d'autre part, nous ne toucherons pas du tout à la réalisation compositionnelle du contenu à l'aide d'un matériau précis.

1) Il faut distinguer strictement l'élément éthique et cognitif qui se présente réellement comme le contenu, c'est-à-dire comme élément constitutif de l'objet esthétique donné, des jugements et appréciations éthiques, qui peuvent être échafaudés et énoncés au sujet du contenu, mais qui n'entrent pas dans l'objet esthétique.

2) Le contenu ne peut être uniquement du domaine de la connaissance, complètement dépourvu de l'élément éthique. On peut dire, de surcroît, que c'est l'éthique qui prime dans le contenu. La forme artistique ne peut se réaliser par rapport au concept pur, au jugement pur : l'élément cognitif pur de la connaissance se trouverait inévitablement isolé dans l'œuvre comme un prosaïsme insoluble. Tout le connu doit être corrélaté au monde où s'accomplit l'action humaine et profondément lié à la conscience agissante; c'est par cette voie seule qu'il peut entrer dans l'œuvre d'art. La plus grande erreur consisterait à se représenter le contenu comme un tout théorique connaissable, comme une pensée, comme une idée.

3) L'œuvre d'art et la contemplation prennent spontanément possession de l'élément éthique du contenu *par le moyen de l'empathie, de la sympathie et de la co-appréciation*, et nullement par la compréhension et l'exégèse théoriques, qui ne peuvent être qu'un adjuvant de la sympathie. Seul est spontanément

éthique *l'événement même de l'acte* (acte-pensée, acte-action, acte-sentiment, acte-désir, etc.), *dans son vivant accomplissement venant de l'intérieur de la conscience agissante*. C'est cet événement-là qui s'accomplit à l'extérieur par la forme artistique, mais certes pas par sa transcription théorique sous forme de jugements éthiques, de normes morales, d'opinions juridiques, etc.

Une transcription théorique, une formulation de l'acte éthique, c'est déjà sa translation au plan de la connaissance, c'est-à-dire un aspect dérivé, tandis que la forme artistique (par exemple la forme réalisée par le récit d'une action, ou par son héroïsation épique dans un poème, ou par une incarnation lyrique, etc.) a affaire à l'acte lui-même dans sa nature éthique première; elle en prend possession en sympathie avec la conscience volitive, sensible et agissante, tandis que l'élément cognitif dérivé ne peut avoir que le sens auxiliaire d'un moyen.

Il est indispensable de souligner que ce n'est pas avec la conscience psychologique que sympathisent l'artiste et le contemplateur (au sens strict, on ne peut être en sympathie avec elle) mais avec la conscience agissante, éthiquement orientée [1].

Quelles sont donc les tâches et les possibilités de l'analyse esthétique du contenu ? Elle doit avant tout mettre en évidence la composition du contenu, immanente à l'objet esthétique, sans jamais sortir des limites de cet objet tel qu'il s'accomplit dans la création et la contemplation.

Tournons-nous vers l'aspect cognitif du contenu.

Un élément de *reconnaissance* cognitive accompagne toujours l'activité et la contemplation artistiques, mais dans la plupart des cas il est inséparable de l'élément éthique, et ne peut être exprimé par un jugement adéquat. L'unité et la nécessité possibles du monde de la connaissance semblent percer au travers de chacun des aspects de l'objet esthétique et, sans parvenir à une pleine actualisation dans l'œuvre elle-même, s'unissent au monde des aspirations éthiques, réalisant ainsi l'unité singulière, intuitivement donnée de deux mondes, ce qui

1. En elles-mêmes l'empathie et la sympathie co-évaluative n'ont pas encore un caractère esthétique. Le contenu de l'acte d'empathie est éthique : c'est une visée axiologique, pragmatique ou morale (émotionnelle et volitive) qui appartient à une conscience de visée différente. Ce contenu de l'acte d'empathie peut être compris et réélaboré dans des directions différentes : on peut en faire un objet de connaissance (psychologique ou éthico-philosophique); il peut conditionner l'acte éthique (la forme la plus répandue de compréhension du contenu de l'empathie, c'est la sympathie, la compassion, le secours); et enfin on peut en faire l'objet d'un accomplissement esthétique. Par la suite, nous aurons à étudier plus en détail ce que l'on nomme « l'esthétique de l'empathie » *(N.d.A.)*.

apparaît comme un aspect essentiel du fait esthétique comme tel[1]. Ainsi, derrière chaque mot, chaque phrase de l'œuvre poétique, on sent la signification prosaïque possible, la déviation vers la prose, c'est-à-dire une possibilité de corrélation totale à l'unité de la connaissance.

L'aspect cognitif semble éclairer de l'intérieur l'objet esthétique, comme un sobre filet d'eau qui se mêlerait au vin de la tension éthique et de l'accomplissement esthétique, mais cet élément cognitif n'atteint pas toujours — et de loin — la consistance et la concentration d'un jugement déterminé; tout est reconnu, mais tout n'est pas identifié par un concept adéquat.

Si cette reconnaissance qui pénètre partout n'existait pas, l'objet esthétique, c'est-à-dire ce qui est créé et perçu de manière artistique, échapperait à tout lien avec l'expérience, tant théorique que pratique, comme échappe le contenu d'un état d'anesthésie totale, dont on ne se rappelle rien, dont on n'a rien à dire et qu'on ne peut évaluer (on peut évaluer l'état, mais pas son contenu). De même, la création et la contemplation artistiques, privées de toute participation à la possible unité de la connaissance, non traversées par elle, ni reconnues de l'intérieur ne seraient plus que des moments d'inconscience, dont on sait qu'ils ont existé seulement *post factum*, d'après le temps écoulé.

Cet éclairage interne de l'objet esthétique dans le domaine de l'art verbal, peut s'élever du stade de la *reconnaissance* à celui de la *connaissance* définie et des intuitions profondes, qui peuvent être mises en évidence par l'analyse esthétique.

Mais une fois que le chercheur a dégagé du contenu de l'objet esthétique telle ou telle intuition cognitive, par exemple les intuitions purement philosophiques d'Ivan Karamazov sur le sens de la souffrance des enfants, sur le refus du monde créé ou autres, ou les jugements historico-philosophiques et sociologiques d'André Bolkonski sur la guerre, le rôle de la personnalité dans l'Histoire, etc., ce chercheur doit se souvenir que toutes ces intuitions, si profondes soient-elles, ne sont pas données dans l'objet esthétique dans leur isolement théorique, et que ce n'est pas à elles que se relate, pas elles que parachève directement, la forme artistique; elles sont obligatoirement liées à l'aspect éthique du contenu, au monde de l'acte et de l'événement. Ainsi, les intuitions d'Ivan Karamazov ont des

1. Nous éclairerons ultérieurement le rôle de la personnalité créatrice de l'auteur comme élément constitutif de la forme artistique; c'est dans l'unité de son activité que l'élément cognitif et l'élément éthique réalisent leur union. *(N.d.A.)*.

fonctions purement caractéroologiques, constituent un élément indispensable de la position morale d'Ivan devant la vie; elles sont reliées aussi à la position éthique et religieuse d'Aliocha, et par là s'intègrent dans l'événement sur lequel est orientée et que parachève la forme littéraire du roman. De même, les jugements d'André Bolkonski expriment sa personnalité éthique et sa position devant la vie, et sont imbriqués dans l'événement représenté, pas seulement celui de sa vie privée mais aussi de sa vie sociale et historique. Ainsi, ce qui est vrai du point de vue de la connaissance devient un élément de l'accomplissement éthique.

Si tous ces jugements n'étaient pas, d'une façon ou d'une autre, liés par des liens nécessaires au monde concret de l'acte humain, ils resteraient des prosaïsmes isolés, ce qui parfois arrive dans l'œuvre de Dostoïevski et aussi chez Tolstoï, par exemple dans *Guerre et Paix* où, à la fin du roman, les jugements théoriques, historico-philosophiques rompent totalement leur lien avec l'événement éthique et s'organisent en un traité théorique.

C'est d'une façon un peu différente qu'est lié à l'événement éthique l'élément cognitif, qui a sa place dans les descriptions, dans les commentaires scientifiques ou psychologiques de l'événement. Il n'entre pas dans notre propos de montrer tous les moyens de liaison entre le champ éthique et celui de la connaissance, dans l'unité de contenu de l'objet esthétique. Il faut noter, cependant, en soulignant le lien entre les aspects éthique et cognitif, que l'événement éthique ne relativise pas les jugements qu'il intègre, et qu'il n'est pas indifférent à leur profondeur, leur largeur, leur véracité purement cognitives. Ainsi, les événements moraux de la vie de « l'homme souterrain », littérairement élaborés et parachevés par Dostoïevski, ont besoin de la profondeur et de la cohérence purement cognitives de sa vision du monde, qui est un élément essentiel de son option sur la vie.

Après avoir dégagé, dans les limites du possible et du nécessaire, l'élément théorique du contenu dans sa valeur cognitive pure, l'analyse proprement esthétique doit en comprendre le lien avec l'élément éthique et sa signification dans l'unité du contenu. Naturellement, il est possible de faire de cet élément cognitif dégagé l'objet d'un examen et d'une appréciation théoriques, indépendants de l'œuvre d'art, en le rapportant non plus à l'unité du contenu et de l'objet esthétique dans sa totalité, mais à l'unité purement cognitive d'une certaine vision du monde philosophique (habituellement, celle de l'auteur). De tels travaux ont une importance énorme scientifico-philosophique et historico-culturelle, mais se situent en dehors de l'analyse proprement esthétique, dont il faut les distinguer strictement. Nous ne nous arrêterons pas à la méthode de tels travaux, et passerons aux problèmes de l'analyse de l'aspect éthique du contenu.

La méthode en est beaucoup plus complexe : l'analyse esthétique doit, comme l'analyse scientifique, transcrire d'une manière ou d'une autre l'élément éthique, dont la contemplation s'empare grâce à la sympathie (l'empathie) et à la coappréciation. En accomplissant cette transcription, il faut s'abstraire de la forme artistique, et, avant tout, de l'individualisation esthétique : il est indispensable de séparer la personnalité éthique de son incarnation artistique en une âme et un corps individuels, esthétiquement signifiants, il est indispensable aussi de s'abstraire de tous les facteurs de parachèvement. Pareille transcription est difficile, et dans certains cas, en musique par exemple, tout à fait irréalisable.

On peut rendre l'aspect éthique du contenu d'une œuvre, on peut le transcrire en partie, au moyen d'une paraphrase; on peut raconter, avec d'autres mots, les émotions, les actions, les événements qui ont trouvé leur achèvement artistique dans une œuvre. Une telle paraphrase, à condition de comprendre correctement la valeur méthodique du problème, peut avoir une grande importance pour l'analyse esthétique. De fait : la paraphrase bien qu'elle conserve encore une forme artistique, celle du récit, la simplifie et la ramène à un simple moyen d'empathie, en s'abstrayant autant que possible de toutes les fonctions isolantes, parachevantes et rassurantes de la forme (évidemment le récit ne peut s'en abstraire complètement). Bien que l'empathie soit atténuée et pâlie, le caractère purement éthique, sérieux, inachevé, participant à l'événement du vécu n'en ressort que plus vivement, comme ressortent aussi ses liens avec l'unité, dont le séparait la forme. Cela peut faciliter le passage de l'élément éthique dans la forme cognitive des jugements éthiques (au sens étroit), sociologiques ou autres, c'est-à-dire sa transcription proprement théorique, dans les limites où elle est possible.

De nombreux critiques et historiens de la littérature ont fait preuve d'une grande maîtrise en révélant l'élément éthique au moyen d'une paraphrase méthodiquement réfléchie et semi-esthétique.

La transcription théorique pure ne pourra jamais posséder toute la plénitude de l'aspect éthique du contenu, que seule domine l'empathie, mais elle peut et elle doit y aspirer, comme à une limite qu'elle n'atteindra jamais. La réalisation éthique ou bien s'accomplit, ou bien est contemplée esthétiquement, mais ne peut jamais trouver de formulation théorique adéquate.

L'analyse proprement esthétique, après avoir transcrit dans les limites du possible l'aspect éthique du contenu parachevé par la forme, doit saisir la signification de tout le contenu dans la totalité de l'objet esthétique; cela signifie que, sans sortir des limites de l'œuvre, elle doit comprendre le contenu comme étant celui, précisément, de la forme artistique donnée, et cette forme, comme celle du contenu donné. Mais on peut isoler tant l'aspect éthique que l'aspect cognitif, et en faire l'objet d'une étude indépendante, éthico-philosophique, ou sociologique; on peut en faire aussi l'objet d'appréciations actuelles, morales ou politiques (d'appréciations au second degré et non au premier degré, qui entrent nécessairement dans la contemplation esthétique). Ainsi la méthode sociologique non seulement transcrit l'événement éthique dans son aspect social, déjà vécu et évalué par empathie dans la contemplation esthétique, mais elle sort des limites de l'objet et introduit l'événement dans de plus vastes relations sociales et historiques. Des travaux de ce genre peuvent avoir une grande portée scientifique, et pour l'historien de la littérature ils sont même indispensables, mais ils sortent des frontières de l'analyse proprement esthétique.

La transcription psychologique de l'aspect éthique n'a pas, elle non plus, de rapport direct avec l'analyse esthétique. L'œuvre d'art et la contemplation ont affaire à des sujets éthiques, et aux relations éthico-sociales qui les unissent, et non à des sujets psychologiques, ni aux liens psychologiques qui existent entre eux.

Il faut noter, sans y insister pour le moment, que dans certains cas, par exemple en écoutant une œuvre musicale, il est méthodiquement admissible d'approfondir en intensité l'élément éthique, alors que si on l'élargissait à l'excès, on détruirait sa forme artistique. En profondeur, l'élément éthique n'a pas de limites qui pourraient être enfreintes illégitimement : l'œuvre ne prédétermine pas, et ne peut prédéterminer, les degrés de profondeur de l'élément éthique.

Dans quelle mesure l'analyse du contenu peut-elle avoir un caractère strictement scientifique et de signification générale ?

En principe, il sera possible d'atteindre à un haut degré de valeur scientifique, surtout quand les disciplines correspondantes (l'éthique philosophique et les sciences sociales) atteindront elles-mêmes au degré de scientificité dont elles sont capables, mais en fait, l'analyse du contenu est fort ardue, et on ne peut échapper à une certaine dose de subjectivité, déterminée par l'essence même de l'objet esthétique. Toutefois, le goût scientifique du chercheur peut toujours le maintenir dans les limites voulues et l'amener à récuser les aspects subjectifs de son analyse.

Telle est, dans ses grands traits, la méthode de l'analyse esthétique du contenu.

III

Le problème du matériau

En tentant de résoudre le problème de la signification du matériau pour l'objet esthétique, il faut considérer ce matériau dans sa définition scientifique exacte, sans l'encombrer d'éléments étrangers. Une certaine ambiguïté concernant le matériau règne en particulier dans « l'esthétique du verbe », terme qui recouvre n'importe quoi, y compris le verbe « qui fut au commencement ». La métaphysique du verbe, dans ses formes les plus subtiles, il est vrai, se rencontre bien souvent dans les études sur la poétique, dues aux poètes eux-mêmes (V. Ivanov, A. Biély, C. Balmont chez nous) [1]. Le poète trouve le mot déjà esthétisé, mais considère l'élément esthétique comme appartenant à l'essence du mot lui-même, et le transforme ainsi en grandeur mythique ou métaphysique.

Gratifiant le mot de tout ce qui est propre à la culture, de toutes les significations culturelles : cognitives, éthiques et esthétiques, il est très facile de conclure qu'il n'existe rien dans la culture hormis le mot, que toute la culture n'est autre chose qu'un phénomène du langage, que le savant et le poète n'ont l'un et l'autre à faire qu'au mot. Or, si nous diluons la logique et l'esthétique, ou seulement la poétique, dans la linguistique, nous détruisons l'originalité tant du champ logique que du champ esthétique et, tout autant, du champ linguistique.

On ne comprendra l'importance du mot pour la connaissance, pour la création artistique, en particulier pour la poésie (qui nous

1. Viatcheslav Ivanov (1866-1949), philosophe, philologue et poète, symboliste, fortement pénétré de métaphysique. André Biély (1880-1934), poète et prosateur symboliste; le « système des correspondances » fut pour lui un dogme, et il mélangea poétiquement abstraction et réalité. Constantin Balmont (1867-1943) forma avec Mérejkovski et V. Brioussov la triade de la première génération des symbolistes russes, dits « décadents ».

intéresse ici au premier chef) que si l'on a compris d'abord sa nature purement verbale et linguistique tout à fait en dehors des problèmes de la connaissance, de la création artistique, du culte religieux, etc., au service desquels ce mot peut se trouver. Bien entendu, la linguistique n'est pas indifférente aux particularités du langage scientifique, artistique, religieux, mais pour elle, ce sont des particularités purement linguistiques du langage lui-même; pour comprendre leur signification pour l'art, la science, la religion, elle ne peut se passer des indications directrices de l'esthétique, de la théorie de la connaissance et d'autres disciplines philosophiques tout comme la psychologie de la connaissance doit s'appuyer sur la logique et la gnoséologie, et la psychologie de la création artistique sur l'esthétique.

La linguistique n'est une science que dans la mesure où elle domine son objet : le langage, qui pour elle se définit par une pensée purement linguistique. Un énoncé isolé et concret est toujours donné dans un contexte culturel sémantique et axiologique : contexte scientifique, artistique, politique et autre, ou contexte d'une situation isolée de la vie privée. C'est uniquement dans de tels contextes que tel énoncé est vivant et intelligible : il est vrai ou faux, beau ou laid, sincère ou hypocrite, franc, cynique, autoritaire, et ainsi de suite. Il n'existe point, il ne peut exister d'énoncé neutre. Or, la linguistique ne voit en eux qu'un *phénomène du langage, et ne les relate qu'à l'unité de ce langage*, et nullement à celle d'un concept, d'une pratique de l'Histoire, du caractère d'un individu, etc.

Quelle que soit l'importance de tel ou tel énoncé historique pour la science ou la politique, dans la sphère de la vie personnelle d'un individu, pour la linguistique il ne s'agit pas d'un déplacement dans le domaine du sens, d'un nouveau point de vue sur le monde, ni d'*une forme artistique nouvelle*, d'un crime ou d'une action morale : pour elle, ce n'est qu'un phénomène du langage, éventuellement une nouvelle structure linguistique. Et pour elle, le *sens du mot, sa signification matérielle, ne sont qu'un aspect du mot dans sa détermination linguistique* légitimement retiré du contexte culturel sémantique et axiologique dans lequel il a réellement retenti.

C'est seulement en isolant et en libérant l'*aspect purement linguistique du mot*, en créant *une nouvelle unité linguistique* et ses subdivisions concrètes, que la linguistique prend possession, méthodiquement, de son objet, un langage *indifférent* aux valeurs extra-linguistiques (ou, si l'on préfère, elle crée une nouvelle valeur purement linguistique, à laquelle elle rapporte n'importe quel énoncé). C'est seulement en se libérant systématiquement de sa tendance métaphysique (la substantialisation et la réification du mot), de tout psychologisme et esthétisme, de toute verbosité, que la linguistique se fraye son chemin vers son objet, le constitue méthodiquement, et devient, pour la première fois, une science.

Ce n'est pas dans tous les domaines que la linguistique a su dominer méthodiquement son sujet. Elle commence à peine, et difficilement, à le dominer dans le domaine de la syntaxe, elle a fait peu dans celui de la sémasiologie, elle n'a absolument pas défriché la section dont devraient relever les grands ensembles verbaux : longs énoncés de la vie courante, dialogues, discours, traités, romans, etc., car ces énoncés-là peuvent et doivent être définis et étudiés, eux aussi, de façon purement linguistique, comme des phénomènes du langage. Leur étude, dans les anciens arts rhétoriques comme dans leur variante contemporaine, la poétique, ne peut être reconnue comme scientifique, à cause de la confusion (mentionnée plus haut) entre le point de vue de la linguistique et celui de la logique, de la psychologie ou de l'esthétique, qui lui sont tout à fait étrangers. La syntaxe des grandes masses verbales (ou la composition comme partie de la linguistique, à la différence de la composition qui tient compte de la tâche artistique ou scientifique) attend encore d'être fondée; jusqu'à présent, la linguistique n'a pas avancé scientifiquement au-delà de la phrase complexe : c'est le phénomène linguistique le plus long qui ait été scientifiquement exploré. On dirait que le langage méthodiquement pur de la linguistique s'arrête ici, et que au-delà commence aussitôt la science, la poésie, et ainsi de suite. Et cependant, on peut poursuivre plus loin l'analyse linguistique pure, si difficile que cela paraisse, et si tentant qu'il soit d'introduire ici des points de vue étrangers à la linguistique.

C'est seulement lorsque la linguistique aura pris pleine possession de son objet, dans toute la spécificité de sa méthode, qu'elle pourra travailler aussi de manière féconde pour l'esthétique de la création littéraire, et à son tour profiter sans crainte de ses services. D'ici là, les termes « langage poétique », « image », « concept », « jugement », et autres, sont pour elle une tentation et un grand danger. Ce n'est pas en vain qu'elle les redoute : ils ont trop longtemps troublé (et continuent à troubler) la pureté de sa méthode.

Quelle importance a donc pour l'objet esthétique de la poésie le langage *compris de façon strictement linguistique?* Il ne s'agit pas des particularités linguistiques du langage poétique, comme on a parfois tendance à interpréter ce problème, mais du seul langage-objet de la linguistique, dans sa totalité, comme matériau pour la poésie, ce qui est un problème de caractère proprement esthétique.

Pour la poésie comme pour la connaissance et pour l'acte éthique et son objectivation dans le droit, l'État, etc., *le langage ne représente qu'un élément technique;* en cela, l'importance du langage pour la poésie est absolument analogue au rôle de la nature objet des sciences naturelles comme matériau (non comme contenu) pour les arts plastiques : l'espace physico-mathématique, les masses, les sonorités de l'acoustique...

Toutefois, la poésie utilise techniquement le langage de façon toute différente : *la poésie a besoin du langage tout entier, par tous ses côtés, avec tous ses éléments, et ne demeure indifférente à aucune des nuances du mot dans sa détermination linguistique.*

Aucun des domaines de la culture, hormis la poésie, n'a besoin du langage dans sa totalité. La connaissance n'a que faire de la complexe originalité de la face sonore du mot dans son aspect qualitatif et quantitatif, de la multiplicité des intonations possibles, de la sensation du mouvement des organes d'articulation, etc. Il en est de même des autres domaines de la création culturelle des œuvres : aucun ne se passe du langage, mais ils n'en prennent que fort peu.

C'est dans la poésie seulement que le langage dévoile toutes ses possibilités, car là, les exigences à son égard sont les plus hautes : tous ses aspects sont intensifiés à l'extrême, poussés à leurs limites; c'est comme si la poésie exprimait tous les sucs du langage, qui ici se dépasse lui-même.

Mais, tout en étant si exigeante envers le langage, *la poésie ne le transcende pas moins comme langage, en tant qu'objet de la linguistique.* Elle ne fait pas exception à la loi commune de l'art : *la création artistique définie par rapport à son matériau en constitue le dépassement.*

Le langage, dans sa détermination linguistique, n'entre pas dans l'objet esthétique de l'art littéraire.

Cela se produit dans tous les arts : la nature extra-esthétique du matériau (à la différence du contenu) n'entre pas dans l'objet esthétique : n'y entrent ni l'espace physico-mathématique, ni les lignes et figures de la géométrie, ni le mouvement de la dynamique, ni les sons de l'acoustique... C'est là l'affaire de l'artiste-artisan et de la science esthétique, mais non point la contemplation esthétique au premier degré. Il faut distinguer strictement ces deux moments : l'artiste, au cours de son travail, a nécessairement affaire à la physique, aux mathématiques, à la linguistique; l'homme esthétique a également affaire à la physique, aux mathématiques, à la linguistique; or, tout cet énorme travail technique accompli par l'artiste et étudié par l'homme esthétique, travail sans lequel il n'y aurait pas d'œuvre d'art, n'entre pas dans l'objet esthétique créé par la contemplation artistique, autrement dit, dans l'existence esthétique en tant que telle, dans le but ultime de l'œuvre : tout cela disparaît au moment de la perception de l'œuvre d'art, comme disparaissent les échafaudages quand le bâtiment est achevé [1].

Pour éviter tout malentendu, nous donnerons à la technique dans l'art une définition tout à fait précise : *nous nommerons élément technique dans l'art tout ce qui est absolument indispensable à la création de l'œuvre d'art dans sa détermination physique ou linguistique (s'y rapporte aussi tout l'ensemble de l'œuvre d'art achevée, prise comme objet, mais qui n'appartient pas directement à l'objet esthétique, n'est pas une composante de la totalité artistique) ; les aspects techniques sont des facteurs de l'impression que produit l'œuvre, mais non des composantes esthétiquement signifiantes du contenu de cette impression, c'est-à-dire de l'objet esthétique.*

Devons-nous, dans l'objet d'art, être sensibles au mot en tant que tel, justement, dans sa détermination linguistique ? Devons-nous être sensibles à la forme morphologique du mot comme telle, comme syntaxique, et ressentir *la série sémantique comme sémantique?* Faut-il, dans la contemplation artistique de l'objet d'art, percevoir un ensemble poétique comme un tout verbal et non comme l'ensemble parachevé de quelque événement, d'une certaine aspiration, d'une tension intérieure, et ainsi de suite ?

Il est évident que l'analyse linguistique découvrira des mots, des propositions, etc. ; une analyse physique découvrirait du papier, de l'encre d'imprimerie avec telle composition chimique, ou des ondes sonores dans leur détermination physique; le physiologue trouverait des processus correspondants dans les organes de la perception et les centres nerveux; le psychologue révélerait les émotions, les sensations auditives, les représentations visuelles. Tous ces jugements scientifiques de spécialistes, particulièrement ceux du linguiste (et à un degré bien moindre, ceux du psychologue), seront nécessaires à l'homme voué à l'esthétique pour son travail sur la structure de l'œuvre dans sa détermination extra-esthétique. Mais pour l'esthéticien, comme pour tout contemplateur d'une œuvre d'art, il est clair que tous ces éléments-là n'entrent pas dans l'objet esthétique auquel s'applique notre appréciation esthétique spontanée (« admirable », « profond », etc.). Tous ces éléments ne sont notés et définis que par le jugement au second degré, interprétatif et scientifique, de l'homme esthétique.

1. Il ne s'ensuit pas, bien sûr, que l'objet esthétique existe « quelque part » d'une façon ou d'une autre, « tout prêt », avant la création de l'œuvre et indépendamment d'elle. Pareille hypothèse est totalement absurde *(N.d.A.)*.

Si nous tentions de définir la composition de l'objet esthétique du poème de Pouchkine, *Souvenir :*

> *Quand pour le mortel se tait le jour bruyant,*
> *Et sur les places muettes de la cité*
> *S'étendent, mi-transparentes, les ombres de la nuit...*

et ainsi de suite, nous dirions que ce qui le constitue, c'est la ville, la nuit, les souvenirs, les remords, etc. Ce sont ces *valeurs* qui concernent directement notre activité artistique, c'est sur elles que notre esprit oriente ses intentions esthétiques : c'est l'événement éthique du souvenir et du remords qui, dans cette œuvre, a trouvé sa mise en forme esthétique et son achèvement (la mise en forme artistique comprend aussi un élément d'isolation et d'invention, c'est-à-dire d'une réalité incomplète), mais ce ne sont pas les mots, les phonèmes, les morphèmes, les propositions et les séries sémantiques : ceux-ci sont placés hors du contenu de la perception esthétique, c'est-à-dire hors de l'objet artistique; ils ne peuvent servir qu'à un jugement scientifique au second degré de l'esthétique, pour autant que l'on se demande comment et avec quels éléments de la structure extra-esthétique de l'œuvre extérieure est déterminé le contenu de la perception artistique.

Il incombe à l'esthétique de déterminer la composition immanente du contenu de la contemplation artistique dans sa pureté esthétique, c'est-à-dire l'objet esthétique, afin de décider ce que signifie pour lui le matériau et son organisation dans l'œuvre matérielle. En agissant ainsi, l'esthétique ne peut éviter d'établir, quand il s'agit de poésie, que le langage, dans sa détermination linguistique, ne pénètre pas à l'intérieur de l'objet esthétique, qu'il reste en marge *quant à l'objet esthétique lui-même, il n'est qu'un contenu artistiquement mis en forme (ou une forme artistiquement signifiante, qui matérialise un contenu).*

L'immense travail accompli par l'artiste sur le mot a pour but ultime de le dépasser, car l'objet esthétique croît aux frontières des mots, aux frontières du langage, en tant que tel. Mais ce dépassement du matériau revêt un *caractère proprement immanent :* l'artiste se libère du langage dans sa détermination linguistique non en le niant, mais *par la voie de son perfectionnement immanent :* c'est comme si l'artiste triomphait du langage grâce à la propre arme linguistique de celui-ci et, en le perfectionnant, le contraignait à se dépasser lui-même.

Ce dépassement immanent du langage dans la poésie est rarement distingué avec netteté de son dépassement purement négatif dans le domaine de la connaissance : réduction à l'algèbre, emploi de sigles à la place des mots, abréviations, et ainsi de suite...

Le dépassement immanent, c'est la définition formelle de la relation au matériau, non seulement en poésie, mais dans tous les arts.

L'esthétique de l'œuvre littéraire ne doit pas, elle non plus, sauter par-dessus le langage linguistique, mais elle doit profiter de tout le travail de la linguistique pour comprendre *la technique* de la création poétique en partant d'une exacte compréhension de la place du matériau dans l'œuvre, d'une part, et de l'autre, de la spécificité de l'objet esthétique.

Celui-ci, en tant que contenu et architectonique de la vision artistique (comme nous l'avons indiqué) est un mode d'existence tout à fait nouveau, qui n'appartient ni au domaine de la physique ni, bien sûr, à celui de la psychologie, pas plus qu'à celui de la linguistique : il s'agit de l'entité esthétique singulière qui croît aux frontières de l'œuvre, en dépassant sa détermination extra-esthétique d'objet matériel.

Dans une œuvre poétique, les mots s'organisent d'une part selon les ensembles que sont les propositions, les périodes, les chapitres, les actes, etc., d'autre part, ils construisent l'aspect du personnage, son caractère, sa situation, son cadre, ses actes, et enfin l'ensemble que forme l'événement éthique d'une vie, mis en forme et parachevé de façon esthétique; ce faisant, ils cessent d'être des mots, des propositions, des lignes, des chapitres : le processus de réalisation de l'objet esthétique, autrement dit, du dessein artistique dans son essence, est un processus de transformation systématique d'un ensemble verbal, compris linguistiquement et compositionnellement, en l'ensemble architectonique d'un événement esthétiquement achevé; bien entendu, toutes les liaisons et interactions verbales d'ordre linguistique et compositionnel se transforment alors en liaisons architectoniques, extra-verbales.

Nous ne nous proposons pas d'étudier ici en détail l'objet esthétique et son architectonique. Nous nous bornerons à indiquer les malentendus nés dans la poétique russe contemporaine à propos de la théorie de l'image, et qui ont un rapport essentiel avec la théorie de l'objet esthétique.

« L'image » de l'esthétique de Potébnia [1] ne nous paraît guère recevable, car elle se trouve durablement associée à bien des choses superflues et fausses; aussi, en dépit d'une ancienne

1. Alexandre Potébnia (1835-1891), philologue éminent et critique. Son œuvre fondamentale est « La Pensée et le Langage », *(Mysl' i Yazyk)*, publiée en 1862, rééditée en 1922 par les formalistes, qui se réclamaient de ses idées et de celles de A. N. Vesselovski.

et fort vénérable tradition, la poétique ferait bien de s'en séparer. Mais la critique de l'image comme élément de base de la création poétique — théorie avancée par certains formalistes et développée de façon particulièrement claire par V. M. Jirmounski — nous paraît tout à fait inexacte du point de vue de la méthode, bien qu'elle soit très caractéristique de la poétique russe de notre temps.

On nie ici la signification de l'image, sous prétexte que dans la perception esthétique de l'œuvre poétique nous n'avons pas de *représentations visuelles* précises des objets évoqués dans l'œuvre, mais seulement des fragments fortuits, changeants et subjectifs de représentations visuelles, dont il est évidemment impossible de se servir pour construire l'objet esthétique. Par conséquent, il ne naît point d'images nettes et même, en principe, il ne peut en naître. Comment, par exemple, faut-il nous représenter la « cité » du poème de Pouchkine rappelé plus haut ? Comme une ville étrangère, ou russe ? Grande ou petite ? Est-ce Moscou, est-ce Pétersbourg ? On s'en remet ici à l'arbitraire subjectif de chacun. L'œuvre ne nous fournit aucune des indications indispensables à la construction d'une représentation visuelle particulière, concrète, de cette ville. Mais s'il en est ainsi, c'est que l'artiste n'a jamais affaire à l'objet, mais uniquement au mot, pas plus : dans le cas présent, au mot « cité ». *L'artiste n'a affaire qu'à des mots, puisque eux seuls sont quelque chose de précis et d'indéniablement présent dans l'œuvre.*

Pareil raisonnement est extrêmement caractéristique de l'esthétique matérielle, qui ne s'est pas totalement libérée encore de son penchant pour la psychologie. Il faut noter d'emblée que c'est exactement ce raisonnement qu'on pourrait appliquer à la théorie de la connaissance (ce qui a été fait maintes fois) : le savant lui aussi n'a affaire qu'au mot, non à l'objet ou au concept, car on peut démontrer sans peine, avec des procédés analogues, que le psychisme du savant ne contient aucun concept, mais seulement des formations instables, subjectivement fortuites, et des fragments de représentation. Ce qui est ici ressuscité c'est, ni plus ni moins, le vieux nominalisme psychologique appliqué à l'œuvre d'art. Mais on peut démontrer de façon tout aussi convaincante, qu'il n'y a pas non plus de mots linguistiquement définis dans le psychisme de l'artiste et du savant et, mieux encore, que rien n'existe dans ce psychisme que des formations psychiques qui, comme telles, sont subjectives et, du point de vue de n'importe quel domaine sémantique (celui de la connaissance, de l'éthique ou de l'esthétique) sont aussi fortuites et inadéquates les unes que les autres. Sous le terme « psychisme », il ne faut entendre que le psychisme qui est l'objet de la science empirique nommée psychologie, tel qu'elle le pose dans sa pureté méthodique, et régi par ses lois proprement psychologiques.

Mais bien que, dans le psychisme, tout soit uniquement psychologique, et qu'il ne soit pas possible de vivre psychiquement, de façon adéquate, la nature, un corps chimique, un triangle, etc., il existe des sciences objectives où nous avons affaire à la nature et aux corps chimiques et au triangle, où notre pensée scientifique *a affaire à ces objets* eux-mêmes, s'oriente sur eux et établit des liaisons entre eux; le poète, lui aussi, dans notre exemple, a affaire à la ville, aux souvenirs, aux remords, au passé et à l'avenir, *comme à des valeurs éthico-esthétiques*, et, ce qui plus est, de manière responsable esthétiquement, bien que dans son âme il n'y ait pas de valeurs, mais seulement des vécus psychiques. Ainsi les éléments constitutifs de l'objet esthétique de l'œuvre dont nous parlons, ce sont les « places de la cité », les « ombres de la nuit », le « rouleau des souvenirs », etc., mais ni des *représentations visuelles*, ni des vécus psychiques en général, ni des mots. En outre, l'artiste (comme le contemplateur) a affaire précisément à « la cité » : la nuance, transmise par la forme slavonne de ce mot, se rapporte à la valeur éthico-esthétique de cette ville, et en lui donnant une grande importance, devient la *caractéristique de sa valeur concrète* et, comme telle, pénètre dans l'objet esthétique; mais ce n'est pas la *forme linguistique* qui y pénètre, c'est la signification axiologique. (L'esthétique psychologique dirait : l'élément émotionnel et volitif correspondant à cette forme.)

Ces éléments constitutifs s'assemblent dans l'unité d'un événement vécu, éthiquement valorisé, esthétiquement formé et achevé (sans forme esthétique, ce serait un événement éthique, ne pouvant être achevé, en principe, à partir de lui-même). Cet événement éthico-esthétique est tout à fait défini et littérairement monosémique. Nous pouvons aussi qualifier ses éléments constitutifs d'images, si on entend par là non des représentations visuelles, mais des aspects du contenu dotés d'une forme.

Il faut noter qu'on ne peut pas, non plus, *voir* une image dans les arts figuratifs : voir seulement avec les yeux un homme représenté *en tant qu'homme*, comme valeur éthico-esthétique, comme image; voir son corps comme une valeur, son expression extérieure, etc., est évidemment totalement impossible. En général, pour voir ou entendre quelque chose — quelque chose de déterminé en tant qu'objet, ou simplement de valorisé axiologiquement, quelque chose qui ait du poids, les sens extérieurs n'y suffisent pas, pas plus qu'un « regard qui ne voit point, une ouïe bruissante », comme dit Parménide.

Ainsi, la composante esthétique que nous appellerons provisoirement image, n'est ni une formation, ni un mot, ni une représentation visuelle, mais une formation esthétique originale, réalisée en poésie à l'aide du mot, dans les arts figuratifs à l'aide d'un matériau perceptible au regard, mais qui ne coïncide nulle part ni avec le matériau, ni avec aucune combinaison matérielle.

Tous les malentendus, du genre de celui que nous avons examiné, qui surgissent autour de l'objet esthétique non verbal et non matériel en général, s'expliquent en fin de compte par l'ambition illégitime de découvrir pour l'objet esthétique un équivalent purement empirique même localisé dans le temps et l'espace, comme une chose, ou encore par l'ambition de réduire totalement l'objet esthétique en objet de connaissance empirique. La création artistique a deux aspects empiriques : l'œuvre matérielle extérieure et le processus psychique de sa création et de sa perception : les sensations, représentations, émotions, qui l'accompagnent. Dans le premier cas nous avons des lois scientifiques, mathématiques ou linguistiques, dans le second, des lois purement psychologiques (liens d'association et autres). Le chercheur s'y accroche, craignant d'en dépasser les limites, présumant habituellement qu'au-delà il n'y a plus que des substances métaphysiques ou mystiques. Mais ces tentatives pour « empiriser » totalement l'objet esthétique n'aboutissent jamais et, comme nous l'avons montré, sont tout à fait illégitimes du point de vue méthodologique : il est important de comprendre justement l'originalité de l'objet esthétique en tant que tel, et l'originalité des relations proprement esthétiques des éléments qui le constituent, c'est-à-dire de son architectonique. Cela, ni l'esthétique psychologique, ni l'esthétique matérielle ne peuvent y parvenir.

Nous n'avons pas à nous effrayer si l'objet esthétique ne peut être découvert ni dans le psychisme, ni dans l'œuvre matérielle; il n'en devient pas pour autant une substance mystique ou métaphysique. Le monde multiforme de l'acte, l'existence éthique, en est au même point. Où se trouve l'État ? Dans notre esprit ? Sur le parchemin des actes constitutionnels ? Dans l'espace physico-mathématique ? Et où se trouve le Droit ? Or, nous avons très sérieusement affaire à l'État et au Droit ! En outre, ces valeurs interprètent et ordonnent tant le matériau empirique que notre psychisme, et leur confèrent un sens nous permettant de transcender sa pure subjectivité.

Ce penchant vers une empirisation extra-esthétique et une psychologisation de l'objet esthétique explique aussi la tentative, notée ci-dessus, de concevoir le contenu comme faisant partie du matériau qu'est le mot. Attaché au mot comme l'un de ses aspects au même titre que le phonème, le morphème, etc., il paraîtrait alors plus tangible scientifiquement, et plus réifié.

Nous ne reviendrons pas au problème du contenu comme élément constitutif indispensable. Disons seulement que par « aspect thématique » (présent en certains arts, absent dans d'autres) on a tendance à sous-entendre un élément de différenciation objectale et de détermination cognitive qui, en effet, n'est pas inhérent à tous les arts; mais cet élément ne peut en aucun cas épuiser le contenu. Toutefois, dans certains cas (chez V. M. Jirmounski, encore que la première conception de la thématique ne lui soit pas étrangère), la poétique contemporaine rapporte à la thématique presque tout l'objet esthétique dans sa spécificité non matérielle, avec sa structure événementielle et architectonique. Mais en même temps, cet objet esthétique, introduit de façon non critique, est inséré dans le mot linguistiquement défini, où il est placé à côté du phonème, du morphème et d'autres éléments, ce qui, évidemment, porte atteinte à sa pureté. Mais comment concilier le monde thématique des événements (le contenu mis en forme) avec le mot linguistiquement défini dans un seul « tout »? La poétique ne donne pas de réponse à cette question, du reste, elle ne la pose pas sous une forme radicale. Et pourtant le monde thématique, au sens large, comme le mot dans son acception linguistique, sont placés sur des plans et dans des dimensions tout à fait différents. Il faut ajouter que la thématique théorise à l'extrême l'objet esthétique et le contenu : le moment éthique et la sensibilité qui lui correspond sont sous-estimés, et d'une façon générale, on ne distingue pas l'aspect purement éthique de sa transcription cognitive.

Le sens du matériau dans l'œuvre d'art se définit ainsi : sans entrer dans l'objet esthétique, dans sa détermination matérielle extra-esthétique comme partie constitutive esthétiquement signifiante, il est indispensable à sa construction comme élément technique.

Il ne s'ensuit nullement qu'en esthétique l'étude de la structure matérielle de l'œuvre, comme proprement technique, doive occuper une place modeste. L'importance des analyses matérielles pour l'esthétique spécialisée est aussi grande que l'importance de l'œuvre matérielle et son élaboration pour l'artiste et le contemplateur. Nous pouvons nous rallier entièrement à cette affirmation : « dans l'art, tout est dans la technique », à condition de la comprendre dans ce sens : l'objet esthétique ne peut se réaliser que grâce à la création de l'œuvre matérielle; (la vision esthétique en dehors de l'art est hybride, parce que là une organisation tant soit peu parfaite du matériau, par exemple, dans la contemplation de la nature, ne peut être atteinte); avant cette création de l'œuvre matérielle, et indépendamment d'elle, l'objet esthétique n'existe pas. Il se réalise pour la première fois en même temps que l'œuvre.

Il ne faut pas prêter au mot *technique* appliqué à l'œuvre d'art un sens péjoratif : ici la technique ne peut et ne doit être séparée de l'objet esthétique; c'est lui qui l'anime, le meut sous tous ses aspects; aussi, dans l'œuvre d'art, la technique n'est absolument pas « mécaniste » et ne peut se présenter comme telle que dans une analyse esthétique défectueuse, qui perd de vue l'objet esthétique, rend la technique autonome et l'arrache à son but et à son sens. C'est pour faire contrepoids à ces analyses, qu'il faut souligner le caractère auxiliaire de l'organisation matérielle de l'œuvre, son caractère proprement technique, non pour la rabaisser, mais au contraire pour lui donner un sens et la vivifier.

Une solution correcte du problème de la signification du matériau ne peut donc rendre inutiles les recherches de l'esthétique matérielle et diminuer leur portée, mais elle leur donnera, en revanche, des principes et *une orientation méthodique et correcte, toutefois, il faudra, bien entendu, qu'elle renonce à sa prétention de rendre complètement compte de l'œuvre d'art.*

Il faut remarquer qu'à l'égard de certains arts l'analyse esthétique doit pratiquement se limiter à l'exploration de la technique, à condition, évidemment, que celle-ci soit comprise méthodiquement comme pure technique. C'est le cas de l'esthétique musicale. De l'objet esthétique de la musique, qui surgit aux frontières des sonorités acoustiques, l'analyse esthétique d'une œuvre donnée n'a quasiment rien à dire en dehors d'une définition générale de ses particularités. Dans la plupart des cas, les jugements qui débordent l'analyse de la composition matérielle d'une œuvre musicale deviennent subjectifs : tantôt c'est une libre poétisation de l'œuvre, tantôt une construction métaphysique arbitraire, ou encore, une réflexion purement psychologique. On peut imaginer un type particulier d'interprétation philosophique subjective de l'œuvre musicale consciente de sa nature méthodique, qui aurait une grande portée culturelle, mais elle ne serait certes pas scientifique au sens strict du terme.

Il ne nous est pas possible, ici, d'esquisser une méthode d'analyse compositionnelle du matériau, ne serait-ce qu'à grands traits, comme nous l'avons fait pour la méthode d'analyse du contenu. Ce ne serait possible qu'après avoir acquis une connaissance plus détaillée de l'objet esthétique et de son architectonique, qui déterminent la composition. Nous devons nous limiter ici à ce que nous venons d'exposer.

IV

Le problème de la forme

La forme artistique, c'est la forme d'un contenu, mais entièrement réalisée dans le matériau, et comme soudée à lui. C'est pourquoi elle doit être comprise et examinée dans deux directions : 1) de l'intérieur de l'objet esthétique pur, comme forme architectonique, axiologiquement orientée sur le contenu (un événement possible), et relatée à ce contenu; 2) de l'intérieur de l'ensemble matériel réalisé par la composition de l'œuvre : c'est l'étude de la technique de la forme.

Dans le second cas, la forme étudiée ne doit en aucun cas être interprétée comme forme d'un matériau, ce qui en fausserait totalement la compréhension, mais seulement comme forme réalisée à partir du matériau, et avec son aide, et à cet égard déterminée non seulement par son but esthétique mais aussi par la nature de ce matériau.

Le présent chapitre est une courte introduction à la méthode de l'analyse *esthétique* de la forme, en tant que forme *architectonique*. La forme est trop souvent comprise seulement en tant que « technique »; c'est caractéristique pour le formalisme, comme pour le psychologisme en histoire de l'art. Quant à nous, nous explorons la forme au plan purement esthétique, comme forme esthétiquement signifiante. Notre problème principal est ici le suivant : comment la forme, entièrement réalisée dans un certain matériau, devient-elle néanmoins la forme d'un contenu, se relate axiologiquement à lui, ou, en d'autres termes, comment la forme compositionnelle, c'est-à-dire l'organisation du matériau, réalise-t-elle une forme architectonique, c'est-à-dire l'unification et l'organisation des valeurs cognitives et éthiques ?

Ce n'est qu'en devenant l'expression de l'activité axiologiquement déterminée d'un sujet axiologiquement actif que la forme se « déréifie » et se projette au-delà de l'œuvre conçue comme matériau organisé [1].

Dans la forme *je me trouve moi-même*, je trouve mon activité productrice de mise en forme axiologique, *je sens intensément mon geste créateur de son objet*, et cela pas seulement dans l'œuvre première, pas seulement dans la création première, mais aussi dans la contemplation de l'œuvre d'art : *je dois, dans une certaine mesure, m'éprouver comme créateur de la forme, pour pouvoir réaliser une forme esthétiquement signifiante, en tant que telle.*

C'est là que réside la différence essentielle entre la forme artistique et la forme cognitive. Cette dernière n'a pas d'auteur-créateur : je trouve la forme cognitive dans l'objet, je ne me retrouve pas en elle, je n'y trouve pas mon activité de créateur. D'où une certaine nécessité contraignante de la pensée cognitive : elle est active, mais ne ressent pas son activité, car le sentiment ne peut être qu'individuel, relaté à une personne, ou, pour mieux dire, le sentiment de mon activité n'entre pas dans le contenu objectal de la pensée elle-même, il reste en marge, comme un accessoire psychologique subjectif, pas plus : *la science, comme unité objective d'objets, n'a pas d'auteur-créateur* [2].

L'auteur-créateur est un élément constitutif de la forme artistique.

La forme, il faut que je l'*éprouve* comme étant ma relation active et axiologique au *contenu*, pour pouvoir l'éprouver esthétiquement : dans la forme et par la forme je chante, je raconte, je représente, au moyen de la forme j'exprime mon amour, ma certitude, mon adhésion.

Le contenu s'oppose à la forme comme quelque chose de passif qui a besoin d'elle, quelque chose de réceptif, d'accueillant, d'englobant, de fixe, d'aimé, etc. Sitôt que je cesse d'être actif dans la forme, le contenu que cette forme a apaisé et parachevé, se révolte et paraît dans sa signification purement cognitive et éthique; cela veut dire que la contemplation esthétique cède la place à une empathie purement éthique, ou à une réflexion cognitive, par un accord ou un désaccord théoriques, une approbation ou une désapprobation pratiques... Ainsi, dans la perception non littéraire d'un roman on peut étouffer la forme et rendre actif le contenu dans son orientation problématique, ou éthico-pratique.

1. La théorie de l'art n'ignore nullement la conception de la forme comme expression de l'activité, mais elle ne pourra lui donner un fondement solide qu'au moyen d'une esthétique systématiquement orientée *(N.d.A.)*.

2. Le savant-auteur n'organise activement que la forme extérieure de son exposé; l'aspect séparé, achevé, individuel, d'une œuvre scientifique exprimant l'activité esthétique subjective de son auteur, n'entre pas à l'intérieur de la connaissance théorique du monde *(N.d.A.)*.

On peut, par exemple, éprouver les émotions des personnages, vivre leurs aventures, leurs succès, leurs échecs; on peut aussi ramener la musique au simple accompagnement de nos rêveries, de notre libre concentration éthique, au niveau élémentaire, en y portant le centre de gravité.

Voir ou entendre simplement quelque chose n'est pas encore percevoir sa forme esthétique. Il faut que ce qui est vu, entendu, prononcé, devienne l'expression de notre relation active, axiologique. *Il faut pénétrer en créateur dans ce que l'on voit, entend, exprime,* et par là même transcender la matérialité, la détermination extra-artistique de la forme : elle cesse de nous être extérieure comme un matériau perçu et organisé de façon cognitive, et devient l'expression d'une activité valorisante, qui pénètre dans le contenu et le transforme. Ainsi, quand je lis ou quand j'écoute une œuvre poétique je ne la laisse pas à l'extérieur de moi-même, comme l'énoncé d'un autre qu'il suffit d'entendre, et dont le sens pratique ou théorique doit simplement être compris; mais, dans une certaine mesure, j'en fais mon propre énoncé à propos d'autrui, j'en assimile le rythme, l'intonation, la tension articulatoire, la gesticulation intérieure (créatrice de mouvement) de la narration, l'activité figurative de la métaphore, etc., comme l'expression adéquate de ma propre relation axiologique au contenu; cela veut dire que ma perception ne vise pas des mots, des phonèmes, un rythme, mais s'accompagne de mots, de phonèmes, d'un rythme, vise activement un contenu : je l'embrasse, l'informe, le parachève; (la forme elle-même, prise dans l'abstrait, ne se suffit pas à elle-même, mais rend autonome le contenu formé). Je deviens actif dans la forme, *et au moyen de la forme j'occupe une position axiologique en dehors du contenu* (conçu comme orientation cognitive et éthique), et cela rend possible pour la première fois le parachèvement et la réalisation en général de toutes les fonctions esthétiques de la forme par rapport au contenu.

Ainsi la forme est-elle l'expression de la relation active et axiologique d'un auteur-créateur et d'un contemplateur (co-créateur de la forme) au contenu. Tous les aspects de l'œuvre dans lesquels il nous est possible de nous sentir présents, de sentir notre activité relatée de façon valorisante au contenu, et qui sont transcendés dans leur matérialité par cette activité, doivent être rapportés à la forme.

Mais comment la forme, comme expression verbale d'une relation subjective et active au contenu, peut-elle devenir *une forme créatrice qui parachève le contenu?* Qu'est-ce qui fait d'une activité verbale, et en général d'une activité *qui en réalité ne sort pas des limites de l'œuvre matérielle,* qui ne fait que l'engendrer et l'organiser, qu'est-ce qui en fait une activité qui donne sa forme au contenu cognitif et éthique, et une forme pleinement parachevée de surcroît ?

Ici nous sommes contraints de toucher brièvement à la fonction première de la forme par rapport au contenu, sa fonction d'isolement ou de séparation.

L'isolement ou la séparation ne se rapportent ni au matériau, ni à l'œuvre comme chose, mais à sa signification, à son contenu, qui très souvent se libère de certains liens nécessaires avec l'unité de la nature et l'unité éthique de l'être. Une fois le lien rompu, le contenu isolé reste éthiquement connu et esthétiquement valorisé; il est reconnu par la mémoire de la raison et celle de la volonté, mais il peut être individualisé et devenir essentiellement susceptible de parachèvement puisque une stricte relation et intégration rend impossible toute individualisation à l'unité de la nature dans l'événement, continu et irréversible, de l'existence; il faut isoler le contenu par rapport à l'événement futur pour que son achèvement, son « être là » autonome, sa présence autosuffisante puisse se faire.

Le contenu d'une œuvre est comme un fragment de l'événement continu et ouvert de l'existence, isolé et libéré par la forme de sa responsabilité envers l'événement à venir, par conséquent tranquille et autonome, parachevé dans sa totalité, ayant absorbé même la nature isolée dans son repos et son autosuffisance.

L'isolement hors de l'unité de la nature détruit tous les aspects réifiés du contenu. D'une façon générale la forme de la « réité » n'est devenue possible pour la première fois qu'à partir de la conception de la nature « une », élaborée par les sciences naturelles : hors d'elle, l'objet ne peut être perçu que de manière animiste ou mythologique comme une force, comme un participant à l'événement de la vie. L'isolement déréifie à nouveau : une chose isolée est une *contradiction dans les termes*

Ce qu'en art on nomme *invention* n'est que l'expression positive de l'isolement : l'objet isolé est par là même inventé, c'est-à-dire ni réel dans l'unité de la nature, ni présent dans l'événement de l'existence. Par leur côté négatif, l'invention et l'isolement coïncident; dans l'invention, vue du côté positif, se trouve soulignée l'activité propre à la forme, la présence de l'auteur; l'invention me donne une conscience plus aiguë de moi-même comme inventeur actif d'un objet : je me sens libre, du fait de mon extériorité, de former et d'achever l'événement sans rencontrer d'obstacle.

On ne peut inventer que quelque chose qui soit subjectivement valorisé et signifiant dans l'événement, quelque chose d'important du point de vue humain, mais pas une chose : une chose inventée est une *contradiction dans les termes*.

Dans la musique non plus l'isolement et l'invention ne peuvent être axiologiquement rapportés au matériau : ce n'est pas le son de l'acoustique qui s'isole, ni le nombre mathématique intervenant dans la composition qui s'invente. C'est l'événement de l'aspiration, c'est la tension valorisante qui sont isolés et rendus irréversibles par l'invention, et grâce à cela, s'éliminent eux-mêmes sans obstacles, et trouvent un repos dans leur parachèvement.

Ce que les formalistes nomment la « singularisation » n'est, au fond, qu'une expression méthodiquement imparfaite de la fonction d'isolation que, dans la plupart des cas, on rapporte incorrectement au matériau : c'est *le mot* que l'on doit singulariser par la destruction de sa série sémantique habituelle. Au reste, il arrive que la singularisation soit rapportée à l'objet, mais elle est comprise alors de manière grossièrement psychologique, comme une façon de dégager l'objet de sa perception habituelle (celle-ci étant, naturellement, aussi fortuite et subjective qu'une perception inhabituelle). En réalité, l'isolation consiste à dégager l'objet, la valeur et l'événement de la série cognitive et éthique régie par un ordre nécessaire.

L'isolation rend possible pour la première fois la réalisation positive de la forme artistique, car elle rend possible une relation à l'événement qui n'est plus cognitive et pratique, mais qui est une libre formation du contenu, ce qui libère l'activité de notre sentiment de l'objet, de son contenu, et de toute l'énergie créatrice de ce sentiment. Ainsi, l'isolation est-elle la condition négative du caractère personnel subjectif (mais pas psychologiquement subjectif) de la forme; elle permet à l'auteur-créateur de devenir une partie constitutive de cette forme [1].

D'autre part, l'isolement met en avant et détermine la signification du matériau et de son organisation compositionnelle : le matériau devient *conventionnel :* en travaillant le matériau, l'artiste élabore les valeurs d'une réalité isolée, et ce faisant le dépasse de façon immanente, sans sortir de ses limites. Le mot, l'énoncé, cessent d'attendre et de souhaiter quelque chose de réel au-delà de leurs limites — une action, ou quelque chose qui leur corresponde dans la réalité, autrement dit, une réalisation réelle ou une vérification et une confirmation (le dépassement de la subjectivité). Par ses propres forces, le mot translate la forme parachevante en contenu : ainsi, dans la poésie, l'imploration, esthéti-

1. Naturellement, l'isolation elle-même est le premier produit de cette activité, elle est comme l'acte de prise de possession de l'auteur *(N.d.T.)*.

quement organisée, commence à se suffire à elle-même et n'a plus besoin d'être satisfaite, l'étant, en quelque sorte, par la forme même de son expression; la prière n'a plus besoin d'un dieu qui pourrait l'entendre, la plainte n'a plus besoin de secours, le repentir n'a plus besoin de pardon, etc. A l'aide du seul matériau, la forme comble tout événement, toute tension éthique, jusqu'à leur accomplissement plénier. A l'aide du seul matériau, l'auteur adopte une attitude créatrice, productive par rapport au contenu, c'est-à-dire aux valeurs cognitives et éthiques. C'est comme si l'auteur entrait dans l'événement isolé et y devenait créateur, sans en être participant. De cette façon, l'isolation rend le mot, l'énoncé, le matériau en général (le son de l'acoustique, etc.) formellement créatifs.

Comment la personnalité créatrice de l'artiste et du contemplateur entre-t-elle dans le matériau du mot, et quels sont les côtés de ce matériau dont elle s'empare de préférence?

Dans le mot, en tant que matériau, nous distinguons les éléments suivants [1] :

1) le côté sonore du mot, son aspect proprement musical; 2) la signification matérielle du mot, avec toutes ses nuances et ses variantes; 3) son aspect de liaison verbale (toutes les relations et interrelations purement verbales); 4) l'aspect intonatoire (émotionnel et volitif, au plan psychologique) du mot, son orientation axiologique, exprimant la variété des relations axiologiques du locuteur; 5) le sentiment de l'activité verbale, de l'engendrement actif d'un son *signifiant ;* (il faut y inclure tous les éléments moteurs, l'articulation, le geste, la mimique et autres, et tout l'élan interne de ma personne, occupant activement par le moyen du mot, de l'énoncé, une certaine position axiologique et sémantique). Précisons qu'il s'agit du sentiment de l'engendrement d'un mot signifiant : ce n'est pas le sentiment d'un mouvement organique brut, engendrant la réalité physique du mot, mais le sentiment d'engendrer tant le sens que l'appréciation, autrement dit, le sentiment d'un mouvement, d'une prise de position qui concernerait l'homme entier, d'un mouvement dans lequel sont entraînés à la fois l'organisme et l'activité sémantique, car ce qui est engendré c'est à la fois la chair et l'âme du mot, dans leur unité concrète. Ce cinquième et dernier élément reflète les quatre autres. Il représente ce par quoi ils sont tournés vers la personnalité du locuteur (le sentiment d'engendrer le son, le sens, la liaison, la valorisation).

L'activité formatrice de l'auteur-créateur et du contempla-

1. Nous abordons ici le mot défini par la linguistique du point de vue de sa réalisation compositionnelle par la forme littéraire *(N.d.A.).*

teur prend possession de tous les aspects du mot, qui lui permettent de réaliser la forme orientée sur le contenu, pour le parachever. D'autre part, tous ces aspects servent également à l'expression du contenu; dans tous, le créateur et le contemplateur ont le sentiment de leur activité — sélective, constructive, déterminante, parachevante, et en même temps, ils sentent quelque chose sur quoi cette activité est dirigée, « qui est là », devant elle. Mais, naturellement, c'est le cinquième aspect qui régit tout, qui est le foyer des énergies formatrices; ensuite, dans l'ordre d'importance, le quatrième, c'est-à-dire la valorisation, le troisième (les liaisons), le deuxième (le sens), enfin le premier le son, absorbé pour ainsi dire dans tous les autres aspects, et qui devient le *vecteur de l'unité du mot en poésie.*

L'énonciation cognitive est régie par le sens matériel, objectal du mot, qui s'efforce de trouver une place nécessaire dans l'unité objectale objective de la connaissance. Cette unité objectale est absolument déterminante dans un énoncé cognitif; elle rejette sans pitié tout ce qui n'a pas de rapport avec elle, et en particulier laisse en dehors le sentiment d'occuper une position active par cet énoncé : ce sentiment n'est pas rapporté à l'unité objectale, n'y pénètre pas comme volonté et sentiment subjectifs créateurs, et n'est absolument pas en mesure de créer l'unité d'un énoncé théorique.

Le sentiment d'une activité verbale dans le mot-acte (condamnation, accord, pardon, supplique) n'est pas l'élément déterminant, le mot-acte étant rapporté à l'unité de l'événement éthique, et se définit en lui comme nécessaire et impératif.

C'est dans la poésie seule que le sentiment d'une activité engendrant un énoncé significatif devient un centre formateur, véhicule de l'unité de la forme.

De ce foyer d'une activité génératrice éprouvée jaillit en premier lieu le rythme (au sens le plus large, celui des vers comme de la prose) et, d'une façon générale, *tout ordre d'énoncé de caractère non objectal, renvoyant l'énonciateur à lui-même, à son unité dynamique et génératrice.*

L'unité d'un ordre fondé sur la récurrence de ce qui est analogue, ne seraient-ce que des éléments sémantiques analogues, est l'unité d'une activité revenant à elle-même, se ressaisissant elle-même : le centre de gravité n'est pas dans le sens récurrent, mais dans l'activité retrouvée du mouvement intérieur et extérieur, du corps et de l'âme, qui a engendré cette signification.

L'unité de tous les éléments compositionnels réalisant la forme et avant tout l'unité de l'ensemble verbal de l'œuvre, cette unité, dans son aspect formel, suppose non dans ce qui est dit, ou ce dont il est question, mais dans la manière de le dire, le sentiment *d'une activité de locution signifiante ;* c'est cette activité qui doit continuellement se sentir comme *unique*, indépendamment de l'unité objectale et sémantique de son contenu, de ce qui se répète, revient, noue des liens; ce ne sont pas directement des éléments sémantiques dans leur objectivité, c'est-à-dire totalement coupés de la personnalité du sujet parlant, mais l'élément d'activité qui s'y rapporte, la sensation de sa propre activité; cette activité ne se perd pas dans l objet, elle sent encore et toujours sa propre unité subjective en elle-même, dans la tension de sa position physique et morale : *une unité n'est pas celle de l'objet, ni de l'événement, mais l'unité d'un embrassement, d'une inclusion de l'objet et de l'événement.* Ainsi le début et la fin d'une œuvre, du point de vue de l'unité de la forme, sont le commencement et la fin d'une activité : c'est moi qui commence et c'est moi qui finis.

L'unité objective de la connaissance ne connaît pas de fin qui serait chargée d'une signification positive : c'est le savant qui commence et finit, mais non pas la science. Le commencement, la fin, la plupart des aspects compositionnels d'un traité savant reflètent l'activité de son auteur-sujet, c'est-à-dire sont des éléments esthétiques, qui ne pénètrent pas à l'intérieur du monde ouvert, sans commencement ni fin, qui est celui de la connaissance.

Toutes les articulations compositionnelles d'un ensemble verbal — chapitres, paragraphes, strophes, lignes, mots, n'expriment la forme qu'en tant qu'articulations. Les *étapes* de l'activité verbale génératrice sont les périodes d'une tension unique, sont des éléments atteignant à un certain degré d'achèvement, non du contenu lui-même, comme *déterminés* de l'intérieur, mais des éléments d'une activité *qui englobe ce contenu de l'extérieur*, déterminés par l'activité de l'auteur orientée sur le contenu, mais s'infiltrant, naturellement, de façon importante dans le contenu, lui donnant sans le contraindre une forme esthétiquement adéquate sans lui faire violence.

L'unité de la forme esthétique, c'est donc l'unité de la position d'une âme et d'un corps actifs, d'un homme complet, actif, s'appuyant sur lui-même. Dès que cette unité est transférée sur l'unité objectale de la connaissance théorique et l'unité sémantique de l'événement, la forme cesse d'être esthétique; aussi, le rythme, l'intonation conclusive et d'autres aspects formels perdent-ils leur force formatrice.

Toutefois, cette activité génératrice du mot — son signifiant qui, dans le sentiment qu'elle a d'elle-même, se rend maîtresse de son unité, cette activité ne se suffit pas à elle-même, ne se satisfait pas d'elle-même, mais dépasse les limites d'un organisme et d'un psychisme actifs, s'adresse hors d'elle-même, car c'est une activité aimante, exaltante, dénigrante, célébrante, déplorante, etc., autrement dit, elle représente une relation axiologiquement déterminée (au plan psychologique, elle a sa tonalité émotionnelle et volitive). Car ce n'est pas simplement un son qu'elle engendre, c'est un son signifiant. L'activité génératrice du mot pénètre et se reconnaît axiologiquement dans le côté « intonatif » du mot, s'enrichit d'un jugement de valeur dans le sentiment de son intonation active[1]. Nous entendons par « côté intonatif du mot » sa capacité d'exprimer la multiplicité des jugements de valeur du locuteur à l'égard du contenu de l'énoncé (au plan psychologique : la multiplicité des réactions émotionnelles et volontaires du locuteur). En outre, que ce côté du mot se manifeste dans une intonation réelle, lors d'une émission, ou qu'il s'éprouve simplement comme une possibilité, il a, de toute manière, une consistance esthétique. L'activité de l'auteur devient l'activité *d'une évaluation exprimée*, qui colore tous les côtés du mot : le mot invective, caresse, exprime son indifférence, rabaisse, décore, etc.[2].

Ensuite, l'activité génératrice prend possession des liaisons verbales signifiantes (la comparaison, la métaphore, utilisation compositionnelle des liaisons syntaxiques, des répétitions, des parallélismes, de la forme interrogative, des liaisons hypotaxiques et parataxiques, et ainsi de suite); *le sentiment de l'activité de liaison apparaît là aussi comme organisateur*, mais un sentiment déjà déterminé axiologiquement. Ainsi, une comparaison ou une métaphore s'appuient sur l'unité d'une activité d'évaluation, autrement dit, la liaison comprend les côtés « intonatifs » du mot, qui, d'évidence, ne sont pas indifférents au sens objectal (au plan psychologique, la métaphore, la comparaison et autres liens verbaux poétisés sont fondés sur les relations réciproques et affinités émotionnelles de ce mot). Ce n'est pas la pensée logique qui crée l'unité, c'est le sentiment d'une activité valorisante; ce ne sont pas des liens nécessaires propres aux objets, laissant en dehors le sujet sentant et voulant, n'ayant pas besoin de lui, mais des liens purement subjectifs, nécessitant l'unité subjective de l'homme sentant et voulant. Tout de même, la métaphore et la comparaison présument aussi une unité et une liaison

1. L'ordre de prise de possession des divers aspects du mot par l'activité de l'auteur et du contemplateur (que nous notons plus loin) n'est aucunement l'ordre de la perception et de l'œuvre réelles *(N.d.A.)*.

2. Nous envisageons ici l'intonation valorisante purement *esthétique* de l'auteur, à la différence de l'intonation éthique, dite « réaliste », d'un acteur réel ou virtuel, participant à l'événement en y portant un intérêt éthique, mais point esthétique *(N.d.A.)*.

objectales possibles, et l'unité de l'événement éthique sur le fond desquelles on perçoit leur activité créatrice : la métaphore et la comparaison englobent une visée cognitive et éthique persistante, le jugement de valeur qui s'exprime en elles devient véritablement formateur de l'objet qu'il déréifie. Abstraite du sentiment d'une activité liante et formatrice, et formatrice de l'auteur, la métaphore se meurt, cesse d'être métaphore poétique ou devient mythe (comme simple métaphore linguistique, elle peut parfaitement convenir aux fins de l'énoncé cognitif).

Toutes les liaisons verbales syntaxiques, pour devenir compositionnelles et réaliser la forme dans l'objet artistique, doivent être pénétrées par l'unité du sentiment unique d'une activité de liaison, visant l'unité, réalisée par elle, des liaisons objectives et sémantiques de caractère cognitif ou éthique, sur l'unité du sentiment de tension et d'englobement formateur d'englobement extérieur du contenu théorique et éthique.

Il en est de même du sens objectal matériel du mot : il s'enveloppe du sentiment d'une *activité de choix portant sur le sens*, d'un sentiment spécifique *d'initiative sémantique du sujet-créateur*. (Cette initiative n'existe pas dans la connaissance, où on ne peut être initiateur, où le sentiment d'une activité de choix est rejeté au-delà du monde constitué par le connu.) Mais ce sentiment du choix est rapporté à ce qui est choisi, englobe son autonomie cognitive et éthique.

Enfin, le sentiment d'une activité prend également possession du côté sonore du mot. Son côté purement acoustique a, en poésie, une importance relativement faible. Le mouvement qui engendre le son acoustique, surtout actif dans les organes d'articulation, mais qui s'étend à tout l'organisme, qu'il soit effectivement réalisé dans une récitation, qu'il soit vécu par sympathie dans l'audition, ou encore vécu seulement comme possible, est incommensurablement plus important que la chose entendue elle-même, qui est presque ravalée au rôle auxiliaire chargé de provoquer le mouvement générateur correspondant, ou au rôle plus extérieur encore « d'insigne » du sens, de la signification, ou, finalement, sert de base à une intonation qui ne peut se passer de l'expansion sonore du mot, mais qui est indifférente à sa composition qualitative et à un rythme qui, naturellement, possède un caractère dynamique; dans le roman, et en général dans les plus grands ensembles verbaux en prose, le phonème cède presque complètement ses fonctions auxiliaires (désigner le sens, provoquer un mouvement, servir de base à l'intonation) au graphème. En cela réside la distinction essentielle entre poésie et musique. En musique, le mouvement générateur de son a une signification secondaire, comparée au côté acoustique de la sonorité, hormis la musique vocale, qui, dans ce sens, est encore proche de la poésie, encore qu'ici l'élément acoustique y soit incomparablement plus important que dans cette dernière. Mais ici le mouvement générateur est encore organique, et l'on peut dire que le corps intérieur, activement créateur du compositeur-exécutant-auditeur, s'intègre, comme l'un de ses aspects, dans la forme artistique.

Dans la musique instrumentale, le mouvement qui engendre le son cesse presque entièrement d'être organique : le mouvement de l'archet, la main qui frappe le clavier, l'effort nécessaire aux instruments à vent, etc., tout cela reste, pour une grande part, en marge de la forme; seule, la tension correspond toute à ce mouvement, la force, pour ainsi dire, de l'énergie dépensée, totalement abstraite du sentiment organique interne de la main qui frappe ou bouge, pénètre dans le son lui-même où, purifiée, elle est captée par l'ouïe qui interprète; elle devient alors l'expression de l'activité et de la tension de l'homme intérieur, comme en dehors de l'organisme et de l'instrument-objet qui engendre le son signifiant et valorsé. En musique, tous les éléments compositionnellement signifiants sont aspirés et absorbés par le côté acoustique du son. Si, en poésie, l'auteur qui réalise la forme est un homme qui parle, en musique c'est un homme qui émet directement des sonorités, et non qui joue du piano, du violon ou autres instruments, au sens de qui produit des sons par l'intermédiaire de l'instrument du mouvement. L'activité constructive de la forme musicale est l'activité de la sonorité signifiante elle-même du mouvement valorisé du son en lui-même.

Le terme « instrumentation », pour dénoter la mise en ordre de l'aspect qualificatif du matériau sonore en poésie doit être considéré comme tout à fait impropre. En réalité, ce n'est pas le côté acoustique du mot qui est ordonné, mais son aspect articulatoire et moteur; il est vrai que cet ordre articulatoire trouve un reflet dans la réalité sonore comme dans la réalité graphique du mot.

L'importance de l'organisme créateur interne n'est pas semblable dans tous les genres poétiques : elle est à son maximum dans la poésie lyrique, où le corps engendrant le son de l'intérieur, et sensible à l'unité de sa tension productive, se trouve impliqué dans la forme. Dans le roman, la participation de l'organisme interne à la forme est minime.

Naturellement, dans le roman (si celui-ci est vraiment une œuvre d'art) l'activité qui engendre le mot demeure le principe qui régit la forme, mais cette activité est presque entièrement privée d'aspects organiques, physiques, c'est une activité spirituelle d'engendrement et de sélection du sens, des liaisons, des relations axiologiques; c'est la tension intérieure d'une contemplation spirituelle parachevante et de l'englobement des grands ensembles verbaux, des chapitres, des parties, enfin du roman entier. Particulièrement vif est le sentiment d'une intense activité axiologiquement mémorisante de la mémoire émotionnelle. C'est ici que pénètre dans la forme son élément constitutif : l'homme-créateur intérieurement actif, qui voit, entend, valorise, lie, choisit, bien qu'il n'y ait pas tension physiologique réelle des sens et des organes du corps; cet homme créateur, « un » par le sentiment de son activité tout au long du roman, cet homme qui le commence et qui l'achève est comme la totalité d'une tension intérieure productive et dotée de sens [1].

L'unité de la forme, c'est l'unité de la position axiologique active de l'auteur-créateur réalisée au moyen du mot (prise de position par le mot), mais rapportée au contenu. Cette position, adoptée par le moyen du mot, et de lui seul, devient productive et parachève créativement le contenu, grâce à son isolation, à sa non-réalité (ou, plus exactement, et d'une façon philosophiquement rigoureuse, grâce à une réalité particulière, de caractère purement esthétique). L'isolation est le premier pas de la conscience formatrice, le premier don de la forme au contenu, ce qui rend une première fois possibles tous les dons suivants, proprement positifs et enrichissants.

Tous les aspects du mot qui réalisent compositionnellement la forme deviennent l'expression du rapport créateur de l'auteur au contenu : le rythme, soudé au matériau, est projeté au-delà de ses limites et commence à imprégner le contenu comme attitude créatrice à son égard et le transfère sur un nouveau plan axiologique, celui de l'existence esthétique. La forme du roman qui ordonne le matériau verbal, devenue l'expression de l'attitude de l'auteur, crée la forme architectonique qui ordonne et parachève l'événement, indépendamment de l'événement, unique et toujours ouvert, de l'existence.

Là réside la profonde originalité de la forme esthétique : elle est mon activité organiquement motrice, valorisante et donatrice de sens, et en même temps elle est la forme de l'événement qui s'oppose à moi et de son participant (sa personnalité, la forme de son corps et de son âme).

L'homme-sujet isolé ne s'éprouve comme créateur que dans l'art. La personnalité créatrice positivement subjective est un élément constitutif de la forme artistique; ici sa subjectivité

1. Il faut distinguer strictement l'activité constructive de l'auteur-créateur du mouvement passif d'imitation — réel ou virtuel — qui peut parfois être nécessaire à l'empathie éthique, de même qu'il convient de distinguer l'intonation éthique de l'intonation esthétique accomplissante *(N.d.A.)*.

trouve une objectivation spécifique, devient subjectivité créatrice culturellement signifiante. Ici aussi se réalise l'unité spécifique de l'homme physique et moral, sensible et spirituel, mais une unité éprouvée de l'intérieur. L'auteur, comme partie constitutive de la forme, c'est l'activité organisée et venant de l'intérieur de l'homme comme totalité réalisant pleinement sa tâche, ne présumant rien en dehors de lui-même pour arriver au parachèvement, et qui plus est de l'homme entier des pieds à la tête : il le faut tout entier, respirant (le rythme), se mouvant, voyant, entendant, se souvenant, aimant et comprenant [1].

Cette activité de la personnalité du créateur *organisée de l'intérieur* se distingue fondamentalement de la personnalité passive, *organisée de l'extérieur*, du personnage, de l'homme comme objet d'une vision littéraire, physiquement et moralement déterminé; sa détermination est visible, audible, informée : c'est l'image de l'homme, c'est sa personnalité extériorisée et incarnée. Mais la personnalité du créateur, elle, est invisible et inaudible; elle est vécue intérieurement, organisée de l'intérieur, comme une activité qui voit, entend, se meut et se souvient, non incarnée mais qui incarne, et ensuite seulement reflétée dans un objet formé.

L'objet esthétique, c'est une création qui inclut son créateur : celui-ci s'y retrouve, y ressent intensément son activité créatrice; ou encore, c'est la création, telle qu'elle paraît aux yeux de son créateur, qui l'a faite avec amour, en toute liberté; (il est vrai qu'elle n'a pas été créée à partir de rien, et présume la réalité de la connaissance et de l'éthique, qu'elle ne fait que transfigurer, à quoi elle donne forme).

*

La tâche principale de l'esthétique consiste à étudier l'objet esthétique dans sa spécificité en évitant de lui substituer quelque étape intermédiaire sur le chemin de sa réalisation; et avant tout, il importe de comprendre l'objet esthétique de manière synthétique, dans sa totalité, de comprendre la forme et le contenu dans leur interrelation essentielle et nécessaire, de comprendre la forme comme forme du contenu, et le contenu comme contenu de la forme, enfin de comprendre la spécificité et la loi de ces relations mutuelles. A partir de là seulement l'on pourra conduire

1. Seules une compréhension et une étude strictement méthodiques de l'auteur comme élément de l'objet esthétique, donnent à la méthode les bases d'une exploration psychologique, biographique et historique de cet auteur (*N.d.A.*).

comme il convient l'analyse esthétique concrète des œuvres particulières.

D'après tout ce qui a été dit, il doit ressortir clairement que l'objet esthétique n'est pas une chose, puisque sa forme (ou, plus exactement, la forme de son contenu, car l'objet esthétique est un contenu doté de forme), cette forme dans laquelle je me sens un sujet actif, dans laquelle je pénètre en tant qu'élément constitutif nécessaire ne peut, évidemment, être la forme d'une chose, d'un objet.

La forme artistiquement créatrice donne forme avant tout à l'homme, puis au monde, mais seulement comme à un monde de l'homme; elle peut l'humaniser directement, en l'animant, ou en le mettant dans une relation si directe avec l'homme que ce monde perd à côté de lui l'autonomie de sa valeur, ne devient plus qu'un élément de la valeur de la vie humaine. Aussi cette relation de la forme au contenu dans l'unité de l'objet esthétique a un caractère *personnel*, et l'objet esthétique, lui, se présente comme une sorte d'événement spécifique et accompli de l'action et de l'interaction du créateur et du contenu.

Dans l'œuvre d'art verbale, le caractère événementiel de l'objet esthétique est particulièrement clair; les relations mutuelles de la forme et du contenu ont ici un caractère presque dramatique; on voit de façon particulièrement claire la pénétration de l'auteur, corps, cœur et esprit, dans l'objet. On voit clairement non seulement l'unité indivisible de la forme et du contenu, mais aussi leur distinction, alors que dans les autres arts, la forme pénètre davantage dans le contenu, paraît se réifier en lui, il est, semble-t-il, plus difficile de l'en séparer et de l'exprimer dans sa singularisation abstraite.

Cela s'explique par le caractère du matériau de la poésie : le mot à l'aide duquel l'auteur, l'homme parlant, peut directement adopter sa position créative, alors que dans les autres arts, le processus de la création implique comme médiateurs techniques des corps hétérogènes : instruments de musique, ciseau du sculpteur, et ainsi de suite. De surcroît, le matériau n'y recouvre pas aussi pleinement toute l'activité de l'homme. En passant à travers ces médiateurs hétérogènes, l'activité de l'auteur-créateur se spécialise, devient unilatérale, et par suite moins aisément séparable du contenu auquel elle a donné forme.

1924.

Deuxième étude

DU DISCOURS ROMANESQUE

Cette étude est inspirée par l'idée d'en finir avec la rupture entre un « formalisme » abstrait et un « idéologisme », qui ne l'est pas moins, tous deux voués à l'étude de l'art littéraire. La forme et le contenu ne font qu'un dans le discours compris comme phénomène social : il est social dans toutes les sphères de son existence et dans tous ses éléments, depuis l'image auditive, jusqu'aux stratifications sémantiques les plus abstraites.

Notre réflexion a déterminé notre insistance sur la « stylistique du genre ». La distinction entre style et langage d'une part, et genre de l'autre, a, pour une large mesure, abouti à étudier en premier lieu les seules harmoniques individuelles et orientées du style, et à ignorer sa tonalité sociale initiale. Les grands destins historiques du discours littéraire, relatés aux destins des genres, sont dissimulés par la petite histoire des modifications stylistiques, liées aux artistes et aux courants individuels. C'est pourquoi la stylistique ne traite pas ses problèmes de façon sérieuse, philosophique, sociologique, et se noie dans les détails. Elle ne sait pas déceler, derrière les mutations individuelles, orientées, les grands destins anonymes du discours littéraire. Dans la plupart des cas, elle se présente comme la stylistique d'un « art en chambre », elle méconnaît la vie sociale du verbe hors de l'atelier de l'artiste, dans les vastes espaces des places publiques, des rues, des villes et villages, des groupes sociaux, des générations et des époques. La stylistique a affaire non à la parole vivante, mais à sa coupe histologique, à un verbe linguistique abstrait au service de la maîtrise d'un artiste. Or, ces harmoniques du style, écartées des voies sociales de la vie du verbe, reçoivent inévitablement un traitement étroit et abstrait, et ne peuvent être explorées dans un tout organique avec les sphères sémantiques de l'œuvre.

I

Stylistique contemporaine et roman

Avant le XXe siècle, il n'y a pas eu de traitement précis des problèmes de la stylistique du roman fondé sur l'originalité stylistique du discours dans la prose littéraire.

Le roman fut longtemps l'objet d'analyses abstraitement idéologiques et de jugements de publicistes. On négligeait complètement les problèmes concrets, ou on les examinait à la légère, sans principe aucun. Le discours de la prose littéraire était considéré comme poétique, au sens étroit, et on lui appliquait, sans aucun sens critique, les catégories de la stylistique traditionnelle (fondée sur l'étude des tropes), ou bien, on se contentait simplement de qualifier en termes creux les caractéristiques du langage : son « expressivité », sa « vigueur », sa « limpidité », sans charger ces concepts de quelque sens stylistique défini que ce fût.

Vers la fin du siècle dernier, en contrepoids à l'analyse idéologique abstraite, s'accentue l'intérêt pour les problèmes concrets de la prose dans l'art littéraire, et pour les problèmes techniques du roman et de la nouvelle. Toutefois, il n'y a rien de changé pour ce qui est des problèmes de la stylistique : on se concentre presque exclusivement sur ceux de la composition (au sens large), mais toujours sans traitement radical et concret (l'un étant impossible sans l'autre) des particularités stylistiques du discours dans le roman (et dans la nouvelle). Ce sont encore des jugements de valeur, des observations occasionnelles d'esprit traditionnel, qui n'effleurent même pas la véritable essence de la prose littéraire.

Une opinion courante et caractéristique voit dans le discours romanesque une sorte de milieu extra-littéraire, privé de toute élaboration particulière et originale. Ne trouvant pas dans ce discours la forme purement poétique (au sens étroit) qu'on attendait, on lui refuse toute portée littéraire, et il apparaît, tout comme dans le discours courant ou savant, un simple moyen de communication, neutre par rapport à l'art [1]. Pareille opinion dispense de s'occuper des analyses stylistiques du roman, annule le problème lui-même et permet de se limiter à des analyses thématiques.

Vers les années 20 la situation change, et le discours du roman en prose commence à se conquérir une place dans la stylistique. D'un côté, paraît une série d'analyses stylistiques concrètes de la prose du roman; de l'autre, on assiste à des tentatives radicales pour concevoir et définir la singularité stylistique de la prose littéraire, dans ce qui la distingue de la poésie.

Or, ces analyses et ces tentatives ont clairement démontré que toutes les catégories de la stylistique traditionnelle, et la conception même du discours poétique qui se trouve à leur base, ne sont pas applicables au discours romanesque. Celui-ci s'est révélé comme la pierre de touche de toute réflexion sur la stylistique, en montrant son étroitesse et son inadéquation à toutes les sphères du verbe littéraire vivant.

Toutes les tentatives d'analyse stylistique concrète de la prose romanesque, ou bien se sont égarées dans des descriptions linguistiques du langage du romancier, ou bien se sont bornées à mettre en avant des éléments stylistiques isolés pouvant rentrer (ou seulement paraissant rentrer) dans les catégories traditionnelles de la stylistique. Dans l'un et l'autre cas, l'unité stylistique du roman et de son discours échappe aux investigateurs.

Le roman pris comme un tout, c'est un phénomène pluristylistique, plurilingual, plurivocal. L'analyste y rencontre certaines unités stylistiques hétérogènes, se trouvant parfois sur des plans linguistiques différents et soumises à diverses règles stylistiques.

Voici les principaux types de ces unités compositionnelles et

1. V. M. Jirmounski écrivait encore en 1920 : « Alors que le poème lyrique se présente véritablement comme une œuvre *de l'art littéraire* pour le choix et l'association des mots, entièrement soumis à sa tâche esthétique tant par son côté sémantique que par son côté auditif, le roman de L. Tolstoï, dans la liberté de sa composition verbale, utilise le discours non comme élément de portée artistique, mais comme milieu neutre ou système de signification, soumis, comme dans le discours ordinaire, à une fonction de communication, et qui nous entraîne dans un mouvement d'éléments thématiques détournés du discours. Pareille *œuvre littéraire* ne peut être nommée œuvre *de l'art littéraire*, ou, tout au moins, pas dans le sens de la poésie lyrique. (« Problèmes de la " méthode formelle " » *(K Voprossou o « formalnom méthodé »)* Ed. *Academia*, Leningrad, 1928, p. 173.) *(N.d.A.)*.

stylistiques, formant habituellement les diverses parties de l'ensemble romanesque :

1) La narration directe, littéraire, dans ses variantes multiformes.

2) La stylisation des diverses formes de la narration orale traditionnelle, ou récit direct[1].

3) La stylisation des différentes formes de la narration écrite, semi-littéraire et courante : lettres, journaux intimes, etc.

4) Diverses formes littéraires, mais ne relevant pas de *l'art littéraire*, du discours d'auteur : écrits moraux, philosophiques, digressions savantes, déclamations rhétoriques, descriptions ethnographiques, comptes rendus, et ainsi de suite.

5) Les discours des personnages, stylistiquement individualisés.

Ces unités stylistiques hétérogènes s'amalgament, en pénétrant dans le roman, y forment un système littéraire harmonieux, et se soumettent à l'unité stylistique supérieure de l'ensemble, qu'on ne peut identifier avec aucune des unités qui dépendent de lui.

L'originalité stylistique du genre romanesque réside dans l'assemblage de ces unités dépendantes, mais relativement autonomes (parfois même plurilingues) dans l'unité suprême du « tout » : le style du roman, c'est un assemblage de styles; le langage du roman, c'est un système de « langues ». Chacun des éléments du langage du roman est défini directement aux unités stylistiques dans lesquelles il s'intègre directement : discours stylistiquement individualisé du personnage, récit familier du narrateur, lettres, etc. C'est cette unité qui détermine l'aspect linguistique et stylistique (lexicologique, sémantique, syntaxique) de l'élément donné, qui participe en même temps que son unité stylistique la plus proche, participe au style de l'ensemble, en porte l'accent, fait partie de la structure et de la révélation de la signification unique de cet ensemble.

Le roman c'est la diversité sociale de langages, parfois de langues et de voix individuelles, diversité littérairement organisée. Ses postulats indispensables exigent que la langue nationale se stratifie en dialectes sociaux, en maniérismes d'un groupe, en jargons professionnels, langages des genres, parler des générations, des âges, des écoles, des autorités, cercles et modes passagères, en langages des journées (voire des heures) sociales, politiques (chaque jour possède sa devise, son vocabulaire, ses accents); chaque langage doit se stratifier intérieure-

1. Nous adoptons ici la traduction de Tzvetan Todorov pour le mot russe *skaz*, que d'autres traduisent par *dit*.

ment à tout moment de son existence historique. Grâce à ce plurilinguisme et à la plurivocalité qui en est issue, le roman orchestre tous ses thèmes, tout son univers signifiant, représenté et exprimé. Le discours de l'auteur et des narrateurs, les genres intercalaires, les paroles des personnages, ne sont que les unités compositionnelles de base, qui permettent au plurilinguisme de pénétrer dans le roman. Chacune d'elles admet les multiples résonances des voix sociales et leurs diverses liaisons et corrélations, toujours plus ou moins dialogisées. Ces liaisons, ces corrélations spéciales entre les énoncés et les langages, ce mouvement du thème qui passe à travers les langages et les discours, sa fragmentation en courants et gouttelettes, sa dialogisation, enfin, telle se présente la singularité première de la stylistique du roman.

La stylistique traditionnelle ne connaît point ce genre d'assemblage des langages et des styles qui forment une unité supérieure. Elle ne sait pas aborder le dialogue social spécifique des langages du roman, aussi son analyse stylistique s'oriente-t-elle non sur l'ensemble du roman, mais sur telle ou telle unité subordonnée. Le chercheur passe à côté de la particularité initiale du genre, substitue l'objet de sa recherche, en somme il analyse quelque chose de très différent du style romanesque! Il transcrit pour le piano un thème symphonique (orchestré).

Cette substitution peut se faire de deux façons : dans un premier cas, au lieu d'analyser le style du roman, on décrit la langue du romancier (au meilleur cas, les « langues » du roman). Dans un second cas, on met en avant l'un des styles subordonnés, qu'on analyse comme style de l'ensemble.

Dans le premier exemple, le style est détaché du genre et de l'œuvre, et examiné en tant que phénomène du langage lui-même : l'unité de style devient l'unité d'un certain langage (« dialecte individuel »), ou d'une *parole* [1] individuelle. C'est alors l'individualité du locuteur qui est reconnue comme le facteur qui forme le style, et transforme le phénomène linguistique, verbal, en une unité stylistique.

Dans le cas présent, il ne nous importe pas de savoir dans quelle direction s'effectue ce genre d'analyse du style : va-t-il vers la découverte d'un certain dialecte propre au romancier (à son vocabulaire, à sa syntaxe), ou vers celle des particularités de l'œuvre, en tant qu'unité verbale, ou « énoncé » ? Dans l'un et l'autre cas, le style est compris, dans l'esprit de Saussure, comme individualisation du langage général (dans le sens d'un système de normes linguistiques générales). La stylistique

1. En français dans le texte.

devient alors linguistique générale des langages individuels, ou bien linguistique de l'énonciation.

Conformément au point de vue que nous examinons, l'unité du style suppose, d'une part, l'unité du langage au sens d'un système de formes normatives générales, de l'autre, l'unité de l'individualité qui se réalise dans ce langage.

Ces deux conditions sont, effectivement, obligatoires dans la plupart des genres poétiques en vers, mais même là, elles sont loin de rendre complètement compte du style de l'œuvre et de la définir. La description la plus précise, la plus complète du langage et du discours individuels d'un poète, fût-elle orientée sur l'aspect expressif des éléments linguistiques et verbaux, n'est pas encore une analyse stylistique de l'œuvre, pour autant que ces éléments sont rapportés au système du langage ou au système du discours (c'est-à-dire à certaines unités linguistiques), et non au système de l'œuvre littéraire, régie par des règles bien différentes. Mais, répétons-le, pour la plupart des genres poétiques l'unité du système du langage, l'unité (et l'unicité) de l'individualité linguistique et verbale du poète, sont le postulat indispensable du style poétique. Le roman, au contraire, non seulement n'exige pas ces conditions, mais le postulat de la véritable prose romanesque, c'est la stratification interne du langage, la diversité des langages sociaux et la divergence des voix individuelles qui y résonnent.

Voilà pourquoi remplacer le style du roman par le langage individualisé du romancier (pour autant que l'on puisse le déceler dans le système des « langues » et des « paroles » du roman) c'est se montrer doublement imprécis, c'est déformer l'essence même de la stylistique du roman. Cette substitution aboutit inévitablement à ne mettre en évidence que les éléments rentrant dans le cadre d'un système unilingue, et exprimant directement et spontanément l'individualité de l'auteur. L'unité du roman et les problèmes spécifiques de sa construction à partir d'éléments plurilingues, plurivocaux, pluristylistiques et souvent appartenant à des langues différentes, demeurent hors des bornes de telles recherches.

Tel est donc le premier type de substitution de l'objet dans l'analyse stylistique du roman. Nous n'approfondirons pas les variantes de ce type, issues des différentes manières de comprendre des concepts tels que « l'unité du discours », « le système du langage », « l'individualité linguistique et verbale de l'auteur », et des diverses conceptions de l'interrelation entre le style et le langage (et entre la stylistique et la linguistique). En dépit de toutes les variétés possibles de ce type d'analyse, l'essence stylistique du roman échappe irrémédiablement au chercheur.

Le second type de substitution se distingue par une fixation non plus sur le langage de l'auteur, mais sur le style du roman, qui se rétrécit et devient seulement l'une quelconque des unités subordonnées (relativement autonomes) du roman.

Dans la plupart des cas, le style romanesque est ramené au concept du « style épique », et on lui applique les catégories correspondantes de la stylistique traditionnelle, ne distinguant en outre que les éléments de la représentation épique (de préférence dans le discours direct de l'auteur). On ignore la distinction profonde entre représentation purement épique et représentation romanesque. Habituellement, la différence entre roman et récit épique n'est perçue qu'au plan de la composition et du thème.

Dans d'autres cas, l'on met en évidence certains éléments du style romanesque comme les plus caractéristiques pour telle œuvre concrète. L'élément narratif, par exemple, peut être considéré du point de vue non pas de sa qualité représentative objective, mais de celui de sa valeur expressive subjective. Il arrive qu'on distingue les éléments d'une narration familière, extra-littéraire (récit direct), ou informatifs quant au sujet : par exemple dans l'analyse du roman d'aventures [1]. Il arrive aussi d'isoler des éléments proprement dramatiques du roman en réduisant l'élément narratif à une simple indication scénique pour les dialogues des personnages. Pourtant le système des langages du drame est organisé de façon différente, c'est pourquoi les langages y ont une tout autre résonance que dans le roman. Il n'existe pas dans ce domaine de langage qui englobe tout et dialogue avec chaque langage; il n'existe pas de dialogue au second degré (non dramatique) sans sujet, universel.

Tous ces types d'analyse sont inadéquats quand il s'agit non seulement du style de l'ensemble, mais aussi de tel élément donné pour essentiel dans le roman, car, privé d'action réciproque, il change son sens stylistique et cesse d'être ce qu'il était vraiment dans le roman.

L'état actuel des problèmes de stylistique du roman révèle de façon évidente que catégories et méthodes traditionnelles sont incapables de maîtriser la spécificité littéraire du verbe romanesque, son existence particulière. « Le langage poétique », « l'individualité linguistique », « l'image », « le symbole », « le style épique » et autres catégories générales, élaborées et appliquées par la stylistique, et l'ensemble des procédés stylistiques

1. Chez nous, le style de la prose littéraire était étudié par les formalistes principalement sur ces deux derniers plans : ils examinaient soit les aspects du *récit direct*, comme étant les plus caractéristiques de la prose (Eichenbaum), soit les aspects informatifs quant au sujet (Chklovski) *(N.d.A.)*.

concrets appliqués à ces catégories, sont, malgré la diversité des conceptions des divers chercheurs, uniformément fixés sur les genres unilingues et monostyles, sur les genres poétiques au sens étroit du terme. A cette orientation exclusive se relie toute une suite de particularités et de limitations importantes des catégories stylistiques traditionnelles. Celles-ci, de même que la conception philosophique du verbe poétique sur laquelle elles se fondent, sont étriquées et resserrées, et ne peuvent contenir le verbe de la prose littéraire romanesque.

En fait, la stylistique et la philosophie du discours se trouvent devant un dilemme : ou bien reconnaître le roman (et donc toute la prose littéraire qui gravite autour de lui) comme un genre non littéraire ou pseudo-littéraire, ou bien remanier radicalement la conception du discours poétique qui est à la base de la stylistique traditionnelle et détermine toutes ses catégories.

Toutefois, ce dilemme n'est pas saisi par tout le monde, loin de là! La plupart des chercheurs ne sont pas enclins à une révision radicale de la conception philosophique initiale du discours poétique. Il y a ceux qui, de façon générale, ne voient ni ne reconnaissent les racines philosophiques de la stylistique (et de la linguistique) qu'ils étudient, et récusent toute position de principe philosophique. Au-delà de leurs observations stylistiques, de leurs descriptions linguistiques isolées et disparates, ils ne voient pas le problème capital du verbe romanesque. D'autres, plus fermes, demeurent sur le terrain d'un individualisme systématique pour comprendre le langage et le style : dans le phénomène du style ils cherchent avant tout l'expression directe et spontanée de l'individualité de l'auteur; or, cette façon de concevoir le problème est moins que toute autre favorable à une révision des catégories stylistiques fondamentales, telle qu'elle doit être faite.

Néanmoins, on peut trouver une autre solution radicale à notre dilemme, en se souvenant de la rhétorique oubliée qui, des siècles durant, a régi tout l'art littéraire en prose. Car, après avoir rétabli la rhétorique dans ses droits anciens, on peut s'en tenir à la vieille conception du verbe poétique, et rapporter, aux « formes rhétoriques » tout ce qui, dans la prose du roman, ne trouve pas place dans le lit de Procuste des catégories stylistiques traditionnelles [1].

1. Cette solution du problème était particulièrement séduisante pour la méthode formelle en matière de poétique; en effet, le rétablissement de la rhétorique dans ses droits, renforce énormément les positions des formalistes. La rhétorique formaliste est le complément indispensable de la poétique

Pareille solution du dilemme fut proposée, en son temps, chez nous, avec beaucoup d'intransigeance et de système par G. G. Spet. Il exclut totalement du domaine de la poésie la prose littéraire et son accomplissement majeur — le roman, et la rattache aux formes purement rhétoriques [1].

Voilà ce que G. G. Spet écrit du roman : « On commence seulement à comprendre que les formes contemporaines de la propagande morale — *le roman* — ne sont pas les formes de l'œuvre *poétique*, mais des compositions purement rhétoriques; mais cette prise de conscience se heurte aussitôt à un obstacle difficile à surmonter : l'opinion publique, qui reconnaît au roman une certaine signification esthétique. »

Spet refusait toute signification esthétique au roman, genre extra-littéraire, rhétorique, « forme contemporaine de la propagande morale », seul le verbe poétique (au sens indiqué) relève de l'art littéraire.

V. V. Vinogradov a adopté un point de vue analogue dans son ouvrage « De la prose littéraire », en rapportant le problème de la prose à la rhétorique. Proche de Spet en ce qui concerne les définitions philosophiques fondamentales du « poétique » et du « rhétorique », Vinogradov n'est tout de même pas aussi paradoxalement systématique. Il tient le roman pour une forme syncrétique, mixte (« une formation hybride ») et admet la présence d'éléments purement poétiques à côté d'éléments rhétoriques [2].

Ce point de vue, qui exclut totalement la prose romanesque du territoire de la poésie comme formation purement rhétorique, point de vue faux dans l'ensemble, a tout de même un certain mérite. C'est un aveu ferme et motivé de l'inadéquation de toute la stylistique contemporaine, avec son fondement philosophico-linguistique, aux particularités spécifiques de la prose romanesque. De plus, le recours même aux formes rhétoriques a une grande signification heuristique. Le discours rhétorique, pris comme objet d'étude dans toute sa vivante diversité, ne peut manquer d'exercer une influence profondément révolutionnaire sur la linguistique et la philosophie du langage. Abordées correctement et sans préjugé, les formes

formaliste. Nos formalistes se montrèrent très conséquents quand ils commencèrent à parler de la nécessité de ressusciter la rhétorique aux côtés de la poétique (cf. B. M. Eichenbaum : *Litératoura*, 1927, pp. 147-148). *(N.d.A.)*.

1. D'abord dans *Fragments esthétiques (Esthétitcheskie Fragmenty)* et, sous une forme plus achevée, dans *Forme interne du Mot (Vnoutrénniaya forma slova)*, Moscou, 1927 *(N.d.A.)*.

2. V. V. Vinogradov : *De la prose littéraire (O Khoudojestvennoï Prosié)*, Moscou-Leningrad, 1930, pp. 75-106 *(N.d.A.)*.

rhétoriques révèlent avec une grande précision des aspects propres à tout discours (sa dialogisation interne et les phénomènes qui l'accompagnent) qui n'ont pas, jusqu'ici, été considérés et compris par rapport à leur énorme poids spécifique dans la vie du langage. Là réside la signification méthodologique et heuristique générale des formes rhétoriques, pour la linguistique et la philosophie du langage.

Tout aussi importante est leur signification particulière pour la compréhension du roman. Toute la prose littéraire et le roman se trouvent génétiquement apparentés de la façon la plus étroite aux formes rhétoriques. Et au cours de toute l'évolution ultérieure du roman, sa profonde interaction (tant pacifique qu'hostile) avec les genres rhétoriques vivants — journalistiques, moraux, philosophiques et autres, ne cessa point, et fut peut-être aussi grande que son interaction avec les genres littéraires (épiques, dramatiques et lyriques). Mais dans ces relations mutuelles incessantes, le discours romanesque conserve son originalité qualitative; il est irréductible au discours rhétorique.

Le roman est un genre de l'art littéraire. Le discours romanesque est un discours poétique, mais qui, en effet, ne se case pas dans la conception actuelle du discours poétique, fondée sur certains postulats restrictifs. Cette conception, au cours de sa formation historique, d'Aristote à nos jours, s'est orientée sur des genres définis, « officiels », et se trouve liée aux tendances historiques précises de la vie, des idées et des mots. Aussi, toute une suite de phénomènes sont restés en dehors de ses perspectives.

La philosophie du langage, la linguistique et la stylistique, postulent une relation simple et spontanée du locuteur à « son langage à lui », seul et unique, et une réalisation de ce langage dans l'énonciation monologique d'un individu. Elles ne connaissent, en fait, que deux pôles de la vie du langage, entre lesquels se rangent tous les phénomènes linguistiques et stylistiques qui leur sont accessibles : *le système du langage unique* et *l'individu* qui utilise ce langage.

Différents courants de la philosophie du langage, de la linguistique et de la stylistique, à différentes époques (et en corrélation étroite avec les divers styles concrets, poétiques et idéologiques du temps), nuancèrent diversement les concepts du « système du langage », de l' « énonciation monologique », et de l' « individu locuteur », mais leur contenu initial demeure stable. Il est déterminé par les destins socio-historiques précis des langues européennes, par ceux du discours idéologique et par les problèmes historiques particuliers, résolus par le verbe idéologique dans des sphères sociales définies et au cours de certaines étapes précises de son évolution historique.

Ces destins, ces problèmes ont déterminé tant certaines variantes (par rapport au genre) du discours idéologique, que certaines orientations verbales et idéologiques, et enfin une conception philosophique précise du verbe, en particulier du verbe poétique, conception fondamentale de toutes les tendances stylistiques. Dans cette détermination des catégories stylistiques initiales par certains destins historiques et problèmes du discours idéologique, réside leur force et en même temps leur limite. Elles furent enfantées et constituées par les forces historiques réelles du devenir verbal et idéologique de certains groupes sociaux précis, elles ont été l'expression théorique de ces forces efficaces, créatrices de la vie du langage.

Ces forces sont celles de *l'unification et de la centralisation des idéologies verbales.*

La catégorie du langage unique est l'expression théorique des processus historiques d'unification et de centralisation linguistique, des forces centripètes du langage. Le langage unique n'est pas « donné », mais, en somme, posé en principe et à tout moment de la vie du langage il s'oppose au plurilinguisme. Mais en même temps, il est réel en tant que force qui transcende ce plurilinguisme, qui lui oppose certaines barrières, qui garantit un certain maximum de compréhension mutuelle, et se cristallise dans l'unité réelle, encore que relative, du langage prédominant parlé (usuel) et du langage littéraire, « correct ».

Un langage commun unique, c'est un système de normes linguistiques. Or, ces normes ne sont pas un impératif abstrait, mais les forces créatrices de la vie du langage. Elles transcendent le plurilinguisme, elles unifient et centralisent la pensée littéraire idéologique, elles créent, à l'intérieur d'une langue nationale multilingue, le noyau linguistique dur et résistant du langage littéraire officiellement reconnu, ou bien défendent ce langage déjà formé contre la poussée d'un plurilinguisme croissant.

Nous ne nous référons pas ici au minimum linguistique abstrait d'un langage commun dans le sens d'un système de formes élémentaires (de symboles linguistiques), assurant un *minimum* de compréhension dans la communication courante. Nous n'envisageons pas le langage comme un système de catégories grammaticales abstraites, mais comme un langage *idéologiquement saturé*, comme une conception du monde, voire comme une opinion concrète, comme ce qui garantit un *maximum* de compréhension mutuelle dans toutes les sphères de la vie idéologique. C'est pourquoi un langage unique représente les forces d'unification et de centralisation concrètes idéologiques et verbales, indissolublement liées aux processus de centralisation socio-politique et culturelle.

La poétique d'Aristote, celle de saint Augustin, la poétique ecclésiastique médiévale de « l'unique langage de la vérité », la poétique cartésienne du néo-classicisme, l'universalisme grammatical abstrait de Leibniz (son idée de la « grammaire universelle »), l'idéologisme concret de Humboldt, expriment, avec diverses nuances, les mêmes forces centripètes de la vie sociale, linguistique et idéologique, servent la seule et même tâche de centralisation et d'unification des langues européennes. La victoire d'une seule langue prééminente (dialecte) sur les autres, l'expulsion de certains langages, leur asservissement, l'enseignement par la « vraie parole », la participation des Barbares et des classes sociales inférieures au langage unique de la culture et de la vérité, la canonisation des systèmes idéologiques, la philologie, avec ses méthodes d'étude et d'enseignement de langues mortes (et, comme tout ce qui est mort, en fait, unifiées), la science des langues indo-européennes qui passe de la multitude des langues à une seule langue mère, tout cela a déterminé le contenu et la force de la catégorie du langage « un » dans la pensée linguistique et stylistique de même que son rôle créateur, stylisateur pour la majorité des genres poétiques, qui se sont constitués dans le courant de ces mêmes forces centripètes de la vie verbale et idéologique.

Le véritable milieu de l'énoncé, là où il vit et se forme, c'est le polylinguisme dialogisé, anonyme et social comme le langage, mais concret, mais saturé de contenu, et accentué comme un énoncé individuel.

Si les principales variantes des genres poétiques se développent dans le courant des forces centripètes, le roman et les genres littéraires en prose se sont constitués dans le courant des forces décentralisatrices et centrifuges. Pendant que la poésie résolvait, sur les sommets socio-idéologiques officiels, le problème de la centralisation culturelle, nationale, politique du monde verbal idéologique, — en bas, sur les tréteaux des baraques et des foires, résonnait le plurilinguisme du bouffon raillant tous les « langues » et dialectes, et se déroulait la littérature des fabliaux et des soties, des chansons des rues, des dictons et des anecdotes. Il n'y avait là aucun centre linguistique, mais on y jouait au jeu vivant des poètes, des savants, des moines, des chevaliers, tous les « langages » y étaient des masques, et aucun de leurs aspects n'était vrai et indiscutable.

Dans ces genres inférieurs, le plurilinguisme ne se présentait pas en tant que tel par rapport au langage littéraire reconnu (dans toutes les variantes des genres), mais était conçu comme son opposition. Il était, parodiquement et polémiquement, braqué contre les langages officiels de son temps.

Ce plurilinguisme dialogisé était ignoré par la philosophie du langage, la linguistique et la stylistique, nées et formées dans le courant des tendances centralisatrices de la vie du langage. La dialogisation ne pouvait leur être accessible, déterminée qu'elle était par le conflit des points de vue socio-linguistiques, non par celui (intralinguistique) des volontés individuelles ou des contradictions logiques. Du reste, même le dialogue intra-linguistique (dramatique, rhétorique, scientifique et usuel) n'a guère été étudié linguistiquement et stylistiquement jusqu'à une époque récente. On peut même dire franchement que l'aspect dialogique du discours et tous les phénomènes qui lui sont liés, sont restés jusqu'à une époque récente, en dehors de l'horizon de la linguistique.

Pour ce qui est de la stylistique, elle était complètement sourde au dialogue. Elle concevait l'œuvre littéraire comme un tout fermé et autonome, dont les éléments composent un système clos, ne présupposant rien en dehors de lui-même, aucune autre énonciation. Le système de l'œuvre était compris par analogie avec celui du langage, incapable de se trouver dans une action réciproque avec d'autres langages. L'œuvre dans son entier, quelle qu'elle soit, est, du point de vue de la stylistique, un monologue d'auteur clos, se suffisant à lui-même, et n'envisageant au-delà de ses bornes qu'un auditeur passif. Si nous nous représentions une œuvre comme la réplique d'un certain dialogue, réplique au style défini par ses relations mutuelles avec d'autres répliques du même dialogue (dans l'ensemble de la conversation), du point de vue de la stylistique traditionnelle, il n'y aurait point d'accès adéquat vers ce style dialogisé. Le style polémique, parodique, ironique — manifestations les plus apparentes, les plus nettes de ce mode, sont habituellement qualifiés de manifestations rhétoriques, non poétiques. La stylistique enferme tout phénomène stylistique dans le contexte monologique de telle énonciation autonome et close, elle l'emprisonne, dirait-on, dans un contexte unique, où il ne peut faire écho à d'autres énonciations, ou réaliser sa signification stylistique dans son interaction avec elles; il doit se tarir dans son contexte clos.

Pour servir ces grandes tendances centralisatrices de la vie idéologique verbale européenne, la philosophie du langage, la linguistique et la stylistique ont cherché avant tout l'*unité dans la variété*. Cette exceptionnelle « *orientation sur l'unité* » a, dans le présent et dans le passé de la vie des langages, fixé l'attention de la pensée philosophico-linguistique sur les aspects les plus résistants, les plus fermes, les plus stables, les moins ambigus (*phonétiques* avant tout) du discours, les plus éloignés des changeantes sphères socio-sémantiques du discours. La « conscience linguistique » réelle, saturée d'idéologie, participant à une plurivocalité et à un plurilinguisme authentiques, échappait à la vue des chercheurs. C'est cette même orientation sur l'unité qui les obligeait à ne pas tenir compte de tous les genres verbaux (familiers, rhétoriques, littéraires) porteurs des tendances décentralisantes de la vie du langage ou, en tout cas, participant trop substantiellement au polylinguisme. L'expression de cette conscience de la pluralité et de la diversité des langages dans les formes et les manifestations particulières de la vie verbale resta sans aucun effet notable sur les travaux de linguistique et de stylistique.

C'est pourquoi la perception spécifique au langage et à la parole, qui trouvait son expression dans les stylisations, le « récit direct » *(skaz)*, les parodies, les formes multiples de la mascarade verbale, du « parler allusif » et dans des formes artistiques plus complexes d'organisation du plurilinguisme, d'orchestration des thèmes par les langages, dans tous les modèles caractéristiques et profonds de la prose romanesque (chez Grimmelshausen, Cervantès, Rabelais, Fielding, Smollett, Sterne et d'autres) ne put trouver une interprétation théorique ni un éclairage adéquat.

Les problèmes de la stylistique du roman nous amènent inévitablement à aborder une série de questions radicales concernant la philosophie du discours, liées à ces aspects de la vie du discours qui n'ont pratiquement pas été éclairées par la pensée linguistique et stylistique : la vie et le comportement du discours dans un monde de plurivocalité et de plurilinguisme.

II

Discours poétique, discours romanesque

Au-delà des perspectives de la philosophie du langage, de la linguistique et de la stylistique fondée sur elle [1], demeurent quasiment inexplorés les phénomènes spécifiques du discours, déterminés par son orientation dialogique parmi des discours « étrangers », à l'intérieur d'un même langage (dialogisation traditionnelle), parmi d'autres « langages sociaux », au sein d'une même langue nationale, enfin au sein d'autres langues nationales, à l'intérieur d'une même culture, d'un même horizon socio-idéologique. Il est vrai qu'au cours de la dernière décennie [2] ces phénomènes ont commencé à attirer l'attention de la linguistique et de la stylistique, mais leur signification capitale et essentielle pour toutes les sphères de la vie des mots est loin d'être comprise.

L'orientation dialogique du discours parmi les discours « étrangers » (à divers degrés et de diverses manières) lui crée des possibilités littéraires neuves et substantielles, lui donne l'*artisticité de sa prose*, qui trouve son expression la plus complète et la plus profonde dans le roman. C'est sur les différentes formes, les différents degrés d'orientation dialogique, sur les possibilités offertes à l'art de la prose littéraire, que nous nous concentrerons.

Selon la pensée stylistique traditionnelle, le discours ne connaît que lui-même (son contexte), son objet, son expression directe, son seul et unique langage. Pour lui, tout autre discours placé hors de son contexte propre n'est qu'une parole neutre, « qui n'est à personne », une simple virtualité. Selon la stylistique

1. La linguistique ne connaît que des influences mutuelles automatiques (non conscientes du social), et une confusion des langages, qui se reflète dans des éléments linguistiques abstraits (phonétiques et morphologiques) *(N.d.A.)*.
2. Cette étude date de 1934-1935.

traditionnelle, le discours direct orienté sur son objet, ne rencontre que la résistance de celui-ci (qu'il ne peut épuiser ou rendre totalement) mais ne rencontre pas la résistance capitale et multiforme du discours d'autrui. Nul ne le dérange, nul ne le conteste.

Mais tout discours vivant ne résiste pas de la même façon à son objet : entre eux, comme entre lui et celui qui parle, se tapit le milieu mouvant, souvent difficile à pénétrer, des discours étrangers sur le même objet, ayant le même thème. C'est dans son interaction vivante avec ce milieu spécifique que le discours peut s'individualiser et s'élaborer stylistiquement.

Car tout discours concret (énoncé) découvre toujours l'objet de son orientation comme déjà spécifié, contesté, évalué, emmitouflé, si l'on peut dire, d'une brume légère qui l'assombrit, ou, au contraire, éclairé par les paroles étrangères à son propos. Il est entortillé, pénétré par les idées générales, les vues, les appréciations, les définitions d'autrui. Orienté sur son objet, il pénètre dans ce milieu de mots étrangers agité de dialogues et tendu de mots, de jugements, d'accents étrangers, se faufile dans leurs interactions compliquées, fusionne avec les uns, se détache des autres, se croise avec les troisièmes. Tout cela peut servir énormément à former le discours, à le décanter dans toutes ses couches sémantiques, à compliquer son expression, à infléchir toute son apparence stylistique.

Un énoncé vivant, significativement surgi à un moment historique et dans un milieu social déterminés, ne peut manquer de toucher à des milliers de fils dialogiques vivants, tissés par la conscience socio-idéologique autour de l'objet de tel énoncé et de participer activement au dialogue social. Du reste, c'est de lui que l'énoncé est issu : il est comme sa continuation, sa réplique, il n'aborde pas l'objet en arrivant d'on ne sait où...

La conceptualisation de l'objet au moyen du discours est un acte complexe : tout objet « conditionnel », « contesté », est éclairé d'un côté, obscurci de l'autre par une opinion sociale aux langages multiples, par les paroles d'autrui à son sujet [1]. Le discours entre dans ce jeu complexe du clair-obscur; il s'en sature, il y révèle ses propres facettes sémantiques et stylistiques. Cette conceptualisation se complique d'une interaction dialogique, au sein de l'objet, avec les divers éléments de sa conscience sociale et verbale. La représentation littéraire, « l'image » de

1. Sous ce rapport, le conflit avec le côté restrictif de l'objet (l'idée du retour à la conscience première, primitive, du retour de l'objet en lui-même, à la sensation pure, etc.) est très caractéristique dans le rousseauisme, le naturalisme, l'impressionnisme, l'acméisme, le dadaïsme, le surréalisme, et autres courants analogues *(N.d.A.)*.

l'objet, peut également être sous-tendue par le jeu des intentions verbales, qui se rencontrent et s'entremêlent en elle; elle peut ne pas les étouffer, mais, au contraire, les activer et les organiser. Si nous nous représentions l'*intention* de ce discours, autrement dit, son *orientation sur son objet* comme un rayon lumineux, nous expliquerions le jeu vivace et inimitable des couleurs et de la lumière dans les facettes de l'image qu'ils construisent par la réfraction du « discours-rayon », non dans l'objet lui-même (comme le jeu de l'image-trope du discours poétique au sens étroit, dans un « mot récusé »), mais dans un milieu de mots, jugements et accents « étrangers », traversé par ce rayon dirigé sur l'objet : l'atmosphère sociale du discours qui environne son objet fait jouer les facettes de son image.

Pour se frayer un chemin vers son sens et son expression, le discours traverse un milieu d'expressions et d'accents étrangers; il est à l'unisson avec certains de ses éléments, en désaccord avec d'autres, et dans ce processus de dialogisation, il peut donner forme à son image et à son ton stylistiques.

Telle est précisément *l'image de l'art littéraire en prose* et, en particulier, *l'image de la prose romanesque*. L'intention directe et spontanée du discours, dans le climat du roman, paraît inadmissiblement naïve et, somme toute, impossible, car la naïveté elle-même, quand il s'agit d'un roman authentique, ne peut échapper à un caractère polémique interne, et devient, elle aussi, dialogisée. (Par exemple chez les sentimentalistes, chez Chateaubriand, chez Tolstoï.) Il est vrai qu'une image dialogisée de cet ordre peut trouver sa place (sans donner le ton) dans tous les genres poétiques, même dans la poésie [1]; mais c'est dans le genre romanesque, et là seulement, qu'elle peut se développer, devenir complexe et profonde, et en même temps atteindre à sa perfection littéraire.

Dans la représentation poétique au sens strict du terme (dans l'image-trope), toute l'action (la dynamique du mot - image) se joue entre le mot et l'objet (sous tous leurs aspects). Le mot se coule dans la richesse inépuisable, dans la multiformité contradictoire de l'objet lui-même, dans sa nature encore « vierge » et « inexplorée ». C'est pourquoi il ne présuppose rien au-delà des limites de son contexte sinon, s'entend, les trésors du langage lui-même. Le mot oublie l'histoire de la conception verbale contradictoire de son objet, et le présent tout aussi plurilingue de cette conception.

Pour l'artiste-prosateur, au contraire, l'objet révèle avant tout la multiformité sociale plurilingue de ses noms, définitions et

1. Cf. la poésie d'Horace, Villon, Heine, Laforgue, I. Annenski, et autres, si hétérogènes que soient ces phénomènes *(N.d.A.)*.

appréciations. Au lieu de la plénitude inépuisable de l'objet lui-même, le prosateur découvre une multitude de chemins, routes, sentiers, tracés en lui par sa conscience sociale. En même temps que les contradictions internes en l'objet même, le prosateur découvre autour de lui des langages sociaux divers, cette confusion de Babel qui se manifeste autour de chaque objet; la dialectique de l'objet s'entrelace au dialogue social autour de lui. Pour le prosateur, l'objet est le point de convergence de voix diverses, au milieu desquelles sa voix aussi doit retentir : c'est pour elle que les autres voix créent un fond indispensable, hors duquel ne sont ni saisissables, ni « résonnantes » les nuances de sa prose littéraire.

L'artiste-prosateur érige ce plurilinguisme social à l'entour de l'objet jusqu'à l'image parachevée, imprégnée par la plénitude des résonances dialogiques, artistement calculées pour toutes les voix, tous les tons essentiels de ce plurilinguisme. Mais (comme nous l'avons dit), aucun discours de la prose littéraire, — qu'il soit quotidien, rhétorique, scientifique — ne peut manquer de s'orienter dans le « déjà dit », le « connu », l'« opinion publique », etc. L'orientation dialogique du discours est, naturellement, un phénomène propre à tout discours. C'est la fixation naturelle de toute parole vivante. Sur toutes ses voies vers l'objet, dans toutes les directions, le discours en rencontre un autre, « étranger », et ne peut éviter une action vive et intense avec lui. Seul l'Adam mythique abordant avec sa première parole un monde pas encore mis en question, vierge, seul Adam-le-solitaire pouvait éviter totalement cette orientation dialogique sur l'objet avec la parole d'autrui. Cela n'est pas donné au discours humain concret, historique, qui ne peut l'éviter que de façon conventionnelle et jusqu'à un certain point seulement.

Il est d'autant plus étonnant que la philosophie du langage et la linguistique aient visé surtout cette condition artificielle et conventionnelle du discours ôté du dialogue, la considérant comme normale (tout en proclamant souvent la primauté du dialogue sur le monologue). Le dialogue a été étudié seulement comme forme compositionnelle de la structure de la parole. Mais la dialogisation intérieure du discours (tant dans la réplique, que dans l'énoncé monologique) qui pénètre dans toute sa structure, dans toutes ses couches sémantiques et expressives, a presque toujours été ignorée. Or, justement cette dialogisation intérieure du discours est dotée d'une force stylisante énorme. La dialogisation intérieure du discours trouve son expression dans une suite de particularités de la sémantique, de la syntaxe et de la composition que la linguistique et la stylistique n'ont absolument pas étudiées à ce jour (pas plus, du reste, qu'elles n'ont étudié même les particularités de la sémantique dans le dialogue ordinaire).

Le discours naît dans le dialogue comme sa vivante réplique et se forme dans une action dialogique mutuelle avec le mot d'autrui, à l'intérieur de l'objet. Le discours conceptualise son objet grâce au dialogue.

Ceci n'épuise pas la question de dialogisation intérieure du discours. Elle ne rencontre pas le discours d'autrui dans l'objet seulement. Tout discours est dirigé sur une réponse, et ne peut échapper à l'influence profonde du discours-réplique prévu.

Dans le langage parlé ordinaire, le discours vivant est directement et brutalement tourné vers le discours-réponse futur : il provoque cette réponse, la pressent et va à sa rencontre. Se constituant dans l'atmosphère du « déjà dit », le discours est déterminé en même temps par la réplique non encore dite, mais sollicitée et déjà prévue. Il en est ainsi de tout dialogue vivant.

Toutes les formes rhétoriques, monologiques, de par leur structure compositionnelle sont fixées sur un interlocuteur et sur sa réponse. On tient même cela habituellement pour une particularité constitutive fondamentale du discours rhétorique [1]. Il est vrai que pour la rhétorique il est constant que la relation à un interlocuteur concret, la place qu'on lui accorde, s'intègre dans la structure externe du discours rhétorique. Ici l'orientation sur la réponse est avouée, révélée et concrète.

Les linguistes se sont intéressés à cette orientation franche sur l'interlocuteur et sur sa réplique dans le dialogue courant et dans les formes rhétoriques. Mais là aussi, ils se sont arrêtés surtout sur les formes compositionnelles situant l'interlocuteur, et n'ont pas cherché son influence sur les couches profondes du sens et du style. Ils n'ont considéré que les aspects du style imposés par les exigences de la compréhension et de la clarté, c'est-à-dire justement ceux qui sont privés de dialogue intérieur et ne tiennent compte de l'interlocuteur que comme quelqu'un qui comprend passivement, mais qui ne réplique ni n'objecte activement.

Toute parole, quelle qu'elle soit, est orientée vers une réponse compréhensive, mais cette orientation ne se singularise pas par un acte autonome, et ne ressort pas de la composition. La compréhension réciproque est une force capitale qui participe à la formation du discours : elle est *active*, perçue par le discours comme une résistance ou un soutien, comme un enrichissement.

1. Cf. dans l'ouvrage de V. Vinogradov : *(op. cit.) De la prose littéraire*, le chapitre *Rhétorique et Poétique*, p. 75 et suiv., où il donne des définitions tirées des rhétoriques anciennes *(N.d.A.)*.

La philosophie du langage et la linguistique connaissent seulement la compréhension passive du discours, surtout au plan du langage général, c'est-à-dire une compréhension du *sens neutre* de l'énoncé, non de son *sens actuel*.

Le sens linguistique d'un énoncé donné se conçoit sur le fond du langage, son sens réel, sur le fond d'autres énoncés concrets sur le même thème, d'autres opinions, points de vue et appréciations en langages divers, autrement dit, sur le fond de tout ce qui complique le chemin de tout discours vers son objet. Mais maintenant ce milieu plurilingual de mots « étrangers » se présente au locuteur non plus dans l'objet, mais dans le cœur de l'interlocuteur, comme son *fond aperceptif*, lourd de réponses et d'objections. Et tout énoncé s'oriente sur ce fond, qui n'est pas linguistique, mais objectal et expressif. C'est alors *une nouvelle rencontre de l'énoncé et de la parole d'autrui*, qui exerce une influence neuve et spécifique sur son style.

Une compréhension passive du sens linguistique n'en est pas une : c'est simplement l'un de ses éléments abstraits. Or, même une compréhension plus concrète mais *passive* du sens de l'énoncé, du dessein du locuteur, si elle demeure passive, voire répétitive, n'apporte rien à la compréhension du discours et ne fait que le doubler, visant tout au plus à reproduire ce qui a déjà été compris; la compréhension ne dépasse pas le contexte et n'enrichit en rien la conception. C'est pourquoi la compréhension passive, si le locuteur en tient compte, ne peut ajouter à ses paroles aucun élément neuf. Car les seules exigences, purement négatives, qui pourraient sortir d'une conception passive, par exemple, une plus grande clarté, plus de force de persuasion, de disponibilité, etc., laissent le locuteur dans son contexte et sa perspective propres, ne le sortent pas de leurs limites; elles sont immanentes à son discours et ne rompent pas son indépendance.

Dans la vie réelle du langage parlé, toute compréhension concrète est *active :* elle intègre ce qui doit être compris à sa *perspective objectale et expressive propre* et elle est indissolublement liée à une réponse, à une objection motivée, à un acquiescement. Dans un certain sens, la primauté revient à la réponse, principe actif : il crée un terrain favorable à la compréhension, la prépare de façon dynamique et intéressée. La compréhension ne mûrit que dans la réponse. Compréhension et réponse sont dialectiquement confondues et se conditionnent réciproquement, elles sont impossibles l'une sans l'autre.

La compréhension active, en faisant ainsi participer ce qu'on doit comprendre aux nouvelles perspectives de celui qui comprend, établit une suite de relations réciproques compliquées, de consonances et de dissonances avec ce qui est compris, l'enrichit d'éléments neufs. C'est sur cette compréhension-là que compte le locuteur. Voilà pourquoi son orientation sur son interlocuteur est une orientation sur la perspective particulière, sur le monde de celui-ci, elle introduit dans son discours des éléments tout à fait nouveaux, car alors a lieu une action mutuelle des divers contextes, points de vue, perspectives, systèmes d'expression et d'accentuation, des différents « parlers » sociaux. Le locuteur cherche à orienter son discours avec son point de vue déterminant sur la perspective de celui qui comprend, et d'entrer en relations dialogiques avec certains de ses aspects. Il s'introduit dans la perspective étrangère de son interlocuteur, construit son énoncé sur un territoire étranger, sur le fond aperceptif de son interlocuteur.

Ce nouvel aspect de la dialogisation intérieure le distingue de celui qui se définissait par la rencontre avec la parole d'autrui dans l'objet même, car ici ce n'est plus l'objet qui sert d'arène à la rencontre, mais la perspective subjective de l'interlocuteur. Aussi, cette dialogisation porte-t-elle un caractère plus subjectif, plus psychologique et (souvent) fortuit, parfois grossièrement conformiste, parfois même provoquant la polémique. Très souvent, surtout dans les formes rhétoriques, cette orientation sur l'auditeur et la dialogisation intérieure qui s'y relate, peuvent simplement dissimuler l'objet : la persuasion de l'interlocuteur concret devient alors un problème indépendant, et détourne le discours de son travail créateur sur l'objet lui-même.

La relation dialogique à la parole d'autrui dans l'objet, et à la parole d'autrui dans la réponse anticipée de l'interlocuteur, étant par essence différentes et engendrant des effets stylistiques distincts dans le discours, peuvent néanmoins s'entrelacer très étroitement, devenant difficiles à distinguer l'une de l'autre pour l'analyse stylistique. Ainsi le discours chez Tolstoï se distingue par une nette dialogisation intérieure, tant dans l'objet que dans la perspective du lecteur, dont Tolstoï perçoit de façon aiguë les particularités sémantiques et expressives. Ces deux lignes du dialogue (teintées de polémique dans la plupart des cas) sont étroitement unies dans le style de Tolstoï : son discours, même dans ses expressions les plus « lyriques », dans ses descriptions les plus « épiques », s'accorde (et plus souvent se désaccorde) avec les divers aspects de la conscience sociale et verbale plurilinguale qui entrave l'objet; en même temps, ce discours s'introduit de manière polémique dans la perspective objectale et axiologique du lecteur, visant à frapper et à détruire le fond aperceptif de sa compréhension active. Dans ce sens, Tolstoï est un héritier du XVIIIe siècle, en particulier de Rousseau. D'où, parfois, un rétrécissement de cette conscience sociale à voix multiples avec laquelle il polémique, qui se réduit à la conscience de son contemporain immédiat, de ses journées, non de son époque; il en résulte une concrétisation extrême du dialogue (presque toujours polémique). Aussi, cette dialogisation si clairement perçue dans le caractère expressif du style tolstoïen, nécessite-t-elle quelquefois un commentaire historico-littéraire : nous ne savons pas avec quoi exactement tel ton s'harmonise ou se désaccorde, et pourtant cette consonance et cette dissonance font partie des impératifs de son style [1]. Il est vrai que cette concrétion extrême (parfois presque celle d'un feuilleton) n'est inhérente qu'aux aspects secondaires, aux harmoniques du dialogue intérieur du discours tolstoïen.

Dans toutes ces manifestations du dialogue intérieur du discours (intérieur à la différence du dialogue extérieur compositionnel), les relations avec le discours et l'énoncé d'autrui font partie des impératifs du style. Le style comprend, organiquement, la corrélation de ses éléments propres avec ceux du contexte « étranger ». La politique intérieure du style (concomitance des éléments) est infléchie par sa politique extérieure (relation au discours d'autrui). Le discours vit, dirait-on, aux confins de son contexte et de celui d'autrui.

Cette vie double est également celle de la réplique de tout dialogue réel : elle se construit et se conçoit dans le contexte d'un dialogue entier, composé d'éléments « à soi » (du point de vue du locuteur), et « à l'autre » (du point de vue de son « partenaire »). De ce contexte mixte des discours « siens » et « étrangers », on ne peut ôter une seule réplique sans perdre son sens et son ton. Elle est partie organique d'un tout plurivoque.

Le phénomène de la dialogisation intérieure, nous l'avons vu, est plus ou moins manifeste dans tous les domaines de la parole vivante. Mais si, dans la prose extra-littéraire (familière, rhétorique, scientifique), la dialogisation se singularise habituellement en acte autonome et se déploie en dialogue direct ou en certaines autres formes compositionnellement exprimées, de segmentation et de polémique avec la parole d'autrui, dans la prose littéraire, au contraire, et particulièrement dans le roman, la dialogisation sous-tend de l'intérieur la conceptualisation même de son objet et son expression à l'aide du discours, transformant

1. Cf. l'ouvrage de B. M. Eichenbaum : *Léon Tolstoï*, tome I, Leningrad (Éd. *Priboï*, 1928), qui contient beaucoup de matériaux sur ce sujet, par exemple la découverte du contexte de *Bonheur familial*, touchant à l'actualité du moment *(N.d.A.)*.

ainsi la sémantique et la structure syntaxique du discours. La réciprocité de l'orientation dialogique devient ici comme l'événement du discours lui-même, l'animant et le dramatisant de l'intérieur, dans chacun de ses éléments.

Dans la plupart des genres poétiques (au sens étroit du terme) la dialogisation intérieure, comme nous l'avons dit, n'est pas utilisée de façon littéraire; elle n'entre pas dans « l'objet esthétique » de l'œuvre, elle s'amortit conventionnellement dans le discours poétique. En revanche, dans le roman elle devient l'un des aspects capitaux du style prosaïque, se prête ici à une élaboration littéraire particulière.

Or, la dialogisation intérieure ne peut devenir cette force créatrice de forme que là où dissensions et contradictions individuelles sont fécondées par un plurilinguisme social où les harmonies dialogiques bruissent non sur les sommets sémantiques du discours (comme dans les genres rhétoriques), mais pénètrent dans ses couches profondes, dialogisant le langage lui-même et sa vision du monde (la forme intérieure du discours) là où le dialogue des voix naît spontanément du dialogue social des « langues », où l'énoncé d'autrui commence à résonner comme un langage socialement « étranger »; où l'orientation du discours parmi les énoncés « étrangers » devient maintenant orientation parmi les langages socialement « étrangers », dans les limites d'une même langue nationale...

Dans les genres poétiques (au sens étroit) la dialogisation naturelle du discours n'est pas utilisée littérairement, le discours se suffit à lui-même et ne présume pas, au-delà de ses limites, les énoncés d'autrui. Le style poétique est conventionnellement aliéné de toute action réciproque avec le discours d'autrui, tout « regard » vers le discours d'un autre.

Aussi bien est étranger au style poétique quelque regard que ce soit sur les langues étrangères, sur les possibilités d'un autre vocabulaire, d'une autre sémantique, d'autres formes syntaxiques, d'autres points de vue linguistiques. Par conséquent, le style poétique ignore le sentiment d'une limitation, d'une historicité, d'une détermination sociale, d'une particularité de son langage propre, il ignore donc toute relation critique, restrictive, à son langage propre comme à l'un des nombreux langages du plurilinguisme, et en liaison avec cette relation, il ne se livre pas totalement, il ne livre pas tout son sens au langage donné.

Bien entendu, aucun poète ayant historiquement existé, entouré d'un multilinguisme et d'une polyphonie vivants, ne pouvait ignorer cette relation à son langage, mais ne pouvait lui trouver une place dans le *style poétique* de ses œuvres sans le détruire, sans le traduire en prose, sans transformer le poète en prosateur.

Dans les genres poétiques, la conscience littéraire (au sens de toutes les intentions de sens et d'expression de l'auteur) se réalise entièrement dans son langage; elle lui est entièrement immanente, s'exprime en lui directement et spontanément, sans restrictions, ni distances. Le langage du poète, c'est son langage à lui. Il s'y trouve tout entier, sans partage. Il utilise chaque forme, chaque mot, chaque expression dans leur sens direct (« sans guillemets », pour ainsi dire), c'est-à-dire comme l'expression pure et spontanée de son dessein. Quelles que soient les « affres verbales » dont le poète souffre en créant, le langage de l'œuvre créée est un instrument obéissant, totalement approprié à son projet d'auteur.

Dans l'œuvre poétique, le langage se réalise comme indubitable, péremptoire, englobant tout. Par lui, par ses formes internes le poète voit, comprend, médite. Quand il s'exprime, rien ne suscite en lui le besoin de faire appel à un langage « autre », « étranger ». Le langage du genre poétique, c'est un monde ptoléméen, seul et unique, en dehors duquel il n'y a rien, il n'y a besoin de rien. L'idée d'une multitude de mondes linguistiques, à la fois significatifs et expressifs, est organiquement inaccessible au style poétique.

Le monde de la poésie, quels que soient les contradictions et les conflits désespérés qu'y découvre le poète, est toujours éclairé par un discours unique et irréfutable. Contradictions, conflits, doutes, demeurent dans l'objet, dans les pensées, dans les émotions, en un mot, dans le matériau, mais ne passent pas dans le langage. En poésie, le langage du doute doit être un langage indubitable.

Le style poétique exige essentiellement la responsabilité constante et directe du poète vis-à-vis du langage de toute l'œuvre comme étant *son langage*. Il doit se solidariser entièrement avec chacun de ses éléments, tons, nuances. Il est au service d'un seul langage, d'une seule conscience linguistique. Le poète ne peut opposer sa conscience poétique et ses projets propres au langage dont il se sert, puisqu'il s'y trouve tout entier, et il ne peut donc, dans les limites de son style, en faire un objet de perception, de réflexion ou de relation. Le langage lui est donné seulement *de l'intérieur*, à mesure qu'il élabore ses intentions et non *de l'extérieur*, dans sa spécificité et sa limitation objectives. Dans les limites du style poétique, les intentions directes, sans réserve, pleinement valables du langage, sont incompatibles avec sa présentation objective (comme réalité linguistique socialement et historiquement limitée). L'unité et l'unicité du langage sont les conditions obligatoires de l'individualité directe et intentionnelle du style poétique, de son maintien dans le monologue.

Ceci ne signifie pas, évidemment, que des « parlers » différents, voire un langage étranger, ne puissent pénétrer dans l'œuvre poétique. Les possibilités sont limitées, il est vrai : il n'y a d'espace pour le plurilinguisme que dans les genres poétiques « inférieurs » — satire, comédie, etc. Cependant le plurilinguisme (d'autres langages socio-idéologiques) peuvent être intégrés dans les genres strictement poétiques, principalement dans les paroles des personnages. Mais là le plurilinguisme est objectivé. Il est montré, en somme, comme une *chose*, il n'est pas *au même plan* que le langage réel de l'œuvre : c'est le geste *représenté* du personnage, non la parole qui *représente*. Ici les éléments du plurilinguisme n'entrent pas avec les droits d'un autre langage, qui apporterait ses points de vue personnels, qui permettrait de dire ce qu'on ne saurait dire dans son propre langage, mais avec les droits d'une *chose représentée*. Le poète parle aussi dans son langage à lui de ce qui lui est étranger. Pour éclairer un monde étranger, il ne recourt jamais au langage d'autrui comme plus adéquat à ce monde. Nous verrons que le prosateur, quant à lui, tente de dire dans le langage d'autrui ce qui le concerne personnellement (par exemple, le langage non littéraire d'un narrateur, d'un représentant de tel groupe socio-idéologique); il lui arrive souvent de mesurer son monde à lui d'après l'échelle linguistique des autres.

Par suite des exigences analysées, le langage des genres poétiques, quand il touche à leur extrême limite stylistique [1], devient souvent autoritaire, dogmatique et conservateur, se barricadant contre l'influence des dialectes sociaux non littéraires. Aussi, en matière de poésie, est possible l'idée d'un « langage poétique » particulier, d'un « langage des dieux », d'un « langage poétique prophétique », etc. Il est constant que le poète, dans son refus de tel langage littéraire, rêve de créer artificiellement un nouveau langage poétique plutôt que de recourir aux dialectes sociaux existants. Les langages sociaux sont objectaux, caractérisés, socialement localisés et bornés; mais le langage de la poésie, créé artificiellement, sera directement intentionnel, péremptoire, unique et singulier. Il en alla ainsi au début du XXe siècle, lorsque les prosateurs russes commencèrent à mani-

1. Bien entendu, nous caractérisons constamment la limite idéale des genres poétiques. Dans les œuvres réelles des « prosaïsmes » substantiels sont admis; il existe nombre de variantes hybrides des genres, particulièrement courantes aux époques de "relève" des langages littéraires poétiques *(N.d.A.)*.

fester un intérêt exclusif pour les dialectes et le « récit direct ». Les symbolistes (Balmont, V. Ivanov), puis les futuristes, rêvèrent de créer un « langage spécial » pour la poésie, et firent même des tentatives pour y parvenir (V. Khlebnikov) [1].

L'idée d'un langage unique et spécial pour la poésie est un « philosophème » utopique caractéristique du verbe poétique : elle est fondée sur les conditions et les exigences réelles du style poétique, suffisant à un seul langage directement intentionnel, à partir duquel les autres langages (langage parlé, langages d'affaires, de la prose, etc.) sont perçus comme objectivés et nullement équivalents à lui [2]. L'idée d'un « langage poétique » spécial exprime toujours la même conception ptoléméenne d'un monde linguistique stylisé.

Le langage, en tant que milieu vivant et concret où vit la conscience de l'artiste du mot, n'est jamais unique. Il ne l'est uniquement que comme système grammatical abstrait de formes normatives, détourné des perceptions idéologiques concrètes qui l'emplissent, et de l'incessante évolution historique du langage vivant. La vie sociale vivace et le devenir historique créent, à l'intérieur d'une langue nationale abstraitement unique, une multitude de mondes concrets, de perspectives littéraires, idéologiques et sociales fermées à l'intérieur de ces diverses perspectives, d'identiques éléments abstraits du langage se chargent de différents contenus sémantiques et axiologiques, et résonnent différemment.

Le langage littéraire lui-même, parlé et écrit, étant unique non plus seulement d'après ses indices généraux, abstraitement linguistiques, mais d'après les formes de leur interprétation, est stratifié et plurilingual par son aspect concret, objectalement sémantique et expressif.

Cette stratification est déterminée avant tout par les organismes spécifiques des *genres*. Tels ou tels traits du langage (lexicologiques, sémantiques, syntaxiques ou autres) sont étroitement soudés aux intentions et au système général d'accentuation de tels ou tels genres : oratoires, journalistiques, littéraires inférieurs (roman-feuilleton), genres variés de la grande littérature. Certains traits du langage prennent le parfum spécifique de leur genre, ils se soudent à leurs points de vue, leur

1. Balmont et Ivanov, cf. note 1 p. 57. Victor Khlebnikov (1885-1922), théoricien du « langage qui va au-delà de l'intellect » *(Zaoumniy yazyk)*, théorie qui inspira les formalistes. Considéré comme le premier poète réel du futurisme russe.

2. Tel est le point de vue du latin sur les langues nationales du Moyen Age. *(N.d.A.)*.

démarche, leur forme de pensée, à leurs nuances et intonations.

A cette stratification du langage en genres s'en mêle de surcroît une autre, tantôt coïncidant avec lui, tantôt s'en écartant, la stratification *professionnelle* du langage (au sens large) : langage de l'avocat, du médecin, du commerçant, de l'homme politique, de l'instituteur, etc. Ces langages ne se différencient pas, naturellement, par leur seul vocabulaire; ils impliquent des formes précises d'orientation intentionnelle, des formes d'interprétation et d'appréciation concrètes. Même le langage de l'écrivain (du poète, du romancier) peut être perçu comme un jargon professionnel à côté des autres.

Ce qui nous importe, c'est le côté intentionnel, c'est-à-dire la signification objectale et l'expressivité de cette stratification du « langage commun ». Car ce n'est pas la composition linguistique neutre du langage qui se stratifie et se différencie, ce sont ses intentions possibles qui sont éparpillées : elles se réalisent dans des directions définies, s'emplissent d'un contenu précis, se concrétisent, se spécifient, s'imprègnent de jugements de valeur concrets, s'attachent aux choses déterminées, aux perspectives expressives des genres et des professions. Au-dedans de ces perspectives, et pour les locuteurs eux-mêmes, ces langages des genres, ces jargons professionnels, sont directement intentionnels, pleinement signifiants, spontanément expressifs; mais à l'extérieur, pour ceux qui ne participent pas à ces perspectives intentionnelles, langages et jargons peuvent être objectaux, caractéristiques, pittoresques, etc. Pour ceux qui restent en dehors, les intentions qui sous-tendent ces langages se fortifient, deviennent des limitations sémantiques et expressives, alourdissent pour eux, aliènent d'eux la parole, compliquent son utilisation directe, intentionnelle, sans réserve.

Mais l'affaire ne se clôt pas avec la stratification du langage littéraire en genres et en professions. Bien que, dans son noyau initial, ce langage soit souvent socialement homogène, comme principal langage parlé et écrit d'un groupe social, il conserve nonobstant une différenciation sociale, une stratification sociale qui, à certaines époques, peut devenir fortement marquée. Çà et là, elle peut coïncider avec une stratification en genres et en professions, mais en fait, évidemment, elle est tout à fait autonome et spécifique.

Toutes les visions du monde socialement signifiantes ont la faculté d'éparpiller les intentions virtuelles du langage, en les réalisant concrètement. Les courants littéraires et autres, les cercles, revues, journaux, et même certaines œuvres majeures et certains individus, peuvent tous, dans la mesure de leur importance sociale, stratifier le langage, en alourdir les mots, les formes avec leurs intentions et accents typiques, et les aliéner ainsi des autres courants, partis, œuvres et individus.

Toute manifestation verbale socialement importante a la faculté, parfois pour longtemps et pour un large milieu, de communiquer ses intentions aux éléments du langage intégrés dans ses visées sémantiques et expressives, et de leur imposer des nuances de sens précises, des tons de valeur définie. On peut ainsi créer le mot-slogan, le mot-injure, le mot-louange, etc.

A chaque époque historique de la vie idéologique et verbale, chaque génération, dans chacune de ses couches sociales, possède son langage; de plus en substance chaque âge a son « parler », son vocabulaire, son système d'accentuation particulier, qui, à leur tour, varient selon la classe sociale, l'établissement scolaire et autres facteurs de stratification. (Les langages de l'élève-officier, du lycéen, du réaliste sont différents); tous sont socialement typiques, si étroit que puisse être leur milieu social. On peut même, à la limite, tenir pour social un jargon familial, par exemple, celui de la famille Irténiev, représentée par Tolstoï, avec son vocabulaire propre et son système d'accentuations particulier [1].

Enfin, à tel ou tel moment, coexistent les langages de diverses époques et périodes de la vie socio-idéologique. Il existe même un langage des jours : en effet, « hier » et « aujourd'hui » n'ont pas, dans un certain sens, le même langage sur le plan socio-idéologique et politique; chaque jour a sa conjoncture socio-idéologique et sémantique, son vocabulaire, ses accents, son slogan, ses insultes et ses louanges. La poésie, dans son langage, dépersonnalise les jours, mais la prose, comme nous le verrons, les individualise souvent à dessein, leur donne des représentants incarnés et les confronte dialogiquement dans des dialogues romanesques dramatiques.

Ainsi donc, à tout moment donné de son existence historique, le langage est complètement diversifié : c'est la coexistence incarnée des contradictions socio-idéologiques entre présent et passé, entre différentes époques du temps passé, différents groupes socio-idéologiques du temps présent, entre courants, écoles, cercles, etc. Ces « parlers » du plurilinguisme s'entre-croisent de multiples façons, formant des « parlers » neufs, socialement typiques.

Entre eux tous existent des distinctions méthodologiques profondes. En effet, à leur base se trouvent des principes de sélection et de constitution totalement dissemblables (dans certains

1. Léon Tolstoï, *Enfance, Adolescence, Jeunesse.*

cas, il s'agit de fonction, dans d'autres, de contenu thématique, dans un troisième, de principe proprement socio-dialectologique). Aussi, les langages ne s'excluent-ils pas les uns les autres, ils s'intersectent de diverses façons (langage de l'Ukraine, du poème épique, du début du symbolisme, de l'étudiant, des enfants, de l'intellectuel moyen, du nietzschéen, et ainsi de suite). Il pourrait sembler que le terme lui-même, « langage », perde ici tout son sens, car apparemment il n'existe pas de plan unique de comparaison pour tant de « langages ».

En réalité il y a tout de même un plan commun, qui justifie méthodologiquement notre confrontation : tous les langages du plurilinguisme, de quelque façon qu'ils soient individualisés, sont des points de vue spécifiques sur le monde, des formes de son interprétation verbale, des perspectives objectales sémantiques et axiologiques. Comme tels, tous peuvent être confrontés, servir de complément mutuel, entrer en relations dialogiques; comme tels, ils se rencontrent et coexistent dans la conscience des hommes et, avant tout, dans la conscience créatrice de l'artiste-romancier; comme tels, encore, ils vivent vraiment, luttent et évoluent dans le plurilinguisme social. Voilà pourquoi tous peuvent se placer sur le plan unique du roman, qui peut rassembler les stylisations parodiques des langages des divers genres, différents aspects de stylisation et de présentation des langages professionnels engagés et ceux des générations, les dialectes sociaux et autres (comme, par exemple, dans le roman humoristique anglais). Tous peuvent être attirés par le romancier pour orchestrer ses thèmes et réfracter l'expression (indirecte) de ses intentions et jugements de valeur.

C'est pourquoi nous insistons continuellement sur l'aspect objectal, sémantique et expressif, c'est-à-dire intentionnel, force qui stratifie et différencie le langage littéraire, et non sur les indices linguistiques (ornements du vocabulaire, harmoniques du sens, etc.) des langages des genres, des jargons professionnels et autres, qui sont, si l'on peut dire, les résidus sclérotiques du processus des intentions, des signes laissés pour compte par le labeur vivant de l'intention qui interprète les formes linguistiques communes. Ces indices extérieurs, observés et fixés du point de vue linguistique, ne peuvent être compris et étudiés sans comprendre leur interprétation intentionnelle.

Le discours vit en dehors de lui-même, dans une fixation vivante sur son objet. Si nous nous écartions complètement de cette fixation, nous n'aurions plus sur les bras que le cadavre nu du discours, qui ne nous apprendrait rien sur sa position sociale, ni sur ses destins. *Étudier le discours en lui-même, en ne sachant pas vers quoi il tend en dehors de lui-même, c'est aussi absurde que d'étudier une souffrance morale hors de la réalité sur laquelle elle est fixée et qui la détermine.*

En mettant en relief le côté intentionnel de la stratification du langage littéraire, nous pouvons donc placer sur le même rang des phénomènes aussi hétérogènes (du point de vue de la méthodologie) que les dialectes socio-professionnels, les visions du monde et les œuvres individuelles, car c'est leur côté intentionnel qui constitue le plan commun où tous peuvent être confrontés, dialogiquement de surcroît. Le fait est que des relations dialogiques (particulières) sont possibles entre les « langages », quels qu'ils soient, ce qui signifie qu'ils peuvent être perçus comme des points de vue sur le monde. Si différentes que soient les forces sociales qui produisent le travail de stratification (la profession, le genre, la tendance, la personnalité individuelle) ce travail lui-même revient partout à une saturation du langage (relativement) longue, socialement (collectivement) signifiante, saturation par des intentions et des accents déterminés (et par conséquent restrictifs).

Plus cette saturation stratifiante dure, plus vaste est le milieu social qu'elle englobe, donc : plus grande est la force sociale qui produit la stratification, plus nettes et stables sont les empreintes, les modifications linguistiques des indices du langage (des symboles linguistiques) qui persistent en lui par suite de l'action de cette force, depuis les nuances sémantiques stables (donc sociales), jusqu'aux indices dialectologiques authentiques (phonétiques, morphologiques et autres), qui permettent déjà de parler d'un dialecte social particulier.

Comme résultat du travail de toutes ces forces stratificatrices, le langage ne conserve plus de formes et de mots neutres, « n'appartenant à personne » : il est éparpillé, sous-tendu d'intentions, accentué de bout en bout. Pour la conscience qui vit en lui, le langage n'est pas un système abstrait de formes normatives, mais une opinion multilingue sur le monde. Tous les mots évoquent une profession, un genre, une tendance, un parti, une œuvre précise, un homme précis, une génération, un âge, un jour, une heure. Chaque mot renvoie à un contexte ou à plusieurs, dans lesquels il a vécu son existence socialement sous-tendue. Tous les mots, toutes les formes, sont peuplés d'intentions. Le mot a, inévitablement, les harmoniques du contexte (harmoniques des genres, des orientations, des individus).

En fait, pour la conscience individuelle, le langage en tant que concrétion socio-idéologique vivante, et opinion multilingue, se place à la limite de son territoire et de celui d'autrui. Le mot du langage est un mot semi-étranger. Il ne le sera plus quand le locuteur y logera son intention, son accent, en prendra possession, l'initiera à son aspiration sémantique et expressive. Jusqu'au moment où il est approprié, le discours n'est pas dans un langage neutre et impersonnel (car le locuteur ne le prend pas dans un dictionnaire!); il est sur des lèvres étrangères, dans des contextes étrangers, au service d'intentions étrangères, et c'est là qu'il faut le prendre et le faire « sien ». Tous les discours ne se prêtent pas avec la même facilité à cette usurpation, cette appropriation. Beaucoup résistent fermement; d'autres restent « étrangers », sonnent de façon étrangère dans la bouche du locuteur qui s'en est emparé; ils ne peuvent s'assimiler à son contexte, ils en tombent. C'est comme si, hors de la volonté du locuteur, ils se mettaient « entre guillemets ». Le langage n'est pas un milieu neutre. Il ne devient pas aisément, librement, la propriété du locuteur. Il est peuplé et surpeuplé d'intentions étrangères. Les dominer, les soumettre à ses intentions et accents, c'est un processus ardu et complexe!

Nous avons admis l'unité abstraitement linguistique (dialectologique) du langage littéraire. Mais celui-ci n'est pas, et de loin, un dialecte fermé. Déjà entre le langage littéraire parlé, familier, et le langage écrit, peut passer une frontière plus ou moins nette. Les distinctions entre les genres coïncident souvent avec les distinctions dialectologiques (par exemple, au XVIIIe siècle, entre les « hauts genres » en slavon d'Église et les « bas genres » de la conversation courante). Enfin, certains dialectes peuvent être légitimés en littérature, et de ce fait participer dans une certaine mesure au langage littéraire.

En entrant dans la littérature et en participant à son langage, les dialectes perdent, évidemment, leur qualité de systèmes socio-linguistiques fermés; ils se déforment et, somme toute, cessent d'être ce qu'ils étaient en tant que dialectes. Mais ces dialectes, d'autre part, conservent en entrant dans le langage littéraire leur élasticité dialectologique, leur langage « autre », aussi déforment-ils le langage littéraire où ils ont pénétré (lui aussi cessant d'être profondément original), à cause de leur système socio-linguistique clos. Le langage littéraire est un phénomène profondément original, comme aussi la conscience linguistique de l'homme doté de culture littéraire, qui lui est corrélatée. En lui, la diversité intentionnelle des discours (qui existe en tout dialecte vivant et fermé), devient diversité des langages. Il ne s'agit pas d'un *langage*, mais d'un *dialogue de langages*.

La langue nationale littéraire d'un peuple pénétré de culture, et principalement de culture romanesque, doté d'une histoire verbale et idéologique riche et intense, apparaît, en fait, comme un microcosme organisé, reflétant le macrocosme du polylinguisme non seulement national, mais européen. L'unité du langage littéraire n'est pas celle d'un système linguistique fermé : c'est l'unité fort originale des « langues » qui sont entrées en contact, et se sont reconnues les unes les autres. (L'une d'elles, c'est la « langue poétique », au sens étroit.) Telle est la spécificité du problème méthodologique du langage littéraire.

La conscience linguistique socio-idéologique concrète, en devenant activement créatrice, c'est-à-dire littérairement active, se découvre par avance environnée de plurilinguisme et nullement par un langage unique indiscutable et péremptoire. Toujours et partout, à tous les âges de la littérature historiquement connus, la conscience littérairement active découvre *des langages* et non *un* langage. Elle se trouve devant la nécessité du *choix d'un langage*. Dans chacune de ses manifestations littéraires verbales, elle s'oriente activement parmi le polylinguisme, y occupe une position, choisit, un « langage ». Ce n'est qu'en demeurant dans une existence fermée, sans écriture, ni pensées, à l'écart de toutes les voies du devenir socio-idéologique, que l'homme ne perçoit pas cette activité linguistique élective et peut rester tranquillement dans la certitude absolue et la prédétermination de sa langue à lui.

En vérité, même un tel individu a affaire non à un langage mais à des langages, toutefois, la place de chacun d'eux est fermement établie et indiscutable, le passage de l'un à l'autre est aussi prévu et automatique que celui d'une chambre à l'autre. Ces langages ne se heurtent pas dans sa conscience. Il ne tente pas de les corrélater, de regarder l'un d'eux avec « les yeux » d'un autre.

C'est ainsi que le paysan analphabète, à des distances infinies de tout centre, plongé naïvement dans une existence quotidienne qu'il tenait pour immuable et immobile, vivait au milieu de plusieurs systèmes linguistiques : il priait Dieu dans une langue (le slavon d'Église), il chantait dans une autre, en famille, il en parlait une troisième et, quand il commençait à dicter à l'écrivain public une pétition pour les autorités du district rural, il s'essayait à une quatrième langue (officielle, correcte, « paperassière »). C'étaient des *langages différents*, même du point de vue des indices abstraits sociaux et dialectologiques. Mais ils n'étaient pas *dialogiquement corrélatés* dans la conscience linguistique du paysan. Il passait de l'un à l'autre sans y penser, automatiquement : chacun était indéniablement à sa place, et la place de chacun ne pouvait être discutée. Il ne savait pas encore voir le langage (ni le monde verbal qui lui correspondait) avec « les yeux » d'un autre langage, par exemple, voir le langage et le monde quotidiens à partir du langage de la prière, de la chanson, ou *vice versa* [1].

Dès que dans la conscience de notre paysan les langages commencèrent à s'éclairer et se critiquer mutuellement, dès qu'il se révéla qu'ils étaient différents, voire multiples, que les systèmes idéologiques et les attitudes à l'égard du monde indissolublement liés à ces langages se contredisaient, au lieu de rester sagement côte à côte, c'en fut fait de leur caractère péremptoire et prédéterminé; leur fixation élective et dynamique commençait...

Le langage et le monde de la prière, le langage et le monde de la chanson, le langage et le monde du labeur et des coutumes, le langage et le monde spécifiques de l'administration rurale, le nouveau langage et le nouveau monde de l'ouvrier citadin venu faire un séjour, tous ces langages, tous ces mondes, renonçaient tôt ou tard à leur équilibre serein et amorphe, et découvraient leur plurilinguisme.

Naturellement, la conscience linguistique, littérairement active, anticipe un plurilinguisme beaucoup plus multiforme et profond, tant dans le langage littéraire lui-même, qu'en dehors de lui. Ce fait fondamental doit servir de départ pour toute étude substantielle de la vie stylistique des mots. Le caractère du plurilinguisme anticipé, et les méthodes pour s'y orienter, déterminent cette vie concrète.

Le poète est déterminé par l'idée d'un langage seul et unique, d'un seul énoncé fermé sur son monologue. Ces idées sont immanentes aux genres poétiques auxquels il recourt. C'est ce qui détermine ses procédés d'orientation au sein d'un polylinguisme véritable.

Le poète doit être en possession totale et personnelle de son langage, accepter la pleine responsabilité de tous ses aspects, les soumettre à ses intentions à lui, et rien qu'à elles. Chaque mot doit exprimer spontanément et directement le dessein du poète; il ne doit exister aucune distance entre lui et ses mots. Il doit partir de son langage comme d'un tout intentionnel et unique : aucune stratification, aucune diversité de langages ou, pis encore, aucune discordance, ne doivent se refléter de façon marquante dans l'œuvre poétique.

A cet effet, le poète débarrasse les mots des intentions d'autrui, n'utilise que certaines mots et formes, de telle manière qu'ils perdent leur lien avec certaines strates intentionnelles et certains contextes du langage. On ne doit pas sentir derrière les mots d'une œuvre poétique les images typiques et objectivées des

1. Nous simplifions à dessein : dans une certaine mesure, le vrai paysan sut toujours le faire et le faisait *(N.d.A.)*.

genres (hormis le genre poétique lui-même), les visions du monde (hormis celle — seule et unique — du poète), ni les figures typiques ou personnelles des locuteurs, de leur manière de parler, de leurs intonations caractéristiques. *Tout ce qui pénètre dans l'œuvre doit noyer dans les eaux du Léthé, oublier, sa vie antérieure dans les contextes d'autrui : le langage doit se souvenir seulement de sa vie dans les contextes poétiques (ici, sont possibles aussi les réminiscences concrètes).*

Il existe toujours, bien sûr, un groupe limité de contextes plus ou moins concrets, dont le lien avec le verbe poétique doit être perçu. Mais ces contextes sont purement sémantiques et, si l'on peut dire, abstraitement accentués. Sous le rapport linguistique, ils sont impersonnels et, en tout cas, on ne doit pas déceler derrière eux une spécificité linguistique trop concrète, une manière de dire, etc. Il ne faut pas que transparaisse par-derrière quelque figure socialement typée (un éventuel personnage-narrateur). Une seule figure partout : la figure linguistique de l'auteur responsable de chaque mot comme étant le sien. Si nombreux et multiformes que soient les fils sémantiques, les accents, les associations d'idées, les indications, allusions, coïncidences, qui découlent de tout discours poétique, tous servent un seul langage, une seule perspective, et non des contextes sociaux à langages multiples. Au surplus, le mouvement du symbole poétique (par exemple, le déploiement d'une métaphore) présuppose justement l'unité du langage, directement corrélaté à son objet. Un plurilinguisme social qui pénétrerait dans l'œuvre et en stratifierait le langage rendrait impossible tant son développement normal que le mouvement du symbole en elle.

Le rythme des genres poétiques lui-même ne favorise pas en quoi que ce soit une stratification substantielle du langage. *Le rythme, en créant la participation directe de chaque élément du système d'accentuation à l'ensemble* (au travers des unités les plus immédiates du rythme) tue dans l'œuf les mondes et les figures virtuellement contenus dans le discours; en tout cas, *le rythme leur pose des barrières précises, ne leur permet pas de se déployer, de se matérialiser ;* il raffermit et resserre plus encore l'unité et le caractère fermé et uni du style poétique et du langage unique postulé par ce style.

Par suite de ce travail d' « épluchage » des intentions et des accents « étrangers », et d'effacement de toute trace de plurilinguisme et de plurivocalité, l'œuvre poétique acquiert une intense unité de langage. Cette unité peut être naïve, exister seulement aux plus rares époques de la poésie, quand elle ne sort pas des limites d'un groupe social naïvement fermé sur lui-même, seul, non différencié encore, et dont l'idéologie comme le langage ne sont pas encore véritablement stratifiés. Mais habituellement nous sentons cette tension profonde et consciente du langage poétique unique quand il se hisse hors du chaos du langage littéraire vivant, plurilingual et plurivocal, de son temps.

Ainsi agit le poète. Le prosateur-romancier (et, en général, quasiment tout prosateur) emprunte un chemin tout différent. Il accueille le plurilinguisme et la plurivocalité du langage littéraire et non littéraire dans son œuvre, sans que celle-ci en soit affaiblie ; elle en devient même plus profonde (car cela contribue à sa prise de conscience et à son individualisation).

C'est sur cette stratification, sur ces diversités, voire sur ces différences de langage, qu'il bâtit son style, tout en conservant l'unité de sa personnalité de créateur, et l'unité (d'un autre ordre, il est vrai) de son style.

Le prosateur ne purifie pas ses discours de leurs intentions et des tonalités d'autrui, il ne tue pas en eux les embryons du plurilinguisme social, il n'écarte pas ces figures linguistiques, ces manières de parler, ces personnages-conteurs virtuels qui apparaissent en transparence derrière les mots et les formes de son langage ; mais il dispose tous ces discours, toutes ces formes à différentes distances du noyau sémantique ultime de son œuvre, du centre de ses intentions personnelles.

Le langage du prosateur se dispose sur des degrés plus ou moins rapprochés de l'auteur et de son instance sémantique dernière : certains éléments de son langage expriment franchement et directement (comme en poésie) les intentions de sens et d'expression de l'auteur, d'autres les réfractent ; sans se solidariser totalement avec ces discours, il les accentue de façon particulière (humoristique, ironique, parodique, etc. [1]), d'autres éléments s'écartent de plus en plus de son instance sémantique dernière et réfractent plus violemment encore ses intentions ; il y en a, enfin, qui sont complètement privés des intentions de l'auteur : il ne s'exprime pas en eux (en tant qu'auteur) mais les *montre* comme une *chose verbale originale ;* pour lui, ils sont entièrement objectivés. Aussi, la stratification du langage en genres, professions, sociétés (au sens étroit), visions du monde, orientations, individualités, et son plurilinguisme social (dialectes) en pénétrant dans le roman s'y ordonne de façon spéciale, y devient un système littéraire original qui orchestre le thème intentionnel de l'auteur.

Le prosateur peut ainsi se détacher du langage de son œuvre

1. Cela signifie que les mots ne sont pas les siens si on les comprend de manière directe, mais qu'ils sont les siens quand ils sont transmis avec ironie, de manière démonstrative, etc., autrement dit, perçus à la distance qui convient *(N.d.A.)*.

et aussi, à des degrés divers, de certains de ses strates et aspects. Il peut utiliser ce langage sans se donner à lui totalement; il le laisse semi- « étranger », ou tout à fait « étranger », mais en dernier ressort, le fait servir en même temps malgré tout, à ses intentions. L'auteur ne parle pas ce langage, dont il s'est plus ou moins détaché, mais parle comme au travers de lui, devenu quelque peu renforcé, objectivé, éloigné de ses lèvres.

Le prosateur-romancier n'extirpe pas les intentions d'autrui du langage polyphonique de ses œuvres, ne détruit pas les perspectives, mondes et micromondes socio-idéologiques qui se découvrent au-delà de cette polyphonie : il les introduit dans son œuvre. Il utilise des discours déjà peuplés par les intentions sociales d'autrui, les contraint à servir ses intentions nouvelles, à servir un second maître. Aussi les intentions du prosateur se *réfractent-elles, et sous divers angles*, selon le caractère socio-idéologique « étranger », le renforcement et l'objectivation des langages réfractants du plurilinguisme.

L'orientation du discours parmi les énoncés et les langages d'autrui, comme aussi tous les phénomènes et toutes les possibilités qui lui sont relatés, prennent, dans le style du roman, une signification littéraire. La plurivocalité et le plurilinguisme entrent dans le roman et s'y organisent en un système littéraire harmonieux. Là réside la singularité particulière du genre romanesque.

Cette singularité commande une stylistique adéquate, *qui ne peut être qu'une stylistique sociologique*. Le dialogue intérieur, social, du discours romanesque exige la révélation de son contexte social concret, qui infléchit toute sa structure stylistique, sa « forme » et son « contenu », et au surplus, l'infléchit non de l'extérieur, mais de l'intérieur. Car le dialogue social résonne dans le discours lui-même, dans tous ses éléments, tant ceux qui concernent le « contenu » que la « forme ».

Le développement du roman consiste en un approfondissement du dialogue, dans son déploiement et son affinement. Il demeure de moins en moins d'éléments neutres, durs (« la dure vérité ») non intégrés dans le dialogue. Et celui-ci s'enfonce dans des profondeurs moléculaires et, finalement, intra-atomiques.

Naturellement, le discours poétique lui aussi est social, mais les formes poétiques reflètent des processus sociaux plus durables, des « tendances séculaires », pour ainsi dire, de la vie sociale. Le discours romanesque, quant à lui, réagit de manière très sensible aux moindres déviations et fluctuations de l'atmosphère sociale, et il réagit, comme il a été dit, tout entier, dans tous ses éléments.

Introduit dans le roman, le plurilinguisme y est soumis à une élaboration littéraire. Les voix sociales et historiques qui peuplent le langage (tous ses mots, toutes ses formes), qui lui donnent des significations concrètes, précises, s'organisent dans le roman en un harmonieux système stylistique, traduisant la position socio-idéologique *différenciée* de l'auteur au sein du plurilinguisme de son époque.

III

Le plurilinguisme dans le roman

Les formes compositionnelles d'introduction et d'organisation du plurilinguisme dans le roman, formes élaborées au cours du développement historique du genre romanesque sous ses divers aspects, sont fort variées. Chacune d'elles, rapportée à des possibilités stylistiques précises, exige une juste élaboration littéraire des différents « langages ». Nous ne nous arrêterons ici que sur les formes fondamentales et typiques pour la plupart des variantes du roman.

Le plurilinguisme s'est organisé sous sa forme la plus évidente, et en même temps la plus importante historiquement, dans ce qu'on a nommé le roman humoristique. Ses représentants classiques sont Fielding, Smollett, Sterne, Dickens, Thackeray en Angleterre, Hippel [1] et Jean-Paul Richter en Allemagne.

Dans le roman humoristique anglais, nous trouvons une évocation parodique de presque toutes les couches du langage littéraire parlé et écrit de son temps. Il n'y a guère un seul roman de ces auteurs classiques qui ne constitue une encyclopédie de toutes les veines et formes du langage littéraire. Selon l'objet représenté, le récit évoque parodiquement, tantôt l'éloquence parlementaire ou juridique, tantôt la forme particulière des comptes rendus des séances du Parlement et leurs procès-verbaux, les reportages des gazettes, des journaux, le vocabulaire aride des hommes d'affaires de la *City*, les commérages des pécores, les pédantes élucubrations des savants, le noble style épique ou biblique, le ton bigot du prêche moralisateur, enfin la manière de parler de tel personnage concrètement et socialement défini.

Cette stylisation, habituellement parodique, du langage propre

1. Hippel, Theodor-Gottlieb von (1743-1796), romancier allemand que l'on peut situer entre Sterne et Jean-Paul.

aux genres, aux professions et autres strates du langage est parfois coupée par un discours direct de l'auteur (généralement pathétique, sentimental, ou idyllique), qui traduit directement (sans réfraction) sa vision du monde et ses jugements de valeur. Mais le fondement du roman humoristique, c'est le mode tout à fait spécifique du recours au « langage commun ». Celui-ci, communément parlé et écrit par la moyenne des gens d'un certain milieu, est traité par l'auteur comme l'*opinion publique*, l'attitude verbale normale d'un certain milieu social à l'égard des êtres et des choses, le *point de vue et le jugement courants*. L'auteur s'écarte plus ou moins de ce langage, il l'objectivise en se plaçant en dehors, en réfractant ses intentions au travers de l'opinion publique (toujours superficielle, et souvent hypocrite), incarnée dans son langage.

Cette relation de l'auteur au langage pris comme « opinion publique » n'est pas immuable; elle connaît continuellement un état mouvementé et vif, une oscillation parfois rythmique : l'auteur peut exagérer parodiquement, plus ou moins vigoureusement, tels ou tels traits du « langage courant », ou révéler brutalement son inadéquation à son objet. Parfois, au contraire, il se solidarise presque avec lui, s'en éloigne à peine, et quelquefois y fait même résonner directement sa « vérité », autrement dit, confond totalement sa voix avec lui. En même temps, les éléments du langage courant, parodiquement outrés ou légèrement objectivés, se modifient de façon logique. Le style humoristique exige ce mouvement de va-et-vient entre l'auteur et son langage, cette continuelle modification des distances, ces passages successifs entre l'ombre et la lumière tantôt de tel aspect du langage, tantôt de tel autre. S'il n'en était pas ainsi, le style serait monotone ou exigerait une individualisation du narrateur, c'est-à-dire une tout autre manière d'introduire et d'organiser le « plurilinguisme ».

C'est de ce fond initial du *langage courant*, de l'opinion générale, anonyme, que se dégagent, dans le roman humoristique, ces stylisations parodiques des langages propres à un genre, à une profession, etc., dont nous avons parlé, ainsi que les masses compactes du discours direct, pathétique, moral et didactique, sentimental, élégiaque, ou idyllique, de l'auteur. Ce discours se réalise ainsi dans les stylisations directes, inconditionnelles, des genres poétiques (idylliques, élégiaques) ou rhétoriques (pathos, morale didactique). Les transitions du langage courant à la parodisation des langages des genres et autres, et au discours direct de l'auteur, peuvent être plus ou moins progressives ou, au contraire, brusques. Tel est le système du langage dans le roman humoristique.

Abordons l'analyse de quelques exemples, tirés du roman de Dickens, *La Petite Dorrit* [1].

1)... Ce colloque avait eu lieu vers quatre ou cinq heures de l'après-midi, alors que tout le quartier de Harley Street, Cavendish Square, retentissait du roulement des voitures et des doubles coups de marteau des visiteurs aux portes d'entrée. L'entrevue en était là lorsque *M. Merdle rentra chez lui, après avoir accompli sa tâche quotidienne qui consistait à faire respecter de plus en plus le nom britannique dans toutes les parties du monde civilisé, capables d'apprécier les entreprises commerciales d'envergure mondiale et les gigantesques combinaisons de capitaux et de savoir-faire.* Car, bien que personne ne sût quelle était exactement l'occupation réelle de M. Merdle, à ceci près qu'elle produisait de l'argent, c'est en ces termes que tout le monde la définissait dans toutes les cérémonies officielles, et que la glose la plus moderne de la parabole du chameau et du trou de l'aiguille l'acceptait aveuglément (1-33).

Les italiques font ressortir la stylisation parodique des harangues solennelles du Parlement et des banquets [2]. Le passage à ce style a été préparé par la structure de la phrase, soutenue dès le début sur le ton épique et quelque peu cérémonieux. Puis, cette fois dans le langage de l'auteur (par conséquent dans un style différent), nous est révélé le sens parodique de la définition solennelle des occupations de M. Merdle, définition qui se découvre comme « la parole d'autrui », et pourrait être placée entre guillemets : « C'est en ces termes que tout le monde ... définissait... (cette occupation) dans toutes les cérémonies officielles... »

Ainsi, les paroles « d'un autre », *sous une forme dissimulée*, (c'est-à-dire sans indication formelle de leur appartenance à « autrui », directe ou indirecte), s'introduisent dans le discours (la narration) de l'auteur. Mais ce n'est pas seulement la parole d'autrui dans la même « langue », c'est un énoncé dans un « langage » étranger à l'auteur : le langage archaïsant des genres oratoires officiels, hypocrites et pompeux.

2)... Deux ou trois jours plus tard, toute la ville fut informée qu'Edmond Sparkler, Esquire, beau-fils de M. Merdle, l'éminent financier de réputation mondiale, venait d'être élevé au rang de Lord du Ministère des Circonlocutions, et proclamation fut lancée à l'adresse de tous les vrais croyants, pour intimer que *cette admirable nomination devait être considérée comme un gracieux hommage rendu*

1. *La Petite Dorrit*, tome VI des *Œuvres complètes* de Charles Dickens, Bibliothèque de la Pléiade, éditions Gallimard, 1970, sous la direction de Pierre Leyris; traduit de l'anglais par Jeanne Mérigen-Bejean.
2. Dans les textes cités, les *italiques* sont de M. Bakhtine.

> *par le non moins gracieux Decimus à ces intérêts commerciaux qui doivent toujours dans un grand pays commercial, etc. le tout suivi d'une fanfare de trompettes.* Ainsi soutenues par ce respectueux hommage du Gouvernement, *la merveilleuse Banque et toutes les merveilleuses entreprises* qui s'y rattachaient prospérèrent de plus belle, et tous les badauds se rendirent en foule à Harley Street, Cavendish Square, rien que pour contempler la maison qu'habitait cette merveille cousue d'or... (II-XII).

Ici, dégagé par les italiques, le discours d'autrui en un langage étranger (officiel et solennel) est introduit sous une forme avouée (discours indirect). Mais ce discours est environné par la forme cachée *des paroles frivoles d'autrui* (dans le même langage pompeux et ampoulé), qui préparent l'introduction de la forme franche et lui permettent de résonner. Cette préparation se fait grâce au terme « Esquire », apposé, comme il en va du langage officiel, au nom de « Sparkler », et s'achève avec l'épithète « merveilleuses ». Celle-ci n'appartient pas à l'auteur, c'est évident, mais à *l'opinion publique*, qui fait tout ce battage autour des entreprises à l'esbrouffe de Merdle.

> 3)... C'était un repas qui lui eût donné de l'appétit même s'il n'en avait pas eu du tout. Les plats les plus délicats, somptueusement préparés et somptueusement servis; les fruits les plus rares; les vins les plus exquis; des chefs-d'œuvre d'orfèvrerie et d'argenterie, de porcelaine et de cristaux; d'innombrables objets destinés à flatter le goût, l'odorat et la vue, faisaient partie de sa composition. *Oh! quel homme merveilleux que ce Merdle, quel grand homme, quel maître homme, comblé des dons les plus précieux et les plus enviables de la fortune, en un mot quel riche homme!* (II-XII).

Le début est un pastiche stylisé du noble style épique. Vient ensuite l'éloge extasié de Merdle par le chœur des adulateurs : discours « étranger » caché. *(Italiques.)* La « *pointe* », la révélation du véritable motif de ces louanges, dénonce l'hypocrisie du chœur : les termes « merveilleux », « grand », « comblé de dons », « maître homme », peuvent être remplacés par un seul mot : « riche »! Cette révélation de l'auteur, faite dans les limites immédiates d'une seule proposition simple, fusionne avec l'énoncé révélateur d'autrui. L'accent des louanges enthousiastes se complique d'un autre langage, ironiquement indigné, qui domine dans les paroles révélatrices terminant la proposition.

Nous avons là *une construction hybride* typique, pourvue de deux accents et de deux styles.

Nous qualifions de construction hybride un énoncé qui, d'après ses indices grammaticaux (syntaxiques) et compositionnels, appartient au seul locuteur, mais où se confondent, en réalité, deux énoncés, deux manières de parler, deux styles, deux « langues », deux perspectives sémantiques et sociologiques. Il faut le répéter : entre ces énoncés, ces styles, ces langages et ces perspectives, il n'existe, du point de vue de la composition ou de la syntaxe, aucune frontière formelle. Le partage des voix et des langages se fait dans les limites d'un seul ensemble syntaxique, souvent dans une proposition simple. Fréquemment aussi, un même discours appartient simultanément à deux langages, deux perspectives, qui s'entrecroisent dans cette structure hybride; il a, par conséquent, deux sens divergents et deux accents. (Nous en donnons des exemples ci-dessous.) Les constructions hybrides ont une importance capitale pour le style du roman [1].

> 4)... Mais M. Tite Bernicle était un homme boutonné jusqu'au menton et, *en conséquence*, un homme de poids... (11-12).

Voici un exemple de *motivation pseudo-objective*, qui apparaît comme l'un des aspects des paroles cachées « d'autrui », dans le cas présent, de « l'opinion publique ». Tous les signes formels indiquent que cette motivation est celle de l'auteur, et qu'il en est formellement solidaire, mais en fait, elle se place dans la perspective subjective des personnages ou de l'opinion publique.

La motivation pseudo-objective est, de façon générale, caractéristique du style romanesque [2], se présentant comme une variante de la construction hybride, sous forme de discours « étrangers » cachés. Les conjonctions subordonnées et les conjonctions de coordination (puisque, car, à cause de, malgré, etc.) et les mots d'introduction logiques (ainsi, par conséquent, etc.) se dépouillent de l'intention directe de l'auteur, ont un son étranger, deviennent réfractants, ou même s'objectivent totalement. Cette motivation est particulièrement caractéristique du style humoristique, où prédomine la forme du discours d'autrui (celui de personnages concrets ou, plus souvent, celui d'un milieu) [3].

> 5)... De même qu'un immense incendie répand au loin son grondement, de même la flamme sacrée sur laquelle venaient de souffler les puissants Bernicle faisait retentir de plus en plus fort le nom de Merdle. Il était sur toutes les lèvres et pénétrait dans toutes les oreilles. Il n'y avait jamais eu, il n'y aurait jamais un homme comme

1. Nous traitons en détail de ces constructions hybrides et de leur signification au chapitre IV de la présente étude *(N.d.A.)*.
2. Ce qui est impossible dans l'épopée *(N.d.A.)*.
3. Cf. les motivations pseudo-objectives grotesques chez Gogol *(N.d.A.)*.

> M. Merdle. Personne, nous l'avons déjà dit, ne savait ce qu'il avait fait pour cela, *mais tout le monde savait que c'était le plus grand homme qui eût jamais vu le jour* (II-XIII).

Il s'agit d'une introduction épique, « homérique » (et, bien entendu, parodique), dans laquelle s'enchâsse l'éloge de Merdle par la foule : discours caché, langage d'autrui... Puis l'auteur parle, mais à sa manière d'exprimer ce que chacun sait *(italiques)* il prête un caractère objectif. On dirait que lui-même n'a aucun doute au sujet de ce qu'il affirme!

> 6)... Cet homme illustre, ce grand ornement de son pays, M. Merdle, continuait sa course resplendissante. Il commença à devenir évident pour tout le monde qu'un homme qui avait rendu à la société *l'admirable service de gagner tant d'argent à ses dépens*, ne pouvait rester plus longtemps roturier. On parlait avec confiance de le faire baronnet, et l'on faisait fréquemment mention de la pairie (II-XXIV).

Ici aussi l'auteur paraît, fictivement, se solidariser avec l'opinion publique qui encense M. Merdle avec une ferveur hypocrite. Dans la première proposition, toutes les épithètes le concernant sont celles de l'opinion publique, donc le discours caché d'autrui. La deuxième proposition — *on commença à comprendre* — est traitée avec insistance, dans un style objectif, non comme une opinion subjective, mais comme l'admission d'un fait objectif et tout à fait indiscutable. L'épithète *qui avait rendu à la société l'admirable service...* est placée tout entière au plan de l'opinion publique, qui fait écho aux louanges officielles, mais la proposition subordonnée : *de gagner tant d'argent à ses dépens* — (celles de la société) est de l'auteur lui-même, (comme s'il mettait une citation entre parenthèses). La proposition principale reprend sur le plan de l'opinion publique. Ainsi les paroles démystificatrices de l'auteur se présentent comme une enclave dans une citation de « l'opinion publique ». C'est une structure hybride type, où le discours de l'auteur est placé dans la proposition subordonnée, celui d'autrui dans la proposition principale, l'une et l'autre étant construites dans des perspectives sémantiques et axiologiques différentes.

Toute l'action qui se joue autour de Merdle et de ses proches est donnée dans le langage (ou, plutôt, *les* langages) hypocritement flatteurs de l'opinion publique : parodie stylisée, tantôt du langage usuel des verbeuses flagorneries mondaines, tantôt des solennelles déclarations officielles, des discours de banquet, tantôt de la grande manière épique, ou encore du style biblique. Le climat créé autour de Merdle, l'opinion qu'on a de lui et de ses entreprises, contaminent même les personnages positifs, en particulier le lucide Panks, en le contraignant à engager tout son avoir (et celui de la Petite Dorrit) dans les affaires mirifiques de Merdle.

> 7)... Le médecin s'était engagé à avertir Harley Street. Barreau *ne pouvait retourner immédiatement aux traquenards qu'il préparait pour le jury le plus remarquable et le plus éclairé qu'il eût jamais vu siéger, jury auprès duquel (il pouvait bien l'affirmer à son docte ami) aucun sophisme creux n'aurait le moindre poids, aucun talent professionnel employé à mauvaise fin ne pourrait prévaloir* (c'est ainsi qu'il comptait commencer); il déclara donc au médecin qu'il l'accompagnerait jusqu'à la maison et qu'il se promènerait aux alentours, tandis que son ami entrerait pour remplir sa triste mission (II-XXV).

C'est une construction hybride, amenée avec vigueur : dans le cadre du discours (informatif) de l'auteur — (« Barreau ne pouvait retourner immédiatement aux traquenards... le jury... déclara au médecin qu'il l'accompagnerait... ») — est encastré le début du plaidoyer préparé par l'avocat, traité ici comme une épithète déployée pour compléter directement le discours de l'auteur sur le « jury ». Ce terme, « jury », entre dans le contexte du discours informatif de l'auteur (en qualité de complément indispensable au mot « traquenard »), et, en même temps, dans le contexte du plaidoyer de l'avocat, pastiche stylisé. Le terme même de *traquenard*, qui vient de l'auteur, souligne le côté parodique du plaidoyer, dont le sens trompeur aboutit, précisément, à montrer qu'il n'y a pas de traquenards pour un jury aussi « remarquable ».

> 8)... Il s'ensuivit que Mme Merdle, femme du monde d'éducation raffinée, *sacrifiée à la fourberie d'un homme grossier et vulgaire* (car on le jugea tel de la tête aux pieds dès qu'on eût découvert l'état de son portefeuille) devait être activement défendue par la classe à laquelle elle appartenait, dans l'intérêt même de cette classe (II-XXXIII).

C'est encore une structure hybride, où la définition de l'avis unanime du « beau monde » (« sacrifiée à la fourberie d'un homme grossier... ») se confond avec le discours de l'auteur, qui dénonce la fausseté et le caractère intéressé de ce milieu.

Tel est ce roman de Dickens. En somme, nous pourrions en émailler tout le texte de guillemets, qui feraient ressortir les « îlets » du discours direct et pur de l'auteur, baignés de tous côtés par les flots de la polyphonie. Or, ce n'est pas faisable, car souvent, comme nous l'avons vu, un seul et même mot pénètre à la fois dans le discours d'autrui et dans celui de l'auteur. Les paroles d'autrui, narrées, caricaturées, présentées sous un certain éclairage, tantôt disposées en masses compactes, tantôt disséminées çà et là, bien souvent impersonnelles (« opinion publique », langages d'une profession, d'un genre), ne se distinguent pas de façon tranchée des paroles de l'auteur : les frontières sont intentionnellement mouvantes et ambivalentes, passant fréquemment à l'intérieur d'un ensemble syntaxique ou d'une simple proposition, parfois même partageant les principaux membres d'une même proposition. Ce jeu multiforme des *frontières des discours, des langages et des perspectives* est l'un des traits essentiels du style humoristique.

Ce style humoristique (de type anglais) se fonde donc sur la stratification du langage courant, et sur les possibilités qu'il a de séparer, dans une certaine mesure, ses intentions de ces strates, de ne pas être solidaire de bout en bout. *C'est précisément la diversité des langages, et non l'unité d'un langage commun normatif, qui apparaît comme la base du style.* Il est vrai qu'ici le plurilinguisme ne dépasse pas les limites de l'unité linguistique du langage littéraire (selon les signes verbaux abstraits); il ne devient pas une véritable *discordance*, et il est fixé sur une conception linguistique abstraite, au plan d'un langage unique (c'est-à-dire n'exigeant pas la connaissance de différents dialectes ou langues). Mais la compréhension linguistique c'est l'élément abstrait d'une compréhension concrète et active (avec participation du dialogue) du polylinguisme vivant, introduit dans le roman et organisé littérairement en lui.

Chez les prédécesseurs de Dickens : Fielding, Smollett, Sterne, initiateurs du roman humoristique anglais, nous trouvons la même stylisation parodique des divers strates et genres du langage littéraire. Toutefois, ils prennent leurs distances de façon plus brutale, ils vont plus loin dans l'outrance que Dickens (Sterne en particulier). Leur perception parodiquement objectivée des divers modes du langage littéraire, pénètre chez eux (surtout chez Sterne) dans les couches très profondes de la pensée littéraire et idéologique, se muant en parodie de la structure logique expressive de tout discours idéologique en tant que tel (scientifique, éthico-rhétorique, poétique), avec presque autant d'intransigeance que chez Rabelais.

Le pastiche littéraire (au sens étroit du terme) du roman richardsonien chez Fielding et Smollett, de toutes les variantes du roman de son temps chez Sterne, joua un rôle essentiel dans la structure de leur langage. La parodie littéraire écarte plus encore l'auteur de son langage, complique davantage son attitude à l'égard des langages littéraires de son époque, sur le territoire même du roman. Le mode romanesque prédominant à telle époque s'objectivise et devient un milieu de réfraction des nouvelles intentions de l'auteur.

Ce rôle du pastiche littéraire dans les variations romanesques prédominantes de l'histoire du roman européen, fut très grand. On peut dire que ses principaux modèles et variantes virent le jour au cours d'un processus de destruction parodique des anciens mondes romanesques. Ainsi firent Cervantès, Mendoza, Grimmelshausen, Rabelais, Le Sage et d'autres.

Rabelais, qui exerça une influence immense sur toute la prose romanesque, et surtout sur le roman humoristique, traite parodiquement presque toutes les formes du discours idéologique (philosophique, éthique, savant, rhétorique, poétique), et surtout ses formes pathétiques (pour lui, pathos et mensonge sont presque toujours équivalents); et il va jusqu'à parodier la pensée linguistique. Raillant la menteuse parole humaine, il détruit, en les parodiant, (entre autres) certaines structures syntaxiques, en réduisant à l'absurde certains de leurs éléments logiques, expressifs et appuyés, (par exemple les prédications, les gloses, etc.). La prose de Rabelais atteint presque à sa plus grande pureté quand il prend ses distances avec la langue, (par ses méthodes propres) discrédite ce qui est directement et franchement « voulu » et expressif (le sérieux « pompeux ») dans le discours idéologique, qu'il tient pour conventionnel et faux, pour une réalité fabriquée et inadéquate. Mais la vérité confrontée au mensonge n'est ici dotée quasiment d'aucune expression verbale directe intentionnelle, d'aucun *mot propre;* elle ne trouve sa résonance que dans la révélation parodiquement accentuée du mensonge. La vérité est rétablie par la réduction à l'absurde du mensonge, mais elle-même ne cherche pas ses mots craignant de s'y empêtrer, de s'embourber dans le pathétique verbal.

Pour marquer l'énorme influence de la « philosophie du discours » de Rabelais sur la prose romanesque postérieure, et principalement sur les grands modèles du roman humoristique (« philosophie » exprimée non pas tant dans les énoncés directs, que dans la pratique de son style verbal), il faut citer la confession purement rabelaisienne du *Yorick*, de Sterne, qui peut servir d'épigraphe à l'histoire de la ligne stylistique la plus importante du roman européen :

> ... Je me demande même si sa malheureuse tendance à l'humour n'était pas en partie à l'origine de tels *fracas* [1], car en vérité Yorick

1. En français dans le texte.

nourrissait un dégoût insurmontable et congénital pour le sérieux; non point le sérieux véritable qui connaît son prix : quand celui-là lui était nécessaire, il devenait le plus sérieux homme au monde, pendant des jours, et même des semaines; mais il s'agit du sérieux affecté, qui sert à dissimuler l'ignorance et la sottise et avec celui-là, il se trouvait toujours en guerre ouverte et ne lui faisait pas grâce, si bien protégé et défendu fût-il.

Parfois, entraîné par quelque entretien, il affirmait que le sérieux est un vrai fainéant, et de l'espèce la plus dangereuse, de surcroît, un rusé, et il était profondément convaincu qu'en une année le sérieux avait ruiné et jeté à la rue beaucoup plus de gens honnêtes et bien-pensants, que ne l'avaient fait en sept ans tous les voleurs à la tire et pilleurs de boutiques. La bonhomie d'un cœur joyeux, aimait-il à dire, n'est un danger pour personne et ne peut guère faire de mal qu'à elle-même. Alors que l'essence même du sérieux consiste en un certain dessein, donc en une tromperie. C'est une façon avérée de se faire dans le monde la réputation d'un homme plus intelligent et savant qu'il ne l'est en réalité; voilà pourquoi, en dépit de toutes ses prétentions, le sérieux n'a jamais été meilleur, et souvent s'est même montré pire que ne l'a défini autrefois un Français, homme d'esprit : « Le sérieux, c'est un mystérieux comportement du corps qui sert à cacher les défauts de l'esprit. » Cette définition, Yorick la commentait étourdiment et hardiment, en affirmant qu'elle était digne d'être gravée en lettres d'or [1]...

Cervantès se dresse aux côtés de Rabelais, et même, en un certain sens, le dépasse sur le plan de son influence déterminante sur tout le roman en prose. Le roman humoristique anglais est profondément pénétré de son esprit. Ce n'est pas un hasard si le même Yorick cite Sancho Pança sur son lit de mort!

Chez les humoristes allemands, surtout Hippel et Jean-Paul, le traitement du langage et de ses stratifications en genres, professions, etc., étant dans l'ensemble « sternien », pénètre, comme chez Sterne, en profondeur dans la problématique purement philosophique de l'énoncé littéraire et idéologique, en tant que tel. Le côté philosophique et psychologique de la relation de l'auteur à son discours, repousse souvent à l'arrière-plan le jeu des intentions avec les couches concrètes, essentiellement celles des genres et des idéologies, du langage littéraire. (Cela se reflète dans les théories esthétiques de Jean-Paul [2].)

L'indispensable postulat du style humoristique est donc la stratification du langage littéraire et sa diversité, plurilinguisme

1. L. Sterne : *Tristram Shandy.*

2. Selon lui, la raison incarnée dans les formes et les méthodes de la pensée littéraire et idéologique, autrement dit, l'horizon linguistique de la raison humaine normale devient infiniment réduit et comique, éclairé par la raison. L'humour est un jeu avec la raison et ses formes *(N.d.A.).*

dont les éléments doivent se projeter sur différents plans linguistiques; en outre, les intentions de l'auteur se réfractant au travers de tous ces plans, peuvent ne s'attacher complètement à aucun d'eux. C'est comme si l'auteur ne possédait pas de langage propre, mais avait son style, sa règle unique et organique d'un jeu avec les langages et d'une réfraction en eux de ses intentions sémantiques et expressives. Ce jeu avec les langages, et souvent une absence complète de tout *discours direct totalement personnel à l'auteur*, n'atténue d'aucune façon, s'entend, l'intentionnalité générale profonde, autrement dit, la signification idéologique de toute l'œuvre.

★

Deux particularités caractérisent l'introduction et l'élaboration du plurilinguisme dans le roman humoristique :

1° On introduit les « langues » et les perspectives littéraires et idéologiques multiformes — des genres, des professions, des groupes sociaux (langage du noble, du fermier, du marchand, du paysan), on introduit les langages orientés, familiers (commérages, bavardage mondain, parler des domestiques), et ainsi de suite. Il est vrai que c'est surtout dans les limites des langages littéraires écrits et parlés, et à ce propos il faut dire qu'ils ne sont pas rapportés à tels personnages définis (aux héros, aux narrateurs) mais introduits sous une forme anonyme « de la part de l'auteur », alternant (sans tenir compte des frontières précises) en même temps avec le discours direct de l'auteur.

2° Les langages introduits et les perspectives socio-idéologiques, tout en étant naturellement utilisés dans le but de réfracter les intentions de l'auteur, sont révélés et détruits comme étant des réalités fausses, hypocrites, intéressées, bornées, de jugement étriqué, inadéquates. Dans la plupart des cas, tous ces langages déjà constitués, officiellement reconnus, prééminents, faisant autorité, réactionnaires, sont voués à la mort et à la relève. C'est pourquoi prédominent de multiples formes et degrés de *stylisation parodique* des langages introduits, qui, chez les représentants les plus radicaux, les plus « rabelaisiens [1] » de cette variété de roman (Sterne et Jean-Paul) confine à une récusation de presque tout ce qui est directement et spontanément sérieux (le vrai sérieux consiste à détruire tout faux sérieux, tant pathé-

1. De toute évidence, on ne peut rattacher Rabelais aux auteurs du roman humoristique au sens strict, ni chronologiquement, ni par son essence même. *(N.d.A.)*.

tique que sentimental [1], et se place à la limite d'une critique radicale du mot en tant que tel.

Cette forme humoristique d'introduction et d'organisation de plurilinguisme dans le roman, est essentiellement différente du groupe des formes définies par l'introduction d'un auteur supposé, personnifié et concret (parole écrite) ou d'un narrateur (parole orale).

Le jeu de l'auteur supposé, également caractéristique du roman humoristique (Sterne, Hippel, Jean-Paul) est un héritage de *Don Quichotte*. Or, le jeu est ici un pur procédé de composition, qui corrobore la relativisation et l'objectivation générales, et la parodisation des formes et des genres littéraires.

L'auteur et le narrateur supposés prennent un sens tout à fait autre lorsqu'ils sont introduits comme vecteurs d'une perspective linguistique, d'une vision particulière du monde et des événements, d'appréciations et d'intonations particulières — particulières tant par rapport à l'auteur, à son discours direct réel, que par rapport à la narration et aux langages littéraires « normaux ».

Cette particularité, ces distances prises par l'auteur ou le narrateur supposés à l'égard de l'auteur réel et de sa perspective littéraire « normale », peuvent présenter des degrés et des caractères différents. Mais, quoi qu'il en soit, cette perspective, cette vision du monde particulières à autrui, sont amenées par l'auteur à cause de leur productivité, de leur capacité de montrer, d'une part, l'objet à représenter sous un jour nouveau (découvrir des côtés et des aspects nouveaux) et, d'autre part, d'éclairer aussi de façon neuve cet horizon littéraire « normal », sur le fond duquel sont perçues les singularités du récit du narrateur.

Par exemple Bielkine est choisi (plus exactement : créé) par Pouchkine en tant que point de vue particulier, « non poétique », sur des objets et des sujets traditionnellement poétiques. (Particulièrement caractéristiques et intentionnelles sont l'histoire de Roméo et Juliette dans *La Demoiselle-Paysanne*, ou la romantique « danse macabre » dans *Le Fabricant de Cercueils* [2].) Bielkine, tout comme les conteurs de troisième ordre de qui il tient ses récits, est un homme « prosaïque », sans aucun pathos poétique. Les conclusions heureuses, prosaïques, de ses histoires, le déroulement même du récit, contreviennent à l'attente des

1. Néanmoins, le sérieux sentimental n'est jamais dépassé totalement, en particulier chez Jean-Paul *(N.d.A.)*.

2. *Les Récits d'Ivan Petrovitch Bielkine*, de Pouchkine (1830) : *Le Coup de Pistolet, Le Chasse-Neige, Le Fabricant de Cercueils, Le Maître de Poste, La Demoiselle-Paysanne.*

effets « poétiques » traditionnels. C'est dans cette incompréhension du pathos poétique que réside la productivité prosaïque des points de vue de Bielkine.

Maxime Maximovitch, dans *Un Héros de notre temps*, *Panko le Rouge*, le narrateur du *Manteau* et du *Nez*, les chroniqueurs de Dostoïevski, les conteurs folkloriques et les personnages-narrateurs de Melnikov-Petcherski ou de Mamine-Sibiriak, comme les conteurs traditionnels de Leskov [1], les « récitants » de la littérature populiste, enfin les narrateurs dans la prose des symbolistes et des post-symbolistes russes (Rémizov, Zamiatine [2]), en dépit de toute la différence des formes mêmes des narrations (orales et écrites, littéraires, professionnelles, sociales, régionales, idiomatiques, dialectales), tous ces personnages sont partout introduits comme des êtres à part et bornés; or, ils sont productifs dans cette limitation, dans cette particularité mêmes de leurs points de vue qui traduisent leur idéologie, leurs perspectives singulières étant opposées aux points de vue et aux perspectives littéraires sur le fond desquels ils sont appréhendés.

Le discours de narrateurs de cette espèce est toujours le *discours d'autrui* (par rapport au discours direct de l'auteur, qu'il soit réel ou supposé), et il est dans *une langue étrangère* (par rapport à la variante du langage littéraire auquel se trouve opposé le langage du narrateur).

Et dans ce cas, nous avons sous les yeux un « parler indirect », non dans un langage, mais *au travers* d'un langage, au travers d'un milieu linguistique « étranger »; par conséquent, nous voyons également une réfraction des intentions de l'auteur.

L'auteur se réalise et réalise son point de vue non seulement dans le narrateur, dans son discours, dans son langage (qui sont, à des degrés plus ou moins grands, objectivés, *montrés*), mais aussi dans l'objet du récit, d'après un point de vue qui diffère de celui du narrateur. Par-delà le récit du narrateur, nous en lisons

1. *Un Héros de notre temps*, roman de Lermontov (1840). *Panko le Rouge :* narrateur supposé des *Soirées du Hameau*, de Gogol. *Le Manteau*, *Le Nez*, récits de Gogol. Paul Melnikov-Petcherski (1819-1883), écrivain régionaliste, qui évoque la vie et les mœurs de la Volga centrale. Mamine, dit Mamine-Sibiriak, Dmitri (1852-1912), écrivain de la région de l'Oural, traitant de thèmes populaires et sociaux. Nicolas Leskov (1831-1895) consacra son œuvre féconde à la vie russe des villes et des campagnes et au milieu clérical. M. Bakhtine fait allusion ici aux « récits directs » *(skazy)* des conteurs populaires et des récitants.

2. Alexis Rémizov (1877-1957), écrivain d'une haute originalité de pensée et de langage, dont l'art échappe à toute classification traditionnelle.

Eugène Zamiatine (1884-1937), écrivain satirique d'esprit original et très sensible, utopiste et visionnaire. Avec son roman *Nous Autres (My)* il précéda A. Huxley et G. Orwell.

un second : celui de l'auteur, qui narre la même chose que le narrateur et qui, de surcroît, se réfère au narrateur lui-même. Chacun des moments du récit est perçu nettement sur deux plans : au plan du narrateur, selon sa perspective objectale, sémantique et expressive, puis celui de l'auteur, qui s'exprime de manière réfractée dans ce récit, et à travers lui. Le narrateur lui-même, son discours, et tout ce qui est narré, entrent ensemble dans la perspective de l'auteur. Nous devinons les accents de celui-ci, placés sur l'objet du récit comme sur le récit lui-même et sur l'image du narrateur, révélée à mesure que se déploie le récit. Ne pas percevoir ce second plan de l'auteur, intentionnel, accentué, c'est ne rien comprendre à l'œuvre.

Comme nous l'avons noté, le récit du narrateur ou de l'auteur présumé se construit sur le fond du langage littéraire normal, de la perspective littéraire habituelle. Chaque moment du récit est corrélaté à ce langage et à cette perspective, il leur est confronté et, au surplus, *dialogiquement :* point de vue contre point de vue, accent contre accent, appréciation contre appréciation (et non comme deux phénomènes abstraitement linguistiques). Cette corrélation, cette jonction dialogique entre deux langages, deux perspectives, permet à l'intention de l'auteur de se réaliser de telle sorte, que nous la sentions distinctement dans chaque moment de l'œuvre. L'auteur n'est ni dans le langage du narrateur, ni dans le langage littéraire « normal » auquel est corrélaté le récit (encore qu'il puisse se trouver plus proche de l'un, ou de l'autre), mais il recourt aux deux langages pour ne pas remettre entièrement ses intentions à aucun des deux. Il se sert, à tout moment de son œuvre, de cette interpellation, de ce dialogue des langages, afin de rester, sur le plan linguistique, comme neutre, comme « troisième homme » dans la dispute des deux autres (même si ce troisième est peut-être partial). Toutes les formes introduisant un narrateur ou un auteur présumé montrent, d'une façon ou d'une autre, que l'auteur est libéré d'un langage unique, libération liée à la relativisation des systèmes littéraires et linguistiques; elles indiquent aussi qu'il lui est possible de ne pas se définir sur le plan du langage, de transférer ses intentions d'un système linguistique à un autre, de mêler le « langage de la vérité » au « langage commun », de parler *pour soi* dans le langage d'autrui, *pour l'autre*, dans son langage à soi. De même que dans toutes ces formes (récit du narrateur, de l'auteur supposé, d'un personnage) a lieu une réfraction des intentions de l'auteur, de même en elles, comme dans le roman humoristique, sont possibles les distances variées entre des éléments isolés du langage du narrateur et l'auteur : la réfraction peut-être plus forte ou plus faible, et à certains moments il peut y avoir une fusion presque totale des voix.

Une autre forme d'introduction dans le roman, et d'organisation du polylinguisme est utilisée dans chaque roman, sans exception : il s'agit des paroles des personnages. Les paroles des personnages, disposant à divers degrés d'indépendance littéraire et sémantique et d'une perspective propre, sont des paroles d'autrui dans un langage étranger, et peuvent également réfracter les intentions de l'auteur, lui servant, jusqu'à un certain point, de second langage. De plus, les paroles d'un personnage exercent presque toujours une influence (parfois puissante) sur le discours de l'auteur, le parsèment de mots étrangers (discours caché du personnage), le stratifient, et donc y introduisent le polylinguisme. C'est pourquoi, même quand il n'y a ni humour, ni parodie, ni ironie, ni narrateur, ni auteur supposé, ni personnage-conteur, la diversité et la stratification du langage servent de base au style du roman. Même là où, au premier coup d'œil, le langage de l'auteur nous paraît unique et uniforme, lourd d'intentions directes et immédiates, nous découvrons, par-delà ce plan lisse, unilingual, une prose tridimensionnelle, profondément plurilinguistique, qui répond aux impératifs du style, et le définit. Ainsi, des romans de Tourguéniev : langue et style sont, semble-t-il, à langage unique et pur. Pourtant, chez lui aussi ce « langage unique » est fort loin de tout absolutisme poétique. Dans sa masse initiale, il est intégré, attiré dans un conflit de points de vue, de jugements, d'accents, introduits par les personnages ; contaminé par leurs desseins et leurs divisions contradictoires, il est parsemé de mots grands et petits, d'expressions, définitions et épithètes, imprégnés d'intentions « étrangères », dont l'auteur n'est pas totalement solidaire et au travers desquelles il réfracte les siennes. Nous percevons clairement les diverses distances entre l'auteur et certains éléments de son langage, suggérant des milieux sociaux ou des horizons qui lui sont étrangers. Nous percevons clairement, à divers degrés, la présence de l'auteur, et de son *ultime dessein sémantique*, dans différentes parties de son langage. La diversité et la stratification du langage sont pour Tourguéniev un facteur stylistique essentiel ; il orchestre sa vérité d'auteur, et sa conscience linguistique est celle d'un prosateur, relativisée.

Chez Tourguéniev, la diversité des langages d'une société est introduite principalement par les discours directs des personnages, dans leurs dialogues. Mais, comme nous l'avons dit, ce polylinguisme social est épars aussi dans le discours de l'auteur, autour des personnages, créant ainsi *leurs zones particulières*. Celles-ci sont constituées avec les demi-discours des personnages, avec diverses formes de transmission cachée de la parole d'autrui, avec les énoncés, importants ou non, du discours d'autrui éparpillés çà et là, avec l'intrusion, dans le discours de l'auteur, d'éléments expressifs qui ne lui sont pas propres (points de suspension ou d'interrogation, interjections). Cette zone, c'est le rayon d'action de la voix du personnage, mêlée d'une façon ou d'une autre à celle de l'auteur.

Toutefois, répétons que chez Tourguéniev l'orchestration du thème romanesque est concentrée sur les dialogues directs; ses personnages ne créent pas autour d'eux de zones vastes et saturées; chez lui, les hybrides stylistiques complexes sont assez rares.

Nous nous arrêterons sur quelques exemples du polylinguisme disséminé dans ses œuvres.

1° ... On l'appelle Nicolas Petrovitch Kirsanov. Il a, à une quinzaine de verstes de la petite auberge, une belle propriété de deux cents âmes, ou, comme il aime à le dire depuis qu'il a alloué des terres à ses paysans, une « ferme » de *deux mille déciatines.* (*Pères et Fils*, chap. I.)

Les expressions nouvelles, caractéristiques de cette époque et du style libéral, sont mises entre guillemets, ou comportent une réserve [1].

2° ... Il commençait à sentir une sourde irritation. Sa nature aristocratique ne pouvait supporter l'aplomb de Bazarov. *Non seulement ce fils de médecin ne se montrait pas embarrassé, mais il lui répondait brusquement et de mauvaise grâce, et le son de sa voix avait quelque chose de grossier, qui frisait l'insolence.* (*Pères et Fils*, chap. VI.)

La troisième proposition de cet extrait étant, selon ses indices syntaxiques formels, une partie du discours de l'auteur, se présente en même temps, d'après le choix des expressions *(ce fils de médecin)* et sa structure expressive, comme le discours caché d'un autre (de Paul Petrovitch).

3° ... Paul Petrovitch s'assit à sa table. Il portait un élégant costume du matin, dans le goût anglais; un petit fez ornait sa tête. Cette coiffure, et une cravate nouée avec négligence étaient comme un indice de la liberté qu'autorise la campagne, mais le col empesé de la chemise, qui était de couleur, *comme la mode le prescrit pour la toilette du matin,* comprimait avec l'inflexibilité ordinaire le menton bien rasé. (*Pères et Fils*, chap. V.)

1. Dans les textes cités de Tourguéniev (comme dans ceux de Dickens), les italiques sont de M. Bakhtine. La traduction de *Pères et Fils* est de Tourguéniev et Viardot, ancienne mais bonne (Charpentier, 1893).

Cette évocation ironique de la toilette matinale de Paul Petrovitch est précisément maintenue dans le ton d'un gentleman de son style. « Comme la mode le prescrit pour la toilette du matin », n'est pas une simple affirmation de l'auteur, mais le vocabulaire normal d'un gentleman du milieu de Paul Petrovitch, rendu sur le mode ironique. Il pourrait presque être placé entre guillemets. C'est une motivation pseudo-objective.

4° ... *L'affabilité de Matvéï Illitch ne portait aucun préjudice à la majesté de ses manières.* Il flattait tout le monde, les uns avec une nuance de dédain, les autres avec une nuance de considération; il accablait les femmes de prévenances, en vrai *chevalier français*, et riait continuellement d'un gros rire sans écho, *comme il convient à un grand personnage.* (*Pères et Fils,* chap. XIV.)

Caractéristique ironique similaire, donnée du point de vue du dignitaire lui-même. « Comme il convient à un grand personnage » : encore une motivation pseudo-objective.

5° ... Le lendemain matin, Nejdanov se dirigea vers la demeure de Sipiaguine, et là, dans un superbe cabinet plein de meubles d'un style sévère *tout à fait d'accord avec la dignité de l'homme d'État libéral et du gentleman...* (*Terres Vierges,* chap. IV) [1].

Construction analogue, pseudo-objective.

6° ... (Siméon Petrovitch) servait au ministère de la Cour, avec le titre de gentilhomme de la Chambre; *le patriotisme l'avait empêché d'entrer dans la diplomatie,* où tout semblait devoir le porter : son éducation, son habitude du monde, ses succès auprès des femmes, et sa tournure... « Mais, quitter la Russie... jamais! »... (*Terres Vierges,* chap. V.)

Cette motivation du refus d'une carrière diplomatique est pseudo-objective. Toute la caractéristique de Kalloméïtzev est donnée dans la tonalité du personnage lui-même, à son point de vue personnel; elle s'achève sur un discours direct, qui, d'après sa syntaxe, apparaît comme une proposition subordonnée au discours de l'auteur. (*... Tout semblait devoir le porter... mais quitter la Russie...* etc.)

7° ... (Kalloméïtzev) était venu passer deux mois de congé dans le gouvernement de S... pour s'occuper de la gestion de ses biens, c'est-à-dire pour faire peur à l'un et serrer les pouces à l'autre. *Sans ces procédés-là, rien pourrait-il marcher? (Terres Vierges,* chap. V.)

1. *Terres Vierges,* traduction Tourguéniev-Viardot. Introduction de Boris de Schloezer (Librairie Stock, 1930).

La fin de cette citation est une affirmation pseudo-objective typique. C'est précisément pour lui donner l'apparence d'un jugement objectif de l'auteur, qu'elle n'a pas été mise entre guillemets comme les paroles précédentes de Kalloméïtzev lui-même, incluses dans le discours de l'auteur, et qu'elle suit directement à dessein.

8° ... Kalloméïtzev, sans se presser, insinua son monocle rond dans son arcade sourcilière, et se mit à examiner *ce petit étudiant, qui se permettait de ne pas partager ses « inquiétudes »*... (*Terres Vierges*, chap. VII.)

Construction hybride typique. Tant la proposition subordonnée que le complément d'objet direct *(ce petit étudiant)* de la proposition principale de l'auteur, sont présentés dans les tons de Kalloméïtzev. Le choix des mots *(petit étudiant... ... se permettait de ne pas partager...)* est dicté par les accents indignés de Kalloméïtzev; en même temps, dans le contexte de son discours, ces paroles sont traversées par les accents ironiques de l'auteur. D'où une construction doublement appuyée : retransmission ironique de l'auteur et pastiche de l'indignation du personnage.

Enfin, voici des exemples de l'intrusion dans le système syntaxique du discours de l'auteur d'éléments expressifs du discours d'autrui. (Points de suspension, d'interrogation, interjections.)

9° ... Nejdanov était dans une étrange situation d'esprit. Depuis deux jours, que de nouvelles impressions et de nouveaux visages!... Pour la première fois de sa vie, il s'était lié à une jeune fille que, *selon toute vraisemblance*, il aimait d'amour; il avait assisté aux premiers débuts d'une œuvre à laquelle, aussi selon toute vraisemblance, il avait consacré toutes ses forces... et en somme, était-il content? Non! Était-il hésitant, avait-il peur? Se sentait-il troublé? — Oh, certes non!

Éprouvait-il, au moins, cette tension de tout l'être, cet élan qui vous emporte dans les premiers rangs des combattants quand la lutte est imminente? — Pas davantage! Mais croyait-il à cette œuvre, enfin? Croyait-il à son amour? Oh! maudit faiseur d'esthétique! Sceptique! murmuraient tout bas ses lèvres.

Pourquoi cette fatigue, pourquoi cette répugnance à parler, sauf les moments où il se mettait à crier, où il devenait furieux? — Quelle était cette voix intérieure qu'il essayait d'étouffer par ses cris? (*Terres Vierges*, chap. XVIII.)

En fait, nous voyons ici une forme de discours direct d'un personnage. D'après sa syntaxe, c'est celui de l'auteur, mais d'après toute sa structure expressive, c'est celui de Nejdanov, c'est sa parole intérieure, mais dans la transmission de l'auteur, *avec ses questions provocantes et ses réserves ironiquement révélatrices* (« selon toute vraisemblance »). Toutefois, la couleur expressive de Nejdanov demeure.

Telle est la forme habituelle de la transmission des monologues intérieurs chez Tourguéniev (en général, c'est l'une des plus usitées). Elle introduit dans le cours désordonné et saccadé du monologue intérieur, un ordre et une harmonie stylistiques (sinon, on serait contraint de reproduire ce désordre, ces saccades, en recourant au discours direct). En outre, d'après ses principaux indices syntaxiques (troisième personne), et stylistiques (lexicologiques et autres), cette forme permet de combiner organiquement et harmonieusement le monologue intérieur d'un autre avec le contexte de l'auteur. Et elle permet de conserver au monologue intérieur des personnages sa structure expressive et le caractère inachevé et mouvant qui est le sien, ce qui est impossible dans la forme sèche et logique du discours indirect. Grâce à ces particularités, cette forme est la mieux appropriée aux monologues intérieurs des personnages. Évidemment elle est hybride, et la voix de l'auteur peut avoir différents degrés d'activité, et peut introduire dans le discours transmis un second accent : ironique, indigné, etc.

On obtient la même hybridation, la même confusion des accents, le même effacement des frontières entre le discours de l'auteur et celui d'autrui, grâce à d'autres formes de transmission des discours des personnages. Avec seulement trois modèles de transmission (discours direct, discours indirect, discours direct d'autrui), avec leurs multiples combinaisons, et surtout avec divers procédés de leur réplique enchâssée et de leur stratification au moyen du contexte de l'auteur, on parvient au jeu multiple des discours, avec leurs interférences et leurs influences réciproques.

Les exemples tirés de Tourguéniev définissent suffisamment le rôle du personnage comme facteur de stratification du langage du roman et d'introduction de la plurivocalité. Un personnage de roman, nous l'avons dit, a toujours sa zone, sa sphère d'influence sur le contexte de l'auteur qui l'entoure; souvent elle peut aller bien au-delà des limites du discours direct réservé à ce personnage. En tout état de cause, le rayon d'action de la voix de tel personnage important doit porter plus loin que son discours direct authentique. Cette zone qui environne les perlonnages principaux est, stylistiquement, profondément origisale : y prédominent les formes des structures hybrides les plus niverses, et toujours plus ou moins dialogisées; en elle se déploie de dialogue entre l'auteur et ses personnages, non point un dialogue dramatique, articulé en répliques, mais un dialogue particulier au roman, réalisé à l'intérieur des structures d'apparence monologique. La possibilité d'un tel dialogue, l'un des privilèges remarquables de la prose romanesque, est inaccessible aux genres tant dramatiques que poétiques purs.

Les zones des personnages offrent un objectif des plus intéressants aux analyses stylistiques et linguistiques : on peut y découvrir des constructions qui projettent une lumière tout à fait nouvelle sur les problèmes de la syntaxe et de la stylistique.

Enfin, nous allons nous arrêter sur l'une des formes les plus fondamentales et les plus importantes de l'introduction et de l'organisation du plurilinguisme dans le roman : les genres intercalaires.

Le roman permet d'introduire dans son entité toutes espèces de genres, tant littéraires (nouvelles, poésies, poèmes, saynètes) qu'extra-littéraires (études de mœurs, textes rhétoriques, scientifiques, religieux, etc.). En principe, n'importe quel genre peut s'introduire dans la structure d'un roman, et il n'est guère facile de découvrir un seul genre qui n'ait pas été, un jour ou l'autre, incorporé par un auteur ou un autre. Ces genres conservent habituellement leur élasticité, leur indépendance, leur originalité linguistique et stylistique.

Bien plus, il existe un groupe de genres spéciaux qui jouent un rôle constructif très important dans les romans, et parfois déterminent même la structure de l'ensemble, créant ainsi des variantes du genre romanesque. Tels sont la confession, le journal intime, le récit de voyage, la biographie, les lettres, etc. Non seulement peuvent-ils tous entrer dans le roman comme élément constitutif majeur, mais aussi déterminer la forme du roman tout entier (roman-confession, roman-journal, roman épistolaire...). Chacun de ces genres possède ses formes verbales et sémantiques d'assimilation des divers aspects de la réalité. Aussi le roman recourt-il à eux, précisément, comme étant des formes élaborées de la réalité. Le rôle de ces genres intercalaires est si grand que le roman pourrait paraître comme démuni de sa possibilité première d'approche verbale de la réalité, et nécessitant une élaboration préalable de cette réalité par l'intermédiaire d'autres genres, lui-même n'étant que l'unification syncrétique, au second degré, de ces genres verbaux premiers.

Tous ces genres qui entrent dans le roman, y introduisent leurs langages propres, stratifiant donc son unité linguistique, et approfondissant de façon nouvelle la diversité de ses langages. Les langages des genres extra-littéraires incorporés dans le roman prennent souvent une telle importance, que leur introduction (par exemple celle du genre épistolaire) fait époque non seulement dans l'histoire du roman, mais dans celle du langage littéraire en général.

Les genres intercalaires peuvent être directement intentionnels ou complètement objectivés, c'est-à-dire dépouillés entièrement des intentions de l'auteur, non pas « dits », mais seulement « montrés », comme une chose, par le discours; mais, le plus souvent, ils réfractent, à divers degrés, les intentions de l'auteur, et certains de leurs éléments peuvent s'écarter de différente manière de l'instance sémantique dernière de l'œuvre.

Ainsi, les genres poétiques en vers (lyriques, par exemple), intercalés dans un roman, pourraient se révéler poétiquement et directement intentionnels, sans arrière-pensée. Telles sont, par exemple, les poésies que Goethe introduit dans son *Wilhelm Meister*. Les romantiques insérèrent des vers dans leur prose : on sait qu'ils jugeaient la présence des vers dans le roman (en tant qu'expressions directes des intentions de l'auteur) comme un indice constitutif du genre. Dans d'autres cas, les poèmes intégrés réfractent les intentions de l'auteur; par exemple, le poème de Lenski, dans *Eugène Onéguine :* « Où vous êtes-vous envolés... » Et s'il est possible (comme on le fait) d'attribuer directement à Goethe les vers cités dans *Wilhelm Meister*, ceux de Lenski ne peuvent se rattacher en rien à la poésie de Pouchkine, à moins de les classer dans la catégorie à part des « stylisations parodiques » (où il faut placer également les vers de Griniov, dans *La Fille du Capitaine* [1]). Enfin, les vers intercalés dans le roman peuvent être presque entièrement objectifs, telle la poésie du Capitaine Lébiadkine, dans *Les Démons*, de Dostoïevski.

Un cas analogue se présente avec l'introduction de toutes sortes de sentences et aphorismes : ils peuvent également balancer entre les formes purement objectales (le « mot montré ») ou directement intentionnelles, c'est-à-dire celles qui se présentent comme les maximes philosophiques pleinement signifiantes de l'auteur lui-même (parole exprimée de façon absolue, sans restrictions ni distance). Ainsi, dans les romans de Jean-Paul, si riches en aphorismes, nous avons entre eux toute une longue échelle de valeurs, depuis ceux qui sont purement objectaux, jusqu'à ceux qui sont directement intentionnels, en passant par les degrés les plus différents de réfraction des intentions de l'auteur.

Dans *Eugène Onéguine*, aphorismes et sentences apparaissent au plan de la parodie ou à celui de l'ironie, autrement dit, les

1. Roman en prose, de Pouchkine (1836).

intentions de l'auteur s'y trouvent plus ou moins réfractées. Voyons par exemple, cette sentence :

A qui pense et vit, l'impossible
Est sans mépris de voir les gens,
Et vient troubler un cœur sensible
Le spectre sans retour des temps.
Celui-là plus rien ne l'enchante,
Des serpents sa mémoire hantent,
Le repentir est son enfer [1]...

Elle est traitée comme un pastiche léger, bien que l'on en perçoive continuellement la proximité, voire la fusion, avec les intentions de l'auteur. Mais déjà les vers suivants (de l'auteur supposé et d'Onéguine) renforcent les accents parodiquement ironiques et jettent une nuance d'objectivation sur cette sentence :

Mais tout cela souvent confère
Du charme aux choses que l'on dit... (I-46)

Nous voyons qu'elle est construite dans le rayon d'action de la voix d'Eugène Onéguine, dans sa perspective personnelle, avec ses accents à lui. Mais ici la réfraction des intentions de l'auteur, dans le rayon des résonances de la voix d'Onéguine, dans la zone d'« Onéguine », est autre que dans la zone de Lenski, par exemple. (Cf. le pastiche presque objectivé des vers de ce dernier [2].)

Cet exemple peut également illustrer cette influence, que nous avons analysée plus haut, des discours des personnages sur ceux de l'auteur. L'aphorisme cité est pénétré par les intentions (« byroniennes », selon la mode) d'Onéguine, aussi l'auteur n'en est-il pas totalement solidaire, et garde-t-il, jusqu'à un certain point, ses distances.

L'affaire se complique sérieusement lorsqu'on intercale des genres essentiels pour le genre romanesque (confessions, journaux intimes, etc.). Eux aussi introduisent leurs langages, mais ceux-ci comptent avant tout comme points de vue interprétatifs et « productifs », dépourvus de conventions littéraires, qui élargissent l'horizon littéraire et linguistique, aidant la littérature à conquérir des nouveaux mondes de conceptions

1. Traduction de Louis Aragon, in *La Poésie Russe*, anthologie publiée sous la direction d'Elsa Triolet (Éd. Seghers, Paris, 1965).
2. A la fin de cette étude.

verbales, déjà pressentis et partiellement conquis dans d'autres sphères de la vie du langage — sphères extra-littéraires.

Un jeu humoristique avec les langages, une narration qui « ne vient pas de l'auteur » (du narrateur, de l'auteur convenu, du personnage), discours et zones des héros, genres intercalaires ou « enchâssants », enfin, telles sont les formes fondamentales qui permettent d'introduire et d'organiser le polylinguisme dans le roman. Toutes elles permettent de réaliser le mode d'utilisation indirect, restrictif, distancié, des langages. Toutes elles indiquent la relativisation de la conscience linguistique, donnent à celle-ci la sensation, qui lui est propre, de l'objectivation du langage, de ses frontières historiques, sociales, voire radicales (celle du langage en tant que tel). Cette relativisation ne commande nullement celle des intentions sémantiques elles-mêmes : les intentions peuvent être absolues même sur le terrain de la conscience linguistique de la prose. Mais précisément parce que l'idée d'un langage unique (comme langage irréfutable et sans réserves) est étrangère à la prose romanesque, la conscience prosaïque doit orchestrer ses intentions sémantiques propres, fussent-elles absolues. C'est seulement dans un seul langage, au sein des langages nombreux du plurilinguisme, que la conscience prosaïque se trouve à l'étroit; une sonorité linguistique unique ne peut lui suffire...

Nous n'avons abordé que les formes fondamentales, caractéristiques, des variétés les plus importantes du roman européen, mais naturellement, avec elles ne s'épuisent pas tous les moyens possibles d'introduire et d'organiser le plurilinguisme dans le roman. Au surplus, est possible la combinaison de toutes ces formes dans des romans concrets, et par conséquent, dans des variantes du genre créées par de tels romans. *Don Quichotte*, de Cervantès, modèle classique et infiniment pur du genre romanesque, réalise de manière extraordinairement profonde et vaste toutes les possibilités littéraires du discours romanesque à langages divers et à dialogue intérieur.

*

Le polylinguisme introduit dans le roman (quelles que soient les formes de son introduction), c'est *le discours d'autrui dans le langage d'autrui*, servant à réfracter l'expression des intentions de l'auteur. Ce discours offre la singularité d'être *bivocal*. Il sert simultanément à deux locuteurs et exprime deux intentions différentes : celle — directe — du personnage qui parle, et celle — réfractée — de l'auteur. Pareil discours contient deux voix, deux sens, deux expressions. En outre, les deux voix sont dialogiquement corrélatées, comme si elles se connaissaient l'une l'autre (comme deux répliques d'un dialogue se connaissent et se construisent dans cette connaissance mutuelle), comme si elles conversaient ensemble. Le discours bivocal est toujours à dialogue intérieur. Tels sont les discours humoristique, ironique, parodique, le discours réfractant du narrateur, des personnages, enfin le discours des genres intercalaires : tout cela, ce sont des discours bivocaux, intérieurement dialogisés. En eux tous se trouve en germe un dialogue potentiel, non déployé, concentré sur lui-même, un dialogue de deux voix, deux conceptions du monde, deux langages.

Naturellement, le discours bivocal à dialogue interne est également possible dans un système clos, pur, à langage unique, étranger au relativisme linguistique de la conscience prosaïque, il est donc possible dans les genres purement poétiques. Toutefois, il est privé de terrain favorable à quelque développement notable et substantiel que ce soit. Le discours bivocal est très répandu dans les genres rhétoriques, mais là aussi, demeurant dans les limites d'un système linguistique unique, il n'est pas fécondé par un lien profond avec les forces du devenir historique qui stratifient la langue, et au meilleur cas, il n'est que l'écho lointain et réduit à une polémique individuelle de ce devenir.

Une bivocalité poétique et rhétorique de cet ordre, arrachée au processus de la stratification du langage, peut être déployée de manière appropriée dans un dialogue individuel, une dispute individuelle ou une causerie entre deux individus; dans ce cas, les répliques de ce dialogue seront immanentes à un langage unique : elles peuvent être en désaccord, contradictoires, mais ni plurilinguales, ni plurivocales. Pareille bivocalité, qui se maintient dans les limites d'un seul et même système linguistique clos, sans vraie et substantielle orchestration socio-linguistique, ne peut être que le corollaire stylistique secondaire du dialogue et des formes polémiques [1]. Le dualisme interne (la bivocalité) d'un discours qui suffit à un langage seul et unique et à un style à monologue soutenu, ne peut jamais se révéler important : c'est un jeu, une tempête dans un verre d'eau!

Tout autre est la bivocalité dans la prose. Là, à partir de la prose romanesque, elle ne puise pas son énergie, ou l'ambiguïté de sa dialogisation, dans les dissonances, les malentendus, les contradictions individuelles (fussent-elles aussi bien tragiques que profondément motivées dans les destinées indivi-

1. Cette bivocalité ne prend de l'importance dans le néo-classicisme que dans les genres inférieurs, particulièrement dans la satire *(N.d.A.)*.

duelles)[1] : dans le roman, cette bivocalité a des racines qui plongent très profond dans la diversité des discours, la diversité des langages essentiellement socio-linguistique. Assurément, dans le roman aussi le plurilinguisme est toujours personnifié, incarné, dans les figures des êtres humains aux désaccords et aux contradictions individualisés. Mais là, ces contradictions des volontés et des intelligences personnelles sont immergées dans un plurilinguisme social et réinterprétées par lui. Les contradictions des individus ne sont ici que la crête des vagues d'un océan de plurilinguisme social, qui s'agite et les rend puissamment contradictoires, saturant leur conscience et leurs discours de son plurilinguisme fondamental.

C'est la raison pour laquelle la dialogisation intérieure du discours bivocal littéraire en prose ne peut jamais être thématiquement épuisée (pas plus que ne peut l'être l'énergie métaphorique du langage); il n'est pas possible qu'elle se déploie entièrement dans un dialogue direct à sujet ou à problème, qui actualiserait totalement la potentialité intérieurement dialogique contenue dans le plurilinguisme linguistique. La dialogisation intérieure du discours véritablement prosaïque, organiquement issue d'un langage stratifié et plurivocal, ne peut être vraiment dramatisée de façon importante et dramatiquement parachevée (réellement terminée); elle n'entre pas tout entière dans les cadres d'un dialogue direct, d'une causerie entre individus, elle n'est pas entièrement divisible en répliques nettement délimitées[2]. Cette bivocalité prosaïque est préformée dans le langage lui-même (comme aussi la vraie métaphore, comme le mythe), dans le langage en tant que phénomène en évolution historique, socialement stratifié et déchiré au cours de cette évolution.

La relativisation de la conscience linguistique, sa participation essentielle à la multiplicité et à la diversité sociales des langages en devenir, les tâtonnements des intentions et desseins sémantiques et expressifs de cette conscience parmi les langages (également interprétés, également objectifs), l'inéluctabilité pour elle d'un parler indirect, restrictif, réfracté, voilà quels sont les indispensables postulats de la bivocalité authentique du discours littéraire en prose. Cette bivocalité est prédécouverte par le romancier dans le plurilinguisme et la plurivocalité qui l'embrassent et nourrissent sa conscience, elle ne se crée pas

1. Dans les limites d'un monde poétique et d'un seul langage, tout ce qui est essentiel dans ces discordances et ces contradictions peut et doit se déployer dans un pur et direct dialogue dramatique *(N.d.A.)*.

2. Qui, de façon générale, sont d'autant plus aiguës, plus dramatiques et plus achevées, que le langage est plus soutenu et unique *(N.d.A.)*.

dans une polémique superficielle, individuelle, rhétorique avec des individus.

Si le romancier perd le terrain linguistique du style de la prose, s'il ne sait se placer sur la hauteur d'une conscience du langage relativisée, galiléenne, s'il n'entend pas la bivocalité organique et le dialogue interne du mot vivant en devenir, il ne comprendra ni ne réalisera jamais les possibilités et les problèmes réels du genre romanesque. Il peut, bien sûr, créer une œuvre ressemblant beaucoup à un roman par sa composition et ses thèmes, « fabriquée » tout à fait comme un roman, mais il n'aura pas créé un roman. Il sera toujours trahi par son style. Nous verrons l'ensemble d'un langage uni, pur, univoque, naïvement ou bêtement présomptueux (ou doté d'une bivocalité fictive, élémentaire, artificielle). Nous verrons qu'un tel auteur n'a guère eu de mal à se débarrasser de la plurivocalité : tout simplement, il n'entend pas la diversité essentielle du vrai langage; il prend les harmoniques sociales, engendrant le timbre des mots, pour des bruits importuns, à supprimer! Arraché à l'authentique plurilinguisme du langage, le roman dégénère, le plus souvent, en drame (très mauvais drame, s'entend), fait pour être lu avec des commentaires amples et « artistement élaborés ». Le langage de l'auteur, dans un roman ainsi démuni, bascule inévitablement dans la position difficile et absurde du langage des indications scéniques [1].

Le discours bivocal est ambigu. Mais le discours poétique, au sens étroit, est également ambigu et polysémique. C'est en cela que réside sa différence fondamentale avec le discours-concept, le discours-terme. Le discours poétique est un trope, qui exige que l'on perçoive clairement en lui ses deux sens.

Mais quelle que soit la manière dont on comprend la relation réciproque des sens dans un symbole poétique (un trope) cette relation n'est pas, en tout état de cause, de nature dialogique, et jamais, sous aucun prétexte, on ne peut imaginer un trope (une métaphore, par exemple) déployé en deux répliques de dialogue, c'est-à-dire avec ses deux sens partagés entre deux voix différentes. C'est pourquoi le double sens (ou les sens multiples) du symbole n'entraîne jamais une double accentuation. Au contraire, le double sens poétique suffit à une seule voix, à un seul système d'accentuations. On peut interpréter les relations mutuelles des sens et des symboles selon la logique

1. Spielhagen, dans ses ouvrages réputés sur la théorie et la technique du roman, s'oriente justement sur cette sorte de roman qui n'est pas un roman, ignorant précisément les possibilités particulières du genre. Comme théoricien, Spielhagen était sourd au plurilinguisme et à son produit spécifique : le discours bivocal *(N.d.A.)*.

(comme une relation du particulier ou de l'individu au général, par exemple, un nom propre devenu symbole; comme une relation du concret à l'abstrait, etc.); on peut l'interpréter de façon philosophico-ontologique, comme une relation particulière de la représentation, ou comme une relation entre phénomène et réalité; on peut aussi placer au premier plan le côté émotionnel et axiologique de cette interrelation, mais tous ces types de rapports mutuels entre les sens ne sortent pas, et ne peuvent sortir des limites de la relation du discours à son objet et aux divers aspects de cet objet. Entre le discours et son objet se jouent tous les événements, tout le jeu du symbole poétique. Le symbole ne peut présumer une relation essentielle à la parole d'autrui, à la voix d'autrui. La polysémie du symbole poétique présuppose l'unité et l'identité de la voix par rapport à lui, et sa pleine solitude dans sa parole. Dès qu'une voix étrangère, un accent étranger, un éventuel point de vue différent font irruption dans ce jeu du symbole, le plan poétique est détruit et le symbole transféré au plan de la prose.

Pour bien comprendre la distinction entre bisémie poétique et bivocalité prosaïque, il suffit de comprendre n'importe quel symbole et de l'accentuer de bout en bout de manière ironique (naturellement, dans un contexte important correspondant), autrement dit, d'y introduire sa propre voix, d'y réfracter son intention nouvelle [1]. De ce fait, le symbole poétique (tout en restant symbole, s'entend) est transféré en même temps au plan de la prose, devient discours bivocal : entre le discours et son objet s'insère un discours, un accent étranger, et sur le symbole tombe une ombre d'objectivation (naturellement, la structure bivocale se révélera primitive et simple).

Un exemple de cette très simple prosaïsation du symbole poétique, c'est la strophe à propos de Lenski, dans *Eugène Onéguine :*

> *Docile à l'amour, il chantait l'amour,*
> *Et son chant était clair,*
> *Comme les pensées d'une vierge ingénue,*
> *Comme le sommeil d'un petit enfant,*
> *Comme la lune* [2]...

1. Alexis Alexandrovitch Karénine avait l'habitude de prendre ses distances avec certains mots et expressions liées à ces mots. Il se livrait à des constructions bivocales, sans aucun contexte, uniquement sur le plan des intentions : « Oui, comme tu vois, ton cher époux, aussi tendre qu'au bout d'un an de mariage, brûlait du désir de te voir, dit-il de sa voix traînante et fluette, et sur le ton qu'il employait presque toujours avec elle, le ton de qui se moquerait d'un homme qui parlerait vraiment de cette manière-là. » (*Anna Karénine*, Ire Partie, chap. 30.) *(N.d.A.)*

2. Cf. ci-dessous : p. 403, l'analyse de cet exemple dans notre étude : *De la Préhistoire du Discours romanesque (N.d.A.).*

Les symboles poétiques de cette strophe sont orientés tout à la fois sur deux plans : sur le plan du chant lui-même de Lenski, dans la perspective sémantique et expressive de son « âme à la Göttingen [1] », et sur le plan du discours de Pouchkine, pour qui une « âme à la Göttingen », avec son langage et sa poétique propres, est un phénomène du plurilinguisme littéraire de son époque, nouveau, mais déjà en passe de devenir typique : ton nouveau, voix nouvelle au sein des voix multiples du langage littéraire, des conceptions du monde littéraires, et de l'existence régie par ces conceptions. Il y a d'autres voix dans cet ensemble de la vie des lettres : le langage d'Onéguine à la Byron, à la Chateaubriand, le langage et l'univers « richardsoniens » de Tatiana à la campagne; le parler provincial, familier, du manoir des Larine; le langage et l'univers de Tatiana à Pétersbourg, et encore d'autres langages, parmi eux, les langages indirects de l'auteur, divers et se transformant tout au long du roman. Tout ce plurilinguisme (*Eugène Onéguine* est une encyclopédie de styles et de langages du temps) orchestre les intentions de l'auteur et crée le style authentique romanesque de cette œuvre.

Ainsi donc, les images de la strophe que nous venons de citer, se trouvant être des symboles poétiques dans la perspective intentionnelle de Lenski, deviennent, dans le système des discours de Pouchkine, des symboles prosaïques à deux voix. Ce sont, bien entendu, d'authentiques symboles de l'art littéraire en prose, issus du plurilinguisme du langage littéraire qui évolue à cette époque, et nullement une parodie rhétorique superficielle, ou une plaisanterie.

Telle est la différence entre la bivocité littérairement pragmatique et l'univocité de la bi ou plurisémie du symbole poétique. La bisémie du discours bivoque, intérieurement dialogisé, est grosse d'un dialogue, et peut, en effet, faire naître des dialogues de voix réellement séparées (non pas dramatiques, mais désespérées en prose). En dépit de cela, la bivocalité poétique ne se tarit jamais dans ces dialogues, elle ne peut pas être totalement évacuée du discours, ni par le moyen d'une désarticulation logique et d'une redistribution entre les membres d'une période monologiquement unique (comme en rhétorique), ni par la voie d'une rupture dramatique entre les répliques d'un dialogue à parfaire. En donnant naissance à des dialogues romanesques en prose, la véritable bivocalité ne se tarit pas en eux et demeure dans le discours, dans le langage, comme une source intarissable de dialogisation; car la dialogisation intérieure du discours est

1. *Göttingen :* cette université allemande joua un important rôle formateur pour la jeunesse russe cultivée de l'époque romantique.

l'indispensable corollaire de la stratification de la langue, la conséquence de son « trop-plein » d'intentions plurilinguales. Or, cette stratification, et le trop-plein, comme l'alourdissement intentionnels de tous les mots, de toutes les formes qui s'y rapportent, est le corollaire inévitable du développement historique, socialement contradictoire, du langage.

Si le problème central de la théorie de la poésie est un problème de symbole poétique, le problème central de la théorie de la prose littéraire est un problème de discours à deux voix, intérieurement dialogisé, dans tous ses types et variantes multiples.

Pour le romancier-prosateur, l'objet est empêtré dans le discours d'autrui à son propos, il est remis en question, contesté, diversement interprété, diversement apprécié, il est inséparable d'une prise de conscience sociale plurivocale. De ce monde « remis en question » inséparable d'une prise de conscience sociale plurivocale, le romancier parle dans un langage diversifié et intérieurement dialogisé. De cette manière, langage et objet se révèlent à lui sous leur aspect historique, dans leur devenir social plurivoque. Pour lui, il n'existe pas de monde en dehors de sa prise de conscience sociale plurivoque, et il n'existe pas de langage hors des intentions plurivoques qui le stratifient. C'est pourquoi, dans le roman comme dans la poésie, il est possible que le langage (plus exactement : *les* langages), s'unissent de façon profonde mais originale avec leur objet et leur univers. De même que l'image poétique semble née et organiquement issue du langage lui-même, préformée en lui, de même les images romanesques semblent organiquement soudées à leur langage plurivocal, préformé, en quelque sorte, en lui, dans les profondeurs de son propre plurilinguisme organique. La « distanciation » du monde et la « surdistanciation » du langage s'entremêlent dans le roman en un seul événement du développement polylingnal du monde, dans la prise de conscience et dans le discours social.

Le discours poétique, au sens étroit du terme, doit lui aussi se faufiler jusqu'à son objet au travers du discours d'autrui qui l'empêtre; il trouve comme déjà existant un langage plurilingual, il doit parvenir jusqu'à son unité créée *(créée* et non *donnée)*, et toute prête, et jusqu'à son intentionnalité pure. Mais ce cheminement du discours poétique vers son objet et vers l'unité du langage, cheminement au cours duquel il rencontre lui aussi, continuellement, le discours d'autrui et s'oriente mutuellement avec lui, demeure dans les scories du processus de création, et s'enlève comme s'enlèvent les échafaudages d'un bâtiment terminé; alors l'œuvre parachevée s'élève, tel un discours unique et concentré sur un objet, un discours, sur un monde « vierge ».

Cette pureté univoque, cette franchise intentionnelle, sans restriction, du discours poétique parachevé, s'achète au prix d'une certaine conventionnalité du langage poétique.

Si l'idée d'un langage proprement poétique, hors de la vie courante, hors de l'Histoire, un « langage des dieux », naît à partir de la poésie comme une philosophie utopique des genres, en revanche, l'idée d'une existence vivante et historiquement concrète des langages, est une idée qui est proche et chère à la prose. La prose de l'art littéraire présuppose une sensibilité à la concrétion et à la relativité historiques et sociales de la parole vivante, de sa participation au devenir historique et à la lutte sociale. Et cette prose littéraire s'empare du mot, chaud encore de sa lutte, de son hostilité, du mot point résolu encore, déchiré entre les intonations et les accents hostiles, et, tel quel, le soumet à l'unité dynamique de son style.

IV

Le locuteur dans le roman

Nous avons vu que le plurilinguisme social, la conception de la diversité des langages du monde et de la société, qui orchestrent les thèmes romanesques, peuvent entrer dans le roman, soit comme stylisations anonymes, mais grosses d'images des stylisations parlantes des langages des genres, des professions, etc., soit comme les images incarnées d'un auteur supposé, de narrateurs, de personnages, enfin.

Le romancier ne connaît pas de langage seul et unique, naïvement (ou conventionnellement) incontestable et péremptoire. Il le reçoit déjà stratifié, subdivisé en langages divers. C'est pourquoi, même si le plurilinguisme reste à l'extérieur du roman, même si l'auteur se présente avec un seul langage, totalement fixé (sans distanciation, ni réfraction, ni réserves), il sait que ce langage n'est pas signifiant pour tous ou incontestable, qu'il résonne au milieu du plurilinguisme, qu'il doit être sauvegardé, purifié, défendu, motivé. Aussi, même ce langage-là, unique et direct, est polémique et apologétique, autrement dit, dialogiquement corrélaté au plurilinguisme. C'est ce qui détermine la visée tout à fait spéciale, contestée, contestable et contestant, du discours romanesque : il ne peut, ni naïvement, ni de manière convenue, oublier ou ignorer les langues multiples qui l'environnent.

Ou bien le plurilinguisme pénètre dans le roman « en personne », si l'on peut dire, et s'y matérialise dans les figures des locuteurs, ou bien, en servant de fond au dialogue, il détermine la résonance particulière du discours romanesque direct.

D'où cette singularité extraordinairement importante du genre : dans le roman, l'homme est essentiellement un homme qui parle; le roman a besoin de locuteurs qui lui apportent son discours idéologique original, son langage propre.

L'objet principal du genre romanesque qui le « spécifie »,

qui crée son originalité stylistique, c'est *l'homme qui parle et sa parole.* Pour saisir correctement cette affirmation, il est indispensable d'éclairer de façon aussi précise que possible, ces trois points :

1. Dans le roman, l'homme qui parle et sa parole sont l'objet d'une représentation verbale et littéraire. Le discours du locuteur n'est pas simplement transmis ou reproduit, mais justement ***représenté avec art*** et, à la différence du drame, représenté ***par le discours*** même (de l'auteur). Mais le locuteur et son discours sont, en tant qu'objet du discours, un objet particulier : on ne peut parler du discours comme on parle d'autres objets de la parole : des objets inanimés, des phénomènes, des événements, etc. Le discours exige les procédés formels tout à fait particuliers de l'énoncé et de la représentation verbale.

2. Dans le roman, le locuteur est, essentiellement, un *individu social,* historiquement concret et défini, son discours est un langage social (encore qu'embryonnaire), non un « dialecte individuel ». Le caractère et les destins individuels et les discours individuels qu'eux seuls déterminent sont, par eux-mêmes, indifférents pour le roman. Les paroles particulières des personnages prétendent toujours à une certaine signifiance, à une certaine diffusion sociales : ce sont des langages virtuels. C'est pourquoi le discours d'un personnage peut devenir un facteur de stratification du langage, une introduction au plurilinguisme.

3. Le locuteur dans le roman est toujours, à divers degrés, un *idéologue,* et ses paroles sont toujours un *idéologème.* Un langage particulier au roman représente toujours un point de vue spécial sur le monde, prétendant à une signification sociale. Précisément en tant qu'*idéologème,* le discours devient objet de représentation dans le roman, aussi celui-ci ne court-il pas le risque de devenir un jeu verbal abstrait. De plus, grâce à la représentation dialogisée d'un discours idéologiquement valable (dans la plupart des cas, actuel et efficace), le roman favorise moins qu'aucun autre genre verbal l'esthétisme et un jeu verbal purement formaliste. Aussi, quand un esthète se met à écrire un roman, son esthétisme ne se manifeste point dans la structure formelle, mais dans le fait que ce roman représente un locuteur, qui est un idéologue de l'esthétisme, révélant sa profession de foi, mise à l'épreuve dans le roman. Tel est le *Portrait de Dorian Gray,* d'Oscar Wilde, tels sont le jeune Thomas Mann, Henri de Régnier, Huysmans, Barrès et Gide à leurs débuts. De cette manière, même l'esthète qui élabore un roman, devient dans ce genre un idéologue qui défend et éprouve ses positions idéologiques, un apologète et un polémiste.

Nous avons dit que le locuteur et son discours étaient l'objet qui spécifie le roman, créant l'originalité de ce genre. Mais, évidemment, l'homme qui parle n'est pas seul représenté, et pas uniquement comme locuteur. Dans le roman, l'homme peut agir non moins que dans le drame ou l'épopée, mais son action a toujours un éclairage idéologique, elle est toujours associée au discours (même virtuel), à un motif idéologique, et occupe une position idéologique définie. L'action, le comportement du personnage dans le roman, sont indispensables, tant pour révéler que pour éprouver sa position idéologique, sa parole. Il est vrai que le roman du XIXe siècle a créé une variante capitale, où le personnage n'est qu'un locuteur, incapable d'agir, condamné à la parole dépouillée : aux rêveries, aux sermons inefficaces, au didactisme, aux méditations stériles, etc. Tel est aussi, par exemple, le « roman d'épreuve » russe, de l'intellectuel-idéologue (dont le modèle le plus évident est *Roudine*, de Tourguéniev).

Ce personnage qui n'agit pas n'est qu'une des variantes thématiques du héros de roman. Ordinairement, le héros agit autant dans le roman que dans le récit épique. Ce qui le distingue essentiellement du héros épique, c'est que non content d'agir, il parle, et que son action n'a pas de signification générale et indéniable, elle ne se déroule pas dans un monde épique incontestable et signifiant pour tous. Aussi, cette action nécessite-t-elle toujours une clause idéologique, elle est appuyée par une position idéologique définie, qui n'est pas la seule possible, et qui est donc contestable. La position idéologique du héros épique est signifiante pour le monde épique tout entier; il n'a pas une idéologie *particulière*, à côté de laquelle il peut y en avoir d'autres, il en existe d'autres. Naturellement, le héros épique peut prononcer de longs discours (et le héros de roman se taire), mais son discours ne se singularise pas sur le plan idéologique (ou se singularise simplement de façon formelle, dans la composition et le sujet), et se confond avec le discours de l'auteur. Mais l'auteur, lui non plus, ne fait pas ressortir son idéologie : celle-ci se fond dans l'idéologie générale — la seule possible. L'épopée a une perspective seule et unique. Le roman contient un grand nombre de perspectives, et d'habitude le héros agit dans sa perspective propre. Voilà pourquoi le récit épique ne contient pas d'hommes qui parlent comme les représentants des différents langages; ici, l'homme qui parle c'est en somme l'auteur, et lui seul, et il n'y a qu'un seul et unique discours, qui est celui de l'auteur.

Dans le roman on peut également mettre en valeur un héros pensant, agissant (et, bien entendu, parlant) irréprochablement (selon le dessein de l'auteur), comme chacun doit agir, mais dans le roman, ce caractère irréprochable est fort éloigné du caractère naïvement indiscutable de l'épopée. Si la position idéologique d'un tel personnage n'est pas dégagée par rapport à celle de l'auteur (si elles se confondent), elle est tout de même dégagée par rapport au plurilinguisme qui l'environne : la position irréprochable du personnage s'oppose, sur le plan apologétique et polémique, au plurilinguisme. Tels sont les personnages irréprochables du roman baroque, ceux du sentimentalisme, par exemple, Grandison. Leurs actions sont éclairées idéologiquement, avec une visée apologétique et polémique.

L'action d'un héros de roman est toujours soulignée par son idéologie : il vit, il agit dans son monde idéologique à lui (non pas un monde épique et « un »), il a sa propre conception du monde, incarnée dans ses paroles et dans ses actes.

Mais pourquoi ne peut-on découvrir la position idéologique d'un personnage, et le monde idéologique qui est à sa base, dans ses seules actions, sans du tout représenter son discours ?

Il n'est pas possible de représenter le monde idéologique d'autrui de manière adéquate sans lui donner sa résonance, sans découvrir ses paroles à lui ; car celles-ci (confondues avec celles de l'auteur) peuvent seules être véritablement adaptées à une représentation de son monde idéologique original. Le roman peut ne pas accorder à son personnage un discours direct, il peut se limiter à ne représenter que ses actions, mais dans cette représentation par l'auteur, si elle est substantielle et adéquate, on entendra inévitablement résonner des paroles étrangères, celles du personnage lui-même, en même temps que celles de l'auteur. (Cf. les structures hybrides analysées au chapitre précédent.)

Nous avons vu que le locuteur dans le roman n'est pas obligatoirement incarné dans un personnage principal. Le personnage n'est qu'une des formes du locuteur (la plus importante, il est vrai). Les langages du polylinguisme entrent dans le roman sous forme de stylisations parodiques impersonnelles (comme chez les humoristes anglais et allemands), de stylisations non parodiques, sous l'aspect des genres intercalaires, sous forme d'auteurs présumés, sous forme de récit direct. Enfin, même un discours qui est indéniablement celui de l'auteur, s'il est apologétique et polémique, c'est-à-dire s'il s'oppose comme langage spécial aux autres langages du plurilinguisme, devient, dans une certaine mesure, concentré sur lui-même, autrement dit, non seulement il représente, mais il est représenté.

Tous ces langages, même non incarnés dans un personnage, sont concrétisés sur le plan social et historique et plus ou moins objectivés (seul un langage unique, ne voisinant avec aucun autre, peut être non objectivé) ; c'est pourquoi, derrière eux tous, transparaissent les images de locuteurs en « vêtements » concrets, sociaux et historiques. Ce n'est pas l'image de l'homme en soi qui est caractéristique du genre romanesque, mais *l'image de son langage*. Or, celui-ci, pour devenir une image de l'art littéraire, doit devenir parole sur des lèvres qui parlent, s'unir à l'image de l'homme qui parle.

Si l'objet spécifique du genre romanesque c'est le locuteur et ce qu'il dit (mots prétendant à une signification sociale, et à une diffusion comme langage particulier du plurilinguisme), le problème central de la stylistique du roman peut être formulé comme *problème de la représentation littéraire du langage, problème de l'image du langage.*

Il faut dire qu'il n'a pas encore été posé de façon ample et radicale. Aussi, la particularité de la stylistique du roman a-t-elle échappé aux chercheurs. Mais ce problème a été pressenti : l'étude de la prose littéraire a concentré de plus en plus l'attention sur des phénomènes particuliers, tels que la stylisation ou la parodie des langages, tels que le « récit direct ». Ce qui caractérise tous ces phénomènes, c'est que le discours y représente, mais est également représenté, et que le langage social (des genres, des professions, des courants littéraires) devient objet de reproduction, de restructuration, de transfiguration artistique, librement orienté sur l'art littéraire : on sélectionne certains éléments typiques d'un langage, caractéristiques, voire symboliquement essentiels. L'écart avec la réalité empirique du langage représenté peut être, de ce fait, fort important, non seulement dans le sens d'une sélection partiale et d'une exagération des éléments de ce langage, mais dans le sens d'une création libre, dans l'esprit de ce langage, d'éléments complètement ignorés par l'empirisme de ce langage. Cette promotion de certains éléments du langage en symboles caractérise le « récit direct » (Leskov, et surtout Rémizov [1]). De surcroît, la stylisation, la parodie, le « récit direct » sont, comme nous l'avons montré plus haut, des phénomènes bivoques et bilingues.

Simultanément et parallèlement à l'intérêt suscité par les phénomènes de stylisation, de la parodie, on manifesta une cusiosité aiguë pour le problème de la transmission du discours d'autrui et pour le problème de ses formes syntaxiques et stylistiques. Ce fut principalement la philologie latino-germanique allemande qui s'y intéressa. Ses représentants, absorbés surtout par le côté linguistico-stylistique (et même strictement grammatical) de la question, ne s'approchèrent pas moins, et de près — Léo Spitzer en particulier — du problème de la représentation littéraire du discours d'autrui, ce problème central de la prose

1. Nicolas Leskov, cf. note 1, p. 134; Alexis Rémizov, note 2, même page.

romanesque. Néanmoins, ils ne posèrent pas le problème de *l'image du langage* avec toute la clarté requise, et le problème même de la transmission du discours d'autrui ne fut pas étudié avec l'ampleur et la rigueur nécessaires.

★

L'un des thèmes majeurs et des plus répandus qu'inspire la parole humaine, c'est celui de la transmission et de la discussion du discours et des paroles d'autrui. Dans tous les domaines de la vie et de la création idéologique, nos paroles contiennent en abondance les mots d'autrui, transmis avec un degré de précision et de partialité fort varié. Plus la vie sociale de la collectivité qui parle est intense, différenciée et élevée, plus la parole, l'énoncé d'autrui, comme objet d'une transmission intéressée, d'une exégèse, d'une discussion, d'une appréciation, d'une réfutation, d'un soutien, d'un développement a une part plus grande dans tous les objets de discours.

Le thème de l'homme qui parle et de ce qu'il dit commande partout des procédés formels particuliers. Nous l'avons dit : le discours comme objet du discours est un objet *sui generis*, qui pose à notre langage des problèmes particuliers.

Aussi, avant de passer aux problèmes de la représentation littéraire du discours d'autrui, orienté sur l'image du langage, il est indispensable de toucher au sens du thème du locuteur et de ce qu'il dit dans les domaines extra-littéraires de la vie et de l'idéologie. Même si toutes les formes de transmission du discours d'autrui hors du roman n'ont pas une orientation déterminante sur l'image du langage, toutes seront utilisées dans le roman et le féconderont, se transformant, se soumettant en lui à une nouvelle unité à but précis (et inversement, le roman exerce une influence puissante sur la perception et la transmission des paroles d'autrui sur le plan extra-littéraire).

Le thème du locuteur a un poids énorme dans la vie courante. Dans notre existence quotidienne nous entendons à chaque pas parler de lui et de ce qu'il dit. On peut le déclarer carrément : dans la vie courante, on se réfère surtout à ce que disent les autres : on rapporte, on évoque, on pèse, on discute leurs paroles, leurs opinions, affirmations, informations, on s'en indigne, on tombe d'accord, on les conteste, on s'y réfère, etc. En prêtant l'oreille aux bribes d'un dialogue, pris tel quel dans la rue, dans la foule, dans une file d'attente, dans un foyer de théâtre... nous pouvons nous rendre compte de la fréquence de « il parle », « on parle », « il a dit ». Souvent, écoutant un échange rapide dans une foule, on entend comme un tout confondu : « Il dit »,

« tu dis », « je dis »... Et combien comptent pour l'opinion publique, pour les racontars, pour les potins publics, pour les médisances, ces affirmations : « Tout le monde le dit », « on m'a dit »! Il est indispensable, aussi, de tenir compte de la grande part psychologique, dans notre existence, de ce que les autres disent de nous, et de l'importance, pour nous, de comprendre et d'interpréter ces paroles. (« L'herméneutique du quotidien. »)

L'importance de notre thème ne diminue en rien dans les sphères plus élevées, plus organisées, des relations publiques. Toute causerie est chargée de transmissions et d'interprétations des paroles d'autrui. On y trouve à tout instant une « citation », une « référence » à ce qu'a dit telle personne, à ce qu'« on dit », à ce que « chacun dit », aux paroles de l'interlocuteur, à nos propres paroles antérieures, à un journal, une résolution, un document, un livre... La plupart des informations et des opinions sont transmises en général sous une forme indirecte, non comme émanant de soi, mais se référant à une source générale, non précisée : « J'ai entendu dire », « on considère », « on pense »... Prenons un cas fort répandu dans la vie courante : les conversations à propos d'une séance publique. Elles sont toutes bâties sur la relation, l'interprétation et l'appréciation des diverses interventions orales, résolutions, propositions, réfutations verbales, amendements adoptés. Il s'agit donc de locuteurs et de ce qu'ils disent, thème qui revient encore et encore : ou bien il prime, et régit directement les discours, ou bien il accompagne le développement des autres thèmes courants.

Il serait superflu de citer d'autres exemples. Il suffit d'écouter et de méditer les paroles qu'on entend partout, pour affirmer ceci : dans le parler courant de tout homme vivant en société, la moitié au moins des paroles qu'il prononce sont celles d'autrui (reconnues comme telles) transmises à tous les degrés possibles d'exactitude et d'impartialité (ou, plutôt, de partialité).

Évidemment, toutes les paroles « étrangères » transmises ne pouvaient, une fois fixées dans l'écriture, être « placées entre guillemets ». Ce degré de mise en valeur et de pureté des paroles d'autrui, qui imposeraient des guillemets dans la parole écrite (selon le dessein du locuteur lui-même et son appréciation de ce degré) n'est guère fréquent dans le langage ordinaire.

En outre, la mise en forme syntaxique du discours « étranger » transmis, ne s'arrête pas aux poncifs grammaticaux du discours direct et indirect : les manières de l'introduire, de l'élaborer et de l'éclairer sont fort variées. Il faut en tenir compte pour apprécier à sa juste valeur cette affirmation : parmi toutes les paroles que nous prononçons dans la vie courante, une bonne moitié nous vient d'autrui.

Pour le langage courant, l'homme qui parle et ses paroles ne sont pas un objet de représentation littéraire mais de transmission pratiquement intéressée. C'est pourquoi l'on peut parler ici non de formes de représentation, mais uniquement de procédés de transmission. Ceux-ci sont très divers, tant pour ce qui est de l'élaboration verbale stylistique du discours d'autrui, que pour ce qui concerne les procédés de son enchâssement interprétatif, de sa reconsidération et de sa réaccentuation, depuis la transmission directe mot à mot, jusqu'à la déformation parodique, préméditée, intentionnelle, des paroles d'autrui et leur déformation [1].

Il est indispensable de noter ceci : la parole d'autrui comprise dans un contexte, si exactement transmise soit-elle, subit toujours certaines modifications de sens. Le contexte qui englobe la parole d'autrui crée un fond dialogique dont l'influence peut être fort importante. En recourant à des procédés d'enchâssement appropriés, on peut parvenir à des transformations notables d'un énoncé étranger, pourtant rendu de façon exacte. Le polémiste peu consciencieux et habile connaît parfaitement le fond dialogique qu'il convient de donner aux paroles exactement citées de son adversaire, pour en altérer le sens. Il est particulièrement simple, en manipulant le texte, d'augmenter le degré d'objectivité de la parole d'autrui, provoquant ainsi des réactions dialogiques liées à l'objectivité; de la sorte, il est facile de rendre comique l'énoncé le plus sérieux. La parole d'autrui, introduite dans le contexte d'un discours, établit avec le contexte qui l'enchâsse non pas un contact mécanique, mais un amalgame chimique (au plan du sens et de l'expression); le degré d'influence mutuelle par le dialogue peut être très grand. Voilà pourquoi, lorsqu'on étudie les différentes formes de transmission du discours d'autrui, on ne peut séparer le procédé d'élaboration de ce discours du procédé de son encadrement contextuel (dialogique) : les deux procédés sont indissolublement liés. Tant la mise en forme que l'enchâssement du discours d'autrui (le contexte pouvant, de très loin, commencer à préparer l'introduction de ce discours), expriment un acte unique de relations dialogiques avec ce discours, qui détermine tout le caractère de la transmission, et toutes les transformations de sens et d'accent qui se passent en lui au cours de cette transmission.

1. Les procédés de falsification des paroles d'autrui lors de leur transmission sont multiples, ainsi que les procédés de leur réduction à l'absurde par une amplification, par une révélation de leur contenu virtuel. Dans ce domaine, une certaine lumière a été projetée par la rhétorique et l'art de la discussion : l'*heuristique (N.d.A.)*.

Dans le discours de la vie courante, nous l'avons dit, l'homme qui parle et ce qu'il dit sert d'objet de transmission intéressée, non de représentation. Cet intérêt pratique détermine également toutes les formes courantes de transmission des paroles d'autrui, et donc ses transformations, depuis les fines nuances de sens et d'accent, jusqu'aux distorsions apparentes et grossières de l'ensemble verbal. Mais cette orientation sur une transmission intéressée n'exclut pas certains aspects de représentation. Car, pour l'appréciation courante et le déchiffrement du sens véritable des paroles d'autrui, il peut être décisif de savoir qui parle, et dans quelles circonstances précises. La compréhension et le jugement habituels ne séparent pas la parole de la personne tout à fait concrète du locuteur (ce qui est possible dans la sphère de l'idéologie). Au surplus, il est très important de situer la conversation : qui était présent, quelle expression avait-il, quelles étaient sa mimique, les nuances de son ton pendant qu'il parlait? Lors d'une transmission familière des paroles d'autrui, tout cet entourage de mots et de la personnalité du locuteur peuvent être représentés, voire joués (depuis la reproduction exacte jusqu'à la moquerie parodique, aux gestes et aux intonations outrés). Néanmoins, cette représentation se trouve soumise aux problèmes de la transmission pratiquement intéressée, et entièrement conditionnée par eux. Bien sûr, il n'y a pas lieu de parler ici de la représentation littéraire du locuteur et de ce qu'il dit, moins encore de celle de son langage. Toutefois, dans les séries de récits traditionnels à propos de l'homme qui parle, il est déjà possible de repérer les procédés littéraires prosaïques d'une représentation bivoque, voire bilingue, de la parole d'autrui.

Ce qui a été dit des individus qui parlent et des paroles d'autrui dans la vie courante, ne dépasse pas les aspects superficiels de la parole et de son poids dans une situation donnée, si l'on peut dire; les strates sémantiques et expressives plus profondes n'entrent pas en jeu. Tout autre est la signification du thème de l'homme qui parle et de sa parole dans le courant idéologique de notre conscience, dans le processus de sa communion avec le monde idéologique.

L'évolution idéologique de l'homme, dans ce contexte, est un processus de choix et d'assimilation des mots d'autrui.

L'enseignement des disciplines verbales connaît deux modes scolaires principaux de transmission assimilante du discours d'autrui (du texte, des règles, des exemples) : « par cœur » et « avec nos mots ». Ce dernier mode pose, à une petite échelle, un problème stylistique pour la prose littéraire : redire un texte « avec nos mots », c'est, jusqu'à un certain point, faire une narration bivocale sur les paroles d'autrui; en effet, « nos mots » ne doivent pas dissoudre complètement l'originalité de ceux des « autres »; une narration faite avec « nos mots » doit avoir un caractère mixte, et reproduire aux endroits nécessaires le style et les expressions du texte transmis. Ce deuxième mode de transmission scolaire de la parole d'autrui avec « ses mots à soi », inclut toute une série de variantes de la transmission qui assimile le mot d'autrui, en rapport avec le caractère du texte assimilé et des visées pédagogiques pour ce qui est de sa compréhension et de son appréciation.

L'assimilation des mots d'autrui prend un sens plus important et plus profond encore quand il s'agit du devenir idéologique de l'homme, au sens vrai du terme. Là, la parole d'autrui n'est plus une information, une indication, une règle, un modèle, etc., elle cherche à définir les bases mêmes de notre comportement et de notre attitude à l'égard du monde, et se présente ici comme *une parole autoritaire* et comme *une parole intérieurement persuasive*.

En dépit de la profonde différence entre ces deux catégories de la parole d'autrui, elles peuvent s'unir dans une seule parole à la fois *autoritaire et persuasive*. Mais cette réunion est rarement donnée. Habituellement, le processus du devenir idéologique est marqué par une forte divergence entre ces deux catégories : la parole autoritaire (religieuse, politique, morale, parole du père, des adultes, des professeurs) n'est pas intérieurement persuasive pour la conscience; tandis que la parole intérieurement persuasive est privée d'autorité, souvent méconnue socialement (par l'opinion publique, la science officielle, la critique), et même privée de légalité. Le conflit et les interrelations dialogiques de ces deux catégories déterminent souvent l'histoire de la conscience idéologique individuelle.

La parole autoritaire exige de nous d'être reconnue et assimilée, elle s'impose à nous, indépendamment de son degré de persuasion intérieure à notre égard; nous la trouvons comme déjà unie à ce qui fait autorité. La parole autoritaire, dans une zone lointaine, est organiquement liée au passé hiérarchique. C'est, en quelque sorte, *la parole des pères*. Elle est déjà *reconnue* dans le passé! C'est une parole *trouvée par avance*, qu'on n'a pas à choisir parmi des paroles équivalentes. Elle est donnée (elle résonne) dans une haute sphère et non dans celle du contact familier. Son langage est spécial (hiératique, si l'on peut dire). Elle peut devenir objet de profanation. La parole autoritaire s'apparente au Tabou, au Nom qu'on ne peut prendre en vain.

Nous ne pouvons examiner ici les variantes multiples de la parole autoritaire (par exemple, l'autorité des dogmes religieux, l'autorité reconnue de la science, d'un livre à la mode, etc.), ni non plus les degrés de son autoritarisme. Pour nos buts, seules importent les particularités formelles de la transmission et de la représentation de la parole autoritaire communes à toutes ses variantes, à tous ses degrés.

Le lien parole-autorité, reconnu par nous ou non, distingue et isole la parole de manière spécifique; elle commande la *distance* par rapport à elle-même (distance qui peut être positive ou négative, notre attitude peut être fervente ou hostile). La parole autoritaire peut organiser autour d'elle des masses d'autres paroles (qui l'interprètent, la louent, l'appliquent de telle ou telle façon), mais elle ne se confond pas avec elles (par exemple, par voie de commutations graduelles), et demeure nettement isolée, compacte et inerte : on pourrait dire qu'elle exige non seulement des guillemets, mais un relief plus monumental encore, disons une écriture spéciale [1]. Il est beaucoup plus difficile d'y introduire des modifications de sens à l'aide du contexte qui l'encadre; sa structure sémantique est immobile et amorphe, car parachevée et monosémique, son sens se réfère à la lettre, se sclérose.

La parole autoritaire exige de nous d'être reconnue inconditionnellement, et non maîtrisée, assimilée librement avec nos mots à nous. Aussi, n'autorise-t-elle aucun jeu avec le contexte qui l'enchâsse ou avec ses frontières, pas de commutations graduelles et mouvantes, de variations libres, créatives et stylisatrices. Elle pénètre dans notre conscience verbale telle une masse compacte et indivisible; il faut l'accepter tout entière, ou tout entière la rejeter. Elle s'est inséparablement soudée à l'autorité (pouvoir politique, institution, personnalité) : avec elle, elle dure, avec elle, elle tombe. On ne peut la partager, approuver l'un, tolérer l'autre, récuser le troisième... Aussi, la distance par rapport à la parole autoritaire demeure-t-elle immuable de bout en bout : le jeu des distances — convergence et divergence, rapprochement et éloignement, est ici impossible.

Tout cela détermine l'originalité, tant des procédés de formation de la parole autoritaire elle-même au cours de sa transmission, que les procédés de l'enchâssement par le contexte. La zone de ce contexte doit également être une zone lointaine, le contact familier étant ici impossible. L'homme qui perçoit et qui comprend est un descendant lointain : aucune querelle n'est possible!

1. Il arrive souvent que la parole autoritaire soit une parole « étrangère ». (Cf. par exemple, le caractère étranger des textes religieux chez la plupart des peuples) *(N.d.A.)*.

De même se définit le rôle éventuel de la parole autoritaire dans l'œuvre littéraire en prose. La parole autoritaire ne se représente pas, elle est seulement transmise. Son inertie, sa perfection sémantique, sa sclérose, sa singularisation apparente et guindée, l'impossibilité pour une stylisation libre de parvenir jusqu'à elle, tout cela exclut la possibilité de la représentation littéraire de la parole autoritaire. Son rôle, dans le roman, est infime. Elle ne peut être notablement bivocale et elle entre dans des constructions hybrides. Lorsqu'elle perd complètement son autorité, elle n'est plus qu'un objet, *une relique, une chose.* Elle ne pénètre dans un contexte littéraire que comme un corps hétérogène; il n'y a pas autour d'elle de jeu, d'émotions plurivocales, elle n'est pas environnée par des dialogues vivants, agités, aux multiples résonances; autour d'elle un contexte se meurt, les mots se dessèchent. Aussi, n'a-t-on jamais réussi dans un roman à représenter la vérité et la vertu officiellement autoritaires (monarchiques, ecclésiastiques, administratives, morales, etc.). Il suffit de rappeler les tentatives désespérées de Gogol et de Dostoïevski. C'est pourquoi, dans le roman, un texte autoritaire reste toujours une citation morte, échappant au contexte littéraire (comme par exemple, les textes de l'Évangile à la fin de *Résurrection*, de Tolstoï) [1].

Les paroles autoritaires peuvent incarner des contenus différents : l'autoritarisme en tant que tel, la haute autorité, le traditionalisme, l'universalisme, l'officialisme et autres. Elles peuvent avoir différentes zones (un certain écart avec la zone de contact), diverses relations avec l'auditeur compréhensif présumé (un fond a-perceptif proposé par une parole, un certain degré de réciprocité, etc.).

Dans l'histoire du langage littéraire se déroule un conflit avec ce qui est officiel, avec ce qui est éloigné de la zone de contact, avec les divers modes et degrés de l'autoritarisme. Ainsi la parole est-elle intégrée dans la zone de contact, et par conséquent ont lieu des transformations sémantiques et expressives (intonatives) : affaiblissement et réduction de son mode métaphorique, réification, concrétisation, réduction au niveau du quotidien, etc. Tout cela a été étudié au plan de la psychologie, mais jamais du point de vue d'une élaboration verbale dans un monologue intérieur possible de l'homme en devenir, un monologue de toute une vie. Ici se présente à nous le pro-

1. Quand on analyse concrètement la parole autoritaire dans le roman, il est indispensable de tenir compte de ce qu'une parole autoritaire peut, à telle époque, devenir intérieurement persuasive; cela touche surtout à la morale *(N.d.A.)*.

blème compliqué des formes de ce monologue (dialogisé).

La parole idéologique d'autrui, intérieurement persuasive et reconnue par nous, nous révèle des possibilités toutes différentes. Cette parole-là est déterminante pour le processus du devenir idéologique de la conscience individuelle : pour vivre une vie idéologique indépendante, la conscience s'éveille dans un monde où des paroles « étrangères » l'environnent, et dont tout d'abord elle ne se distingue pas; la distinction entre nos paroles et celles d'autrui, entre nos pensées et celles des autres, se fait assez tard. Lorsque commence le travail de la pensée indépendante, expérimentale et sélective, a lieu avant tout la séparation de la parole persuasive d'avec la parole autoritaire imposée et d'avec la masse des paroles indifférentes qui ne nous atteignent guère.

Contrairement à la parole autoritaire extérieure, la parole persuasive intérieure, au cours de son assimilation positive, s'entrelace étroitement avec « notre parole à nous »[1]. Dans le courant de notre conscience, la parole persuasive intérieure est ordinairement mi-« nôtre », mi-« étrangère ». Sa productivité créatrice consiste précisément en ceci qu'elle réveille notre pensée et notre nouvelle parole autonome, qu'elle organise de l'intérieur les masses de nos mots, au lieu de demeurer dans un état d'isolement et d'immobilité. Ce n'est pas tant qu'elle est interprétée par nous, qu'elle continue à se développer librement, s'adaptant au nouveau matériau, à des circonstances nouvelles, à s'éclairer mutuellement avec de nouveaux contextes. De plus, elle entreprend une action tendue et réciproque, et un conflit avec d'autres paroles persuasives. Notre devenir idéologique, c'est justement un conflit tendu au-dedans de nous pour la suprématie des divers points de vue verbaux et idéotogiques : approches, visées, appréciations. La structure sémantique de la parole persuasive interne *n'est pas terminée, elle reste ouverte*, capable dans chacun de ses nouveaux contextes dialogiques de révéler toujours de *nouvelles possibilités sémantiques*.

La parole persuasive est une parole contemporaine née dans une zone de contact avec le présent inachevé, ou devenue contemporaine; elle s'adresse à un contemporain, et à un descendant comme à un contemporain; la conception particulière de l'auditeur-lecteur compréhensif est, pour elle, constitutive. Chaque parole implique une conception singulière de l'auditeur, de son fond aperceptif, une certaine dose de responsabilité et

1. Car « notre parole à nous » s'élabore petit à petit, et lentement, à partir des paroles reconnues et assimilées d'autrui, et au début, leurs frontières sont presque imperceptibles *(N.d.A.)*.

une certaine distance précise. Tout cela est très important pour la compréhension de la vie historique de la parole : ignorer ces aspects, c'est aboutir à la réification de la parole (à l'extinction de son dialogisme naturel).

Tout cela détermine les méthodes d'élaboration de la parole persuasive intérieure lors de sa transmission, et les procédés de son enchâssement dans un contexte. Ces procédés font une place à l'interaction maximale de la parole d'autrui avec le contexte, à leur influence dialogisante réciproque, à l'évolution libre et créatrice de la parole « étrangère », à la graduation des transitions, au jeu de frontières, aux prodromes lointains de l'introduction, par le contexte, de la parole d'autrui (son « thème » peut résonner dans le contexte longtemps avant son apparition), à d'autres particularités de la parole persuasive interne : l'inachèvement de son sens pour nous, sa possibilité de poursuivre sa vie créative dans le contexte de notre conscience idéologique, le non-fini, le non-accompli encore de nos relations dialogiques avec elle. Cette parole persuasive ne nous a pas encore appris tout ce qu'elle pouvait nous apprendre. Nous l'intégrons dans de nouveaux contextes, nous l'appliquons à un matériau neuf, nous la plaçons dans une position nouvelle, afin d'en obtenir des réponses neuves, de nouveaux éclaircissements sur son sens, et des *mots à nous* (car la parole productive d'autrui engendre en réponse — dialogiquement, notre nouvelle parole).

Les procédés d'élaboration et d'enchâssement de la parole persuasive intérieure peuvent être tellement souples et dynamiques, qu'elle peut devenir littéralement *omniprésente* dans le contexte, mêlant à tout ses tonalités spécifiques et, de temps à autre, se détachant et se matérialisant tout entière comme parole d'autrui isolée et mise en relief. (Cf. les zones des héros.) Ces variations sur le thème de la parole d'autrui sont fort répandues dans tous les domaines de la création idéologique, et même dans le domaine spécialisé des sciences. Telle est toute exposition talentueuse et créatrice des opinions qualifiantes d'autrui : elle permet toujours des variations stylistiques libres de la parole d'autrui, elle expose la pensée d'autrui dans son style même, en l'appliquant à un nouveau matériau, à une autre formulation de la question, elle expérimente et reçoit une réponse dans le langage d'autrui.

Des phénomènes analogues se présentent dans d'autres cas, moins évidents. Il s'agit, avant tout, de tous les cas de la puissante influence de la parole d'autrui sur un auteur donné. La révélation de ces influences revient justement à la découverte de cette existence semi-cachée de la vie d'une parole « étrangère » dans le nouveau contexte de cet auteur. S'il y a influence profonde et féconde, il n'y a point imitation extérieure, simple reproduction, mais évolution créatrice ultérieure de la parole « étrangère » (plus exactement : semi-« étrangère ») dans un contexte nouveau, et dans des conditions nouvelles.

Dans tous ces cas, il ne s'agit plus seulement des formes de transmission de la parole d'autrui : y apparaissent aussi toujours des embryons de sa représentation littéraire. Que l'on change quelque peu la visée, et la parole persuasive intérieure devient aisément l'objet d'une représentation littéraire. Alors la figure du locuteur se soude substantiellement et organiquement à certaines variantes de cette parole persuasive : parole éthique (figure du juste), philosophique (figure du sage), socio-politique (figure du chef). En développant et stylisant créativement, en mettant à l'épreuve la parole d'autrui, on tâche de deviner, d'imaginer, comment se comportera un homme ayant autorité dans telles circonstances, et comment il les éclairera par sa parole. Dans cette supputation expérimentale, la figure de l'homme qui parle et sa parole deviennent l'objet de l'imagination littérairement créatrice [1].

Cette objectivation qui met à l'épreuve la parole persuasive et la figure du locuteur, prend une grande importance là où commence déjà un conflit avec eux, où, par la voie de cette objectivation, on tente d'échapper à leur influence ou même de les dénoncer. Ce processus de lutte avec la parole d'autrui et son emprise a eu une influence énorme pour l'histoire du devenir idéologique de la conscience individuelle. Une parole, une voix qui sont « nôtres », mais nées de celles des autres, ou dialogiquement stimulées par elles, commenceront tôt ou tard à se libérer du pouvoir de la parole d'autrui. Ce processus se complique du fait que diverses voix « étrangères » luttent pour leur emprise sur la conscience de l'individu (comme elles le font dans la réalité sociale ambiante). Tout ceci crée un terrain propice pour éprouver l'objectivation de la parole d'autrui. La conversation avec cette parole persuasive intérieure mise en accusation se poursuit, mais assume un autre caractère : on l'interroge, on la place dans une position nouvelle, afin de dévoiler ses faiblesses, découvrir ses frontières, sentir son objectivité. Aussi, pareille stylisation devient-elle fréquemment parodique, mais pas grossièrement parodique, car la parole d'autrui, naguère intérieurement persuasive, résiste et souvent se met à résonner sans le moindre accent parodique. Sur ce terrain naissent des représentations romanesques, pénétrantes et bivocales, qui objectivent le conflit

1. Socrate, chez Platon, apparaît comme une telle figure littéraire du sage et du maître, mis à l'épreuve par le dialogue *(N.d.A.)*.

entre la parole persuasive d'autrui et l'auteur qu'elle régentait autrefois (tels sont, par exemple, Eugène Onéguine chez Pouchkine, Petchorine, chez Lermontov). A la base du « roman d'épreuves » se trouve bien souvent un processus subjectif de conflit avec la parole persuasive intérieure d'autrui, et de libération de son emprise par la voie de l'objectivation. Le « roman d'apprentissage » peut aussi servir à illustrer les réflexions que nous exposons ici, mais le processus du choix du devenir idéologique se déploie là comme thème du roman, tandis que dans le « roman d'épreuves » le processus subjectif de l'auteur lui-même demeure en dehors de l'œuvre.

A cet égard, l'œuvre de Dostoïevski occupe une place exceptionnelle et singulière. L'interaction exacerbée et tendue avec la parole d'autrui est donnée dans ses romans sous un double aspect. D'abord, dans les discours des personnages apparaît un conflit profond et inachevé avec la parole d'autrui, au plan de la vie (« la parole de l'autre à mon sujet »), au plan éthique (jugement de l'autre, reconnaissance ou méconnaissance par les autres), enfin au plan idéologique (vision du monde des personnages sous forme de dialogue inachevé, inachevable). Les énoncés des personnages de Dostoïevski sont l'arène d'une lutte désespérée avec la parole d'autrui, dans toutes les sphères de la vie et de l'œuvre idéologique. C'est pourquoi ces énoncés peuvent servir d'excellents modèles pour des formes infiniment diverses de transmission et d'enchâssement de la parole d'autrui. En second lieu, les œuvres (les romans) de Dostoïevski, dans leur totalité, en tant qu'énoncés de leur auteur sont également des dialogues désespérés, intérieurement inachevés, des personnages entre eux (comme leurs points de vue incarnés), et entre l'auteur lui-même et ses personnages; la parole du personnage (comme celle même de l'auteur) ne va pas au bout d'elle-même, demeure libre et ouverte. Les épreuves des personnages et de leurs paroles, achevées quant au sujet, demeurent, chez Dostoïevski, intérieurement inachevées et non résolues [1].

Dans la sphère de la pensée et de la parole éthiques et juridiques l'immense importance du thème du locuteur est évidente. L'homme qui parle et sa parole se présentent ici comme l'objet fondamental de la pensée et du discours. Toutes les catégories

1. Cf. notre ouvrage : « Problèmes de l'Œuvre de Dostoïevski » *(Probliémy tvortchestva Dostoïevskogo)*, Leningrad, éd. *Priboï*, 1929. (Dans la deuxième et troisième édition : « Problèmes de la Poétique de Dostoïevski », Moscou, 1963, *Sovietskj Pissatièl*, 1963, Moscou, *Khoudojestvennaya Literatoura)*. Dans ce livre sont présentées les analyses stylistiques des énoncés des personnages que révèlent les diverses formes de transmissions et d'enchâssement contextuel *(N.d.A.)*.

essentielles de jugement et d'appréciation éthiques, juridiques et légaux sont précisément corrélatées au locuteur en tant que tel : la conscience (« voix de la conscience », « parole intérieure »), vérité et mensonge, responsabilité, faculté d'agir, remords (libre aveu de l'homme lui-même), droit à la parole, etc., etc. La parole autonome, responsable et efficace, est un indice capital de l'homme éthique, juridique et politique. Les appels à cette parole, sa provocation, son interprétation, son appréciation, les limites et les formes de son efficacité (droits civiques et politiques), la juxtaposition des diverses volontés et paroles, etc., pèsent très lourd dans la sphère éthique et juridique. Il suffit d'indiquer dans la sphère spéciale de la jurisprudence l'élaboration et le rôle de l'analyse et de l'interprétation des témoignages, déclarations, contrats, de tous les documents, et autres aspects de l'énoncé d'autrui, enfin de l'interprétation des lois.

Tout cela demande à être étudié. On a exploré la technique juridique (et éthique) du traitement de la parole « étrangère », de l'établissement de son authenticité, de son exactitude, etc. (La technique du travail notarial, par exemple.) Mais on n'a jamais posé les problèmes de sa mise en forme compositionnelle, stylistique, sémantique, et autres.

C'est uniquement sur le plan juridique, éthique et psychologique qu'on a traité le problème de l'*aveu* au cours d'une instruction judiciaire (et les procédés pour le provoquer, le forcer). Le matériau le plus impressionnant du traitement de ce problème, au plan de la philosophie du langage (de la parole) est fourni par Dostoïevski (problème de la pensée et du désir véritables, du vrai motif, par exemple, chez Ivan Karamazov, de leur révélation verbale; rôle de « l'autre », problème de l'enquête, etc.).

L'homme qui parle et sa parole, comme objet de réflexion et de discours, sont traités dans la sphère de l'éthique et du droit uniquement en raison de l'intérêt particulier de ces sphères. A ces intérêts et à ces options sont justement soumis tous les procédés de transmission, d'élaboration et d'enchâssement de la parole d'autrui. Mais même ici, des représentations littéraires sont possibles, particulièrement dans la sphère de l'éthique : par exemple, la représentation du conflit entre la voix de la conscience et les autres voix, ou le dialogue intérieur du repentir, etc. Les traités d'éthique, et surtout les confessions, peuvent renfermer des éléments importants du roman littéraire en prose : nous le voyons chez Épictète, Marc Aurèle, saint Augustin, Pétrarque, où l'on décèle des embryons du « roman d'épreuves » et du « roman d'apprentissage ».

Plus importante encore est la part de notre thème dans la

sphère de la pensée et de la parole religieuse (mythologique, mystique, magique). Son objet principal est un être qui parle : une divinité, un démon, un annonciateur, un prophète. La pensée mythologique ignore complètement les choses inanimées, muettes. La divination de la volonté de la déité, du démon (bon ou mauvais), l'interprétation des signes de la colère ou de la bienveillance, les présages, les instructions, enfin la transmission et l'exégèse des paroles directes de Dieu (révélation), de ses prophètes, saints, annonciateurs et, généralement parlant, la répercussion et l'interprétation de la parole divinement inspirée (à la différence de la parole profane), voilà les actes extrêmement importants de la pensée et de la parole religieuses. Tous les systèmes religieux, si primitifs soient-ils, ont à leur disposition un appareil énorme, spécial et méthodologique, qui transmet et interprète les aspects variés de la parole divine (l'herméneutique).

Les choses sont un peu différentes pour la pensée scientifique. Ici, la part du thème de la parole est relativement faible. Les sciences mathématiques et naturelles ne connaissent point la parole comme objet d'une orientation. Il est évident qu'au cours d'un travail scientifique, on a l'occasion d'avoir affaire à une parole « étrangère » — (travaux des prédécesseurs, avis des critiques, opinion générale), ou d'entrer en contact avec diverses formes de répercussion et d'interprétation des mots d'autrui (conflit avec une parole autoritaire, élimination des influences, polémique, références et citations). Mais tout cela demeure dans le processus du travail, et ne concerne en rien le contenu objectal de la science elle-même, dans l'ensemble duquel le locuteur et sa parole n'entrent pas. Tout l'appareil méthodologique des sciences mathématiques et naturelles s'oriente sur la maîtrise de l'*objet réifié, muet*, qui ne se révèle point dans la parole, *qui n'informe en rien sur lui-même.* Ici la connaissance n'est pas liée à la réception et à l'interprétation des paroles ou des signes de l'objet connaissable lui-même.

Dans les sciences humaines, à la différence des sciences naturelles et mathématiques, naît le problème spécifique du rétablissement, de la transmission et de l'interprétation des paroles « étrangères » (par exemple le problème des sources dans la méthodologie des disciplines historiques). Quant aux disciplines philosophiques, le locuteur et sa parole y apparaissent comme l'objet fondamental de la connaissance.

La philologie a ses buts spécifiques, sa manière propre d'aborder son objet, le locuteur et sa parole, qui déterminent toutes les formes de transmission et de représentation de la parole d'autrui (par exemple, la parole comme objet de l'histoire du langage). Néanmoins, dans le champ des sciences humaines (et dans les limites de la philologie au sens étroit) il peut y avoir une double approche de la parole d'autrui en tant qu'objet de connaissance.

La parole peut être tout entière perçue objectivement (quasiment comme une chose). Telle est-elle dans la plupart des disciplines linguistiques. Dans cette parole objectivée, le sens aussi est réifié : il ne permet aucune approche dialogique, immanente à toute conception profonde et actuelle. C'est pourquoi la connaissance est ici abstraite : elle s'écarte totalement de la signification idéologique de la parole vivante, de sa vérité ou de son mensonge, de son importance ou de son insignifiance, de sa beauté ou de sa laideur. La connaissance de cette parole objectivée, réifiée, est privée de toute pénétration dialogique dans un sens connaissable, et l'on ne peut converser avec une telle parole.

Toutefois, la pénétration dialogique est obligatoire en philologie (car sans elle, aucune compréhension n'est possible : elle découvre dans la parole de nouveaux éléments (sémantiques, au sens large) qui, révélés d'abord par la voie du dialogue, se réifient par la suite. Tout progrès de la science de la parole est précédé de son « stade génial » : une *relation dialogique aiguë à la parole*, révélant en elle de nouveaux aspects.

C'est cette approche qui s'impose, plus concrète, ne s'abstrayant pas de la signification idéologique actuelle de la parole, et alliant l'objectivité de la compréhension à sa vivacité et sa profondeur dialogiques. Dans les domaines de la poétique, de l'histoire littéraire (de l'histoire des idéologies en général), et aussi, dans une grande mesure, dans la philosophie de la parole, aucune autre approche n'est possible : dans ces domaines, le positivisme le plus aride, le plus plat, ne peut traiter la parole de façon neutre, comme une chose, et se trouve contraint ici de se référer *à la parole*, mais aussi de parler *avec elle*, afin de pénétrer dans son sens idéologique, accessible seulement à une cognition dialogique incluant tant sa valorisation que sa réponse. Les formes de transmission et d'interprétation qui réalisent cette cognition dialogique peuvent, pour peu que la cognition soit profonde et vive, se rapprocher considérablement d'une représentation littéraire bivocale de la parole d'autrui. Il faut absolument noter que le roman lui aussi inclut toujours un élément de cognition de la parole d'autrui représentée par lui.

Disons enfin quelques mots de l'importance de notre thème pour les genres rhétoriques. Indiscutablement, l'homme qui parle et sa parole représentent l'un des objets les plus importants du discours rhétorique (ici, tous les autres thèmes s'accompagnent aussi inévitablement du thème de la parole). Le discours rhétorique, par exemple dans la rhétorique judiciaire, accuse ou défend le locuteur responsable en se référant, en outre, à ses paroles, il les interprète, polémique avec elles, reconstitue avec art les mots virtuels de l'inculpé ou de l'accusé (cette libre invention des paroles non dites est l'un des procédés les plus utilisés par la rhétorique dans l'Antiquité : « L'accusé aurait pu dire... » « Il vous aurait dit... »). Le discours rhétorique s'efforce d'anticiper les objections possibles, il transmet et juxtapose les déclarations des témoins, etc. En matière de rhétorique politique, il soutient, par exemple, une candidature, évoque la personnalité du candidat, expose et défend son point de vue, ses promesses verbales, ou, dans un autre cas, il proteste contre quelque décret, loi, ordonnance, déclaration, intervention, c'est-à-dire contre des énoncés verbaux précis, sur lesquels il est orienté dialogiquement.

Le discours du publiciste a également affaire à la parole et à l'homme qui en est le vecteur : il critique un énoncé, un point de vue, il polémique, accuse, ridiculise... S'il analyse une action, il découvre les points de vue qui la motivent et les formule verbalement en les accentuant comme il convient : avec ironie, indignation, etc. Ceci ne signifie pas que la rhétorique sacrifie un fait, un acte, une réalité non verbale à son discours. Mais elle est en rapport avec l'homme social, dont chaque acte essentiel est interprété idéologiquement par la parole, ou directement incarné en elle.

En rhétorique, la signification de la parole d'autrui comme objet est si grande, qu'il arrive souvent à la parole de tenter de dissimuler ou de substituer la réalité et ce faisant, elle se rétrécit et perd sa profondeur. Souvent la rhétorique se borne à des victoires purement verbales sur la parole; dans ce cas, elle dégénère en un jeu verbal formaliste. Mais, répétons-le, l'arrachement de la parole à la réalité est destructeur pour elle-même; elle s'étiole, perd sa profondeur sémantique et sa mobilité, sa capacité d'élargir et de renouveler son sens dans des contextes neufs et vivants, pour tout dire, elle meurt en tant que parole, car la parole signifiante vit en dehors d'elle-même, vit de son orientation vers l'extérieur. Toutefois, une concentration exclusive sur la parole « étrangère » comme objet, ne présuppose pas en soi une telle rupture entre parole et réalité.

Les genres rhétoriques connaissent les formes de transmission du discours d'autrui les plus diverses et dans la plupart des cas des formes fortement dialogisées. La rhétorique recourt largement à de vigoureuses réaccentuations des paroles transmises (souvent jusqu'à les déformer complètement), au moyen d'un enchâssement correspondant, par le contexte. Les genres rhétoriques sont un matériau des plus propices à l'étude des diverses formes de transmission, de formation et d'enchâssement des paroles « étrangères ». Partant de la rhétorique, on peut même élaborer une représentation littéraire de l'homme qui parle et de ce qu'il dit; mais il est rare que la bivocalité rhétorique de ces représentations soit profonde : ses racines ne plongent pas dans le caractère dialogique du langage en devenir, elle se construit non sur un plurilinguisme substantiel, mais sur des discordances; dans la plupart des cas elle est abstraite, et succombe à une délimitation et à une subdivision formelles et logiques des voix, ce qui la tarit. C'est pourquoi il convient de parler d'une bivocalité rhétorique particulière, distincte de la bivocalité véritable de la prose littéraire, ou, pour mieux dire, d'une transmission rhétorique à deux voix de la parole d'autrui (non sans quelques traits littéraires), distincte de la *représentation bivocale* dans le roman, orientée sur l'*image du langage.*

Tel est le sens du thème de l'homme qui parle dans tous les domaines de l'existence courante et de la vie verbale et idéologique. D'après ce qui vient d'être dit, on peut affirmer que dans la composition de presque chaque énoncé de l'homme social, depuis la courte réplique du dialogue familier jusqu'aux grandes œuvres verbales idéologiques (littéraires, scientifiques et autres), il existe, sous une forme avouée ou cachée, une part notable de paroles notoirement « étrangères », transmises par tel ou tel procédé. Dans le champ de quasiment chaque énoncé a lieu une interaction tendue, un conflit entre sa parole à soi et celle de « l'autre », un processus de délimitation ou d'éclairage dialogique mutuel. Il apparaît donc que l'énoncé est un organisme beaucoup plus compliqué et dynamique qu'il n'y paraît, si l'on ne tient compte que de son orientation objectale, et de son expressivité univocale directe.

Le fait que la parole est l'un des principaux objets du discours humain, n'a pas encore été pris suffisamment en considération, ni apprécié dans sa signification radicale. La philosophie n'a pas su largement embrasser tous les phénomènes qui s'y rapportent. On n'a pas compris la spécificité de cet objet du discours, qui commande la transmission et la reproduction du mot « étranger » lui-même : on ne peut parler de celui-ci qu'avec son aide, en y intégrant, il est vrai, nos propres intentions, en l'éclairant à notre façon par le contexte. Parler de la parole comme de n'importe quel autre objet, c'est-à-dire de manière thématique, sans transmission dialogique, n'est possible que si cette parole est purement objectivée, réifiée; on peut parler ainsi, par exemple, du mot dans la grammaire, où nous intéresse, précisément, son enveloppe réifiée, amorphe.

*

Le roman utilise doublement toutes les formes dialogiques les plus variées de transmission de la parole d'autrui, élaborées dans la vie courante et dans les relations idéologiques non littéraires. Premièrement, toutes ces formes sont présentées et reproduites dans les énoncés — familiers et idéologiques — des personnages de roman et aussi dans les genres intercalaires : journaux intimes, confessions, articles de journaux, etc. Deuxièmement, toutes les formes de transmission dialogique du discours d'autrui peuvent également dépendre directement des problèmes de la représentation littéraire du locuteur et de sa parole, avec une orientation sur *l'image du langage*, subissant une transformation littéraire précise.

Quelle est donc la différence fondamentale entre toutes ces formes extra-littéraires de transmission de la parole d'autrui et sa représentation littéraire dans le roman ?

Toutes ces formes, même lorsqu'elles sont proches d'une représentation littéraire, comme dans certains genres rhétoriques bivocaux (les stylisations parodiques), sont toujours orientées sur l'énoncé d'un individu. Ce sont les transmissions pratiquement intéressées des énoncés d'autrui individuels, parvenant au meilleur cas à une généralisation des énoncés d'un mode verbal « étranger », comme étant socialement typique ou caractéristique. Ces formes, concentrées sur la transmission des énoncés (fût-elle libre et créative), ne visent pas à voir et à fixer au-delà des énoncés l'image d'un langage social qui se réalise en elles, mais sans s'y tarir; il s'agit bien de *l'image* et non pas de l'empirisme positif de ce langage. Dans un roman véritable, derrière chaque énoncé on sent la nature des langages sociaux, avec leur logique et leur nécessité internes. L'image révèle ici non seulement la réalité, mais les virtualités du langage donné, ses limites idéales, si l'on peut dire, son sens total, cohérent, sa vérité et sa limitation.

C'est pourquoi la bivocalité dans le roman, à la différence des formes rhétoriques et autres, tend toujours vers le bilinguisme comme à son terme. Aussi, cette bivocalité ne peut-elle se manifester ni dans des contradictions logiques, ni dans des juxtapositions purement dramatiques. C'est ce qui détermine la particularité des dialogues du roman, qui tendent vers la limite de l'incompréhension mutuelle des individus *parlant des langues différentes*.

Il faut souligner une fois de plus que par « langage social » nous n'entendons pas l'ensemble des signes linguistiques qui déterminent la mise en valeur dialectologique et la singularisation du langage, mais bien l'entité concrète et vivante des signes de sa singularisation sociale, qui peut aussi se réaliser dans les cadres d'un langage linguistiquement unique, en se déterminant par des transformations sémantiques et des sélections lexicologiques. C'est une perspective socio-linguistique concrète, qui se singularise à l'intérieur d'un langage abstraitement « un ». Cette perspective linguistique souvent ne se prête pas à une définition linguistique stricte, mais elle porte en elle les virtualités d'une future singularisation dialectologique : c'est un dialecte potentiel, son embryon encore informe. Au cours de son existence historique, de son devenir multilingual, le langage est rempli de ces dialectes potentiels : ils s'entrecroisent de multiples façons, ne se développent pas jusqu'au bout et meurent; mais quelques-uns fleurissent et deviennent des langages véritables. Redisons-le : le langage est historiquement réel en tant que devenir plurilingual, grouillant de langages futurs et passés, d' « aristocrates » linguistiques guindés, de « parvenus » linguistiques, d'innombrables *prétendants* au langage, plus ou moins heureux ou malheureux, de langages à envergure sociale plus ou moins grande, avec telle ou telle sphère d'application.

L'image d'un tel langage dans le roman, c'est celle d'une perspective sociale, d'un idéologème social soudé à son discours, à son langage. Cette image ne peut donc, d'aucune façon, être une image formaliste, et un jeu littéraire avec de tels langages ne peut être un jeu formaliste. Les particularités formelles des langages, des modes et des styles du roman, sont des symboles de perspectives sociales. Les particularités linguistiques extérieures sont souvent utilisées ici comme indices auxiliaires d'une différenciation socio-linguistique, parfois même sous forme de commentaires directs de l'auteur aux discours de ses personnages. Par exemple, dans *Pères et Fils*, Tourguéniev nous donne de temps en temps des indications sur tel usage d'un mot, telle prononciation d'un personnage (il convient de noter qu'elles sont des plus caractéristiques du point de vue socio-historique).

Ainsi les différentes prononciations du mot *printzipy* (« principes ») différencient, dans ce roman, les mondes historico-culturel et social : le monde cultivé des grands propriétaires terriens des années 20 à 30, du XIXe siècle, éduqué par la littérature française, étranger au latin et à la science allemande, et le monde de *l'intelligentsia* multiclasse des années 50, quand le ton était donné par les séminaristes et les médecins, nourris de latin et d'allemand. Ce fut le rude accent latino-allemand qui l'emporta pour la prononciation en russe du mot *printzipy*. Mais le vocabulaire de Koukchina, qui dit « un monsieur », pour « un homme », s'est enraciné dans les genres inférieurs et moyens du langage littéraire.

Si les observations extérieures et directes sur les particularités du langage des personnages sont caractéristiques du genre romanesque, il est clair que ce ne sont pas elles qui créent l'image du langage. Ces observations sont purement objectales; le discours de l'auteur ne touche ici que superficiellement le langage caractérisé comme une chose, il n'y a pas ici de dialogisation intérieure, caractéristique de l'image du langage. L'image authentique du langage a toujours des contours dialogisés à deux voix, à deux langages (par exemple, les zones des héros, dont nous avons parlé au chapitre précédent).

Le rôle du contexte qui enchâsse le discours représenté a une signification primordiale pour la création d'une image du langage. Le contexte enchâssant, tel le ciseau du sculpteur, dégrossit les contours du discours d'autrui et taille une image du langage dans l'empirisme fruste de la vie du discours : il confond et allie l'aspiration intérieure du langage représenté avec ses définitions extérieures objectivées. Le discours de l'auteur représente et enchâsse le discours d'autrui, crée pour lui une perspective, distribue ses ombres et ses lumières, crée sa situation et toutes les conditions de sa résonance, enfin, y pénétrant de l'intérieur, y introduit ses accents et ses expressions, crée pour lui un fond dialogique.

Grâce à cette aptitude d'un langage qui en représente un autre de résonner simultanément hors de lui et en lui, de parler de lui, tout en parlant comme lui et avec lui, et, d'autre part, à l'aptitude du langage représenté à servir simultanément d'objet de représentation et de parler par lui-même, on peut créer des images des langages spécifiquement romanesques. C'est pour cela que dans le contexte de l'auteur qui enchâsse le langage représenté, ce dernier ne peut, en tout état de cause, être une chose, un objet du discours, muet et sans réaction, demeurant en dehors comme n'importe quel objet de discours.

*

On peut ramener à trois catégories principales tous les procédés de création de l'image du langage dans le roman : 1) l'hybridisation, 2) l'interrelation dialogisée des langages, 3) les dialogues purs. Ces catégories ne peuvent être divisées que de façon théorique, car elles s'entrelacent sans cesse dans le tissu littéraire unique de l'image.

Qu'est-ce que l'hybridisation? C'est le mélange de deux langages sociaux à l'intérieur d'un seul énoncé, c'est la rencontre dans l'arène de cet énoncé de deux consciences linguistiques, séparées par une époque par une différence sociale, ou par les deux.

Cet amalgame de deux langages au sein d'un même énoncé est un procédé littéraire intentionnel (plus exactement, un système de procédés). Mais l'hybridisation involontaire, inconsciente, est l'un des modes majeurs de l'existence historique et du devenir des langages. On peut dire tout net que, dans l'ensemble, le langage et les langues se modifient historiquement au moyen de l'hybridisation, du mélange des diverses « langues » coexistant au sein d'un même dialecte, d'une même langue nationale, d'une même ramification, d'un même groupe de ramifications ou de plusieurs, tant dans le passé historique des langues que dans leur passé paléontologique, et c'est toujours l'énoncé qui sert de marmite pour le mélange [1].

L'image du langage dans l'art littéraire doit, de par son essence, être un hybride linguistique (intentionnel); il doit obligatoirement exister deux consciences linguistiques, celle qui est représentée et celle qui représente, appartenant à un système de langage différent. Car, s'il n'y avait pas cette seconde conscience représentante, cette seconde volonté de représentation, nous verrions non point une *image* du langage, mais simplement un *échantillon* du langage d'autrui, authentique ou factice.

L'image du langage comme hybride intentionnel est avant tout un hybride conscient (à la différence de l'hybride historico-organique et linguistiquement obscur); c'est cela, précisément, cette prise de conscience d'un langage par un autre, c'est la lumière projetée sur lui par une autre conscience linguistique. Une image du langage peut se construire uniquement du point de vue d'un autre langage, accepté comme norme.

En outre, dans un hybride intentionnel et conscient se mélangent non pas deux consciences linguistiques impersonnelles (corrélats de deux langages), mais deux consciences linguistiques *individualisées* (corrélats de deux énoncés, non de deux langages) et deux volontés linguistiques individuelles : la conscience et la volonté individuelles de l'auteur qui représente, et la conscience et la volonté individualisées d'un personnage représenté. Car c'est sur ce langage représenté que se construisent des énoncés concrets unitaires, et donc la conscience lin-

1. Ces hybrides historiques inconscients sont, en tant qu'hybrides, bilingues, mais ils sont, naturellement, univoques. Pour le système du langage littéraire, l'hybridisation mi-organique, mi-intentionnelle, est caractéristique. *(N.d.A.)*.

guistique doit obligatoirement s'incarner dans des « auteurs »[1] qui parlent le langage donné, bâtissent sur lui leurs énoncés, par conséquent, introduisant dans les potentialités du langage leur volonté linguistique actualisante. Ce sont deux consciences, deux volontés, *deux voix*, donc *deux accents*, qui participent à l'hybride littéraire intentionnel et conscient.

Mais en relevant l'aspect individuel de cet hybride, il faut de nouveau souligner fortement que dans l'hybride littéraire du roman, qui construit *l'image du langage*, l'aspect individuel est indispensable pour actualiser le langage et le subordonner à l'entité du roman (les destins des langages s'entrelaçant ici aux destins individuels des locuteurs), et qu'il est indissolublement lié à l'élément socio-linguistique : cela veut dire que l'hybride romanesque n'est pas seulement bivoque et bi-accentué (comme en rhétorique), mais bilingue; il renferme non seulement (et même pas tellement) deux consciences individuelles, deux voix, deux accents, mais deux consciences socio-linguistiques, deux époques qui, à vrai dire, ne se sont pas mêlées ici inconsciemment (comme dans un hybride organique) mais se sont rencontrées consciemment, et se combattent sur le territoire de l'énoncé.

Dans un hybride intentionnel il ne s'agit pas seulement (et pas tellement) du mélange des formes et des indices de deux styles et de deux langages, mais avant tout du choc, au sein de ces formes, des points de vue sur le monde. C'est pourquoi un hybride littéraire intentionnel n'est pas un hybride *sémantique* abstrait et logique (comme en rhétorique), mais *concret et social.*

Évidemment, dans l'hybride historique organique ce ne sont pas seulement deux langages qui se mélangent, mais deux points de vue socio-linguistiques (et également organiques), mais ici c'est un mélange épais et sombre, non une juxtaposition et une opposition conscientes. Il est néanmoins nécessaire de préciser que ce mélange épais et sombre de points de vue linguistiques sur le monde, est profondément productif historiquement dans les hybrides organiques : il est gros de nouvelles visions du monde, de nouvelles « formes intérieures » d'une conscience verbale du monde.

L'hybride sémantique intentionnel est inévitablement intérieurement dialogisé (à la différence de l'hybride organique). Deux points de vue ici ne fusionnent pas mais sont dialogiquement juxtaposés. Cette dialogisation intérieure de l'hybride

1. Même si ces « auteurs » étaient anonymes, étaient des « types », comme dans les stylisations des langages des divers genres et de « l'opinion publique » *(N.d.A.).*

romanesque, comme dialogue de points de vue socio-linguistiques ne peut, s'entend, se déployer dans un dialogue parachevé et distinctement sémantique et individuel : un certain aspect organiquement catastrophique et désespéré lui est inhérent.

Enfin, l'hybride bivocal intentionnel et intérieurement dialogisé a une structure syntaxique tout à fait particulière : en lui, à l'intérieur d'un seul énoncé, fusionnent deux énoncés virtuels, comme deux répliques d'un dialogue possible. Il est vrai que jamais ces répliques ne pourront s'actualiser totalement, se constituer en énoncés parachevés, mais on discerne nettement leurs formes inachevées dans la structure syntaxique de l'hybride bivocal. Il ne s'agit pas ici, naturellement, du mélange de formes syntaxiques hétérogènes propres à divers systèmes linguistiques (ce qui peut exister dans des hybrides organiques), mais justement de la fusion de deux énoncés en un seul. Cela est possible aussi dans des hybrides rhétoriques univocaux (et là, cette fusion est même syntaxiquement plus nette). Mais l'hybride romanesque se caractérise par la fusion dans un seul énoncé de deux énoncés socialement différents.

Pour résumer la caractéristique de l'hybride romanesque, nous pouvons dire : à la différence du sombre mélange des langages dans des énoncés vivants en langues évoluant historiquement (et en somme, tout énoncé vivant dans une langue *vivante* a un degré plus ou moins grand d'hybridisation), l'hybride romanesque est *un système de fusion des langages, littérairement organisé*, un système qui a pour objet d'éclairer un langage à l'aide d'un autre, de modeler une image vivante d'un autre langage.

L'hybridisation intentionnelle orientée sur l'art littéraire est l'un des procédés essentiels de construction de l'image du langage. On doit préciser qu'en cas d'hybridisation, le langage qui éclaire (ordinairement un système de langue littéraire contemporaine) s'objective jusqu'à un certain point pour devenir image. Plus le procédé d'hybridisation est largement et profondément appliqué dans le roman (avec plusieurs langages, de surcroît et non un seul), plus le langage qui représente et éclaire s'objective, pour se transformer enfin en l'une des images du langage du roman. Les exemples classiques sont : *Don Quichotte*, les romans des humoristes anglais : Fielding, Smollett, Sterne, enfin le roman allemand romantico-humoristique : Hippel[1] et Jean-Paul. En pareils cas, le processus d'écriture du roman et la figure du romancier s'objectivent à leur tour. (Déjà, en partie, dans *Don Quichotte*, par la suite chez Sterne, Hippel et Jean-Paul.)

1. Cf. note 1, p. 122.

L'éclairage mutuel, intérieurement dialogisé, des systèmes linguistiques dans leur ensemble, se distingue de l'hybridisation au sens propre. Ici il n'y a déjà plus de fusion directe de deux langages à l'intérieur d'un seul énoncé, ici c'est un seul langage qui est actualisé et énoncé, mais présenté *à la lumière de l'autre.* Ce second langage demeure en dehors de l'énoncé, il ne s'actualise point.

La forme la plus caractérisée et la plus évidente de cet éclairage mutuel à dialogisation interne, c'est la *stylisation.*

Nous avons déjà dit que toute véritable stylisation est la représentation littéraire du style linguistique d'autrui, son reflet littéraire. Obligatoirement, y sont présentées deux consciences linguistiques individualisées : celle qui représente (la conscience linguistique du stylisateur) et celle qui est à représenter, à styliser. La stylisation se distingue du style direct précisément par cette présence de la conscience linguistique (du stylisateur contemporain et de son auditoire), à la lumière de laquelle le style stylisé est recréé et sur le fond de laquelle il acquiert une signification et une importance nouvelles.

Cette seconde conscience linguistique du stylisateur et de ses contemporains œuvre avec le matériau du langage stylisé; le stylisateur ne parle de son objet que dans ce langage à styliser, qui lui est « étranger ». Mais celui-ci est lui-même montré à la lumière de la conscience linguistique contemporaine du stylisateur. Le langage contemporain donne un éclairage spécial du langage à styliser : il en dégage certains éléments, en laisse d'autres dans l'ombre, crée des accents particuliers, des harmoniques spéciales entre le langage à styliser et la conscience linguistique contemporaine, en un mot, crée une libre image du langage d'autrui, qui traduit non seulement la volonté de ce qui est à styliser, mais aussi la volonté linguistique et littéraire stylisante.

C'est cela, la stylisation. Tout proche d'elle existe un autre type d'éclairage mutuel : *la variation.* Dans la stylisation, la conscience linguistique du stylisateur œuvre uniquement avec le matériau du langage à styliser; elle l'éclaire, y introduit ses intérêts « étrangers », mais non son matériau « étranger » contemporain. La stylisation, comme telle, doit être maintenue de bout en bout. Mais si le matériau linguistique contemporain (mot, forme, tournure, etc.) a pénétré en elle, alors c'est un défaut, une erreur, un anachronisme, un modernisme...

Mais cette indiscipline peut être voulue et organisée : la conscience linguistique stylisante peut non seulement éclairer le langage à styliser, mais y intégrer son matériau thématique et linguistique. Dans ce cas, ce n'est plus une *stylisation,* mais une *variation* (qui souvent devient hybridisation). La variation introduit librement un matériau du langage « étranger » dans des thèmes contemporains, réunit le monde stylisé à celui de la conscience contemporaine, met à l'épreuve le langage stylisé, en le plaçant dans des situations nouvelles et impossibles pour lui.

La signification tant de la stylisation directe que de la variation, est énorme dans l'histoire du roman, et ne le cède qu'à la *parodie*. Les stylisations enseignèrent à la prose la représentation littéraire des langages; il est vrai qu'il s'agissait de langages (voire de styles) constitués et stylistiquement formés, non de langages frustes et souvent encore potentiels du polylinguisme vivant, (langages en devenir et encore sans style). L'image du langage créée par la stylisation est la plus sereine, la plus artistement parachevée, permettant le maximum d'esthétisme possible pour la prose romanesque. C'est pourquoi les grands maîtres de la stylisation, tels que Mérimée, Henri de Régnier, Anatole France, et autres, furent les représentants de l'esthétisme dans le roman (accessible à ce genre dans des limites étroites seulement).

La signification de la stylisation aux époques de formation des courants et des lignes stylistiques fondamentales du genre romanesque, constitue un thème particulier, que nous aborderons au dernier chapitre historique de la présente étude.

Il existe un autre type, où les intentions du langage qui représente, ne s'accordent point avec celles du langage représenté, lui résistent, figurent le monde objectal véritable, non à l'aide du langage représenté, comme point de vue productif, mais en le dénonçant, en le détruisant. Il s'agit de *la stylisation parodique*.

Or, celle-ci ne peut créer l'image du langage et le monde qui lui correspond, qu'à la seule condition qu'il ne s'agisse pas d'une destruction élémentaire et superficielle du langage d'autrui, comme dans la parodie rhétorique. Pour être substantielle et productive, la parodie doit justement être une *stylisation parodique :* elle doit recréer le langage parodié comme un tout substantiel, possédant sa logique interne, révélant un monde singulier, indissolublement lié au langage parodié.

Entre la stylisation et la parodie prennent place, comme entre des bornes, les formes les plus diverses de langages mutuellement éclairés et d'hybrides directs, déterminés par les interrelations les plus variées des langages, des volontés verbales et discursives qui se sont rencontrés à l'intérieur d'un seul et même énoncé. Le conflit livré à l'intérieur d'un discours, le degré de résistance opposé par le discours parodié à celui qui le parodie, le degré d'élaboration de la représentation des langages sociaux, comme le degré de leur individualisation dans la représentation, le plurilinguisme ambiant, enfin, servant toujours de fond dialogique et de résonateur — tout cela crée la variété des procédés de représentation du langage « étranger ».

La juxtaposition dialogique, dans le roman, des langages purs à côté des hybridisations, est un moyen puissant pour créer les images des langages. La confrontation dialogique des *langages* (et non des *sens* qu'ils renferment) trace les frontières des langages, permet de les sentir, oblige à entrevoir les formes plastiques du langage.

Le *dialogue* du roman lui-même, en tant que forme compositionnelle, est indissolublement lié au dialogue des langages qui résonne dans les hybrides et dans l'arrière-plan dialogique du roman. Aussi, ce dialogue est-il d'une espèce particulière. D'abord, comme nous l'avons dit, il ne peut s'épuiser dans les dialogues pragmatiques et thématiques des personnages. Il porte en lui la multiformité infinie des résistances dialogiques et pragmatiques du sujet, qui ne le résolvent pas et ne peuvent le résoudre; elles ne font qu'illustrer, dirait-on, (comme l'une des nombreuses possibilités) ce dialogue désespéré, profond, des langages, déterminé par le devenir même socio-idéologique des langages et de la société. Le dialogue des langages n'est pas seulement celui des forces sociales dans la statique de leur coexistence, mais aussi le dialogue des temps, des époques, des jours, de ce qui meurt, vit, naît : ici la coexistence et l'évolution sont fondues ensemble dans l'unité concrète et indissoluble d'une diversité contradictoire en langages divers. Ce dialogue est chargé de dialogues romanesques, issus pragmatiquement du sujet; c'est à lui — à ce dialogue des langages — qu'ils empruntent leur désespérance, leur inachèvement et leur incompréhension, leur existence concrète, leur « naturalisme », tout ce qui les distingue si radicalement des dialogues purement dramatiques.

Dans les monologues et dialogues des personnages de roman, les langages purs sont soumis au même problème de création de l'image du langage.

Même l'argument du roman est soumis au problème de corrélation et de découverte mutuelle des langages. L'argument du roman doit agencer la révélation des langages sociaux et des idéologies, les montrer et les éprouver : épreuve des paroles, de la vision du monde, du fondement idéologique de l'action, démonstration des habitudes des mondes et micromondes sociaux, historiques et nationaux (romans descriptifs, géographiques, romans de mœurs), des mondes socio-idéologiques d'une époque (mémoires romanesques, variantes du roman historique) ou encore des âges et générations liés aux époques, aux mondes socio-idéologiques (romans d'apprentissage, de formation). En bref, l'argument du roman sert à la représentation des hommes qui parlent et de leurs univers idéologiques. Dans le roman se réalise la reconnaissance de son propre langage dans un langage étranger, la reconnaissance, dans la vision du monde d'autrui, de sa propre vision. Dans le roman s'opère une traduction idéologique du langage d'autrui, le dépassement de son « étrangeté », qui n'est que fortuite, extérieure et apparente.

La modernisation effective, l'effacement des frontières du temps, la découverte dans le passé de l'éternel présent, sont caractéristiques du roman historique. La création des représentations des langages est le problème stylistique primordial du genre romanesque.

*

Tout roman dans sa totalité, du point de vue du langage et de la conscience linguistiques investis en lui, est un *hybride*. Mais, il nous le faut souligner une fois de plus : c'est un hybride intentionnel et conscient, littérairement organisé, et non point un obscur et automatique amalgame de langages (plus exactement, d'éléments des langages). L'objet de l'hybridisation romanesque intentionnelle, c'est *une représentation littéraire du langage*.

C'est pour cela que le romancier ne vise pas du tout à une reproduction linguistique (dialectologique) exacte et complète de l'empirisme des langages étrangers qu'il introduit, il ne vise qu'à la maîtrise littéraire des représentations de ces langages.

l'hybride littéraire exige un effort énorme : il est stylisé de fond en comble, mûrement pesé, pensé de part en part, distancié. C'est en cela qu'il se démarque radicalement du mélange des langages chez les prosateurs médiocres, mélange superficiel, irréfléchi, sans système, frisant souvent l'inculture. Dans de tels hybrides, il n'existe pas de combinaison de systèmes linguistiques dûment maîtrisés, mais tout simplement un mélange d'éléments des langages. Ce n'est pas une orchestration à l'aide du polylinguisme, c'est, dans le plus grand nombre de cas, le langage direct de l'auteur, ni pur, ni élaboré.

Le roman ne dispense aucunement de la nécessité d'une connaissance profonde et subtile du langage littéraire, mais exige au surplus, la connaissance des langages du plurilinguisme. Le roman est une expansion et un approfondissement de l'horizon linguistique, un affinement de notre perception des différenciations socio-linguistiques.

V

Deux lignes stylistiques du roman européen

Le roman, c'est l'expression de la conscience galiléenne du langage qui, rejetant l'absolutisme d'une langue seule et unique, n'acceptant plus de la considérer comme seul centre verbal et sémantique du monde idéologique, reconnaît la multiplicité des langages nationaux et, surtout sociaux, susceptibles de devenir aussi bien « langages de la vérité » que langages relatifs, objectaux, limités : ceux des groupes sociaux, des professions, des usages courants. Le roman présuppose la décentralisation verbale et sémantique du monde idéologique, une conscience littéraire qui n'a plus de place fixe, qui a perdu le milieu unique et indiscutable de sa pensée idéologique, et se trouve, parmi les langages sociaux, à l'intérieur d'un seul langage, et parmi les langues nationales à l'intérieur d'une seule culture (hellénistique, chrétienne, protestante), d'un seul monde politico-culturel (royaumes hellénistiques, Empire romain, etc.).

Il s'agit ici d'une révolution très importante, radicale, dans les destins du verbe humain : les intentions culturelles, sémantiques et expressives sont délivrées du joug d'un langage unique; par conséquent, le langage n'est plus ressenti comme un mythe, comme une forme absolue de pensée. Pour cela, il ne suffit pas de la seule révélation du plurilinguisme du monde culturel et des divergences linguistiques de sa langue nationale propre; il faut encore découvrir *que ce fait est essentiel*, avec toutes les conséquences qui en découlent, ce qui n'est possible que dans des conditions socio-historiques définies.

Pour qu'ait lieu un jeu profondément littéraire avec les langages sociaux, une transformation radicale de la façon de ressentir la parole sur le plan littéraire et linguistique général est indispensable. De même, il faut s'adapter à la parole en tant que phénomène objectivé, caractéristique, mais en même temps intentionnel. Il est indispensable d'apprendre à ressentir la « forme interne » (dans le sens où l'entend Humboldt) du langage d'autrui, et la « forme interne » de son langage propre comme « étrangère »; il faut apprendre à ressentir ce qu'ont d'objectal, de typique, de caractéristique, non seulement les actes, les gestes, les diverses paroles et expressions, mais les points de vue, les visions du monde qui organiquement ne font qu'un avec le langage qui les exprime. Ce n'est possible qu'à une conscience qui participe organiquement à un univers d'éclairage mutuel des langages. Cela implique obligatoirement une intersection importante des langages dans une conscience donnée, participant de façon égale à ces quelques langages.

La décentralisation du monde verbalement idéologique, qui trouve son expression dans le roman, présuppose un groupe social fortement différencié, en relation de tension et de réciprocité active avec d'autres groupes sociaux. Une société fermée sur elle-même, une caste, une classe avec son noyau interne, unique et solide, doivent se désintégrer, renoncer à leur équilibre intérieur, à leur autosuffisance pour devenir un terrain socialement productif pour le développement du roman : il peut arriver ici que le fait de la pluralité des langages et des langues peut être tout simplement ignoré par une conscience littéraire et linguistique du haut de l'indiscutable autorité d'un langage unique. Un plurilinguisme qui mène grand bruit en dehors de ce monde culturel clos, avec son langage littéraire, ne peut communiquer aux genres inférieurs que des représentations objectivées, privées d'intentions, des « mots-choses », sans potentialités de prose romanesque. Il faut que le plurilinguisme envahisse la conscience culturelle et son langage, qu'il les pénètre jusqu'au noyau, qu'il relativise et dépouille de son caractère naïvement irréfutable le système linguistique initial de l'idéologie et de la littérature.

Mais c'est encore peu. Même une collectivité déchirée par la lutte sociale, si elle est close et isolée sur le plan national, offre un terrain social insuffisant pour une relativisation profonde de la conscience littéraire et linguistique, pour sa restructuration sur un nouveau mode de prose. La diversité interne du dialecte littéraire et de son environnement extra-littéraire (c'est-à-dire de toute l'organisation dialectologique d'une langue nationale donnée), doit se sentir comme envahie par un océan de plurilinguisme, important, se révélant dans la plénitude de ses intentions, dans ses systèmes mythologiques, religieux, socio-politiques, littéraires, culturels et idéologiques. Peu importe si ce plurilinguisme extra-national ne pénètre pas dans le système du langage littéraire et des genres de la prose (comme y pénètrent les dialectes extra-littéraires du même langage) : le plurilinguisme extérieur affermira et approfondira le plurilinguisme intérieur de la langue littéraire elle-même, affaiblira le pouvoir des légendes et des traditions qui paralysent encore la conscience linguistique, décomposera le système du mythe national organiquement soudé au langage et, somme toute, détruira totalement le sentiment mythique et magique du langage et de la parole. Une forte participation aux cultures et aux langues des autres (l'une étant impossible sans l'autre) conduira inévitablement à disjoindre intentions et langage, pensée et langage, expressions et langage.

Nous parlons de « disjonction » dans le sens de la suppression de cette soudure absolue entre le sens idéologique et le langage, qui définit la pensée mythologique et magique. Indiscutablement, la soudure absolue entre le mot et le sens idéologique concret est l'une des particularités constitutives essentielles du mythe, qui, d'une part, détermine l'évolution des représentations mythologiques, de l'autre, une perception spécifique des formes linguistiques, des significations et des combinaisons stylistiques. La pensée mythologique est au pouvoir de son langage qui enfante lui-même sa réalité mythologique et fait passer ses propres relations et interrelations linguistiques pour celles des éléments de la réalité (passage des catégories et dépendances linguistiques aux catégories théogoniques et cosmogoniques). Mais le langage est également au pouvoir des images de la pensée mythologique, qui paralysent ses intentions, rendant difficile aux catégories linguistiques de devenir accessibles et souples, formellement plus pures (par suite de leur soudure avec les relations concrètement réifiées), et limitent les possibilités expressives de la parole[1].

Naturellement, ce pouvoir plénier du mythe sur le langage, et du langage sur la perception et la conception de la réalité, se situe dans le passé préhistorique, donc inévitablement hypothétique, de la conscience linguistique[2]. Mais même quand l'absolutisme de ce pouvoir est révoqué depuis longtemps (déjà aux époques historiques de la conscience linguistique), le

1. Nous ne pouvons entrer ici dans l'essence du problème des interrelations du langage et du mythe. Dans les œuvres qui s'y réfèrent, ce problème a été traité, jusqu'à ces derniers temps, au plan psychologique, avec une visée sur le folklore, et sans liaison avec les problèmes concrets de l'histoire de la conscience linguistique (Steinthal, Lazarus, Wundt, et autres...). Chez nous, ces questions sont posées dans leur relation substantielle par Potébnia et Vesselovski *(N.d.A.)*.

2. Ce domaine hypothétique commence, pour la première fois, à entrer dans le domaine de la science, dans la « paléontologie des significations » *(N.d.A.)*.

sens mythologique de l'autorité du langage, et l'attribution directe de toute signification, de toute expressivité, à son incontestable unité, persiste assez fort dans tous les genres idéologiques nobles pour rendre impossible aux grandes formes littéraires de recourir de façon importante au multilinguisme. La résistance d'un langage canonique, seul et unique, étayé par l'unité encore inébranlable du mythe national, est trop forte encore pour que le multilinguisme puisse relativiser et décentraliser la conscience littérairement linguistique. Cette décentralisation verbale et idéologique ne se fera que lorsque la culture nationale aura perdu son caractère clos, autonome, quand elle aura pris conscience d'elle-même parmi les autres cultures et langues. Alors seront arrachées les racines du sentiment mythique d'un langage fondé sur sa fusion absolue avec le sens idéologique; cela provoquera un sentiment aigu des frontières sociales, nationales, sémantiques; le langage se révélera dans tout son caractère humain; derrière ses mots, ses formes, ses styles, commenceront à transparaître les figures caractéristiquement nationales, socialement typiques, les représentations des locuteurs, qui apparaîtront, en outre, derrière toutes les strates de tous les langages sans exception, même les plus intentionnels : derrière ceux des hauts genres idéologiques. Le langage (plus exactement : *les* langages) devient lui-même une représentation littérairement parachevée d'une conscience, et d'une vision et d'une perception du monde de caractère humain.

Jadis incarnation irréfutable et unique du sens et de la vérité, le langage est devenu l'une des hypothèses possibles du sens.

Les choses se présentent de manière analogue lorsque le langage littéraire, seul et unique, est le langage d'autrui. Il faut que se désintègre et disparaisse l'autorité religieuse, politique et idéologique à laquelle il est lié. Au cours de cette désagrégation mûrit la conscience linguistique décentralisée de la prose littéraire, appuyée sur le plurilinguisme social des langues nationales parlées.

Ainsi apparaissent les embryons de la prose romanesque dans un monde plurilingue et polyphonique, à l'époque hellénistique, dans la Rome impériale et au cours de la désintégration et de la chute de la centralisation idéologique de l'Église médiévale. De même, dans les temps nouveaux, la floraison du roman est toujours relatée à la décomposition des systèmes verbaux idéologiques stables et, en contrepoids, au renforcement et à l'intentionnalisation du plurilinguisme, tant dans les limites du dialecte littéraire lui-même, que hors de lui.

★

Le problème de la prose romanesque dans l'Antiquité est fort complexe. Les embryons d'une prose bivocale et bilingue rudimentaire ne suffisaient pas toujours ici à la structure compositionnelle et thématique du roman et fleurissaient même surtout dans d'autres formes de genres : nouvelles réalistes, satires [1], dans certaines formes de biographie et d'autobiographie [2], dans quelques genres purement rhétoriques (par exemple la diatribe [3]), dans les genres historiques et épistolaires [4]. Partout, ce sont les embryons d'une véritable orchestration romanesque du sens par le truchement du plurilinguisme. Selon ce plan bivocal, en prose véritable, sont construites aussi les variantes du « Roman de l'Ane » (du « faux-Lucien » et du « faux-Apulée »), et le roman de Pétrone.

C'est ainsi que dans l'Antiquité se sont formés d'importants éléments du roman à deux voix et deux langages, qui ont exercé, au Moyen Age et dans les temps modernes, une influence puissante sur les variantes les plus marquantes du genre : sur le « roman d'épreuves » (avec ses ramifications : hagiographies, confessions, problèmes et aventures, jusqu'à Dostoïevski et jusqu'à nos jours); sur le roman d'apprentissage et d'évolution (surtout dans sa ramification autobiographique), sur le roman-

1. Les autoportraits ironiques des *Satires* d'Horace sont célèbres. Une attitude humoristique à l'égard de son « moi » comprend toujours, dans les *Satires*, une stylisation parodique des comportements usuels, des points de vue d'autrui et des opinions courantes. Plus proches encore d'une orchestration romanesque du sens, sont les satires de Marcus Varron. D'après les fragments conservés, on peut juger de la stylisation parodique du discours savant et moralisateur *(N.d.A.)*.

2. On trouve des éléments d'orchestration par le polylinguisme, et aussi les embryons d'un style de prose authentique, dans l'*Apologie de Socrate*. De façon générale, la figure de Socrate et de ses paroles a, chez Platon, le caractère même de la prose. Mais les formes de l'autobiographie hellénistique tardive et de l'autobiographie chrétienne offrent un intérêt particulier; elles conjuguent l'histoire-confession d'une conversion avec des éléments du roman d'aventures et de mœurs que nous pouvons connaître (les œuvres elles-mêmes n'ayant pas été conservées) : Dion Chrysostome, Justin-Martyr, Cyprien, et ce qu'on nomme le *Cycle des légendes Clémentines*. Enfin, on trouve les mêmes éléments chez Boèce *(N.d.A.)*.

3. Parmi toutes les formes rhétoriques de l'hellénisme, c'est la diatribe qui contient le plus grand nombre de potentialités romanesques : elle admet, et même exige, la diversité des modes verbaux, la représentation dramatique, parodique et ironique des points de vue d'autrui, elle permet de mélanger vers et prose, etc. (Voir plus bas la relation des formes rhétoriques au roman.) *(N.d.A.)*

4. Il suffit de citer les lettres de Cicéron à Atticus *(N.d.A.)*.

satire-des-mœurs, en bref, sur toutes les variétés du genre qui introduisent directement dans leur entité un plurilinguisme dialogique, et de surcroît sur le plurilinguisme des genres inférieurs et familiers. Mais dans l'Antiquité, ces éléments, disséminés dans des genres aux formes multiples ne se confondirent pas dans le courant impétueux du roman, et ne fournirent que des exemples isolés, simplifiés, de cette ligne stylistique (Apulée et Pétrone).

Les romans dits « des sophistes »[1] se rattachent à une ligne stylistique bien différente. Ils se distinguent par la stylisation nette et systématique de leur « matériau », c'est-à-dire par la fermeté d'un style purement monologique (abstrait, et idéalisateur). Ce sont eux, pourtant, qui, par leur composition et leurs thèmes, semblent exprimer au mieux la nature du roman de l'Antiquité. Ils ont puissamment influé sur l'évolution des variantes des grands genres européens, quasiment jusqu'au XIXe siècle : sur le roman médiéval, le roman galant des XVe et XVIe siècles (*Amadis*, et surtout le roman pastoral), le roman baroque, voire le roman des Lumières (par exemple, Voltaire). Ils ont également déterminé, dans une large mesure, les théories sur le genre romanesque et ses impératifs qui prédominèrent jusqu'à la fin du XVIIIe siècle[2].

La stylisation abstraite et idéalisante du roman des sophistes admet tout de même une certaine diversité des modes stylistiques. C'est inévitable, étant donné la diversité des parties constitutives relativement indépendantes qui entrent de façon pléthorique dans le corps du roman : narration de l'auteur, des personnages et des témoins; description du pays, de la nature, des cités, des curiosités et œuvres d'art, descriptions « recherchées »; digressions visant à parachever et épuiser des thèmes savants, philosophiques, moraux; aphorismes, récits intercalaires, discours se rapportant à diverses formes rhétoriques, lettres, vaste dialogue. L'indépendance stylistique de ces divers éléments diffère, il est vrai, de façon frappante de leur indépendance structurelle, du « fini » de leur genre; mais surtout ils semblent tous avoir les mêmes intentions, être aussi conven-

1. Cf. Griftzov, *Théorie du Roman* (Moscou, 1927), et aussi l'Introduction de A. Boldyrev à la traduction du roman d'Achille Tatius : *Aventures de Leucippé et Clitophon*. (Éd. de « la Littérature Mondiale » *(Vsiémirnaya Litératoura)* M. 1925). Cet article éclaire le problème du roman des sophistes *(N.d.A.)*.

2. Ces idées trouvèrent à s'exprimer dans la première analyse spécialement consacrée au roman et faisant autorité : celle de Huet, en 1670. Dans le domaine des problèmes particuliers au roman antique, l'ouvrage de Huet ne trouva pas de successeur avant Erwin Rohde, c'est-à-dire au bout de deux cents ans (1876) *(N.d.A.)*.

tionnels les uns que les autres; ils sont placés au même plan verbal et sémantique et transmettent pareillement et directement les desseins de l'auteur.

Mais le côté conventionnel lui-même, comme l'extrême (et abstraite) continuité de cette stylisation sont spécifiques en soi. Il n'y a, par-derrière, aucun système unique, important, solide, religieux, socio-politique, philosophique ou autre. Le roman des sophistes est idéologiquement décentralisé de façon absolue (comme toute la rhétorique de la « seconde école des sophistes »). L'unité de style est ici livrée à elle-même, n'étant enracinée nulle part, ni corroborée par l'unité d'un monde culturel et idéologique unique; l'unité de ce style est périphérique, « verbale ». L'abstraction même, et l'extrême détachement de cette stylisation, révèlent cet océan de plurilinguisme indispensable, d'où émerge l'unité verbale de ces œuvres, émerge sans transcender du tout ce plurilinguisme en l'intégrant dans son objet (comme dans la poésie véritable). Malheureusement, nous ne savons pas dans quelle mesure ce style était prévu pour être perçu précisément sur le fond de ce plurilinguisme. Car enfin, la possibilité n'est pas du tout exclue d'une corrélation dialogique de ses éléments avec les langages du plurilinguisme d'alors. Nous ignorons, par exemple, quelles fonctions remplissent ici les réminiscences multiples et hétérogènes dont ces romans sont remplis : sont-ce des fonctions directement intentionnelles, comme la réminiscence poétique, ou sont-elles autres, prosaïques et dans ce cas, ne seraient-elles pas des formations bivocales ? Les digressions et sentences y sont-elles toujours directement intentionnelles, sans arrière-pensées ? Ne portent-elles pas souvent un caractère ironique, voire franchement parodique ? Dans bien des cas, leur place dans la composition nous force à l'imaginer. Ainsi, aux endroits où des digressions longues et abstraites servent à retarder l'action et coupent la narration en son point le plus aigu, le plus tendu, leur importunité même (surtout lorsque des digressions circonstanciées et pédantes s'accrochent de façon voulue à un thème accessoire) jette sur eux une ombre d'objectivation et nous force à subodorer une stylisation parodique [1].

La parodie, si elle n'est pas grossière (c'est-à-dire là où elle est en prose littéraire), est généralement fort difficile à déceler si l'on ne connaît pas son arrière-plan verbal étranger, son second contexte. Sans doute existe-t-il dans la littérature mondiale beaucoup d'œuvres dont nous ne soupçonnons même pas

1. Cf. la forme extrême de ce procédé chez Sterne, et aussi, avec une plus grande variété des degrés de parodisation, chez Jean-Paul *(N.d.A.)*.

le caractère parodique. Et sans doute y a-t-il fort peu d'œuvres de la littérature mondiale où l'on s'exprime sans arrière-pensée, et seulement à une voix. Mais cette littérature, nous la considérons depuis un îlot fort réduit dans l'espace et le temps, un îlot de culture verbale unitonale et univocale. Et, comme nous le verrons, il existe certains types et variétés du discours bivocal, dont la bivocalité est difficilement perçue, et qui, directement réaccentués à une voix, ne perdent pas complètement leur signification littéraire (se confondant dans la masse des discours directs de l'auteur).

La présence d'une stylisation parodique dans d'autres variétés du discours bivocal du roman des sophistes est indiscutable [1], mais il est difficile de dire quelle en est la part précise. Pour nous, a disparu dans une grande mesure ce fond verbalement signifiant du plurilinguisme sur lequel résonnaient ces romans, et avec lequel ils étaient en relation dialogique. Il se peut que cette stylisation abstraite, rectiligne qui, dans ces romans, nous paraît si monotone, si plate, ait paru plus vivante et plus diverse sur le fond du plurilinguisme de l'époque, participant au jeu bivocal avec ses éléments, et dialoguant avec lui.

Le roman des sophistes est à l'origine de *la première ligne stylistique* (comme nous conviendrons de la nommer) *du roman européen.* A la différence de la seconde ligne, qui était seulement en gestation dans l'Antiquité dans les genres les plus hétérogènes et n'avait pas encore la forme d'un type romanesque « fini » (auquel on ne peut rattacher ni les romans d'Apulée ni celui de Pétrone), la première ligne sut s'exprimer dans le roman des sophistes de façon assez complète et parachevée, déterminant, comme nous l'avons dit, toute l'histoire ultérieure de cette ligne. Sa principale particularité est un langage unique et un style unique (plus ou moins strictement déployés); le plurilinguisme reste en dehors du roman, mais le détermine comme servant de fond à son dialogue, auquel sont relatés, de manière polémique et apologétique, le langage et l'univers du roman.

Et dans l'histoire postérieure du roman européen, nous voyons son évolution stylistique suivre ces deux lignes fondamentales. La seconde ligne, à laquelle se rattachent les plus grands noms du genre romanesque (de ses variantes et telles œuvres à part), introduit le plurilinguisme social dans le corps du roman, s'en servant pour orchestrer son sens, et renonçant fréquemment à

1. Ainsi, Boldyrev, dans l'article cité, note chez Achille Tatius le recours parodique au thème traditionnel du rêve prémonitoire. Du reste, Boldyrev estime que le roman de Tatius s'écarte du type traditionnel, pour aller du côté du roman de mœurs comique *(N.d.A.).*

recourir au discours direct et pur de l'auteur. La première ligne, subissant plus fortement l'influence du roman des sophistes, laisse (de façon générale) le plurilinguisme à l'extérieur, c'est-à-dire hors du langage du roman, langage stylisé de façon spécifiquement romanesque. Toutefois, comme nous l'avons dit, il est traité pour être perçu sur le fond du plurilinguisme, lié à certains éléments auxquels il est correlaté dialogiquement. La stylisation abstraite, idéalisante, de tels romans, est donc déterminée non seulement par son objet et par l'expression directe du locuteur (comme dans le discours purement poétique), mais aussi par le discours d'autrui, par le plurilinguisme. Cette stylisation implique « un coup d'œil » sur les langages des autres, sur des points de vue et perspectives sémantiques et objectales des autres. Telle se présente l'une des différences essentielles entre la stylisation du roman et celle de la poésie.

De même que la première, la seconde ligne stylistique se subdivise à son tour en une suite de variations stylistiques originales. Enfin, l'une et l'autre ligne s'entrecroisent et s'entremêlent de multiples façons, autrement dit, la stylisation du matériau s'allie à son orchestration multilingue.

★

Disons quelques mots du roman de chevalerie classique, en vers.

La conscience littéraire verbale (et, d'une manière plus large, idéologiquement verbale) des auteurs et des auditeurs de ces romans était complexe : d'une part, elle était socialement et idéologiquement centralisée, se formant sur le terrain solide d'une société de castes et de classes. C'était presque une conscience de caste de par son caractère social assuré, fermé sur lui-même, se suffisant à lui-même. Mais en même temps, cette conscience ne possédait pas un langage unique, organiquement soudé au monde du mythe, des légendes, des croyances, des traditions, des systèmes idéologiques, monde lui aussi culturel et idéologique. Sous le rapport de la culture verbale, cette conscience était profondément décentralisée et internationale à un degré important. Pour cette conscience verbale littéraire, la rupture entre le langage et le matériau d'une part, le matériau et l'actualité contemporaine de l'autre, était essentiellement constitutive. Elle vivait dans un monde de langues étrangères, de cultures étrangères. Ce fut au cours de leur restructuration, de leur assimilation, de leur subordination à l'unicité d'une perspective de caste et de classe et à ses idéaux, enfin au cours de leur opposition au plurilinguisme des niveaux populaires inférieurs qui les environnait, que se constitua et s'élabora la conscience verbale littéraire des auteurs et de l'auditoire du roman de chevalerie en vers. Elle avait continuellement affaire aux discours et aux mondes étrangers : littérature antique, légendes chrétiennes, « récits directs » bretons et celtes (mais pas au récit épique national, populaire, qui touchait à son apogée à la même époque que le roman de chevalerie et parallèlement à lui, mais indépendamment de lui, et sans aucunement l'influencer); tout cela servit de matériau hétérogène et multilingue (le latin et les langues nationales), dont se revêtait, en transcendant son aspect étranger, la conscience de classe et de caste « une » du roman de chevalerie. La traduction, le remaniement, la réaccentuation, la réinterprétation, une orientation réciproque, à divers degrés, avec le discours d'autrui, l'intention d'autrui, tel fut le processus de formation de la conscience littéraire qui donna le jour au roman de chevalerie. Admettons que toutes les étapes de l'orientation mutuelle avec le discours d'autrui ne furent pas franchies par la conscience individuelle de tel ou tel créateur du roman de chevalerie, ce processus avait néanmoins lieu dans la conscience littérairement verbale de son époque, et déterminait les œuvres des individus isolés. Le matériau et le langage n'étaient pas donnés dans une unité absolue (comme pour les créateurs de l'épopée), mais étaient arrachés l'un à l'autre, dissociés et contraints de se chercher l'un l'autre.

C'est cela qui détermine l'originalité du style du roman de chevalerie. Il ne contient pas un grain de naïveté verbale et narrative. La naïveté (si elle s'y trouve) doit être portée au compte de l'unité sociale solide, pas encore désagrégée, qui sut pénétrer dans tous les éléments du matériau d'autrui, les remodeler, en changer l'accent, si bien que le monde de ces romans nous apparaît comme un monde « un » à la manière épique. De fait, le roman de chevalerie classique, en vers, se trouve sur la frontière entre l'épopée et le roman, mais il la franchit de façon évidente en direction du roman. Aussi, les modèles les plus profonds, les plus parfaits, tel le *Parzifal* de Wolfram [1], se présentent-ils déjà comme d'authentiques romans. On ne peut en aucun cas rattacher ce *Parzifal* à la première et pure ligne stylistique du roman. Il s'agit ici du premier roman allemand, profondément et éminemment bivocal, qui a su faire coïncider l'intransigeance de ses intentions avec un respect subtil et sage des distances à l'égard du langage, très légèrement objectivé,

1. Wolfram von Eschenbach (1170-1220).

relativisé, un rien éloigné des lèvres de l'auteur par un petit sourire moqueur [1].

Du point de vue linguistique, il en alla de même pour les premiers romans en prose. L'élément de traduction et de remodelage apparaît ici de façon plus frappante et plus rude. On peut dire sans détours que *la prose romanesque européenne naît et s'élabore dans un processus de traduction libre (transformatrice) des œuvres d'autrui.* C'est uniquement dans les débuts de la prose romanesque française que cet aspect de traduction, au sens propre, n'est pas aussi caractéristique; dans ce processus, le plus important c'est la « translation » des vers épiques dans la prose. Mais la naissance de la prose romanesque en Allemagne a vraiment valeur de symbole : elle est l'œuvre d'une aristocratie française germanisée, qui recourt à la traduction ou la translation de la prose ou des vers français.

La conscience linguistique des auteurs du roman en prose était totalement décentralisée et relativisée. Elle errait librement parmi les langages à la recherche de ses matériaux, séparant aisément n'importe quel matériau de n'importe quel langage accessible, le faisant participer à « son » langage, à « son » univers. Et « son langage », instable encore et en devenir, n'offrait aucune résistance au traducteur-translateur, aussi, la rupture était-elle complète entre le langage et le matériau, profondément indifférents l'un à l'autre. De cette aliénation mutuelle, naquit le « style » particulier à cette prose.

En vérité, on ne peut même pas parler ici de style, mais seulement de forme de l'exposé : c'est justement là qu'a lieu le remplacement du style par l'exposé. Le style se définit par une relation majeure et créatrice du discours à son objet, au locuteur lui-même et au discours d'autrui. Il cherche à faire communiquer organiquement le matériau avec le langage et le langage avec le matériau. Le style ne présente pas en dehors de cette exposition, une donnée formée et littérairement élaborée. Ou bien il pénètre spontanément et directement son objet, comme en poésie, ou bien il réfracte ses intentions, comme dans la prose littéraire (le romancier-prosateur lui non plus ne développe pas le langage d'autrui, mais en construit la représentation littéraire). Ainsi, le roman de chevalerie en vers, même déterminé par une rupture entre le matériau et le langage, transcende pourtant cette rupture, fait participer le matériau au langage et

1. *Parzifal* est le premier roman à problème, le premier roman de formation. Cette variante du genre se distingue du roman de formation purement didactique (rhétorique), principalement univocal *(La Cyropédie, Télémaque, l'Émile)*, et exige la bivocalité. Le roman de formation humoristique, déviant fortement vers la parodie, en est une variante originale *(N.d.A.)*.

crée une variante originale de l'authentique style romanesque [1]. Mais la première prose romanesque européenne naît et prend forme précisément comme *prose de l'exposé*, ce qui décidera de son sort pour une longue période.

Bien entendu, la spécificité de cette *prose de l'exposé* n'est pas déterminée par le seul fait brut de la libre traduction des textes d'autrui, ni par le seul internationalisme culturel des auteurs (car enfin, tant les auteurs que l'auditoire du roman de chevalerie en vers avaient une culture internationale suffisante) mais, avant tout, par le fait que cette prose n'avait plus ni base sociale unique et solide, ni indépendance de caste sereine et sûre.

On sait que l'imprimerie joua un rôle exceptionnellement important dans l'histoire du roman de chevalerie en prose, car elle élargit et mélangea socialement son auditoire [2]. Elle contribua aussi à transférer la parole sur le registre muet de la perception, fait essentiel pour le roman. Cette « désorientation » sociale du roman en prose, dans la suite de son évolution, va toujours plus loin, et commencent alors les fluctuations sociales du roman de chevalerie, créé aux XIVe et XVe siècles, fluctuations qui s'achèveront par sa métamorphose en « littérature populaire », destinée aux groupes sociaux inférieurs d'où, par la suite, il sera tiré par la conscience littérairement orientée des romantiques.

Arrêtons-nous un instant sur la particularité de ces premiers discours du roman en prose, arraché à son matériau, non imprégné d'une idéologie sociale unique, entouré de langages et de langues différents, qui ne lui servent ni d'étai, ni de centre. Ce langage errant, enraciné nulle part, est voué à devenir spécifiquement conventionnel. Il ne s'agit pas de la saine convention du discours poétique, mais de celle qui résulte de l'impossibilité d'utiliser littérairement, et de donner une forme complète au discours, dans tous ses éléments.

Privé de son matériau, de son idéologie « une », ferme et organique, le discours se révèle plein de superflu, d'inutilités, ne se prête pas à une interprétation littéraire véritable. Tout ce superflu doit être neutralisé, ou organisé de manière à ne pas gêner; il faut tirer le discours de son état de matière première. Une convention spécifique sert ce but : tout ce qui ne peut être

1. Le processus même des traductions et assimilations du matériau d'autrui ne s'accomplit pas ici dans la conscience individuelle des auteurs de roman : c'est un processus long, graduel, qui s'accomplit dans la conscience littéraire et linguistique de l'époque. La conscience individuelle ne l'avait ni commencé, ni achevé, mais y avait participé *(N.d.A.)*.

2. A la fin du XVe et au début du XVIe siècle paraissent en volume imprimé presque tous les romans de chevalerie existant alors *(N.d.A.)*.

interprété revêt une forme conventionnelle, estampillée, est lissé, égalisé, poli, orné, etc. Tout ce qui est démuni d'interprétation véritablement littéraire, doit être remplacé par ce qui est conventionnellement admis par tous et ornemental.

Que peut faire de sa représentation sonore, de l'inépuisable richesse de ses diverses formes, tonalités et nuances, de sa structure syntaxique et intonationnelle, de son inépuisable polysémie objectale et sociale, un discours arraché tant à son matériau qu'à son idéologie unique? Le discours de l'exposé n'a rien à faire de tout cela, qui ne peut être organiquement soudé au matériau ou pénétré d'intentions. C'est pourquoi tout cela s'organise extérieurement de manière convenue : la représentation sonore tend vers une mélodie vide, la structure syntaxique et intentionnelle vers la légèreté et la facilité creuses ou vers des complications rhétoriques ampoulées et tout aussi creuses, vers un ornementalisme extérieur; la polysémie tend vers une monosémie vide. Naturellement, la prose de l'exposé peut s'orner abondamment de tropes poétiques, mais ils y perdent leur sens poétique véritable.

Ainsi, cette prose de l'exposé semble légaliser et canoniser la rupture absolue entre le langage et le matériau, lui trouver une forme de dépassement stylistique conventionnel et factice. Dès lors cette prose a accès à n'importe quel matériau, de n'importe quelle origine. Le langage est pour elle un élément neutre, agréable de surcroît, et orné, qui lui permet de se concentrer sur ce que le matériau lui-même recèle de captivant, d'impor tant extérieurement, de frappant et de touchant.

C'est dans cette direction qu'évolue la prose de l'exposé dans le roman de chevalerie, jusqu'à atteindre son sommet, *Amadis* [1], puis jusqu'au roman pastoral. Mais en route, elle s'enrichit d'aspects nouveaux et importants, lui permettant de se rapprocher du vrai style romanesque, et de déterminer la première ligne stylistique, la ligne fondamentale du roman européen en évolution. A vrai dire, ce n'est pas là qu'auront lieu, à partir du roman, la réunion et l'interpénétration organiques du langage et du matériau, mais bien dans la seconde ligne, dans son style qui réfracte et orchestre ses intentions, voie qui est devenue la plus importante et la plus productive de l'histoire du roman européen.

Tandis qu'évolue la prose de l'exposé, s'élabore la catégorie particulière, valorisante, de la « littérarité du langage », ou plutôt (plus près de l'esprit de notre conception initiale), de « l'en-

1. *Amadis*, séparé de ses racines espagnoles, est devenu un roman tout à fait international *(N.d.A.)*.

noblissement du langage ». Ce n'est pas une catégorie stylistique au sens strict, car elle n'est soutenue par aucun impératif défini, essentiel, pour l'art et les genres littéraires, ce n'est pas, non plus, une catégorie linguistique qui isolerait le langage littéraire comme unité dialectologique socialement définie. La catégorie de la « littérarité » et de « l'ennoblissement » est à la frontière entre les impératifs et les appréciations stylistiques, et la constatation et la normalisation linguistiques (c'est-à-dire, la vérification de l'adéquation d'une forme donnée à un dialecte précis et la constatation de son exactitude linguistique).

Dans différentes langues nationales, à différentes époques, cette catégorie générale (comme « hors-genres »), du « langage littéraire », s'emplit de divers contenus concrets et prend des sens différents, tant dans l'histoire littéraire que dans l'histoire de la langue littéraire. Mais partout et toujours son rayon d'action c'est le langage parlé d'un milieu lettré et cultivé (dans notre cas, de tous les membres d'une « société distinguée »), c'est le langage épistolaire des genres familiers et semi-littéraires (lettres, journaux intimes), c'est celui des genres socio-idéologiques (harangues de tous ordres, digressions, descriptions, articles, etc.), enfin, ce sont tous les genres de l'art littéraire en prose, et surtout le roman. En d'autres termes, cette catégorie prétend régir le domaine du langage littéraire et familier (au sens dialectologique), que ne régissent pas les genres stricts déjà formés, avec leurs exigences précises et différenciées envers leur langage; la catégorie de la « littérarité générale » n'a évidemment pas sa place dans la poésie, l'épopée, la tragédie. Elle réglemente le plurilinguisme parlé et épistolaire qui, de toutes parts, investit les genres poétiques stables et stricts, dont les impératifs ne peuvent en aucun cas être appliqués au langage parlé ou épistolaire usuel [1]. Elle vise à organiser ce plurilinguisme, à canoniser à son intention un certain style verbal.

Répétons-le : le contenu concret de cette catégorie hors genres de la littérarité du langage en tant que tel, peut être infiniment varié, plus ou moins défini et concret; il peut prendre appui sur des intentions culturellement idéologiques diverses, se motiver par ses divers intérêts et valeurs : par exemple, sauvegarder le caractère fermé d'une société privilégiée (« langage d'un milieu distingué »), protéger les intérêts nationaux locaux, par exemple assurer la prééminence du dialecte toscan dans la

1. Ce rayon d'action de la catégorie de « la langue littéraire » peut se rétrécir à certaines époques, lorsque tel genre semi-littéraire élabore un canon ferme et différencié (comme c'est le cas, par exemple, du genre épistolaire) *(N.d.A.)*.

langue littéraire italienne, sauvegarder la centralisation politico-culturelle, comme en France, au XVIIIe siècle, par exemple. De plus, cette catégorie peut avoir divers « réalisateurs » concrets : une grammaire académique, une école, des salons, des courants littéraires, des genres précis, et ainsi de suite... En outre, cette catégorie peut tendre vers ses limites verbales, c'est-à-dire vers l'exactitude verbale : dans ce cas, elle se généralise au maximum, mais en revanche, elle perd presque toute sa coloration et sa netteté idéologiques (tout en se justifiant : « tel est l'esprit de la langue »; « c'est français »); elle peut, par contre, tendre vers ses limites stylistiques; alors son contenu se concrétise idéologiquement aussi, et acquiert une certaine définition sémantique, objectale et expressive, et ses impératifs qualifient d'une certaine manière le locuteur et l'écrivain, et dans ce cas, le contenu se justifie ainsi : « C'est comme cela que doit penser, parler et écrire un homme distingué » (ou « tout homme fin et sensible », etc.). Dans ce dernier cas, la « littérarité » qui régit les genres de la vie pratique et courante (conversations, correspondances, journaux) exerce forcément une influence, parfois très profonde, sur la pensée pratique, voire sur le style de vie lui-même, et crée des « individus littéraires », des « actions littéraires ». Enfin, le degré d'efficacité et de portée historique de cette catégorie sur l'histoire de la langue littéraire peut varier. Il peut être très important, comme en France aux XVIIe et XVIIIe siècles, ou bien insignifiant : ainsi, à certaines époques, le plurilinguisme (même dialectologique) envahit jusqu'aux grands genres poétiques. Les degrés, le caractère de cette efficacité historique dépendent, évidemment, du contenu de la catégorie, de la vigueur et de la stabilité de l'instance culturelle et politique sur laquelle elle s'appuie.

Nous n'abordons qu'en passant cette catégorie très importante de la « littérarité générale du langage ». Ce qui nous importe, c'est sa signification non pas pour la littérature en général, ou l'histoire du langage littéraire, mais pour l'histoire du style romanesque uniquement. C'est là qu'elle a une importance énorme : directe pour les romans de la première ligne stylistique, indirecte pour ceux de la seconde.

Les romans de la première ligne ont la prétention d'organiser et d'ordonner stylistiquement le plurilinguisme du langage parlé et des genres épistolaires courants et semi-littéraires. Cela définit, pour une grande part, leur relation au plurilinguisme. Les romans de la seconde ligne, quant à eux, transforment ce langage usuel et littéraire, organisé et « ennobli », pour en faire un matériau majeur de leur orchestration propre, et font de ceux qui usent de ce langage — « les personnes littéraires » —

avec leurs pensées et leurs « actions littéraires », leurs personnages majeurs.

On ne peut comprendre la substance stylistique de la première ligne du roman, sans tenir compte d'un fait très important : la relation particulière de ces romans au langage parlé et aux genres de la vie courante et des mœurs. Le discours du roman se construit dans une constante interaction avec le discours de la vie courante. Le roman de chevalerie en prose s'oppose au plurilinguisme « bas », « vulgaire », dans tous les domaines de la vie, et, pour lui faire contrepoids, met en relief son discours spécifiquement idéalisé, « ennobli ». Le discours « vulgaire », extra-littéraire, est imprégné d'intentions basses, d'expressions grossières, étroitement terre à terre, empêtré dans des associations basses, triviales, il a des relents de contextes douteux. Le roman de chevalerie lui oppose son discours, lié seulement à des idées élevées et nobles, évocateur de contextes sublimes, historiques, littéraires, savants. Au surplus, ce discours ainsi ennobli peut, à la différence du langage poétique, remplacer la parole vulgaire des conversations, des lettres, des autres genres familiers, tout comme un euphémisme remplace une grossièreté, car il cherche à s'orienter dans la même sphère que le langage de la vie.

Le roman de chevalerie devient ainsi le véhicule d'une catégorie de la *littérarité du langage, indépendante des genres*. Il a la prétention d'imposer ses normes à la langue courante, d'enseigner le beau style et le bon ton, la façon de converser en société, de rédiger une lettre, et ainsi de suite. L'influence d'*Amadis* fut exceptionnellement importante dans ce domaine. On publia des livres spéciaux, dans le genre du *Trésor d'Amadis*, du *Livre des Compliments*, recueil de modèles de conversation, de lettres, de harangues, etc. tirés du roman, livres extrêmement répandus, qui exercèrent une grande influence tout au long du XVIIe siècle. Le roman de chevalerie fournit une parole pour toutes les situations et péripéties possibles, et partout il s'oppose à la parole vulgaire, avec ses options grossières.

Cervantès donne une géniale représentation littéraire des rencontres entre le discours ennobli par le roman de chevalerie et le discours vulgaire, rencontres dans toutes les situations, aussi importantes pour le roman que pour la vie. La visée polémique du langage ennobli face au plurilinguisme apparaît dans *Don Quichotte* dans les dialogues avec Sancho et autres porte-parole de la réalité quotidienne, grossière et plurilingue, et dans la dynamique du sujet. La virtuelle dialogisation interne, contenue dans le langage noble, est ici actualisée et mise en lumière (dans les dialogues et la dynamique du sujet) mais comme toute vraie dialogisation du langage, elle ne s'y épuise pas totalement et ne s'achève pas en drame.

Pour le discours poétique, au sens étroit, pareille relation au plurilinguisme extra-littéraire est absolument exclue. Le discours poétique, en tant que tel, est impensable et impossible dans les situations ordinaires et les genres familiers; il ne peut même pas s'opposer directement au plurilinguisme, car ils n'ont aucun terrain commun. Il peut, il est vrai, influencer les genres familiers, voire le langage parlé, mais indirectement seulement.

Pour remplir sa tâche d'organisation stylistique du langage usuel, le roman de chevalerie en prose doit évidemment faire entrer dans sa structure toute la multiplicité des genres idéologiques, intra-littéraires et courants. Le roman de chevalerie, tout comme celui des sophistes, représente une encyclopédie quasiment complète des genres de son temps. La structure de tous les genres intercalaires était parachevée et indépendante : ils pouvaient donc se détacher facilement du roman et figurer isolément, comme modèles. Évidemment, selon le genre introduit, le style du roman variait quelque peu (ne répondant qu'à un minimum d'impératifs du genre), mais pour l'essentiel, il demeurait uniforme. Quant aux langages au sens strict de ces genres introduits, il n'y a rien à en dire : au travers de toute cette variété des genres intercalaires s'étire de façon uniforme le même langage ennobli.

L'unité ou, plus exactement, l'uniformité de ce langage ennobli ne se suffit pas à elle-même : elle est polémique et abstraite. A sa base se trouve une certaine attitude noble à l'égard de la basse réalité. Mais l'unité et la fidélité à soi-même de cette noble attitude sont achetées au prix d'une abstraction polémique, c'est pourquoi elles sont inertes, immobiles et pâles. Du reste, il ne peut en être autrement étant donné la désorientation sociale et toute absence de fondement idéologique dans ces romans. La perspective objectale et expressive de ce discours romanesque n'est pas la perspective changeante, fuyant vers l'infini de la réalité, d'un homme vivant et mobile, mais comme la perspective figée d'un homme cherchant à conserver toujours la même pose immobile, qui se mettrait en mouvement non pour voir, mais, au contraire, pour se détourner, pour ne rien remarquer, pour s'abstraire! C'est une perspective remplie non de choses réelles, mais de réminiscences verbales de choses et d'images littéraires, juxtaposées de façon polémique au plurilinguisme grossier du monde réel, et soigneusement nettoyées de toutes les associations possibles, grossières et communes.

Les représentants de la seconde ligne stylistique (Rabelais,

Fischart, Cervantès et autres), transforment parodiquement ce procédé d'abstraction, déployant dans leurs comparaisons une suite d'associations intentionnellement grossières, qui rabaissent les choses comparées jusqu'au quotidien bas et prosaïque, détruisant ainsi le plan littéraire élevé atteint au moyen d'une abstraction polémique. Le plurilinguisme se venge ici de son éviction par l'abstraction (cf. les discours de Sancho Pança) [1].

Pour la seconde ligne stylistique, le langage ennobli du roman de chevalerie, avec son abstraction polémique, devient seulement l'un des participants du dialogue des langages, une image prosaïque du langage (qui a été traitée de la façon la plus profonde, la plus complète par Cervantès) — image susceptible de résister par son dialogue intérieur aux nouvelles intentions de l'auteur, image agitée et bivocale...

Vers le début du XVIIe siècle, la première ligne stylistique du roman vient à se modifier quelque peu : des forces historiques réelles commencent à utiliser l'idéalisation et la polémisation abstraites du style romanesque, pour réaliser des tâches polémiques et apologétiques plus complexes. La désorientation sociale du romantisme chevaleresque abstrait cède la place à la nette orientation sociale et politique du roman baroque.

Déjà le roman pastoral a une tout autre perception de son matériau, et oriente différemment sa stylisation. Il ne s'agit pas seulement d'un traitement littéraire plus libre, face au matériau [2], mais d'une transformation des fonctions elles-mêmes. On peut dire, en gros : on ne pénètre plus dans le matériau étranger pour fuir la réalité contemporaine, on y intègre cette réalité, on s'y représente soi-même. La relation romantique au matériau commence à changer du tout au tout, à devenir baroque. Une nouvelle formule de relation au matériau est découverte, un nouveau mode d'utilisation, que nous définirons, toujours en gros, comme le déguisement de la réalité ambiante dans un matériau étranger, comme une mascarade singulière et héroï-

1. La littérature allemande est caractérisée par un penchant particulier pour ce procédé de rabaissement des hautes paroles, au moyen d'un déploiement de comparaisons et d'associations de bas niveau. Ce procédé, introduit dans la littérature allemande par Wolfram von Eschenbach, détermine, au XVe siècle, le style des prédicateurs populaires, tels que Geiler von Kaisersberg, au XVIe siècle, celui de Fischart, au XVIIe, les prédications d'Abraham A-Santa-Clara, aux XVIIIe et XIXe siècles, les romans de Hippel et de Jean-Paul *(N.d.A.)*.

2. D'où les importantes acquisitions compositionnelles du roman pastoral, comparé au roman de chevalerie : une action fortement concentrée, un beau « fini », une évolution du paysage stylisé. Il faut également noter l'introduction de la mythologie (classique) et celle des vers dans la prose *(N.d.A.)*.

sante [1]. L'époque se perçoit elle-même de façon forte, élevée, et recourt à un matériau étranger multiple pour s'exprimer et se représenter. Ce sentiment nouveau du matériau, ce nouveau mode de son application ne sont qu'à leurs débuts dans le roman pastoral; ils n'ont pas encore une grande ampleur, et les forces historiques du temps ne s'y sont pas encore concentrées. Un élément d'auto-affirmation intime et lyrique domine dans ces quelques romans « en chambre ».

Dans le roman baroque historico-héroïque se déploie et se réalise totalement le nouveau mode d'utilisation du matériau. L'époque se lance avidement à la recherche d'un matériau sous-tendu d'héroïsme de toutes les époques, contrées et cultures; une puissante conscience de soi se sent la force de s'investir dans n'importe quel matériau à tension héroïque, quel que soit le monde culturel et idéologique dont il provienne. Tout exotisme devient désirable. Se trouver et se réaliser dans ce qui était étranger, héroïser sa personne et son combat dans un matériau étranger, tel fut le pathos du roman baroque. Le matériau oriental servit autant que le matériau antique ou médiéval. La conception du monde baroque avec ses polarisations, avec la trop forte tension de son unité contradictoire, pénétra dans le matériau historique, expulsa toute trace d'indépendance et de résistance internes du monde culturel étranger créateur de ce matériau, et en fit l'enveloppe extérieure et stylisée de son propre contenu [2].

La signification historique du roman baroque est exceptionnellement importante. Presque toutes les variantes du roman des temps nouveaux en tirent génétiquement leur origine. Héritier de toute l'évolution antérieure du roman, utilisant largement son héritage (roman des sophistes, *Amadis*, roman pastoral), il sut rassembler en lui tous les traits qui y figuraient isolément, comme des variantes indépendantes : roman à problèmes, roman d'aventures, roman historique, psychologique, social. Le roman baroque devenait, pour les temps à venir, une encyclopédie du matériau : thèmes et situations romanesques, positions et arguments du sujet. La plupart des thèmes du roman des temps nouveaux, que l'étude comparée révèle comme d'origine antique ou orientale, pénétrèrent ici par le truchement du roman baroque; presque toutes les recherches des origines conduisent de la

1. *Les dialogues des morts* sont fort répandus, ce qui est caractéristique : ces formes offrent la possibilité de converser sur des thèmes choisis (contemporains et actuels), avec des sages, des savants, des héros de tous les pays et de toutes les époques *(N.d.A.)*.

2. Cf. dans *L'Astrée* le véritable travestissement des personnages réels de l'époque *(N.d.A.)*.

façon la plus directe à lui, et ensuite seulement à des sources médiévales, antiques (et, plus loin, orientales).

Le roman baroque a été correctement désigné comme un « roman d'épreuves ». A cet égard, il se présente comme le parachèvement du roman des sophistes, lui aussi roman d'épreuves (de la fidélité et de la chasteté des amants séparés). Mais dans le roman baroque, l'épreuve de l'héroïsme et de la fidélité du héros, ses multiples vertus, sont fondues de façon beaucoup plus organique grâce à un matériau grandiose et infiniment varié.

Tout ici est une pierre de touche, un moyen d'éprouver tous les côtés et toutes les qualités du héros exigées par l'idéal héroïque baroque. Le matériau s'organise de façon sérieuse et solide autour de l'idée d'épreuve. C'est sur cette idée et sur d'autres, qui sont aussi organisatrices du genre romanesque, qu'il nous incombe de nous arrêter tout spécialement.

★

L'idée de l'épreuve du héros et de sa parole est peut-être l'idée organisatrice essentielle du roman, qui le distingue radicalement du récit épique : le héros épique se place, dès le commencement, au-delà de toute épreuve. Dans un monde épique, il est impensable de douter de l'héroïsme du héros.

L'idée d'épreuve permet d'organiser de façon profonde et substantielle le matériau romanesque autour du héros. Mais le contenu lui-même de cette idée peut changer de façon marquante selon les époques et les divers groupes sociaux. Formée à partir de la casuistique des rhéteurs de la « seconde école des sophistes » « l'épreuve », dans le roman des sophistes, a un caractère grossièrement formel et extérieur (l'élément psychologique et éthique en est totalement absent). Il en allait autrement dans les légendes du christianisme primitif, dans les *Vies des saints* et les confessions autobiographiques, où l'idée d'épreuve est habituellement unie à l'idée de crise et de régénération (ce sont les formes embryonnaires du roman d'épreuves, d'aventures et de confession). L'idée chrétienne du martyre (épreuve de la souffrance et de la mort) d'une part, celle de la tentation (épreuve de la convoitise) de l'autre, donnent un contenu spécifique à l'idée d'épreuve organisatrice du matériau dans l'énorme littérature hagiographique du christianisme primitif, puis du Moyen Age [1]. Une autre variante de l'idée d'épreuve ordonne le maté-

1. Ainsi, l'idée d'épreuve organise avec une harmonie et une réserve extraordinaires un poème célèbre, en vieux français : *Vie d'Alexis*. En Russie, nous avons, par exemple, la *Vie de Théodose de la Petchora (Jitié Féodossia Petcherskogo) (N.d.A.)*.

riau du roman de chevalerie classique, en vers, qui réunit tant les singularités des épreuves du roman grec (fidélité en amour, courage), que celles de la légende chrétienne (souffrances et tentations). La même idée, mais plus faible, plus étriquée, ordonne le roman de chevalerie en prose, mais faiblement, superficiellement, sans pénétrer dans les profondeurs du matériau. Enfin, dans le roman baroque, elle unifie le matériau le plus grandiose et le plus hétérogène, grâce à sa composition extraordinairement vigoureuse.

Au cours de l'évolution ultérieure du roman, l'idée d'épreuve conserve sa très importante signification organisatrice, s'enrichissant, selon l'époque, de divers contenus idéologiques; les liens avec la tradition demeurent cependant, mais c'est tantôt une ligne, tantôt l'autre qui prédomine (ligne traditionnelle, antique, hagiographique, baroque). Une variante particulière et très répandue dans le roman du XIXe siècle, c'est l'épreuve de la vocation, du génie, de l'élection. S'y rattache avant tout le type romantique de « l'élu », éprouvé par la vie. Ensuite une variante très importante de « l'élection » est incarnée dans le roman français par les *parvenus* [1] de l'époque napoléonienne (héros de Stendhal, de Balzac). Chez Zola, l'épreuve devient l'aptitude à vivre, la santé physique, la faculté d'adaptation de l'homme. Le matériau de ces romans est organisé comme la mise à l'épreuve de la valeur plénière, biologique, des personnages (avec un résultat négatif). Autre variété : l'épreuve du génie, souvent liée à l'épreuve parallèle de l'aptitude à vivre de l'artiste. Il y a d'autres variantes au XIXe siècle : l'épreuve de la forte personnalité opposée, pour telle ou telle raison, à la collectivité, prétendant à l'indépendance et à l'orgueilleuse solitude, ou bien au rôle de chef désigné; l'épreuve du réformateur moral ou de l'amoraliste, du nietzschéen, de la femme émancipée, etc. Toutes sont des idées organisatrices fort répandues dans le roman européen du XIXe et du début du XXe siècle [2]. Une variante notable est celle du roman russe, où « l'intelliguent » est éprouvé dans son aptitude sociale et sa valeur plénière (thème de « l'homme superflu »). Ce roman se subdivise à son tour en sous-variantes, depuis Pouchkine, jusqu'à l'épreuve de « l'intelliguent » par la Révolution.

L'idée d'épreuve a une énorme signification dans le roman d'aventures pur. Sa productivité se manifeste extérieurement, en ce qu'elle permet de réunir organiquement des aventures

1. En français dans le texte.

2. La part de pareilles épreuves, imposées aux représentants de toutes espèces d'idées et tendances à la mode, est grandiose dans la production massive des romanciers de second ordre *(N.d.A.)*.

violentes et variées avec une problématique profonde et une psychologie compliquée. Tout dépend de la profondeur idéologique, de l'opportunité, du progrès socio-historique de l'idée d'épreuve qui organise le roman ; selon ces qualités, le roman atteint à la plénitude, la largeur, la profondeur maximales de toutes les possibilités du genre. Le roman d'aventures pur rétrécit souvent les potentialités du genre romanesque, presque jusqu'à leur extrême limite ; toutefois, le sujet « nu », et l'aventure « nue » ne peuvent jamais devenir des forces organisatrices du roman. Au contraire, nous découvrirons toujours, dans tout sujet, dans toute aventure, les empreintes de quelque idée qui les a organisés, qui a bâti l'ensemble du sujet donné, lui a donné une vie et une âme, mais s'est dépouillée par la suite de sa vigueur idéologique, et ne vit plus qu'à grand-peine. Le plus fréquemment, le sujet du roman d'aventures est organisé par l'idée (déclinante) de l'épreuve du héros, mais pas toujours...

Le nouveau roman d'aventures européen a deux sources essentiellement différentes. L'un de ses types conduit au grand roman d'épreuves baroque (type prédominant du roman d'aventures), l'autre à *Gil Blas*, puis à *Lazarillo* [1], c'est dire qu'il est lié au « roman picaresque ». Et dans l'Antiquité nous retrouvons ces deux types, représentés d'une part par le roman des sophistes, de l'autre, par Pétrone. Le premier type fondamental du roman d'aventures est organisé, comme le roman baroque, par une forme ou une autre de l'idée d'épreuve, qui s'étiole idéologiquement, qui est tout extérieure. Néanmoins, le roman de ce type est plus riche et plus compliqué, et ne récuse pas entièrement une certaine problématique, une certaine psychologie : on y reconnaît toujours la filiation du roman baroque — d'*Amadis*, du roman de chevalerie et, plus haut, du récit épique, de la légende chrétienne, et du roman grec [2]. Tels sont les romans d'aventures anglais et américains (Defoe, Lewis, Radcliffe, Walpole, Fenimore Cooper, Jack London, etc.) ; telles sont les principales variantes du roman d'aventures et du roman-feuilleton français. On observe assez souvent un mélange des deux types, mais c'est le premier (le roman d'épreuves) qui, étant le plus vigoureux, domine alors comme principe organisateur de l'ensemble. Le levain baroque du roman d'aventures est très agissant : même dans la structure du roman-feuilleton de la plus basse qualité, on découvre des aspects qui, au travers du

1. *Vie de Lazarillo de Tormès*, premier roman picaresque. (V. 1554).

2. Il est vrai qu'une conception aussi large est rarement son privilège : le matériau problématique et psychologique est, la plupart du temps, banalisé. Le second type est plus net et plus pur *(N.d.A.)*.

roman baroque et d'*Amadis*, nous conduisent aux formes de l'autobiographie chrétienne primitive, aux autobiographies et légendes du monde latino-hellénistique. Pareil roman, tel le célèbre *Rocambole*, de Ponson du Terrail, regorge de réminiscences très anciennes. A la base de sa structure, transparaissent les formes du roman d'épreuves hellénistico-latin, avec sa crise et sa régénération. (Chez Apulée, et dans les légendes chrétiennes primitives, le pécheur racheté.) Dans *Rocambole*, nous trouvons quantité de traits qui, par le roman baroque, mènent à *Amadis*, et au-delà, vers le roman de chevalerie en vers. On découvre aussi la présence d'éléments du second type (*Lazarillo*, *Gil Blas*), mais, naturellement, l'esprit baroque y domine.

Disons quelques mots de Dostoïevski. Ses romans sont des romans d'épreuve vigoureusement représentés. Sans toucher en somme au contenu de la conception originale de l'épreuve, placée à la base de leur structure, voyons brièvement les traditions historiques qui ont laissé leur trace dans ces œuvres. Dostoïevski était relié au roman baroque par quatre voies : le « roman à sensations » anglais [1] (Lewis, Radcliffe, Walpole); le roman français socio-aventureux des bas-fonds (Eugène Sue); le roman d'épreuves de Balzac; enfin, le romantisme allemand (principalement par l'intermédiaire de E. T. A. Hoffmann). Mais de plus, Dostoïevski était, par la religion orthodoxe, directement rattaché à la littérature hagiographique et aux légendes chrétiennes, avec leur conception spécifique de l'épreuve. C'est ce qui détermine chez lui l'amalgame organique de l'aventure, de la confession, de la problématique, de l'hagiographie, des crises et des rédemptions, autrement dit, de tout le complexe du roman latino-hellénistique d'épreuves (pour autant que nous puissions en juger d'après Apulée, d'après ce nous savons de certaines autobiographies antiques, et d'après les légendes hagiographiques chrétiennes).

Les études sur le roman baroque, contenant un matériau énorme sur l'évolution antérieure de ce genre, sont des plus importantes pour la compréhension des principales variantes du roman des époques toutes récentes. Presque tous les chemins aboutissent de la façon la plus directe au roman baroque et, par-delà, au Moyen Age, au monde latino-hellénistique et à l'Orient.

Au XVIIe siècle, Wieland, Wetzel, Blankenburg [2], puis

1. Le terme est de Dibelius *(N.d.A.)*.
2. Christophe Wieland (1733-1813), écrivain et poète allemand.
Johann Karl Wetzel (1747-1819), auteur de *Tobias Kraut*.
Christian Friedrich Blankenburg (1744-1796), esthéticien et théoricien de la littérature, auteur d'une *Recherche sur le Roman* (*Versuch über den Roman*, 1774), et d'une *Théorie générale des Beaux-Arts* (1786-1787).

Goethe et les romantiques, proclamèrent une nouvelle idée, qui fait contrepoids au roman d'épreuves : le « roman de formation », et, en particulier, le « roman d'apprentissage ».

L'idée d'épreuve n'a pas de relation à la formation de l'homme. Dans certains cas, elle connaît la crise, la régénération, mais point l'évolution, le devenir, la formation progressive de l'être humain. Elle part de l'homme « tout prêt » et le soumet à l'épreuve à partir d'un idéal, « tout prêt » lui aussi. Le roman de chevalerie, et surtout le roman baroque sont typiques à cet égard, car ils postulent le caractère noble inné, immuable, immobile des personnages. Le roman des temps nouveaux y oppose, d'un côté, le devenir de l'homme, et de l'autre une certaine dualité, un inachèvement de l'homme vivant, un mélange de bon et de mauvais, de force et de faiblesse. La vie, avec ses péripéties, ne sert plus de pierre d'achoppement, de moyen d'épreuve pour un personnage parachevé (ou, dans le meilleur cas, elle sert de stimulant pour une nature déjà préformée et prédéterminée); à présent, la vie avec ses événements, éclairée par l'idée du devenir, apparaît comme un terrain d'expérience, une école, un milieu, qui, pour la première fois, modèlent et forment tant le caractère du personnage, que sa vision du monde. L'idée de devenir et d'éducation permet d'organiser le matériau autour du personnage de façon neuve, et de révéler les côtés absolument inédits de ce matériau.

L'idée de formation et d'apprentissage et l'idée d'épreuve ne s'excluent nullement dans le cadre du roman des temps nouveaux. Elles peuvent, au contraire, s'unir profondément et organiquement. La plupart des très grands modèles du roman européen conjuguent ces deux idées, particulièrement au XIXe siècle, lorsque le roman d'épreuve et le roman de formation purs deviennent assez rares. Déjà *Parzifal* réunit l'idée (dominante) d'épreuve et l'idée de formation. On peut en dire autant du roman d'apprentissage classique, tel *Wilhelm Meister*, où l'idée d'éducation (maintenant prééminente) s'unit à l'idée d'épreuve.

Le type de roman anglais créé par Fielding et, en partie, par Sterne, est également caractérisé par la jonction de ces deux idées, dans une proportion à peu près égale. Sous l'influence de ces deux romanciers naît le type « continental » du roman d'apprentissage, représenté par Wieland, Wetzel, Hippel et Jean-Paul. Ici l'épreuve de l'idéaliste et de l'original aboutit non à leur dénonciation brutale, mais à leur mutation en hommes aux pensées plus réalistes; la vie leur sert non seulement de pierre d'achoppement, mais d'école. Indiquons encore, parmi les variantes originales de cette jonction des deux types de roman,

Henri le Vert (G. Keller) [1], qui réunit les deux idées, et *Jean-Christophe*, de Romain Rolland, construit de manière analogue.

Bien entendu, tout n'est pas épuisé avec le roman d'épreuves et le roman de formation. Il suffit de signaler les idées organisatrices absolument nouvelles introduites par les romans biographique et autobiographique. La biographie comme l'autobiographie ont élaboré au cours de leur évolution une suite de formes définies par des idées particulières, par exemple : « le courage et la vertu », ou encore « les travaux et les jours », « la réussite et l'échec », fondement de l'organisation du matériau biographique, et ainsi de suite...

*

Revenons au roman d'épreuves baroque, dont nous nous sommes écartés. Quel y est le mode du langage, quelle est sa relation au plurilinguisme ?

Le discours du roman baroque est *un discours pathétique*. C'est ici que fut créé (qu'atteignit à son développement plénier) le pathos romanesque, si différent du pathos poétique. Le roman baroque devint la pépinière d'un pathétique spécifique partout où pénétrait son influence et se maintenaient ses traditions, en priorité, dans le roman d'épreuves (et dans ses éléments de type mixte).

Le pathétique baroque se définit par l'apologétique et la polémique. C'est le pathétique de la prose, continuellement sensible à la résistance du discours et du point de vue étrangers; c'est le pathétique de la justification (l'autojustification) et de l'accusation. L'idéalisation héroïsante du roman baroque n'est point épique; comme dans le roman de chevalerie, elle est une idéalisation abstraite, polémique, et surtout apologétique; mais contrairement à lui, elle est profondément imprégnée de pathétique et étayée par des forces culturelles réelles, conscientes d'elles-mêmes. Arrêtons-nous sur la singularité de ce pathétique romanesque.

Le discours pathétique se présente tout entier comme se suffisant entièrement à lui-même et à son objet. Car le locuteur s'y place sans aucune distance ni restriction. Le discours pathétique apparaît comme un discours directement intentionnel.

Toutefois, le pathos est loin d'être toujours tel. Son discours peut aussi être conventionnel, et même double, comme bivocal. Et, presque inévitablement, tel est le pathos dans le roman, car

1. Gottfried Keller (1819-1890), écrivain suisse, auteur de *Henri le Vert, Les Gens de Seldwyla, Sept Légendes.*

là il n'a, et ne peut avoir aucun étai réel, et il doit le chercher dans d'autres genres. Le pathos romanesque n'a pas ses mots propres, il doit emprunter ceux d'autrui. L'authentique pathos *objectal* c'est le pathos *poétique* et lui seul.

Le pathétique romanesque rétablit toujours dans le roman quelque autre genre qui, sous sa forme directe et pure, a déjà perdu son vrai terrain. Le langage du pathos se présente toujours dans le roman comme le succédané d'un genre devenu inaccessible à telle époque, à telle force sociale : c'est le langage du prédicateur sans chaire, du juge redoutable sans pouvoir judiciaire et punitif, du prophète sans mission, du politicien sans pouvoir politique, du croyant sans Église... Partout le langage du pathos est lié à des visées et à des positions inaccessibles à l'auteur dans tout leur sérieux et leur logique, mais qu'il doit néanmoins reproduire conventionnellement dans son discours. Toutes les formes pathétiques et tous les moyens du langage du pathos — lexicaux, syntaxiques et compositionnels — se sont soudés à ces visées et à ces positions précises, tous servent à quelque force organisée, impliquent pour le locuteur une délégation de pouvoir déterminée et élaborée. Il n'y a pas de langage pour le pathos purement individuel de l'homme qui écrit un roman : malgré lui, il doit monter en chaire, prendre la pose du prédicateur, du juge... Il n'y a pas de pathos sans menaces, malédictions, promesses, bénédictions, etc. [1]. Dans le discours pathétique on ne peut avancer d'un pas sans s'accorder à soi-même quelque pouvoir, rang, situation, etc. C'est là la « malédiction » du discours pathétique direct dans le roman. C'est pourquoi le vrai pathos redoute dans le roman (et dans la littérature en général) ce discours pathétique direct, et reste soudé à son objet.

Le discours pathétique et son caractère représentatif sont nés et se sont formés dans une représentation lointaine, et sont organiquement liés à la catégorie axiologiquement hiérarchique du passé. Dans une zone de contact familier avec une actualité inachevée, il n'y a pas de place pour ces formes du pathos : inévitablement, il détruit la zone de contact (par exemple, chez Gogol). Une haute position hiérarchique s'impose, mais elle est impossible dans une telle zone (d'où fausseté et tension).

Le pathos apologétique et polémique du roman baroque s'allie organiquement à l'idée particulière au baroque de l'épreuve de la vertu innée et immuable du héros. Pour tout ce qui est essentiel, il n'y a aucune distance entre un personnage et l'auteur; la

1. Nous ne parlons, s'entend, que du discours pathétique qui est correlaté au discours d'autrui de manière polémique et apologétique, et non du pathos de la représentation même, pathos purement objectal, littéraire, qui n'a pas besoin de convention spécifique *(N.d.A.)*.

masse verbale fondamentale du roman est placée sur un seul plan, ainsi, dans tous ses aspects et de manière uniforme se trouve-t-elle correlatée au plurilinguisme, mais ne l'intègre pas dans sa composition et le laisse en dehors d'elle.

Le roman baroque réunit en lui la multiplicité des genres intercalaires. Il vise aussi à être une encyclopédie de tous les aspects du langage littéraire de son époque, et même de toutes les connaissances et informations (philosophiques, historiques, politiques, géographiques, etc.) possibles et imaginables. On peut dite qu'il atteint les limites du savoir encyclopédique propre à la première ligne stylistique [1].

★

Du roman baroque partent deux ramifications de son évolution postérieure (les mêmes que celles de l'évolution de toute la première ligne) : l'une continue l'élément héroïco-aventureux du roman baroque (Lewis, Radcliffe, Walpole, etc.), l'autre ramification, le roman pathético-psychologique, surtout épistolaire des XVIIe et XVIIIe siècles (Mme de La Fayette, J.-J. Rousseau, Richardson). De ce roman nous devons dire quelques mots, car, du point de vue stylistique, son importance pour l'histoire ultérieure du roman fut très grande.

Le roman psychologique sentimental est lié, génétiquement, aux lettres intégrées dans le roman baroque, à leur pathétique amoureux, qui ne fut que l'un des aspects du pathos polémico-apologétique du roman baroque, un aspect secondaire, de surcroît.

Le discours pathétique est tout autre dans le roman psychologique sentimental ; il y devient intime et, perdant la vaste échelle politique et historique propre au roman baroque, s'allie à un didactisme moral commun, à l'échelle de la sphère étroite de la vie privée familiale. C'est un pathétique « en chambre ». Du même coup, se modifient les relations du langage romanesque avec le plurilinguisme : elles se resserrent, deviennent plus directes et au premier plan apparaissent les genres purement familiers : lettres, journaux intimes, conversations quotidiennes. Le didactisme de ce pathétique sentimental devient concret, pénètre jusque dans les détails de la vie quotidienne, des relations intimes entre les gens et de la vie intérieure des personnes.

Alors se crée la zone spécifique, spatio-temporelle, du *pathétique sentimental « en chambre »*. C'est la zone des lettres, des journaux intimes. Les zones de contact et de familiarité (« proxi-

1. Surtout dans le baroque allemand *(N.d.A.)*.

mité ») sont différentes, selon qu'il s'agit de la rue ou du foyer. De ce point de vue, diffèrent le palais et la maison, le sanctuaire (cathédrale) et la chapelle protestante privée. Ce n'est pas une question d'échelle, mais d'organisation spéciale de l'espace. (Il est bon d'établir ici des parallèles avec l'architecture et la peinture.)

Le roman pathético-sentimental se trouve partout en liaison avec la mutation substantielle du langage littéraire dans le sens de son rapprochement avec le langage parlé. Mais celui-ci s'ordonne ici et se normalise du point de vue de sa littérarité, devient l'unique langage servant à l'expression directe des intentions de l'auteur, et non plus seulement l'un des langages du plurilinguisme servant à orchestrer ces intentions. Il s'oppose tant au plurilinguisme désordonné et grossier de la vie courante, qu'aux grands genres littéraires, archaïques et conventionnellement littéraires, comme langage unique et véritable de la littérature et de la vie, adapté aux intentions et à l'expression humaine authentiques.

Cet aspect d'opposition à l'ancien langage littéraire, et aux grands genres poétiques qui le conservent, a une importance capitale pour le roman sentimental.

Au sentimentalisme et à son langage s'opposent à la fois le plurilinguisme bas et trivial de la vie courante, qu'il faut ordonner et ennoblir, et le plurilinguisme faussement noble, faussement littéraire, qu'il convient de dénoncer et de récuser. Mais cette option par rapport au plurilinguisme littéraire est polémique; le style et le langage récusés ne sont pas intégrés dans le roman, mais demeurent extérieurs à l'œuvre, comme son fond dialogique.

Les aspects essentiels du style sentimental sont justement déterminés par cette opposition au haut pathétique héroïsant et abstraitement typologique. Les descriptions détaillées, la mise en relief intentionnelle elle-même de ces détails secondaires, triviaux, quotidiens, l'orientation de la représentation sur l'impression directe de l'objet, enfin le pathos de la faiblesse sans défense et non de la force héroïque, le rétrécissement voulu de l'horizon et du lieu des épreuves de l'homme jusqu'à en faire un micro monde (à la limite, une chambre), tout cela est déterminé par une opposition polémique au style littéraire récusé.

Or, pour remplacer une convention, le sentimentalisme en crée une autre, aussi abstraite, qui se détourne seulement des autres aspects de la réalité. Le discours, ennobli par un pathétique sentimental prétendant à remplacer le discours vulgaire de la vie courante, se trouve inévitablement dans un conflit dialogique désespéré avec la polyphonie réelle de la vie, dans un malentendu dialogique aussi insoluble que le discours ennobli d'*Amadis* dans les situations et les dialogues de *Don Quichotte*. Le dialogisme unilatéral, engendré dans le discours sentimental, s'actualise dans le roman de la seconde ligne stylistique, où le pathétique sentimental a une résonnance parodique, comme un langage parmi d'autres langages, comme l'un des côtés du dialogue des langages autour de l'homme et de l'univers [1].

Certes, le discours pathétique direct n'est pas mort avec le roman baroque (le pathos de l'héroïsme et de l'effroi) ni avec le sentimentalisme (le pathétique des sentiments intimes); il continua à vivre comme l'une des principales variantes du discours direct de l'auteur, c'est-à-dire en exprimant ses intentions immédiatement et directement, sans réfraction. Il continua à vivre, mais il ne servit plus de fondement au style dans quelque variante importante du roman que ce fût.

Où qu'il apparaisse, la nature du discours pathétique direct demeure immuable : le locuteur (l'auteur) adopte l'attitude conventionnelle du juge, du prédicateur, du professeur, etc., ou bien son discours en appelle de façon polémique à l'impression directe reçue de l'objet et de la vie, impression que ne trouble aucun postulat idéologique. C'est entre ces deux limites que se manifeste le discours direct de l'auteur chez Léon Tolstoï. Les particularités de ce discours se définissent partout par le plurilinguisme (de la littérature et de la vie), auquel ce discours est correlaté dialogiquement (polémiquement ou didactiquement); par exemple, une représentation directe, « spontanée », se présente comme une « déshéroïsation » polémique du Caucase, de la guerre et de l'exploit militaire, voire de la nature.

Ceux qui nient l'aspect artistique du roman, qui rabaissent le discours romanesque à une représentation du discours rhétorique, orné seulement à la surface, faussement poétique, se réfèrent surtout à la première ligne stylistique du roman, ce qui, à première vue, paraît justifier leurs assertions. Il faut reconnaître que dans cette ligne, le discours romanesque, pour autant qu'il tende à sa limite, ne réalise pas son potentiel spécifique, et souvent (mais de loin pas toujours), s'égare dans une rhétorique creuse, ou un faux poétisme. Néanmoins, même dans cette première ligne, le discours romanesque est profondément origi-

1. Sous une forme ou une autre, chez Fielding, Smollett, Sterne. En Allemagne, chez Museus, Wieland, Müller et d'autres. Tous ces auteurs, dans le traitement littéraire du problème du pathos sentimental (et de la didactique) dans sa relation au réel, suivent *Don Quichotte*, dont l'influence paraît déterminante. (Cf. chez nous le rôle du langage richardsonien dans l'orchestration polyphonique d'*Eugène Onéguine* [La vieille Mme Larine et Tatiana rustique]). *(N.d.A.)*.

nal, radicalement distinct tant du discours rhétorique que poétique. Son originalité se définit par une relation dialogique majeure au plurilinguisme. Pour la première ligne du roman aussi, la stratification sociale du langage, dans le procès de son évolution, se présente comme le fondement de l'élaboration stylistique du discours. Le langage du roman se construit dans une action mutuelle, dialogique, ininterrompue avec les langages qui l'environnent.

La poésie trouve également un langage stratifié dans le procès de son permanent devenir idéologique, le trouve divisé en langages divers. Elle voit le sien propre environné aussi de langages et d'un plurilinguisme littéraire et extra-littéraire. Mais la poésie, qui tend au maximum de sa pureté, œuvre avec son langage comme s'il était unique, comme s'il n'y avait, hors de lui, aucune pluralité de langages. Elle se tient comme au milieu du territoire de son langage, sans approcher de ses frontières, où elle se trouverait inévitablement en contact dialogique avec le plurilinguisme, et craint de regarder au-delà des frontières S'il lui arrive, dans les moments de crise linguistique, de changer, elle canonise aussitôt son nouveau langage comme seul et unique, comme s'il n'en existait pas d'autre.

La prose romanesque de la première ligne stylistique se tient à la frontière même de son langage, et elle est dialogiquement relatée au plurilinguisme ambiant, elle fait écho à ses traits principaux et donc participe au dialogue des langages. Elle tient à ce qu'on la perçoive précisément sur le fond de ce plurilinguisme, car c'est dans son lien dialogique avec lui que se révèle sa signification littéraire. Son discours est l'expression d'une conscience linguistique profondément relativisée par la diversité des langages et des langues.

Le langage littéraire possède avec le roman l'organe qui lui permet de concevoir pleinement son plurilinguisme. Dans le roman, par le roman, le plurilinguisme en-soi devient un plurilinguisme pour-soi : les langages sont dialogiquement correlatés et commencent à exister les uns pour les autres (comme les répliques du dialogue). C'est justement grâce au roman que les langages s'éclairent mutuellement, que le langage littéraire devient un dialogue de langages, se connaissant et se comprenant les uns les autres.

Les romans de la première ligne stylistique vont vers le plurilinguisme de haut en bas : ils « condescendent », si l'on peut dire (le roman sentimental occupant une position spéciale, entre le plurilinguisme et les grands genres). Au contraire, les romans de la seconde ligne vont de bas en haut : des profondeurs du plurilinguisme ils montent vers les plus hautes sphères du langage littéraire, et les envahissent. Le point de vue du plurilinguisme sur la littérarité est ici un point de départ.

Il est fort ardu, surtout au début d'une évolution, de parler de la nette différence originelle des deux lignes. Le roman de chevalerie classique en vers — nous l'avons déjà indiqué — ne se case pas tout entier dans les cadres de la première ligne, et le *Parzifal* de Wolfram, par exemple, est déjà, indubitablement, un grand modèle de roman de la seconde ligne.

Néanmoins, dans l'histoire subséquente de la prose européenne, le discours bivocal s'élabore, comme dans l'Antiquité, dans de petits genres épiques — fabliaux, soties, menus genres parodiques, à l'écart de la grande route du haut roman de chevalerie. Mais c'est là que s'élaborent les types fondamentaux et les variantes du discours bivocal, qui ensuite détermineront le style du grand roman de la seconde ligne : discours parodique à tous les degrés, de toutes les nuances : ironique, humoristique, narratif, etc.

C'est précisément ici, sur une petite échelle (dans les menus genres inférieurs, sur les tréteaux de foire, sur les marchés, dans les chansons et les historiettes de la rue) que s'élaborent les procédés de structure permettant de représenter le langage, de l'associer à la figure du locuteur, de le « montrer » objectivement en même temps que l'homme, non point comme un langage universel, impersonnel, mais caractéristique ou socialement typique d'une personne donnée — prêtre, chevalier, marchand, paysan, juriste... Chaque discours a son « propriétaire » — intéressé, partial. Il n'existe pas de discours « n'appartenant à personne », ne signifiant rien. Telle paraît être la philosophie du discours de la nouvelle satirico-réaliste populaire et des autres genres inférieurs parodiques ou bouffons. De plus, la sensibilité du langage, à la base de ces genres, est imprégnée d'une profonde méfiance de la parole humaine en tant que telle. Ce n'est pas son sens direct, objectal, expressif qui importe pour la compréhension du discours (c'est une fausse apparence), mais son utilisation réelle et toujours intéressée par le locuteur, utilisation déterminée par sa position (profession, classe, situation concrète). Le sens réel du discours est défini par celui qui parle, par les circonstances qui le font parler. Toute signification directe, toute expressivité directe sont mensongères, surtout quand il s'agit du pathétique.

Ici se prépare ce scepticisme radical de l'appréciation du discours direct, et de tout sérieux direct, côtoyant la négation de toute possibilité de discours direct non mensonger, négation qui trouvera son expression la plus profonde chez Villon, Rabelais, Sorel, Scarron et d'autres. Ici également se prépare la catégorie dialogique nouvelle de la réplique verbale et efficace au mensonge pathétique qui, dans l'histoire du roman européen (et pas seulement du roman) joua un rôle si important : c'est la catégorie de la *joyeuse supercherie*. Au *mensonge pathétique* accumulé dans le langage de tous les genres élevés, officiels, canonisés, dans ceux de toutes les professions, classes et couches sociales reconnues et établies, s'oppose non pas la vérité directe, imprégnée elle aussi de pathos, mais une supercherie joyeuse et astucieuse, comme *le mensonge justifié pour les menteurs*. Aux langages des prêtres et des moines, des rois et des seigneurs, des chevaliers et des riches citoyens, des savants et des juristes, de tous ceux qui détiennent le pouvoir et qui sont bien placés dans l'existence, s'oppose le langage du joyeux luron, qui reproduit parodiquement, quand il le faut, n'importe quel pathétique; mais il le neutralise en le prononçant avec un sourire et un artifice, en se moquant du mensonge, en le transformant en une allègre tromperie. Le mensonge s'éclaire en prenant conscience de lui-même, et se parodie par la bouche du gai luron.

Les formes du grand roman de la seconde ligne stylistique furent précédées et préparées par les cycles orginaux des nouvelles satiriques et parodiques. Nous ne pouvons aborder ici le problème de ces cycles romanesques en prose, de leur différence majeure avec les cycles épiques, des divers types de classement des nouvelles et autres traits analogues, qui sortent des limites de la stylistique.

A côté de la figure du fripon, et souvent confondue avec lui, apparaît la figure du *sot ;* nigaud authentique, ou masque du fripon. A la joyeuse moquerie du faux pathétique se juxtapose la naïveté du benêt qui ne la comprend pas — (ou la comprend de travers, à l'envers) et qui « singularise » alors la haute réalité du discours pathétique.

Cette « singularisation » par la prose du monde pathétique conventionnel, grâce à la sottise (la simplicité, la naïveté), qui n'y comprend rien, eut une énorme portée sur la suite de l'histoire du roman Si, au cours de l'évolution ultérieure de la prose romanesque la figure du sot perdit son important rôle organisateur (comme aussi celle du fripon), le trait d'*incompréhension* des conventions sociales (de la « conventionnalité ») et des grands noms, choses, événements du pathétique, demeura presque partout l'ingrédient essentiel du style. Le prosateur représente le monde soit avec les mots de celui qui ne comprend pas la « conventionnalité » du monde du narrateur, qui n'en connaît pas les principaux grands noms poétiques, savants et autres, soit il y intègre un personnage incompréhensif, soit, enfin, son style direct implique une incompréhension voulue (polémique) de la conception habituelle du monde (par exemple chez Tolstoï). Il est possible, bien entendu, d'utiliser cette incompréhension, cette sottise prosaïque, dans les trois procédés.

Il arrive que l'incompréhension porte un caractère radical et se présente comme facteur principal de la formation du style (par exemple chez Voltaire, dans *Candide*, chez Stendhal, chez Tolstoï), mais souvent l'incompréhension du sens de la vie donné par certains langages, se limite à quelques aspects seulement. Ainsi de Bielkine, comme narrateur [1] : le prosaïsme de son style est déterminé par son incompréhension du degré poétique de tel ou tel aspect des événements qu'il relate : il laisse échapper, pourrait-on dire, toutes les possibilités et effets poétiques, il narre sèchement et succinctement (à dessein) tous les traits poétiques les plus avantageux. Griniov [2] lui aussi est un mauvais poète (ce n'est pas par hasard s'il écrit de mauvais vers). Dans le récit de Maxime Maximovitch (*Un Héros de notre temps*) Lermontov met en relief l'incompréhension du langage et du pathétique byroniens.

Le mélange d'incompréhension et de compréhension, de sottise, de simplicité, de naïveté et d'intelligence, est un phénomène courant de la prose romanesque, et profondément typique. On peut affirmer que cet aspect d'incompréhension et de sottise spécifique (voulue) détermine presque toujours, dans une mesure plus ou moins grande, la prose du roman de la seconde ligne stylistique.

Dans le roman, la sottise (l'incompréhension) est toujours polémique : elle est dialogiquement correlatée à l'intelligence (à la fausse « intelligence supérieure »), elle polémique avec elle et la dénonce. La sottise, comme la joyeuse supercherie, comme toutes les autres catégories du roman, est une catégorie dialogique, découlant du dialogisme particulier au discours romanesque; c'est pourquoi, dans le roman, elle est toujours relatée au langage, au discours : à sa base se trouve l'incompréhension polémique du discours d'autrui, du mensonge pathétique d'autrui, qui a embrouillé le monde en prétendant l'interpréter, l'incompréhension polémique des langages usuels, canonisés, mensongers, avec les noms pompeux qu'ils donnent aux choses et aux événements — langage poétique, pédantesquement savant, religieux, politique, juridique, et ainsi de suite. D'où

1. Pouchkine, *Les Récits de Bielkine*, cf. note 2, p. 133.
2. Pouchkine, *La Fille du capitaine*.

la multiformité des situations romanesques dialoguées ou des oppositions dialogiques : le sot et le poète, le sot et le savant pédantesque, le sot et le moraliste, le sot et le prêtre ou le bigot, le sot et le législateur, le sot incompréhensif (au tribunal, au théâtre, à une réunion savante), le sot et le politicien, etc. La variété de ces situations a été largement utilisée dans *Don Quichotte* (le rôle de Sancho en gouverneur est particulièrement favorable à ces situations dialogiques) et aussi, compte tenu de la différence de style, chez Tolstoï : l'homme qui, en diverses situations et circonstances n'y comprend rien, tel Pierre dans la bataille, Lévine aux élections de l'Assemblée de la Noblesse, au conseil municipal, Koznychev s'entretenant avec un professeur de philosophie, économiste, Nekhlioudov au tribunal, au Sénat, etc. [1]. Tolstoï reproduit les vieilles situations traditionnelles du roman.

Le sot présenté par l'auteur, le sot qui « singularise » le monde du pathétique conventionnel, peut être lui-même la risée de l'auteur, qui n'est pas obligé de se solidariser avec lui totalement. La ridiculisation des sots peut même occuper le premier plan. Mais le sot est nécessaire à l'auteur : sa présence incompréhensive « singularise » le monde des conventions sociales. En représentant la sottise, le roman s'instruit sur l'esprit de la prose, la sagesse de la prose. Le regard du romancier qui observe le sot ou le monde par les yeux du sot, s'adapte à la vision prosaïque d'un monde empêtré dans la convention du pathétique et le mensonge. L'incompréhension des langages usuels et paraissant signifiants pour tous, enseigne à percevoir leur objectalité et leur relativité, à les extérioriser, à découvrir leurs limites, autrement dit, enseigne à découvrir et à construire les représentations des langages sociaux.

Nous nous écartons ici des multiples variantes du sot et de son incompréhension, élaborées au cours de l'évolution historique du roman. Tel ou tel roman, de tel ou tel courant littéraire, place au premier plan un aspect différent de la sottise et de l'incompréhension, et, d'après lui, élabore son image personnelle du nigaud. (La puérilité chez les romantiques, les « originaux » de Jean-Paul, par exemple.) Les langages « singularisants » sont divers aussi, et corrélatifs aux aspects de la sottise et de l'incompréhension. Diverses également sont leurs fonctions dans l'entité du roman. L'étude de ces aspects de la sottise et de l'incompréhension et de leurs variantes stylistiques et composi-

1. Koznychev : *Anna Karénine ;* Nekhlioudov : *Résurrection* et *Matinée d'un seigneur.*

tionnelles dans leur évolution historique est une tâche très importante et intéressante pour l'histoire du roman.

La joyeuse supercherie du fripon, c'est le mensonge justifié pour les menteurs; la sottise, c'est l'incompréhension du mensonge justifié. Telles sont les deux réponses de la prose au pathétique élevé comme à tout sérieux, à toute conventionnalité. Or, entre le fripon et le sot se dresse la figure du bouffon, qui apparaît comme un singulier amalgame des deux autres : c'est un fripon qui porte le masque du sot pour motiver par son incompréhension les distorsions et les permutations des langages nobles et des grands noms. Le bouffon est l'une des figures les plus antiques de la littérature, et son discours de bouffon, à cause de son statut social particulier (les privilèges du bouffon) est l'une des formes les plus anciennes de la parole humaine dans l'art. Dans le roman, les fonctions stylistiques du bouffon, tout comme celles du fripon et du sot, sont totalement définies par leur relation au plurilinguisme (à ses strates supérieures) : le bouffon, c'est celui qui a le droit de parler un langage non reconnu et de défigurer les langages reconnus, avec une pointe de méchanceté.

Ainsi donc, la joyeuse supercherie du fripon parodiant les langages nobles, leur méchante déformation, leur retournement de fond en comble par le bouffon, enfin leur naïve incompréhension par le sot, sont trois catégories dialogiques qui organisent le plurilinguisme du roman à l'aube de son histoire, et qui, dans les temps modernes, sont incarnées dans les figures symboliques du fripon, du bouffon et du sot avec une netteté extraordinaire. A mesure que ces catégories se développent, s'affinent et se différencient, récusent ces figures extérieures et symboliquement immuables, elles continuent encore à conserver leur signification en tant qu'organisatrices du style romanesque. L'originalité des dialogues du roman est déterminée par ces catégories, dont les racines plongent toujours au cœur de la dialogisation interne du langage lui-même, autrement dit, dans l'incompréhension mutuelle de ceux qui parlent des langues différentes. Pour ce qui est de l'organisation des dialogues dramatiques, ces catégories dialogiques peuvent, au contraire, n'avoir qu'une signification secondaire car elles n'ont pas l'aspect parachevé du drame. Le fripon, le bouffon et le sot sont les héros d'une série d'épisodes, d'aventures et d'oppositions dialogiques qui ne peuvent avoir de fin. On peut créer autour d'eux tout un cycle de nouvelles en prose. Le drame n'en a aucun besoin. Le drame strict vise à un langage unique, individualisé par ses seuls personnages. Le dialogue dramatique se définit par une collision d'individus à l'intérieur d'un seul monde, d'un seul langage [1]. La comédie apparaît, jusqu'à un certain point, comme une exception. Néanmoins, il est notable que la comédie picaresque est loin d'avoir atteint l'ampleur du drame picaresque. Le personnage de Figaro est, somme toute, l'unique *grande figure* de cette comédie [2].

Les trois catégories examinées ont une importance primordiale pour la compréhension du style du roman. Le berceau du roman européen des temps nouveaux fut occupé par le fripon, le bouffon et le sot, qui laissèrent dans ses langes leur bonnet à grelots. En outre, ces trois catégories ont tout autant d'importance pour la compréhension des origines préhistoriques de la prose, et de ses liens avec le folklore.

La figure du fripon déterminera la première forme très importante du roman de la seconde ligne : le roman d'aventures picaresque.

Comprendre le héros de ce roman et son discours dans leur originalité, n'est possible que sur l'arrière-plan du grand roman d'épreuves chevaleresque, des genres rhétoriques extra-littéraires (biographies, confessions, prédications, etc.), puis du roman baroque. C'est sur ce fond, et sur lui seul, que se détache de façon tout à fait nette la nouveauté radicale et la profondeur de la conception du héros et de son discours dans le roman picaresque.

Le héros, porteur de la joyeuse supercherie, est ici placé en delà de tout pathos, tant héroïque que sentimental; il est placé là à dessein, avec insistance, et sa nature antipathique est partout mise à nu, depuis sa façon de se présenter et de se faire valoir devant le public (ce qui donne le ton à toute la suite de la narration) jusqu'à sa conclusion finale. Ce personnage se trouve en dehors de toutes les catégories (en substance, rhétoriques) qui sont à la base de la représentation du héros dans le roman d'épreuves, en delà de toute justice, défense ou accusation, de toute autojustification comme de tout repentir. Ici, ce qu'on dit de l'homme est dit sur un ton radicalement nouveau, étranger à tout sérieux pathétique.

Cependant, comme nous l'avons dit, ces catégories du pathos ont entièrement déterminé la figure du héros dans le roman

1. Bien entendu, nous parlons du drame purement classique, en tant qu'il exprime la limite idéale du genre. Le drame réaliste contemporain peut, c'est évident, avoir des langages divers et nombreux *(N.d.A.)*.

2. Nous ne touchons pas ici au problème de l'influence de la comédie sur le roman, et de la possible origine, à partir de la comédie, de certaines variantes du fripon, du bouffon et du sot. Quelle que soit leur origine, leurs fonctions se modifient dans le roman, et dans le cadre du roman se développent pour ces figures des possibilités absolument nouvelles *(N.d.A.)*.

d'épreuves et celle de l'homme dans la plupart des genres rhétoriques : biographies (glorification, apologie), autobiographies (autoglorification, autojustification), confessions (repentir), rhétorique juridique et politique (défense-accusation), et ainsi de suite. L'ordonnance de la représentation de l'homme, le choix de ses traits, leur assemblage, la façon de rapporter les actes et les événements au héros, tout cela est entièrement déterminé soit par sa défense, son apologie, ses louanges, soit, au contraire, par son accusation, sa dénonciation, etc. Fondamentalement, c'est une idée normative et immuable de l'homme, excluant tout devenir notable et, de ce fait, le héros peut être jugé de manière entièrement positive ou entièrement négative. Au surplus, à la base de la conception de l'homme qui définit le héros du roman des sophistes, de la biographie et autobiographie antiques, du roman de chevalerie, du roman d'épreuves et des genres rhétoriques correspondants, ce sont les catégories rhétorico-judiciaires qui prédominent. L'unité de l'homme et l'unité de ses actions (actes) portent un caractère également rhétorico-juridique, aussi, du point de vue de la conception psychologique ultérieure de la personnalité, paraissent-elles superficielles et formelles. Ce n'est pas pour rien que le roman des sophistes est né de fantaisies juridiques sans aucun lien avec l'existence réelle du rhéteur, homme de loi et homme politique. Le schéma pour l'analyse et la représentation de l'action humaine dans un roman était fourni par les analyses et les représentations rhétoriques du « crime », du « mérite », de l' « exploit », du « droit politique », etc. C'était ce schéma qui déterminait l'unité de l'action et sa qualification comme catégorie. Des schémas similaires se trouvaient à la base d'une représentation d'un personnage. Et c'est autour de ce noyau rhétorico-judiciaire que l'on disposait le matériau des aventures, le matériau érotique et le matériau psychologique (primaire).

Il est vrai qu'en même temps que cette approche extérieurement rhétorique de l'unité de la personne humaine et de ses actions, il existait aussi (depuis saint Augustin) une attitude envers soi-même fondée sur la confession et le « repentir », possédant son propre schéma de construction d'une image de l'homme et de ses actes; mais cette idée « confessante » de l'homme intérieur (et la construction correspondante de son image) n'eut sur le roman de chevalerie et le roman baroque qu'une influence minime, devenue considérable beaucoup plus tard, dans les temps modernes seulement.

C'est sur cet arrière-plan que se présente en premier lieu, et de façon nette, le travail négatif du roman picaresque, qui détruit l'unité rhétorique de la personnalité, de l'acte et de l'événement. Qui est le fripon ? Qui sont Lazarillo, Gil Blas, et autres ? Un criminel ou un honnête homme, méchant ou bon, lâche ou téméraire ? Peut-on parler des mérites, crimes, exploits, qui créent et définissent sa physionomie ? Il se tient en dehors de la défense et de l'accusation, de la louange et de la mise au pilori, il ne connaît ni repentir ni autojustification, il ne se rattache à aucune norme, à aucun impératif ou idéal, il n'est pas unique, et n'est pas présenté du point de vue des unités rhétoriques connues de la personnalité. Ici l'homme est comme libéré de toutes les entraves de ces unités convenues, il ne se définit, ni ne s'accomplit en elles : il les raille.

Tous les liens anciens entre l'homme et son action, entre l'événement et ses participants se désagrègent. Une rupture brutale entre l'homme et sa situation extérieure (son rang, sa dignité, sa caste) se révèle au grand jour. Autour du fripon, toutes les positions élevées et leurs symboles, tant religieux que laïcs, dont se revêtait l'homme hautain et hypocrite, se transforment en masques, en costumes de mascarade, en accessoires de théâtre. Dans le climat de la joyeuse supercherie ont lieu la transfiguration et le délestage de tous ces grands symboles et hautes situations, leur réaccentuation radicale.

Cette même réaccentuation, comme nous l'avons déjà dit, a lieu à l'égard des langages nobles, indissolublement liés à certaines situations précises de l'homme.

Le discours du roman, comme le héros du roman, n'est prisonnier d'aucun des accents présents, il ne se livre à aucun système axiologiquement accentué, et même là où ce discours ne parodie, ni ne se moque, il préfère demeurer un discours comme dénué d'accent, sec et informatif.

Le héros du roman picaresque est opposé au héros du roman d'épreuves et de tentations ; il n'est fidèle à rien, il trahit tout et tous, mais ce faisant, il est fidèle à lui-même, à ses visées antipathiques et sceptiques. Ici commence à mûrir une conception neuve de la personnalité humaine, qui n'est pas rhétorique, mais n'est pas non plus « confessante », qui tâtonne encore pour trouver son discours et lui prépare un terrain. Le roman picaresque n'orchestre pas encore ses intentions au sens précis, mais il prépare substantiellement cette orchestration en délivrant le discours du pathétique pesant qui l'oppresse, de tous les accents nécrosés et mensongers, il allège le discours et, dans une certaine mesure, il le vide. Là réside son importance aux côtés de la nouvelle picaresque satirique et parodique, de l'épopée parodique, et des cycles des nouvelles similaires, bâties autour de la figure du bouffon et du sot.

Tout cela prépare les grandes figures du roman de la seconde ligne stylistique telles que *Don Quichotte.* Dans ces grandes œuvres clés, le genre romanesque devient ce qu'il est, déploie toutes ses virtualités. Ici viennent à maturité et atteignent à leur complète originalité, les authentiques représentations romanesques bivocales, profondément différentes des symboles poétiques. Si, dans la prose picaresque et bouffonne, dans le climat de la joyeuse supercherie qui simplifie toutes choses, un visage défiguré par le faux pathétique a pu se transformer en un demi-masque littéraire et franc, ici ce demi-masque est remplacé par l'image d'un visage véritable, créée par la prose littéraire. Les langages cessent d'être simplement l'objet d'une parodie purement polémique, trouvant sa fin en soi : sans dépouiller tout à fait leur couleur parodique, ils commencent à remplir la fonction d'une *représentation littéraire équitable.* Le roman apprend à se servir de tous les langages, modes, genres. Il contraint tous les mondes démodés et vétustes, socialement et idéologiquement aliénés et lointains, à parler d'eux-mêmes, en leur propre langage et style, mais l'auteur surélève au-dessus de ces langages ses intentions et ses accents, qui s'accordent avec eux par le dialogue. L'auteur investit sa pensée dans la représentation du langage d'autrui, sans en violer la volonté ni l'originalité propre. Le discours du personnage sur lui-même et son monde personnel fusionne organiquement avec le discours de l'auteur sur lui et son monde. Avec cette fusion interne de deux points de vue, deux intentions, deux expressions en un seul discours, le côté parodique de celui-ci assume un nouveau caractère : le langage parodié oppose une vive résistance dialogique aux intentions étrangères qui le parodient; dans la représentation même commence à résonner une conversation inachevée; la représentation devient une interaction évidente, vivante, des divers mondes, points de vue, accents. D'où la possibilité d'une réaccentuation, la possibilité d'attitudes différentes envers la querelle qui résonne au sein de la représentation, de positions différentes à son égard et donc, de diverses interprétations de la représentation elle-même, qui devient polysémique, comme un symbole. Ainsi se créent les immortelles figures du roman, vivant à différentes époques des existences différentes. Ainsi, la figure de Don Quichotte, dans le cours ultérieur de l'histoire du roman, est diversement réaccentuée et interprétée, réaccentuations et interprétations indispensables et organiques de l'évolution ultérieure de cette représentation, continuation de la querelle inachevée engendrée en son sein.

Cette dialogisation interne des représentations est liée à la dialogisation générale de tout le plurilinguisme des modèles classiques du roman de la seconde ligne stylistique. Là se dévoile et s'actualise la nature dialogique du plurilinguisme, les langages se correspondent les uns aux autres et s'éclairent mutuellement [1]. Toutes les intentions majeures de l'auteur sont orchestrées, réfractées sous des angles différents, au travers des multiples langages de l'époque. Seuls des éléments secondaires, purement informatifs, indicatifs, sont donnés dans le discours direct de l'auteur. Le langage du roman devient un système de langages littérairement organisé.

Pour compléter et préciser nos distinctions entre la première et la seconde ligne stylistique, nous nous arrêterons sur deux de ses aspects encore, qui éclairent la divergence de leur relation au plurilinguisme.

★

Nous avons vu que les romans de la première ligne introduisaient la multiformité des genres de la vie familière et courante et des genres semi-littéraires. Il s'agissait de les débarrasser d'un plurilinguisme grossier, pour le remplacer par un langage uniforme et « ennobli ». Le roman était une encyclopédie non des langages, mais des genres. Il est vrai que tous ces genres étaient présentés sur le fond dialogique des langages correspondants du plurilinguisme, polémiquement répudiés ou purifiés, pourtant ce fond polylingue demeurait en dehors du roman.

Dans la seconde ligne, nous observons la même tendance vers une encyclopédie des genres (mais à un degré moindre). Il suffirait de citer *Don Quichotte*, si riche en genres intercalaires. Toutefois, dans cette seconde ligne, la fonction des genres intercalaires est radicalement différente : ils ont pour but premier d'introduire la diversité et la multiplicité des langages de l'époque dans le roman. Les genres non littéraires (par exemple ceux de la vie courante) sont introduits non pour être « ennoblis », pour devenir « littéraires », mais précisément parce qu'ils sont « a-littéraires », parce qu'il était possible d'introduire dans le roman un langage non littéraire (voire un dialecte). La multiplicité des langages de l'époque devait être représentée dans le roman.

A partir du roman de la seconde ligne, se forme une exigence qui, par la suite, sera reconnue comme constitutive du genre romanesque (le distinguant des autres genres épiques) et habi-

1. Nous avons déjà dit que la dialogisation virtuelle du langage ennobli de la première ligne stylistique, comme sa polémique avec un plurilinguisme grossier, se trouve ici actualisée *(N.d.A.)*.

tuellement formulée ainsi : le roman doit être le reflet intégral et multiforme de son époque.

Mais il faudrait le formuler différemment : dans le roman, doivent être représentées toutes les voix socio-idéologiques de l'époque, autrement dit, tous les langages tant soit peu importants de leur temps : le roman doit être le microcosme du plurilinguisme.

Ainsi formulée, cette exigence est, en effet, immanente à cette idée du genre romanesque qui détermina la création et l'évolution de la variante la plus importante du grand roman des temps modernes, à commencer par *Don Quichotte*. Cette exigence acquiert une signification nouvelle dans le roman d'apprentissage, où l'idée même du devenir et du développement de l'homme qui y est représenté, impose une représentation complète des mondes sociaux, des voix et des langages de l'époque, au sein desquels s'accomplissent le devenir du héros, son épreuve et son élection. Évidemment, le roman d'apprentissage n'est pas le seul à exiger, à juste raison, cette plénitude des langages sociaux (qui, à la limite, les tarit). Cette exigence peut s'associer, organiquement, avec d'autres visées, des plus diverses. Par exemple, les romans d'Eugène Sue visent à représenter pleinement les mondes sociaux,

A la base de cet impératif, pour le roman, de contenir la plénitude des langages sociaux de son époque, se trouve une perception exacte du plurilinguisme romanesque. Tout langage ne se révèle dans son originalité que correlaté à tous les autres langages intégrés dans une même unité contradictoire du devenir social. Dans le roman, chaque langage est un point de vue, une perspective socio-idéologique des groupes sociaux réels et de leurs représentants incarnés. Si le langage ne se perçoit pas en tant que perspective socio-idéologique, il ne peut servir de matériau d'orchestration, ni devenir une représentation du langage. D'autre part, tout point de vue sur le monde essentiel pour le roman, doit être un point de vue concret, incarné socialement, non une position abstraite, purement sémantique; il doit, par conséquent, avoir son langage propre avec lequel il est organiquement « un ». Le roman ne se bâtit ni sur des dissensions abstraitement sémantiques, ni sur des collisions simplement suscitées par le sujet, mais sur un plurilinguisme social concret. Voilà pourquoi cette plénitude des points de vue incarnés à laquelle aspire le roman, n'est pas la plénitude logique, systématique, purement sémantique des points de vue possibles. Non! C'est la plénitude historique et concrète des langages socio-idéologiques, entrés en action mutuelle à une époque donnée, appartenant à une entité en évolution, unique et contradictoire. Sur le fond dialogique des autres langages de l'époque, et en interaction dialogique directe avec eux, chaque langage prend (dans des dialogues directs) une résonance différente de celle qu'il aurait « en lui-même » si l'on peut dire (s'il n'était pas relaté aux autres). C'est seulement dans l'ensemble du plurilinguisme d'une époque que les langages isolés, leur rôle et leur vraie signification historique, peuvent se révéler totalement, comme le sens définitif, dernier, de la réplique isolée d'un dialogue se révèle seulement lorsque ce dialogue est terminé, que tout a été dit, c'est-à-dire dans le contexte d'une conversation complète et achevée. Ainsi, le langage d'Amadis dans la bouche de Don Quichotte se dévoile totalement et dévoile son sens historique plénier uniquement dans l'ensemble du dialogue des langages de l'époque de Cervantès.

Passons à un deuxième aspect qui éclaire également la différence entre la première et la seconde ligne.

Contrebalançant la catégorie de la littérarité, le roman de la seconde ligne met en avant la critique du discours littéraire en tant que tel, et avant tout du discours romanesque. C'est une *autocritique du discours*, singularité essentielle du genre romanesque. Le discours est critiqué dans son rapport à la réalité : pour sa prétention à la refléter de façon exacte, à la régenter et la remanier (prétentions utopiques), à la remplacer comme son succédané (rêve et invention remplaçant la vie). Déjà dans *Don Quichotte* le discours romanesque littéraire est mis à l'épreuve de la vie, de la réalité. Et au cours de son évolution ultérieure, le roman de la seconde ligne demeure, pour une grande part, celui de l'épreuve du discours littéraire, et en outre l'on peut observer deux types différents de cette épreuve.

Le premier type concentre la critique et l'épreuve du discours littéraire autour du héros, de « l'homme littéraire », qui voit la vie par les yeux de la littérature et tente de vivre « selon la littérature ». Don Quichotte et Madame Bovary en sont les exemples les plus connus, mais tout grand roman, ou presque, contient un « homme littéraire », et, conjointement, la mise à l'épreuve du discours littéraire : tels sont, à des degrés plus ou moins importants, tous les héros de Balzac, Dostoïevski, Tourguéniev, et autres. Seule diffère la part de cet élément dans l'ensemble du roman.

Le second type (« mise à nu du procédé », selon la terminologie des formalistes) introduit l'auteur qui a écrit le roman, toutefois, pas en qualité de personnage principal mais comme l'auteur véritable de l'œuvre. Parallèlement au roman lui-même, on trouve des fragments de « roman sur le roman » (dont le modèle classique est, bien entendu, *Tristram Shandy*, de Tobias Smollett).

Ces deux types peuvent, en outre, se réunir. Il y a déjà dans *Don Quichotte* des éléments de « roman sur le roman » (dans la polémique de l'auteur avec l'auteur de la fausse deuxième partie). De plus, les formes de l'épreuve du discours littéraire peuvent être fort différentes (les variantes du second type étant particulièrement diverses). Enfin, il faut noter spécialement les divers degrés de parodie du discours littéraire mis à l'épreuve. L'épreuve du discours est alliée à sa parodisation, mais le degré de celle-ci, comme son degré de résistance dialogique du discours parodié, peuvent varier énormément : depuis une parodie littéraire qui a sa fin « en soi », extérieure et grossière, jusqu'à une quasi-solidarité avec le discours parodié (« ironie romantique »); entre ces deux extrêmes, se tient *Don Quichotte*, avec sa dialogisation profonde mais sagement équilibrée du discours parodié. Exceptionnellement, l'épreuve du discours littéraire dans le roman peut être complètement dépourvue de parodisation. Un exemple tout récent et fort intéressant, c'est *La Patrie des Cigognes*, de M. Prichvine [1]. Ici, l'autocritique du discours littéraire — le « roman sur le roman » — se mue en roman philosophique sur l'art littéraire, sans parodisation aucune.

Ainsi, la catégorie de la littérarité de la première ligne stylistique, avec ses prétentions dogmatiques à un rôle vital, est remplacée dans les romans de la seconde ligne par l'épreuve et l'autocritique du discours littéraire.

★

Vers le début du XIXe siècle, prend fin la forte opposition des deux lignes stylistiques du roman : *Amadis*, d'une part, *Gargantua et Pantagruel* et *Don Quichotte*, de l'autre; le grand roman baroque et *Simplicissimus*, les romans de Sorel, de Scarron; le roman de chevalerie et l'épopée parodique, la nouvelle satirique, le roman picaresque; enfin Rousseau, Richardson et Fielding, Sterne, Jean-Paul et les autres. Naturellement, on peut repérer jusqu'à nos jours une évolution plus ou moins nette de ces deux lignes, mais seulement à l'écart de la grande route du roman des temps modernes. Toutes les variantes de quelque importance du roman des XIXe et XXe siècles, revêtent un caractère mixte, où prédomine, naturellement, la seconde ligne. C'est elle encore qui prédomine stylistiquement, même

1. Mikhaïl Mikhaïlovitch Prichvine (1873-1954) : styliste original, conteur pénétrant et sensible.

dans le roman de formation stricte du XIXe siècle, bien que des aspects de la première ligne y soient relativement marquants. On peut dire que vers le XIXe siècle les indices de la seconde ligne deviennent les signes constitutifs principaux du genre romanesque en général. Le discours romanesque a déployé toutes ses possibilités stylistiques spécifiques, propres à lui seul, précisément dans cette seconde ligne. Celle-ci a, une fois pour toutes, révélé les virtualités contenues dans le genre romanesque; en elle le roman est devenu ce qu'il est.

Quels sont les postulats sociologiques du discours romanesque de la seconde ligne stylistique ? Il s'est constitué lorsque furent créées les conditions favorisant au maximum l'interaction des langages et leur éclairage mutuel, le passage du plurilinguisme de son existence « en lui-même » (quand les langages ne savent rien les uns des autres ou peuvent s'ignorer) à une existence « pour lui-même » (quand les langages du plurilinguisme se découvrent mutuellement et commencent à servir de fond dialogique les uns aux autres). Pareils à des miroirs braqués réciproquement, chacun des langages du plurilinguisme reflète à sa manière une parcelle, un petit coin du monde, et contraint à deviner et à capter au-delà des reflets mutuels, un monde plus vaste, à plans et perspectives plus divers que cela n'avait été possible pour un langage unique, un seul miroir...

Seule une conscience linguistique galiléenne, incarnée dans le discours romanesque de la seconde ligne stylistique, pouvait correspondre à l'époque des grandes découvertes astronomiques, mathématiques, géographiques, qui détruisirent la finalité et la clôture du vieil Univers et la finalité du nombre mathématique, l'époque qui repoussa les frontières de l'ancien monde géographique, l'époque de la Renaissance et du protestantisme, qui mit fin à la centralisation verbale et idéologique du Moyen Age...

*

Quelques remarques méthodologiques, pour conclure.

L'impuissance de la stylistique traditionnelle, qui ne connaissait que la conscience linguistique ptoléméenne, devant l'authentique originalité de la prose du roman, l'impossibilité d'appliquer à cette prose les catégories stylistiques traditionnelles qui s'appuient sur l'unité du langage et l'intentionnalité rectiligne et conforme de tout son ensemble, la méconnaissance du sens puissant et stylisateur du langage d'autrui et du mode d'un parler indirect, restrictif, tout cela a abouti à une description linguistique neutre du langage de telle œuvre ou — pis encore, de tel auteur — substituée à une analyse stylistique de la prose du roman.

Mais pareille description ne peut par elle-même permettre de comprendre quoi que ce soit au style du roman. De plus, elle est méthodiquement défectueuse en tant que description linguistique, car le roman contient non pas un seul langage mais plusieurs qui, rassemblés, forment une unité purement stylistique et nullement linguistique (tout comme des dialectes peuvent se mélanger pour former de nouvelles unités dialectologiques).

Le langage romanesque de la seconde ligne n'est pas un langage « un », génétiquement issu d'un mélange de langages, mais, comme nous n'avons cessé de le souligner, c'est un système littéraire original de langages qui ne se trouvent pas sur le même plan. Même si nous faisons abstraction des propos des personnages et des genres intercalaires, le discours même de l'auteur demeure un système stylistique de langages : des masses considérables de ce discours stylisent (directement, parodiquement ou ironiquement) les langages d'autrui et les propos d'autrui y sont disséminés, nullement entre guillemets, et appartenant formellement aux propos de l'auteur, mais distinctement éloignés de ses lèvres par une intonation restrictive, ironique, parodique, ou autre. Rapporter tous ces mots distanciés, organisateurs, au seul vocabulaire de tel auteur, rapporter les particularités sémantiques et syntaxiques de ces mots, de ces formes « orchestrantes » aux singularités de la sémantique et de la syntaxe de cet auteur, autrement dit : percevoir et décrire tout cela comme les indices linguistiques d'un prétendu langage unique de l'auteur, est aussi inepte que d'attribuer au langage d'un auteur les fautes de grammaire, montrées objectivement, d'un de ses personnages! Bien sûr, tous ces éléments linguistiques qui orchestrent et créent la distance, portent l'accent de l'auteur et, en fin de compte, sont infléchis par sa volonté littéraire et placés sous sa responsabilité artistique, mais ils n'appartiennent pas à son langage, ne sont pas sur le même plan que lui. La tâche de décrire le langage du roman est, du point de vue de la méthode, une absurdité, parce que l'objet même d'une pareille description, un langage romanesque unique, n'existe pas.

Le roman contient un système littéraire de langages, plus exactement, de représentations des langages, et la tâche réelle de son analyse stylistique consiste à découvrir, dans le corps du roman, tous les langages servant à l'orchestrer, à comprendre le degré d'écart entre chacun des langages et l'ultime instance sémantique de l'œuvre, et les différents angles de réfraction de leurs intentions, à saisir leurs relations dialogiques mutuelles, enfin, s'il existe un discours direct de l'auteur, à déceler son fond dialogique plurilingue, hors de l'œuvre. (Pour le roman de la première ligne, cette dernière tâche apparaît comme fondamentale.)

La solution de ces problèmes stylistiques présume avant tout une profonde pénétration littéraire et idéologique du roman [1]. Cette compréhension seule (étayée, naturellement, par des connaissances) peut dominer le projet littéraire essentiel de l'ensemble, et, partant de là, percevoir les moindres distances entre divers traits du langage et l'ultime instance sémantique de l'œuvre, les nuances les plus subtiles des accents de l'auteur, etc. Aucune observation linguistique, si fine soit-elle, ne découvrira jamais ce mouvement et ce jeu des intentions de l'auteur au sein des différents langages et de leurs aspects. La pénétration littéraire et idéologique dans la totalité du roman doit sans cesse guider son analyse *stylistique*. Il ne faut pas oublier, en outre, que les langages intégrés dans le roman sont élaborés en forme de représentations littéraires des langages (ce ne sont pas des données linguistiques frustes) et cette élaboration peut être plus ou moins littéraire et réussie, répondre plus ou moins bien à l'esprit et à la vigueur des langages représentés.

Mais il ne suffit pas, s'entend, de la seule pénétration littéraire. L'analyse stylistique rencontre toute une suite de difficultés, surtout là où elle a affaire aux œuvres des époques lointaines et aux langues étrangères, là où la perception littéraire n'a pas le soutien d'une intuition linguistique vivante. Dans ce cas (pour parler d'une manière figurée) tout le langage, par suite de sa distance avec nous, paraît placé sur un seul plan, la troisième dimension et la diversité des plans n'y sont pas sensibles. Dès lors, une étude historico-linguistique des systèmes et des styles linguistiques (socio-professionnels, liés aux genres, orientés) existant à telle époque, aidera sérieusement à reconstituer la troisième dimension dans le langage du roman, et permettra de le différencier et de le distancier. Toutefois, même pour l'étude des œuvres contemporaines, la linguistique est évidemment l'indispensable soutien de l'analyse stylistique.

Mais ce n'est pas encore tout. L'analyse stylistique du roman ne peut être productive hors d'une compréhension profonde du plurilinguisme, du dialogue des langages d'une époque donnée. Or, pour comprendre celui-ci, et même pour *entendre* pour la première fois qu'il y a *dialogue*, la connaissance de l'aspect linguistique et stylistique des langages ne suffit pas : il est

1. Cette compréhension implique aussi une appréciation du roman, et pas seulement littéraire au sens étroit, mais également idéologique, car il n'y a pas de compréhension littéraire non appréciative *(N.d.A.)*.

indispensable de pénétrer profondément le sens socio-idéologique de chaque langage, et de connaître de façon précise la répartition sociale de toutes les voix idéologiques d'une époque.

L'analyse du style du roman rencontre des difficultés d'un ordre particulier, causées par la rapidité du courant des deux processus de transformation auxquels est soumis tout phénomène linguistique : le processus de *canonisation* et le processus de *réaccentuation.*

Certains éléments du plurilinguisme, intégrés dans le langage du roman (par exemple, les provincialismes, les expressions professionnelles et techniques), peuvent servir à orchestrer les intentions de l'auteur (et donc, être utilisés de façon restrictive, à distance); d'autres éléments du plurilinguisme, analogues aux premiers, ont perdu à tel moment leur arrière-goût « étranger », sont déjà *canonisés* par le langage littéraire; et l'auteur ne les perçoit plus dans le système d'un parler provincial ou d'un jargon professionnel, mais dans celui du langage littéraire. Ce serait une faute grossière que de leur attribuer une fonction d'orchestration : ils se trouvent déjà sur le même plan que le langage de l'auteur, à moins que celui-ci ne se solidarise pas avec le langage littéraire de son temps, et dans ce cas, ils se trouvent au plan d'un langage « orchestrant » différent (littéraire, et non plus provincial). Dès lors dans certains cas, il est fort difficile de décider de ce qui apparaît à l'auteur comme un élément déjà canonisé du langage littéraire, et de ce qui lui donne encore le sentiment d'un plurilinguisme. Plus l'œuvre analysée se trouve éloignée de notre conscience moderne, plus cette difficulté est sérieuse. Aux époques où le plurilinguisme est le plus vigoureux, où la collision et l'interaction des langages sont particulièrement tendues et fortes, où le plurilinguisme investit le langage littéraire de tous côtés, c'est-à-dire aux époques justement les plus favorables au roman — les aspects du plurilinguisme deviennent facilement et rapidement canoniques, et passent d'un système de langage à un autre : de la vie vécue au langage littéraire, de celui-ci au parler courant, du jargon professionnel à la langue commune, d'un genre à un autre, etc. Dans ce conflit tendu, les frontières deviennent à la fois plus tranchées, mais plus estompées, et il est parfois impossible d'établir avec précision où elles se sont effacées, où certains « combattants » sont entrés dans le territoire ennemi! Tout cela suscite des difficultés énormes pour l'analyse. Aux époques plus stables, les langages sont plus conservateurs, la canonisation se fait plus lentement, plus difficilement, on la suit aisément. Il faut dire, toutefois, que la rapidité de la canonisation ne crée des difficultés qu'à propos de bagatelles, de détails de l'analyse stylistique (principalement du discours étranger éparpillé sporadiquement dans celui de l'auteur), mais la compréhension des principaux langages orchestrants et des lignes principales du mouvement et du jeu des intentions ne peut en être gênée.

Le second processus, la *réaccentuation*, est beaucoup plus compliqué. Il peut déformer de façon importante la compréhension du style du roman. Ce second processus concerne notre perception des distances et des accents restrictifs de l'auteur, en effaçant, et souvent en détruisant leurs nuances. Nous avons déjà eu l'occasion de dire que certains types et certaines variantes du discours bivocal perdent facilement, pour celui qui l'entend, leur seconde voix, et fusionnent avec le discours direct univocal. Ainsi la parodisation, là où elle n'apparaît pas comme un but en soi mais fait fonction de représentation, peut très rapidement, très facilement, sous certaines conditions, ne plus être perçue du tout ou très faiblement. Nous avons dit également que dans une vraie représentation en prose, le discours parodié oppose une résistance dialogique interne aux intentions parodiques; car le mot n'est pas un matériau inerte, objectivé, dans les mains de l'artiste qui le manipule, il est vivant, logique, toujours fidèle à lui-même; il peut devenir inopportun et comique, révéler son étroitesse et son aspect unilatéral, mais son sens, une fois incarné, ne peut jamais se consumer totalement. Dans des conditions différentes, ce sens peut faire jaillir de nouvelles et brillantes étincelles, en brûlant sa carapace objectivée, et donc, priver l'accentuation parodique d'un fond réel, l'éclipser et l'éteindre. Il faut encore garder à l'esprit cette autre particularité de toute représentation prosaïque approfondie : les intentions de l'auteur s'y meuvent selon une courbe, les distances entre le discours et les intentions changent constamment, c'est-à-dire que l'angle de réfraction se modifie; en haut de la courbe est possible une solidarisation complète de l'auteur avec sa représentation, une confusion de leurs voix; en bas de la courbe, au contraire, il peut y avoir une objectivation complète de la représentation, et donc sa parodie grossière, démunie de dialogisation profonde. La fusion de la représentation avec les intentions de l'auteur peut alterner de façon nette avec la totale objectivation de la représentation, mais seulement le long d'une petite section de l'œuvre, par exemple chez Pouchkine, par rapport à la figure d'Onéguine et, en partie, de Lenski. Naturellement, la courbe du mouvement des intentions de l'auteur peut être plus ou moins forte, la figure dans le roman en prose peut être plus sereine, plus équilibrée. Les conditions de la représentation pouvant changer, la courbe peut devenir moins marquée, elle peut même s'étirer pour former une droite : la figure devient alors soit entièrement intentionnelle, soit, au contraire, proprement objectale et grossièrement parodique.

Qu'est-ce donc qui détermine cette réaccentuation des figures et des langages du roman ? Une modification de leur fond dialogique, c'est-à-dire une modification dans le corps du polylinguisme. Lorsque le dialogue des langages de telle époque se transforme, le langage du personnage commence à résonner autrement, étant éclairé différemment, étant perçu sur un autre fond dialogique. Dans ce nouveau dialogue, dans ce personnage et dans son discours, peut se fortifier et s'approfondir son intentionnalité directe ou, au contraire, ce personnage peut s'objectiver totalement, la figure comique peut devenir tragique, le dénoncé devenir dénonciateur, etc.

Dans les réaccentuations de cet ordre, il n'y a pas violation brutale de la volonté de l'auteur. On peut dire que le processus a lieu *dans la représentation même*, et non plus seulement dans les conditions nouvelles de la perception. Celles-ci n'ont fait qu'actualiser les virtualités de la représentation, qui s'y trouvaient déjà (il est vrai qu'elles en ont affaibli d'autres). On peut à bon droit affirmer que la représentation se trouve, dans un certain sens, mieux comprise et mieux sentie qu'auparavant. En tout cas, une certaine incompréhension s'associe ici à une compréhension neuve et plus profonde.

Dans certaines limites, la réaccentuation est inévitable et légitime, voire productive, mais ces limites sont faciles à franchir quand l'œuvre est loin de nous, quand nous commençons à la percevoir sur un fond qui lui est complètement étranger. Dans ce cas, une réaccentuation radicale peut la défigurer : tel est le sort de bien des vieux romans. Mais le plus dangereux, c'est une réaccentuation vulgarisante, simplificatrice, située à tous points de vue en dessous de la mentalité de l'auteur (et de son temps), qui transforme une représentation à deux voix en une représentation plate à une voix, héroïco-ampoulée, sentimentalement pathétique, ou, au contraire, comiquement primaire. Telle est, par exemple, l'interprétation primaire, de style petit-bourgeois, de la figure de Lenski pris « au sérieux », y compris même son poème parodique : *Où donc avez-vous fui*... ou une interprétation purement héroïque de Petchorine, à la manière des personnages de Marlinski [1].

Le processus de réaccentuation a une signification énorme pour l'histoire de la littérature. Chaque époque réaccentue à sa façon

1. Alexandre Bestoujev, dit Marlinski (1797-1837), écrivain romantique très prolifique mais sans flamme, émule peu original de Goethe, Victor Hugo et Walter Scott.

les œuvres d'un passé récent. La vie historique des œuvres classiques est, en somme, un processus ininterrompu de leur réaccentuation socio-idéologique. Grâce aux virtualités des intentions qu'elles portent en elles, elles peuvent, à chaque époque, sur un nouveau fond de dialogues, révéler des aspects sémantiques toujours plus nouveaux. Leur corps sémantique continue, à la lettre, à grandir, à se recréer. De même, leur influence sur des œuvres postérieures présuppose inévitablement un élément de réaccentuation. Les nouvelles représentations littéraires sont fort souvent créées en réaccentuant les anciennes, en les transférant d'un registre d'accents à un autre, par exemple d'un plan comique à un plan tragique, ou *vice versa*.

V. Dibélius cite dans ses ouvrages des exemples intéressants de cette création de représentations nouvelles par la réaccentuation des anciennes. Les types du roman anglais appartenant à une profession, à une classe sociale (médecins, juristes, hobereaux) apparurent tout d'abord dans des comédies de genre, puis passèrent dans les plans comiques de second ordre du roman, en qualité de personnages objectivés secondaires, et par la suite seulement furent transférés sur des plans élevés, et capables de devenir des personnages principaux. L'un des procédés majeurs pour faire passer un personnage du plan comique au plan supérieur, consiste à le représenter malheureux et souffrant; les souffrances transportent un personnage comique dans un registre différent, plus élevé. Ainsi la figure traditionnelle de l'Avare de comédie contribue à l'élaboration d'un nouveau personnage, celui du capitaliste, et permet de monter aux hauteurs tragiques de Dombey [1].

La réaccentuation d'une représentation poétique qui passe dans la prose, ou le procédé inverse, a une portée particulière. C'est comme cela qu'au Moyen Age naquit l'épopée parodique, qui joua un rôle essentiel dans la préparation du roman de la seconde ligne (son parallèle classique culmine avec l'Arioste). La réaccentuation des représentations transférées de la littérature dans d'autres arts — drame, opéra, peinture, est fort significative.

L'exemple classique : l'assez forte réaccentuation d'*Eugène Onéguine* par Tchaïkovski fut importante à cause de l'interprétation de caractère petit-bourgeois des personnages de ce roman, dont le côté parodique fut estompé [2].

1. Charles Dickens, *Dombey and Son.*

2. Le problème du discours bivocal parodique et ironique (plus exactement, de ses analogies) dans l'opéra, la musique et la chorégraphie (danses parodiques) est extrêmement intéressant *(N.d.A.).*

Tel est ce processus de réaccentuation. Il faut lui reconnaître une importance grande et féconde dans l'histoire de la littérature. Une étude stylistique objective du roman des époques lointaines, nous impose de tenir compte sérieusement de ce processus, et de correlater strictement le style que nous étudions avec le fond dialogique du polylinguisme propre à son temps. En outre, la récapitulation de toutes les réaccentuations ultérieures des personnages de tel roman, par exemple du personnage de Don Quichotte, a une grande importance heuristique et élargit leur interprétation littéraire et idéologique. Car, répétons-le, les grandes figures du roman continuent à croître et à se développer même après leur création, et sont susceptibles de se transformer dans les œuvres d'autres époques, fort éloignées d'eux et de l'heure de leur première naissance...

Troisième étude

FORMES DU TEMPS ET DU CHRONOTOPE DANS LE ROMAN

(ESSAIS DE POÉTIQUE HISTORIQUE)

Le processus qui a permis à la littérature de prendre conscience du temps et de l'espace historiques réels et de l'homme historique vrai qui s'y révèle, a été complexe et intermittent. On assimilait certains aspects du temps et de l'espace, accessibles à tel stade historique de l'évolution humaine, et l'on élaborait, dans les méthodes des genres correspondants, des procédés pour refléter et traiter dans l'art littéraire des côtés connus de la réalité.

Nous appellerons *chronotope*, ce qui se traduit, littéralement, par « temps-espace » : la corrélation essentielle des rapports spatio-temporels, telle qu'elle a été assimilée par la littérature. Ce terme est propre aux mathématiques; il a été introduit et adapté sur la base de la théorie de la relativité d'Einstein. Mais le sens spécial qu'il y a reçu nous importe peu. Nous comptons l'introduire dans l'histoire littéraire presque (mais pas absolument) comme une métaphore. Ce qui compte pour nous, c'est qu'il exprime l'indissolubilité de l'espace et du temps (celui-ci comme quatrième dimension de l'espace). Nous entendrons *chronotope* comme une catégorie littéraire de la forme et du contenu, sans toucher à son rôle dans d'autres sphères de la culture [1].

Dans le chronotope de l'art littéraire a lieu la fusion des indices spatiaux et temporels en un tout intelligible et concret. Ici, le temps se condense, devient compact, visible pour l'art, tandis que l'espace s'intensifie, s'engouffre dans le mouvement du temps, du sujet, de l'Histoire. Les indices du temps se découvrent dans l'espace, celui-ci est perçu et mesuré d'après le temps.

1. L'auteur de ces lignes a assisté, pendant l'été 1925, au rapport de A. A. Oukhtomski sur le chronotope en biologie; dans son exposé, il se référa aux problèmes de l'esthétique *(N.d.A.)*.

Cette intersection des séries et cette fusion des indices caractérisent, précisément, le chronotope de l'art littéraire.

En littérature, le chronotope a une importance capitale pour les *genres*. On peut affirmer que ceux-ci, avec leur hétéromorphisme, sont déterminés par le chronotope; de surcroît, c'est le temps qui apparaît comme principe dominant des œuvres littéraires. En tant que catégorie de la forme et du contenu, le chronotope établit aussi (pour une grande part) l'image de l'homme en littérature, image toujours essentiellement spatio-temporelle [1].

Nous venons de dire que la littérature a assimilé le véritable chronotope historique de façon compliquée et sporadique : on n'adaptait que certains de ses aspects, accessibles dans certaines conditions historiques; on n'élaborait que certaines formes de reflet du chronotope réel dans l'art. Fécondes au début, les formes des genres étaient consolidées par la tradition; elles continuèrent à persister par la suite, obstinément, même après avoir perdu complètement toute signification véritablement productive et adéquate. D'où la coexistence, dans la littérature, de phénomènes profondément anachroniques, ce qui complique à l'extrême le processus historico-littéraire.

Dans ces études traitant de la poétique historique, nous nous efforcerons de démontrer ce processus à partir de l'évolution des diverses variantes du genre romanesque en Europe. Nous commencerons par ce qu'on nomme « le roman grec » et terminerons par Rabelais. La relative stabilité typologique des chronotopes du roman élaborés au cours de ces époques, nous permettra de jeter un coup d'œil en avant, pour examiner quelques variétés du roman aux siècles suivants.

Nous ne voulons pas prétendre que l'exposé de nos théories soit complet ou absolument exact. Chez nous, comme à l'étranger, on n'a commencé que récemment à se livrer à un examen sérieux des formes du temps et de l'espace dans l'art et la littérature. Ces travaux, qui iront en se développant, compléteront et, qui sait, apporteront des corrections importantes aux caractéristiques des chronotopes du roman que nous proposons dans ces pages.

1. Dans son *Esthétique Transcendantale* (l'une des parties essentielles de sa *Critique de la Raison pure*) Kant définit l'espace et le temps comme des formes indispensables à toute connaissance, en commençant par les perceptions et représentations élémentaires. Nous admettons le jugement kantien quant à la signification de ces formes pour le processus de la connaissance, mais, au contraire de Kant, nous les tenons non pas pour « transcendantales », mais pour formes de la réalité la plus vraie. Nous nous efforcerons de découvrir leur rôle dans le processus d'une connaissance concrète (d'une vision) de l'art littéraire, dans les données du genre romanesque *(N.d.A.)*.

I

Le roman grec

Dès l'Antiquité prirent naissance trois types romanesques essentiels et, partant, trois procédés correspondants qui permettent d'appréhender de façon littéraire le temps et l'espace dans le roman ou, disons plus simplement, trois chronotopes romanesques. Ces trois types se révélèrent extrêmement féconds et souples. Ils déterminèrent en grande partie l'évolution du roman d'aventures jusqu'au milieu du XVIIIe siècle. Il convient donc de commencer par leur analyse minutieuse, pour ensuite développer leurs variantes successives dans le roman européen et découvrir les nouveautés créées sur le sol de l'Europe.

Dans toutes les analyses qui vont suivre, nous concentrerons notre attention sur le problème du temps (principe premier du chronotope), nous occupant seulement de ce qui s'y rapporte directement. Nous laisserons de côté presque tous les problèmes d'ordre historique et génétique.

Le premier type de roman antique (« premier » n'étant pas pris au sens chronologique) sera conventionnellement nommé « roman d'aventures et d'épreuves ». Nous lui rattacherons tout roman dit « grec » ou « sophiste », élaboré entre le IIe et le VIe siècle de notre ère, nous référant aux modèles parvenus jusqu'à nous dans leur intégralité : *Les Éthiopiques*, ou *L'Éthiopienne*, de Héliodore, *les Aventures de Leucippé et de Clitophon*, d'Achille Tatius, *Les Aventures de Chéréas et de Callirhoé*, de Chariton d'Aphrodise, *Les Éphésiaques*, de Xénophon d'Éphèse, *Daphnis et Chloé*, de Longus. Certains modèles caractéristiques ne nous ont été transmis que par fragments, ou remaniés [1].

Dans ces romans, le type même du *temps de l'aventure*, avec

1. *Aventures extraordinaires au-delà de Thulé*, d'Antonius Diogène, le roman de *Nina*, le roman de la *Princesse Chioné*, etc. *(N.d.A.)*

toutes ses particularités, toutes ses nuances, est magnifiquement et finement façonné. Si grandes, si achevées sont déjà l'élaboration et la technique du traitement de ce temps dans le roman, que le développement ultérieur du véritable roman d'aventures n'y a rien ajouté de substantiel jusqu'à nos jours. Aussi, les particularités *du temps des aventures* s'y révèlent-elles mieux qu'ailleurs.

Comme il en va pour leurs successeurs les plus immédiats et les plus directs (les romans byzantins) tous les romans grecs révèlent entre eux une énorme ressemblance et, en somme, sont composés avec les mêmes ingrédients (thèmes). La quantité de ces ingrédients, leur poids spécifique dans l'ensemble du sujet, leur façon de se combiner, peuvent varier d'un roman à l'autre. Il est facile en partant du sujet de composer un schéma type général, en indiquant les divergences et les variations notables. Voici ce schéma :

Un jeune homme et une jeune fille d'*âge nubile.* Leur origine est *inconnue, mystérieuse.* (Pas toujours : par exemple cet élément manque chez Tatius.) Ils sont dotés d'une *beauté exceptionnelle.* Ils sont, aussi, extraordinairement *chastes.* Leur rencontre a lieu de façon *inattendue,* habituellement au cours d'une *fête* solennelle. Ils s'enflamment d'une passion mutuelle, *soudaine et instantanée,* irrésistible comme la fatalité, comme un mal incurable. Toutefois, ils ne peuvent se marier aussitôt. Ils rencontrent des obstacles qui *retardent* ou empêchent leur union. Les amoureux sont *séparés ;* ils se cherchent, *se retrouvent, se reperdent,* se trouvent encore. Puis ce sont les entraves et les aventures propres aux amoureux : l'enlèvement de la fiancée à la veille des noces, *l'opposition des parents* (s'il y en a), qui ont choisi pour les jeunes gens un autre époux, une autre épouse (faux couples); la fuite des amoureux, leur voyage, la tempête, *le naufrage,* le sauvetage miraculeux, l'assaut des *pirates, la capture, la prison,* offense à la chasteté de l'héroïne, du héros, sacrifice de la fiancée, victime expiatoire; guerres, combats; les fiancés vendus comme *esclaves ; fausse mort ;* reconnaissance, non-reconnaissance; fausses trahisons; la chasteté et la fidélité mises à l'épreuve; accusations mensongères, crime, procès, amoureux éprouvés par leurs juges. Les héros découvrent leur famille (s'ils ne la connaissent pas). Les rencontres avec des amis inattendus ou des ennemis imprévus jouent un grand rôle, de même que les divinations, les prédictions, les songes prophétiques, les prémonitions, les potions soporifiques. Le roman s'achève par l'heureuse union des amoureux dans les liens du mariage. Tel est le schéma des principaux éléments de ces sujets.

L'action se déroule sur un fond géographique très vaste et varié, généralement dans trois à cinq pays, séparés par des mers : la Grèce, la Perse, la Phénicie, l'Égypte, Babylone, l'Éthiopie, etc. On trouve dans ces romans la description, souvent très détaillée, de certains aspects particuliers des pays, villes, édifices divers, œuvres d'art (peintures par exemple), des mœurs et coutumes des habitants, des multiples animaux exotiques, merveilleux, et autres curiosités ou raretés. On trouve aussi des digressions, parfois abondantes, sur différents thèmes : la religion, la philosophie, la politique, la science, le destin, les prémonitions, le pouvoir d'Éros, les passions humaines, les larmes, etc. Dans ces romans, les discours des personnages, plaidoyers et autres, ont une importance capitale; ils sont construits selon toutes les règles d'une rhétorique attardée. On voit que le roman grec, par son contenu, prétend à une certaine connaissance encyclopédique, propre en général à ce genre.

Tous ces aspects du roman, sans exception, sous leur forme abstraite, tant pour ce qui est du sujet, des descriptions, que des discours rhétoriques, ne sont nullement une nouveauté; tous ont existé, bien exploités, dans d'autres genres littéraires de l'Antiquité. Les thèmes de l'amour (première rencontre, passion soudaine, nostalgie) furent élaborés dans les poèmes d'amour hellénistiques; d'autres thèmes (tempêtes, naufrages, guerres, enlèvements) furent façonnés par l'épopée antique; certains (la reconnaissance) jouèrent un rôle esssentiel dans la tragédie. Les thèmes descriptifs sont développés dans le roman géographique de l'Antiquité comme dans les œuvres historiques, chez Hésiode, entre autres. Les digressions et discours figuraient dans les genres rhétoriques. On peut apprécier de façons diverses la signification de l'élégie amoureuse, du roman géographique, de la rhétorique, du drame, du genre historiographique dans la genèse du roman grec, mais on ne peut manquer d'y reconnaître un certain syncrétisme des éléments propres à tous les genres. Le roman grec a utilisé et refondu dans sa structure quasiment tous les genres de la littérature antique. Toutefois, tous les éléments appartenant à ces divers genres sont ici remaniés, unifiés, pour former une nouvelle et spécifique entité romanesque. Dans un *chronotope* tout à fait nouveau, *un monde étranger dans le temps des aventures*, les éléments des divers genres acquièrent un caractère neuf et et des fonctions particulières. Ils ont cessé d'être ce qu'ils étaient quand ils faisaient partie d'autres genres.

Quelle est donc l'essence de ce « temps des aventures » des romans grecs? Le sujet commande, comme point de départ, la première rencontre du héros et de l'héroïne et la soudaine flambée de leur passion réciproque; le point d'arrivée sera leur heureux mariage. Toute l'action se déroule entre ces deux points, pôles de l'action, événements essentiels de la vie des héros, qui ont par eux-mêmes une portée biographique. Néanmoins, le roman n'est pas bâti sur eux, mais sur ce qui se joue (s'accomplit) *entre eux*. Par essence, il ne devrait rien y avoir entre le point de départ et le point d'arrivée : l'amour du héros et de l'héroïne ne suscite, dès le début, aucun doute; il demeure *absolu et invariable* tout au long du roman. Leur chasteté et leur union finale *se confondent* directement avec leur amour, né *dès* leur première rencontre; c'est comme si, entre ces deux péripéties, il ne s'était absolument rien passé, comme si le mariage avait eu lieu au lendemain de la rencontre. Deux moments connexes d'une existence et d'un temps biographiques se sont immédiatement confondus. Cette rupture, cette pause, ce hiatus, qui apparaissent entre ces deux moments directement contigus d'une biographie, et au-dedans desquels, justement, se structure tout le roman, n'entrent pas dans la série biographique temporelle. Ils se placent hors du temps biographique, ne changent rien à l'existence des héros, n'y apportant rien. Il s'agit d'un hiatus extra-temporel entre deux moments d'un temps biographique.

S'il en allait autrement, si, disons, comme résultat des aventures et des épreuves vécues, la passion initiale et soudaine des héros avait été fortifiée, vérifiée à l'œuvre, avait acquis de nouvelles qualités d'un sentiment solide et éprouvé, ou si les héros avaient mûri, s'étaient mieux connus l'un l'autre, nous aurions l'un des types très tardifs du roman européen, nullement un roman d'aventures, et pas du tout un « roman grec ». Car dans ce cas, même si les pôles du sujet restaient les mêmes (passion au début, mariage à la fin), les péripéties elles-mêmes, qui retardent les noces, acquerraient un sens biographique voire psychologique, elles se trouveraient intégrées dans le temps réel des existences des héros, transformant leur personne et les événements (marquants) de leur vie. Mais dans le roman grec il n'y a rien de tel; il y a un pur hiatus entre deux moments du temps biographique, *qui ne laisse aucune trace* dans la vie ou le caractère des héros. Tous les événements du roman qui comblent cet hiatus, ne sont qu'une déviation du cours normal de la vie, sans la durée réelle des compléments d'une biographie normale.

Ce *temps* du roman grec ne connaît pas davantage la durée de la croissance biologique élémentaire. Au début, les héros se rencontrent à l'âge nubile, à la fin, ils entrent dans l'état matrimonial au même âge, aussi frais et aussi beaux! La durée de leurs aventures innombrables et incroyables n'est ni mesurée, ni calculée : ce sont simplement des jours, des nuits, des heures, des instants, techniquement comptés dans les seules limites de chaque aventure. Cette durée des aventures, extrêmement intense mais imprécise, ne tient pas du tout compte de l'âge des héros. Il s'agit également, dans ce cas, d'un hiatus intemporel entre deux moments biologiques : l'éveil de la passion et son assouvissement.

Lorsque Voltaire, dans son *Candide*, parodia le roman d'aventures de type grec (qu'on appelait « roman baroque »), prépondérant aux XVIIe et XVIIIe siècles, il ne manqua pas de calculer quelle pouvait être la durée réelle d'une dose normale d'aventures romanesques et de « revers de fortune » de son héros. A la fin du roman, Candide et Cunégonde, venus à bout de leurs vicissitudes, se marient. Mais, hélas! les voici déjà vieux, et la belle Cunégonde ressemble à une vieille sorcière hideuse. L'assouvissement succède à la passion, mais il est déjà biologiquement impossible!

Il va de soi que dans le roman grec ce temps des aventures ne connaît pas les cycles de la vie courante et de la nature, qui introduiraient un ordre temporel et des mesures humaines, et rattacheraient ce temps aux récurrences de la vie de la nature et des hommes. Bien entendu, il ne peut être question d'une localisation historique du temps des aventures. Dans tout l'univers du roman grec, avec toutes ses contrées, cités, édifices, œuvres d'art, il est évident que tous les indices du temps historique sont totalement absents, de même que toute empreinte d'une époque. C'est pourquoi la chronologie de ces romans n'est pas encore établie avec une précision scientifique, et récemment encore, les opinions des chercheurs sur la date d'origine de tel ou tel roman différaient, avec un écart de cinq à six siècles!

Ainsi, toutes les péripéties du roman grec, les événements et aventures qui le remplissent, n'entrent pas dans les séries temporelles de l'Histoire, des mœurs, des biographies ou de l'âge biologique élémentaire. Ces aventures se placent en dehors de ces séries et des conformités et dimensions humaines qui leur sont propres. Dans ce temps, rien ne change : le monde reste le même, l'existence biographique des héros ne change pas davantage. Leurs sentiments demeurent immuables. Les gens ne vieillissent même pas. Ce temps vide ne laisse aucune trace; aucun indice n'en subsiste. Répétons qu'il s'agit d'un hiatus extra-temporel entre deux moments d'une série temporelle réelle — ici, d'une série biographique.

Tel est ce temps des aventures dans son ensemble. Quel

est-il au-dedans de lui-même? Il est composé d'une série de brefs segments, correspondant à chaque aventure. A l'intérieur de chacune d'elles, le temps est organisé extérieurement, techniquement : il est important d'avoir le temps de s'enfuir, de se rattraper, de se distancer, d'être ou de ne pas être, à un moment donné, dans tel endroit précis, de se rencontrer ou non, etc. Dans les limites de chaque aventure, les jours, les nuits, les heures, voire les minutes et les secondes, comptent comme dans tout combat, toute entreprise active et extériorisée. Ces segments temporels sont introduits et s'entrecroisent par le truchement de ces mots spécifiques : « tout à coup », et « justement ».

Ces mots caractérisent ce temps de la manière la plus adéquate car, en règle générale, il débute et entre dans ses droits quand le cours des événements normal et pratique, ou soumis à la causalité, s'interrompt et permet l'intrusion du *pur hasard*, avec sa logique particulière. Cette logique, c'est une *coïncidence* fortuite, c'est-à-dire une concomitance, et une *rupture* fortuites, c'est-à-dire une *non-coïncidence fortuite*. De surcroît, « plus tôt » ou « plus tard » prennent ici une signification capitale, décisive. Si quelque chose arrivait une minute avant ou une minute après, autrement dit, si par hasard cela n'avait pas lieu, en même temps (ou consécutivement), il n'y aurait pas de sujet et on n'aurait rien à narrer.

« J'allais sur mes dix-huit ans et mon père préparait mon mariage, lorsque la Fortune commença toute l'aventure », raconte Clitophon (*Leucippé et Clitophon* 1, III). C'est le jeu du destin; ce « tout à coup », ce « justement », c'est tout le contenu du roman [1].

La guerre entre les Thraces et les Byzantins commence *tout à coup*. Le roman ne souffle mot de ses causes, mais c'est grâce à elle que Leucippé arrive dans la demeure de Clitophon, qui avoue : « Dès que je la vis, je fus perdu. » Or, son père, qui lui destinait une autre épouse, hâte le mariage. Il le fixe pour la semaine suivante et déjà prépare les sacrifices propitiatoires. « Lorsque je l'appris, je me jugeai perdu et me mis à chercher un moyen par lequel je pourrais retarder la cérémonie. Pendant que je réfléchissais, il se produisit *tout à coup* du bruit et de la confusion du côté des hommes » (2, XII). Il se révèle qu'un aigle a dérobé la viande du sacrifice. C'est un mauvais présage!

1. Achille Tatius, *Les Aventures de Leucippé et de Clitophon*, *in* « Romans grecs et latins », textes présentés, traduits et annotés par Pierre Grimal, Bibliothèque de la Pléiade, Gallimard, 1958 (*Leucippé et Clitophon :* pp. 875 à 1027).

Force est de remettre le mariage de quelques jours. Et *juste à ce moment* on enlève la jeune fille destinée à Clitophon; on l'a prise par erreur pour Leucippé.

Clitophon se décide à pénétrer dans la chambre à coucher de Leucippé : « Je venais à peine de pénétrer dans la chambre de la jeune fille, qu'il se passa quelque chose du côté de sa mère : il se trouva qu'elle fut troublée par un songe » (2, XXIII). Elle rentre dans la chambre et y trouve Clitophon, qui parvient à s'échapper sans qu'elle le reconnaisse. Mais tout peut se découvrir dès le lendemain, aussi, Clitophon et Leucippé doivent-ils s'enfuir. Toute cette évasion est bâtie sur l'enchaînement des « tout à coup » et des « justement » fortuits, favorables aux deux héros. « Par une heureuse chance, Conops, qui n'avait cessé de nous espionner, se trouvait absent ce jour-là, pour le service de sa maîtresse... Notre attente ne fut pas trompée : dès que nous arrivâmes au port de Beyrouth, nous trouvâmes un navire en train d'appareiller et juste sur le point de détacher ses câbles... Sur ce vaisseau, il y avait un certain jeune homme installé près de nous... » (2, XXXI-XXXII). Il devient leur ami et joue un rôle considérable au cours des péripéties suivantes. Ensuite, c'est la tempête traditionnelle, puis le naufrage. « Soudain, le troisième jour de notre voyage, le ciel se couvre d'une obscurité profonde, tandis que disparaît la lumière du jour » (3, I). Au cours du naufrage, tous périssent, sauf les héros, sauvés par un heureux hasard. « Et voici, lorsque le navire se brisa, une divinité favorable nous conserva la partie de la proue où nous étions installés. » Ils sont rejetés sur le rivage : « Vers le soir *(grâce au hasard)*, nous parvînmes à Péluse » (3, V). Par la suite, on découvre que les autres, que l'on croyait noyés, étaient eux aussi sains et saufs par le fait d'un heureux hasard. Plus tard, ils arrivent au moment et à l'endroit précis où les deux héros ont besoin d'un prompt secours. Clitophon, persuadé que Leucippé a été immolée par les brigands, décide de mettre fin à ses jours. « Je lève mon épée dans l'intention de me la plonger dans la gorge » (sur le lieu où Leucippé avait été offerte en holocauste) lorsque je vois (il y avait clair de lune) deux hommes en face de moi, courant de toutes leurs forces dans ma direction... Ce sont Ménélas et Satyros. C'étaient mes amis, ils n'étaient pas morts, mais je ne les embrassai pas, je ne fus pas non plus saisi de joie » (3, XVII). Bien entendu, ils l'empêchent de se suicider, en lui apprenant que Leucippé est vivante.

Vers la fin du roman Clitophon, faussement accusé, est condamné à mort. Avant de mourir, il va subir la torture : « J'étais déjà enchaîné, dépouillé de mes vêtements, et attaché en l'air à des cordes. Déjà l'on apportait qui des fouets, qui du feu et une roue... Clinias commençait à gémir et à invoquer les dieux, lorsque parut le prêtre d'Artémis, couronné de lauriers. C'est là le signe qu'il arrive un cortège officiel pour honorer la déesse. Lorsque cela se produit, il faut surseoir à toutes les exécutions, pendant que les ambassadeurs accomplissent des sacrifices. Je fus donc libéré de mes chaînes » (7, XII). Pendant ces quelques jours de répit, tout s'éclaircit et l'affaire prend une autre tournure, non sans bien des coïncidences et des ruptures nouvelles, dues au hasard comme on le devine. Leucippé est bien vivante. Le roman s'achève par des mariages.

Nous n'avons cité qu'un nombre infime de coïncidences et de contretemps fortuits, mais nous voyons que « le temps des aventures » vit, dans le roman, dans un certain état de tension. Un jour, une heure, voire une minute « plus tôt » ou « plus tard », voilà qui peut toujours être décisif et fatal. Les aventures elles-mêmes s'enfilent les unes dans les autres dans une série extra-temporelle et, en somme, infinie : ne peut-on l'étirer autant qu'on veut ? Elle ne comporte aucune restriction interne importante. Les romans grecs ne sont pas longs, comparativement. Le volume des romans du XVIIe siècle, de structure analogue, était dix à quinze fois plus important [1] ! Il n'existe aucune limitation interne à une telle croissance : tous ces jours, ces heures, ces minutes, dont il est tenu compte dans le cadre des aventures isolées, ne sont pas réunis dans une série temporelle réelle, ne deviennent pas les jours, les heures d'une vie humaine, ne laissent aucune trace; aussi peut-il y en avoir autant qu'on veut.

Tous les moments du temps infini des aventures sont gouvernés par une force unique : le hasard, car enfin, nous voyons que ce temps est fait de concomitances et de contretemps, dus au hasard. Ce « temps de l'aventure et du hasard » est, spécifiquement, le temps de *l'intrusion des forces irrationnelles dans une vie humaine :* intrusion du destin *(tuké)* des dieux, des démons, des mages et magiciens, dans les romans d'aventures tardifs des criminels romanesques qui, en tant que tels, se servent de la simultanéité et du contretemps fortuits comme armes, « guettent », « épient », frappent « tout à coup » et « *juste au bon moment* ».

Les éléments du temps des aventures se trouvent aux points de rupture du cours normal des événements, de la série pratique des causes et des effets, là où elle s'interrompt et cède la place à l'intrusion des forces inhumaines : fatalité, dieux, malfaiteurs.

1. Voici les dimensions des romans les plus connus du XVIIe siècle : *L'Astrée*, d'Honoré d'Urfé : cinq tomes et plus de six mille pages; *Cléopâtre*, de La Calprenède : douze tomes, plus de cinq mille pages; *Arminius et Thusnelda*, de Lohenstein : deux énormes tomes de plus de trois mille pages. (Cf. note 1, p. 248.)

C'est à ces forces-là, non aux héros, que dans le temps des aventures appartient *toute l'initiative*. Les héros agissent, bien sûr; ils s'enfuient, se défendent, se battent, se sauvent, mais agissent, si l'on peut dire, comme des êtres physiques, l'initiative ne leur appartient point. Même l'amour leur est envoyé de façon inattendue par le tout-puissant Éros. Les choses « arrivent » aux individus (même s'il leur « arrive » de conquérir un royaume). Le véritable homme des aventures, c'est l'homme du hasard. En tant qu'homme à qui « il est arrivé quelque chose », il entre dans le temps des aventures. Mais là, l'initiative n'appartient pas aux humains.

On comprend que tous ces incidents, ces « tout à coup », ces « juste à ce moment », ne peuvent être prévus à l'aide d'une analyse rationnelle, d'une étude, d'une sage prévision, d'une expérience. En revanche, on les reconnaît au moyen des divinations, des auspices, des traditions, des prophéties de l'Oracle, par les songes prémonitoires, les pressentiments. Les romans grecs en sont pleins. A peine « la Fortune a-t-elle commencé son aventure », que Clitophon fait un rêve prophétique, qui lui dévoile sa prochaine rencontre avec Leucippé, et leurs péripéties. Et le roman est bourré de phénomènes semblables. La Fatalité et les dieux tiennent entre leurs mains l'initiative des événements, et informent les humains de leur volonté. « La Divinité se plaît souvent à révéler, en songe, le futur des hommes », dit Achille Tatius, par la bouche de son Clitophon, « pas pour qu'ils évitent ainsi le malheur (car personne ne peut être plus fort que le Destin), mais pour qu'ils supportent plus aisément leurs souffrances » (I, III).

Dans l'évolution ultérieure du roman européen, partout où apparaît ce temps des aventures de type grec, l'initiative revient au hasard qui gouverne le caractère simultané comme le caractère consécutif des événements, soit comme puissance impersonnelle et anonyme, soit comme Fatalité, soit comme Providence divine, enfin comme « malfaiteur », ou « mystérieux bienfaiteur » romanesque. Et ces derniers on les trouve encore dans les romans historiques de Walter Scott! Avec le hasard (sous ses masques variés), toutes sortes de prédictions entrent inévitablement dans le roman, surtout les songes prémonitoires et les pressentiments. Il n'est pas obligatoire, s'entend, que tout le roman soit bâti sur le temps des aventures de type grec : il suffit d'ajouter quelques éléments de ce temps à d'autres séries temporelles, pour qu'apparaissent inévitablement des manifestations connexes.

Au XVIIe siècle, avec sa logique particulière, on introduisait dans ce temps des aventures et du hasard, des dieux et des malfaiteurs, les destins des peuples, des royaumes, des cultures; c'est le cas des premiers romans historiques, par exemple, *Artamène, ou le Grand Cyrus*, de Mlle de Scudéry, *Arminius et Thusnelda*, roman de Lohenstein [1], les romans historiques de La Calprenède. On créait une « philosophie de l'histoire » spécifique, qui pénétrait dans ces romans; elle abandonnait l'accomplissement des destins historiques à cet « hiatus » extra-temporel formé entre deux moments de la série temporelle réelle.

La série des éléments du roman historique « baroque » pénétra, par le truchement du « roman gothique », dans les romans de Walter Scott, déterminant certaines de leurs particularités : actions secrètes de mystérieux bienfaiteurs ou malfaiteurs, rôle spécifique du hasard, toutes espèces de prophéties et prémonitions. (Naturellement, ces éléments ne sont nullement dominants chez Walter Scott.)

Hâtons-nous de faire une réserve : il s'agit ici du *hasard-initiative* du temps des aventures de type grec, non du hasard en général. Celui-ci est l'une des formes d'expression de la nécessité, et comme tel, il peut avoir sa place dans tout roman, comme dans la vie elle-même. Dans les séries temporelles humaines plus réelles (à divers degrés de réalité), aux aspects du hasard et de l'initiative de type grec correspondent (bien qu'il ne puisse être question de correspondances *strictes*) les erreurs humaines, les crimes (déjà en partie dans le roman baroque), les hésitations et le choix des décisions dues à l'initiative humaine.

En achevant notre analyse du temps des aventures dans le roman grec, nous devons aborder un élément d'ordre plus général : les thèmes isolés qui entrent comme éléments constitutifs dans les sujets de roman. Des thèmes tels que rencontre — départ (séparation), perte — acquisition, recherches — découverte, reconnaissance — méconnaissance, etc., entrent comme éléments constitutifs dans les sujets non seulement des romans de différentes époques, de différents types, mais dans des œuvres littéraires appartenant aux genres épique, dramatique, et même lyrique. De par leur nature, ces thèmes sont spatio-temporels (de façon différente, selon les différents genres, c'est vrai). Nous nous arrêterons à un seul thème, mais sans doute le plus important : *le thème de la rencontre*.

En analysant le roman grec, nous avons montré que dans

1. Daniel Kaspar von Lohenstein (1635-1685), auteur de tragédies et de romans. Le roman mentionné ici, *Grossmüthiger Feldherr Arminius*, a pour titre français : *Le Magnanime Condottiere Arminius*.

toute *rencontre* la définition temporelle (« au même moment ») est inséparable de la définition spatiale (« au même endroit »). Dans le thème négatif : « ne se trouvèrent pas », « se quittèrent », le chronotope demeure, mais l'un de ses deux membres est revêtu du signe négatif : ils ne se sont pas rencontrés parce qu'ils se trouvaient dans des lieux différents. L'infrangible unité (mais non la fusion) des définitions temporelles et spatiales a, dans le chronotope de la rencontre, un caractère élémentaire précis, formel, quasiment mathématique. Mais un caractère abstrait, bien entendu. Isolé, le thème de la rencontre est impossible : il entre toujours comme élément constitutif dans le corps du sujet et dans l'entité concrète de l'œuvre entière; par conséquent, il s'intègre dans le chronotope concret qui l'englobe, et donc ici dans le temps des aventures et dans une contrée étrangère (mais sans exotisme).

Dans les diverses œuvres, ce thème reçoit différentes nuances concrètes, selon leur valeur et leur caractère émotionnel : la rencontre peut être désirée ou indésirable, joyeuse ou triste, voire terrifiante. Elle peut aussi être ambivalente. De toute évidence, ce thème peut s'exprimer diversement, selon le contexte. Il peut assumer un sens mi-métaphorique ou totalement métaphorique, enfin, avoir la valeur d'un symbole, parfois très profond. Très souvent, en littérature, le chronotope de la rencontre remplit des fonctions compositionnelles : il sert de nœud à l'intrigue, parfois de point culminant ou de dénouement (de finale) à l'histoire. La rencontre est un des plus anciens événements inspirateurs des sujets de l'épopée (et particulièrement du roman). Il faut prêter attention à ses liens étroits avec les thèmes de *la séparation*, *la fuite*, *les retrouvailles*, *la perte*, *le mariage*, etc... qui, par l'unité de leurs définitions spatio-temporelles, sont analogues au thème de la rencontre.

Particulièrement significatif est le lien étroit du thème de la rencontre avec le *chronotope de la route* (« la grand-route ») : les multiples rencontres en chemin. L'unité des fonctions spatio-temporelles apparaît là également de façon très nette et précise. L'importance du chronotope de *la route* est énorme dans la littérature; rares sont les œuvres qui se passent de certaines de ses variantes, et beaucoup d'entre elles sont directement bâties sur lui, et sur les rencontres et péripéties « en route [1]. »

Ce thème de la « rencontre » se rattache étroitement à d'autres thèmes, très importants, en particulier, ceux de la *reconnaissance et de la non-reconnaissance*, qui ont joué un rôle colossal dans la

1. Nous donnerons une caractéristique plus développée de ce thème dans la section finale de la présente étude *(N.d.A.)*.

littérature, par exemple, dans la tragédie antique. Ce thème est l'un des plus universels, non seulement en littérature (où il est difficile de découvrir une œuvre dont il soit totalement absent), mais dans d'autres domaines de la culture, comme dans diverses sphères de la vie et des mœurs de la société. Dans le domaine scientifique et technique, où règne une pensée purement conceptuelle, on ne trouve pas ce thème en tant que tel, mais le concept de *contact* lui est (jusqu'à un certain point) équivalent. Dans la sphère mythologique et religieuse, le thème de la rencontre joue, évidemment, l'un des premiers rôles : dans la tradition sacrée, dans les Écritures saintes (tant chrétiennes, comme l'Évangile, que bouddhiques). Dans les rites, dans les religions, il s'allie à d'autres motifs, tel celui de la « manifestation » (« Épiphanie »). Dans certains courants de la philosophie dépourvus de caractère strictement scientifique, le thème de la *rencontre* a aussi une certaine signification, par exemple chez Schelling, Max Scheller, surtout Martin Buber.

Le chronotope réel trouve constamment sa place dans les organisations de la vie sociale et nationale. Nul n'ignore la pluralité des « rencontres » sociales organisées, et leur portée. Dans la vie d'un État, les rencontres ont également une grande importance, ne serait-ce que sur le plan de la diplomatie, où elles sont toujours strictement réglementées, où le temps, le lieu et la composition du groupe d'accueil sont établis selon le rang de la personne reçue. Enfin, il est inutile d'insister sur l'importance des rencontres (qui déterminent parfois le destin d'un homme) dans la vie quotidienne de chacun.

Tel est le thème spatio-temporel de la rencontre. Nous reviendrons aux problèmes généraux des chronotopes à la fin de ces études. A présent, nous revenons à nos analyses du roman grec.

Dans quel espace se réalise donc le temps des aventures dans ces romans ? Ils ont besoin de s'étendre dans un espace *abstrait*. Naturellement, le monde du roman grec est chronotopique, mais le lien entre l'espace et le temps y a (pourrait-on dire) un caractère non pas organique, mais purement technique et mécanique. Pour que l'aventure puisse se déployer il lui faut de l'espace, beaucoup d'espace. Les manifestations simultanées ou consécutives fortuites sont indissolublement liées à l'espace, mesuré avant tout par la *distance* ou la *proximité* (à différents degrés). Pour que le suicide de Clitophon soit conjuré, il est indispensable que ses amis se trouvent *juste à l'endroit* où il comptait se tuer. Pour arriver *à temps*, autrement dit, pour se trouver *au moment voulu*, à *l'endroit voulu*, *ils courent*, c'est-à-dire qu'ils vainquent la *distance spatiale*. Pour qu'à la fin du roman le sauvetage de Clitophon puisse avoir lieu, il est indispensable que la procession avec le sacrificateur d'Artémis à sa tête, *ait le temps* de se trouver au lieu du supplice, *avant l'exécution*. Les enlèvements présupposent qu'on emporte rapidement la personne ravie, *vers un lieu lointain et inconnu*. La poursuite présuppose une victoire sur *la distance et sur certains obstacles spatiaux*. La captivité et la *prison* présupposent une *barrière* autour du héros et *son isolement en un endroit précis de l'espace*, ce qui entrave son mouvement spatial vers son but : ses poursuites et recherches ultérieures. L'enlèvement, la fuite, la poursuite, les recherches, la captivité, jouent un rôle énorme dans le roman grec. Il a donc besoin de grands espaces, de rivages, de mers, de pays. L'univers de ces romans est grand et varié. Or, dimensions et diversité sont parfaitement abstraits. Pour un naufrage, il faut *une mer*, mais peu importe laquelle du point de vue géographique et historique! Pour fuir, il faut passer dans un *autre pays*, et il est important pour les ravisseurs de conduire leur victime dans une autre contrée, mais laquelle? Peu importe! Les péripéties aventureuses du roman grec n'ont aucun lien matériel avec les particularités des pays qui y figurent, avec leur structure socio-politique, leur culture, leur histoire. Aucun de ces caractères particuliers n'entre dans la péripétie aventureuse en qualité d'élément déterminant. L'aventure est seulement régie par *le hasard*, autrement dit, par une coïncidence ou une non-coïncidence fortuites, dans *un lieu donné de l'espace* (tel pays, telle ville). Les particularités de ce lieu n'entrent pas dans l'événement comme partie constitutive, et le lieu pénètre dans l'aventure uniquement comme une étendue dépouillée et abstraite.

Voilà pourquoi toutes les aventures du roman grec sont transférables : ce qui se passe à Babylone pourrait avoir lieu en Égypte, à Byzance, ou à l'inverse. Certaines aventures, terminées en soi et dans le temps, pourraient être transportées en un autre temps, puisque celui des aventures ne laisse pas de traces importantes, il est donc essentiellement *réversible*. Le chronotope des aventures se caractérise, précisément, *par le lien technique abstrait entre l'espace et le temps, par la réversibilité des moments de la série temporelle, et par leur possibilité de changer de place dans l'espace.*

Dans ce chronotope, l'initiative et le pouvoir ne relèvent que du hasard. Aussi, le degré *de détermination et de concrétisation* de ce monde-là ne peut être qu'extrêmement limité. Car enfin, toute concrétisation, qu'elle soit géographique, économique, socio-politique, quotidienne, paralyserait la liberté et la facilité des aventures, et imposerait des limites au pouvoir absolu du hasard. Toute concrétisation, fût-elle simplement celle du quotidien, introduirait dans une existence humaine, dans le temps de cette existence, ses *conformismes*, son *ordre* particulier, ses *liens indispensables*. Les péripéties se révéleraient mêlées à ces conformismes, participeraient, d'une manière ou d'une autre, à cet ordre, à ces liens. Le pouvoir du hasard s'en trouverait fortement borné, les aventures seraient organiquement localisées et entravées dans leur mouvement spatial et temporel. Or, pareille détermination et concrétisation seraient inévitables (d'une manière ou d'une autre) lors de la représentation de « son monde à soi », environné par « sa propre réalité ». Le degré d'abstraction indispensable au temps grec des aventures serait irréalisable dans la représentation d'un monde familier, d'un monde « personnel » (quel qu'il pût être). Ainsi, le monde du roman grec est *un monde étranger*. Tout y est indéterminé, inconnu, aliéné. Les héros s'y trouvent pour la première fois; ils n'ont avec lui ni lien réel ni relations. Les conventions socio-politiques coutumières et autres leur sont étrangères : ils n'en savent rien. Dans ce monde-là n'existent pour eux que des coïncidences ou des disparités dues au hasard.

Néanmoins, le roman grec ne souligne pas l'étrangeté de ce monde, aussi faut-il se garder de le qualifier d'exotique. L'exotisme présuppose une *juxtaposition intentionnelle de ce qui est étranger à ce qui est familier*, souligne l'insolite de ce qui est inconnu, le goûte, si l'on peut dire, et le représente en détail sur le fond de ce qu'il tient pour familier, habituel, connu. Cela n'existe pas dans le roman grec. Tout y est étranger, entre autres, le pays natal du héros (habituellement différent de celui de l'héroïne). On n'y trouve rien de ce qu'on entend par « sien », usuel, connu (tel le pays natal de l'auteur et de ses lecteurs), qui pourrait servir de fond à une vue claire de l'étrangeté et de l'insolite de ce qui est étranger. Bien sûr, ces romans contiennent une part minime de ce qu'on sous-entend par « familier », « natal », « normal » (pour l'auteur et ses lecteurs); il y a là une certaine échelle de valeurs qui permet de percevoir ce que ce monde étranger a de curieux et de rare. Mais c'est si infime, que la science ne peut guère arriver à découvrir, par voie d'analyse de ces romans, ce que sont ce monde, cette époque qui, pour les auteurs, sont « les leurs », et familiers.

Le monde des romans grecs est *abstraitement étranger*, et même étranger de bout en bout. Nulle part ne s'y profile l'image du monde natal d'où l'auteur est issu, et d'où il observe. Voilà pourquoi rien n'y limite le pouvoir absolu du hasard, pourquoi tous ces rapts, fuites, captivités et délivrances, ces morts fictives, ces résurrections et autres aventures, défilent et se succèdent si aisément et si vite.

Mais dans ce roman à la fois abstrait et étranger, beaucoup de choses et de phénomènes, comme nous l'avons dit, sont décrits de façon très détaillée. Comment cela coïncide-t-il avec l'abstraction ? C'est que toute description dans les romans grecs est comme *isolée*, *exceptionnelle*, *unique*. Nulle part n'y est évoqué le pays tout entier avec ses particularités, les traits qui le distinguent ou le rapprochent d'autres pays. On y trouve la description de tel édifice, sans aucun lien avec son environnement, des phénomènes de la nature isolés, tels des animaux bizarres. Jamais on ne relate en détail les mœurs et habitudes de la population, mais seulement quelque coutume curieuse, qui n'est liée à aucune autre. Cet isolement, ce manque de coordination, sont propres à tous les objets décrits; pris dans leur ensemble, ils ne caractérisent pas les contrées représentées (plus exactement évoquées) et chaque objet n'existe que par lui-même. Mais tous sont extraordinaires, bizarres, insolites, d'où leur description. Par exemple, dans *Leucippé et Clitophon*, on voit un animal curieux, le « coursier du Nil » (hippopotame). « Il arriva que les guerriers attrapèrent un bizarre animal fluvial », ainsi débute la description. Plus loin, il est question d'un éléphant dont on relate « les choses *étonnantes* concernant sa naissance » (4, II-IV). Ailleurs, c'est un crocodile : « Je vis aussi un animal de la faune du Nil, encore plus célèbre par sa force que l'hippopotame. On l'appelle crocodile » (4, XIX). Comme on ne dispose pas ici d'échelle de valeurs pour tous ces objets et phénomènes, qu'ils ne paraissent pas (comme nous l'avons vu) sur le fond d'un monde connu, précis, familier qui permettrait de les apprécier, ils acquièrent inévitablement le caractère d'objets curieux, rares et étrangers. Ainsi isolés, sans lien entre eux, ces merveilles et prodiges peuplent l'espace *du monde étranger* du roman grec. Ces choses autonomes, bizarres, fabuleuses, sont aussi fortuites et imprévues que les aventures elles-mêmes. Elles sont fabriquées dans le même matériau, qui, « tout à coup », s'est figé, est devenu un accessoire de l'aventure, né du même hasard.

Il en résulte que le chronotope des romans grecs (un monde étranger, dans un temps d'aventures) possède sa tenue et son unité originales. Il a sa logique qui infléchit chacun de ses moments. Bien que les motifs du roman grec soient traités dans l'abstrait (comme nous l'avons vu), bien qu'ils ne soient pas nouveaux, qu'ils aient été façonnés par d'autres genres, ils acquièrent, en se soumettant à la logique de ce nouveau chronotope, un sens absolument neuf et des fonctions particulières.

Dans d'autres genres, ces motifs étaient liés à des chronotopes différents, plus concrets et plus condensés. Les motifs de l'amour (première rencontre, flamme soudaine, chagrin d'amour, premier baiser, etc.) avaient été élaborés dans la poésie alexandrine, surtout selon un chronotope bucolique (pastoral, idyllique). C'est un chronotope réduit, très concret et concentré, lyrico-épique, qui a joué un rôle considérable dans la littérature mondiale. Le temps idyllique y est spécifiquement cyclique (mais pas purement cyclique); il se présente comme une combinaison du temps (cyclique) de la nature, et du temps conventionnel familier de la vie pastorale et (sur un plan plus large) de la vie agricole. Ce temps a un rythme défini, mi-cyclique; il est solidement soudé à un paysage idyllique insulaire caractéristique, décrit en détail. C'est un temps dense et parfumé comme le miel, un temps de scénettes amoureuses et d'épanchements lyriques qui a imprégné une parcelle d'espace naturel, strictement limité, clos, stylisé de fond en comble. (Nous laissons de côté les diverses variantes du chronotope de l'idylle amoureuse dans la poésie hellénistique et romaine.) Naturellement, rien n'est resté de ce chronotope dans le roman grec. La seule exception, c'est le roman absolument à part de Longus : *Daphnis et Chloé*. Il a pour centre un chronotope idyllique et pastoral, mais déjà dégradé; il n'est plus clos ni compact, mais investi de toutes parts par un monde étranger; il est lui-même devenu semi-étranger. Le temps de la nature et de l'idylle n'est déjà plus aussi touffu, « aéré » qu'il est par le temps des aventures. Il ne peut être question de rattacher catégoriquement l'idylle de Longus au roman d'aventures grec. Cette œuvre a sa ligne propre, qu'on suivra au long de l'évolution historique du roman.

Les sujets et *la composition* des romans grecs consacrés *aux voyages* en diverses contrées étrangères furent élaborés par l'antique roman géographique, dont le monde ne ressemble en rien à celui du roman grec. D'abord, il a pour centre une vraie *terre natale*, qui détermine les opinions, les échelles de valeur, les approches et appréciations, qui organise la vision et la compréhension des terres et des cultures étrangères (il n'est pas indispensable d'apprécier positivement son propre pays, mais il fournit obligatoirement ses normes et son arrière-plan). Ce centre interne, qui organise la vision et la représentation à partir de ce qui est familier, suffit déjà à modifier radicalement tout le tableau du monde étranger dans le roman géographique. En outre, l'homme de ce roman, c'est celui de l'Antiquité, *l'homme public*, *politique*, guidé par ses intérêts socio-politiques, philosophiques, utopiques. De plus, le fait même du voyage, de *la route*, a un caractère concret, et introduit un centre organisateur réel, capital, dans la série temporelle de ce roman. Enfin, l'élément biographique apparaît, lui aussi, comme principe organisateur essentiel pour le temps de ces romans. (Ici également nous nous écartons des diverses variantes du roman des voyages géographiques; l'élément *aventure* est inhérent à l'une d'elles, mais il n'y apparaît pas comme principe organisateur dominant, et présente un autre caractère.)

Il n'y a pas lieu d'approfondir les chronotopes des autres genres de la littérature antique, parmi lesquels sont la grande épopée et le drame. Notons simplement qu'ils sont fondés sur le temps mythologique national, sur le fond duquel commence à se singulariser le temps historique antique (avec ses limitations spécifiques). Ces temps étaient profondément localisés, absolument inséparables des signes concrets de la nature du pays grec natal et des indices de la « seconde nature » c'est-à-dire des régions, villes et royaumes. Dans toute manifestation de la nature de son pays, le Grec décelait la trace du temps mythologique, l'événement mythologique qui s'y était condensé, et qui aurait pu être déployé dans une grande scène ou un petit tableau mythologiques. Le temps historique était, lui aussi, particulièrement concret et localisé, et encore étroitement entrelacé avec le temps mythologique dans l'épopée et la tragédie. Ces chronotopes grecs *classiques* sont presque aux antipodes du monde étranger des romans grecs.

Ainsi donc, les différents motifs et éléments thématiques et compositionnels élaborés et vivaces dans d'autres genres antiques, y avaient un caractère et des fonctions ne ressemblant pas à ceux du roman d'aventures grec, *avec son chronotope particulier*. Ils y adhéraient à une unité littéraire nouvelle, absolument originale, fort éloignée, s'entend, de l'unification automatique des divers genres antiques.

Maintenant que nous voyons de façon plus claire le caractère particulier du roman grec, nous pouvons poser la question de *l'image de l'homme* qu'il renferme. Dans ce contexte, il nous sera possible d'élucider aussi les singularités de tous les aspects des sujets de ces romans.

Quelle peut être l'image de l'homme dans ce temps des aventures, avec ses concomitances, ses contretemps fortuits, son absence totale de traces, avec l'extraordinaire initiative du hasard ? Il est clair que dans ce temps-là, l'homme ne peut qu'être absolument passif et absolument immuable. Nous l'avons dit : les choses *lui arrivent*. Démuni de toute initiative, il est le sujet *uniquement physique* de l'action. On se rend compte que ses actions auront surtout un caractère spatial primaire. Somme toute, n'importe quelle action d'un personnage de roman grec se réduit uniquement à *un mouvement obligatoire dans l'espace* (fuite, poursuite, quête), autrement dit, à un changement de place spatial. *Ce mouvement de l'homme dans l'espace* fournit les principales unités de mesure de l'espace et du temps dans le roman grec, c'est-à-dire de son chronotope.

Néanmoins, c'est *un homme vivant* qui se déplace dans l'espace, et non un corps physique au sens littéral du terme. Il est vrai que dans sa vie il demeure totalement passif ; le « destin » mène le jeu, et il le *subit*. Et non seulement le subit-il, il *assure sa sauvegarde* et sort du jeu, comme de toutes les vicissitudes du sort et du hasard, inchangé et *absolument identique à lui-même*. Cette singulière *identité* n'est autre que *le centre organisateur* de l'image de l'homme dans le roman grec. Il n'est pas possible de minimiser la signification et la profondeur idéologique particulière de cette donnée de l'identité humaine. C'est par cette identité de l'homme avec lui-même que le roman grec se relie *aux profondeurs du folklore des sociétés primitives*, et qu'il régit l'une des données essentielles de l'idée populaire de l'homme, vivace encore de nos jours dans plusieurs formes folkloriques, et très particulièrement dans les contes populaires. Si appauvrie, si dépouillée que soit l'idée de l'identité de l'homme avec lui-même dans le roman grec, celui-ci conserve tout de même un grain précieux d'humanité populaire ; il a hérité la foi en l'infrangible puissance de l'homme dans son combat contre la nature et contre toutes les forces inhumaines.

Après une observation attentive des éléments thématiques et compositionnels du roman grec, nous sommes convaincus de l'énorme signification de moments tels que *la reconnaissance*, *le déguisement*, *l'échange de vêtements* (provisoire), la mort simulée (suivie de résurrection), *la fausse trahison* (suivie des témoignages d'une inébranlable fidélité), le thème initial (organisateur) de la composition : la mise à l'épreuve des héros pour démontrer leur caractère *immuable*, *leur identité avec eux-mêmes*. Partout le sujet joue directement avec *les indices de l'identité humaine*. Toutefois, le complexe de base des motifs de *la rencontre*, *la séparation*, *la recherche*, *les retrouvailles*, n'est rien d'autre que le reflet, pour ainsi dire, de cette identité de l'individu avec lui-même, développée par le sujet.

Arrêtons-nous tout d'abord sur *la mise à l'épreuve* des héros, élément organisateur et compositionnel.

Dès le début, nous avons défini le premier type du roman antique comme un « roman d'épreuves ». Ce terme — *roman d'épreuves (Prüfungs-roman)* a, depuis longtemps, été adopté par les historiens de la littérature, et appliqué au roman baroque (XVIIe siècle), qui apparaît comme l'ultime évolution en Europe du roman grec. Dans ce dernier, la signification de l'idée d'épreuve se détache avec une grande netteté, et reçoit même une expression juridique.

La plupart des aventures du roman grec sont organisées, justement, autour des épreuves du héros et de l'héroïne, surtout autour de l'épreuve de leur chasteté et de leur fidélité. De plus, on éprouve leur grandeur d'âme, leur courage, leur force, leur intrépidité et (plus rarement) leur intelligence. Le hasard sème sur leur chemin non seulement des dangers, mais toutes espèces de tentations; il les place dans les situations les plus scabreuses, dont ils se tirent toujours à leur honneur. Dans l'habile invention des situations les plus compliquées, se manifeste de façon éclatante la casuistique subtile de la seconde école des sophistes. Pour cette raison, les épreuves portent elles aussi un caractère d'apparence formelle et rhétorico-juridique.

Mais il ne s'agit pas uniquement de l'organisation de chaque aventure. C'est le roman lui-même qui est conçu dans son entier comme une mise à l'épreuve des héros. Nous savons que le temps des aventures du roman grec ne laisse de traces ni dans le monde, ni sur les êtres. Aucune modification d'ordre externe ou interne ne résulte de toutes ces péripéties. L'équilibre initial, rompu par le hasard, est rétabli vers la fin du roman. Tout revient à son commencement, se remet en place. Pour clore un très long roman, le héros épouse sa fiancée. Néanmoins, hommes et objets ont passé par quelque chose qui, il est vrai, ne les a pas transformés, mais en revanche les a confirmés, si l'on peut dire, les a vérifiés, a établi leur identité avec eux-mêmes, leur fermeté et leur constance. Le marteau des événements ne broie ni ne forge rien : il ne fait qu'éprouver la solidité du produit fabriqué. Et ce produit supporte l'épreuve. C'est le sens littéraire et idéologique du roman grec.

Aucun genre de l'art littéraire ne peut s'édifier sur ce qui est simplement « intéressant ». Du reste, pour « intéresser », il faut toucher à quelque chose d'essentiel. Car seule peut être « intéressante » une vie humaine, ou, en tout cas, ce qui la concerne directement. Et cet aspect humain doit présenter une face aussi vivante que possible, doit avoir une certaine part de vive *réalité*.

Le roman grec est une variante du genre romanesque, très souple, dotée d'une vitalité énorme. L'idée d'épreuve qui organise la composition s'est révélée particulièrement vivace dans l'histoire du roman. Nous la trouvons dans le roman de chevalerie, dans le haut et surtout le bas Moyen Age. Dans une grande mesure, elle organise tant *Amadis* que *Les Palmérins*. Nous avons déjà indiqué son importance pour le roman baroque. Là, cette idée s'enrichit d'un contenu idéologique précis; un certain idéal de l'homme apparaît, incarné, justement, par les héros mis à l'épreuve, par des « chevaliers sans peur et sans reproche ».

La scrupuleuse probité des héros dégénère en emphase et encourt l'importante et âpre critique de Boileau dans son dialogue à la Lucien : *Les Héros de Roman.*

Après l'époque baroque, l'idée d'épreuve qui régissait le roman s'affaiblit de façon brusque. Pourtant elle ne dépérit pas, et demeure comme l'une des idées organisatrices du roman de toutes les époques suivantes. Elle s'enrichit de divers contenus idéologiques, et l'épreuve elle-même aboutit souvent à des résultats négatifs. Au XIXe siècle, et au début du XXe, nous trouvons des types et variantes de cette idée, par exemple l'épreuve de la vocation, de l'élection, du génie, est fort répandue; l'une de ses variantes, c'est la mise à l'épreuve du parvenu admirateur de Napoléon, dans le roman français. Un autre type, c'est l'épreuve de la santé biologique et de l'aptitude à l'existence. Enfin, dans la production romanesque de troisième ordre, on voit des variantes telles que l'épreuve du réformateur moral, du nietzschéen, de l'immoraliste, de la femme émancipée, et ainsi de suite. Mais toutes ces variations du roman européen, qu'elles soient pures ou mélangées, s'écartent considérablement de cette épreuve de l'identité de l'homme avec lui-même, sous sa forme dépouillée, lapidaire, et pourtant vigoureuse, dans le roman grec. Il est vrai que les traces de cette identification se sont conservées, mais compliquées, mais démunies de leur force lapidaire et de leur simplicité initiales, telles qu'elles se déployaient dans les thèmes des « retrouvailles », des morts simulées, etc. La conjonction de ces motifs avec le folklore est plus directe dans le roman grec, pourtant assez éloigné du folklore.

Pour avoir une vue tout à fait claire de l'image de l'homme dans le roman grec, et des singularités des aspects de son identité (et donc de l'épreuve de cette identité), il est indispensable de savoir qu'ici l'homme est *un particulier*, *une personne privée*, au contraire de ce qu'il est dans tous les autres genres classiques de la littérature antique. Ce trait correspond au *monde abstrait*, *étranger* des romans grecs, où l'homme ne peut être qu'isolé, privé de tous liens vitaux avec son pays, sa ville, son milieu social, sa lignée, voire sa famille. Il ne se sent pas membre d'une entité sociale. C'est un solitaire, égaré dans un monde étranger. Il n'y a pas de mission à accomplir. Ce côté privé, cet isolement, sont les traits essentiels de l'image de l'homme dans le roman grec, obligatoirement rattachés aux singularités du temps des aventures et à l'espace abstrait. C'est là que l'homme du roman grec se distingue de façon si nette, si fondamentale, de l'homme *public* des genres antiques antérieurs, et, en partie, de l'homme *public et politique* du roman des voyages géographiques.

Toutefois, en bien des cas cet homme privé et isolé se comporte, extérieurement, comme un homme public, plus précisément comme l'homme public des genres rhétoriques et historiques : il prononce de longs discours, construits d'après les règles de la rhétorique, où il expose les détails privés, intimes, de ses amours, de ses actions et aventures, non selon le mode d'une confession intime mais selon celui *d'un compte rendu public*. Enfin dans la majorité des romans, on accorde une place considérable aux procès, où l'on résume les péripéties des héros, où l'on confirme, par voie de justice, leur identité, surtout au moment crucial où ils affirment la constance de leur amour (et, en particulier, la chasteté de l'héroïne). C'est ainsi que tous les moments fondamentaux du roman reçoivent, rhétoriquement et publiquement, une explication et une justification (apologie) et, dans leur ensemble, une consécration juridique finale. Au surplus, si nous demandions ce qui, en fin de compte, définit *l'unité de l'image humaine* dans le roman grec, nous serions obligés de répondre que cette unité revêt, précisément, *un caractère rhétorico-juridique*.

Toutefois, ces éléments rhétoriques et juridiques ont un caractère extérieur *inadapté* au contenu intérieur, réel, de la figure humaine, contenu *strictement privé*. La place que l'homme occupe dans la vie, les desseins qui le guident, toutes ses émotions et ses actions présentent un caractère tout à fait privé, et n'ont absolument aucune portée socio-politique. Le pivot initial — le contenu, c'est l'amour des héros et les épreuves morales et physiques auxquelles ils sont soumis. Et tous les autres événements ne prennent leur sens, dans le roman, que grâce à leur relation à ce pivot. Combien est caractéristique le fait que même un événement tel que *la guerre* ne prend sa signification que sur le plan des amours des héros! Par exemple, l'action de *Leucippé et Clitophon* commence par une guerre entre Byzantins et Thraces, puisque ce conflit permet à Leucippé d'arriver dans la demeure du père de Clitophon, ce qui provoque la première rencontre. A la fin du roman on revient à cette guerre, parce que c'est lors de sa conclusion que se déroule la procession religieuse en honneur d'Artémis, qui suspend les tortures et l'exécution de Clitophon. Or, ce qui frappe ici, c'est que les événements de la vie privée ne dépendent pas des événements socio-politiques, ni ne sont perçus à travers eux, mais au contraire, ne prennent leur sens que grâce à leur relation aux événements de la vie privée. Et c'est cette relation, et elle seule, que le roman met en lumière; l'essence sociale et politique des destins privés reste en dehors.

Ainsi l'unité publique et rhétorique de l'image humaine

se trouve en contradiction avec son contenu purement privé. Cette contradiction est très caractéristique du roman grec, elle l'est aussi, comme nous le verrons, de certains genres rhétoriques (en partie biographiques) tardifs.

De façon générale, l'Antiquité n'a pas créé une forme et une unité adaptées à la personne privée et à son existence. Lorsque la vie est devenue privée, lorsque les individus se sont trouvés isolés les uns des autres, et que leur vie individuelle, avec son contenu, a commencé à remplir la littérature, ce contenu ne s'est façonné que dans de petits genres lyrico-épiques, ou usuels, telles la comédie de mœurs, ou la nouvelle de type courant.

Il est vrai que dans le roman grec l'unité publique et rhétorique de l'homme et de ses péripéties revêt également un caractère extérieur, formaliste et conventionnel. En général, l'unification de toutes ces choses hétérogènes (par leur origine et leur essence) que nous découvrons dans le roman grec, unification formant un grand genre quasi encyclopédique, ne s'obtient qu'au prix d'une abstraction et d'une schématisation extrêmes du dépouillement de tout ce qui est concret et localisé. Le chronotope du roman grec est le plus abstrait de tous les grands chronotopes romanesques.

Ce chronotope des plus abstrait est, en même temps, le plus statique. En lui, l'univers et l'homme sont absolument achevés et immobiles. On ne trouve là aucune possibilité de devenir, de croissance, de transformation. L'action représentée dans le roman n'a aucune conséquence; rien dans le monde lui-même n'est anéanti, remanié, modifié ou re-créé. Il n'y a là que la confirmation de l'identité de tout ce qui était dès le commencement. Le temps des aventures ne laisse point d'empreintes...

Tel est donc le premier type de roman antique. Nous aurons encore à revenir sur certains de ses aspects, à propos du développement postérieur de l'assimilation du temps par le roman. Nous avons déjà montré que ce type de roman, en particulier certains de ses aspects (et surtout, le temps des aventures lui-même), font preuve, dans la suite de l'histoire du roman, d'une grande vitalité, de beaucoup de souplesse.

II

Apulée et Pétrone

Passons maintenant au deuxième type de roman antique, que nous conviendrons d'intituler *roman d'aventures et de mœurs.* Strictement parlant, deux œuvres seulement s'y rattachent : *Le Satiricon*, de Pétrone (parvenu jusqu'à nous en fragments relativement petits), et *L'Ane d'or*, d'Apulée, conservé en entier [1]. Mais des éléments importants de ce type sont représentés dans d'autres genres, surtout dans les satires et les diatribes hellénistiques, et dans certaines variantes de la littérature chrétienne primitive : relation des vies des saints, où péchés et tentations sont suivis d'une crise et d'une « nouvelle naissance ».

A la base de notre étude nous placerons *L'Ane d'or*. Ensuite nous toucherons aux singularités des autres variantes (modèles) de ce type qui subsistent encore.

Ce qui frappe ici au premier coup d'œil, c'est l'association du temps des aventures avec le temps des mœurs, aussi le qualifions-nous de « roman d'aventures et de mœurs ». Mais il ne peut être question, s'entend, d'une fusion (d'un assemblage) automatique de ces deux temps. Associés, ils changent d'aspect de façon importante, dans les conditions d'un chronotope absolument nouveau créé par cette sorte de roman. Un type nouveau du « temps des aventures », radicalement différent de celui du roman grec, apparaît, comme aussi un type particulier du « temps des mœurs ».

L'histoire de *L'Ane d'or* ne se présente nullement comme un hiatus extra-temporel entre deux moments contigus d'une série de la vie réelle. Au contraire, la carrière du héros (Lucius)

1. *L'Ane d'or* fait partie des *Métamorphoses* d'Apulée (né vers 125 de notre ère, dans l'actuelle Algérie). Son œuvre se situe en Grèce, au IIe siècle. *Les Métamorphoses* se trouvent dans « Romans grecs et latins », Bibliothèque de la Pléiade pp. 145 à 381.

constitue précisément dans ses éléments essentiels, le sujet de ce roman. Mais deux particularités relèvent de la description de cette carrière, et servent à déterminer ici le caractère singulier *du temps*.

Les voici :

1. La carrière de Lucius est présentée sous l'enveloppe d'une « métamorphose ».

2. Cette carrière elle-même se confond avec la route (les pérégrinations) de Lucius de par le monde, sous forme d'un âne.

L'histoire de Lucius, enveloppée dans une métamorphose, nous est racontée dans le sujet principal, la vie de Lucius, et dans la nouvelle intercalaire : l'histoire *d'Amour et de Psyché*, qui se présente comme une variante sémantique parallèle. *La métamorphose* (ou transformation, principalement celle de l'homme) et le problème de *l'identité* (également surtout humaine) appartiennent au trésor du folklore universel primitif. Dans l'image folklorique de l'homme, la transformation et l'identité sont profondément unies. Cette conjonction subsiste sous une forme extrêmement nette dans le conte populaire. *L'image de l'homme des contes*, nonobstant l'immense diversité du folklore fabuleux, est toujours échafaudée sur ces mêmes thèmes de la *métamorphose et de l'identité*. (De même sont invariables, à leur tour, les détails concrets qui complètent ces thèmes.) La métamorphose et l'identité de l'homme se communiquent à tout l'univers des humains, à la nature, aux objets créés de main d'homme. Nous parlerons plus loin, à propos de Rabelais, des particularités *du temps* du conte populaire, où se déploient la métamorphose et l'identité de la figure humaine.

Dans l'Antiquité, l'idée de métamorphose évolue et se ramifie de manière fort complexe. L'une de ses ramifications, c'est la philosophie grecque, où l'idée de transformation en même temps que l'idée de l'identité [1], joue un rôle énorme; du reste *l'importante enveloppe mythologique* de ces idées se conserve jusqu'à Démocrite et Aristophane, qui eux-mêmes n'en sont pas venus à bout entièrement.

Autre ramification : le développement religieux de l'idée de métamorphose dans les mystères antiques, surtout ceux d'Éleusis. A mesure de leur évolution, ces mystères subirent l'influence de plus en plus grande des cultes orientaux, avec leurs formes particulières de métamorphose. Dans cette série on trouve les formes primitives du culte chrétien. S'y rattachent aussi les formes magiques grossières de la métamorphose, extrêmement

1. L'idée de transformation prédomine chez Héraclite et l'idée d'identité chez les Eléates. La transformation à partir de l'élément premier se trouve chez Thalès, Anaximandre, Anaximène *(N.d.A.)*.

répandues aux Ier et IIe siècles de notre ère, pratiquées par divers charlatans et solidement entrées dans les mœurs à l'époque.

Troisième ramification : la vie ultérieure des thèmes de la métamorphose dans le folklore populaire proprement dit. Bien entendu, ce folklore-là ne nous est pas parvenu, mais nous sommes informés de son existence au travers de ses influences et de ses reflets dans la littérature (par exemple, dans la même nouvelle sur *Amour et Psyché*, chez Apulée).

Enfin, quatrième ramification, c'est l'évolution de l'idée de métamorphose dans la littérature. C'est cela seul qui nous concerne ici...

Il va de soi que dans la littérature l'idée de métamorphose n'a pu se développer sans l'influence de toutes les voies de développement énumérées par nous. Il suffirait de citer l'influence des mystères d'Éleusis sur la tragédie grecque. Aucun doute ne peut subsister quant à l'influence que les formes philosophiques de la métamorphose et l'influence du folklore exercèrent sur la littérature.

L'enveloppe mythologique de la métamorphose (de la transformation) contient l'idée d'évolution, qui procède non pas en ligne droite, mais par à-coups et nœuds; il s'agit, par conséquent, de la forme d'une *série temporelle*. Mais le contenu de l'idée est fort complexe, c'est pourquoi elle produit des séries temporelles, de types différents.

Si nous analysons en la décomposant de façon littéraire cette idée mythologique compliquée de la métaphore chez Hésiode (tant dans *Les Travaux et les Jours* que dans la *Théogonie*), nous verrons en découler une série généalogique spécifique, la série particulière de la succession des siècles, des générations (le mythe des cinq siècles : d'or, d'argent, de bronze, siècle troyen, siècle de fer), la série théogonique irréversible de la nature, la série cyclique de la métamorphose du grain, et la série analogique du cep de vigne. Au surplus, chez Hésiode la série cyclique des travaux agricoles se construit comme une sorte de « métamorphose du cultivateur ». Et nous n'avons pas épuisé toutes les séries temporelles qui, chez Hésiode, se développent à partir de la *métamorphose* comme épiphénomène mythologique. Toutes ces séries ont en commun l'alternance (ou la succession) de formes (ou images) absolument différentes, ne se ressemblant en rien, des mêmes phénomènes. Ainsi, dans le processus théogonique, à l'ère de Chronos succède celle de Zeus, les siècles et les générations (d'or, d'argent, etc.) alternent, de même que les saisons.

Les images des différentes générations, ères, saisons, phases des travaux des champs sont infiniment diverses. Mais derrière toutes ces divergences demeure l'unicité des processus théogonique et historique de la nature, de la vie des labours.

Pour Hésiode, de même que pour les antiques systèmes philosophiques et les mystères classiques, le terme « métamorphose » a une vaste signification. Hésiode ne l'utilise nullement dans le sens où il sera compris à l'époque romano-hellénistique, c'est-à-dire signifiant spécifiquement la mutation, invariablement merveilleuse (quasiment magique) d'un phénomène en un autre phénomène. Le mot lui-même, dans le sens indiqué, n'est apparu qu'à un certain stade tardif de l'évolution de l'idée de métamorphose, stade caractérisé par les *Métamorphoses*, d'Ovide.

Là, la métamorphose devient presque la métamorphose particulière à des phénomènes singuliers, isolés, et prend le caractère d'une transformation extérieure merveilleuse. Il n'en reste plus que l'idée d'une représentation sous l'angle visuel de la métamorphose de tout le processus cosmogonique et historique, en commençant par la création du cosmos à partir du chaos, et en terminant par la transformation de César en astre. Mais cette idée se réalise au moyen d'une sélection, au sein de tout l'héritage mythologique et littéraire, de cas isolés, frappants, de métamorphoses au sens étroit du mot, sans lien entre eux, et disposés dans une série dénuée de toute unité intérieure. Chacune de ces métamorphoses se suffit à elle-même et représente une entité poétique close. Son enveloppe mythologique ne peut plus unifier les grandes et importantes séries temporelles. Le temps se décompose en segments temporels isolés, se suffisant à eux-mêmes, qui s'assemblent automatiquement en une seule série. On peut observer la même désagrégation de l'unité mythologique des antiques séries temporelles dans les *Fastes*, d'Ovide (œuvre d'une grande portée pour l'étude du sentiment du temps à l'époque romano-hellénistique).

Chez Apulée, la métamorphose acquiert un caractère encore plus privé, plus isolé, et franchement magique. N'ayant presque rien gardé de son ampleur et de sa force anciennes, la métamorphose devient une forme de perception et de représentation du *destin personnel de l'homme*, arraché à l'ensemble cosmique et historique. Néanmoins, surtout grâce à l'influence de la tradition folklorique directe, l'idée de métamorphose conserve encore assez d'énergie pour embrasser *l'ensemble du destin de l'homme* en ses moments essentiels de *crise*. D'où son importance pour le genre romanesque.

En ce qui concerne la forme spécifique de la métamorphose (la transformation de Lucius en âne, sa re-transformation en homme et sa purification par le mystère), ce n'est pas ici le lieu de nous y appesantir. Cette analyse ne servirait pas nos problèmes. Du reste, la genèse de cette transformation en âne est fort complexe, comme est complexe la méthode encore insuffisamment étudiée, employée par Apulée pour la traiter. Tout cela n'a pas une signification capitale pour notre thème direct. Seules nous importent les fonctions de cette métamorphose dans la structure du roman grec du deuxième type.

A partir de la métamorphose s'est créé un type de représentation de toute la vie humaine, dans ses principaux moments de rupture et de crise. *Comment un homme devient-il un autre?* On nous offre les images radicalement différentes d'un seul et même homme, rassemblées en lui selon les diverses époques et étapes de son existence. Il n'y a point ici de devenir, au sens strict, mais crise et re-naissance.

Ainsi se définissent les différences essentielles entre le sujet traité par Apulée et ceux du roman grec. Les événements qu'il évoque décident de la vie entière de son héros. Naturellement, il n'évoque pas sa vie de sa naissance à sa vieillesse, aussi ne s'agit-il pas d'une *biographie complète*. Dans le type du « roman de crise », on ne développe qu'un ou deux aspects décisifs d'une vie humaine, qui en définissent tout le caractère. Par conséquent, ce roman offre deux ou trois images différentes d'un seul et même homme, images désunies et réunies par les crises et les régénérations. Dans le sujet principal, Apulée nous donne trois images de Lucius : avant sa transformation, Lucius-l'âne, Lucius purifié par les mystères et régénéré. Dans le récit parallèle, nous voyons deux images de Psyché : avant ses souffrances expiatoires et après. Ici l'on nous indique la voie logique de la « renaissance » de l'héroïne, sans nous en montrer trois images absolument différentes.

Dans les *Vies des Saints* du christianisme primitif, vies de *crise* se rapportant au même type, on ne nous donne également que deux images d'un même homme, d'abord séparées puis réunies par sa crise et sa régénération : image du pécheur (avant sa transfiguration), image du juste, du saint (crise et nouvelle naissance). Parfois on donne trois images, justement quand on veut souligner particulièrement et élaborer une tranche de vie vouée aux souffrances expiatoires, à l'ascèse, à la lutte intérieure (ce qui correspond au séjour de Lucius dans la peau d'un âne).

Il est clair, d'après ce qui vient d'être dit, qu'un roman de ce type ne se déploie pas dans *le temps biographique* au sens strict. Il ne représente que les moments *exceptionnels*, tout à fait *insolites* d'une vie humaine, très brefs comparés à la longue durée de l'existence entière. Or, ces moments *déterminent tant l'image définitive de l'homme lui-même, que le caractère de toute sa vie subséquente.* Mais cette longue existence elle-même, avec son cours biographique, ses travaux et ses jours, va se dérouler après la régénération du héros, et, partant, se trouve hors des limites du roman. Ainsi Lucius, après avoir passé par trois initiations, part sur le chemin biographique de sa vie comme rhéteur et sacrificateur.

Voilà donc ce qui détermine les singularités du temps des aventures du second type. Ce n'est plus le temps du roman grec qui disparaît sans traces, au contraire, il pose une marque profonde et ineffoçable sur l'homme lui-même et sur sa vie entière. Mais, c'est aussi un temps d'aventures, d'événements exceptionnels, insolites, eux aussi commandés par le hasard et définis par une concordance ou une discordance fortuites.

Or, cette logique du hasard est soumise ici à une logique, supérieure, différente, qui l'englobe. Voyons cela. La servante-magicienne Photis s'est, *par hasard*, trompée de boîte et a remis à Lucius, à la place de l'onguent qui transforme en oiseau, celui qui transforme en âne! *Par hasard, et juste à ce moment-là* on ne trouve pas dans la maison l'onguent indispensable à l'opération inverse. *Par hasard*, cette nuit-là des brigands viennent, qui dérobent l'âne. Et dans toutes les péripéties suivantes, tant celles de l'âne lui-même que de ses maîtres successifs, le hasard continue à jouer son rôle. C'est lui, encore, qui ne cesse de mettre obstacle à la retransformation de l'âne en homme, mais son pouvoir et son initiative sont limités; il n'agit que dans le domaine qui lui est assigné. Ce n'est point le hasard, mais la volupté, la légèreté juvénile et la malencontreuse curiosité, qui ont poussé Lucius à se mêler de magie à ses risques et périls. *C'est lui le coupable.* Sa « curiosité impure » a déchaîné le jeu du hasard. Par conséquent, *l'initiative première* revient au *héros lui-même et à son caractère.* Il est vrai que cette initiative n'est *ni positive, ni créatrice* (ce qui est très important) : c'est l'initiative de la *faute, de l'égarement, de l'erreur* (du péché dans la variante des hagiographies chrétiennes). A cette initiative négative répond également l'image initiale du héros, jeune, étourdi, indiscipliné, voluptueux, oisivement curieux. Il attire sur lui le pouvoir du hasard, si bien que le premier maillon de la série des aventures est forgé non par le hasard, mais par lui-même, par sa nature propre. Or, ce n'est pas non plus le hasard qui forge le dernier maillon, la conclusion de toute cette série d'aventures. Lucius est sauvé par la déesse Isis, qui lui indique ce qu'il doit faire pour retrouver son aspect humain. La déesse se présente ici non pas comme synonyme d'un « heureux hasard » (tels les dieux du roman grec) mais comme le guide qui conduit Lucius vers sa purification, et exige de lui les rites et l'ascèse purificateurs.

Il est à noter que chez Apulée, visions et songes n'ont pas la même signification que dans le roman grec. Là, ils informaient les humains de la volonté de dieux ou du hasard, non pour qu'ils puissent détourner les coups du sort ou les parer, mais « pour qu'ils supportent plus aisément leurs souffrances » (Achille Tatius). C'est pourquoi songes et visions n'incitaient pas les héros à l'action. Chez Apulée, au contraire, ils indiquent aux héros ce qu'ils ont à faire, comment ils doivent agir pour modifier leur sort, autrement dit, ils les contraignent à des actes précis, les rendent actifs.

Donc le premier et le dernier maillon de la chaîne des aventures ne dépendent pas du hasard, ce qui modific le caractère de toute la chaîne. Elle devient efficace, transforme tant le héros que sa destinée. Ses aventures aboutissent non à une simple confirmation de son identité, mais à la construction d'une image nouvelle : celle d'un héros purifié et régénéré. C'est pourquoi le hasard lui-même, qui commande à l'intérieur de chaque aventure, est perçu de façon nouvelle.

A cet égard, le discours du prêtre d'Isis, après la transformation de Lucius, est significatif :

> Te voilà donc, Lucius, enfin arrivé au port du Repos et à l'autel de la miséricorde. Ni l'éclat de ta naissance, ni ta situation de fortune, ni même cette science qui brille en toi, ne t'ont servi de rien; mais entraîné par la pente glissante d'une jeunesse en sa fleur, tu t'es laissé aller à des voluptés serviles et tu as rencontré la récompense mauvaise de ta curiosité impure. Pourtant, l'aveuglement de la Fortune, qui t'a exposé, pour ton supplice, aux pires dangers, t'a, dans sa malice imprévoyante, conduit à cette sainte félicité où tu es maintenant. Qu'elle aille donc, au comble de la fureur, se déchaîner et chercher ailleurs de quoi assouvir sa cruauté; car ceux dont l'autorité de notre déesse a revendiqué la vie pour son service, ne sont plus exposés aux attaques du Sort. Brigands, bêtes féroces, servitude, allées et venues sur les chemins rocailleux, crainte journalière de la mort, à quoi tout cela a-t-il servi la Fortune inhumaine ? Te voilà maintenant sous la garde d'une Fortune qui, elle, est clairvoyante, et dont la lumière resplendissante illumine jusqu'aux autres dieux... (*L'Ane d'or*, Livre XI, 15).

Ici est clairement montrée *la faute personnelle* de Lucius qui l'avait livré au pouvoir du hasard (du « destin aveugle »). Aussi claire est l'opposition entre cet « aveuglement de la Fortune », ces « attaques du Sort », et la « Fortune clairvoyante », c'est-à-dire la tutelle de la déesse qui a sauvé Lucius. Enfin se dévoile de façon précise le sens même de cette « fatalité aveugle », dont le pouvoir est limité d'une part par la faute de Lucius lui-même, par la puissance d'un destin « clairvoyant », de l'autre, ce qui signifie la protection de la divinité. Il s'agit de la « *récompense mauvaise* » et de *la voie qui mène à la* « *sainte félicité* » où « le destin aveugle » a conduit Lucius « dans sa malice imprévoyante ». Ainsi toute la série des aventures est interprétée comme un *châtiment et une rédemption.*

Dans le sujet parallèle, la nouvelle intitulée *L'Histoire d'Amour et de Psyché*, la série des aventures fabuleuses s'organise exactement de la même façon. Là aussi le premier maillon, c'est la faute de Psyché, le dernier, la protection des dieux. Quant aux péripéties et épreuves fantastiques de Psyché, elles sont conçues comme une punition et un rachat. Le rôle du hasard, de la « Fortune aveugle », y est plus limité et plus dépendant encore.

La série des aventures, avec son imprévu, dépend donc totalement ici d'une autre série, qui l'englobe et l'interprète : faute, châtiment, rédemption, félicité. Cette série est régie par une logique toute différente, qui n'est pas celle des aventures. Série active, elle détermine avant tout la métamorphose elle-même, c'est-à-dire la succession des images du héros : Lucius étourdi, oisif, curieux, Lucius-l'âne livré aux coups, Lucius purifié et illuminé. Au surplus, une certaine forme, un certain degré de nécessité (dont il n'était pas du tout question dans les aventures du roman grec), est inhérente à cette série : le châtiment, par nécessité suit la faute, et à son tour cède la place, par nécessité, à la purification et la félicité. De surcroît, cette nécessité a un caractère humain. Elle n'est ni machinale, ni monstrueuse. La faute dépend de la nature propre de l'individu; le châtiment est aussi indispensable que la force qui purifie et rend l'homme meilleur. Toute cette série est fondée sur la *responsabilité de l'homme.* Enfin *la substitution des images* d'un même individu rend cette série essentiellement humaine.

Tout cela détermine les avantages indéniables de cette série, comparée au temps des aventures du roman grec. Ici, sur la base mythologique de la métamorphose, on parvient à saisir un aspect plus important, plus réel, du temps. Il n'est ni seulement « technique », ni simplement un alignement de jours, d'heures, d'instants réversibles, interchangeables, sans limitation interne : la série temporelle est ici *une entité essentielle et irréversible.* Le caractère abstrait, propre au temps grec des aventures, disparaît en conséquence. La nouvelle série temporelle exige, au contraire, un exposé concret.

Mais à côté de ces éléments positifs, existent des limitations importantes. Comme dans le roman grec, l'homme est une *personne privée, isolée.* La faute, le châtiment, la purification et le bonheur ont donc un caractère personnel : c'est l'*affaire privée d'un individu.* Son activité n'est pas créatrice; elle se manifeste negativement dans l'acte intempestif, l'erreur, la faute; la portée de toute la série se limite à l'image de l'homme lui-même et de son destin. Comme dans le roman grec, cette série temporelle ne laisse, dans le monde qui l'entoure, aucune trace. Dès lors, le lien entre le destin de l'homme et le monde porte un caractère ***extérieur***. L'homme se transforme, subit une métamorphose, tout à fait indépendamment d'un monde qui demeure inchangé. Voilà pourquoi la métamorphose a un caractère « privé », non créatif, et pourquoi, bien que la série temporelle fondamentale du roman ait (comme nous l'avons dit) un caractère irréversible et achevé, il est clos, isolé, non localisé dans le temps historique, non inclus dans la série temporelle irréversible, car le roman ignore encore tout de cette série.

Tel est le temps des aventures, base de ce roman. Mais celui-ci contient également le temps de la vie courante. Quel est son caractère ? Comment se combine-t-il, dans l'ensemble du roman, avec ce temps singulier des aventures dont nous avons donné le caractère ?

En premier lieu, un roman se signale par la fusion entre le cours d'une vie humaine (de ses principaux moments de crise) et sa route spatiale réelle, c'est-à-dire ses pérégrinations. Ici se réalise la métaphore du « chemin de la vie ». Ce chemin passe par le pays natal, familier, où il n'y a rien d'exotique, d'étrange ou d'étranger. Naît alors un chronotope romanesque original, qui a joué un rôle énorme dans l'histoire de ce genre. Il est fondé sur le folklore. La métaphore du « chemin de la vie », avec ses variantes, joue un grand rôle dans tous les aspects du folklore. On peut affirmer que dans le folklore la route n'est jamais une simple route, mais toujours une partie ou la totalité du chemin de la vie. « Choisir sa route », c'est décider de la direction de sa vie. La croisée des chemins, c'est toujours un tournant pour l'homme du folklore. Quitter sa maison natale, s'en aller sur la route pour revenir au pays, représente d'habitude, *les âges de la vie :* le jouvenceau s'en va, l'homme mûr revient. Les signes, le long de la route, sont ceux du destin, etc. C'est pourquoi le chronotope du roman est si concret et circonscrit, si profondément imprégné par les thèmes folkloriques.

Les déplacements et les errances de l'homme dans l'espace perdent ici le caractère abstrait, technique, de la combinaison des définitions spatiales et temporelles observées dans le roman grec : proximité-éloignement, coïncidence-non-coïncidence. L'espace devient concret et saturé d'un temps plus substantiel, empli par un sens réel de la vie, entrant dans un rapport essentiel avec le héros et son destin. Ce chronotope est tellement surchargé, que des éléments tels que la rencontre, la séparation, le conflit, la fuite, y prennent une nouvelle signification spatio-temporelle, beaucoup plus concrète. Cet aspect concret du chronotope de la route permet d'y développer largement *la vie courante*. Mais celle-ci prend place, si l'on peut dire, à l'écart de la route et dans des chemins de traverse. Le personnage principal et les grands tournants de son existence sont *hors du quotidien*. Il se contente de l'observer, parfois d'y faire irruption comme une force hétérogène. Parfois il revêt lui-même le masque de la vie quotidienne, sans y participer véritablement, sans être déterminé par elle.

Le héros *vit par lui-même* des événements uniquement *hors de la vie normale*, déterminés par la série faute-châtiment, rédemption-félicité. Ainsi en va-t-il de Lucius. Mais dans le processus du châtiment et de la rédemption, c'est-à-dire celui de sa métamorphose, Lucius est contraint de s'abaisser à une existence quotidienne infâme, d'y jouer le rôle le plus vil, pas même celui d'un esclave, mais celui d'un âne! Comme bête de somme, il tombe au plus bas niveau, chez des âniers, chez un meunier où il fait tourner la meule; il sert un maraîcher, un militaire, un cuisinier, un boulanger. Constamment, il est roué de coups, persécuté par les méchantes épouses (celle de l'ânier, celle du boulanger). Mais tout cela il le subit non pas en tant que Lucius, mais en tant qu'âne. A la fin, rejetant l'apparence d'un âne, il pénétrera de nouveau, avec la procession solennelle, dans les hautes sphères, hors de la vie ordinaire. Allons plus loin : le séjour de Lucius dans la vie courante, c'est sa fausse mort (les siens le tiennent pour décédé) et sa sortie de cette vie, c'est sa résurrection. Car le plus antique noyau folklorique de la métamorphose de Lucius, c'est la mort, la descente aux enfers et la résurrection. A la vie quotidienne correspondent ici l'enfer et le tombeau. (On pourrait trouver des équivalences mythologiques analogues dans tous les thèmes de *L'Ane d'or*.)

Ce statut du personnage par rapport à la vie normale est une des singularités très importantes du deuxième type de roman antique. On la retrouve (avec des variantes, s'entend) dans toute l'histoire ultérieure de ce type. Jamais, de fait, le personnage principal ne participe à la sphère de la vie quotidienne, qu'il traverse comme s'il venait d'un autre monde. Le plus souvent, il s'agit d'un fripon, qui revêt divers masques familiers, qui n'a pas dans la vie de place définie et joue avec les us et coutumes qu'il ne prend pas au sérieux. Ou encore, c'est un acteur ambulant, un aristocrate déguisé, un homme de noble naissance, qui ne connaît pas son origine (un « enfant trouvé »). Le quotidien, c'est le plus bas niveau de l'existence, dont le héros cherche à se libérer et auquel jamais il ne s'assimile intérieurement. Le chemin de sa vie est insolite, hors du quotidien, et c'est l'une seulement de ses étapes qui le fait passer par cette sphère commune

Tout en jouant au bas niveau de l'existence le rôle le plus vil, Lucius n'y participe pas au-dedans de lui-même, mais peut d'autant mieux l'observer et l'assimiler dans tous ses recoins. Pour lui, c'est *une expérience*, qui lui a fait étudier et connaître les humains.

> Car moi, je sais le plus grand gré à l'âne que je fus *de m'avoir dissimulé sous cette enveloppe*, fait passer par des *tribulations variées*, rendu, sinon tout à fait sage, du moins *plus riche de savoir* (Livre IX, 13) [1].

Pour observer les replis secrets de la vie quotidienne, l'état d'âne est très avantageux! Nul ne se gêne devant lui, chacun se découvre à tout propos. « Et dans ma vie de souffrances me restait une seule et unique consolation : me divertir, selon ma curiosité innée, à voir comment les gens, *sans se soucier de ma présence, parlaient et agissaient en toute liberté* » (Livre IX).

De surcroît, ses oreilles sont un grand privilège :

> ... Bien que je fusse fort irrité de l'erreur de Photis qui, voulant me transformer en oiseau, avait fait de moi un âne, je trouvais une consolation... à ma lamentable laideur; c'est que *les oreilles immenses dont j'étais pourvu, faisaient que j'entendais avec la plus grande facilité tout ce qui se passait, même de fort loin...* (Livre IX, 15).

Cette situation exceptionnelle de l'âne est un trait d'une très grande portée dans ce roman.

La vie courante que Lucius observe et apprend à connaître, est uniquement *personnelle, privée*. Par son essence même, elle n'a rien de *public*. Tous les événements y sont *l'affaire privée* d'hommes isolés. Ils ne peuvent se dérouler « aux yeux du monde », publiquement, devant un *chœur*. Ils ne relèvent pas d'une justification officielle (universelle) sur la place publique. Ils n'ont de portée spécifiquement publique, que s'il s'agit de crimes. L'affaire criminelle, c'est le moment où la vie privée devient publique malgré elle, si l'on peut dire. Pour le reste, il ne s'agit que de secrets d'alcôve (trahison des « méchantes » épouses, impuissance des époux, profits clandestins, petites duperies banales).

Cette vie privée, en tant que telle, ne fait pas de place à l'observateur, au « tiers », qui serait en droit de l'observer sans cesse, la juger, l'apprécier. Elle se déroule entre quatre murs, devant

1. Les passages en italiques sont soulignés par l'auteur.

deux paires d'yeux. La vie publique, au contraire, comme tout événement ayant une portée sociale, est, par nature, portée vers la publicité. Elle présume, obligatoirement, un spectateur, un juge, un critique, qui a toujours sa place dans l'événement, comme participant nécessaire (indispensable). L'homme public vit et agit toujours aux yeux de tous, et chaque moment de son existence est, par essence et par principe, connu de tous. La vie publique, l'homme public, de par leurs natures, sont *à découvert, visibles, audibles.* La vie publique dispose aussi de formes les plus diverses d'autoréclame et d'auto justification (dans la littérature, entre autres). C'est pourquoi le problème ne s'y pose même pas du statut particulier d'un personnage (un « tiers »), qui observerait, écouterait cette vie publique et ses formes particulières d'extériorisation. Aussi la littérature classique de l'Antiquité, celle de la vie et de l'homme publics, ne connaissait nullement ces problèmes. Ils devaient inévitablement surgir lorsque l'homme et sa vie privés entrèrent (à l'époque hellénistique) dans la littérature. Alors surgit *une contradiction* entre l'aspect *public de la forme littéraire elle-même, et l'aspect privé de son contenu.* On commença à élaborer des *genres privés,* ce qui, dans l'Antiquité, n'avait pas été mené à bien.

Ce problème se posa de façon très aiguë à propos des grandes formes épiques (du « grand épos »). Le roman antique naquit au cours de sa solution.

A la différence de la vie publique, la vie essentiellement privée qui a pénétré le roman, est, par nature, *fermée.* En fait, on ne peut que *l'épier* et lui *prêter l'oreille.* Cette littérature de la vie privée consiste, en somme, à surprendre, à entendre « comment vivent les autres ». On peut soit la révéler, la rendre publique, par voie d'un procès, soit introduire directement un procès dans le roman (avec enquête et instruction) un crime dans une vie privée. On peut encore recourir aux témoignages, aveux, documents juridiques, indices, hypothèses de l'enquêteur, et ainsi de suite. Enfin, on peut aussi utiliser les formes de confidences et d'autorévélation qui se manifestent dans la vie la plus privée comme dans les mœurs : lettre personnelle, journal intime, confession.

Nous avons vu comment le roman grec résolvait ce problème de la vie privée. Il appliquait les formes extérieures et inadéquates, publiques et rhétoriques (déjà périmées à l'époque) au contenu de la vie privée, ce qui n'était possible que dans les conditions du temps des aventures, et de l'extrême abstraction de toute la représentation. De plus, c'est sur cette base rhétorique que le roman grec introduisit aussi le procès criminel, qui y joue un rôle fort important. Il utilisa aussi, partiellement, les formes de la vie courante, par exemple les lettres. Par la suite, dans l'histoire du roman, le procès criminel, sous une forme directe ou indirecte, et les catégories judiciaires et criminelles en général, eurent une importance au point de vue de l'organisation de l'ensemble du roman, à quoi correspondait, dans son contenu, la place énorme occupée par le crime. Les diverses formes et variantes du roman utiliseront diversement les catégories liées aux crimes et aux procès. Il suffit d'évoquer, d'une part, le roman d'aventures policier (enquête, indices, hypothèses) et de l'autre, les romans de Dostoïevski : *Crime et Châtiment* et *Les Frères Karamazov*.

La signification et les divers procédés d'utilisation de ces catégories comme formes d'investigation et de révélation de la vie privée, posent un problème intéressant et important pour l'histoire du roman.

L'élément criminel joue un grand rôle dans *L'Ane d'or*, d'Apulée. Certaines nouvelles intercalées y sont carrément façonnées comme des histoires policières. (Les nouvelles six, sept, onze et douze.) Mais ce n'est pas ce matériau criminologique qui importe surtout à Apulée, ce sont les secrets de la vie privée, qui mettent à nu la nature humaine, autrement dit, tout ce que l'on ne peut que guetter et surprendre.

A cet égard, la position de Lucius-l'âne est particulièrement favorable. C'est pourquoi elle a été fixée par la tradition, et se présente, avec de multiples variations, dans la suite de l'histoire du roman. De cette métamorphose en âne demeure encore, précisément, le statut spécifique du personnage du « tiers » dans la vie privée, ayant la possibilité d'épier et d'écouter. Tel est aussi le statut *du fripon et de l'aventurier*, qui ne participent pas intérieurement à la vie courante, n'y ont pas une place précise et sûre, mais pourtant la traversent et sont contraints d'en étudier le mécanisme et les ressorts secrets. Mais surtout, tel est le personnage du *serviteur*, qui se substitue à ses divers maîtres. Ce serviteur, c'est l'éternel « tiers » dans leur vie privée, le témoin par excellence. On ne se gêne devant lui guère plus que devant l'âne, mais en même temps, il est appelé à participer à tous les côtés intimes d'une vie privée. C'est pourquoi dans la suite de l'histoire du roman d'aventures du deuxième type (« roman d'aventures et de mœurs ») le serviteur remplace l'âne. Sa situation est largement exploitée dans le roman picaresque, de *Lazarillo* [1] à *Gil Blas*. Dans ce type classique (pur) persistent d'autres éléments et thèmes de *L'Ane d'or* qui, avant tout, gardent le même chronotope. Dans le roman d'aventures et

1. *Lazarillo de Tormès*, cf. ci-dessus, note 1, p. 204.

de mœurs de type complexe (impur) le personnage du serviteur est repoussé au second plan, tout en conservant sa signification. Mais dans d'autres types et genres romanesques, cette figure a une portée essentielle. (Cf. *Jacques le Fataliste*, de Diderot, la trilogie dramatique de Beaumarchais, etc.) Le serviteur, c'est l'incarnation particulière d'un point de vue sur le monde privé, dont la littérature ne pouvait se passer.

Analogue (par ses fonctions) à celle du serviteur, c'est la place occupée dans le roman par *la prostituée et la courtisane*. (Par exemple, *Moll Flanders, ou Roxana, de Daniel Defoe* [1].) Leur situation est également fort avantageuse pour surprendre la vie privée, ses mystères et ses ressorts secrets. L'entremetteuse a la même signification, mais c'est un personnage secondaire, faisant figure, habituellement, de narrateur. Ainsi, dans *L'Ane d'or*, la neuvième nouvelle intercalée est relatée par une proxénète âgée. Songeons au remarquable récit de la vieille entremetteuse dans *Francion* [2] de Sorel, dont le puissant réalisme égale presque Balzac, et dépasse de loin les figures analogues chez Zola.

Enfin, comme nous l'avons dit, un rôle semblable de par ses fonctions est joué par *l'aventurier* (au sens large du mot) et, en particulier, par *le parvenu*. Ils n'occupent pas encore de place précise et fixe dans l'existence, mais cherchent à réussir : à faire une carrière, acquérir des richesses, conquérir la gloire (du point de vue de leur intérêt particulier, « pour eux-mêmes »). Cela les incite à étudier la vie privée, à en découvrir le mécanisme caché, à l'épier, à prêter l'oreille à ses secrets les plus intimes. Ils entrent dans la carrière par le bas, où ils côtoient valets, prostituées, proxénètes, qui leur apprennent « la vraie vie ». Ils montent plus haut, en général en passant par les courtisanes, et soit atteignent aux sommets de leur vie personnelle, soit font naufrage en route, ou encore demeurent de petits aventuriers des bas-fonds. Leur situation est très favorable à la révélation et à la démonstration de toutes les couches, de tous les paliers de la vie privée, aussi est-elle déterminante pour la structure des romans d'aventures et de mœurs de type complexe : le Francion, de Sorel, est un aventurier, au sens large (mais en aucun cas un parvenu). Les personnages du *Roman Comique*, de Scarron (XVIIe siècle) sont présentés comme des aventuriers, de même que ceux des romans picaresques (pas au sens strict) de Defoe : le Capitaine Singleton [3], le Colonel Jack. Les parvenus apparaissent pour la première fois chez

1. *Lady Roxana, ou l'heureuse Catin* (1724).
2. Charles Sorel, *la Vraie Histoire de Francion* (1633).
3. *La Vie, les Aventures et les Pirateries du célèbre Capitaine Singleton* (1720).

Marivaux *(Le Paysan parvenu)*. Les héros de Smollett sont des aventuriers. *Le Neveu de Rameau*, de Diderot, incarne et condense de manière particulièrement profonde et complète toute la spécificité de l'âne, du fripon, du vagabond, du valet, de l'aventurier, du parvenu, de l'artiste. Remarquable de pénétration et de vigueur, c'est *une philosophie du « tiers » dans la vie privée*, philosophie d'un individu qui ne connaît que cette vie-là, n'a soif que d'elle, mais n'y participe pas, n'y a pas sa place; partant, il la voit tout entière avec acuité, dans toute sa nudité, et y joue tous les rôles sans se confondre avec aucun.

Chez les grands réalistes français, Balzac, Stendhal, dans leurs romans complexes et composés, la situation du parvenu et de l'aventurier conserve pleinement son sens d'élément organisateur. Au second plan de leurs œuvres s'avancent aussi tous les autres « tiers » de la vie privée : courtisanes, prostituées, entremetteuses, valets, notaires, usuriers, médecins.

Dans le réalisme classique des Anglais, chez Dickens, chez Thackeray, le rôle de l'aventurier parvenu est moins significatif : ce sont des seconds rôles. (Une exception : Becky Sharp, dans *La Foire aux Vanités*, de Thackeray.)

Notons que dans tous ces cas, un élément de métamorphose subsiste d'une certaine façon, sous une forme ou sous une autre : le changement de rôles et de masques du fripon, la transformation du mendiant en millionnaire, du vagabond sans abri en riche aristocrate, du brigand et du filou en bon chrétien repenti, etc.

En dehors des figures du fripon, du valet, de l'aventurier, de la proxénète, le roman a inventé, pour surprendre la vie privée d'autrui, d'autres moyens encore, parfois fort spirituels et fins, mais dénués de signification typique et notable. Par exemple, *Le Diable boiteux*, de Le Sage, enlève les toits des maisons et découvre la vie privée, dans des situations où un « tiers » ne serait pas admis. Dans *Peregrine Pickle*, de Smollett, le héros fait la connaissance d'un Anglais complètement sourd, Kaydwaleder, devant qui personne ne se gêne, comme il en allait pour Lucius-l'âne. Par la suite, on découvre que ce personnage n'est nullement atteint de surdité; il a seulement mis un masque de sourd pour surprendre des secrets.

Telle est la position extraordinaire de Lucius-l'âne, observateur de la vie intime. Mais dans quel temps se déroule-t-elle ?

Dans *L'Ane d'or* et dans d'autres exemples du roman d'aventures et de mœurs de l'Antiquité, le temps de la vie courante n'est nullement cyclique. De façon générale, on n'y insiste pas sur la répétition, le retour périodique des mêmes faits (phénomènes). La littérature antique ne connaissait que le temps cyclique normal, idéalisé, des travaux agricoles, qui s'entrelaçait avec le temps naturel et mythologique (les étapes principales de son évolution se trouvent chez Hésiode, Théocrite et Virgile). Le temps des mœurs se distingue radicalement de ce temps cyclique (dans toutes ses variations). D'abord, il est complètement isolé de la nature (et des cycles naturels et mythologiques). Cette rupture entre le plan de la vie courante et la nature est même soulignée. Les thèmes de la nature ne se trouvent chez Apulée que dans la série faute-expiation-félicité. (Par exemple, dans la scène sur le rivage, avant la re-transformation de Lucius.) La vie quotidienne, c'est l'enfer, le tombeau où le soleil ne brille point, où il n'y a point de ciel étoilé. C'est pour cela que le quotidien est présenté comme « l'envers » de la vie véritable. Au centre on trouve la licence : l'envers de l'amour sexuel, qui a rompu avec l'enfantement, la succession des générations, l'édification de la famille et de la lignée. Ici le quotidien est priapique; sa logique, c'est l'obscénité. Mais autour de ce noyau du sexe (infidélité, crime passionnel) se rangent d'autres éléments, d'autres aspects de la vie : violence, tromperies de toute espèce, brutalités.

Dans ce tourbillon de la vie privée, le temps n'a ni unité, ni entité. Il est subdivisé en segments indépendants qui englobent des épisodes coutumiers, isolés. Certains épisodes (surtout dans les nouvelles intercalaires) sont polis et parachevés, mais isolés; ils se suffisent à eux-mêmes. Le monde du quotidien est éparpillé, morcelé, sans liens substantiels. Il n'est pas pénétré par une série temporelle unique, avec ses conformités et impératifs spécifiques. Aussi, les segments temporels des épisodes de la vie courante sont-ils comme disposés perpendiculairement à la série principale, au pivot du roman : faute-châtiment, purification-félicité (et très précisément au moment du châtiment et du rachat). Le temps de la vie courante n'est pas parallèle à cette série fondamentale et ne s'entrecroise pas avec elle, mais ses divers segments (résultant de ses subdivisions) sont perpendiculaires à la série initiale et la coupent à angle droit.

En dépit de tout ce morcellement et de ce naturalisme, le temps de la vie courante n'est aucunement amorphe. Dans son ensemble, il est perçu comme un châtiment qui purifie Lucius; dans ses moments-épisodes pris séparément, il sert à Lucius d'*expérience*, qui découvre à ses yeux la nature humaine. Chez Apulée, ce monde du quotidien est, en soi, *statique*, il ne contient pas de devenir (et c'est pourquoi il n'y a pas de temps courant *unique*). Mais en lui se révèle une *multiformité sociale*, et si, dans cette multiformité on ne découvre pas encore de *contradictions sociales*, elles y sont en gestation. Si elles sortaient au grand jour, le monde se mettrait en mouvement, et serait projeté vers l'avenir; le temps acquerrait sa plénitude et son historicité. Mais sur le sol antique, en particulier chez Apulée, ce processus ne s'est pas accompli.

Il est vrai que Pétrone a été un peu plus loin. Dans son monde à lui, la multiformité sociale devient presque contradiction. En conséquence, on y voit apparaître l'embryon des empreintes du temps historique, les signes du temps. Néanmoins, même chez lui, le processus est loin de son achèvement.

Nous l'avons dit, *le Satiricon*, de Pétrone appartient lui aussi au même type de roman d'aventures et de mœurs. Mais là, le temps des aventures s'entrelace étroitement avec celui de la vie courante (aussi le *Satiricon* est-il plus proche du type européen du roman picaresque). Les pérégrinations et aventures des personnages (Enkolpias et autres) ne sont pas fondées de façon nette sur la métamorphose et la série faute-châtiment-rédemption, remplacée, il est vrai, par un thème analogue, mais atténué et parodique : la persécution par le dieu Priape en fureur (parodie de la cause première épique des pérégrinations d'Ulysse, d'Énée). Mais l'attitude des personnages envers les mœurs de la vie privée est exactement la même que celle de Lucius-l'âne : ils traversent la sphère privée, quotidienne, mais n'y participent point. Ce sont des fripons, des mouchards, des charlatans et des parasites, qui épient, qui prêtent l'oreille à tout le cynisme de la vie intime. Or ici, elle est plus priapique. Mais, redisons que dans la multiformité sociale de ce monde privé, on décèle quelques traces fugaces du temps historique. Dans la description du festin de Trimalchion, et dans son personnage même, se dévoilent déjà les signes du temps, d'une certaine *entité temporelle*, qui englobe et unifie les épisodes isolés de la vie courante.

Dans les exemples des hagiographies répondant au type des aventures et des mœurs, la métamorphose vient au premier plan : péché, crise, expiation, sanctification. Là, les péripéties et la vie quotidienne sont présentées sous la forme d'une dénonciation de la vie du pécheur ou sous celle d'une humble confession. Cette dernière forme se place déjà à la lisière d'un troisième type de roman antique.

III

Biographie et autobiographie antiques

Avant de passer au troisième type de roman antique, il importe de faire une réserve importante. Par « troisième type », nous entendons le *roman biographique*. Or, l'Antiquité n'a produit ni un tel *roman*, ni une grande œuvre biographique que nous pourrions nommer ainsi, par référence à notre terminologie. Elle a, néanmoins, élaboré toute une suite de formes autobiographiques et biographiques notables, qui ont exercé une influence énorme non seulement sur l'évolution des biographies et autobiographies européennes, mais sur tout le roman européen. Ces formes antiques sont fondées sur un nouveau type de *temps biographique* et sur une nouvelle image spécifique de l'homme au cours de sa vie.

C'est sous l'angle de ce nouveau type du temps, de cette nouvelle image de l'homme, que nous donnerons un aperçu des formes de l'autobiographie et de la biographie antiques. Nous ne prétendons ni à fournir un matériau complet, ni à épuiser le sujet sous tous ses aspects. Nous nous contenterons de relever ce qui a trait directement à nos problèmes.

Dans la Grèce classique nous apercevons deux types principaux d'autobiographie. Nous appellerons le premier, conventionnellement, le type platonicien, car il a trouvé son expression la plus claire et la plus précoce dans des œuvres de Platon, telles que *L'Apologie de Socrate* et le *Phédon*. Ce type de prise de conscience autobiographique de l'homme est lié aux formes strictes de la métamorphose mythologique. A sa base se trouve un chronotope : « La vie de celui qui cherche la vraie connaissance. » L'existence de ce chercheur se subdivise en périodes strictement délimitées, ou degrés. Son chemin passe par une ignorance pleine d'assurance, un scepticisme autocritique et, au travers d'une connaissance de soi, parvient à la véritable connaissance (mathématiques et musique).

Ce premier schéma platonicien de la voie du chercheur se complique, à l'époque hellénistique, d'éléments extrêmement importants : le passage du chercheur par une série d'écoles philosophiques qu'il veut éprouver, et l'orientation des segments temporels de sa vie sur ses propres œuvres. Nous reviendrons à ce schéma compliqué, qui a une si grande signification.

Le schéma platonicien contient lui aussi un moment de crise et de régénération. (Les paroles de l'oracle — tournant de l'existence de Socrate.) Le caractère spécifique du chemin suivi par le chercheur se révèle de façon plus claire encore si on le juxtapose au schéma analogue de l'ascension de l'âme vers la contemplation des idées *(Le Banquet, Phèdre)*. Ici les fondements mythologiques et ceux des mystères religieux apparaissent distinctement. Dès lors s'éclaire aussi sa parenté avec ces « histoires de métamorphose » dont il a été question dans l'étude précédente. Le chemin suivi par Socrate, tel qu'il apparaît dans l'*Apologie*, est la manifestation publique et rhétorique de la même métamorphose. Le temps biographique réel se dissout presque entièrement dans le temps idéal, voire abstrait, de cette métamorphose. Ce n'est pas dans ce schéma de biographie idéale que se révèle la signification de la figure de Socrate.

Le deuxième type grec, c'est l'autobiographie et la biographie rhétoriques. A la base de ce type se trouve l'*enkomion*, l'éloge funèbre et commémoratif du citoyen, qui a remplacé l'antique « déploration », ou *thrène*. La forme de l'*enkomion* a déterminé la première autobiographie antique : le plaidoyer d'Isocrate.

A propos de ce type classique, il est nécessaire de préciser que ces formes d'autobiographies et de biographies classiques n'étaient pas des œuvres littéraires de caractère livresque, détachées de l'événement socio-politique concret de leur retentissante publicité. Bien au contraire, elles étaient entièrement définies par cet événement, elles étaient des actes verbaux, civico-politiques, glorification ou autojustification publiques d'un homme réel. Aussi, ce qui importe ici ce n'est pas uniquement (et pas tellement) leur chronotope intérieur (l'espace et le temps de la vie évoquée), mais avant tout le chronotope extérieur réel au-dedans duquel s'accomplit cette évocation de sa vie propre ou de celle d'un autre, sous forme d'un acte civique et politique de glorification ou d'autojustification publiques. C'est dans les conditions de ce chronotope réel, où se dévoile (et se publie) sa vie personnelle ou celle d'autrui, qu'apparaissent toutes les facettes de la figure de l'homme et de son existence, et qu'elles reçoivent un éclairage spécial. Ce chronotope réel, c'est la place publique, l'*agora*. C'est là que dans l'Antiquité classique apparut et prit forme pour la première fois la conscience autobiographique (et biographique) de l'homme et de son existence.

Lorsque Pouchkine disait que l'art théâtral était « né sur la place publique », il pensait à la grand-place du « petit peuple » : — foire, baraques, estaminets — la grand-place des villes européennes des XIIIe et XIVe siècles, et des siècles suivants. En outre, il songeait que le gouvernement officiel, la société officielle (les classes privilégiées), les sciences et les arts officiels, se trouvaient (en général) loin de cette place. Mais la place publique de l'Antiquité, c'était l'État lui-même (de surcroît, tout l'État avec tous ses organes), la cour suprême, toute la science, tous les arts et, rassemblé là, tout le peuple. Extraordinaire chronotope, où toutes les instances supérieures, depuis l'État jusqu'à la Vérité, étaient représentées et incarnées concrètement, visibles et présentes ! Dans ce chronotope concret, qui semblait englober le tout, avait lieu l'exposition et la récapitulation de toute une existence de citoyen, passée au crible publiquement et civiquement.

On comprend que dans cet homme biographique (cette image de l'homme), il n'y avait, il ne pouvait y avoir, rien d'intime, de privé, de personnel et secret, d'introverti. Nulle solitude. Cet homme est ouvert de toutes parts. Il est entièrement à l'extérieur. Il ne garde rien « pour lui seul ». Rien en lui qui ne soit du ressort d'un contrôle ou d'une déclaration publique et nationale. Tout ici était public de bout en bout.

Il est évident que dans ces conditions il ne pouvait y avoir de différences radicales entre l'attitude vis-à-vis de la vie d'autrui et de la sienne propre, autrement dit, entre les points de vue biographiques et autobiographiques. Plus tard, à l'époque hellénistico-romaine, quand l'unité de l'homme public se désagrégea, Tacite, Plutarque et d'autres rhéteurs demandèrent tout spécialement si l'autoglorification était admise. La réponse fut affirmative. Plutarque produit des documents, en commençant par Homère (dont les héros aiment à se louer eux-mêmes) et, en admettant l'autoglorification, indique les formes qu'elle doit revêtir pour éviter tout ce qui pourrait rebuter. Certain rhéteur de second ordre, Aristide, recueille lui aussi une vaste documentation sur ce sujet, et finit par conclure qu'une fière louange de soi-même est un trait purement hellénique, et donc parfaitement admissible et légitime.

Ce qui frappe, c'est que pareil problème ait pu surgir. Car enfin l'autoglorification n'est autre chose qu'une manifestation plus voyante, plus frappante, de l'identité de la démarche biographique et de la démarche autobiographique par rapport à l'existence. Aussi, derrière la question spéciale de la permissibilité de l'autoglorification, se dissimule une question plus générale : est-il permis d'avoir la même attitude par rapport à son existence propre que par rapport à celle d'autrui ? La question ainsi posée montre que la classique *cohésion de l'homme public* s'effrite, que c'est là le début d'une différenciation radicale entre la forme biographique et la forme autobiographique.

Mais en Grèce, au temps de la place publique, là où avait commencé la prise de conscience de l'homme, il ne pouvait encore être question d'une telle différenciation. L'homme intérieur, l'homme « pour lui-même » *(je vis pour moi)*, l'homme complaisant à lui-même, n'existait point. Sa cohésion, sa conscience de lui-même, étaient purement publiques. Il était *tout au dehors*, au sens littéral de l'expression.

Cette totale extroversion est une particularité très importante de la figure de l'homme dans l'art et la littérature classiques, et se manifeste sous des formes multiples et infiniment variées. J'indiquerai ici l'une de ses manifestations les plus généralement connues.

Dans la littérature, l'homme grec (déjà chez Homère) est présenté comme extrêmement violent. Les héros d'Homère expriment leurs sentiments fort brutalement et bruyamment. Il est particulièrement frappant de voir que si souvent, à grand bruit, ils pleurent et sanglotent. Achille, au cours de sa scène célèbre avec Priam, se lamente sous sa tente si fort, que ses hauts cris résonnent dans tout le camp des Grecs! On a expliqué ce trait de différentes façons : par les singularités de la psychologie primitive, par les conventions du canon littéraire, par les particularités du vocabulaire homérique, qui font que les divers niveaux des sentiments ne peuvent être traduits que par divers degrés d'extériorisation; on s'est référé, également, au caractère relatif de l'expression générale des sentiments. (On sait, par exemple, que les hommes du XVIIIe siècle, les Encyclopédistes mêmes, pleuraient très souvent et très volontiers.) Mais dans l'image du héros antique ce trait n'est pas du tout unique : il s'harmonise avec ses autres traits, et il a un fondement plus sérieux qu'on ne le pense communément : c'est l'une des manifestations de cette totale extroversion de l'homme public dont nous venons de parler.

Pour un Grec de l'époque classique, toute l'existence était *visible* et *audible*. Il ne connaissait, en principe (en fait), aucune existence invisible et muette. Ceci concernait tout ce qui vit et, naturellement, la vie de l'homme avant tout. Une vie intérieure muette, un chagrin muet, une réflexion muette, lui étaient totalement étrangers. Cette vie intérieure existait peut-être, mais se manifestait au-dehors, sous une forme sonore ou visible. Pour Platon, par exemple, la réflexion était un entretien de l'homme avec lui-même (le *Théétète*, le *Sophiste*). La méditation silencieuse fait sa première apparition avec le mysticisme, dont les racines sont orientales. En outre, la réflexion en tant que conversation avec soi-même, ne présuppose, chez Platon, aucune relation particulière avec soi-même qui différerait d'une relation avec autrui. De l'entretien avec soi, on passe directement à celui qu'on a avec autrui. Il n'est pas question de barrières imposées.

L'homme lui-même ne porte en lui aucun noyau inaudible, invisible : on le voit, on l'entend, il est tout à l'extérieur. Du reste, il n'existe pas de sphères de l'existence muettes et invisibles, auxquelles l'homme participerait et qui le définiraient. (Dans le royaume platonicien des idées, tout se voit, tout s'entend.) A plus forte raison, étant donné leur vision du monde, les Grecs classiques ne songeaient nullement à situer le centre des principes directeurs de la vie humaine dans quelque lieu silencieux et invisible. C'est ce qui détermine la stupéfiante et totale extériorisation de l'homme classique et de son existence.

C'est seulement avec les époques hellénistique et romaine que débute le processus du transfert de sphères entières de l'existence, tant en l'homme lui-même qu'en dehors de lui, vers *un registre muet et une invisibilité radicale*. Ce processus fut loin de s'achever dans l'Antiquité. On est frappé de constater que les *Confessions* de saint Augustin ne peuvent être lues « à part soi », qu'on doit les déclamer à haute voix tant est encore vivace dans sa forme l'esprit de la place publique grecque, où commença à se former la prise de conscience de l'homme européen.

Lorsque nous parlons de l'extroversion totale du Grec, c'est évidemment de notre point de vue. Or, le Grec, contrairement à nous, ne connaissait pas de séparation entre « extérieur » et « intérieur » (muet et invisible). Notre « for intérieur », chez lui, était sur le même plan que notre « extérieur », aussi visible et audible et existait *au-dehors, aussi bien pour les autres que pour lui*. A cet égard, tous les aspects de l'homme étaient homogènes.

Mais cette extériorisation globale de l'homme ne se passait pas dans le vide (« sous le ciel étoilé, sur la terre nue »), mais dans une société organique, « en présence du peuple ». Aussi, cet « extérieur » dans lequel se révélait et existait l'homme grec tout entier, n'était pas quelque chose d'étranger, de glacé (« les déserts du monde »), c'était *son* peuple. Vivre à l'extérieur, c'était vivre pour les autres, pour sa communauté, pour son peuple.

L'homme s'extériorisait complètement dans son élément humain, dans son milieu humain national. Voilà pourquoi l'*unicité* de cette cohésion de l'homme extroverti portait un caractère *public*.

Tout cela détermine l'inimitable originalité de *l'image de l'homme* dans l'art et la littérature classiques. Tout ce qui est charnel et extérieur s'y spiritualise et s'y intensifie, tout ce qui est spirituel et intérieur (selon nous) devient charnel et s'extériorise. Comme la nature chez Goethe (pour qui elle servit d' « épiphénomène »), cette image de l'homme n'a « ni noyau ni enveloppe », rien d'externe, rien d'interne. En cela, elle diffère profondément des images de l'homme ultérieures.

Au cours des époques suivantes, les sphères muettes et invisibles auxquelles l'homme participa, déformèrent son image. Le mutisme et la cécité pénétrèrent en lui. Avec elles vint la solitude. L'homme privé et isolé, « l'homme pour soi », perdit son entité et sa cohésion, déterminées autrefois par le principe de sa vie publique. Sa conscience de lui-même, ayant perdu le chronotope populaire de la place publique, ne sut pas en trouver un autre, aussi réel, aussi cohérent et unique. C'est pourquoi elle s'émietta et se disjoignit, devint abstraite et idéale. L'homme privé découvrit dans sa vie privée quantité de sphères et d'objectifs (sphère sexuelle, etc.) dont la nature n'était guère publique, et dont on ne parlait que dans l'intimité ou en termes conventionnels. L'image de l'homme devient multiple, composite. Son noyau et son enveloppe, son intérieur et son extérieur, se scindent.

Nous démontrerons plus loin que dans toute la littérature universelle, la tentative la plus remarquable de nouvelle et totale extériorisation de l'homme (sans stylisation de l'image antique) est due à Rabelais.

Un autre effort pour retrouver la cohésion et l'extroversion antiques fut fait par Goethe, mais sur un fondement tout à fait différent.

Revenons à l'*enkomion* grec et à la première autobiographie. Nous avons vu cette singularité de la conception antique, qui consistait à tenir pour identiques la démarche biographique et la démarche autobiographique, et à les publier systématiquement. Mais dans l'*enkomion*, l'image de l'homme est simple et plastique, et ne contient quasiment aucun devenir. Le point de départ de l'*enkomion*, c'est l'image idéale d'une forme d'existence précise, d'une situation définie — celle d'un chef d'armée, d'un monarque, d'un homme politique. Cette forme idéale, c'est la totalité de ce qu'exige telle situation, l'énumération des qualités requises d'un général, par exemple, comme de ses talents et ses vertus. Ceux-ci sont ensuite révélés dans le récit de l'existence de ce personnage glorifié. L'image idéale et l'image du défunt sont confondues, image esthétique, où la personne glorifiée est habituellement évoquée dans sa maturité, au sommet de sa réussite.

A partir des schémas biographiques de l'*enkomion* parut la première autobiographie : celle d'Isocrate, sous forme d'une plaidoirie. Elle exerça une influence considérable sur toute la littérature mondiale, surtout par le truchement des humanistes italiens et anglais. C'est le compte rendu public et apologétique d'une vie. L'image personnelle est façonnée sur les mêmes principes que ceux qui organisent l'image des personnages défunts, dans l'*enkomion*. Le fondement, c'est l'idéal du rhéteur : Isocrate célèbre cette profession, forme suprême de l'activité humaine. Cette conscience de sa profession prend chez lui un aspect tout à fait concret : il décrit sa situation matérielle, se réfère à ses honoraires de rhéteur. Les éléments strictement privés (à notre point de vue), les éléments étroitement professionnels (également selon nous), les éléments sociaux et nationaux, enfin les idées philosophiques, s'alignent ici dans une suite concrète, étroitement entrelacés. Tous sont perçus comme parfaitement homogènes, et rassemblés en une image unique de l'homme, harmonieuse, intégrale et cohérente. L'homme conscient de ce qu'il est n'insiste que sur les aspects de sa personnalité et de son existence qui sont tournés vers l'extérieur, concernent les autres aussi bien que lui-même. En eux seuls sa conscience cherche son soutien et son unité. Il ne connaît pas d'aspects intimement personnels, « pour lui seul », individuels, uniques.

D'où le caractère spécifiquement normatif et pédagogique de cette première autobiographie. Sa conclusion présente sans ambages son idéal éducatif et formateur. Mais cet éclairage-là vaut pour l'autobiographie entière.

Il ne faut pas oublier, cependant, que l'époque de cette première autobiographie est celle où la cohésion de l'homme public grec (telle qu'elle se révélait dans l'épopée et la tragédie), commençait déjà à se défaire. D'où, le caractère assez formellement rhétorique et abstrait de cette œuvre.

Les autobiographies et les Mémoires romains s'élaborent dans un autre chronotope réel. C'est la *famille romaine* qui leur donne leur fondement vivant. Ici, l'autobiographie est le document de la conscience familiale et ancestrale, mais bâtie sur ce terrain elle n'en devient pas pour autant privée, intime ou personnelle. Elle conserve un caractère éminemment public.

La famille romaine (patricienne) n'est pas une famille bourgeoise, symbole de tout ce qui est privé et intime. Précisément en tant que famille, elle se confond directement avec l'État. On confie au chef de famille certaines charges nationales. Les cultes de famille (de la *gens*), cultes religieux dont le rôle était immense, prolongeaient les cultes officiels. Les ancêtres étaient les représentants de l'idéal national. La conscience est orientée vers le souvenir concret de la lignée et des ascendants, et, simultanément, vers la postérité. Les traditions familiales et patriarcales sont transmises de père en fils. La famille possède ses archives, où sont conservés les documents manuscrits de tous les maillons de la lignée. L'autobiographie est rédigée en vue de transmettre les traditions familiales et patriarcales, de maillon en maillon; elle est placée dans les archives. Ainsi a-t-on conscience que l'autobiographie est *publique, historique et nationale*.

Cette historicité spécifique de la conscience autobiographique des Romains, se distingue de la conscience grecque, orientée vers les contemporains vivants, présents sur la place publique. Le Romain a conscience, avant tout, d'être le maillon qui relie ses aïeux défunts à ses descendants point entrés encore dans la vie publique. C'est pourquoi cette conscience de soi est moins harmonieuse, mais en revanche, plus profondément pénétrée par le temps.

Autre trait particulier à l'autobiographie (et à la biographie) romaine : le rôle des *prodigia*, de toutes espèces de présages, et de leur interprétation. Ce n'est point ici un aspect narratif, comme dans les romans du XVIIe siècle, mais un principe fort important de la conception et de l'élaboration du matériau autobiographique. A cette particularité de l'autobiographie, se rattache étroitement la catégorie purement romaine du « bonheur ». Dans les *prodigia*, autrement dit, dans les présages concernant tant le destin de l'homme que ses affaires et entreprises diverses et son existence entière, tout ce qui est individuel, personnel, se confond indissolublement avec tout ce qui est public et national. Les *prodigia* sont un élément important des projets et réalisations de toutes les entreprises et actions de l'État, qui ne fait pas un pas sans avoir consulté les auspices. Les *prodigia* sont les indices des destins d'une nation. Elles prédisent le bonheur ou le malheur. Elles concernent ensuite la personnalité du dictateur ou du général, dont le sort est indissolublement lié à celui de la nation, puis se confondent avec les indices de son destin personnel. On voit paraître le dictateur « à la main heureuse » (Sylla), à « la bonne étoile » (César). Sur cette base, la catégorie du « bonheur » a une signification particulière en tant qu'elle infléchit une vie, forme une personnalité et toute une existence. (« La foi en son étoile ».) Ce principe définit la prise de conscience de Sylla, dans son autobiographie. Mais, redisons-le : dans le « bonheur » de Sylla ou le « bonheur » de César, les destins individuels et nationaux ne font plus qu'un. Moins que tout il peut s'agir d'un bonheur strictement personnel, privé. Car il s'agit du « bonheur » dans les entreprises, les projets de l'État, du « bonheur des armes ». Il est inséparable des affaires, de la création artistique, du labeur, avec ce qu'ils contiennent d'objectif, de public et d'étatique. De la sorte, la notion de *bonheur* inclut aussi nos concepts de « talent », d' « intuition », et la notion spécifique de « génie » [1], d'une telle importance pour la philosophie et l'esthétique de la fin du XVIIIe siècle. (Jung, Haman, Herder, génies orageux.) Au cours des siècles suivants, cette catégorie du bonheur s'émietta et acquit un caractère privé. Elle se vida de tous ses aspects créateurs, publics, nationaux, et devint un principe privé et personnel, démuni de créativité.

A côté de ces traits spécifiquement romains, interviennent les traditions autobiographiques gréco-hellénistiques. A Rome aussi les déplorations antiques *(naenia)* furent remplacées par des panégyriques *(laudaces)*. Ici dominent les schèmes gréco-hellénistiques.

L'une des formes autobiographiques romano-hellénistiques les plus notables, ce sont les travaux « sur les écrits personnels ». Nous avons noté que cette forme subit l'influence capitale du schéma platonicien du « chemin de celui qui cherche la connaissance », mais ici on a trouvé pour elle une base objectale toute différente. On présente un catalogue d'œuvres personnelles, on en révèle les thèmes, leur succès auprès du public, on les accompagne de commentaires autobiographiques (Cicéron, Galien, etc.). Une série d'œuvres personnelles fournit un soutien réel et solide à la connaissance du cours temporel d'une vie. Dans la séquence des œuvres personnelles paraît l'empreinte substantielle du temps biographique, son objectivation. Par ailleurs, la conscience qu'on a de soi-même se révèle non pas devant « quelqu'un » en général, mais devant un groupe défini de lecteurs. C'est pour eux que s'élabore une autobiographie. La concentration d'une autobiographie sur soi-même et sur sa vie personnelle acquiert ici un certain minimum de « publicité » notoire, d'un type tout à fait nouveau. A ce type autobiographique se rapportent les *Retractiones* de saint Augustin et, dans les temps modernes, une série d'œuvres des humanistes (cf.

1. Dans la notion de « bonheur » fusionnaient « génie » et « succès »; un génie méconnu, c'était une *contradiction dans les termes (N.d.A.)*.

Chaucer), mais aux époques postérieures, ce type ne devient plus qu'un aspect (très important, il est vrai), des autobiographies littéraires des auteurs (par exemple Goethe).

Telles sont les formes autobiographiques de l'Antiquité, qu'on pourrait qualifier de formes de la *prise de conscience publique de l'homme.*

Voyons brièvement les formes biographiques venues à maturité à l'époque romano-hellénistique. De prime abord, notons l'influence d'Aristote sur les méthodes caractérologiques des biographes antiques, et plus précisément la doctrine de l'*entéléchie* comme but ultime, et en même temps cause première de l'évolution. Cette identification aristotélicienne du but et du principe ne pouvait manquer d'exercer une emprise notable sur les singularités du temps biographique; d'où, la maturité complète du caractère comme vrai début de l'évolution. Ici s'accomplit une « inversion caractérologique » originale, qui exclut un véritable devenir du caractère. Toute la jeunesse de l'homme n'est traitée que comme la préfiguration de l'âge mûr. Un certain élément dynamique n'est introduit que par l'intermédiaire d'une lutte des penchants et des passions, et par l'exercice de la vertu, qui ne doit pas fléchir. Cette lutte, ces exercices, ne font qu'affermir les qualités existantes sans rien créer de neuf. La base demeure la même : l'essence stable de l'homme « achevé ».

Sur cette base se sont constitués deux types de structure de la biographie antique.

Le premier pourrait être qualifié d'*énergétique.* Il est fondé sur le concept aristotélicien de l'énergie. L'existence et l'essence totales de l'homme ne constituent pas un état, mais une action, une force agissante (« énergie »). Cette « énergie », c'est précisément la manifestation du caractère dans les actes et les expressions. En outre, ces actions, ces mots et autres formes d'expression n'apparaissent point uniquement comme une simple extériorisation de l'homme (pour les autres, pour un « tiers »), comme une donnée interne du caractère, qui existerait à côté de ces manifestations, avant elles et hors d'elles. Or, ces manifestations sont justement la quintessence de ce caractère qui n'existe pas du tout hors de son « énergie ». Sans son extériorisation, son expressivité, sa maturité, son audibilité, le caractère ne possède pas la plénitude de la réalité, la plénitude de la vie. Plus ample est son expressivité, plus ample est son être.

C'est pourquoi l'on ne doit pas représenter la vie humaine *(bios)* et le caractère au moyen d'une énumération analytique des propriétés caractérologiques de l'homme (vertus ou vices), et de leur réunion en une image solide, mais par une représentation des actes, des propos et autres manifestations et expressions de la personne humaine.

Ce type de biographie *énergétique* est représenté par Plutarque, dont l'influence sur la littérature mondiale (et pas seulement la littérature biographique) fut exceptionnellement importante.

Chez Plutarque, le temps biographique est spécifique : c'est le temps de *la révélation du caractère*, mais nullement celui du devenir et de la croissance [1]. Il est vrai qu'en dehors de cette *révélation*, de cette « manifestation », il n'a pas de caractère, mais, en tant qu'*entéléchie*, il est prédestiné et ne peut se révéler que dans une direction précise. La réalité historique elle-même, dans laquelle le caractère se révèle, ne sert que de milieu à cette révélation, fournit des motifs pour l'expression du caractère dans les actes et les paroles, mais n'a pas d'influence déterminante sur le caractère lui-même, ne le forme ni ne le crée; elle ne fait que l'actualiser. La réalité historique, c'est l'arène où se révèlent et se déploient les caractères humains mais rien de plus.

Le temps biographique est irréversible par rapport aux événements d'une vie qui sont inséparables des événements historiques. Mais par rapport au caractère, ce temps est réversible : tel ou tel trait de caractère pris séparément aurait pu apparaître plus tôt ou plus tard. Ces traits eux-mêmes ne sont pas chronologiques; ils peuvent changer de place dans le temps. Le caractère, lui, ne croît ni ne change. Il ne fait que *se combler :* d'abord incomplet, non révélé, fragmentaire, il redevient *complet et arrondi*. Par conséquent, la voie qui permet de le révéler ne mène pas à sa transformation et à son devenir en liaison avec la réalité historique, mais à son seul *achèvement*, c'est-à-dire au seul parachèvement de la forme qui fut esquissée dès le commencement. Tel est le type biographique de Plutarque.

On pourrait qualifier le deuxième type biographique d'*analytique*. Il se fonde sur un schéma aux rubriques précises, qui permettent de distribuer tout le matériau d'une biographie : vie sociale, vie familiale, faits de guerre, relations avec les amis, aphorismes dignes de mémoire, vertus, vices, physique, *habitus*, etc. Les différents traits, les particularités du caractère, sont choisis dans les péripéties et occurrences diverses advenues à *diverses époques* de la vie du personnage, et classés dans les rubriques correspondantes. Pour accentuer un trait, on donne un ou deux exemples, tirés de l'existence du personnage.

La série biographique temporelle est donc rompue ici :

1. Le temps est phénoménal, l'essence du caractère est intemporelle. Ce n'est pas le temps qui donne au caractère sa substantialité *(N.d.A.)*.

sous une seule et même rubrique, on rassemble des événements se rapportant aux époques *différentes* d'une vie. Le premier principe est ici aussi *l'entité* d'un caractère, du point de vue duquel le temps et l'ordre des manifestations de telle ou telle partie de cette entité sont indifférents. Déjà les premiers traits (les premières manifestations d'un caractère) prédéterminent les contours fermes de cette entité, et tout le reste se dispose alors à l'intérieur de ces contours, soit dans un ordre temporel (premier type de biographie), soit dans un ordre systématique (second type).

Le principal représentant de ce second type de biographie est Suétone. Si Plutarque a exercé une influence énorme sur la littérature, et surtout sur le drame (puisque le type *énergétique* est, par essence, dramatique), Suétone, quant à lui, influença le genre strictement biographique, surtout au Moyen Age. (Le type de structure d'une biographie à rubriques s'est conservé même jusqu'à nos jours : l'homme comme individu, comme écrivain, comme *pater familias*, comme penseur, etc.)

Toutes les formes mentionnées jusqu'ici, tant autobiographiques que biographiques (il n'y avait pas de différence radicale entre ces formes pour ce qui est de l'attitude envers l'homme), portent un caractère essentiellement public. A présent, nous devons aborder les formes de l'autobiographie où apparaît déjà la désagrégation de l'extériorisation publique de l'homme, où commence à percer la conscience privée de l'individu isolé et solitaire, où se découvrent les sphères privées de son existence. Dans l'Antiquité, nous ne trouvons, dans le domaine de l'autobiographie, que le début du processus de privatisation de l'homme et de son existence. Les formes d'expression autobiographique d'une *conscience de soi solitaire* ne furent pas encore élaborées ici. On ne réalisa que des modifications spécifiques des formes rhétoriques et publiques existantes. Nous observons, dans l'ensemble, trois modifications de cet ordre.

La première, c'est la représentation satirico-ironique ou humoristique de sa propre personne et de sa vie, dans des satires et des diatribes. Notons en particulier les autobiographies et autoportraits ironiques, en vers, chez Horace, Ovide, Properce ; ils contiennent aussi un élément de parodie des formes héroïques et publiques. Le *privé*, *l'intime* y revêtent la forme de *l'ironie et de l'humour* (ne trouvant pas de formes d'expression positives).

La deuxième modification, extrêmement importante à cause de sa résonance historique, est représentée par les lettres de Cicéron à Atticus.

Les formes publico-rhétoriques de l'unité de la représentation de l'homme dépérissaient, devenaient officiellement conventionnelles; l'héroïsation, la louange (et l'autoglorification) devenaient stéréotypées et banales. De surcroît, les genres publics et rhétoriques existants ne laissaient aucune place à une image de la vie privée, dont la sphère s'agrandissait, devenait plus large, plus profonde, tout en se refermant de plus en plus sur elle-même. Dans ces conditions commencent à prendre une grande importance les formes *rhétoriques intimes*, et, avant tout, la forme de l'*épître aux amis*. Dans une atmosphère intimement amicale (semi-conventionnelle, s'entend), commence à se dévoiler une nouvelle prise de conscience, privée, « en chambre ». Toute une série de catégories de la conscience et de l'élaboration d'une biographie — réussite, bonheur, mérites — commencent à perdre leur sens public et national et à passer au plan privé et personnel. Même la nature, entraînée dans ce monde nouveau, privé et intime, commence à se transformer de façon notable. Alors naît le « paysage », c'est-à-dire la nature comme horizon (objet de vision) et environnement (fond, décor) de l'homme privé, solitaire et passif. Cette nature est carrément différente de celle des idylles pastorales ou des *Géorgiques*, sans parler de celle de l'épopée et de la tragédie. Dans le monde clos de l'homme privé, la nature pénètre par fragments pittoresques, aux heures de promenade, de repos, lorsqu'on jette un regard fortuit sur un paysage qui se découvre. Ces fragments pittoresques s'entrelacent avec la mouvante entité de la vie privée du Romain cultivé, mais ne pénètrent point dans l'entité unique, puissante, inspirée, indépendante de la nature, comme dans l'épopée et la tragédie (par exemple, la nature dans *Prométhée enchaîné*); ils ne peuvent composer qu'isolément des paysages littéraires « finis » et clos. D'autres catégories se transforment de manière analogue dans ce nouvel univers « en chambre ». Beaucoup de détails de la vie privée, qui permettent à l'homme de se sentir « chez lui » et commencent à étayer sa conscience de lui-même, deviennent signifiants. L'image de l'homme se déplace vers des espaces fermés, presque intimes, où il perd sa monumentale plasticité et son caractère totalement extroverti et public.

Telles sont les *Lettres à Atticus*. Toutefois, on peut y trouver encore bien des aspects publics et rhétoriques, tant désuets et conventionnels, que vivants et essentiels. On dirait que des fragments de l'homme futur, strictement privé, sont disséminés (agrégés) dans la vieille entité publique et rhétorique.

On peut convenir d'appeler *type stoïque* la troisième et dernière modification. Il faut y rattacher, en premier lieu, ce qu'on nomme les *consolations*. Elles étaient construites en forme de dialogue avec la philosophie-consolatrice. Citons en premier lieu la *Consolatio* de Cicéron (qui ne nous est pas parvenue), écrite après la mort de sa fille. Son *Ad Hortensio* est du même ordre. Aux époques suivantes, on trouve des « consolations » semblables chez saint Augustin, Boèce, enfin chez Pétrarque.

Il faut encore évoquer les lettres de Sénèque, l'œuvre autobiographique de Marc Aurèle *(A moi-même)* et les *Confessions* et autres œuvres autobiographiques de saint Augustin. Ce qui caractérise tous ces écrits, c'est l'apparition d'une nouvelle forme de relation à soi. Sa meilleure définition serait le terme de saint Augustin, *Soliloquia* : entretiens solitaires avec soi-même. Car, de toute évidence, les entretiens avec la philosophie-consolatrice sont des soliloques.

C'est une nouvelle relation à soi, à son « moi », sans témoins, sans droit de parole pour un « tiers », quel qu'il soit. Conscient de lui-même, l'homme solitaire cherche son soutien et sa justice suprême en lui-même et directement dans la sphère des idées : dans la philosophie. Il lui arrive même de combattre le point de vue de « l'autre », comme chez Marc Aurèle. Ce point de vue d'autrui sur nous, dont nous tenons compte et qui nous permet de nous juger nous-mêmes, devient pour nous source de vanité, de vain orgueil, ou source de rancune. Il trouble notre conscience comme notre appréciation de nous-mêmes; nous devons nous en libérer.

Autre singularité de la troisième modification : l'importance accrue des événements de la vie intime et personnelle, qui ont une énorme portée pour l'existence d'un individu, mais une importance minime pour d'autres personnes, et quasiment aucune signification socio-politique; par exemple, la mort d'une fille (dans la *Consolatio* de Cicéron); l'homme se sent radicalement seul au milieu de telles occurrences. Mais dans des événements de portée publique, l'aspect personnel commence à être souligné. Aussi, sont posés de façon très aiguë les problèmes de la fragilité des biens matériels, de la mortalité de l'homme. De manière générale, le thème, dans toutes ses variantes, de la mort personnelle, commence à jouer un rôle essentiel dans la conscience autobiographique de l'homme. Naturellement, dans la conscience publique, ce rôle est (quasiment) nul.

Cependant, malgré ces éléments nouveaux, la troisième modification demeure dans une forte mesure publico-rhétorique. L'homme vraiment solitaire, tel qu'il apparaît au Moyen Age et joue par la suite un rôle si grand dans le roman européen, cet homme-là n'existe pas encore. Ici la solitude est encore très relative et naïve. La conscience de soi a un support public assez solide, encore que déjà périmé en partie. Marc Aurèle, qui n'admettait pas le « point de vue d'autrui » (tout en luttant contre un sentiment de rancune), est pénétré par le sentiment profond de sa dignité d'homme public, et remercie orgueilleusement le destin et les hommes pour ses vertus. La forme même de l'autobiographie, dans sa troisième modification, porte un caractère public et rhétorique. Nous avons déjà noté que même les *Confessions* de saint Augustin exigent une déclamation à haute voix.

Voilà les formes de l'autobiographie et de la biographie antiques. Elles ont exercé une influence énorme tant sur la littérature européenne que sur le développement du roman.

IV

Problème de l'inversion historique et du chronotope folklorique

Pour conclure notre revue des formes antiques du roman, nous allons noter les façons particulières dont y est traité le temps.

Qu'en est-il de la plénitude du temps dans le roman antique? Nous avons déjà vu qu'un certain minimum de cette plénitude était nécessaire dans toute représentation temporelle, or les représentations littéraires sont temporelles. A plus forte raison, ne peut-il être question du reflet d'une époque en dehors du cours du temps, de son lien avec le passé et l'avenir, de sa plénitude. Sans la marche du temps, il n'y a pas d'éléments du temps, au sens plénier et essentiel de ce mot. L'actualité, prise hors de sa relation au passé et à l'avenir, perd son unicité, s'émiette en phénomènes et choses isolés, en devient le conglomérat abstrait.

Le roman antique contient un minimum de cette plénitude du temps. Dans le roman grec, elle est, si l'on peut dire, minimale, mais un peu plus importante dans le roman d'aventures et de mœurs. Dans le roman antique, la plénitude du temps a un double caractère. D'abord, elle est enracinée dans le temps plénier de la mythologie populaire. Toutefois, ces formes temporelles spécifiques se trouvaient déjà au stade de la désagrégation, et étant donné la brusque stratification sociale advenue à cette époque, elles ne pouvaient, évidemment, englober et élaborer de façon adéquate un nouveau contenu. Mais ces formes folkloriques étaient néanmoins encore manifestes dans le roman antique.

Celui-ci contient, d'autre part, quelques embryons des nouvelles formes de la plénitude du temps, liées à la découverte des contradictions sociales. Toute découverte de cette espèce étire inévitablement le temps vers l'avenir. Plus ces contradictions se révèlent profondes, donc plus mûres, plus la plénitude du temps peut devenir importante et vaste dans les représentations de l'artiste. Nous avons vu les embryons de cette unité réelle du temps dans le roman d'aventures et de mœurs. Ils étaient pourtant trop faibles pour empêcher complètement les formes du grand récit épique de se segmenter en nouvelles.

Il est indispensable de s'arrêter ici sur une particularité du sentiment du temps, qui exerça une influence énorme, décisive, sur l'évolution des formes et des images littéraires.

Cette particularité se révèle tout d'abord dans ce qu'on a nommé *l'inversion historique*. Essentiellement, il s'agit de ceci : la pensée mythologique et littéraire localise dans le passé des catégories telles que le but, l'idéal, l'équité, la perfection, l'état harmonieux de l'homme et de la société. Les mythes du paradis, de l'âge d'or, de l'époque héroïque, de l'antique Vérité, les notions plus tardives sur l'état de nature, sur les droits naturels et autres, sont des expressions de cette inversion historique. En simplifiant quelque peu, il est possible de dire que l'on représente comme ayant déjà été dans le passé, ce qui, en réalité, peut ou doit se réaliser seulement dans le futur, ce qui, en substance, se présente comme un but, comme un impératif, et aucunement comme une réalité du passé.

Cette « interversion », cette « inversion » singulière des temps, typique de la pensée mythologique et littéraire des diverses époques de l'évolution de l'humanité, se définit par une notion toute spéciale du temps, et en particulier de l'avenir. Le présent, et surtout le passé, s'enrichissent pour le compte du futur. Le caractère fort et probant de la réalité, de l'actualité, appartient au présent et au passé seuls : « est » et « fut ». Au futur appartient une réalité d'une autre espèce, plus éphémère en quelque sorte : « sera » n'a pas cette matérialité, cette solidité, ce poids réel qui sont propres à « est » et « fut ». Le futur, le présent et le passé ne sont pas homogènes, et si long que puisse être ce futur dans les pensées, il est démuni de contenu concret, il est assez vide et raréfié, étant donné que tout ce qui est positif, idéal, nécessaire et désiré est relaté au passé par la voie de l'inversion, ou partiellement au présent, car c'est par cette voie que tout devient plus pondérable, plus concret et plus probant.

Pour doter de réalité tel ou tel idéal, on l'imagine comme ayant existé jadis, dans quelque âge d'or, à « l'état de nature », ou on le conçoit dans le présent, aux confins de la terre, au-delà des océans, et si ce n'est sur la terre, c'est sous terre ou dans les cieux! On est plutôt prêt à surélever l'actualité (le présent) le long d'une verticale qui monte et qui descend, qu'à avancer le long d'une horizontale du temps. Peu importe si ces superstructures verticales se réclament de « l'au-delà », idéales, éternelles, intemporelles, cette intemporalité, cette éternité, sont conçues comme contemporaines du moment présent, de l'actualité, autrement dit, le contemporain, ce qui est déjà là, vaut mieux que le futur qui n'est pas encore venu, qu'on n'a jamais vu. L'inversion historique, au sens strict du mot, partant du point de vue de la réalité, préfère le passé au futur comme quelque chose de plus pondérable, de plus ferme. Mais les superstructures verticales de l'au-delà préfèrent à ce passé-là l'intemporel et l'éternel, comme s'ils existaient déjà, comme s'ils étaient contemporains. Chacune de ces formes vide et raréfie l'avenir à sa façon, le rend exsangue. Dans les structures philosophiques correspondantes de l'inversion historique, la proclamation des « commencements », sources pures et non troublées de toute l'existence, et la proclamation des valeurs éternelles, des formes idéalement intemporelles de cette existence se répondent.

L'autre forme, où se manifeste la même attitude vis-à-vis de l'avenir, c'est l'eschatologie. L'avenir y est vidé d'une autre manière. Il est conçu comme la fin de tout ce qui existe, de la vie (sous ses formes passées et présentes). Dans cette relation-là, peu importe que la fin soit envisagée comme une catastrophe, une destruction pure, un nouveau chaos, comme le crépuscule des dieux ou l'avènement du royaume de Dieu, ce qui compte, c'est que la fin soit promise à tout ce qui existe, en outre, une fin relativement proche. L'eschatologie conçoit cette fin de telle façon que le segment du futur qui sépare le présent de cette fin soit déprécié, n'ait plus aucune signification, aucun intérêt : c'est l'inutile prolongation d'une durée indéterminée.

Telles sont les formes spécifiques de la relation mythologique et littéraire au futur. Dans toutes ces formes le futur réel se vide et s'anémie. Néanmoins, dans les limites de chacune d'elles, des variations sont possibles, diversifiées selon leur valeur.

Mais avant d'aborder les différentes variations, il est nécessaire de préciser la relation de toutes ces formes au futur réel. Car pour elles, tout se réduit tout de même au futur réel, à celui, précisément, qui n'existe pas encore, mais qui est à venir. Somme toute, ces formes visent à rendre réel ce qui est considéré comme obligatoire et véridique, de le doter de vie, de le faire participer au temps, de l'opposer comme existant réellement et étant en même temps véridique, à l'actualité présente, existant elle aussi, mais mauvaise et non véridique.

Inévitablement, les images de cet avenir étaient localisées dans le passé ou transportées à mille lieues, par-delà les mers. Ce qui les différenciait de l'actualité dure et méchante, se calculait en distance temporelle ou spatiale. Toutefois, ces images n'étaient pas retirées du temps en tant que tel, ni arrachées à l'actualité réelle et matérielle d'ici-bas. Au contraire, toute l'énergie du futur pressenti intensifiait profondément les images de la réalité matérielle présente et, avant tout, l'image de l'homme charnel, vivant : cet homme croissait pour le compte de l'avenir, devenait un preux, comparé à ses contemporains. (« Ce n'étaient pas des hommes comme vous, c'étaient des preux [1] ! ») Il était doté d'une force physique inouïe, avait une grande ardeur au travail; on héroïsait sa lutte contre la nature, son intelligence claire et réaliste, voire son appétit et sa soif... La grandeur, la force, l'importance idéales de l'homme n'étaient jamais séparées des dimensions spatiales et de la durée temporelle. Un grand homme était grand physiquement aussi; il marchait à grandes enjambées, il avait besoin de vastes espaces et vivait d'une vie physique réelle et longue. Il est vrai que parfois, dans certaines formes du folklore, le grand homme subit une métamorphose, qui le rend petit et l'empêche de réaliser son importance dans l'espace et le temps; (il disparaît comme le soleil, il descend aux enfers, sous la terre), mais en fin de compte, il retrouve sa plénitude temporelle et spatiale, redevient grand, et vit longtemps. Nous simplifions quelque peu cet aspect authentiquement folklorique, mais il nous importe de souligner que ce folklore ne connaît pas d'idéal hostile à l'espace et au temps. En fin de compte, toute chose signifiante doit l'être aussi dans sa relation spatio-temporelle. L'homme du folklore, pour se réaliser, exige de se trouver dans le temps et dans l'espace : il s'y sent totalement à son aise. Toute opposition préméditée de la grandeur idéale aux proportions physiques (au sens large) est tout à fait étrangère au folklore, de même que la réduction de cette grandeur idéale à des formes spatio-temporelles mesquines, dans le but de réduire l'espace et le temps. A ce propos, il est indispensable d'insister sur un autre trait encore du folklore véritable : l'homme y est grand par lui-même, non pour le compte de quelqu'un; il est de haute stature et vigoureux par lui-même; lui seul peut repousser toute une armée ennemie; il est l'exact contraire du roitelet qui règne sur un grand peuple, c'est lui qui est ce grand peuple, grand pour son propre compte. Il n'asservit que la nature, et n'est servi que par les bêtes, et encore ne sont-elles pas ses esclaves.

Cette croissance spatio-temporelle de l'homme dans les formes de la réalité (matérielle) d'ici-bas, se manifeste dans le folklore, non seulement sous forme de cette stature et de cette force extérieures, que nous avons notées, mais également dans

1. Allusion à un vers célèbre de Lermontov, dans *La Bataille de Borodino.*

d'autres formes, très diverses et subtiles; toutefois, sa logique est toujours la même : il s'agit de la croissance franche et honnête de l'homme qui grandit pour son propre compte, dans notre monde réel, sans aucune fausse humilité, sans toutes les compensations idéales promises aux pauvres et aux faibles. Nous aborderons d'autres formes d'expression de cette croissance humaine qui se manifeste en toutes directions, en consacrant une analyse spéciale à l'œuvre géniale de Rabelais [1].

Le fantastique du folklore est donc un fantastique réaliste : jamais il ne sort des limites de notre monde réel, matériel, il n'en comble pas les lacunes avec des idéaux de l'au-delà, il œuvre dans les vastitudes de l'espace et du temps, il sait y être sensible et en profiter en largeur et en profondeur. Ce fantastique s'appuie sur les possibilités réelles du développement de l'homme, possibilités non dans le sens du programme d'une action pratique immédiate, mais dans celui des possibilités — besoins de l'homme, dans le sens des exigences éternelles, jamais éludées, de la vraie nature humaine. Ces exigences demeureront toujours, tant qu'il y aura des hommes, on ne peut les étouffer, elles sont aussi réelles que la nature humaine, c'est pourquoi, tôt ou tard, elles ne pourront manquer de se frayer un chemin jusqu'à leur réalisation complète.

Voilà pourquoi, aussi, le réalisme folklorique est une source intarissable de réalisme pour toute la littérature livresque, dont le roman. Cette source de réalisme a eu une importance toute particulière au Moyen Age et, surtout à l'époque de la Renaissance.

Mais nous reviendrons à ce problème à propos de Rabelais.

1. Ci-dessous, chapitres VII et VIII de la présente étude.

V

Le roman de chevalerie

Nous verrons très rapidement les particularités du temps, et partant du chronotope, dans le roman de chevalerie, mais force nous est de renoncer à l'analyse des œuvres individuelles.

Dans ses grandes lignes, le roman de chevalerie fonctionne d'après le temps des aventures du type grec, encore que certaines œuvres ressemblent beaucoup aux romans d'aventures et de mœurs dans le style d'Apulée, particulièrement le *Parzifal* de Wolfram von Eschenbach [1]. Le temps est subdivisé en segments d'aventures, à l'intérieur desquels il s'organise selon une technique abstraite; sa liaison avec l'espace est également technique. Nous trouvons là les mêmes coïncidences ou non-coïncidences temporelles, le même jeu des distances et des proximités, les mêmes atermoiements. Le chronotope (proche du chronotope grec) est celui d'un monde étranger, varié, assez abstrait. L'épreuve de l'identité des héros (et des objets) et surtout de la fidélité à l'amour et au code du chevalier, jouent le même rôle organisateur. On trouve inévitablement les péripéties de l'identification : morts fictives, reconnaissance, méconnaissance, changement de nom, et un jeu plus compliqué, par exemple, dans *Tristan*, les deux Isolde : la bien-aimée, et la mal-aimée. Il y a d'autres thèmes, rattachés à l'identité, et inspirés par des contes orientaux : de multiples prodiges arrachent provisoirement l'homme à la réalité et le transportent dans un autre monde.

Mais à côté de cela le temps des aventures des romans de chevalerie (et donc leur chronotope) contient quelque chose de tout à fait nouveau.

Dans tout temps de l'aventure interviennent le hasard, le

1. Wolfram von Eschenbach, cf. note 1, p. 192.

destin, les dieux etc. Car ce temps lui-même surgit aux points de rupture (aux hiatus) des séries temporelles normales, concrètes, légitimes, là où la norme (quelle qu'elle soit) est abolie subitement, où les événements ont pris une tournure inattendue et imprévisible. Dans les romans de chevalerie ce « subitement » se normalise, en quelque sorte, devient quelque chose d'absolument décisif, de quasiment normal. Le monde entier se mue en prodige, le prodige devient habituel (sans cesser d'être prodigieux). L'éternel « imprévu » lui-même cesse d'être imprévu. Le monde entier est ramené aux catégories du « soudain », du hasard, du merveilleux, de l'inattendu. Le héros des romans grecs s'efforçait de rétablir la norme, de rassembler les maillons épars de son existence normale, de s'arracher au jeu du hasard pour revenir à la vie ordinaire, quotidienne. (En fait, au-delà, des limites du roman.) Il subissait ses aventures comme des calamités envoyées d'en-haut, mais il n'avait rien d'un aventurier, il ne les recherchait pas; à cet égard, il n'avait aucune initiative. Le héros du roman de chevalerie se coule dans ses aventures comme dans son élément naturel. Le monde n'existe pour lui que sous le signe du « subit », de la magie; à ses yeux, c'est un état normal. Il est un aventurier désintéressé. (« Aventurier » n'est naturellement pas employé ici dans le sens tardif de ce mot : celui de l'individu qui poursuit lucidement des buts intéressés, en suivant des voies inhabituelles.) Par sa nature même, le chevalier ne peut exister que dans un monde de hasards prestigieux : là seulement il peut conserver son identité. Le « code » même, qui donne sa mesure à cette identité, est conçu uniquement pour un monde tel que celui-là.

Dans le roman de chevalerie, les couleurs du hasard (de toutes ces simultanéités, de ces contretemps fortuits), ne sont pas les mêmes que celles du roman grec. Là, c'est le mécanisme fruste des divergences et des ressemblances temporelles dans un espace abstrait, rempli de raretés et de curiosités. Ici, le hasard a l'attrait de l'insolite, du mystère; il est personnifié par les fées, bonnes ou méchantes, les magiciens, bons ou maléfiques; il est à l'affût dans les bosquets et les châteaux ensorcelés. Dans la plupart des cas, le personnage subit non des « calamités » qui n'intéressent que le lecteur, mais des « aventures mirifiques », intéressantes (et fascinantes) pour lui aussi. L'aventure prend un ton nouveau par sa connexion avec le monde merveilleux où elle se déroule.

Au surplus, dans ce monde mirobolant s'accomplissent des exploits qui *glorifient* les héros eux-mêmes, et dont ils *rendent gloire* à d'autres : leur suzerain, leur dame. *L'exploit* distingue nettement l'aventure chevaleresque de l'aventure grecque, la rapprochant de l'*aventure épique*. L'élément *gloire* et *glorifica-*

tion est, de même, absolument étranger au roman grec; là aussi le roman de chevalerie se rapproche de l'épopée.

A la différence des personnages du roman grec, ceux du roman de chevalerie sont *individuels*, mais en même temps *représentatifs*. Dans tous les romans grecs, les héros se ressemblent, tout en portant des noms différents. On ne peut écrire plus d'un seul roman sur chacun, ni créer autour d'eux des cycles, des variantes, une série de romans dus à des auteurs différents : chacun d'eux est la propriété privée de son auteur, et lui appartient, tel un objet. Nous avons vu qu'aucun d'eux ne « représente » qui ou quoi que ce soit : ils sont « tels qu'ils sont ». Les héros des romans de chevalerie ne se ressemblent ni par leur apparence, ni par leur destin. Lancelot n'a rien de Parzifal, Parzifal n'est pas Tristan... En revanche, chacun d'eux est le héros de plusieurs romans. A strictement parler, ils ne sont pas des personnages de romans isolés (du reste, il n'y a pas, au sens strict, de romans de chevalerie isolés, fermés sur eux-mêmes, individuels). Et bien sûr, ils ne sont pas la propriété privée de leurs auteurs (il ne s'agit pas, s'entend, d'absence de droits d'auteur) mais, semblables aux héros épiques, ils appartiennent au trésor des figures internationales, et non pas nationales, comme dans l'épopée.

Enfin, le héros et le monde merveilleux dans lequel il agit sont faits d'un seul bloc, pas de fissure entre eux. Ce monde, il est vrai, n'est pas une patrie nationale, il est uniment étranger (sans que soit accentué ce caractère); le héros passe de pays en pays, il est confronté à divers suzerains, il vogue sur les mers, mais partout son monde est « un », toujours plein d'une même renommée, d'une seule et même conception des hauts faits et du déshonneur, et le héros peut s'illustrer lui-même et glorifier les autres de par le monde entier; partout sont acclamés les mêmes noms célèbres.

Dans ce monde-là le héros est « chez lui » (mais pas dans sa patrie). Il est aussi « merveilleux » que ce monde : merveilleuses sont son origine, les circonstances de sa naissance, de son enfance, de son adolescence; merveilleuse est sa nature physique, et ainsi de suite. Il est la chair de la chair, l'armature de l'armature de ce monde de prodiges, son plus brillant représentant.

Toutes ces singularités du roman d'aventures chevaleresques le distinguent de façon radicale du roman grec et le rapprochent de l'épopée. A ses débuts, le roman de chevalerie en vers se situe, par sa nature, aux limites de l'épopée et du roman, c'est ce qui lui vaut sa place à part dans l'histoire du roman. Ses particularités déterminent également le chronotope original de ce roman : *le monde des merveilles dans le temps de l'aventure*.

A sa façon, ce chronotope est très limité et circonscrit. Il n'est plus rempli par des raretés et des curiosités, mais par la magie. Chaque chose — armes, vêtements, source, pont — a quelque propriété magique ou est, simplement, ensorcelée. Il y a aussi un grand symbolisme, qui n'a pas le caractère fruste d'un rébus, mais est proche de l'affabulation orientale.

Le temps de l'aventure lui-même s'organise dans le roman de chevalerie par rapport à tout cela. Dans la limite de chaque aventure du roman grec, ce temps était techniquement plausible : un jour en égalait un autre, une heure était une heure. Mais ici, le temps lui-même devient magique dans une certaine mesure. On assiste à une hypertrophie fabuleuse du temps : les heures s'étirent, les jours se rétrécissent, deviennent des instants; on peut ensorceler le temps lui-même. On constate l'influence des rêves sur le temps, c'est-à-dire la distorsion spécifique des perspectives temporelles, caractéristique des songes. Ces songes ne sont plus, ici, un élément de la narration, ils commencent à acquérir une fonction formative, de même que les « visions », analogues aux songes. (Les « visions » ont un rôle organisateur très important dans la littérature du Moyen Age [1].) En général, l'on trouve dans le roman de chevalerie *un jeu subjectif avec le temps :* son étirement et son rétrécissement émotionnels et lyriques (ajoutés aux distorsions fabuleuses et visionnaires, indiquées ci-dessus); des épisodes entiers se volatilisent comme s'ils n'avaient jamais existé. (Par exemple, dans *Parzifal*, s'efface l'épisode de Montsalvat, où le héros ne reconnaît pas le roi.) Ce jeu subjectif avec le temps était totalement inconnu des Anciens; dans le roman grec des aventures individuelles, le temps était marqué avec une précision sèche et lucide. Les Anciens considéraient le temps avec un profond respect (consacré qu'il était par les mythes), et ne se permettaient pas de jouer avec lui.

A ce jeu subjectif avec le temps, à cette violation des corrélations et perspectives temporelles élémentaires, correspond, dans le chronotope du monde merveilleux, un jeu analogue avec l'espace, une rupture analogue des rapports et des perspectives spatiales élémentaires. De plus, dans la plupart des cas, se manifeste ici non point la liberté positive, fabuleuse et folklorique de l'homme dans l'espace, mais une distorsion subjective, émotionnelle, en partie symbolique, de cet espace.

Tel est le roman de chevalerie. Plus tard, dans le roman de chevalerie tardif, en prose, on voit se désagréger l'intégralité

1. Naturellement, l'Antiquité connaissait aussi la structure formelle du rêve et de la vision nocturne. Il suffit de nommer Lucien et son « Songe », (autobiographie d'un événement crucial dans une existence, sous forme de songe). Mais là, la logique interne spécifique du rêve est absente *(N.d.A.)*.

et l'unité quasiment épiques du chronotope du monde merveilleux qui jamais ne reviendront, et s'affirmer les éléments du roman grec. Néanmoins, des éléments isolés de ce chronotope original, principalement le jeu subjectif avec les perspectives spatio-temporelles, vont renaître sans cesse (avec certaines modifications des fonctions, s'entend) dans l'histoire ultérieure du roman : chez les Romantiques (par exemple dans *Henri von Ofterdingen*, de Novalis), chez les Symbolistes, les Expressionnistes (par exemple le jeu avec le temps très finement exposé du point de vue psychologique, dans *Le Golem*, de Gustav Meyrink), et en partie chez les surréalistes.

A la fin du Moyen Age, apparaissent des œuvres d'un genre à part. Elles sont encyclopédiques (et synthétiques) par leur contenu, et construites sous forme de « visions ». Nous voulons parler du *Roman de la Rose* (Guillaume de Lorris) et de sa suite : *Jean de Meung*, *La Vision de Pierre le Laboureur*, de Langland [1], enfin la *Divine Comédie*. En ce qui concerne le problème du temps, ces œuvres offrent un grand intérêt, mais nous n'en effleurerons que le sens général et essentiel.

L'influence de la verticale médiévale de « l'au-delà » est exceptionnellement forte ici. Tout ce monde spatio-temporel est soumis ici à une interprétation symbolique. On peut dire que le temps y est totalement exclu de l'action. Car il s'agit d'une « vision » qui ne dure pas longtemps dans le temps réel, alors que le sens de ce qui est « vu » est intemporel, bien qu'il y ait une relation au temps. Or, chez Dante, le temps réel de la vision et sa coïncidence avec un moment précis du temps biographique et historique (le temps de la vie humaine) porte un caractère purement symbolique. Tout ce qui est spatio-temporel, tant les images des êtres et des choses que les actions, a un caractère soit allégorique (surtout dans le *Roman de la Rose*), soit symbolique (en partie chez Langland, et surtout chez Dante).

Le plus remarquable dans ces œuvres, c'est qu'elles ont pour fondement (surtout les deux dernières) une perception très aiguë des contradictions de leur temps venues à maturation complète et, en somme, la perception de la fin d'une époque. D'où leur aspiration d'en donner la synthèse critique. Cette synthèse exige que soit présentée dans l'œuvre, de manière assez complète, toute la diversité contradictoire de l'époque. Et celle-ci est à confronter et à montrer dans la coupe d'un seul élément.

Langland rassemble dans une prairie (pendant la peste), puis

1. William Langland (v. 1322-1400) : *Pierre le Laboureur*, ou *La Vision de William concernant Pierre le Laboureur*. Titre original : *Liber de Petro Plowman, or The Vision of William concerning Piers the Plowman* (huit mille vers, inspirés des légendes saxonnes).

autour de la figure de Pierre le Laboureur, les représentants de toutes les classes et couches de la société féodale, depuis le roi jusqu'au mendiant, et les représentants de toutes les professions et courants idéologiques, et tous participent à un acte symbolique) à un pèlerinage pour chercher la vérité chez Pierre le Laboureur et l'aider dans ses travaux agricoles et autres). Cette diversité contradictoire est, en somme, chez Langland comme chez Dante, profondément historique. Mais Langland, et surtout Dante, la font monter et descendre, ils l'étirent à la verticale. C'est Dante, qui, à la lettre, avec une continuité et une puissance géniales, réalise cet étirement vertical du monde (historique dans son essence). Il effectue le tableau extraordinairement plastique d'un monde intensément vivant, se mouvant en montant et en descendant le long de sa verticale : les neuf cercles de l'Enfer sous la terre, au-dessus, les sept cercles du Purgatoire, encore plus haut, les dix Cieux. La matière grossière des êtres et des choses reste en bas, et en haut, rien que la lumière et les voix. La logique temporelle de ce monde vertical, c'est la pure simultanéité de toutes choses (ou « la coexistence de toutes choses dans l'éternité »). Tout ce qui, sur la terre, est séparé par le temps, se réunit dans l'éternité en la pure simultanéité de la coexistence. Ces divisions, ces « avant », ces « après » introduits par le temps n'ont aucune importance, il faut les supprimer pour comprendre le monde, il faut tout juxtaposer dans *un même temps*, c'est-à-dire dans l'espace, *d'un seul moment*, il faut voir le monde comme *simultané*. C'est uniquement dans la pure simultanéité des temps ou (ce qui revient au même) dans l'intemporalité, que se dévoilera le sens véritable de ce qui fut, qui est, et qui sera; car le temps, autrefois facteur de division, est dépouillé de sa vraie réalité, et de sa puissance interprétative. Rendre simultané ce qui était échelonné dans le temps, remplacer les divisions et relations historico-temporelles par d'autres, purement sémantiques, anachroniquement hiérarchiques, telle est la poursuite formelle de Dante, qui a déterminé l'image d'un monde construit le long d'une stricte verticale.

Mais en même temps, les images des êtres humains qui remplissent (peuplent) ce monde vertical, sont profondément historiques, les signes du temps, les empreintes de l'époque, marquent chacune d'elles. De plus, dans sa hiérarchie verticale Dante intègre également sa conception de l'Histoire et de la politique, et sa très profonde compréhension des forces progressistes et réactionnaires de l'évolution historique. C'est pourquoi les images et les idées qui habitent ce monde vertical, ont la puissante impulsion de s'en échapper pour se placer sur l'horizontale historique productive, se disposer non de façon ascendante, mais en avant. Chaque image comporte un potentiel historique, et partant, tend de tout son être à participer à l'événement historique, au chronotope historico-temporel. Mais la volonté puissante de l'artiste la voue à une place éternelle et immuable dans la verticale intemporelle. Ces virtualités temporelles se réalisent en partie dans certains récits complets en forme de nouvelle. Par exemple, les histoires de Francesca et Paolo, celle du comte Ugolin et de l'archevêque Ruggieri, sont comme des ramifications horizontales, gonflées de temps, qui partent de la verticale intemporelle du monde dantesque.

D'où l'exceptionnelle tension de tout cet univers de Dante. Elle est créée par le conflit du temps historique vivant et de l'idéalité intemporelle de l'autre monde. La verticale semble resserrer en elle-même l'horizontale qui tend puissamment à se ruer en avant. Entre le principe formateur de l'entité et la forme historico-temporelle des images individuelles, il existe une contradiction et une opposition. C'est la forme de l'entité qui l'emporte. Mais ce conflit lui-même, et la profonde tension de sa solution littéraire, fait de l'œuvre de Dante une œuvre exceptionnelle par la force avec laquelle elle exprime son époque ou, plus exactement, la frontière entre deux époques.

Plus jamais dans le cours ultérieur de l'histoire littéraire, on ne verra revenir le chronotope vertical de Dante avec tant de système et de rigueur. Mais sans cesse on tentera de résoudre les contradictions historiques selon la verticale d'une notion intemporelle, si l'on peut dire, on tentera souvent de nier la puissance essentielle, interprétative, d' « avant » et d'« après », c'est-à-dire les subdivisions et relations temporelles (de ce point de vue, tout ce qui est essentiel peut être simultané), on cherchera à découvrir un monde sous l'angle de la simultanéité et de la coexistence strictes (en refusant une conception historique « par défaut »).

Dans ce domaine, après Dante, la tentative la plus approfondie et la plus systématique est celle de Dostoïevski.

VI

Fonctions du fripon, du bouffon et du sot dans le roman

Au Moyen Age, en même temps que la grande littérature, se développent des formes folkloriques ou semi-folkloriques de caractère satirique et parodique. Elles tendent, en partie, à former des cycles. Ainsi naissent les épopées parodiques ou satiriques. Dans cette littérature médiévale des bas niveaux sociaux, l'on voit apparaître trois figures qui auront une grande portée sur l'évolution postérieure du roman européen : le *fripcn*, le *bouffon* et le *sot*. Bien entendu, ces personnages ne sont pas nouveaux. Ils étaient connus de l'Antiquité et de l'Orient antique. La sonde de l'Histoire n'atteindrait pas le fond de leurs origines, qui se perdent dans les profondeurs du passé. La signification rituelle des masques antiques qui leur correspondent nous est relativement proche, vue sous la pleine lumière historique, mais au-delà, ils s'enfoncent dans la nuit du folklore primitif. Mais ici, comme dans tout le présent ouvrage, nous ne nous intéresserons pas aux problèmes génétiques : seules nous importent les fonctions particulières de ces personnages dans la littérature du bas Moyen Age, fonctions qui, ensuite, exerceront une influence capitale sur le roman.

Le fripon, le bouffon et le sot créent autour d'eux des micromondes et des chronotopes spéciaux. Ils n'ont pas trouvé une place importante dans les chronotopes et les époques analysés par nous (sinon pour une petite part, dans le chronotope des aventures et des mœurs). Ces personnages apportent à la littérature, premièrement, un lien très important avec les tréteaux des théâtres et les spectacles de masques en plein air; ils sont relatés à un aspect singulier mais essentiel de la vie sur la place publique; deuxièmement (ce qui, évidemment, découle de ce qui précède), leur existence même a une signification non point *littérale*, mais *figurée ;* leur apparence elle-même, leurs gestes, leurs paroles, ne sont pas directs mais figurés, parfois inversés, on ne peut les comprendre littéralement, car ils ne sont pas ce qu'ils paraissent être. Enfin, troisièmement (rattaché encore à ce qui précède) leur existence semble n'être que le reflet d'une autre, reflet indirect de surcroît. Ils sont les baladins de la vie. Leur existence coïncide avec leur rôle. Hors de lui, ils n'existent pas.

Ils jouissent d'une particularité et d'un droit insolites : *étrangers* dans ce monde, ils ne sont solidaires d'aucune situation existant ici-bas, aucune ne leur convient car ils entrevoient l'envers et la fausseté de chacune. Aussi, peuvent-ils utiliser n'importe quelle situation comme un masque. Le fripon tient encore quelques fils qui le relient à la réalité; le bouffon et le sot « ne sont pas de ce monde », et donc, disposent de droits et de privilèges spéciaux. Ces figures rient et on rit d'elles. Leur rire est celui du comique populaire sur la grand-place. Ils rétablissent l'aspect public de la figure humaine, car toute leur existence, en tant que telle, est entièrement extériorisée : *ils étalent tout* sur la place, si l'on peut dire. Toute leur fonction consiste à vivre au-dehors (non pas, c'est vrai, leur existence propre, mais le reflet de l'existence d'autrui, or ils n'en ont pas d'autre...). Il s'agit donc d'un mode particulier d'extériorisation de l'homme par le truchement du rire parodique.

Lorsque ces trois personnages restent sur de vrais tréteaux, ils sont parfaitement compréhensibles, et si familiers, qu'ils paraissent ne susciter aucun problème. Et des tréteaux ils sont passés dans l'art littéraire, y introduisant toutes les singularités énumérées. Dans la littérature romanesque ils ont subi eux-mêmes une série de transformations, et ont transformé certains éléments importants du roman.

Nous ne pourrons aborder partiellement ce problème fort complexe que dans la mesure où cela s'avérera indispensable à l'analyse de certaines formes de roman, en particulier chez Rabelais (et, en partie, chez Goethe).

L'influence transformatrice de ces personnages que nous analysons s'exerça en deux directions. Tout d'abord, ils influèrent sur le statut de l'auteur lui-même dans le roman, sur son image (si elle y paraît de façon ou d'autre) et sur son point de vue.

En effet, dans le roman, la position du romancier vis-à-vis de la vie qu'il évoque est fort complexe et problématique, si on la compare à sa position dans l'épopée, le drame, la poésie. Le problème d'ensemble de « l'auteur en personne » (problème jeune et spécifique, la littérature « personnelle de l'auteur » étant encore une goutte d'eau dans la mer de la littérature populaire « impersonnelle ») se complique ici de la nécessité de porter un masque notable, non fantaisiste, qui définirait tant la position de l'auteur par rapport à la vie qu'il évoque (*comment et pourquoi*, lui, un particulier, voit et dévoile toute cette vie privée) que sa position vis-à-vis du public, de la part de qui il se présente pour « dénoncer » la vie (en tant que juge, enquêteur, « rapporteur », politicien, prédicateur, bouffon). Naturellement, ces problèmes existent pour toute œuvre où l'auteur intervient en personne, et on ne les résout jamais en se référant au « littérateur professionnel », mais par rapport aux autres genres littéraires (l'épopée, la poésie, le drame), ils se posent sur un plan philosophique, culturel, socio-politique. La position la plus immédiate de l'auteur, son point de vue, indispensable à l'élaboration de son matériau, sont donnés par le genre lui-même (le drame, la poésie et ses variantes); cette position créatrice immédiate est immanente ici aux genres eux-mêmes. Le genre romanesque ne dispose pas d'une position immanente. On peut publier un authentique journal intime et le qualifier de « roman »; on peut appeler « roman » et publier un paquet de papiers d'affaires, de lettres privées (le roman épistolaire), un manuscrit (« rédigé on ne sait par qui, ni pour quoi, et trouvé on ne sait où »). Aussi le problème de l'auteur se présente-t-il non seulement sur le plan général comme pour les autres genres, mais sur le plan de la forme du genre. Nous avons abordé ce problème à propos de la vie privée qu'on observe et épie.

Le romancier a besoin d'un masque consistant, formel, lié à un genre qui définirait tant sa position vis-à-vis de son existence, que sa position vis-vis de l'exposé de cette existence.

C'est ici que les masques du bouffon et du sot, transformés, bien sûr, de façon différente, viennent au secours du romancier. Ces masques n'ont pas été inventés, ils ont des racines populaires infiniment profondes, liés au peuple par les privilèges consacrés de la *non-participation* du bouffon à la vie et par l'*intangibilité* de ses discours assimilés au chronotope de la place publique et des tréteaux de théâtre. Tout cela est très important pour le genre romanesque. La forme est trouvée de l'existence de l'homme participant à la vie sans y prendre part, éternel espion et « réflecteur »; on a trouvé les formes spécifiques de son reflet : sa révélation au grand jour (y compris les sphères privées, par exemple, la vie sexuelle, très ancienne fonction du bouffon. Cf. chez Goethe, la description du carnaval).

A ce propos, un élément très important, c'est le sens indirect, figuré, de toute l'image de l'homme, son aspect complètement allégorique, élément de toute évidence lié à la métamorphose. Le bouffon et le sot, c'est la métamorphose du roi et du dieu dans les enfers, dans la mort. (Cf. le trait analogue de la métamorphose du roi et du dieu en esclave, en criminel, en bouffon, dans les Saturnales romaines et dans les Passions chrétiennes.) Ici, l'homme est *en état d'allégorie*. Pour le roman cet état d'allégorie a une énorme signification formatrice.

Tout ceci prend une importance particulière en liaison avec l'une des tâches les plus fondamentales du roman : celle de dénoncer toute espèce de conventionnalité fausse, pernicieuse pour toutes les relations humaines.

Cette mauvaise conventionnalité qui a imprégné la vie humaine, c'est avant tout l'ordre féodal et l'idéologie féodale, qui a dénigré tout ce qui était spatio-temporel. L'hypocrisie et le mensonge pénétraient toutes les relations entre individus. Les fonctions saines, « naturelles », de la nature humaine s'accomplissaient en contrebande, si l'on peut dire, de façon sauvage, parce que l'idéologie ne les sanctifiait point. Cela introduisait la fausseté et la duplicité dans toute l'existence de l'homme. Toutes les formes idéologiques, institutionnelles, devenaient hypocrites et mensongères, tandis que la vie réelle, privée d'interprétation idéologique, devenait grossièrement animale.

Dans le fabliau, les saillies, les farces, dans les cycles satiriquement parodiques, se poursuit une lutte contre le fond féodal, contre les mauvaises conventions, contre le mensonge qui a pénétré toutes les relations humaines. On leur oppose, tel un puissant révélateur, l'intelligence lucide, joyeuse, rusée, du bouffon (sous forme du « vilain », du petit apprenti-citadin, du jeune clerc « vagant », et en général du vagabond déclassé). On lui oppose les railleries parodiques du bouffon, l'incompréhension naïve du sot. Au mensonge pesant et sinistre, on oppose l'allègre duperie du fripon; à la fausseté, à l'hypocrisie avides, on oppose la généreuse simplicité, la saine balourdise du sot, et à tout ce qui est *conventionnel* et trompeur, la forme synthétique des dénonciations (parodiques) du bouffon.

Ce combat contre les conventions est poursuivi par le roman sur des bases plus profondes et plus radicales. La première ligne, celle de la transformation de l'auteur, utilise les personnages du bouffon et du sot (qui ne saisit pas la fâcheuse convention de la naïveté). Ces masques prennent un sens exceptionnel quand il s'agit du combat contre les conventions et l'inadéquation, pour l'homme véritable, de toutes les formes de vie existantes. Ils donnent le droit de ne pas comprendre, d'embrouiller, de dénigrer, d'hypertrophier; le droit de parodier la vie en paroles, de donner dans l'à-peu-près, de n'être pas soi-même; le droit de faire passer la vie par le chronotope intermédiaire des tréteaux, de la représenter comme une comédie, et les gens comme des acteurs; le droit d'arracher le masque d'autrui, de proférer de gros jurons (quasiment rituels), enfin de rendre publique la vie privée, avec tous ses replis les plus secrets.

La seconde voie de la transformation des figures du fripon, du bouffon et du sot, c'est leur introduction dans le contenu du roman comme personnages importants (sous leur forme directe ou transformée).

Il arrive très souvent que dans le traitement de ces personnages, les deux courants s'unissent, d'autant plus que le personnage principal se présente presque toujours comme vecteur des points de vue de l'auteur.

Sous une forme ou une autre, à un degré ou à un autre, tous ces traits se manifestent dans le « roman picaresque » : dans *Don Quichotte*, chez Quevedo et Rabelais, dans la satire humaniste allemande (Érasme, Brandt, Murner, Moscherosch, Wickram [1]), chez Grimmelshausen, Charles Sorel (*Le Berger extravagant*, et, en partie, *Francion*), chez Scarron, Le Sage, Marivaux. Plus tard, à l'époque des Lumières, chez Voltaire (c'est particulièrement net dans *Candide*), chez Fielding (*Joseph Andrews*, *Jonathan Wilde-le-Grand*, en partie dans *Tom Jones*), partiellement chez Smollett, spécialement chez Swift.

Fait caractéristique : l'*homme intérieur*, subjectif et purement « naturel », n'a pu être révélé qu'à l'aide des figures du bouffon et du sot, car on ne lui avait pas trouvé une forme d'existence adéquate, directe (non allégorique du point de vue de la vie courante). Alors paraît la figure de l'*original*. Elle a joué un rôle capital dans l'histoire du roman : chez Sterne, Goldsmith, Hippel, Jean-Paul, Dickens, et d'autres. L'originalité spécifique, le *shandyisme* (le terme est de Sterne lui-même) devient l'une des formes essentielles de la découverte de « l'homme intérieur », de la « subjectivité libre, indépendante », forme analogue au « pantagruélisme », qui, à l'époque de la Renaissance, a permis la découverte de l'homme.

La forme de « l'incompréhension », intentionnelle chez l'auteur, ingénument naïve chez ses personnages, se présente presque toujours comme un élément organisateur dès qu'il s'agit de dénoncer les conventions pernicieuses. Celles-ci ainsi révélées (dans les mœurs, la morale, la politique, l'art, etc.) sont habituellement évoquées du point de vue d'un individu impartial qui ne comprend rien. Au XVIIIe siècle, on recourait largement à « l'incompréhension » pour dénoncer « l'absence de raison » de l'époque féodale. (Tout le monde connaît l'usage qu'en a fait Voltaire. Je citerai encore les *Lettres Persanes*, de Montes-

1. Georg Wickram (1520-1564) : *Le Miroir des Jeunes Garçons*, et *Le Fil d'Or*.

quieu, source de tout un genre de lettres exotiques analogues, représentant le régime de la France vu par un étranger incompréhensif, forme traitée de façon très différente par Swift, dans son *Gulliver*.) Tolstoï, lui aussi, a usé largement de cette forme, par exemple dans la description de la bataille de Borodino vue par Pierre, qui n'y comprend rien (passage inspiré par Stendhal); dans l'évocation des élections de la noblesse, de la réunion de la *douma* moscovite vues par l'incompréhensif Lévine, dans l'évocation d'une représentation théâtrale, d'un tribunal, et dans la célèbre description de l'office religieux, dans *Résurrection*.

Fondamentalement, le roman picaresque fonctionne selon le chronotope du roman d'aventures et de mœurs, et la présentation du fripon est, nous l'avons dit, semblable à celle de Lucius-l'âne [1]. La nouveauté, c'est le brusque accroissement des dénonciations des conventions mauvaises, et de tout l'ordre établi, particulièrement dans *Guzman de Alfarache* [2] et dans *Gil Blas*. Dans *Don Quichotte*, le croisement parodique du chronotope du « monde étranger et merveilleux » des romans de chevalerie, avec « la grand-route du monde familier » du roman picaresque, est fort caractéristique...

Le roman de Cervantès est d'une importance énorme pour l'assimilation du temps historique dans le roman. Cette importance, bien sûr, ne provient pas seulement de l'intersection des chronotopes qui nous sont familiers, d'autant plus que là leur caractère se modifie radicalement : l'un et l'autre reçoivent un sens direct, relaté de façon toute nouvelle au monde réel. Mais nous ne pouvons nous arrêter ici à une analyse du roman de Cervantès...

Dans l'histoire du réalisme, toutes les formes du roman liées à la transformation du personnage du fripon, du bouffon et du sot ont une portée immense, totalement incomprise jusqu'à présent dans son essence. Pour une étude plus fouillée de ces formes, il est indispensable de procéder, en premier lieu, à une analyse génétique du sens et des fonctions de ces personnages universels — le fripon, le bouffon, le sot — depuis le fin fond du folklore primitif jusqu'à la Renaissance. Il est indispensable de tenir compte de leur rôle immense (somme toute, incomparable) dans la conscience populaire, et d'étudier à fond leurs différences nationales, locales (car sans doute y avait-il autant de bouffons locaux que de saints) et leur rôle particulier dans la conscience populaire, nationale et locale. De plus, le problème

1. Il existe là, d'évidence, une très grande communauté de thèmes *(N.d.A.)*.
2. *Guzman de Alfarache*, œuvre espagnole de Mateo Aleman (1547-1614)

de leur transformation, lors de leur passage dans la littérature (non dramatique) en général, et dans le roman en particulier, présente une difficulté singulière.

On sous-estime habituellement le fait qu'ici, en suivant des voies spéciales et spécifiques, on arriva à rétablir le lien rompu entre la littérature et la place publique. Au surplus, on acquit ici des formes de publication de toutes les sphères officieuses et interdites de la vie humaine, surtout la sphère sexuelle et vitale (copulation, boisson, nourriture) et l'on se livra au déchiffrage des symboles occultes (ordinaires, rituels, officiels religieux) qui leur correspondaient. Enfin, une difficulté particulière se présente avec le problème de l'allégorie *prosaïque*, ou, si l'on préfère, de la métaphore prosaïque (sans aucune ressemblance avec la métaphore poétique), que ces personnages ont apportée à la littérature, et pour laquelle il n'existe même pas de terme approprié. (« Parodie », « farce », « humour », « ironie », « grotesque », « charge », etc., ne sont que des variantes et des nuances, littérairement étriquées.)

Il s'agit, en effet, de l'existence allégorique de l'individu tout entier, vision du monde qui ne coïncide nullement avec l'interprétation d'un rôle par un acteur (bien qu'il existe un point de ressemblance). Des termes tels que « bouffonnerie », « grimaces », « aberration », « bizarrerie », ont usuellement un sens particulier et limité. Aussi, les grands représentants de ces allégories prosaïques ont-ils créé pour elles leurs termes à eux (d'après le nom de leurs personnages) : *pantagruélisme*, *shandyisme*. En même temps que cette allégorie, pénétraient dans le roman une complication extrême, des plans multiples, des chronotopes intermédiaires — tel le chronotope du théâtre. Un très brillant exemple (parmi beaucoup d'autres) de son introduction, c'est la *Foire aux Vanités*, de Thackeray. Sous une forme cachée, c'est le chronotope intermédiaire du théâtre de marionnettes qui est à la base de *Tristram Shandy*. Le style de Sterne, c'est le style de la marionnette en bois, manipulée et commentée par l'auteur. (Tel est aussi le chronotope caché du *Nez*, de *Pétrouchka*, chez Gogol.)

A l'époque de la Renaissance, les formes du roman que nous avons notées détruisirent la verticale de « l'au-delà », qui avait décomposé les formes du monde spatio-temporel et leur contenu qualitatif vivace. Ces formes préparèrent le rétablissement de l'entité matérielle spatio-temporelle du monde, à un stade de développement plus approfondi, plus compliqué. Elles préparèrent l'assimilation par le roman d'un monde où, au même moment, on découvrait l'Amérique, la route des Indes, un monde qui s'ouvrait aux sciences nouvelles, aux mathématiques nouvelles. Et le roman s'ouvrait à une vision et à une représentation tout à fait nouvelles du temps.

En analysant *Gargantua et Pantagruel,* de Rabelais, nous espérons concrétiser toutes les positions fondamentales de la présente étude.

VII

Le chronotope de Rabelais

Comme toutes nos analyses précédentes, celle de l'œuvre de Rabelais nous contraint de renoncer à tous les problèmes relatifs à sa genèse ; nous n'y toucherons qu'en cas d'absolue nécessité. Nous examinerons l'œuvre comme une entité pénétrée par l'unité de son idéologie et de sa méthode littéraire. Il faut dire que toutes nos positions fondamentales s'appuient sur les quatre premiers Livres, car le cinquième, par ses procédés, diffère de façon trop marquée de l'ensemble.

De prime abord, il faut noter chez Rabelais les insolites *espaces spatio-temporels*. Ils nous sautent aux yeux. Toutefois, ce n'est pas seulement parce que l'action, point encore centrée sur les espaces clos de la vie privée familiale, se déroule à ciel ouvert : déplacements sur la terre, campagnes militaires, voyages en divers pays ; tout cela, nous le trouvons dans le roman grec, le roman de chevalerie, et le roman bourgeois d'aventures et de voyages, des XIXe et XXe siècles. Ici il s'agit du lien singulier de l'homme, et de toutes ses actions et péripéties dans le monde spatio-temporel : il s'agit de l'adéquation et de la proportionnalité directe des degrés qualitatifs ou « valeurs », aux grandeurs (« dimensions ») spatio-temporelles. Naturellement cela ne signifie pas que dans le monde de Rabelais les perles et les pierres précieuses valent moins que les cailloux, parce qu'elles sont incomparablement plus petites, mais cela veut dire que si perles et pierres précieuses sont belles, il devrait y en avoir le plus possible, et répandues partout. Quelque sept navires chargés d'or, de perles, et de joyaux partent chaque année vers l'abbaye de Thélème. Dans l'abbaye même, il y a neuf mille trois cent trente-deux « arrière-chambres » (une par chambre) et dans chacune, « un miroir de christallin, enchâssé en or fin, au tour garni de perles »[1]. Ceci signifie que tout ce qui est précieux, qualitativement positif, doit réaliser son importance qualitative dans celle du temps et de l'espace, s'étendre le plus loin possible, subsister le plus longtemps possible, et que tout ce qui est positivement et qualitativement signifiant, est inévitablement doté de forces permettant cette expansion dans l'espace et le temps. Par contre, tout ce qui est qualitativement négatif est mesquin, pitoyable, impuissant, doit être complètement anéanti, ne peut empêcher sa destruction. Entre une valeur quelle qu'elle soit — nourriture, boisson, vérité, bonté, beauté, et les dimensions spatio-temporelles, il n'existe ni hostilité réciproque, ni contradiction : elles sont directement proportionnées les unes aux autres. C'est pourquoi le bien croît sous tous les rapports, en tous sens, et ne peut faire autrement, car la croissance est inhérente à sa nature. Le mal, en revanche, ne croît point, mais dégénère, s'étiole, périt, mais compense sa précarité réelle par le faux idéal de « l'au-delà ». *La catégorie de la croissance*, de la croissance véritable, spatio-temporelle, est l'une des catégories fondamentales du monde rabelaisien.

En parlant de proportionnalité directe, nous n'impliquons nullement que la qualité et son expression spatio-temporelle soient, dans le monde de Rabelais, désunies d'abord, réunies ensuite. Elles sont, au contraire, liées au départ dans l'indissoluble unité de ses personnages. Mais ceux-ci sont opposés à dessein à la fausse vision du monde de l'Église féodale, où les valeurs sont hostiles à la réalité spatio-temporelle comme à un principe d'agitation, de fragilité et de péché, où la grandeur est symbolisée par la petitesse, la force par la faiblesse et l'impuissance, l'éternité par l'instant qui passe.

Cette proportionnalité directe est fondée sur une confiance exceptionnelle en l'espace et le temps terrestres, sur ce pathos des distances et des étendues spatiales et temporelles, si caractéristiques de Rabelais comme des autres grands représentants de la Renaissance, tels Shakespeare, Camoens, Cervantès...

Or, chez Rabelais, ce pathos de l'adéquation spatio-temporelle ne présente nullement le caractère naïf propre à l'épopée ou au folklore antiques. Comme nous l'avons vu, il combat dans une âpre polémique la verticale médiévale. Il se donne pour tâche de débarrasser le monde spatio-temporel des éléments qui le corrompent, de la vision de l'au-delà, de l'interprétation symbolique et hiérarchique d'un monde à la verticale, de la maladie

1. Rabelais, *Œuvres*, coll. Folio, Gallimard. Texte établi et annoté par Pierre Michel, Préface de Michel Butor (vol. I, *Gargantua*, Livre I, chap. LV, p. 415).

de « l'antiphysis », qui l'a pénétré et contaminé. Cette tâche polémique se conjugue pour Rabelais avec une autre, positive : reconstituer un monde spatio-temporel approprié, un nouveau chronotope pour un homme nouveau, harmonieux, global, de nouvelles formes pour les relations humaines. Cette combinaison de tâches polémiques et positives détermine les singularités de la méthode littéraire de Rabelais, l'originalité de son réalisme fantastique. En substance, il s'agit avant tout de détruire tous les liens et *voisinages habituels* des choses et des idées, pour créer des *voisinages imprévus*, des liens logiques inattendus, (« alogismes »), des liens linguistiques des plus insolites (étymologie, morphologie, syntaxe spécifiquement rabelaisiennes).

Entre les belles choses de ce monde il existe de faux liens, qui altèrent leur nature véritable : ils sont établis et confirmés par la tradition, consacrés par la religion et l'idéologie officielle. Choses et idées sont réunies par de fausses relations hiérarchiques, hostiles à leur nature, séparées et éloignées les unes des autres par divers intermédiaires d'un « au-delà » idéal, interdisant tout contact vivant et charnel. La pensée scolastique mensongère, la casuistique théologique et juridique, enfin le langage lui-même imprégné de contre-vérités séculaires et millénaires, renforcèrent ces faux liens entre les magnifiques mots réels et les idées effectivement humaines. Il était indispensable de détruire, puis de reconstituer tout ce faux tableau du monde, de rompre tous les faux liens, hiérarchiques entre les choses et les idées, d'anéantir tous les intermédiaires. Il était indispensable de libérer toutes les choses, de leur permettre de se combiner selon leur nature, si insolites que pussent paraître ces combinaisons, vues par la tradition. Il était indispensable de permettre aux choses d'avoir un contact vivant, charnel, de déployer leurs qualités multiformes. Il était indispensable de créer de nouveaux voisinages entre les choses et les idées, correspondant à leur nature vraie, de juxtaposer et de réunir ce qui avait été faussement désuni et éloigné, et de désunir ce qui avait été faussement réuni. Partant de ce nouveau voisinage des choses, un nouveau tableau du monde devait se découvrir, pénétré par une nécessité absolue, intérieure et vraie. C'est ainsi que chez Rabelais la destruction de l'ancien tableau du monde et l'élaboration positive d'un tableau nouveau, sont indissolublement mêlés.

Pour résoudre ce problème positif, Rabelais s'appuie sur le folklore et sur l'Antiquité, où le voisinage des choses correspondait mieux à leur nature, où les conventions mensongères et l'idéal de « l'au-delà » étaient inconnus. Quant à la résolution du problème négatif, au premier plan apparaît le rire rabelaisien, directement lié aux genres médiévaux, où figuraient bouffons, tripons, et sots, un rire dont les racines s'enfoncent au plus profond du folklore primitif. Mais le rire de Rabelais ne fait pas que rompre les liens traditionnels et supprimer les truchements idéaux, il révèle la proximité rude et directe des choses désunies par le mensonge et le pharisaïsme. Rabelais réussit à délier ce qui était lié par tradition, à rapprocher ce qui était traditionnellement éloigné et séparé, en composant des *séries* d'une grande diversité, tantôt parallèles, tantôt intersectées; elles lui permettent associations et dissociations. La construction de ces *séries*, c'est la particularité spécifique de sa méthode littéraire. Infiniment variées, elles peuvent être ramenées aux principaux groupes suivants : 1° Séries du corps humain, sous rubrique anatomique et physiologique. 2° Séries du vêtement. 3° Séries de la nourriture. 4° Séries de la boisson et de l'ivresse. 5° Séries du sexe (accouplement). 6° Séries de la mort. 7° Séries des excréments. Chacune de ces sept séries possède sa logique propre, ses dominantes. Toutes se recoupent. Leur déploiement, comme leur intersection permettent à Rabelais de tout associer ou dissocier, selon ses besoins. Quasiment tous les thèmes de cette œuvre, qui en est si riche, sont développés à partir de ces séries.

Nous allons donner plusieurs exemples. Tout au long de son œuvre, Rabelais traite du corps humain, de toutes ses parties, membres, organes, de toutes ses fonctions, sous leur aspect anatomique, physiologique et selon la « philosophie naturelle ». Cette exposition originale du corps humain, dans la littérature, est l'un des facteurs les plus significatifs de l'œuvre. Il importait de montrer la complexité et la profondeur extraordinaires du corps et de sa vie, de révéler sa signification et sa place nouvelles dans un monde réel, spatio-temporel, correlaté au corps humain, concret; tout le reste du monde prend, lui aussi, un sens nouveau, une réalité, une matérialité concrètes, établit avec l'homme un contact non plus symbolique, mais matériel et spatio-temporel. Le corps de l'homme devient ici l'instrument de mesure du monde, instrument concret qui donne son poids et sa valeur réels à l'homme. Pour la première fois, on s'efforce d'édifier tout le tableau du monde autour de l'homme corporel, pour ainsi dire, dans une zone de contact physique avec lui (zone infiniment vaste, selon Rabelais).

Ce nouveau tableau du monde, Rabelais l'oppose, dans sa polémique, au monde médiéval, dont la pensée idéologique ne concevait le corps que sous le signe de la corruption et de l'anéantissement, alors que dans la pratique quotidienne régnait une licence grossière et répugnante. L'idéologie médiévale ne commentait ni n'expliquait la vie du corps : elle la niait! Aussi, dépourvue de mots comme de sens, la vie charnelle ne pouvait être que licencieuse, grossière, ignoble, et autodestructrice. Il y avait un abîme incommensurable entre le verbe et le corps. Rabelais oppose donc la chair humaine (et le monde alentour en contact avec elle) non seulement à l'idéologie ascétique, médiévale, de « l'au-delà », mais aussi à la licence médiévale, à ses pratiques grossières. Il veut redonner au corps son vocabulaire, et son sens, son idéal antique, et en même temps rendre au verbe et au sens leur réalité et leur matérialité.

Rabelais représente le corps sous plusieurs aspects. D'abord sous un aspect scientifique, anatomo-physiologique, puis cynique et bouffon, ensuite analogique, fantastique et grotesque (l'homme-microcosme), enfin, proprement folklorique. Tous ces aspects s'entrelacent ; ils ne se présentent que rarement sous leur forme stricte. Néanmoins, l'anatomie et la physiologie, détaillées et précises, ont leur place partout où il est fait allusion au corps. Ainsi, la naissance de Gargantua, représentée sous une forme cynique et bouffonne, fournit des détails physiologiques et anatomiques précis : le « fondement escappe » à la mère de Gargantua à la suite d'une forte diarrhée, pour avoir mangé trop de tripes (série des excréments). Puis c'est l'accouchement : « Par cest inconvenient feurent au-dessus relaschez les cotylédons de la matrice, par lesquelz sursaulta l'enfant, et entra dans la vene creuse, et gravant par le diaphragme jusque au-dessus des espaules (où ladite vene se part en deux) print son chemin à gauche, et sortit par l'aureille senestre [1]. »

Ici le grotesque fantastique est associé aux précisions d'une analyse anatomo-physiologique.

Dans tous les récits de batailles et de carnages, nous trouvons, en même temps que des exagérations grotesques, de minutieuses descriptions anatomiques des sévices subis par le corps, des blessures et des coups mortels.

Telle est la description du massacre, par Frère Jean, des ennemis qui ont pénétré dans la vigne de l'abbaye. Rabelais détaille les membres et organes de l'homme : « Es uns escarbouilloyt la cervelle, es aultres rompoyt bras et jambes, es aultres deslochoyt les spondyles du coul, es aultres demoulloyt les reins, avalloyt le nez, poschoyt les yeux, fendait les mandibules, enfonçoyt les dens en la gueule, descroulloyt les omoplates, sphaceloyt les greves, desgondoit les ischeies, debezilloit les fauciles. Si quelqu'un se vouloyt cascher entre les sepes plus espès, à icelluy freussaoit toute l'areste du douz et l'esrenoit

1. *Op. cit.*, Folio, vol. I, *Gargantua*, chap. VI, p. 99. (*Vene creuse :* veine cave; *gravant :* grimpant.)

comme un chien. Si aulcun saulver se vouloyt en fuyant, à icelluy faisoyt voler la teste en pièces par la commissure lamboïde [1]. »

C'est encore Frère Jean qui tue un garde : ... « Soubdain après, tyra son dict braquemart et en ferut l'archier qui le tenoir à dextre, luy coupant entièrement les venes jugulaires et arteres spagitides du col, avecques la guarguareon, jusques es deux adenes, et retirant le coup, luy entreouvrit la mouelle spinale entre la seconde et la tierce vertebre : là tomba l'archier tout mort [2]. »

Le même tue le second garde : « Lors d'un coup lui tranchit la teste, luy coupant le test sus les os petreuxet, enlevant les deux os bregmatis et la commissure sagittale avecques une grande partie de l'os coronal, ce que faisant lui tranchit les deux meninges et ouvrit profondément les deux postérieurs ventricules du cerveau, et demoura le craine pendent sus les espaules à la peau du pericrane par derrière, en forme d'un bonnet doctoral, noir par dessus, rouge par dedans. Ainsi tomba roidde mort en terre [3]. »

Autre exemple analogue : dans la narration absurde de Panurge sur la façon dont il fut embroché et rôti en Turquie, et sur son évasion, nous observons les mêmes détails et précisions anatomiques : « De pleine arrivée, (le maître de maison) tire la broche où j'estoys embroché, et tua tout roidde mon routisseur, dont il mourrut là par faulte de gouvernement ou altrement : car il lui passa la broche peu au-dessus du nombril, vers le flan droict, et luy perça la tierce lobe du foye, et le coup haussant lui pénétra le diapgragme et, par à travers la capsule du cueur lui sortit la broche par le haut des épaules entre les spondyles et l'omoplate senestre [4]. » Dans ce récit, grotesque, la série du corps humain, sous son aspect anatomique, recoupe d'abord celle de la nourriture et de la cuisine (on rôtit Panurge comme une viande, l'ayant au préalable bardé de lard), puis la série de la mort. (On verra ci-dessous le caractère de cette série.)

1. Folio, vol. I, *Gargantua*, ch. XXVII, pp. 241-243 (*Deslochoyt lesspondyles :* déboitait les vertèbres; *avalloyt :* faisant tomber; *descroulloyt :* défonçait; *sphaceloyt les greves :* donnait aux jambes la gangrène; *ischies :* têtes du fémur; *debezolloit les fauciles :* mettait en pièces les os des bras et des jambes; *l'areste du douz :* l'arête du dos).

2. *Id.*, chap. XIV, p. 345 : (« Description anatomique : les veines de la gorge *(jugulaires)* les artères de la gorge : la luette (*guarguareon*, terme grec); les glandes (*adenes*, mot grec); la moelle de l'épine dorsale *(mouelle spinale)* ». (Cf. note p. 344).

3. *Id.*, chap. XIV, p. 347. (*Os pétrux :* partie de l'os temporal; *bregmatis :* os pariétaux; *os coronal :* frontal; *pericrane :* périoste.)

4. *Id.*, Vol. II, *Pantagruel*, chap. XIV, p. 203 (*la capsule du cueur :* le péricarde).

Toutes les analyses anatomiques de cette espèce n'apparaissent nullement comme des énumérations, des statistiques, mais sont introduites dans la dynamique vivante de l'action : batailles, bagarres, etc. La structure anatomique du corps se révèle dans l'action et devient comme un personnage à part. Or, il ne s'agit pas ici d'un corps individuel, dans une série de la vie individuelle et immuable, mais d'un corps anonyme : celui du genre humain, qui naît, vit, meurt de morts variées, renaît, et qui nous est montré dans sa structure et dans tous les processus de son existence.

Avec la même minutie, le même réalisme, Rabelais représente les actions et les mouvements extérieurs du corps, par exemple, les exercices de voltige de « Gymnaste »[1]. Les facilités de l'homme à s'exprimer par mouvements et gestes sont évoquées avec une précision et une vérité extraordinaires dans la scène de la dispute muette (accompagnée de gesticulations) de l'Anglais, « Thaumaste », avec Panurge; ce caractère expressif n'a pas ici de sens précis, et se suffit à lui-même [2].

Un exemple analogue, c'est la conversation de Panurge avec Nazdecabre-le-muet, à propos de mariage [3].

Le grotesque fantastique, dans la représentation du corps humain et de ce qui s'y passe, se manifeste lorsque Rabelais décrit la maladie de Pantagruel : pour le soigner, on fait descendre dans son estomac des ouvriers avec des pioches, des paysans munis de pelles, et sept individus « chacun ayant une corbeille à son col », pour nettoyer l'organe de ses impuretés. Le voyage de « l'auteur » dans la bouche de Pantagruel présente le même caractère [4].

Figurant le corps sous un aspect grotesque et fantastique, Rabelais introduit dans la série corporelle quantité d'objets et de phénomènes des plus disparates. Ici, ils plongent dans l'atmosphère du corps et de la vie corporelle, voisinant de façon nouvelle et imprévue avec les organes et les fonctions du corps; ils sont rabaissés et matérialisés, comme on le voit dans les deux exemples ci-dessus. Ainsi, pour nettoyer son estomac, Pantagruel avale, en guise de pilules, des « pommes de cuivre, plus grosses que celle qui est à Rome, à l'aiguille de Virgile ». Ces « pommes » renferment des ouvriers avec leurs instruments et leurs corbeilles pour le nettoyage de l'estomac; celui-ci achevé, Pantagruel vomit, les boules sortent. Le retour des ouvriers

1. Folio, vol. I, *Gargantua*, chap. XXXV, p. 291.
2. Folio, vol. II, *Pantagruel*, chap. XIX, pp. 269-281.
3. *Id.*, vol. III, *Le Tiers Livre*, chap. XX, pp. 271, 273, 275.
4. *Id.*, vol. II, *Pantagruel*, chap. XXXIII et XXXII, pp. 425 et pp. 413, 415, 417, 419.

à l'air libre évoque pour Rabelais la façon dont les Grecs sortirent du cheval en Troie... « Et de ces pillules d'airin en avez une à Orléans, sur le clochier de l'esglise de Saincte Croix [1]. »

Un éventail plus vaste de choses et de phénomènes entre dans la série anatomique grotesque du voyage de l'auteur dans la bouche de Pantagruel. Tout un nouveau monde s'y révèle : de hautes montagnes (les dents), des prairies, des forêts, des villes fortes; dans l'une d'elles règne la peste, par suite de « puante haleine qui estoit venue de l'estomach de Pantagruel ». Dans sa bouche logent plus de vingt-cinq royaumes habités; leurs habitants se distinguent, « comme tous vrais gens... en contrées de deça et delà les montz, aussi sont-ils deçà et delà les dentz ». La description du monde découvert dans la bouche de Pantagruel occupe près de deux pages [2]. L'origine folklorique de toutes ces images grotesques est parfaitement évidente (cf. les images analogues chez Lucien).

Si, dans l'épisode du voyage dans la bouche de Pantagruel, Rabelais intègre, dans la série corporelle, le monde géographique et économique, dans l'épisode du géant Bringuenarilles, il introduit le monde de la vie courante et celui de l'agriculture. « Bringuenarilles le grand géant avaloit toutes les paelles, paellons, chauldrons, coquasses, lichefretes et marmites du pays avalé, en faulte de moulins à vent, desquelz ordinairement il se passoit; dont était advenu que, peu dayant le jour, sus l'heure de sa digestion, il était en grieve maladie tombé par certaine crudité d'estomach, apte naturellement à moulins à vent tout brandifs digérer n'avoit peu à perfection consommer les paelles et coquasses; les chauldrons et marmites avaoit assez bien digéré, comme disaient conhnoistre aux hypostases et eneorèmes de quatre bussars de urine qu'il avoit ce matin en deux foyes rendue [3]. »

Bringuenarilles faisait une cure dans « L'Isle de Ruach », où il avalait des moulins. Suivant l'avis des spécialistes locaux ès maladies gastriques, on enferma dans ces moulins « force coqs et force poules » qui chantèrent et voletèrent dans son ventre, ce qui lui occasionna coliques et convulsions. Par-dessus le marché, les renards de l'île sautèrent dans son gosier pour donner la chasse aux volatiles. Alors, pour lui débarrasser l'estomac, il fallut lui faire un clystère de grains de blé et de millet. Les poules coururent après le grain, les renards à leurs trousses. Il avala

1. Folio, vol. II, *Pantagruel,* chap. XXXIII, p. 427.
2. *Id.* pp. 413, 415.
3. Rabelais, *Œuvres,* coll. « Les meilleurs Auteurs Classiques », éd. Flammarion, tome II : *Le Quart Livre,* chap. XVII, pp. 58-59 (*Coquasses :* petits pots de terre; *tout brandifs :* tout entiers; *hypostases :* sédiments; *enéorèmes :* flocons; *bussars :* tonnes).

encore des pilules composées de « levriers et de chiens terriers [1] » Ce qui frappe dans cette série, c'est sa logique originale, purement rabelaisienne. La digestion, les tentatives de guérison, les objets d'usage domestique, les phénomènes de la nature, la vie agricole et cynégétique sont réunis pour représenter de manière dynamique et vivante choses et phénomènes se trouvant dans une contiguïté nouvelle et inattendue. Il est vrai qu'au fond de cette logique du grotesque se trouve la logique du réalisme fantastique, folklorique. Comme on le voit couramment chez Rabelais, dans le court épisode de « Bringuenarilles » la série corporelle croise les séries des excréments, de la nourriture et de la mort. Nous y reviendrons.

La description parodiquement anatomique de Quaresmeprenant, qui occupe trois chapitres du *Quart Livre* [2], paraît plus grotesque encore, plus bizarre et imprévue. « Quaresmeprenant », c'est la personnification grotesque du jeûne et de l'ascèse catholiques, et des tendances contre nature de la religion médiévale en général. La description de Quaresmeprenant — « celui qui fait son carême », — se termine par la fameuse méditation de Pantagruel sur « Antiphysie ». Tous les rejetons d'Antiphysie, « Amodunt [3] » et « Discordance », se présentent comme des parodies du corps humain : la tête de ces nouveau-nés est sphérique et « ronde entièrement comme un ballon, non soulcement comprimée des deux coustez comme est la forme humaine; les aureilles avoient hault enlevées, grandes comme aureilles d'asne, les yeux hors la teste, fichez sus des os semblables aux talons sans soucilles durs comme sont ceus des cancres; les pieds ronds comme pelottes; les braz et les mains tournez en arriere vers les espaules, et cheminoient sur leur teste, continuellement faisant la roue, cul sus teste, les pieds contremont ». Plus loin, Rabelais énumère d'autres enfants d' « Antiphysie » : « Depuys elle engendra les Matagotz, Cagotz et Papelars, les maniacles Pistolez, les demoniacles Calvins imposteurs de Genève, les enraigez Putherbes, Briffaux, Caphars, Chattemittes, Canibales et aultres monstres difformes et contrefaicts en despit de Nature [4]. » Dans cette série, Rabelais présente toutes les anomalies d'une idéologie et d'une vision du monde tournées vers

1. *Id.*, chap. XLIV, pp. 109-110.
2. Chap. XXX, XXXI, XXXII.
3. *Amodunt :* « Informité ».
4. Flammarion, *op. cit.*, *Le Quart Livre*, chap. XXXII, pp. 88-89. (*Matagots :* fanatiques; *maniacles Pistoletz :* les maniaques de Pistoïa; *enragés Putherbes :* épigones enragés du moine Puits-Herbault, calomniateur de Rabelais; *briffaulx :* frères lais quêteurs, avides et goinfres.)

« l'au-delà » : il les intègre dans une série unique, englobant toutes les monstruosités et perversions du corps.

Un exemple remarquable d'analogie grotesque, ce sont les considérations de Panurge sur les « débiteurs » et « emprunteurs », dans les chapitres III et IV du *Tiers Livre*. Par analogie avec les relations réciproques des débiteurs et des créanciers, il présente l'harmonieuse organisation du corps, en tant que micromonde : « L'intention du fondateur de ce microcosme est d'y entretenir l'âme, laquelle il y a mise comme hoste, et la vie. La vie consiste en sang. Sang est le siège de l'âme. Pourtant un seul labeur poine ce monde, c'est forger sang continuellement. En ceste forge sont tous membres en office propre; et est leur hiérarchie telle que sans cesse l'un et l'autre emprunte, l'un à l'autre preste, l'un à l'autre est debiteur. La matière et le métal convenable pour estre en sang transmué, est baillée par nature : pain et vin. En ces deux sont comprinses toutes especes des alimens... Pour icelles trouver, praeparer et cuire. Travaillent les mains, cheminent les piedz, et portent toute ceste machine, les œilz tout conduisent... La langue en faict l'essay; les dens la maschent; l'estomach la reçoit, digere et chylifie; les venes mesaraïcques en sugcent ce qui est bon... puys la portent au foye; il la transmue derechef, et en faict sang... Puys est transporté en une autre officine pour mieux estre affiné, c'est le cœur. Lequel par ses mouvements diastolicques et sistolicques le subtilie et enflambe, tellement que par le ventricule dextre le mect à perfection, et par les venes l'envoye à tous les membres. Chascun membre l'attire à soy et s'en alimente à sa guise : pieds, mains, œilz, tous; et lors sont faicts débiteurs, qui paravant estoient presteurs [1]. »

Dans la même série grotesque, Rabelais évoque, par analogie avec les « débiteurs-créditeurs », l'harmonie de l'Univers et celle de la société humaine.

Toutes ces séries du corps humain, grotesques, parodiques, bouffonnes, en révèlent, d'une part, la structure et le fonctionnement, de l'autre, entraînent dans son sillage un monde de choses, de phénomènes, d'idées, variés à l'infini, qui, dans la perspective médiévale, étaient bien éloignés du corps, et faisaient partie de séries verbales et objectales bien différentes. Leur contact direct avec le corps était possible, avant tout, par la *contiguïté verbale*, l'association verbale dans un contexte, une phrase, un seul groupe de mots. Rabelais ne craint pas de combiner parfois les mots de façon tout à fait absurde, rien que pour juxtaposer (« faire voisiner ») tels mots, tels concepts, que la parole de

1. Folio, vol. III, *Le Tiers Livre*, chap. IV, pp. 121, 123, 125.

l'homme, fondée sur un certain ordre, une conception du monde et un système de valeurs précis, n'introduit jamais dans un même contexte, un même genre, un même style, une même phrase, avec une intonation identique. Il ne redoute même pas la logique du type « mes tomates sont mûres, mais ma tante est boiteuse ». Souvent il recourt à la logique particulière du blasphème, telle qu'elle se présentait dans les formules médiévales de reniement de Dieu et du Christ et les formules d'invocation des esprits impurs. Il use généreusement de la logique spéciale des injures. (Il en sera question plus bas.) Le fantastique effréné a une importance toute particulière, qui lui permet de former des séries verbales, interprétées objectalement, mais très bizarres (comme dans l'épisode de Bringuenarilles, avaleur de moulins à vent). Mais Rabelais n'en devient pas pour autant formaliste. Toutes ses combinaisons de mots, même celles qui paraissent objectivement tout à fait insensées, tendent avant tout à détruire la hiérarchie de valeurs établies, à réduire ce qui est grand, à grandir ce qui est petit, à anéantir l'image habituelle du monde dans tous ses détails. Mais en même temps, Rabelais résout un problème positif qui oriente de façon précise ses associations verbales et ses images grotesques : il veut revêtir le monde de chair, le rendre matériel, le joindre aux séries spatio-temporelles, mesurer tout à l'échelle humaine et charnelle, brosser un nouveau tableau du monde à la place de celui qu'il aura détruit. Les voisinages des mots les plus insolites, les plus imprévus, sont marqués par l'unicité de ses aspirations idéologiques. De plus (comme nous le verrons), derrière ces images, ces séries grotesques, se dissimule un sens autre, plus profond et plus original.

Tout en recourant à l'aspect grotesque et anatomo-physiologique du corps, pour « donner chair » au monde entier, Rabelais, médecin humaniste et pédagogue, se livre à une propagande ouverte pour la culture du corps, pour son développement harmonieux. Ainsi, à l'éducation première de Gargantua — scolastique, méprisant le corps, il oppose l'enseignement postérieur, humaniste, donné par Ponocrates; les notions d'anatomie et de physiologie, l'hygiène et différents sports y occupent une place importante. Au corps médiéval, grossier, graillonnant, pétant, bâillant, crachant, secoué de hoquets, se mouchant bruyamment, bâfrant, se saoulant sans mesure, Rabelais oppose le corps gracieux de l'humaniste, évoluant avec harmonie grâce à l'exercice physique. Dans l'abbaye de Thélème, la culture du corps a aussi une grande portée [1].

Nous reviendrons à ce pôle positif du monde tel que le

1. Folio, vol. I, *Gargantua*, chap. XXI, XXII, XXIII, XXIV et LII, LVII.

conçoit Rabelais, monde d'harmonie habité par l'homme harmonieux...

La série suivante est celle du manger et du boire (ivrognerie). Elle occupe une place énorme dans l'œuvre de Rabelais. Il fait passer par elle quasiment tous ses thèmes, et il n'y a guère d'épisode qui la néglige. Voisinant directement avec les victuailles et le vin, on nous montre les objets et les phénomènes les plus divers de ce monde, y compris les plus spirituels et les plus élevés. Le *Prologue de l'Autheur* commence, de but en blanc, par une apostrophe aux « buveurs », à qui il dédie ses écrits. Il assure avoir rédigé son ouvrage « beuvant et mangeant » : « Aussi est-ce la juste heure d'escrire ces haultes matieres et sciences profundes, comme bien faire sçavoit Homere, paragon de tous philologes, et Ennie, père des poètes latins, ainsi que tesmoigne Horace, quoy qu'un malautru ait dict que ses carmes sentoyent plus le vin que l'huille [1]. »

Sous ce rapport, le *Prologue de l'Autheur* pour le *Tiers Livre* est plus expressif encore. Il introduit dans la série du boire le tonneau de Diogène-le-Cynique, qui se transforme ensuite en fût de vin. Le thème de la création littéraire au cours d'une beuverie revient aussi : en sus d'Homère et d'Ennius, qui écrivaient en buvant, Rabelais cite encore Eschyle, Plutarque et Caton.

Les noms mêmes des principaux personnages entrent, étymologiquement, dans la série du boire : Grandgousier, le père de Gargantua : « le grand gosier ». Gargantua vient au monde en poussant un grand cri : « A boire : A boire! A boire! » Grandgousier dit, se référant au gosier du nouveau-né : « Que grand tu as! » « Ce que oyans, les assistans dirent que vrayment il debvait avoir par ce le nom Gargantua [2]. » Pour Rabelais, Pantagruel signifie, étymologiquement : « tout altéré ». La naissance des principaux personnages se passe également sous le signe des ripailles et de l'ivrognerie. Gargantua naît le jour où son père a organisé un grand festin et beuverie. A cette occasion sa mère mange trop de tripes. Le nouveau-né est immédiatement abreuvé de vin. La venue au monde de Pantagruel est précédée d'une grande sécheresse et, partant, de la grande soif des hommes, des animaux, de la terre elle-même. Le tableau de cette sécheresse est peint dans un style biblique, imprégné de réminiscences bibliques et antiques précises. Ce plan élevé est coupé par la série physiologique où est fournie une réponse

1. Folio, vol. I, *Gargantua*, *Prologue*, p. 61. (*Ennius* (239-169 av. J.-C.)), introducteur de l'hellénisme à Rome, auteur d'un poème épique : *Les Annales*. (Horace y fait référence dans *Épîtres*, I-XIX.)

2. Folio, vol. II, *Pantagruel*, chap. VII, p. 103.

grotesque à la question : *Pour quoy c'est que l'eaue de la mer est salée?* « Adonc, la terre fut tant eschauffée que il luy vint une sueur vray si voulez taster de la vostre propre, ou bien de celles des verollez quand on les faict suer; ce me est tout un [1]. » Le thème du sel comme celui de la sécheresse prépare et renforce le motif initial de la soif, sous le signe duquel naît Pantagruel, « roi des altérés ». En l'année, au jour, à l'heure de sa naissance tout avait soif dans le monde.

Sous une autre forme, le thème du sel paraît au moment même de la naissance de Pantagruel. Avant le nouveau-né lui-même, sortent du ventre de sa mère soixante-huit muletiers, chacun tirant par le licol un mulet tout chargé de sel, après lesquels sortent neuf dromadaires portant jambons et langues de bœuf fumées, sept chameaux chargés de petites anguilles, puis vingt-cinq charretées d'oignons, poireaux, aulx et « cibots ». Après cette suite de hors-d'œuvre salés, incitant à la soif, Pantagruel lui-même vient au monde.

Rabelais crée donc une série grotesque : sécheresse, canicule, sueur (on transpire quand il fait chaud), sel (sueur salée), mets salés, soif, boissons, ivresse. Chemin faisant, il insère la sueur des « vérolés », l'eau bénite, dont l'usage, en temps de sécheresse, était réglé par l'Église, la Voie lactée, les sources du Nil, quantité de souvenirs de la Bible et de l'Antiquité (allusion à la parabole de Lazare et du mauvais riche, à Homère, Phébus, Phaéton, Junon, Hercule, Sénèque). Tout cela dans les quelques pages relatant la naissance de Pantagruel [2] où se forme une contiguïté neuve et étrange (caractéristique de Rabelais), de choses et de phénomènes incompatibles dans les contextes habituels.

La généalogie de Gargantua est découverte, parmi les symboles de l'ivresse, dans un « grand tombeau » au-dessus d'un gobelet, « à l'entour duquel estoit escript en lettres Ethrusques : *Hic bibitur* [3] ». Prêtons attention au voisinage verbal et objectivé du tombeau et du vin.

Dans la série du manger et du boire entrent presque tous les épisodes importants. La guerre entre les royaumes de Grandgousier et de Picrochole, qui occupe, en substance, le *Premier Livre*, a pour origine des galettes de blé *(fouaces)* mangées avec du raisin; elles sont considérées comme un remède contre la constipation, et traversent ainsi la série des excréments [4]. Le fameux combat de Frère Jean contre les guerriers de Picrochole a pour motif la vigne de l'abbaye, qui satisfait les besoins des

1. *Id.*, chap. II, p. 63.
2. *Id.*, chap. II, pp. 61, 63, 65.
3. Folio, vol. I, *Gargantua*, chap. I, p. 65.
4. *Id.*, chap. XXV et XXX.

moines, non point tant pour leurs communions que pour leurs beuveries. Le célèbre voyage de Pantagruel, qui remplit tout le *Quart Livre* ainsi que le *Cinquième*, a pour but « l'Oracle de la Dive bouteille ». Tous les navires qui ont appareillé pour cette expédition sont ornés des symboles de l'ivresse en guise d'enseignes : une bouteille, un gobelet, un broc (amphore), une cruche, un entonnoir, un hanap, une urne, une corbeille à raisin, un petit fût. (Chacune des enseignes est minutieusement décrite.) Chez Rabelais, la série du boire et du manger (comme celle du corps) est détaillée et hypertrophiée. A chaque occasion, il énumère dans leurs plus infimes détails, hors-d'œuvre et mets très variés, en précisant leur prodigieuse pléthore. Ainsi de la description du souper dans le château de Grandgousier, après la bataille : « On apresta le souper, et de surcroist feurent roustiz : seize beufs, troys génisses, trente et deux veaux, soixante et trois chevreaux moissonniers, quatrevingt quinze moutons, trois cens gourretz de laict, unze vingt perdrys, sept cens becasses, quatre cens chappons de Loudunoys et Cornouille, six mille poulletz et autant de pigeons, six cens gualonottes, quatorze cens levreaux, trois cens et trois hostardes et mille sept cens huteaudeaux. De venaison l'on ne peut tant soubdain recouvrir fors unze sangliers qu'envoya l'abbé de Turpenay, et dix et huict bestes fauves que donna le seigneur de Grandmont, ensemble sept vingt faisans qu'envoya le seigneur des Essarts; et quelques douzaines de ramiers, de oiseaux de riviere, de cercelles, buours, courtes, pluviers, francolys, cravans, tyransons, vaneraux, tadournes, pochecuilleres, pouacres, hegronneaux, foulques, aigrettes, cigouignes, cannes petieres, oranges flamans (qui sont phoenicoptères), terrigoles, poulles de Inde, force concossons, et renfort de potages [1]. »

Une énumération fort minutieuse des plats et des hors-d'œuvre multiformes figure dans la description de l'Ile Gaster — le ventre. Deux chapitres entiers y sont consacrés dans le *Quart Livre* [2].

Nous l'avons dit : objets, phénomènes et idées variées s'intègrent dans la série du manger et du boire, qui, selon les opinions en cours et les idées reçues (idéologiques, littéraires, verbales) n'ont rien à voir avec cette série. Les méthodes d'inté-

1. Folio, vol. I, *Gargantua*, chap. XXXVII, pp. 303, 305. (*Hostardes :* outardes; *huteaudeaux :* jeunes chapons; *Turpenay :* environs d'Azay-le-Rideau; *buours :* butors; *courtes :* courlis; *cravans :* oies sauvages; *tyransons :* bécasses; *tadournes :* canards; *poche-cuilleres :* échassiers; *pouacres :* hérons poitevins; *foulques :* poules d'eau; *terrigoles* : oiseau non identifié : *coscossons :* couscous.)
2. Flammarion, *op. cit.*, *Le Quart Livre*, chap. LIX et LX.

gration sont les mêmes que dans la série du corps. En voici quelques exemples :

Le conflit entre le catholicisme et le protestantisme (particulièrement le calvinisme) est représenté par le combat entre Quaresmeprenant et les Andouilles qui peuplent l'Ile Farouche. L'épisode des Andouilles couvre huit chapitres du *Quart Livre* [1]. La série des Andouilles est systématiquement détaillée et développée sur le mode grotesque. Partant de la forme des andouilles et se référant à plusieurs autorités, Rabelais démontre que le serpent qui tenta Ève était une andouille, que les géants des temps antiques qui prirent d'assaut l'Olympe et empilèrent Pélion sur Ossa étaient « andouilles par la moitié du corps »; Mélusine était également « mi-andouille » et Érichtonius, qui inventa chariots et carrioles (pour y dissimuler ses jambes d'andouille). Pour combattre les Andouilles, Frère Jean s'allie aux cuisiniers. On arme une énorme truie semblable au cheval de Troie. Dans un style épique, et parodiant Homère, Rabelais décrit l'animal et énumère en quelques pages les noms des « preux cuisiniers » entrés dans son ventre. La bataille a lieu. Au moment critique, Frère Jean « ouvre les portes de la truie » et en sort avec ses vaillants soldats. L'un d'eux traîne des broches, l'autre des poêles, rôtissoires, landiers, braseros, casseroles, petits chaudrons, pinces, fourches, pots, mortiers et pistons. Tous « en ordre, comme brusleurs de maisons », hurlant et criant à tue-tête : « Nabuzardan : Nabuzardan! Nabuzardan! » « Avec des cris d'indignation ils frappent « les guodiveaulx et les Saulcissons ». Ceux-ci sont défaits. Au-dessus du champ de bataille apparaît le « pourceau volant » de Minerve, qui jette sur la terre sept barils de moutarde : la moutarde, c'est le « Saint Graal » des Andouilles, qui guérit les plaies, voire ressuscite les morts [2].

L'intersection de la série du manger avec celle de la mort est intéressante. Au chapitre XLVI du *Quart Livre*, on trouve une longue réflexion du Diable sur les diverses qualités gustatives des âmes. Celles des usuriers, des notaires, des avocats ne sont bonnes que fraîchement salées; celles des escholiers pour le déjeuner, celles des avocats pour le dîner, celles des chambrières pour le souper. Les âmes des vignerons provoquent les coliques du ventre. Ailleurs, on voit le Diable déjeuner d'une fricassée de l'âme d'un sergent, et tomber malade d'une grosse indigestion. Rabelais introduit dans la même série les bûchers

1. *Id.*, chap. XXXV à XLII
2. *Id.*, chap. XL et XLI.

de l'Inquisition, qui détournent les gens de la religion, et ainsi assurent aux diables des plats délectables!

Un autre exemple de séries entrecroisées, c'est l'épisode (à la manière de Lucien) du séjour d'Épistémon dans le royaume des morts [1]. Ressuscité, Épistémon « commença à parler, disant qu'il avait veu les diables, avoit parlé à Lucifer familièrement, et fait grand chère en enfer et par les Champs Elisées... » La série du manger s'amplifie tout au long de ce récit : outre-tombe, Démosthène est vigneron, Énée, meunier, Scipion l'Africain vend de la lie de vin, Hannibal est marchand d'œufs (cocquassier), Épictète « avecques force damoiselles, se rigolant, beuvant, dansant, faisant en tous cas grande chère ». Le pape Jules est « crieur de petits pâtés », Xerxès vend de la moutarde que François Villon trouve trop chère : « Adonc pissà dedans son bacquet, comme font les moustardiers à Paris ». (Intersection avec la série des excréments.) Le récit d'Épistémon sur le monde d'outre-tombe est interrompu par Pantagruel, dans des termes qui parachèvent le thème de la mort et de « l'au-delà » par une incitation à manger, et à boire : « Or, dict Pantagruel faisons un transon de bonne chère, et beuvons, je vous prie, enfans, car il faict beau boirc tout ce moys [2]. »

Bien souvent, Rabelais entrelace la série du manger et du boire avec des concepts et des symboles religieux : prières des moines, monastères, décrétales pontificales, etc. Après avoir bâfré pendant le dîner, le jeune Gargantua (à l'époque, élève des écolâtres) mâchonne à grand-peine un passage du bénédicité. Dans « l'Isle des Papimanes », on propose à Pantagruel et à ses compagnons de dire une « messe sèche », c'est-à-dire sans chants liturgiques, mais Panurge la préfère « mouillée de bon vin d'Anjou ». Sur cette île, on les régale d'un dîner où chaque plat, « que ce feust chevreaulx, chappons, cochons, des quelz y a foison en Papimanie, feussent pigeons, connilz, levreaulz, cocqs de l'Inde ou aultres », est rempli « en abondance de farce magistrale... » qui donne à Épistémon une violente diarrhée [3]. Deux chapitres sont spécialement consacrés au thème du « moine à la cuisine » : le chapitre XV du *Tiers Livre. Exposition de Caballe monastique en matière de bœuf salé*, et le chapitre XI, du *Quart-Livre : Pourquoi les moines sont volontiers en cuisine*. Voici un extrait caractéristique du premier : « Tu aymes les souppes de primes *(dit Panurge)*, plus me plaisent les souppes de lévrier associées à quelque piece de laboureur sallé à neuf leçons.

1. Folio, vol. II, *Pantagruel*, chap. XXX, pp. 387, 389, 391, 399.
2. *Id.*, ch. XXX, p. 399.
3. Flammarion, *op. cit.*, *Le Quart Livre*, chap. XLIX, pp. 119 et 122.

— Je te entends (réspondit Frère Jean). Ceste métaphore est extraicte de la marmite claustrale. Le laboureur c'est le beuf qui laboure ou a labouré à neuf leçons; c'est-à-dire cuyct à perfection. Car les bons pères de religion par certaine cabalisticque institution des anciens non escripte, mais baillée de main en main, soy levant de mon temps, pour matines, faisoient certains préambules notables avant d'entrer en l'egxlise. Fiantoient aux fiantouoirs, pissoient aux pissouoirs, crachoient aux crachouoirs, toussoient aux toussouoirs, melodieusement resvoient aux resvoirs, affin de rien immonde ne porter au service divin. Ces choses faictes, devotement se transportoient en la saincte chappelle (ainsi estoit en leurs rebus nommée la cuisine claustrale) et devotement sollicitoient que dès lors feust au feu le beuf mis pour le déjeuner des religieux frères de Nostre Seigneur. Eulx mesmes souvent allumoient le feu soubs la marmite.

« Or est que, matines ayant neuf leçons, plus matin se levoient par raison, plus aussi multiplioient en appetit et alteration aux abboys du parchemin, que matines estantes ourlées d'une ou trois leçons seulement. Plus matin se levans, par la dicte caballe, plus tost estoit le beuf au feu, plus y estant, plus cuict restoit; plus cuict restant, plus tendre estoit, moins usoit les dens, plus delectoit le palat, moins grevoit le stomach, plus nourrissoit les bons religieux. Qui est la fin unicque et intention premiere des fondateurs : en contemplation de ce qu'ils ne mangent mie pour vivre, ils vivent pour manger et ne ont que leur vie en ce monde [1]. »

Cet extrait est typique de la méthode littéraire de Rabelais. Il nous offre d'abord un tableau réaliste de la vie monastique quotidienne. En même temps, nous est fournie la clé du jargon monastique (monacal) : *quelque pièce de laboureur sallé à neuf leçons*. Cette façon de parler cache derrière son allégorie l'étroit voisinage de la viande (laboureur) et de la messe (neuf leçons lues à matines). Le grand nombre des leçons et prières (neuf heures) est favorable à une meilleure cuisson, un meilleur appétit. Cette série rituelle et alimentaire croise celle des déjections (crachaient, toussaient, pissaient) et celle du corps physiologique (rôle des dents, du palais, de l'estomac). Les messes et prières monastiques servent à occuper le temps indispensable à la préparation du repas et à la mise en appétit [2]. D'où cette conclusion : les moines ne mangent pas pour vivre, mais vivent pour manger. A partir de cette structure rabelaisienne des séries et des images,

1. Folio, vol. III, *Le Tiers Livre*, chap. XV, pp. 223, 225.
2. Rabelais évoque un dicton monastique : *De missa ad mensam (N.d.A.)*.

nous nous arrêterons plus en détail sur le matériau des cinq séries capitales.

Sans toucher aux questions de génétique, liées aux sources et aux influences, nous commencerons par une remarque d'ordre général. Naturellement, l'introduction des concepts et symboles religieux dans les séries du manger, du boire, des excréments et du sexe n'est pas chose nouvelle. Il existait à la fin du Moyen Age, diverses formes de littérature parodique, blasphématoire, comme aussi des parodies des Évangiles et des Liturgies. (*La Messe de tous les Ivrognes*, au XIIIe siècle.) Il y avait des fêtes et des rites parodiques. Cette intersection des séries est caractéristique de la poésie (latine) des *vagants*, et même de leur argot. Nous la trouvons dans la poésie de Villon (ami des *vagants*). Tout autant que cette littérature parodique et sacrilège, certaines formules profanatoires liées à la magie noire étaient lourdes de sens, fort répandues et connues aux époques du bas Moyen Age et de la Renaissance (Rabelais ne pouvait les ignorer). Citons encore les « formules » des jurons obscènes, qui n'avaient pas entièrement perdu leur antique signification religieuse. Ces jurons étaient largement répandus dans le langage courant « inofficiel », dont ils constituaient l'originalité stylistique et idéologique (surtout dans les couches sociales inférieures). Les formules magiques sacrilèges (chargées également d'obscénités), et les jurons orduriers qui leur étaient proches, se présentent comme deux branches d'un même tronc, dont les racines s'enfoncent dans un folklore archaïque; mais ces branches ont évidemment défiguré la noble nature originelle de l'arbre.

A côté de cette tradition médiévale, il faut évoquer la tradition de l'Antiquité, et Lucien en particulier, qui recourt systématiquement aux méthodes de description détaillée, évocatrice et physiologique, des scènes érotiques habituelles à la mythologie : l'accouplement d'Aphrodite et d'Arès, par exemple, ou la sortie d'Athéna hors de la tête de Zeus... Enfin, il est indispensable de songer à Aristophane, qui influença Rabelais, en particulier pour son style.

Nous reviendrons à la façon dont Rabelais réinterpréta cette tradition, et à la tradition folklorique plus profonde, base de son univers littéraire. Ici, nous anticipons seulement sur ces problèmes. Revenons donc à la série du manger et du boire. Tout comme dans la série du corps, une démesure grotesque voisine avec le point de vue positif de Rabelais sur le sens et la culture de la nourriture et de la boisson Il ne prêche nullement la gloutonnerie ou l'intempérance grossière, mais insiste sur le sens élevé de la nourriture et de la boisson pour la vie de l'homme; il cherche à leur donner une consécration idéologique, à les discipliner et les affiner. La conception ascétique de « l'au-delà » leur déniait toute valeur positive, ne les tolérant qu'en tant que triste nécessité de la chair coupable, et ne connaissait qu'une formule pour les discipliner : le jeûne, forme négative, hostile à leur nature, dictée non par l'amour, mais par la haine. (Songeons à la figure de Quaresmeprenant, typique rejeton d'Antiphysie.) Alors, nourriture et boisson récusées, sans cadre idéologique, non éclairées par le verbe et le sens, prenaient, dans la vie courante, par la force des choses, les plus grossiers aspects de la goinfrerie et de l'ivrognerie qui fleurissaient, justement, dans les couvents, étant donné l'inévitable fausseté d'une conception du monde ascétique. Le moine de Rabelais est avant tout un bâfreur et un buveur. (Voir, en particulier, le chapitre XXXIV, qui clôt le *Livre Deuxième*.) Nous avons noté les liens singuliers du moine et de la cuisine. Nous voyons une représentation de ripailles grotesque et fantastique au cours du séjour de Pantagruel et ses compagnons en l'Isle de Gaster. Cinq chapitres lui sont consacrés dans le *Quart Livre* [1]. Là, inspirée de l'Antiquité, principalement du poète Persée, se développe toute une philosophie de *Gaster*. C'est le ventre et non le feu qui fut « premier maître ès ars de ce monde [2] ». On lui attribue l'invention de l'agriculture, de l'art militaire, des transports, de la navigation, etc. [3]. Cet enseignement sur la toute-puissance de la faim, force motrice de l'évolution économique et culturelle de l'humanité, a le caractère d'une demi-parodie, d'une demi-vérité (comme il en va, chez Rabelais, pour la majorité de ses représentations grotesques analogues).

La manière cultivée de manger et de boire est opposée à la voracité grossière dans un épisode de l'éducation de Gargantua, au *Livre Premier*. Ce thème de la bienséance et de la modération en matière de nourriture, productrices de « choses spirituelles », est débattu au chapitre XIII, du *Tiers Livre*. La façon policée de manger, Rabelais ne la voit pas seulement sous l'angle de la médecine et de l'hygiène, comme un élément de « bonne vie », mais aussi sur le plan culinaire. Écrite sous une forme assez parodique, la confession de Frère Jean sur « l'humanisme à la cuisine » exprime certainement les inclinations mêmes de Rabelais : « Vertus Dieu, *da jurandi*, pourquoy plus toust ne transportons nous nos humanitez en belle cuisine de Dieu, et là ne consydérons le branlement des broches, l'harmonie des contrebastiers, la potion des lardons, la temperature des potages, les

1. Flammarion, *Le Quart Livre*, chap. LVII et LXII.
2. *Id.*, chap. LVII, p. 134.
3. *Id.*, chap. LVI, LVII.

preparatifs du dessert, l'ordre du service du vin ? *Beati immaculati in via.* C'est matière de breviaire [1]. » Il est clair que cet intérêt pour les préparations culinaires ne contredit aucunement l'idéal rabelaisien de l'homme total, charnel et spirituel, et de son développement harmonieux.

Les festins « pantagruéliques » occupent une place à part. Le « pantagruélisme », c'est l'art d'être joyeux, sage et bon, et son essence même, c'est de savoir festoyer joyeusement et raisonnablement. Mais il ne s'agit pas de festins de fainéants et de goinfres, toujours à faire bombance. Seuls les loisirs vespéraux qui suivent la journée de labeur doivent être consacrés au banquet. Le dîner au milieu du jour ouvrable doit être court, et, si l'on peut dire, simplement utilitaire : Rabelais est partisan du souper comme centre de gravité de la nourriture et de la boisson, conformément au système pédagogique de l'humaniste Ponocrates : « Notez icy que son disner estoit sobre et frugal, car tant seulement mangeoit pour refrener les haboys de l'estomach, mais le soupper estoit copieux et large, car tant en prenoit que luy estoit besoin à soi entretenir et nourrir, ce que est la vraye dicte prescripte par l'art de bonne et seure medecine [2]. » Une méditation à propos des songes est placée dans la bouche de Panurge, au chapitre XV, déjà cité, du *Tiers Livre ;* « Quand j'ay bien à poinct desjeuné, et mon stomach est bien à poinct affené et agrené, encore pour un besoing et en cas de necessité me passeroys je de dipner. Mais ne soupper point ? Cancre ! C'est erreur ! C'est scandale en nature ! Nature a faict le jour pour soy exercer, pour travailler, et vacquer chascun en sa neguociation, et pour ce plus aptement faire, elle nous fournist de chandelle, c'est la claire et joyeuse lumière du soleil. Au soir elle commence nous la tollir et nous dict tacitement : « Enfans vous estez gens de bien. C'est assez travaillé. La nuyct vient : il convient cesser du labeur et soy restaurer par bon pain, bon vin, bonnes viandes, puys soy quelque peu esbaudir, coucher et reposer, pour au lendemain estre frays et alaigres au labeur comme davant [3]. »

Lors de ces « cènes » (ou tout de suite après), quand on s'est restauré de pain, de vin et d'autres nourritures, s'engagent les entretiens des « Pantagruélistes »; palabres savants, mais ponctués de gaieté et de licence. Nous reviendrons sur le sens particulier de ces « cènes », sur cet aspect nouveau, rabelaisien, du *Banquet*, de Platon.

1. Flammarion, *op. cit.*, *Le Quart Livre*, chap. X, p. 44. (*Contrebastiers :* chenets à crans pour recevoir les broches.)
2. Folio, vol. I, *Gargantua*, chap. XXII, p. 215.
3. Id., *Le Tiers Livre*, chap. XV, pp. 221-223. (*Cancre :* chancre. Abrégé de : « Me vienne le cancre si... *Affené et agrené* » *:* repu de foin et de grain.)

La série du manger et du boire, dans son déroulement grotesque, concourt donc, elle aussi, à la destruction des vieux voisinages mensongers entre les choses et les phénomènes, et à la création de voisinages nouveaux, qui revêtent le monde de chair et de matière. A son pôle positif, cette série culmine avec la consécration idéologique des plaisirs cultivés de la table, trait majeur de l'image de l'homme nouveau, harmonieux et complet.

Passons à la série des excréments. Elle occupe une place assez importante. La contagion d'Antiphysie imposait l'antidote de Physis, à dose forte. La série des excréments sert, en substance, à créer des voisinages tout à fait surprenants entre les choses, les phénomènes et les idées, afin de détruire la hiérarchie et de matérialiser le tableau du monde et de la vie. Le « thème du torchecul » peut servir d'exemple à ces voisinages insolites.

Le petit Gargantua prononce un discours sur les moyens « les plus expédients » et les meilleurs pour « se torcher le cul ». Dans la série grotesque du « torchecul », que Gargantua développe à loisir, figurent : le cache-nez en velours d'une demoiselle, un foulard, des protège-oreilles en satin, un bonnet de page, un « chat de Mars » (dont les griffes lui déchirent le périnée), les gants de sa mère — parfumés —, la sauge, le fenouil et l'aneth, les feuilles de chou, les laitues, les épinards (série alimentaire), les roses, les orties, les couvertures, les rideaux, les serviettes, le foin, la paille, la laine, un oreiller, des pantoufles, une gibecière, un panier, un chapeau. Le « plus excellent torchecul », c'est un « oyzon » bien duveté, « car vous sentez au trou du cul une volupté mirificque, tant par la douceur d'icelluy dumet, que par la chaleur tempérée de l'oyzon, laquelle facilement est communicquée au boyau, culier et aultres intestines, jusqu'à venir à la région du cueur et du cerveau ».

Ensuite, se référant à l'avis de « Maistre Jehan d'Escosse », Gargantua affirme que la béatitude des héros et des demi-dieux, « qui sont par les Champs Élisées », vient de ce qu'ils se torchent le cul avec un « oyzon » [1].

Dans l'entretien « à la louange des Decrétales », qui a lieu à diner, dans l'Ile des Papimanes, les Décrétales du Pape entrent dans la série des excréments. Frère Jean les a utilisées comme torchecul, ce qui lui a occasionné fissures et hémorroïdes. Quant à Panurge cette lecture l'a fait souffrir d'une terrible constipation [2].

1. Folio, vol. I, *Gargantua*, L. I, chap. XIII, pp. 141, 143, 145, 147, 149. (*Dumet* : duvet.)
2. *Flammarion, op. cit., Le Quart Livre*, chap. LII, p. 123.

Une intersection de la série du corps avec celle du manger et du boire et celle des excréments se présente dans la péripétie des six pèlerins, avalés par Gargantua avec des laitues et arrosés de « vin pineau ». Les pèlerins se cachent d'abord derrière ses dents, puis manquent tomber dans le « gouffre de son estomach ». A l'aide de leurs bourdons, ils se hissent « à l'orée des dens », où, touchant à une dent creuse, ils font tant souffrir Gargantua, qu'il les expulse. Alors qu'ils fuyaient, il « pissa si copieusement que l'urine trancha le chemin des pèlerins et ils furent contraincts passer la grande boyre ». Lorsqu'ils furent hors de danger, l'un d'eux déclara que tous leurs malheurs avaient été prédits dans les Psaumes de David : « *Cum exurgerent homines in nos, forte vivos deglutissent nos*, quand nous feusmes mangez en salade au grain de sel; *cum irasceretur furor eorum in nos, forsitan aqua absorbuisset nos*, quand il beut le grand traict; *torrentem pertransivit anima nostra*, quand nous passasmes la grande boyre : *forsitan pertransisset anima nostra aquam intolerabilem*, de son urine, dont il nous tailla le chemin [1]... » Ainsi, les *psaumes* de David se trouvent ici étroitement liés aux actions de manger, de boire et d'uriner.

Fort significatif est l'épisode de l'Ile de Ruach dont les habitants ne mangent que du vent. Le thème du *vent* et l'ensemble des thèmes nobles qui lui sont liés dans la prose littéraire et la poésie (le souffle du zéphir, le vent des tempêtes marines, la respiration et le soupir, l'âme qui est souffle, l'esprit, etc.) s'intègrent dans la série du manger, celle des excréments et celle des mœurs par le truchement du « lâcher des vents ». (Cf. « l'air », « la respiration », le « vent », comme modèles et forme interne de mots, images et motifs du plan supérieur de la vie, l'âme, l'esprit, l'amour, la mort.) « Ilz ne pissent, ilz ne crachent en ceste isle; en récompense, ilz vesnent, ilz pedent, ilz rotient copieusement... Aussi toute maladie naist et procede de ventosité... Pour y remedier usent de ventoses amples, et y rendent fortes ventositez. Ilz meurent tous hydropicques, et meurent les hommes en pedant, les femmes en vesnant, ainsi leur sort l'âme par le cul [2]. » Ici la série des excréments recoupe la série de la mort...

A l'intérieur de la série des excréments, Rabelais construit une série de « mythes locaux », qui expliquent la genèse des lieux géographiques. Chaque région, depuis son nom et jus-

1. Folio, vol. I, *Gargantua*, chap. XXXVIII, pp. 309, 311. (*La grande boyere :* canal d'irrigation.)

2. Flammarion, *op. cit.*, *Le Quart Livre*, chap. XLIII, pp. 107, 108 (*Vesnent :* expulsent des vents).

qu'aux particularités de son relief, de son sol, de sa végétation et autres, doit être expliquée en partant d'un événement humain qui s'y est déroulé, et en a déterminé le nom et la physionomie. Une région, c'est l'empreinte de l'événement qui lui a donné sa forme. Telle est la logique de tous les mythes et légendes locaux qui interprètent l'espace par l'Histoire. Ces mythes locaux, Rabelais les crée sur le plan parodique. Voici comment il explique le nom de Paris : lorsque Gargantua arriva en cette ville, une foule se rassembla, et lui, « par rys », en souriant, « destacha sa belle braguette... et les compissa si aigrement qu'il en noya deux cens soixante mille quatre cens dix et huyt, sans les femmes et petiz enfans... » Ceux qui se sauvent, montent « au plus haut de l'Université » et s'écrient : *Par Saincte Mamye, nous sont baignez par rys!* Dont fut depuis la ville nommée Paris [1]... »

L'origine des eaux thermales chaudes s'explique par le fait que l'urine de Pantagruel malade était « si chaude que depuis ce temps là elle ne s'est pas encore refroidie [2] ». Et au chapitre XII du *Livre Deuxième*, Rabelais relate que le ruisseau qui passe à Saint-Victor sert à teindre l'écarlate des Gobelins « par la vertu spécifique de ses pisse-chiens [3] ». Ces exemples suffisent à définir la série des excréments dans l'œuvre de Rabelais.

Passons à la série des accouplements et de la licence sexuelle en général, qui occupe une place énorme. Elle présente de multiples variantes, depuis la franche obscénité jusqu'à l'ambiguïté subtilement dissimulée, depuis la plaisanterie et l'historiette graveleuse jusqu'aux digressions médicales et naturalistes sur la puissance sexuelle, la semence de l'homme, l'efficacité sexuelle, le mariage, le principe originel. Boutades et plaisanteries franchement ordurières parsèment toute l'œuvre; elles sont surtout fréquentes chez Frère Jean et Panurge, mais les autres personnages ne s'en privent pas. Quand, au cours de leur voyage, les Pantagruélistes trouvent des « paroles gelées », et parmi elles de gros mots, « des mots de gueule », Pantagruel ne veut pas qu'on les mette en réserve : c'est folie, dit-il, de faire réserve de ce « dont jamais l'on n'a faulte et que tous les jours on a en main, comme sont motz de gueule entre tous bons et joyeux Pantagruélistes [4] ».

Ce vocabulaire des « bons et joyeux Pantagruélistes », Rabelais y revient tout au long de son œuvre. Quel que soit le thème,

1. Folio, vol. I, *Gargantua*, L. I, chap. XVII, p. 165.
2. *Id.*, vol. II, *Pantagruel*, chap. XXXIII, p. 421.
3. *Id.*, vol. II, *Pantagruel*, chap. XXII, p. 309.
4. Flammarion, *op. cit.*, *Le Quart Livre*, t. II, chap. LVI, p. 133.

les obscénités trouvent toujours leur place dans la trame verbale qui les enveloppe, amenées tant par les associations objectales les plus bizarres, que par des liaisons et analogies purement littéraires. L'œuvre contient un assez grand nombre de courtes anecdotes ou nouvelles licencieuses, souvent empruntées aux sources folkloriques, par exemple, l'anecdote du lion et de la vieille, au chapitre XV de *Pantagruel*, et l'histoire du *diable trompé par une vieille Papefiguiere*, dans le *Quart Livre* [1]. A la base, se trouve l'antique rapprochement folklorique entre le sexe féminin et une plaie béante.

Dans l'esprit des mythes locaux est narrée l'histoire bien connue « des causes pourquoy les lieues sont tant petites en France » : le roi Pharamond choisit à Paris « cent beaulx, jeunes et gallans compagnons », et autant de « belles garses » Picardes, et leur commande d'aller « par cy et par là ». Partout où ils « biscoteront » leur compagne, ils devront placer une pierre, et « ce sera une lieue ». Tant qu'ils sont en France, ils s'accouplent « à tout bout de champ... et voilà, pourquoy les lieues en France sont tant petites ». Mais après avoir longtemps cheminé, ils sont las, et se contentent de « quelque meschante foy le jour » : c'est ce qui « a fait si grandes les lieues de Bretaigne, de Lanes et d'Allemaigne [2] ».

Un autre exemple, c'est l'introduction de l'espace géographique universel dans la série des obscénités. Panurge dit : « Il (Jupiter) belina pour un jour la tierce partie du monde, bestes et gens, fleuves et montaignes : ce feut l'Europe [3]. »

L'opinion hardie et grotesque de Panurge sur la meilleure manière de bâtir les murailles de Paris, porte un autre caractère : « Je voy que les callibistrys des femmes de ce pays sont à meilleur marché que les pierres. D'iceulx faudrait bastir les murailles, en les arrangeant par bone symméterye d'architecture et mettant les plus grans au premier rancz, et puis... arranger les moyens et fiablement les petitz, puis faire un beau petit entrelardement, à poinctes de diamans, comme la grosse tour de Bourges, de tant de bracquemars enroyddis qui habitent par les braguettes claustrales. Quel Diable defferoit de telles murailles [4] ? »

C'est une autre logique qui commande les digressions sur les organes génitaux du Pape. Les Papimanes estiment que baiser

1. Folio, vol. II, *Pantagruel*, chap. XV, pp. 217-223. Et *op. cit.* ci-dessus, *Le Quart Livre*, p. 115.
2. *Id.*, chap. XXIII, pp. 313-315 (*Lanes :* Landes).
3. *Id.*, vol. III, *Le Tiers Livre*, chap. XII, p. 187 (*Belina :* couvrit).
4. Folio, vol. II, *Pantagruel*, chap. XV, pp. 215-217 (*Callibistrys :* sexe féminin; *bracquemars :* sexe masculin).

le pied du Pape est un hommage insuffisant : « Si ferions, si, répondirent-ils, cela est entre nous ja résolu. Nous luy baiserions le cul et les couilles pareillement, car il a des couilles, le Père sainct : nous le trouvons par nos belles *Decrétales*, aultrement ne seroit-il pape. De sorte qu'en subtile philosophie decrétaline ceste conséquence est necéssaire : icy il est pape, il a doncques couilles. Et, quans couilles fauldroient au monde, le monde plus pape n'auroit [1]. »

Voilà qui suffit amplement à démontrer comment Rabelais introduit et développe de multiples façons sa série des obscénités. (Notre tâche ne consiste pas, évidemment, à en faire une analyse exhaustive.)

Dans l'organisation de son œuvre, Rabelais inclut dans la série des obscénités un thème à signification capitale : celui des « cornes ».

Panurge voudrait se marier, mais ne s'y décide point, craignant que sa femme le fasse « coqu ». Presque tout le *Tiers Livre*, à partir du chapitre VII, est consacré à ses consultations sur son mariage. Il prend conseil de tous ses amis, interroge les « sorts », selon Virgile, explore ses songes, s'entretient avec la Sibylle de Panzoust, prend conseil d'un muet, du poète moribond Raminagrobis, de Corneille Agrippa, du théologien Hippothadée, du médecin Rondibilis, du philosophe Trouillogan, du bouffon Triboulet. Dans tous ces épisodes, conversations et cogitations figure le thème des « cornes » et de la fidélité des épouses; ce thème, à son tour, intègre (dans la narration), selon des affinités sémantiques ou verbales, les thèmes et motifs les plus variés de la série des obscénités sexuelles : par exemple, les considérations sur la puissance virile et le désir sexuel permanent des femmes dans le discours du « Dr. Rondibilis », ou la revue des mythes antiques sous l'angle du cocufiage et de l'infidélité féminine [2]. Le *Quart Livre* est organisé sous la forme du voyage des Pantagruélistes chez « l'Oracle de la Dive-bouteille », qui doit chasser définitivement les scrupules de Panurge quant au mariage et aux « cornes ». (En fait le « thème des cornes » proprement dit n'apparaît pas dans le *Quart Livre*.)

La série des licences sexuelles, comme toutes celles analysées plus haut, détruit la hiérarchie des valeurs établies en créant des voisinages nouveaux entre les mots, les choses, les phénomènes. Elle restructure le tableau du monde, elle le matérialise et le rend charnel. Elle remodèle aussi, de fond en comble,

1. Flammarion, *op. cit.*, *Le Quart Livre*, chap. XLVIII, pp. 116-177.
2. Folio, vol. III, *Le Tiers Livre*, chap. XII et XXXI.

l'image traditionnelle de l'homme dans la littérature, et ceci au profit des sphères « officieuses », « non verbales », de sa vie. L'homme *s'extériorise et s'éclaire tout entier*, dans toutes les circonstances de son existence, par le truchement du verbe; mais ne se « déshéroïse » pas pour autant, ne s'abaisse point, ne devient pas un homme « de niveau inférieur ». On pourrait dire, plutôt, que Rabelais « héroïse » toutes les fonctions de l'organisme vivant de l'homme : boire, manger, évacuer, s'accoupler. La démesure même de ces actes contribue à leur « héroïsation » en supprimant leur apparence banale, usuelle, naturaliste. (Nous reviendrons au problème du « naturalisme » de Rabelais.)

La série des licences sexuelles a aussi son pôle positif. La grossière débauche de l'homme médiéval était l'envers de l'idéal ascétique qui flétrissait le domaine du sexe; Rabelais en évoque l'organisation harmonieuse dans sa représentation de l'abbaye de Thélème.

Les quatre séries étudiées n'épuisent point toutes les séries « matérialisantes » de cette œuvre. Nous avons mis en évidence celles-là seules qui prédominent, qui donnent le ton. On peut relever encore la série de l'habillement, élaborée en détail par Rabelais. Une place de choix y revient au *goulfic* (partie du vêtement couvrant le sexe masculin), ce qui relie cette série à celle des licences sexuelles. On peut relever la série des ustensiles domestiques, ou celle de la zoologie. Toutes tournent autour de l'homme de chair, remplissent les mêmes fonctions : celles qui consistent à désunir ce qui était traditionnellement uni, à rapprocher ce qui était hiérarchiquement séparé, rejeté, et à matérialiser systématiquement le monde.

Après ces séries liées à la matière, passons à une dernière, exerçant une toute autre fonction chez Rabelais : la série de la mort.

A première vue, il pourrait sembler qu'elle ne s'y trouve point. Le problème de la mort individuelle et son acuité paraissent profondément étrangers au monde rabelaisien, sain, intrinsèque, vaillant. Impression parfaitement juste. Toutefois, dans le tableau hiérarchique du monde que Rabelais détruisait, la mort occupait une place prépondérante. Elle dépréciait la vie terrestre, corruptible et transitoire, lui ôtait toute valeur en soi, la transformait en une étape de l'âme immortelle en route pour l'éternité. La mort n'était pas tenue pour un élément inévitable de la vie, après quoi la vie triomphe et continue à nouveau (dans son aspect intrinsèque, collectif ou historique), mais comme un phénomène limitrophe, placé au lieu exact de partage entre ce monde provisoire, périssable, et la vie éternelle, comme une porte ouverte sur un autre monde, de l'autre côté. On ne percevait pas la mort comme englobée dans une série temporelle, mais à la frontière du temps ; non dans une série de la vie, mais à sa lisière. Anéantissant le tableau hiérarchique du monde pour en façonner un nouveau, Rabelais devait reconsidérer également la mort, la mettre à sa place dans un monde réel et, avant tout, la montrer comme un élément indispensable de la vie elle-même, la présenter dans la série temporelle de la vie qui englobe tout, qui va de l'avant et, ne butant pas sur la mort, ne tombe pas dans les abysses d'outre-tombe, mais demeure tout entière dans ce temps-ci, dans cet espace-ci, sous notre soleil. Enfin, il voulait montrer que dans ce monde-ci la mort n'apparaît à personne, sous aucun prétexte, comme une fin *essentielle*. Cela signifiait : révéler l'image matérielle de la mort englobée dans la série de la vie toujours triomphante (sans aucun pathos poétique, naturellement, si étranger à Rabelais), mais la montrer *entre autres*, sans jamais la placer au premier plan.

A peu d'exceptions près, il traite la série de la mort sur un plan grotesque et bouffon. Elle traverse les séries du boire et du manger, des excréments, de l'anatomie. Le problème de l'autre monde est évoqué sur le même plan.

Nous connaissons déjà des exemples de mort dans la série de l'anatomie grotesque. Les atteintes et blessures mortelles sont analysées minutieusement sous l'angle de l'anatomie, la mort inévitable est démontrée par la physiologie. Il s'agit donc, dans ce cas, d'un fait anatomo-physiologique brut, clair et précis. Telle est l'image de toutes les morts au combat. La mort y figure comme dans une série anatomo-physiologique impersonnelle du corps humain, et toujours dans la dynamique de la bataille. Le ton général est grotesque, parfois souligné par quelque détail comique. Ainsi de la mort de Tripet : (Gymnaste) « soubdain se tournant, lancea un estoc volant audict Tripet, et, ce pendent que icelluy se couvraoit en hault, luy tailla d'un coup l'estomach, le colon, la moytié du foye, dont tomba par terre et, tombant, rendit plus de quatre potées de souppes, et l'asme meslée parmy les souppes [1] ».

L'image anatomo-physiologique de la mort pénètre ici dans le tableau dynamique de la lutte des corps, et se présente finalement comme voisinant directement avec des aliments : Tripet rend l'âme avec la soupe !

Nous avons cité suffisamment d'exemples de l'image anatomique de la mort au combat : carnage des ennemis dans la vigne de l'abbaye, massacre des gardes, etc. Toutes analogues, elles montrent la mort comme un fait anatomo-physiologique,

1 Folio, vol. I, *Gargantua*, chap. XXXV, p. 293.

dans la série impersonnelle du corps humain qui vit et lutte. La mort ici ne rompt pas la série permanente de la vie combattante, elle n'en est qu'un élément; elle n'entame pas la logique de cette vie (charnelle), étant de la même pâte qu'elle.

La mort revêt dans la série des excréments, un caractère différent, grotesque et bouffon, sans référence anatomique ou physiologique. Par exemple, Gargantua noie dans son urine « deux cens soixante mille quatre cens dix et huyt personnes, sans les femmes et petiz enfans [1] ». Ce « massacre collectif » est présenté non seulement dans son sens grotesque réel, mais aussi comme le pastiche des relations laconiques sur les cataclysmes naturels, les soulèvements réprimés, les guerres de Religion. (Sous l'angle de ces informations officielles, la vie humaine ne vaut pas cher!)

La représentation de la noyade des ennemis dans l'urine de la jument de Gargantua présente un caractère franchement grotesque. La scène est décrite en détail. Les compagnons de Gargantua sont contraints de passer un gué encombré de tant de morts, qu'ils « ont engorgé le cours du moulin ». Ils traversent tous « sans faillir, excepté Eudémon, duquel le cheval enfoncea le pied droict jusques au genouil dedans la pance d'un gros et gras vilain qui estoit là noyé, à l'envers, et ne le pouvoit tirer hors; ainsi demourerait empestré jusques à ce que Gargantua du bout de son baston enfondra le reste des tripes du villain en l'eau, ce pendent que le cheval levoit le pied, et (qui est chose merveilleuse en hippiatrie) feut ledict cheval gerry d'un surot qu'il avoit en celluy pied par l'atouchement des boyaux de ce gros marroufle [2] ».

Ici sont caractéristiques non seulement l'image de la mort dans l'urine, non seulement le ton et le style employés pour peindre le cadavre (« panse », « tripes », « gros et gras vilain », « boyaux », « gros marroufle »), mais aussi la guérison du pied par contact avec les intestins d'un mort. Des épisodes analogues sont très fréquents dans le folklore; ils sont fondés sur l'une des représentations folkloriques les plus communes de la fécondité de la mort et du cadavre frais (blessure : utérus), et sur la guérison d'un individu par la mort d'un autre. Le voisinage folklorique de la mort avec une vie nouvelle perd de sa force dans cette image grotesque d'un pied de cheval guéri par le contact d'un cadavre « gras », mais la logique particulière du folklore demeure parfaitement claire.

Rappelons un autre exemple de l'intersection de la série de la

1. Folio, vol. I, *Gargantua*, chap. XVII, p. 165.
2. *Id.*, chap. XXXVI, p. 299.

mort avec celle des excréments. Lorsque les habitants de l'Ile de Ruach meurent, « leur âme sort par le cul [1], les hommes en pedant, les femmes en vesnant [2] ». Dans tous les épisodes où la mort est représentée sous un aspect grotesque (bouffon), elle acquiert des traits amusants, et voisine directement avec le *rire* (pas encore, il est vrai, dans la série des objets). Dans la plupart des cas, Rabelais évoque *la mort* en l'orientant vers *le rire*, et représente des *morts joyeuses*.

On trouve l'image de la mort comique dans la péripétie des « moutons de Panurge ». Voulant se venger d'un marchand qui, sur le navire, transporte un troupeau de moutons, Panurge achète le plus gros et le jette « en pleine mer » : tous les autres moutons sautent dans l'eau pour le suivre; le marchand et ses « moutonniers » s'efforcent de les retenir et sont entraînés à leur tour. « Panurge, à cousté du fougon, tenent un aviron en main, non pour ayder aux moutonniers, mais pour les engarder de grimper sur la nauf et evader le naufraige, les preschait eloquentement... leur remonstant par lieux de rhétorique les misères de ce monde, le bien et l'heur de l'autre vie, affirmant plus heureux estre les trespassez que les vivans en cette vallée de misère [3]. »

Le comique de cette situation macabre naît ici du prêcheviatique de Panurge. Tout l'épisode est une âpre parodie de la conception médiévale de « l'au-delà », de la vie et de la mort. A une autre occasion, Rabelais parle de moines qui, au lieu de porter un prompt secours à un homme qui se noie, prennent d'abord soin de son âme et le confessent, pendant qu'il coule. Dans cet esprit de destruction parodique des croyances médiévales sur l'âme et l'autre monde, Rabelais représente allègrement le séjour temporaire d'Epistémon au royaume des morts, épisode déjà cité, et auquel se rapportent les digressions grotesques sur les qualités gustatives et la valeur gastronomique des âmes des défunts.

Une image de la mort joyeuse, dans la série du manger, apparaît à propos du récit de Panurge sur sa captivité en Turquie. Il s'agit de circonstances comiques externes, où la mort voisine directement avec la nourriture (embrochage et cuisson à la broche). Toute la péripétie du sauvetage miraculeux de Panurge « à demi cuit » s'achève par la glorification d'un rôti!

La mort voisine très souvent avec la nourriture, la boisson.

1. Ailleurs, Pantagruel fait naître de ses vents de petits hommes, de ses gaz, des petites femmes (II-XXVII). Le cœur de ces bonshommes n'est pas loin de leur anus, c'est pourquoi ils sont colériques *(N.d.A.)*.

2. Flammarion, *op. cit.*, *Le Quart Livre*, chap. XLIII, pp. 107-108.

3. *Id.*, chap. VII et VIII, pp. 36-38 (*Fougon :* cuisine du navire).

L'ambiance de la mort est toujours joviale. Au chapitre XVII du *Quart Livre* défile une suite de décès insolites, le plus souvent comiques. Anacréon est « estranglé d'un pépin de raisin » (Anacréon-le vin-le grain-de raisin-la mort). Fabius, préteur romain, est « suffoqué d'un poil de chèvre » tombé dans une écuelle de lait; certain personnage meurt subitement d'avoir retenu ses gaz en présence de l'empereur Claude, et ainsi de suite [1]. Si, dans les épisodes énumérés, seules les circonstances extérieures rendent la mort comique, celle du duc de Clarence, frère d'Edouard IV d'Angleterre, divertit, semble-t-il, le moribond lui-même : condamné à mort, il fut autorisé à choisir son supplice et demanda à mourir dans un tonneau de malvoisie. Cette mort joyeuse est représentée dans le voisinage immédiat du vin [2].

Un moribond allègre, c'est le poète Raminagrobis, tel que le montre Rabelais : lorsque Panurge et ses compagnons vinrent en son logis ils « trouvèrent le bon vieillart en agonie avecques maintien joyeulx, face ouverte et regard lumineux [3] ». Dans tous ces exemples, le rire est dans le ton, le style, la forme d'une image de la mort. Mais dans les limites de la série de la mort, le rire entre aussi dans un voisinage immédiat, objectivé et verbal avec la mort : en deux endroits Rabelais énumère une suite de gens *morts de rire*. Au chapitre XX du *Livre Premier*, il cite Crassus, mort de rire en voyant un âne manger des chardons, et Philémon, frappé de même, « en voyant un asne qui mangeoit des figues [4] ». Au chapitre XVII du *Quart Livre*, le peintre Zeusis meurt subitement à force de rire devant le portrait d'une vieille peinte par lui [5]. Enfin la mort voisine avec la naissance d'une vie nouvelle et, simultanément, avec le rire.

Lorsqu'il vint au monde, Pantagruel était si énorme, si pesant, qu'il ne put naître sans étouffer sa mère. Elle meurt donc, et Gargantua, son père, se trouve dans l'embarras, ne sachant s'il doit rire ou pleurer. Ne pouvant résoudre son dilemme, il pleure et il rit : pensant à son épouse, il « pleuroit comme une vache, mais tout soubdain riait comme un veau, quand Pantagruel lui venoit en memoire [6] ».

Dans la série de la mort, dans ses points d'intersection avec les séries du manger, du boire, du sexe, dans le voisinage direct de la mort avec l'éclosion d'une vie nouvelle, se découvre devant

1. Flammarion, *op. cit.*, *Le Quart Livre*, chap. XVII, p. 60.
2. *Id.*, chap. XXXIII, p. 90.
3. Folio, vol. III, *Le Tiers Livre*, chap. XXI, p. 283.
4. Folio, vol. I, *Gargantua*, chap. XX, p. 181.
5. Flammarion, *op. cit.*, *Le Quart Livre*, pp. 60-61.
6. Folio, vol. II, *Pantagruel*, chap. III, pp. 67-69.

nous, de la manière la plus claire, la nature du rire rabelaisien; en même temps, se révèlent ses sources et ses traditions authentiques. En appliquant ce rire à tout le vaste univers vivant, sociohistorique (« épopée du rire »), et à l'époque de Rabelais (plus exactement, à la frontière entre deux époques), on peut découvrir ses perspectives et sa fécondité historique future.

Chez Rabelais, non seulement « la mort joyeuse » coïncide avec le prix élevé accordé à la vie, avec l'exigence de lutter jusqu'au bout pour la conserver, mais elle se présente comme l'expression même de ce haut prix et des forces vives qui éternellement triomphent de toute mort. L'image rabelaisienne de la « mort joyeuse » n'a rien de décadent, nulle aspiration à mourir, nul romantisme de la mort. Le thème de la mort (nous l'avons dit) n'est ni mis en évidence, ni souligné; quand il l'élabore, franchement, lucidement, Rabelais attache une importance énorme à l'aspect anatomique et physiologique de la mort. Chez lui, le rire n'est nullement juxtaposé à l'horreur de la mort : cette horreur n'existe pas et donc, il n'y a aucun contraste violent.

La mort voisine directement avec le rire, le manger, le boire, la licence et le sexe dans les œuvres d'autres représentants de la Renaissance : Boccace (tant dans l'ensemble d'une seule nouvelle, que dans le matériau de nouvelles diverses); Pulci (image des morts et du paradis pendant la bataille de Roncevaux : « Margutto », préfiguration de Panurge, y meurt de rire); Shakespeare (scènes de Falstaff, les facétieux fossoyeurs de *Hamlet*, le portier jovial et ivre de *Macbeth*). Les similitudes s'expliquent par l'unité de l'époque et la communauté des sources et traditions, les divergences, par l'ampleur et la plénitude de l'élaboration des « voisinages ».

Dans l'évolution de l'histoire littéraire, ces contiguïtés renaissent vigoureusement : dans le romantisme et, plus tard, dans le symbolisme (nous sautons les étapes intermédiaires), mais leur caractère y est tout autre. Disparue l'entité de la vie triomphante qui englobe la mort et le rire, la nourriture et l'accouplement. La vie et la mort ne sont plus perçues que dans les limites d'une existence individuelle confinée (où la vie est unique et la mort, une fin irrémédiable), où en outre la vie est traitée sous son aspect intérieur, subjectif. Voilà pourquoi, dans les représentations littéraires des Romantiques et des Symbolistes, ces voisinages deviennent des contrastes aigus et statiques, et des oxymores qui ne se résolvent pas (n'étant englobés dans aucune grande entité réelle) ou bien se résolvent sur le plan mystique. Il suffit de rappeler les manifestations extérieurement les plus proches des voisinages rabelaisiens.

Il existe une nouvelle d'Edgar Poe, écrite dans le style de la Renaissance : *Le Tonneau d'amontillado*. Pendant le *carnaval*, le héros tue son rival qui est *ivre*, et porte *un costume de bouffon, avec des grelots*. Le héros le persuade de l'accompagner dans sa cave à vin (catacombes) pour apprécier la qualité d'un tonneau d'amontillado qu'il a acheté. Là, il l'emmure vivant dans une niche. Le dernier bruit qu'il entend, c'est *son rire et le tintement de ses grelots*.

Toute cette nouvelle est bâtie sur des contrastes aigus et parfaitement *statiques :* le carnaval aux lumières gaies et brillantes et les sombres catacombes, l'amusant et fantasque déguisement du rival et la mort atroce qui l'attend dans le tonneau; l'allègre tintement des grelots et l'épouvantable *agonie* de l'emmuré vivant; le meurtre atroce, traîtreusement perpétré et le ton serein, précis et sec, du personnage-narrateur. En substance, un grand ensemble (voisinage) antique et vénérable : la mort — le masque du bouffon (le rire); le vin — les joyeusetés du carnaval (*carra navalis* de Bacchus); le tombeau (les catacombes). Mais la clé d'or de cet ensemble est perdue : il y manque l'entité de la vie triomphante, embrassant toutes choses, et ne demeurent plus que des contrastes frustes, désespérants et donc sinistres. Il est vrai que par-derrière on perçoit comme une parenté oubliée, obscure, confuse, une longue suite de réminiscences d'images de l'art littéraire mondial où fusionnaient les mêmes éléments. Mais cette perception confuse, ces souvenirs, n'agissent que sur l'impression étroitement esthétique que l'on reçoit de cette nouvelle dans son ensemble.

A l'origine de la célèbre nouvelle, *Le Masque de la Mort Rouge*, se trouve un voisinage à la Boccace : la peste (mort - tombe), et la fête (joie - rires - vin - érotisme). Or, ici aussi ce voisinage devient un contraste élémentaire; il crée une atmosphère de tragédie, qui n'est nullement dans le style de Boccace. Chez ce dernier, l'entité de la vie qui englobe tout, qui avance et triomphe (naturellement, il ne s'agit pas de la vie étroitement biologique) supprime les contrastes. Chez Poe, les contrastes sont statiques, la note dominante étant portée sur la mort. Il en va de même pour la nouvelle *Le Roi Peste* (où des marins ivres festoient dans un port atteint par la peste); mais là le vin et les excès des corps sains en état d'ébriété sont vainqueurs de la peste et des spectres de la mort (toutefois, uniquement d'après *le sujet*.)

Rappelons encore les thèmes rabelaisiens chez le père du symbolisme et des décadents, Baudelaire, dans son poème *Le Mort joyeux*, qui s'achève sur une apostrophe aux vers *(Vers, noirs compagnons sans oreilles et sans yeux / Voyez venir à vous un mort libre et joyeux)*, et dans *Le Voyage (O Mort, vieux capitaine, il est temps, levons l'ancre)* ; enfin, dans son cycle des « Morts » nous observons le même phénomène de désagrégation du grand ensemble, avec ses voisinages inachevés et le transfert de la dominante sur la mort, sous l'influence de Villon et de « l'école des cauchemars et des épouvantements [1] ». Ici la mort, comme chez tous les Romantiques et Symbolistes, cesse d'être un élément de la vie, et devient à nouveau un phénomène limitrophe entre la vie ici-bas et une autre vie possible. Toute cette problématique est concentrée à l'intérieur d'une série de la vie *individuelle* et *renfermée.*

Revenons à Rabelais. Chez lui, la série de la mort a aussi un pôle positif, là où il le traite, ce thème est presque sans aucun grotesque. Nous pensons aux chapitres consacrés à la mort des héros et du Grand Pan, et à la célèbre épître du vieux Gargantua à son fils.

Prenant appui sur le matériau antique, Rabelais, dans le *Quart Livre* [2], évoque les circonstances singulières de la mort des héros de l'Histoire, dont la vie et la mort intéressèrent l'humanité. La fin d'hommes nobles et héroïques s'accompagne souvent de curieux phénomènes naturels, qui apparaissent comme la répercussion des secousses de l'Histoire : les tempêtes se déchaînent, des comètes apparaissent au ciel, on voit des étoiles filantes : « Les cieux disent tacitement, comme par notes aethérées : *Hommes mortelz, si de cestes heureuses asmes voulez chose aulcune scavoir, apprandre, entendre... touchant le bien et utilité publicque ou privée, faictes diligence de representer à elles, et d'elles response avoir. Car la fin et catastrophe de la comoedie approche. Icelle passée, en vain vous les regretterez* [3]. »

Et ailleurs : « Car comme la torche ou la chandelle tout le temps qu'elle est vivente et ardente luist ès assistans, esclaire tout autour, delecte un chascun et à chascun expose son service et clarté ne faict mal... à personne, sus l'instant qu'elle est extaincte, par sa fumée et évaporation elle infectionne l'air, elle nuit ès assistans et à un chacun deplaist... Ainsi est-il de ces asmes nobles et insignes. Tout le temps qu'elles habitent leur corps, est leur demeure pacificque, utile, delectable, honorable; sur l'heure de leur discession, communement adviennent par les isles et continens grans troublemens en l'air, tenebres,

1. Cf. des phénomènes analogues chez Novalis (érotisation de tout l'ensemble, particulièrement dans son poème sur la communion); chez Victor Hugo *(Notre-Dame de Paris)*. On perçoit des tonalités rabelaisiennes chez Rimbaud, Jean Richepin, Jules Laforgue et d'autres *(N.d.A.)*.
2. Aux chap. XXVI, XXVII et XXVIII.
3. Flammarion, *op. cit.*, *Le Quart Livre*, chap. XXVII, p. 79.

fouldres, gresles; en terre, concussions, tremblemens, estonnemens en mer, fortunal et tempeste, avecques lamentations des peuples, mutations des religions, transpors des royaulmes et eversions des republicques [1]. »

Ces extraits montrent que la mort des héros est évoquée par Rabelais sur un ton et dans un style tout à fait autres. En place du grotesque fantastique, apparaît le fantastique héroïsant, en partie dans l'esprit de l'épopée populaire mais en substance reproduisant le ton et le style propres aux modèles antiques (repris par Rabelais d'assez près), ce qui témoigne du grand prix qu'il attachait à l'héroïsme des personnages historiques. Il est frappant de voir que les phénomènes, par le truchement desquels la nature et le monde historique réagissent à la mort des héros, s'ils « contredisent aux lois de la nature », sont néanmoins parfaitement naturels (tempêtes, comètes, tremblements de terre, révolutions); ils se manifestent dans le monde d'ici-bas, où s'est déroulée l'existence et l'activité des héros. Cette résonance est épique et héroïque. La nature y participe. Ici aussi Rabelais représente la mort non pas dans la série d'une vie individuelle, close, se suffisant à elle-même, mais dans un monde historique, comme un phénomène de la vie socio-historique.

Dans la même tonalité il relate (ou, plus exactement, reprend d'après Plutarque) la mort du Grand Pan. Dans ce récit, Pantagruel interprète les événements liés à cette mort par celle du « Grand Servateur des fidèles », tout en lui donnant un contenu purement panthéiste [2].

L'objet de ces trois chapitres est de montrer l'héroïsme historique comme une empreinte substantielle et ineffaçable dans un monde, unique et réel : naturel et historique. Ces chapitres se terminent de façon inaccoutumée pour Rabelais. A la fin du discours de Pantagruel tombe un profond silence : « Peu de temps après, nous veusmes des larmes decouller de ses yeux, grosses comme œufz de austruche. Je me donne à Dieu si j'en mens d'un seul mot [3]. »

Les tons grotesques se mêlent ici aux tons graves, ce qui est très rare chez Rabelais. (Nous reviendrons à son idée de la gravité.)

La lettre de Gargantua à Pantagruel, au chapitre VIII du *Livre Second*, est significative non seulement pour la série de la mort, mais pour tout le pôle positif (ni grotesque, ni critique) de l'œuvre. A cet égard, elle est semblable à l'épisode de l'abbaye

1. *Id.*, chap. XXVI, p. 77.
2. *Id.*, chap. XXVIII, p. 81.
3. *Id.*, *Ibid.*

de Thélème, c'est pourquoi nous y reviendrons plus bas, ne nous y référant maintenant qu'en partie, à propos du thème de la mort.

Rabelais y développe le thème de la pérennité des générations, des lignées et de l'Histoire. Malgré l'orthodoxie de ses positions catholiques, inévitables dans les conditions de son temps, il les contredit en exposant sa doctrine de l'immortalité *relative*, terrestre, biologique et historique de l'homme (sans opposer biologie à Histoire, s'entend). C'est l'immortalité de la semence, du nom et des actions.

« Entre les dons, grâces et prérogatives desquelles le souverain plasmateur Dieu tout puissant, a endouayré et aorné l'humaine nature à son commencement, celle me semble singulière et excellente par laquelle elle peut en estat mortel, acquérir espèce de immortalité, et, en décours de vie transitoire, perpétuer son nom et sa semence. Ce que est faict par lignée yssue de nous en mariage légitime. » Ainsi commence la lettre de Gargantua. « Par le moyen de propagation séminale, demoure ès enfans ce que estoit perdu ès parens, et ès nepveux ce que dépérissoit ès enfans... Non doncques sans juste et équitable cause, je rends grâces à Dieu mon conservateur, de ce qu'il m'a donné pouvoir veoir mon antiquité chanue refleurir en ta jeunesse, car, quand, pour le plaisir de luy, qui tout regist et modère, mon âme laissera ceste habitation humaine, je ne me réputeray totallement mourir, ains passer d'un lieu en aultre, attendu que, toy et par toy, je demeure en mon image visible en ce monde, vivant, voyant et conversant entre gens de l'honneur et mes amys, comme je soulays [1]. »

En dépit des tournures dévotes placées au début et à la fin de presque tous les paragraphes, les pensées sur l'immortalité terrestre *relative*, exposées dans cette lettre, sont opposées intentionnellement (sous tous leurs aspects) à la doctrine chrétienne de l'âme immortelle. Rabelais n'envisage aucunement la pérennité statique de l'âme ancienne, sortie du corps caduc, dans le monde d'outre-tombe, où elle ne peut continuer à se développer sur la terre. Il voit sa personne, sa vieillesse et sa caducité refleurir en la prime jeunesse de son fils, son petit-fils, son arrière-petit-fils : sa forme terrestre lui est chère, dont les traits se conserveront dans sa postérité; en elle, il veut demeurer « en ce monde des vivants », en elle, se mouvoir parmi ses bons amis. Il s'agit très précisément de la perpétuation *sur terre* de ce qui est *terrestre*, de la conservation de toutes les valeurs terrestres de la vie : beauté physique, jeunesse florissante, amis, et — l'essentiel —

1. Folio, vol. II, *Pantagruel*, chap. VIII, pp. 125-127.

poursuite de la croissance terrestre, de l'évolution, du perfectionnement ultérieur de l'homme. Il ne lui convient point de se voir perpétué au stade où il se trouve.

Il faut souligner un trait encore : pour Gargantua (pour Rabelais) ce qui importe, ce n'est pas l'immortalité de son « moi », de son être biologique, de sa personne sans égard pour sa valeur, mais sa perpétuation, ou plus exactement, l'évolution ultérieure de ses meilleures espérances et aspirations. « Par quoy, ainsi comme en toy demeure l'image de mon corps, si pareillement ne reluysoient les meurs de l'âme, l'on ne te jugeroit estre garde et trésor de l'immortalité de nostre nom, et le plaisir que prendroys, ce voyant, serait petit, considérant que la moindre partie de moy, qui est le corps, demourerait, et la meilleure, qui est l'âme, et par laquelle demoure nostre nom en bénédiction entre les hommes, seroit dégénérante et abatardie. »

Rabelais relie l'évolution des générations à celle de la culture. Le fils continuera le père, le petit-fils, le fils, sur un plus haut degré d'évolution. Gargantua se réfère au grand bouleversement qui a eu lieu pendant sa vie : ... « La lumière et dignité a esté de mon aege rendues ès-lettres, et y voy tel amendement que, de présent, à difficulté seroys-je reçeu en la première classe des petitz grimaulx qui, en mon aege viril, estoys (non à tort) réputé le plus sçavant dudict siècle ». Un peu plus loin : « Je voy les brigans, les bourreaulx, les avanturiers, les palefreniers de maintenant, plus doctes que les docteurs et prescheurs de mon temps. [1] »

Cette évolution, qui fera que l'homme le plus savant de son siècle sera incapable de suivre la première classe de l'école primaire, Gargantua la salue pour l'avenir le plus proche. Il ne jalouse pas ses descendants, qui lui seront supérieurs seulement parce qu'ils naîtront après lui. En leur personne, en celle des autres, de la même race humaine (la sienne), il participera à cette évolution. La mort ne commence rien, et n'achève rien d'essentiel dans le monde collectif et historique de la vie humaine.

Le même éventail de problèmes (comme nous le verrons) se présente dans toute son acuité dans l'Allemagne du XVIIIe siècle : problèmes du progrès personnel, individuel, du devenir de l'homme, du perfectionnement (et de la croissance) du genre humain, de l'immortalité terrestre, de l'éducation du genre humain, du rajeunissement de la culture grâce aux jeunes esprits de la génération nouvelle. Tous ces problèmes se trouveront étroitement corrélatés. Ils aboutiront inévitablement à poser de façon plus sérieuse le problème du temps historique. Trois

1. Folio, vol. II, *Pantagruel*, chap. VIII, pp. 125, 127, 129, 131, 133.

variantes fondamentales furent proposées pour résoudre ces problèmes, (dans leur correlation) : celle de Lessing *(Éducation du genre humain) ;* celle de Herder *(Philosophie de l'histoire de l'Humanité) ;* enfin la variante particulière de Goethe (principalement dans *Wilhelm Meister*).

Toutes les séries que nous avons passées en revue permettent à Rabelais de détruire l'ancien tableau du monde, produit d'une époque moribonde, et d'en créer un nouveau, qui a en son centre l'homme total, charnel et spirituel. En anéantissant les voisinages traditionnels des choses, des phénomènes, des idées et des mots, Rabelais parvient à des voisinages nouveaux, vrais, correspondant à la « nature » et à l'interrelation de tous les phénomènes de l'univers. Pour ce faire, il cherche et rassemble les images les plus insolites du grotesque fantastique. Dans ce torrent complexe et contradictoire (*productivement* contradictoire), des images de Rabelais, se produit le rétablissement de fort anciens voisinages entre les choses, et le torrent d'images rejoint l'un des plus gros cours de la thématique littéraire. Tout au long de ce cours coule ce torrent, gonflé de représentations, motifs, sujets, nourris aux sources du folklore primitifs. Le voisinage immédiat de la nourriture, de la boisson, de la mort, du sexe, du rire (le bouffon) et de la naissance, dans l'image, le motif, le sujet, est le signe *extérieur* de ce torrent de la thématique littéraire. Tant les éléments eux-mêmes, dans l'ensemble de l'image, du motif, du sujet, que les fonctions littéraires et idéologiques de tout ce voisinage, changent radicalement, selon les divers stades de leur évolution. Derrière ce voisinage, comme derrière un signe extérieur, se dissimule avant tout une certaine forme du sentiment du temps et une certaine relation au monde de l'espace, c'est-à-dire, un certain chronotope.

Le problème de Rabelais consiste à rassembler, sur un nouveau fondement matériel, un monde qui se désagrège (comme résultat de la décomposition de la vision du monde médiéval). L'entité et le « fini » du monde médiéval (tels qu'ils vivaient encore dans l'œuvre de synthèse de Dante) étaient détruits. Détruite aussi était la conception historique médiévale (la Création, la Chute, le retour du Christ, la Rédemption, le second Avènement, le Jugement dernier), conception où le temps réel était tenu pour nul et dissous dans des catégories intemporelles.

Dans cette vision du monde, le temps n'était qu'un principe destructeur, anéantissant, non constructif. Le monde nouveau n'avait que faire de cette perception du temps. Il fallait trouver une nouvelle forme du temps et de sa nouvelle relation à l'espace, au nouvel espace terrestre (« Les cadres du vieil *orbis terrarum* étaient brisés; en somme, c'est alors seulement que l'on découvrait la terre »...) [1]. Il fallait un nouveau chronotope permettant de relier la vie réelle (l'Histoire) à la terre réelle. A l'eschatologie, il fallait opposer un temps de création fertile, un temps mesurable à l'aune de l'édification, de la croissance, non à celle de la destruction.

Les fondements de ce temps constructif avaient été ébauchés dans les images et les thèmes du folklore.

1. K. Marx et F. Engels, *Œuvres*, t. 20, p. 346 (en russe) *(N.d.A.)*.

VIII

Fondements folkloriques du chronotope rabelaisien

Les formes premières du temps productif fécond, remontent au stade agraire primitif de la société humaine. Les stades antérieurs n'avaient guère favorisé la perception discriminative du temps et de son reflet dans les formes rituelles et les images du langage. Une perception hardie et discriminative du temps ne pouvait émerger qu'à partir du labeur agraire collectif. C'est là que se forma ce sentiment du temps qui fut à l'origine de l'articulation et de l'élaboration du temps socio-familier des fêtes et des cérémonies relatées aux travaux champêtres, des saisons, des heures du jour, de la croissance des plantes et du bétail. Le temps se reflète ici dans le langage, dans les plus anciens thèmes et sujets motivés par les relations temporelles de la croissance et de la *connexion* des phénomènes d'aspect divers (*voisinages* fondés sur l'unité de temps).

Quelles sont donc les particularités marquantes de cette forme du temps ?

Il est collectif. Il se différencie, se mesure aux épisodes de la vie *collective*. Tout ce qui existe en lui, n'existe que pour la communauté. La série de l'existence individuelle ne s'est pas encore dégagée, (son temps intérieur n'existe pas encore, l'individu vit entièrement au-dehors, dans une collectivité). Son travail est collectif, ainsi que ce qu'il cultive.

C'est un temps laborieux. La vie quotidienne et la consommation sont inséparables du labeur fécond. Le temps se mesure aux épisodes d'une existence laborieuse, aux phases des travaux agricoles dans leur diversité. C'est au sein d'une lutte collective contre la nature que la conscience du temps naît de l'expérience de l'œuvre collective, qui a pour objectif la différenciation et la constitution formelle du temps.

C'est un temps de *croissance productive*, un temps de végétation, de floraison, de fécondité, de maturation, de multiplication des fruits, de regain. Son cours n'anéantit ni ne diminue la quantité des choses précieuses : il les multiplie et les accroît. Une graine semée en engendre un grand nombre, le regain recouvre toujours les unités détruites. Et ces unités ne sont ni individualisées, ni isolées : elles se perdent dans la masse croissante et multiple des vies nouvelles. La destruction, la mort, sont perçues comme des *semailles*. Après, ce seront les jeunes pousses, la moisson; elles multiplieront ce qui a été semé. La marche du temps annonce la croissance non seulement quantitative, mais qualitative : la floraison, la maturation. Pour autant que l'individualité ne s'est pas dégagée encore, la vieillesse, la décrépitude, la mort ne peuvent être que des éléments dépendant de la croissance et de l'accroissement, ingrédients indispensables à un épanouissement fécond. C'est seulement sur un plan purement individuel que peut apparaître leur côté négatif, leur caractère franchement destructeur, final. *Le temps productif* est gros de fruits, il les fait naître et recommence sa gestation.

Ce temps est tourné au maximum vers le futur : pour lui, on sème, on récolte, on s'accouple. Tous les processus du labeur tendent vers l'avenir. La consommation (tendant surtout vers le statique, le réel) n'est ni séparée du travail productif, ni juxtaposée à lui comme une jouissance individuelle. En général, il ne peut y avoir encore de différence tranchée entre le présent, le passé, le futur (différence qui supposerait au départ une *individualité* marquante comme unité de mesure). Ce temps est caractérisé par un élan en avant (du travail, du mouvement, de l'action...).

Ce temps est profondément *spatial et concret ;* séparé ni de la terre, ni de la nature, il est entièrement extériorisé, comme toute la vie humaine. L'existence agraire des hommes et la vie de la nature (de la *terre*) se mesurent à la même aune, aux mêmes épisodes, ont les mêmes intervalles inséparables les uns des autres, révélés dans l'acte unique (et indivisible) du travail et de la conscience. La vie humaine et la nature sont perçues dans les mêmes catégories. Les saisons, les âges, les nuits, les jours (avec leurs subdivisions), l'accouplement (le mariage), la grossesse, la maturité, la vieillesse, la mort, sont des catégories-images qui toutes, et de la même manière, servent de représentation thématique à la vie humaine et à la vie de la nature (dans son aspect agraire). Toutes ces représentations sont profondément spatio-temporelles. Le temps, ici, plonge dans la terre; semé, il y mûrit. Dans son cours se rejoignent la main laborieuse de l'homme et de la terre. Ce cours, on peut le créer, le sentir, le respirer (les senteurs diverses de la germination et de la maturation), et même *le voir*. Il est régulier, irréversible (dans les limites de son cycle), et réaliste.

Ce temps est *totalement un*. Cette unité totale se révélera sur le fond des perceptions ultérieures du temps dans la littérature (et dans l'idéologie en général), quand le temps des événements personnels, intimes, familiaux s'individualisera et se détachera du temps de la vie historique collective de l'ensemble social, quand apparaîtront toutes sortes d'échelles de valeur pour évaluer *les épisodes de la vie privée et ceux de l'Histoire* (qui se trouveront sur des plans différents). Bien qu'*abstrait* le temps demeure *un*, mais *par rapport au sujet* il se dédouble. Les sujets de la vie privée ne peuvent se propager, se transférer sur la vie d'une entité sociale (État, nation). Les sujets (événements) historiques deviennent quelque chose de spécifiquement distinct de ceux de la vie privée (amour, mariage). Ils ne s'entrecroisent plus qu'en certains points précis (guerre, mariage royal, crime), mais s'éloignent ensuite de ces points en diverses directions. (Voir le contenu *double* des romans historiques : événements de l'Histoire et vie d'un « personnage historique », en tant que personne privée.) La plupart des thèmes créés dans le temps unique du folklore primitif sont entrés dans l'ensemble des thèmes de la vie privée, après avoir subi, naturellement, une réinterprétation, des réajustements et des transferts substantiels. Ils ont toutefois conservé ici leur aspect réel, même s'il est abâtardi. Ces thèmes ne pouvaient entrer dans des sujets historiques que partiellement et même totalement sublimés et symboliques. A l'époque où se développe le capitalisme, la vie sociale et nationale devient abstraite et quasiment vide de thèmes.

Sur le fond de ce dualisme ultérieur du temps et du thème, l'unité absolue du temps folklorique devient compréhensible : les séries de la vie individuelle ne se sont pas encore dessinées; les affaires privées, les épisodes des existences personnelles n'existent pas. La vie est *une*, et tout entière « historique » (en appliquant ici une catégorie tardive); le manger et le boire, l'accouplement, la naissance et la mort, ne font pas alors partie des formes de la vie privée. C'est l'affaire de tous, elle est « historique », indissolublement liée au travail collectif, à la lutte contre la nature, à la guerre, commentée et représentée dans les mêmes catégories, les mêmes images.

Ce temps intègre tout dans son cours. Il ne connaît aucune base immobile et stable. Toutes choses : soleil, lune, terre, mer, etc., sont données à l'homme non comme objets de contemplation individuelle (« poétique ») ou de méditation désintéressée, mais uniquement dans le processus collectif du labeur et du combat avec les forces naturelles; l'homme ne les rencontre que là, et au travers de ce seul prisme, il en a la conscience et la connaissance, (connaissance plus réaliste, plus objective et plus profonde que par le biais d'une vaine contemplation poétique). Voilà pourquoi tous les objets sont intégrés comme participants vivants dans le mouvement de la vie. Ils prennent part au sujet et ne sont pas juxtaposés à l'action, comme s'ils lui servaient de fond. Postérieurement, aux époques déjà littéraires d'évolution des personnages et des sujets, tout le matériau se divise entre événements narratifs et fond : un paysage naturel, les immuables principes de l'ordre socio-politique, ou moral, et ainsi de suite. Peu importe que le fond soit considéré comme à jamais immuable et inaltérable, ou seulement relaté à la dynamique du récit. L'emprise du temps et par conséquent la thématique seront toujours limitées au cours de l'évolution ultérieure de la littérature.

On peut qualifier toutes ces particularités du temps folklorique de valeurs positives. Mais la dernière particularité que nous retiendrons, c'est son *caractère cyclique*, particularité négative, limitant sa force et sa productivité idéologique. Le sceau du *cycle*, de la *répétition cyclique*, est posé sur tous les événements à l'intérieur de ce temps, dont la marche en avant est ainsi réfrénée. Aussi, la croissance ne devient pas ici une véritable évolution.

Telles sont les principales singularités de la perception du temps, élaborées au stade primitif agraire du développement de la société humaine. Bien entendu, nous donnons ces caractéristiques à partir de notre propre perception du temps. Nous ne tenons pas ce temps pour un fait de la conscience de l'homme primitif, mais le présentons à partir d'un matériau objectif, comme un temps qui se révèle dans les motifs antiques correspondants, détermine leur transformation en thèmes, et définit la logique du déploiement des images dans le folklore. Le temps folklorique rend possible et compréhensible ce voisinage des choses et des phénomènes, d'où nous sommes partis et auquel nous reviendrons. C'est lui, également, qui a défini la logique spécifique des cérémonies et fêtes rituelles. Les hommes vivaient et œuvraient selon ce temps-là, mais ne pouvaient, de toute évidence, le concevoir et le dégager selon une connaissance abstraite.

On comprend très bien que dans ce temps folklorique, le voisinage des choses et des phénomènes devait présenter un caractère tout à fait particulier, nettement distinct de celui des voisinages de la littérature postérieure, et en général de la mentalité idéologique d'une société de classe. Étant donné que les séries de l'existence individuelle n'étaient pas dégagées encore, étant donné l'unité absolue du temps sous l'aspect de la croissance et de la fécondité, des manifestations telles que la copulation et la mort (ensemencement, conception), la tombe et le ventre fécondé, le manger et le boire (les fruits de la terre) à côté de la mort et de l'accouplement, et ainsi de suite, devaient se trouver dans une contiguïté immédiate. A cette série se mêlent les phases du soleil qui participe avec la terre à la croissance et la fécondité (succession des jours et des nuits, saisons). Tous ces phénomènes, immergés dans un événement unique, caractérisent les divers côtés d'une seule et même entité : la croissance, la fécondité, la vie, signifiée par elles. Redisons-le : la vie de l'homme et celle de la nature sont confondues dans cet ensemble. Le soleil est dans la terre, dans ce qu'on consomme; on l'absorbe, on le boit. Les épisodes de la vie humaine sont tout aussi grandioses que ceux de la nature (pour eux on use des mêmes termes, des mêmes tons, nullement métaphoriques). De plus, tous les membres de ces voisinages (tous les éléments du complexe) *ont valeur égale.* La nourriture et la boisson sont aussi signifiants que la mort, l'enfantement, les phases solaires. Un seul grand événement de la vie (des humains et de la nature) se dévoile sous ses divers côtés et aspects, tous sont aussi indispensables et significatifs les uns que les autres.

Soulignons une fois de plus que l'homme primitif connaissait ces voisinages non par la réflexion ou de la contemplation abstraites, mais par la vie elle-même, par le travail collectif parmi la nature, par la jouissance commune des fruits de son labeur, par l'usage et le souci communs de la croissance et de la rénovation de l'entité sociale.

Il serait erroné de croire que l'un quelconque des éléments de ce voisinage ait primé sur un autre, et on se tromperait fort en donnant la primauté à l'élément sexuel. Celui-ci, en tant que tel, ne s'était point imposé encore, et ce qui lui était propre (l'accouplement humain) était perçu à l'égal de tous les autres éléments voisins. Il ne s'agissait que des différents côtés d'un seul et même événement, identiques les uns aux autres.

Nous avons abordé le voisinage sous son aspect simpliste, dans ses grandes lignes fondamentales. Mais s'y intégraient une énorme quantité d'éléments de plus en plus nouveaux, qui compliquaient les sujets et déterminaient la grande variété des combinaisons thématiques. Tout le monde accessible, à mesure qu'il s'amplifiait, était impliqué dans ce complexe, interprété en lui et par lui (efficacement, pratiquement).

A mesure que le corps social se subdivise en classes, ce

complexe antique subit d'importantes modifications. Les motifs et les sujets correspondants sont réinterprétés. Graduellement, les sphères idéologiques se différencient. Le culte se sépare des travaux agricoles; la sphère de la consommation se dégage aussi et, jusqu'à un certain point, s'individualise. Les éléments du complexe se désintègrent et se modifient intérieurement. D'une part, la nourriture et la boisson, l'acte sexuel et la mort, passent dans la vie quotidienne déjà individualisée, d'autre part, ils deviennent un *rite*, prennent ici un sens *magique* (un sens généralement spécifiquement cultuel, rituel). Rite et vie courante sont étroitement liés, mais entre eux existe déjà une frontière intérieure : le pain rituel n'est plus le pain réel, quotidien, la nourriture de chaque jour. Cette frontière devient de plus en plus nette et précise. Les reflets idéologiques (le mot, la représentation) acquièrent une puissance magique. Une chose isolée remplace le tout : d'où la fonction vicaire du sacrifice (le fruit offert est comme le substitut de toute la récolte, l'animal, celui de tout le troupeau).

A ce stade de séparation (progressive) entre la production, le rite et la vie courante, prennent forme des manifestations telles que les *obscénités rituelles* et, par la suite, *le rire, la parodie, la bouffonnerie rituels*. C'est toujours le complexe croissance-fécondité, au nouveau stade de l'évolution sociale et donc dans une interprétation nouvelle. Les éléments des *voisinages* (amplifiés à partir de leur base antique) demeurent solidement contigus les uns aux autres, mais interprétés de façon rituelle et magique. Ils s'isolent de la production collective d'une part, de la vie individuelle de l'autre, tout en s'y mêlant. A ce stade (ou plus exactement, vers sa fin), le voisinage antique apparaît, avec tous ses détails, dans les Saturnales romaines, où l'esclave et le bouffon deviennent les substituts (dans la mort) du roi et du dieu, où apparaissent les formes de la parodie rituelle, où les « passions » se mêlent au rire et à la joie. Il existe des manifestations analogues : les obscénités proférées au cours d'un mariage, la ridiculisation du marié, les moqueries rituelles des soldats romains à l'adresse du triomphateur entrant dans Rome; c'est la logique de la victime vicaire chargée de détourner le vrai déshonneur par un déshonneur fictif. (Par la suite on y verra une garantie contre un destin jaloux.) Dans toutes ces manifestations, le rire (dans ses diverses expressions) est solidement soudé à la mort, au sexe, et aussi à la sphère des aliments, de la boisson. Nous trouvons dans la structure des comédies d'Aristophane cette même conjonction du rire et des repas rituels, des obscénités et de la mort. (Cf. ce complexe dans l'*Alcmène*, d'Euripide, au plan thématique.) Dans les manifestations précitées, le voisinage antique tel que nous l'analysons, se présente déjà sur un plan purement littéraire.

A mesure que se poursuit l'évolution de la société de classe, et que les sphères idéologiques se différencient de façon plus nette, s'approfondit la désintégration (le dédoublement) interne de chacun des éléments du voisinage : nourriture, boisson, rapports sexuels, sous leur aspect véritable, sont absorbés par la vie privée, deviennent avant tout *une affaire personnelle et familière*, prennent l'aspect d'un quotidien étriqué, deviennent de petites réalités, communément tenues pour « grossières ». D'autre part, dans le culte religieux (et, en partie, dans les grands genres littéraires, ou dans d'autres idéologies) ces éléments sont sublimés à l'extrême, tel l'acte sexuel (parfois sublimé et travesti jusqu'à n'être plus identifiable), ils prennent un caractère abstracto-symbolique. Il en va de même ici pour les liens entre les éléments des voisinages. C'est comme s'ils refusaient toute relation avec la réalité grossière du quotidien.

Les grandes réalités de valeur égale, de l'antique complexe primitif, se détachent les unes des autres, subissent une scission interne et une réinterprétation hiérarchique radicale. Dans les idéologies comme dans la littérature, les divers éléments des voisinages se ramifient selon des plans différents (nobles ou vils), selon différents genres, styles et tons. Ils ne se retrouveront plus dans un même contexte, ne figureront plus côte à côte, car l'entité qui les englobait n'est plus. L'idéologie reflète ce qui a déjà été déchiré et désuni dans la vie. Tel élément du complexe, comme le sexe (la copulation, les organes sexuels, les excréments, comme relatés aux organes) est quasiment banni des genres et des discours officiels, des groupes sociaux prédominants. Par son côté réaliste et direct, la sexualité, sous l'aspect sublimé de l'*amour*, s'insère dans les genres nobles et y forme de nouveaux voisinages, de nouveaux liens; elle pénètre dans les genres moyens sous forme de la vie ordinaire des citoyens : mariage, naissance, et y connaît également des voisinages nouveaux et stables. La sphère du boire et du manger est vouée à une existence semi-officielle; sous son aspect véritable, usuel, elle subsiste en gros dans les genres moyens et bas, comme accessoire secondaire de la vie et des mœurs privées. Dans la série de la vie individuelle, la mort prend elle aussi des aspects variés, une place particulière dans les grands genres (littéraires ou idéologiques) et une place différente dans les genres moyens (touchant aux mœurs, entièrement ou en partie). La mort forme plusieurs nouveaux voisinages; son lien avec le rire, le sexe, la parodie est rompu. Tous les éléments du complexe, en trouvant d'autres voisinages perdent toute relation avec le travail collectif, si bien que leurs tons et leur mode stylistique se diversifient. Pour autant qu'entre eux certains liens demeurent, comme entre les phénomènes de la nature, ces liens revêtent, dans la plupart des cas, un caractère métaphorique.

Bien entendu, ceci n'est qu'une vue simpliste et sommaire de ce que sont devenus les divers éléments du complexe antique dans une société de classe. Seule nous intéresse *la forme du temps*, comme base de la vie ultérieure des thèmes (et des voisinages thématiques). La forme folklorique du temps étudiée plus haut a subi des changements majeurs. Nous nous y arrêterons.

L'important, c'est que tous les membres du voisinage antique ont perdu la connexion réelle qu'ils avaient au sein du temps unique de la vie collective. Naturellement, dans la pensée abstraite comme dans les systèmes concrets de la chronologie (quels qu'ils soient), le temps conserve toujours son unité abstraite. Mais dans les limites de cette unité établie par le calendrier, le temps concret de la vie humaine s'est scindé. Les séries de la vie et de la destinée individuelles se sont dégagées du temps collectif de la vie communautaire. Au début, elles ne sont pas encore séparées de façon nette de l'ensemble social, et ne s'en détachent que comme un bas-relief plat. La société elle-même se subdivise en groupes et sous-groupes, selon des classes et au-dedans d'elles, auxquels sont reliées directement les séries de la vie individuelle, avec lesquelles ils résistent à une intégration. Par exemple, aux premiers stades de la société esclavagiste ou dans la société féodale, les séries de la vie individuelle se mêlent assez étroitement à la vie communautaire du groupe social qui leur est le plus apparenté, mais déjà s'en détachent. Les existences individuelles, la vie des groupes et l'ensemble socio-national ne se confondent plus, bifurquent, se chevauchent, se mesurent selon différentes échelles de valeurs; toutes ces séries ont leur développement logique, leurs sujets propres, elles utilisent et réinterprètent à leur manière des motifs antiques. A l'intérieur de la série individuelle se dévoile l'*aspect intérieur du temps*. Le processus de détachement de ces séries de la vie individuelle, leur scission avec l'entité du complexe antique, atteint son point culminant lors du développement des interrelations monétaires dans les sociétés esclavagistes et capitalistes. La série individuelle acquiert ici un caractère spécifiquement privé; le général acquiert son maximum d'abstraction.

Les motifs antiques, passés dans les sujets des séries, connaissent une dégénérescence spécifique. La nourriture, la boisson, la sexualité perdent leur « pathos » antique (leur lien, leur fusion avec la vie laborieuse d'une entité sociale), deviennent une « petite affaire » privée, paraissent, dans les limites de la vie personnelle, se vider de toute leur signification. Leurs relations réelles avec la nature s'affaiblissent ou se brisent, car détachées de l'existence productive et de la lutte collective d'un ensemble social contre les éléments naturels. Isolés, appauvris, diminués, ces éléments apparaissent sous leur aspect véritable. Pour sauvegarder leur importance pour le sujet, ils doivent être sublimés d'une façon ou d'une autre, élargir métaphoriquement leur sens (au détriment des liens réels d'antan), s'enrichir pour le compte de brumeuses « réminiscences », enfin acquérir une signification pour le compte de l'*aspect intérieur de l'existence*. Tel est, par exemple, le thème du vin dans la poésie d'Anacréon (dans son sens le plus large), celui de la nourriture dans les poèmes « gastronomiques » antiques (malgré leur côté pratique, parfois franchement culinaire, la nourriture y figure sous un aspect non seulement esthétique et gastronomique, mais aussi sublimé, avec de vagues souvenirs antiques et l'amplification des métaphores). Le thème central et fondamental dans un sujet tiré de la série de l'existence individuelle, c'est *l'amour*, c'est-à-dire l'aspect sublimé de l'acte sexuel et de la fécondation. Ce thème offre à la sublimation un maximum de possibilités dans toutes les directions : extension de la métaphore dans toutes les directions (elle trouve son terrain le plus favorable dans le langage), enrichissement grâce aux réminiscences, élaboration, enfin, de l'aspect intérieur, subjectif et psychologique. Mais le thème de l'amour ne pouvait conquérir sa place centrale que grâce à son rôle véritable, réel, dans l'existence individuelle, grâce à sa relation au mariage, à la famille, à l'enfantement, enfin grâce aux liens solides qui, passant par le mariage, la naissance, etc., rattachent cette série à d'autres séries d'existences individuelles, simultanées ou successives (enfants, petits-enfants) et au groupe social le plus contigu (par l'intermédiaire de la famille, du mariage). Évidemment, la littérature des différentes époques, des divers groupes sociaux, genres ou styles, aura recours à divers aspects de l'amour, tant réels que sublimés, et les traitera de manière variée.

Dans la série confinée de la vie individuelle, le motif de la mort subit une transformation profonde. Il y acquiert le sens d'une fin absolue. Et plus cette série est fermée, plus elle est détachée de la vie sociale collective, plus ce sens est fort et absolu. Les liens sont rompus entre la mort et la fécondité (semailles, ventre maternel, soleil), la naissance d'une nouvelle vie, le rire rituel, la parodie, la bouffonnerie. Quelques-uns de ces liens, de ces antiques voisinages avec la mort demeurent, corroborés par le motif de la mort (mort - moissonneur ; moisson - couchant ; nuit - tombe, berceau, etc.), mais tous portent un *caractère métaphorique ou mystico-religieux*. (Toujours au plan de la métaphore, se présentent les voisinages suivants : mort -

noces - époux - couche nuptiale - lit de mort - mort - naissance, etc.) Toutefois, tant au sens métaphorique qu'au sens mystico-religieux, le motif de la mort est traité dans la série de l'existence individuelle et sous l'aspect intérieur de l'homme destiné à mourir (alors il a pour fonction la « consolation », la « résignation », la « compassion ») et n'a donc pas l'aspect extérieur d'une collectivité laborieuse (où la liaison mort-soleil, vie nouvelle-berceau, etc., était *authentique et réelle*). Dans une conscience individuelle confinée, la mort, relatée à soi-même, n'est qu'une fin, sans liens réels et féconds. La naissance d'une vie nouvelle et la mort sont distribuées entre diverses séries de la vie individuelle, close, la mort terminant une existence, la naissance en commençant une autre. La mort individualisée n'est pas compensée par des vies neuves, absorbée par une croissance triomphante, car elle est retirée de l'ensemble où cette croissance trouve son accomplissement.

Parallèlement aux séries individuelles, au-dessus mais *en dehors* d'elles, se constitue la série du temps historique, où coule la vie des nations, des États, de l'humanité. Quelles que soient les conceptions générales, idéologiques et littéraires, ou les formes concrètes de perception de ce temps et de ses événements, il ne se confond point avec les séries individuelles et se mesure à d'autres échelles de valeur ; d'autres événements s'y déroulent ; on ne peut l'appréhender de l'intérieur. Quelle que soit la façon d'imaginer et de représenter son emprise sur la vie individuelle, ses événements sont, en tout état de cause, différents de ceux de la vie individuelle comme aussi ses sujets. Pour l'analyse du roman, ce problème se rattache à celui du roman historique. Pendant très longtemps la guerre fut le sujet central, et quasiment unique, des récits purement historiques.

Ce thème proprement historique (auquel s'ajoutaient les motifs des conquêtes, crimes politiques, élimination des prétendants, révolutions dynastiques, chute des empires, fondation de nouveaux États, procès, exécutions, etc.) se mêle sans s'y fondre aux sujets de la vie privée des personnages historiques (avec, pour motif central, l'amour). Le roman historique des temps modernes eut pour problème principal le dépassement de ce dualisme : on chercha à découvrir l'aspect historique de la vie privée, à montrer l'Histoire « de façon familière » (comme disait Pouchkine).

Lorsque se désagrégea la totale unité du temps, lorsque s'en dégagèrent les séries de la vie individuelle dans lesquelles les grandes réalités de la vie communautaire devenaient de petites affaires privées, lorsque le travail et la lutte contre la nature, collectivement menés, cessèrent d'être l'unique point de rencontre entre l'homme, la nature et l'univers, alors la nature cessa à son tour de participer activement aux événements de l'existence : elle devint, avant tout, « le lieu de l'action » et son arrière-plan, elle se mua en paysage, se fractionna en métaphores et comparaisons servant à sublimer les activités et les émotions privées, sans aucun lien réel, essentiel, avec la nature.

Mais dans le trésor de la langue, et dans diverses formes du folklore, persista l'unité totale du temps et une attitude commune et laborieuse à l'égard du monde et de ses phénomènes. Là se conserva le principe réel des *voisinages* antiques, la véritable logique de l'enchaînement initial des images et des thèmes.

Or, dans la littérature aussi, là où elle subit l'influence la plus profonde, la plus substantielle du folklore, nous rencontrons des empreintes plus authentiques, plus idéologiquement profondes de ces voisinages antiques et des tentatives pour les rétablir sur la base de l'unité du temps folklorique. Nous discernons dans la littérature quelques types principaux de ces recherches.

Nous ne nous arrêterons pas au problème complexe de l'épopée classique. Notons seulement que c'est là, à partir de l'unité totale du temps folklorique qu'on est parvenu à une pénétration dans le temps historique, unique en son genre, profonde, mais locale et limitée. Dans le temps épique, les séries des vies individuelles figurent comme des bas-reliefs sur le fond puissant, universel, de la vie communautaire. Les individus sont les représentants de l'entité sociale. Les événements de leur existence coïncident avec ceux de l'ensemble de la société, et leur signification est la même sur le plan personnel que sur le plan social. L'aspect extérieur et intérieur se confondent. L'homme est entièrement extériorisé. Il n'y a ni petites affaires privées, ni vie ordinaire : toutes choses - nourriture, boisson, ustensiles de ménage, comptent autant que les grands événements. Tout est semblable, tout est significatif. Il n'y a ni paysage, ni fond inanimés. Tout agit, tout participe à la vie *une* de l'ensemble. Enfin, métaphores et comparaisons et, en général, les tropes du style homérique, n'ont pas perdu complètement leur signification directe, ne sont pas encore considérés comme objets de sublimation. Une image choisie pour être comparée à une autre, vaut autant qu'elle, possède sens et réalité en elle-même, aussi la comparaison devient-elle quasiment un épisode intercalé, une digression (cf. chez Homère les comparaisons, largement déployées). Le temps folklorique subsiste ici dans des conditions sociales proches de celles qui l'ont engendré. Ses fonctions sont directes, et il n'apparaît pas encore sur le fond d'un temps désintégré, différent.

Pourtant, le temps épique, lui-même, *dans sa totalité*, c'est un « passé absolu », le temps des ancêtres et des héros, séparé par une frontière infranchissable du temps réel, *contemporain* (des créateurs, des exécutants et des auditeurs des chants épiques).

Chez Aristophane, les éléments du complexe antique revêtent un autre caractère. Ils déterminent la base formelle, les fondations mêmes de la comédie. Le rite du manger, du boire, les obscénités rituelles (cultuelles), la parodie et le rire rituels évoquant la mort et la vie nouvelle, sont facilement discernables dans le principe de la comédie en tant qu'acte religieux réinterprété sur un plan littéraire.

Sur ce fondement, toutes les manifestations des mœurs et de la vie privée sont entièrement transformées dans la comédie d'Aristophane. Elles perdent leur caractère privé ordinaire, prennent une signification humaine, malgré leur revêtement comique. Leurs proportions croissent de façon fantastique; il se crée une sorte d'héroïsation du comique, ou, plus exactement, un *mythe comique*. Dans les représentations d'Aristophane, une énorme entité socio-politique de caractère symbolique s'allie à des traits comiquement familiers et intimes; mais soudés à leur base symbolique, éclairés par le rire rituel, ces traits perdent leur caractère borné de la vie commune individuelle. Dans ces personnages d'Aristophane, au plan de la création individuelle, sous un aspect condensé et précis (comme la philogénèse dans l'ontogenèse) apparaît l'évolution du masque antique sacré, depuis son sens primitif, purement religieux, jusqu'aux types de la comédie de mœurs, de la *Commedia dell'arte* (un « Docteur Bolonais », par exemple, ou un « Pantalon »). Nous percevons très nettement chez Aristophane la base religieuse du personnage comique, nous voyons comment se superposent sur lui les couleurs du quotidien, si transparentes encore, que leur base ancienne perce au travers, et les change. Ce personnage répond aisément à une actualité brûlante, politique ou philosophique (une vision du monde), mais n'en devient pas pour autant éphémère et passager. Le quotidien ainsi transfiguré ne peut ni donner lieu au fantastique, ni atténuer la problématique et l'idéologie profondes des personnages.

On peut affirmer que chez Aristophane, sur l'image de la mort (sens initial du masque comique rituel) se superposent (sans la recouvrir entièrement) les traits typiques et individuels des mœurs courantes, voués à être « tués par le rire ». Mais cette « fin joyeuse » s'entoure de victuailles, de boissons, d'obscénités et de symboles de la conception et de la fécondité.

C'est pourquoi l'influence d'Aristophane sur l'évolution postérieure de la comédie, orientée principalement sur les mœurs et coutumes, fut insignifiante et superficielle. En revanche, la farce parodique du Moyen Age révèle sa *parenté* avec lui (en suivant la ligne du folklore primitif). Dans le même sens, lui sont profondément apparentées les scènes comiques et bouffonnes de la tragédie élisabéthaine, avant tout chez Shakespeare (le caractère de son rire, son voisinage avec la mort et le tragique, les obscénités rituelles, les voisinages avec le boire et le manger...).

Dans l'œuvre de Rabelais, l'influence directe d'Aristophane s'associe à une profonde affinité interne (dans la ligne du folklore primitif). Nous trouvons là (à un stade d'évolution différent), le même caractère comique, le même grotesque fantastique, la même métamorphose du privé, du quotidien, la même héroïsation du comique et du facétieux, le même genre d'obscénités sexuelles, les mêmes voisinages avec le manger et le boire.

Lucien, qui exerça également une influence importante sur Rabelais, montre un tout autre type de relation au complexe folklorique. La sphère privée, coutumière, qui a annexé la nourriture, la boisson, la sexualité, est traitée par lui dans sa spécificité, en tant que mœurs privées inférieures. Il a besoin de cette sphère comme d'un *envers* pour mettre en accusation les nobles plans de l'idéologie devenus inopérants et mensongers. Les mythes contiennent des éléments tant « érotiques » que « coutumiers », mais ils le sont devenus par la suite, lorsque la vie privée s'est dégagée, que le domaine sexuel s'est individualisé et que ces sphères ont acquis la nuance particulière des choses viles et inavouables. Dans les mythes proprement dits, ces éléments étaient signifiants et équivalents. Or, les mythes sont morts, comme les conditions qui les ont créés (leur ont donné vie), mais continuent à subsister, sous une forme nécrosée, dans les genres ampoulés et inertes de l'idéologie sublime. Il est indispensable de porter aux mythes comme aux dieux un coup fatal, qui les oblige à « mourir comiquement ». Cette mort des dieux, comique, définitive, s'accomplit dans l'œuvre de Lucien. Il choisit les éléments du mythe correspondant à la sphère tardive des mœurs privées et de l'érotisme, les développe et les détaille amplement dans un esprit volontairement bas et « physiologique », il ramène les dieux au domaine des mœurs comiques et de l'érotisme. Ainsi traite-t-il exprès les éléments du complexe antique sous leur aspect contemporain, acquis dans les conditions de la désagrégation de la société antique, sous l'influence des interrelations monétaires accrues, dans un climat presque diamétralement opposé à celui où se constituèrent les mythes. Il démontre leur inadéquation absurde à la réalité de son temps. Mais si Lucien l'accepte comme inévitable, il ne la justifie nullement. (Cf. Cervantès et sa solution de l'antithèse.)

L'influence de Lucien sur Rabelais ne se manifeste pas seulement dans l'élaboration de certains épisodes (par exemple, le séjour d'Épistémon dans le royaume des morts), mais aussi dans sa façon de détruire parodiquement les hautes sphères idéologiques en les introduisant dans les séries de la vie matérielle. Toutefois, ces séries ne sont pas considérées par Rabelais sous l'aspect privé de la vie quotidienne, comme il en va chez Lucien, mais dans leur signification humaine, dans le temps folklorique, donc, plutôt à la manière d'Aristophane.

Le *Satiricon*, de Pétrone, offre un type à part, et complexe. Dans ce roman, le manger, le boire, les obscénités, le sexe, la mort, le rire, se situent surtout au plan des mœurs, principalement celles des bas niveaux de l'Empire romain. Il est saturé de réminiscences et de vestiges folkloriques, surtout dans la partie qui relate des aventures et en dépit de toute son extrême licence, de sa grossièreté, de son cynisme, il exhale encore le parfum des rites, de la fécondité, du cynisme sacré des épousailles, des masques de mort parodiques et bouffons, de la débauche rituelle au cours des funérailles et des repas d'enterrement. Dans la célèbre nouvelle intercalée dans le *Satiricon : La Matrone d'Éphèse*, se retrouvent tous les éléments du complexe antique, rassemblés dans un sujet véritable, superbe et condensé. Le cercueil de l'époux dans le caveau; la jeune veuve inconsolable, prête à mourir de chagrin et de faim sur la bière; le jeune et joyeux légionnaire qui, dans les parages, surveille les croix des brigands crucifiés; la sombre et ascétique résolution et le désir de mort de la jeune veuve, vaincus par l'amour du légionnaire; le manger et le boire (la viande et le vin) près de la tombe de l'époux, l'accouplement de la veuve et du légionnaire, sur place, dans le caveau, près du cercueil (conception d'une vie nouvelle immédiatement contiguë à la mort); le cadavre d'un brigand volé sur sa croix pendant les ébats amoureux; la mort promise au légionnaire comme salaire de l'amour; la crucifixion, sur la prière de la veuve, du cadavre du mari à la place du brigand enlevé; l'avant-dernier accord : mieux vaut (selon la veuve) un mort crucifié que la mort d'un vivant; le final comique : la stupéfaction des passants voyant un défunt monté tout seul sur la croix! (Le rire sert de conclusion). Tels sont les thèmes de cette nouvelle, réunis dans une fable parfaitement *réaliste*, dont tous les éléments sont indispensables, c'est-à-dire nullement factices.

Nous avons ici tous les maillons (sans exception) de la série classique : cercueil - jeunesse - boire - manger - mort - accouplement, conception d'une vie nouvelle - rire. Ce très court récit est une suite continue de triomphes de la vie sur la mort La vie gagne par quatre fois : les joies de la vie (le boire, le manger, la jeunesse, l'amour) triomphent sur le sombre désespoir et le désir de mourir; la nourriture et la boisson régénèrent la veuve près du corps du défunt; une vie nouvelle est conçue à côté d'un cercueil (accouplement); le légionnaire est sauvé de la mort grâce au cadavre crucifié. Dans cette série s'intègrent des thèmes complémentaires : le vol - la disparition du cadavre — thème classique (point de cadavre, point de mort : indices d'une résurrection ici-bas); le thème de la résurrection, exprimé sans équivoque : la veuve sort de son impénétrable détresse, de la nuit du tombeau, pour connaître une vie nouvelle et l'amour; enfin la fausse résurrection du défunt : aspect comique de la mort.

Soyons attentifs à l'exceptionnelle *concision*, et donc à *l'aspect serré* de toute cette série de thèmes. Les éléments du complexe antique sont traités dans un voisinage étroit et direct. Adhérant les uns aux autres jusqu'à se dissimuler presque mutuellement, ils ne sont séparés par aucune traverse, aucun détour du récit, par nul écart, nulle digression lyrique, ni par des sublimations métaphoriques qui détruiraient l'unicité d'une exposition sobre et réaliste.

Nous saisirons de façon parfaitement claire ces singularités du traitement du complexe antique par Pétrone, si nous nous souvenons que tous ses éléments, avec tous leurs détails, mais sous une forme sublimée et mystique, figuraient à cette époque dans les rites des mystères hellénistico-orientaux et, partiellement, dans le culte chrétien : vin et pain sur l'autel-cercueil, symboles du corps mystique du Crucifié mort et ressuscité, communion par le pain et le vin à la vie nouvelle et à la Résurrection. Ici, les éléments du complexe ne sont pas donnés sous leur aspect réel, mais sublimés; ils sont liés entre eux non par un thème réel, mais par des liens et corrélations mystico-symboliques; et la victoire de la vie sur la mort (la Résurrection) s'accomplit au plan mystique, et non réaliste et terrestre. De surcroît, le rire est absent, et l'accouplement — sublimé — est à peine décelable.

Chez Pétrone, tous ces éléments sont conjugués dans une péripétie réaliste de la vie et des mœurs d'une province de l'Empire romain. Le récit ne contient pas le moindre trait mystique ou même simplement symbolique, aucun n'est évoqué même dans l'ordre de la métaphore : tout se passe totalement au plan de la réalité. C'est de façon réelle, grâce à la viande et au vin, au contact du corps jeune et vigoureux du légionnaire, que la jeune veuve s'éveille à une vie nouvelle. C'est de façon réelle que, dans l'acte de chair la vie nouvellement conçue l'emporte sur la mort. C'est de façon parfaitement réelle que s'accomplit la prétendue résurrection du défunt qui s'est « crucifié tout seul », et ainsi de suite. Il n'y a ici pas la moindre sublimation.

Or le récit lui-même tire sa réalité singulière et profonde de ces grandes réalités de la vie humaine qu'il englobe et met en mouvement. Ici se reflète, sur une petite échelle, un événement immense — immense par la signification des éléments qui le constituent et par leurs interrelations, qui dépassent de loin les bornes du domaine de la vie réelle où ils se reflètent. Cette structure d'une représentation réaliste d'un type particulier ne peut émerger qu'à partir d'une exploitation du folklore. Il est difficile de lui trouver un terme approprié. Peut-être pourrait-on parler de *symbolisme réaliste?* Tout l'ensemble de la représentation demeure réaliste, mais s'y concentrent et s'y condensent des aspects de l'existence tellement capitaux, tellement grands, que sa signification dépasse infiniment toutes les limitations spatiales, temporelles, sociales, historiques, sans toutefois se détacher de son terrain concret, socio-historique.

Les particularités du traitement littéraire de l'antique complexe folklorique par Pétrone, et particulièrement la nouvelle analysée ici, exercèrent une influence énorme sur les œuvres similaires, à l'époque de la Renaissance. Il est vrai de remarquer que ces phénomènes littéraires ne s'expliquent pas seulement, et pas tant, par l'emprise directe de Pétrone, que par une parenté née des sources folkloriques communes. Néanmoins, son influence directe fut importante. On sait que *La Matrone d'Éphèse* fut reprise par Boccace, dans le *Décaméron*, mais aussi toute cette œuvre, comme la nouvelle qui y est enchâssée, représentent un type d'élaboration du complexe folklorique proche de celui de Pétrone. Il n'y a là ni symbolisme, ni sublimation, et pas, non plus, un grain de naturalisme. Le triomphe de la vie sur la mort, toutes les joies de l'existence directement contiguës à la mort, au seuil du tombeau, le rire de Boccace qui accompagne à la fois l'époque qui finit et celle qui commence, la résurrection hors de la ténébreuse ascèse médiévale, l'entrée dans la vie nouvelle en participant à la nourriture, la boisson, la vie sexuelle, au corps *de la vie*, toute cela apparente le *Décaméron* à Pétrone. C'est le même dépassement des limitations socio-historiques, mais sans rupture avec elles, le même *symbolisme réaliste* à base folklorique.

En achevant notre analyse des fondements folkloriques du chronotope rabelaisien, nous devons noter que Rabelais eut pour source immédiate et directe la culture comique populaire du Moyen Age et de la Renaissance, que nous avons étudiée ailleurs [1].

1. M. Bakhtine : *L'Œuvre de François Rabelais et la culture populaire au Moyen Age et sous la Renaissance* (M. 1965), trad. franç. d'Andrée Robel, Bibliothèque des Idées, éd. Gallimard, Paris, 1970.

IX

Le chronotope du roman-idylle

Passons maintenant à un autre type, très important pour l'histoire du roman : l'idylle, qui rétablit les ensembles antiques et le temps folklorique.

L'idylle, qu'on trouve dans la littérature de l'Antiquité à nos jours se présente de manières fort diverses. Nous distinguerons les types stricts suivants : l'idylle amoureuse, dont l'aspect essentiel est la pastorale; l'idylle des travaux champêtres et artisanaux; l'idylle familiale. Il existe aussi de nombreux types mixtes, où cependant prédomine l'un ou l'autre de ces aspects (amour, labeur, famille).

En plus de ces types différents, il existe des différences d'un autre ordre, tant entre les types eux-mêmes, qu'au-dedans de chacun d'eux; ils divergent quant à leur caractère, leur ampleur, des éléments métaphoriques intégrés dans leur ensemble (par exemple, les phénomènes de la nature), autrement dit, selon que prédominent les relations réelles ou métaphoriques. Des divergences existent aussi selon le degré du lyrisme subjectif, de la thématique, du caractère de la sublimation, etc.

Si dissemblables que soient les types et les variantes de l'idylle, ils ont tous, sous l'angle qui nous intéresse, certains traits communs, déterminés par leur relation générale à l'absolue unité des temps folkloriques. Dans l'idylle, ceci se manifeste avant tout par une relation particulière du temps à l'espace : l'adhésion organique, l'attachement d'une existence et de ses événements à un lieu — le pays d'origine — avec tous ses recoins, ses montagnes, vallées, prairies, rivières et forêts natales, la maison natale. La vie idyllique et ses péripéties sont indétachables de ce « coin » concrètement situé dans l'espace, où vécurent pères et ancêtres, où vivront enfants et petits-enfants. Ce micromonde limité dans l'espace se suffit à lui-même; il n'est pas lié à d'autres lieux, au reste de l'univers. Mais l'existence des générations, localisée dans ce micromonde, peut avoir une durée infinie. Dans l'idylle, l'ensemble de la vie des générations (et de la vie humaine en général) est le plus souvent déterminé essentiellement par *l'unité de lieu*, par l'attachement séculaire des lignées à ce lieu unique, dont tous les événements d'une vie sont inséparables. L'unité de lieu atténue et estompe toutes les limites temporelles entre les existences individuelles, entre les diverses phases d'une seule et même existence. L'unité de lieu rapproche et confond le berceau et la tombe (le même « coin », la même terre); l'enfance et la vieillesse (le même bocage, la même rivière, les mêmes tilleuls, la même maison); le mode de vie des générations qui ont vécu au même endroit, dans des conditions identiques et ont vu les mêmes choses. Cette atténuation de toutes frontières du temps, déterminée par l'*unité de lieu*, contribue de façon substantielle à créer le rythme cyclique du temps qui caractérise l'idylle.

Autre trait particulier : l'idylle se limite strictement à un très petit nombre de faits essentiels : l'amour, la naissance, la mort, le mariage, le labeur, le boire et le manger. Ces réalités sont contiguës dans l'étroit petit monde de l'idylle. Entre elles, point de contrastes brutaux. Elles sont toutes de qualité égale, ou du moins, voudraient-elles l'être. Strictement parlant, l'idylle ne connaît pas « le quotidien ». Tout ce qui paraît « quotidien » par rapport aux événements biographiques et historiques majeurs, exceptionnels, se présente ici, justement, comme ce qu'il y a de plus important dans l'existence! Toutefois, dans l'idylle, toutes ces réalités essentielles n'ont pas un aspect crûment réaliste (comme chez Pétrone), mais estompé, voire sublimé. Ainsi, la sphère du sexe s'intègre presque toujours dans l'idylle sous un aspect sublimé.

Enfin, troisième particularité, étroitement liée à la première : la fusion de la vie humaine et de la vie de la nature : même rythme, langage et termes communs pour évoquer les phénomènes naturels et les péripéties humaines. Évidemment, dans l'idylle ce langage, devenu pour une large part purement métaphorique, n'est resté que bien peu réaliste (principalement pour les travaux champêtres).

C'est dans l'idylle amoureuse que les aspects indiqués apparaissent avec le moins de netteté. Aux conventions sociales, aux complexités et disparités de la vie privée, viennent s'opposer ici la simplicité (non moins conventionnelle) de la vie des champs, vie ramenée à des amours totalement sublimées. Néanmoins, au-delà des éléments convenus, métaphoriques, stylisés, on perçoit vaguement l'absolue unité des temps folkloriques et des connexions antiques. C'est pourquoi l'idylle amoureuse a pu servir de base à une certaine forme de roman, et entrer comme composante dans d'autres variantes du genre (par exemple, chez J.-J. Rousseau). Mais si, dans l'histoire du roman, l'idylle amoureuse s'est révélée particulièrement productive, ce n'est pas sous son aspect pur, mais unie à l'idylle familiale (*Werther*), et à celle des travaux des champs (romans régionaux).

L'idylle familiale apparaît rarement sous son aspect intrinsèque mais, jointe à l'idylle des travaux agricoles, elle a une très grande portée. Là s'opère le rapprochement maximum avec le temps folklorique, là se découvrent avec le plus d'ampleur les voisinages antiques, là devient possible le plus grand réalisme. Car cette idylle est orientée non sur une vie bucolique conventionnelle, qui n'existe nulle part sous cet aspect, mais sur la vie réelle de l'agriculteur dans les conditions d'une société féodale ou post-féodale, même si elle est plus ou moins idéalisée, sublimée. (Le degré d'idéalisation est fort variable.) Dans ce type d'idylle, le *labeur*, qui lui donne son caractère, joue un grand rôle (déjà dans les *Géorgiques*, de Virgile); à la différence de la relation *métaphorique* dans l'idylle amoureuse, les travaux agricoles créent un lien *réel*, et une communion des phénomènes de la nature et des épisodes de la vie humaine. De plus, ce qui est particulièrement important, c'est le travail de la terre qui transforme tous les aspects de la vie quotidienne, les dépouille de leur caractère privé, purement utilitaire et plat, en fait des *événements essentiels de l'existence*. On mange le fruit du travail personnel, lié aux images de la production : le soleil, la terre, la pluie, y ont fait réellement (et non métaphoriquement) leur demeure. De même, le vin est-il plongé dans les procédés de sa culture et de sa production; sa dégustation est inséparable des fêtes associées aux cycles agricoles. Dans l'idylle, le boire et le manger portent soit un caractère social, soit, le plus souvent familial : autour du repas se réunissent *les générations*, les divers âges. Dans l'idylle voisinent typiquement la *nourriture et les enfants*. (Même dans *Werther*, nous avons un tableau idyllique de Lotte donnant à manger aux enfants.) Ce voisinage est pénétré par l'idée de croissance et de renouveau. Les enfants apparaissent souvent comme une sublimation du sexe et de la procréation et sont liés à la croissance, à la vie renaissante, à la mort. (Enfants et vieillards, jeu des enfants sur une tombe.) L'importance et la place de l'enfant jouent un rôle capital dans ce type d'idylle, grâce à quoi les enfants, tout imprégnés encore d'atmosphère idyllique, sont entrés pour la première fois dans le roman.

Pour illustrer ce que nous avons dit du boire et du manger,

évoquons l'idylle bien connue de Geibel [1], traduite en russe par Joukovski : *La Bouillie d'avoine*, bien que son côté didactique affaiblisse un peu la hardiesse des voisinages antiques (en ce qui concerne le voisinage des enfants et de la nourriture en particulier).

Redisons que certains aspects de ces voisinages sont sublimés ou supprimés. La vie quotidienne n'est pas toujours totalement métamorphosée surtout dans les idylles réalistes tardives, au XIXe siècle. Il suffit de se souvenir de *Ménage d'autrefois*, de Gogol, idylle d'où tout travail est totalement exclu, où d'autres « voisinages » sont assez nombreux, certains sous une forme sublimée à l'extrême (la vieillesse, l'amour, la nourriture, la mort); la nourriture, qui prend là une très grande place, est traitée uniquement au plan de l'usage quotidien (puisque aucun travail n'intervient).

Au XVIIIe siècle, quand le problème du temps en littérature fut posé de façon particulièrement aiguë et précise, s'éveilla une nouvelle perception du temps, et la forme de l'idylle prit une grande signification. On est stupéfait par la richesse et la variété de ses aspects (en particulier en Suisse alémanique et en Allemagne) au XVIIIe siècle. On vit également émerger une certaine forme d'élégie, de type méditatif, mêlée d'un vigoureux élément idyllique (fondé sur la tradition antique) : les méditations dans les cimetières, où voisinent les tombes et l'amour, la vie nouvelle, les enfants, la vieillesse... *Le Cimetière Rustique*, de Grey en est un exemple, où s'ajoutent les vives nuances de l'idylle. Chez les Romantiques, qui continuèrent cette tradition, les voisinages idylliques (essentiellement, l'amour et la mort) sont soumis à une franche réinterprétation (Novalis).

Dans certaines idylles du XVIIIe siècle, le problème du temps devient une conception philosophique. Le véritable temps organique de la vie idyllique est juxtaposé au temps vain et émietté de la vie urbaine, voire au temps historique. (*La Rencontre inattendue* de Geibel.)

Si l'idylle eut une portée immense sur l'évolution du roman, on ne l'a pas toujours comprise ni appréciée à sa juste valeur, aussi toutes les perspectives de l'histoire du roman en sont-elles déformées. Nous ne pouvons toucher ici à ce grand problème que très superficiellement.

L'influence de l'idylle sur l'évolution du roman des temps modernes se manifeste dans cinq directions : 1° Influence de l'idylle, du temps et des voisinages idylliques, sur le roman régionaliste. 2° Thème de la destruction de l'idylle dans le roman

1. Emmanuel Geibel (1815-1844).

de formation de Goethe, et dans les romans à la Sterne (Hippel, Jean-Paul). 3° Influence de l'idylle sur le roman sentimental à la Rousseau. 4° Influence de l'idylle sur le roman familial et celui des générations. 5° Influence de l'idylle sur certaines variétés du roman (« l'homme du peuple », dans le roman).

Dans le roman régionaliste, nous voyons immédiatement comment l'idylle de la famille et du labeur, agricole ou artisanal, évolue vers la grande forme du roman. Le principe fondamental du régionalisme en littérature (le lien indissoluble, séculaire entre le cours de la vie des générations et un lieu localement circonscrit) reflète le rapport strictement idyllique du temps à l'espace, l'unité du lieu idyllique où se déroule tout le processus de l'existence. Dans le roman régionaliste, ce processus s'amplifie, se subdivise (chose indispensable dans le roman). Son côté idéologique apparaît au premier plan : langue, croyances, morale, mœurs, également liés à une localité précise et délimitée. Dans le roman régionaliste, comme dans l'idylle, les limites temporelles sont estompées et le rythme de la vie humaine s'harmonise avec celui de la nature. A partir de cette solution idyllique du problème du temps dans le roman (base, en dernier ressort, folklorique) la vie quotidienne se transmue; ses éléments deviennent des événements majeurs, acquièrent une signification thématique. Sur ce fondement, le roman régionaliste présente aussi tous les voisinages folkloriques caractéristiques de l'idylle. Comme dans celle-ci, les âges de l'homme et le retour cyclique de la vie ont une grande importance. Les personnages du roman régionaliste, comme ceux de l'idylle, sont des paysans, des artisans, des pasteurs et maîtres d'école ruraux.

En dépit de toute la profonde élaboration des divers aspects du roman régionaliste (spécialement chez des auteurs tels que Jérémie Gotthelf, Immermann, Gottfried Keller [1]) son utilisation du temps folklorique est extrêmement limitée. Nulle vaste et profonde emblématique réaliste : le sens ne dépasse pas la limite socio-historique des images. Le caractère cyclique est fortement tranché, aussi les prémisses de la croissance et de l'éternel renouveau sont atténuées, séparées de la progression historique et même s'y opposent. Dès lors, la croissance devient un absurde piétinement sur place, la vie s'en tient à un même point de l'Histoire, sur le même niveau de l'évolution historique.

1. Jérémie Gotthelf (1797-1854), *Le Miroir des Paysans.* Immermann (1796-1840), *Les Aventures du baron de Münchhausen.* Gottfried Keller (1819-1890), écrivain suisse, *Henri-le-Vert.*

Le traitement du temps et des voisinages idylliques est beaucoup plus consistant chez Rousseau et dans les œuvres ultérieures qui lui sont apparentées, et suit deux directions. Premièrement, les éléments fondamentaux du complexe antique (nature-amour-famille-enfantement-mort) se détachent et se subliment sur un haut plan philosophique, telles de grandes forces éternelles, grandes et sages de la vie universelle. Deuxièmement, ces éléments destinés à une conscience individuelle isolée, et vus par elle, apparaissent comme des forces qui prennent soin de ce complexe, le purifient, l'apaisent; il doit s'abandonner à eux, s'y soumettre, s'y fondre.

Le temps folklorique et les voisinages antiques sont donnés du point de vue de la conscience du stade d'évolution de la société contemporaine de Rousseau (et d'autres représentants de ce type de roman), pour qui ils apparaissent comme un état perdu mais idéal. Il s'agit d'entrer à nouveau en communion avec cet état idéal, déjà à un nouveau stade, mais ce qu'il faudra en conserver sera défini par chaque auteur de façon différente (du reste, Jean-Jacques Rousseau lui-même ne s'en tient pas à une opinion unique). En tout état de cause, sera conservé l'aspect intérieur de la vie et, dans la plupart des cas, l'individualité (qui, il est vrai, se transformera).

A cause de la sublimation philosophique des éléments du complexe, leur apparence se modifie radicalement. L'amour devient sublime, mystérieux, le plus souvent une force fatale aux amants; il est développé de l'intérieur, contigu à la nature et à la mort. Mais à côté de cet aspect nouveau de l'amour, demeure son aspect habituel, purement idyllique, qui voisine avec la famille, les enfants, la nourriture. (Ainsi chez Rousseau, l'amour de Saint-Preux et de Julie d'une part, l'amour et la vie de famille de Julie et de Volmar, de l'autre.) La nature change selon qu'elle est associée à l'amour tumultueux ou au labeur.

Corrélativement, la fable change aussi. En règle générale, le roman-idylle ne contenait aucun personnage antinomique au monde idyllique. Parfois, dans le roman régionaliste, quelque « héros » s'arrache à son point d'attache, part pour la ville : ou bien il périt, ou bien il revient au pays natal en fils prodigue. Dans les romans à la Rousseau, les personnages principaux se situent au niveau d'évolution et de conscience de la société de leur temps; ils entrent dans les séries de la vie individuelle, on les voit de l'intérieur. Le contact avec la nature, avec la vie des gens simples dont ils apprennent la sagesse à l'égard de la vie et de la mort, leur apporte la guérison. Ou bien ils tournent le dos à la culture et cherchent à adhérer pleinement à un groupe social primitif, comme le René de Chateaubriand, comme l'Olénine de Tolstoï [1].

La ligne rousseauiste fut un profond élément de progrès. Elle ne connaît pas le régionalisme étroit. Ici, point de désir désespéré de conserver les vestiges moribonds des micro-mondes patriarcaux (provinciaux), fortement idéalisés de surcroît. Au contraire, la tendance rousseauiste qui donne une sublimation philosophique à l'entité antique, en fait un idéal pour l'avenir et, avant tout, y voit le motif et la norme d'une critique de la société existante. Cette critique, le plus souvent double, est dirigée contre la hiérarchie féodale, l'inégalité, l'arbitraire de l'absolutisme, les menteuses conventions sociales; mais elle vise également l'anarchie des intérêts et l'individualisme bourgeois, égoïste et dissocié.

L'aspect idyllique du roman de la famille et des générations est soumis à un remaniement radical à cause de son appauvrissement. Il ne conserve plus de temps folklorique et des voisinages antiques que ce qui peut être repensé et gardé sur un fond de famille bourgeoise et dynastique. Néanmoins, le lien entre le roman familial et le roman idyllique se manifeste dans toute une suite d'aspects capitaux; c'est lui qui impose le noyau principal de ce genre de roman : la famille.

Naturellement, la famille du roman familial n'est plus du tout idyllique. Elle est détachée de son pays étroit et féodal, de l'immuable environnement naturel dont elle tirait sa substance dans l'idylle : de ses montagnes, prairies, rivières et forêt natales. L'unité de lieu de l'idylle se limite, au mieux, à la demeure *urbaine* familiale, ancestrale, partie *immobilière* de ses biens capitalistes. Mais même cette unité de lieu n'est nullement obligatoire. De plus, les différentes étapes de la vie ne se relient plus à un lieu défini et circonscrit dans l'espace; ses divers personnages pérégrinent avant de fonder une famille et une situation, ce qui donne sa grande singularité aux variantes classiques de ce type du roman familial. Il y est question justement d'une organisation familiale solide et matérielle pour les personnages principaux, de la manière dont ils surmontent les effets du hasard (rencontres accidentelles avec des gens imprévus, situations et événements fortuits) qui marquent le début de leur existence. Il s'agit de créer des liens *essentiels*, c'est-à-dire *familiaux*, de limiter son univers à un lieu précis, à un milieu réduit de personnes proches, autrement dit, au cercle de famille. Souvent, au début, le personnage principal

1. Olénine : personnage des *Cosaques*, qui aspire à une vie élémentaire au sein de la nature, parmi les Cosaques frustes.

est sans foyer, sans famille; il ne possède rien, il erre de par le monde au milieu d'étrangers; ses malheurs comme ses bonheurs ne sont que fortuits. Il rencontre par hasard des individus qui se révèlent, pour des raisons de prime abord incompréhensibles, ennemis ou bienfaiteurs; par la suite tout cela s'explique par des liens de famille! Le mouvement du roman conduit le (ou les) héros d'un monde vaste mais étranger, rempli de hasards, vers le petit monde familial natal, tout petit mais sûr, mais solide, où il n'y a rien d'étranger, d'imprévu, d'incompréhensible, où s'établissent d'authentiques relations humaines, où, sur fond familial, apparaissent d'antiques « voisinages » : amour, mariage, enfantement, sereine vieillesse, parents retrouvés, agapes familiales. Ce micromonde idyllique, étriqué et dépouillé, se présente comme le fil conducteur, et comme l'accord final du roman. Tel est le schéma de la variante classique du roman familial qui débute avec *Tom Jones*, de Fielding, et qui, avec certaines modifications adéquates, constitue la base de *Peregrine Pickle*, de Smollett. Autre schéma, dont les fondements sont posés par Richardson : dans le microcosme familial une puissance maléfique fait irruption, qui menace de le détruire. Plusieurs variantes du premier schéma classique définissent les romans de Dickens, le plus haut sommet du roman familial européen.

Les aspects idylliques parsèment de façon sporadique le roman familial. Ici a lieu un combat continuel entre les relations inhumaines et les relations humanitaires des individus, sur un fond patriarcal ou abstraitement humaniste. Dans le vaste monde glacé et hostile sont éparpillés des abris chauds où l'on trouve humanité et bonté.

L'élément idyllique est déterminant aussi dans le « roman des générations » (Thackeray, Freitag, Galsworthy, Thomas Mann). Mais là, c'est le plus souvent la destruction de l'idylle ou des relations familiales idylliques et patriarcales qui sert de thème majeur.

L'idylle détruite (idylle dans son sens large) devient l'un des principaux thèmes littéraires à la fin du XVIIIe siècle et dans la première moitié du XIXe siècle. Le thème de la fin du labeur idyllique se poursuit dans la seconde moitié de ce siècle (cf. Kretzer : *Maître Timpe* [1]). Dans la littérature russe, les limites chronologiques de ce phénomène sont repoussées vers la seconde moitié du XIXe siècle. Le traitement du thème de « l'idylle détruite » peut varier énormément, tant par les différentes manières de concevoir et d'apprécier le monde idyllique qui disparaît, que

1. Max Kretzer (mort en 1941), *Maître Timpe* a été écrit en 1888.

par la diversité des jugements sur sa force destructrice : le nouveau monde capitaliste.

Selon la ligne initiale, classique (celle de Goethe, Goldsmith, Jean-Paul), le monde idyllique en perdition n'est pas traité comme le fait brut du passé féodal moribond, dans toute sa limitation historique, mais comme une espèce de sublimation philosophique (rousseauiste). Au premier plan se détache la profonde *humanité* de l'homme idyllique lui-même, les relations humanitaires entre individus. Viennent ensuite *l'intégrité* de l'existence idyllique, son lien organique avec la nature, la mise en valeur du travail idyllique non mécanisé et enfin, les objets idylliques inséparables du travail personnel, indissolublement liés à lui et à l'idyllique vie quotidienne. En même temps sont soulignés l'étroitesse et l'aspect clos du microcosme idyllique.

A ce petit monde voué à sa perte s'oppose un monde vaste, mais abstrait, où les individus sont détachés, égoïstement renfermés, cupides et terre à terre, où le labeur est diversifié et mécanisé, où les objets ne dépendent pas du travail personnel. Ce grand monde il faut le reconstruire sur des bases nouvelles, le rendre proche, l'humaniser, lui découvrir une relation neuve avec la nature : non pas la petite nature du coin familial, mais la vaste nature du monde immense, avec tous les phénomènes du système solaire, les richesses tirées des entrailles de la terre, la multiformité géographique des pays et des continents. A la place de la société idyllique bornée, il est indispensable d'en trouver une autre, capable d'embrasser l'humanité entière. C'est ainsi que, grossièrement défini, ce problème se pose dans l'œuvre de Goethe de façon particulièrement nette dans la deuxième partie du *Faust* et dans les *Années d'apprentissage*, également chez d'autres auteurs des mêmes tendances. L'homme doit s'éduquer ou se ré-éduquer, afin de pouvoir vivre dans ce monde large et inconnu; il doit s'assimiler et s'apparenter à lui. Selon la définition de Hegel, le roman doit former l'homme pour sa vie dans une société bourgeoise, formation qui entraîne la rupture de tous les anciens liens idylliques et *l'expatriement* de l'homme. Ici, le processus de rééducation personnelle se mêle à celui de la démolition et de la reconstruction de toute la société, c'est-à-dire au processus historique.

Le même problème est posé de façon quelque peu différente dans les romans définis par une autre ligne : celle de Stendhal, Balzac, Flaubert, Gontcharov [1]. Avant tout il s'agit du naufrage,

1. Alexandre Ivanovitch Gontcharov (1812-1891), grand écrivain dans la veine classique; ses deux œuvres majeures, *Oblomov* (1859) et *Le Ravin* (« Obryv », 1869) furent le miroir de toute une époque et de ses problèmes sociaux.

de l'anéantissement de la conception et de la psychologie idylliques du monde, inadaptées au nouveau monde capitaliste. Dans la plupart des cas, il n'y a pas sublimation philosophique de l'idylle, dont le naufrage est présenté sur fond du centre capitaliste d'un idéalisme provincial, ou du romantisme provincial de personnages nullement idéalisés. Le monde capitaliste n'est pas, non plus, idéalisé : on dévoile son inhumanité, sa négation de tous les principes moraux (constitués aux stades d'évolution antérieurs), la désagrégation, sous l'influence de l'argent, de toutes les relations humaines d'autrefois : amour, famille, amitié, la dégénérescence du travail constructif du savant, de l'artiste, etc. L'homme positif du monde idyllique devient comique, pitoyable et superflu. Ou il périt, ou il se rééduque et devient un rapace égoïste.

Les romans de Gontcharov occupent une place originale; ils se rattachent, dans l'ensemble, à la deuxième ligne, surtout *Une Histoire ordinaire*. Dans *Oblomov*, le thème est élaboré avec une clarté et une précision exceptionnelles. Un réalisme total préside à l'évocation de l'idylle du domaine d'*Oblomov* et celle du « quartier de Vyborg », à Saint-Pétersbourg (avec la mort idyllique d'Oblomov). En même temps on nous montre l'extraordinaire humanité de l'homme idyllique, Oblomov, d'une « pureté de colombe ». Dans l'idylle proprement dite (surtout celle du « quartier de Vyborg »), apparaissent tous les « voisinages » fondamentaux de l'idylle : le culte du manger et du boire, les enfants, l'acte sexuel, la mort..., (symbolisme réaliste). On souligne le désir de stabilité, de permanence de l'environnement manifesté par Oblomov, sa terreur des déplacements, son attitude à l'égard du temps.

Il faut particulièrement insister sur la ligne idyllique rabelaisienne, représentée par Sterne, Hippel et Jean-Paul. La concomitance, chez Sterne (et les sterniens), de l'élément idyllique (*sentimentalement* idyllique, de surcroît) avec l'influence rabelaisienne, ne paraît plus du tout étrange après tout ce que nous avons dit. Si l'on suit la ligne folklorique, leur parenté est évidente, même s'il s'agit de rameaux différents du complexe folklorique.

Enfin, le dernier aspect de l'influence de l'idylle s'exprime par l'infiltration dans le roman de quelques éléments seulement de l'ensemble idyllique. L'homme du peuple a souvent dans le roman, une origine idyllique, par exemple, les serviteurs chez Walter Scott, Savélitch, chez Pouchkine [1], dans les œuvres de

1. Savélitch, *La Fille du Capitaine.*

Dickens, dans le roman français (depuis *Une Vie*, de Maupassant, jusqu'à la Françoise de Proust, toutes les Auvergnates et les Bretonnes, porteuses de la sagesse populaire et du régionalisme idyllique). L'homme du peuple apparaît comme empreint de sagesse à l'égard de la vie et de la mort, sagesse oubliée par les classes dirigeantes (Platon Karataïev, chez Tolstoï [1]). Très souvent, c'est de lui qu'on apprend à devenir sage en face de la mort (*Les Trois Morts*, de Tolstoï). Il inspire souvent une description littéraire particulière de la nourriture et la boisson, de l'amour, de l'enfantement; c'est lui, le porteur éternel du labeur productif. Souvent, nous trouvons au premier plan la saine (et accusatrice) attitude de défiance de l'homme du peuple face aux conventions mensongères.

Voilà donc les aspects principaux de l'influence du complexe idyllique sur le roman des temps modernes. Avec eux nous achevons notre rapide revue des formes essentielles de l'élaboration littéraire du temps folklorique et des voisinages antiques. Cette revue donne un fond indispensable à la juste perception des particularités du monde rabelaisien, et d'autres phénomènes aussi, que nous n'examinerons pas ici.

★

A la différence de tous les types analysés (Aristophane et Lucien mis à part), *le rire* dans le monde rabelaisien a une place décisive. Seul, de tous les éléments du complexe antique, il n'a jamais été sublimé ni par la religion, ni par le mysticisme, ni par la philosophie. Jamais il n'a revêtu un caractère officiel, et même dans la littérature, les genres comiques ont toujours été les plus libres, les moins soumis aux contraintes.

Après la chute du monde antique, l'Europe ne connut pas un culte, pas un rite, pas une cérémonie nationale, officielle ou sociale, pas une fête, pas un seul genre ou style officiel au service de l'Église ou de l'État (hymnes, prières, formules sacramentelles, discours, manifestes...), où le ton, le style, le langage du rire fussent officialisés, même dans les formes les plus anodines de l'humour ou de l'ironie.

L'Europe ne connut ni la mystique, ni la magie du rire : le rire ne fut jamais contaminé par le bureaucratisme courant, par l'esprit officiel nécrosé. Il ne pouvait donc ni dégénérer, ni mentir à l'instar de tout sérieux, surtout du sérieux pathétique. Le rire demeurait en dehors du mensonge officiel, qui prenait les formes graves du pathos. Aussi, tous les grands genres

1. Platon Karataïev : *Guerre et Paix*.

sérieux, toutes les formes nobles du langage et du style, tous les assemblages directs de mots, toutes les normes du langage, furent imprégnés de mensonge, de conventions pernicieuses, d'hypocrisie et de fausseté. Le rire seul échappe à la contamination du mensonge.

Nous ne nous référons pas au rire en tant que fait biologique et psychophysiologique, mais au rire dans son essence socio-historique, objectale, culturelle, et avant tout dans son expression verbale. Dans le discours, le rire se manifeste par les phénomènes les plus dissemblables, qui n'ont pas été, jusqu'ici, soumis à une étude suffisamment approfondie, rigoureusement systématique et historique.

A côté du recours au discours poétique « employé dans un sens autre que le sien », c'est-à-dire à côté des tropes, existent des formes différentes et des plus variées de recours au discours indirect : ironie, parodie, humour, facétie, comique multiforme (leur classification systématique n'existe pas). Le langage, dans sa totalité, peut être utilisé dans un sens qui n'est pas le sien, et dans ce cas, le *point de vue* lui-même, contenu dans le discours, les modes du langage, sa *relation même à l'objet et au locuteur*, sont réinterprétés. Il se produit une transposition des plans du langage : un rapprochement des éléments hétérogènes, une rupture des associations, des voisinages habituels, la création de nouveaux voisinages, l'abolition des normes du langage et de la pensée. Continuellement, les limites des relations intra-linguistiques sont dépassées, ainsi que les bornes de tel ensemble verbal clos. (On ne peut comprendre une parodie sans se référer à son matériau, c'est-à-dire sans sortir d'un contexte donné. Toutes ces particularités des formes du rire dans le discours leur donnent la force et la singulière capacité « d'éplucher » l'objet, si l'on peut dire, de le dépouiller de ses fausses enveloppes verbales et idéologiques, ce que Rabelais a exploité au maximum.

La force exceptionnelle et le radicalisme du rire de Rabelais s'expliquent tout d'abord par ses profondes assises folkloriques, par ses liens avec la mort, la naissance d'une vie nouvelle, la fertilité, la croissance, éléments du complexe antique. Ce rire englobe véritablement le monde entier, joue avec toutes les choses de ce monde, infimes et grandes, lointaines et proches. D'une part, le lien avec les réalités premières de l'existence, d'autre part la destruction radicale de toutes les fausses apparences verbales et idéologiques qui ont distordu et dissocié ces réalités, distinguent nettement le rire rabelaisien du rire des autres représentants du grotesque, de l'humour, de la satire, de l'ironie. Nous constatons chez Swift, Sterne, Voltaire,

Dickens, une dégénérescence systématique du comique de Rabelais, une atténuation progressive de ses liens avec le folklore (encore solides chez Sterne et surtout chez Gogol), et une rupture avec les grandes réalités de la vie.

Nous revenons ici au problème des sources particulières à Rabelais, de l'immense importance pour lui des sources extra-littéraires. Il puise avant tout dans la sphère « officieuse » du langage, saturée de jurons simples et compliqués, d'indécences de divers ordres, lourde aussi de mots et de locutions liés aux beuveries. Le domaine du langage « inofficiel » (masculin) reflète encore de nos jours tout le volume des obscénités rabelaisiennes, des mots évoquant l'ébriété, la défécation, et ainsi de suite, mais sous une forme banalisée, nullement créative. Dans ces parlers des bas niveaux ruraux et urbains (surtout urbains), Rabelais décelait des points de vue spécifiques sur le monde, un attrait pour les réalités, un système verbal spécifique franchement différent du langage officiel. Il y voyait une absence totale de sublimation, des voisinages spéciaux, inconnus des sphères « officielles » du verbe et de la littérature. Cette « rude franchise des passions populaires » (Pouchkine) fut abondamment exploitée par lui.

Déjà dans la plus officieuse des sphères du langage existent chez Rabelais, complets, tronqués ou dispersés, des anecdotes courantes, des historiettes, des proverbes, des calembours, autrement dit, des petits genres folkloriques et lexicologiques. Ils contiennent tous des points de vue, des thèmes, des réalités, une composition analogue, enfin la même attitude envers le langage. Puis vient la production littéraire semi-officieuse : histoires de bouffons et de sots, farces, fabliaux, facéties, nouvelles, textes populaires et contes... Enfin ce sont les sources proprement littéraires et, avant tout, celles de l'Antiquité [1]. Quelles que soient les sources multiformes de Rabelais, elles sont toutes refaçonnées sous un seul angle de vision, soumises à l'unité d'une tâche littéraire et idéologique absolument nouvelle. Par conséquent, tous les aspects traditionnels de l'œuvre de Rabelais reçoivent un sens nouveau, de nouvelles fonctions.

Il s'agit, en premier lieu, de sa structure du point de vue de sa composition et de son genre. Les deux premiers livres suivent un schéma traditionnel : naissance du héros et merveilleuses circonstances de sa venue au monde, son enfance, ses années d'étude, ses faits d'armes et ses conquêtes. Le *Quart Livre* est construit selon le schéma traditionnel du « roman de

1. Redisons que nous analysons en détail les sources de Rabelais dans la monographie que nous lui avons consacrée *(N.d.A.)*.

voyages ». Le *Tiers Livre* suit un dessein particulier (antique) : quête des conseils et des enseignements, visite aux oracles, aux sages, aux écoles de philosophie, etc. Ce thème des « visites » (aux notables, aux divers représentants de groupes sociaux) fut fort répandu dans la littérature des temps modernes (*Les Ames mortes*, *Résurrection*). Mais ici ces motifs traditionnels sont réinterprétés, car le matériau se présente dans un temps folklorique. Dans les deux premiers livres, le temps biographique se dissout dans le temps impersonnel de la croissance : croissance et développement du corps humain, du savoir, de la nouvelle vision universelle, du monde nouveau, côtoyant l'ancien monde moribond qui se désagrège. Ici la croissance n'est pas personnelle à un individu précis et sort des limites de toute individualité : dans le monde croissent toutes choses et phénomènes, le monde croît dans son entier. Le devenir et le perfectionnement de l'homme individuel ne sont pas séparés de la croissance historique et du progrès culturel. Chez Rabelais, les principaux aspects, les étapes, les phases de la croissance et du devenir sont traités à la façon folklorique, non dans une série individuelle et fermée, mais dans l'entité globale de la vie commune à tout le genre humain. Il est très important de souligner que Rabelais n'a pas la moindre conception d'une vie intérieure de l'individu. L'homme pour lui est tout au-dehors. Il touche aux limites de l'extériorisation de l'homme. Car tout au long de cette œuvre énorme, il n'y a pas un seul passage où soient évoquées les pensées du héros, ses sentiments intimes, son monologue intérieur. Dans ce sens, il n'y a point de monde intérieur chez Rabelais. Tout ce qui est en l'homme s'exprime par l'action et par le dialogue; en lui il n'y a rien qui existerait uniquement pour lui seul et ne pourrait être « publié » de façon appropriée (exprimé à l'extérieur). Au contraire, tout ce qui se trouve en lui ne prend pleinement son sens qu'en s'exprimant; c'est alors seulement qu'il peut participer à la vie et au temps réel et authentique. Aussi le temps est-il un, non morcelé en éléments internes, sans excroissances et impasses internes individuelles; ses éléments se suivent progressivement, dans un monde commun à tous, semblable pour tous. Aussi la croissance va-t-elle au-delà de toute limitation individuelle, devient historique, et le problème du perfectionnement devient celui de l'homme nouveau qui croît en même temps que sa nouvelle époque historique, dans un nouveau monde historique, à proximité de la mort du vieil homme et du vieux monde.

Voilà pourquoi les voisinages antiques sont rétablis chez Rabelais sur un fondement neuf et supérieur, libérés de tout ce qui les séparait et les distordait dans le monde ancien, de toutes les conceptions de l'au-delà, des sublimations et de la répression. Ces réalités sont purifiées par le rire, délivrées des plans supérieurs qui les aliénaient et altéraient leur nature, ramenés au contexte (plan) réel d'une libre vie d'homme. Elles figurent dans un monde de potentialités humaines librement réalisées, illimitées. C'est là l'originalité essentielle de Rabelais. Chez lui, toutes les limitations historiques sont comme anéanties, totalement levées grâce au rire. La victoire reste à la nature humaine, à la libre découverte de toutes les possibilités qu'elle contient en germe. A cet égard, le monde de Rabelais est diamétralement opposé à la localisation circonscrite du micromonde idyllique. Rabelais déploie les vastes espaces du monde folklorique sur des bases nouvelles. Dans les limites du monde spatio-temporel et des possibilités véritables de la nature humaine, son imagination n'est ni enchaînée, ni bornée. Toutes les limitations sont laissées à un monde moribond et tourné en ridicule. Les représentants de ce monde-là, moines, théologiens, guerriers et courtisans féodaux, rois (Picrochole, Anarque), juges, magistrats et autres, sont comiques et voués à la mort. Ils sont complètement bornés. Leurs possibilités ne dépassent pas leur pitoyable réalité. C'est à eux que s'opposent Gargantua, Pantagruel, Ponocrates, Epistémon, et, en partie, Frère Jean et Panurge (qui triomphent de leur balourdise). Ils sont les images des potentialités illimitées de l'homme.

Les principaux personnages — Gargantua et Pantagruel — ne sont nullement des rois dans le sens limité des rois féodaux, Picrochole et Anarque, ni seulement une incarnation du roi-humaniste, opposé aux rois féodaux (encore que cet aspect-là soit indéniable). Fondamentalement, ils sont les images des rois folkloriques. On peut leur appliquer, comme aux rois de l'épopée homérique, les propos de Hegel : les héros d'Homère ont élu ces rois « certes pas à cause de leur supériorité, mais à cause de cette liberté totale de volonté créatrice réalisée dans l'idée qu'on se fait de la royauté ». De tels héros sont élus rois afin d'être dotés de toutes les possibilités, de toute la liberté de s'accomplir totalement dans leur nature d'homme. Quant aux rois tels que Picrochole, ils se présentent comme les vrais rois d'un monde socio-historique moribond, bornés et misérables comme l'est leur existence socio-historique. En eux, nulle liberté, nulle possibilité...

Gargantua et Pantagruel sont donc, fondamentalement, des rois folkloriques et des preux-géants. C'est pourquoi ils sont avant tout des *êtres humains*, libres de réaliser toutes les potentialités et exigences en germe dans la nature humaine, sans avoir besoin des compensations morales et religieuses à l'étroitesse, la faiblesse et la misère terrestres. Ainsi est déterminée chez Rabelais l'originale *figure du grand homme.* Ce *grand homme* rabelaisien est profondément démocrate, en rien opposé à la masse comme un être exceptionnel d'une autre nature. Il est fait, au contraire, de la même matière universelle que les autres humains. Il mange, boit, évacue, lance des pets, mais tout cela à une échelle grandiose. Il n'y a en lui rien d'incompréhensible, d'étranger à la nature commune à tous les humains. On peut parfaitement lui appliquer le mot de Goethe à propos des grands hommes : « Les hommes les plus importants ne disposent que d'un plus grand volume; ils ont les mêmes vertus, les mêmes vices que la majorité, mais en plus grand nombre. » Le *grand homme* rabelaisien, c'est le plus haut niveau de l'homme. Pareille grandeur ne peut humilier personne, car chacun y décèle une hypertrophie de sa propre nature. En cela le grand homme rabelaisien se distingue radicalement de tout personnage héroïque, qui se compare à la foule des autres hommes comme quelqu'un d'exceptionnel par son sang, sa nature, ses exigences, ses jugements sur la vie et le monde (depuis le héros du roman chevaleresque et baroque, le héros de type romantique et byronien, le surhomme nietzschéen). Mais il se distingue non moins radicalement de l'exaltation du « petit homme », dont on compense les limites et les faiblesses réelles en vantant son haut niveau moral et sa pureté. (Héros et héroïnes du « sentimentalisme ».) Le grand homme de Rabelais, qui a grandi sur un fond folklorique, est grand non par ce qui le distingue des autres, mais par son humanité; il est grand par la plénitude et la réalisation de toutes les possibilités humaines. Il est grand dans le monde véritable spatio-temporel. Sa vie intérieure n'est nullement juxtaposée à sa vie extérieure; nous savons déjà qu'il est totalement extroverti, au sens positif.

La figure de Panurge est élaborée, elle aussi, sur un fond folklorique. Le bouffon populaire s'y révèle de manière bien plus vivante et évidente que dans le roman et la nouvelle *picaresques*, c'est-à-dire sous forme du *picaro.*

Sur ce fond folklorique, Rabelais ajoute à l'image de ses principaux personnages certains traits qui correspondent à son idéal du monarque et de l'humaniste, et d'autres, tirés de l'Histoire. Mais par-derrière, transparaît nettement le fond folklorique qui revêt ces figures de symbolisme profond et réaliste.

Naturellement, le libre développement de toutes les potentialités humaines n'est pas compris par Rabelais dans son sens étroitement biologique. Son monde spatio-temporel, c'est le cosmos nouvellement découvert à l'époque de la Renaissance, et avant tout le monde précis, géographique, de la culture et de l'Histoire et un univers éclairé par l'astronomie. L'homme peut et doit conquérir tout cet univers de l'espace et du temps. Les images de cette conquête technique sont données également sur le fond du folklore. La plante merveilleuse — *la pantagruéline*, c'est l'herbe magique du folklore mondial.

Rabelais semble révéler à nos yeux le chronotope de l'existence humaine, illimité et universel. Voilà qui était en parfaite harmonie avec l'époque des grandes découvertes géographiques et cosmologiques qui approchait.

X

Observations finales

Le chronotope détermine l'unité artistique d'une œuvre littéraire dans ses rapports avec la réalité. Aussi, contient-il toujours un élément privilégié, qu'on ne peut isoler de l'ensemble du chronotope littéraire qu'au moyen d'une analyse abstraite. En art et en littérature toutes les définitions spatio-temporelles sont inséparables les unes des autres, et comportent toujours une valeur émotionnelle. Une réflexion abstraite peut, évidemment, envisager le temps et l'espace séparément, et s'écarter des valeurs émotionnelles. Mais la contemplation vivante (également réfléchie, mais non abstraite) d'une œuvre d'art ne départage rien, ne s'écarte de rien. Elle appréhende le chronotope dans son intégralité et sa plénitude. L'art et la littérature sont imprégnés de *valeurs chronotopiques*, à divers degrés et dimensions. Tout motif, tout élément privilégié d'une œuvre d'art, se présente comme l'une de ces valeurs.

Dans ces études, nous n'avons analysé que les grands chronotopes typologiques et stables, déterminant les variétés les plus notables du genre romanesque, au cours des premières étapes de son évolution. Pour conclure, nous allons mentionner et aborder rapidement certaines autres valeurs chronotopiques, de niveaux et de contenus divers.

Dans la première étude il était question du chronotope de la *rencontre*, où prédomine la nuance temporelle, et qui se distingue par un fort degré d'intensité et de valeur émotionnelle. Le chronotope de la *route*, qui lui est lié, est plus étendu, mais moins chargé en intensité émotionnelle. Dans le roman, les rencontres se font, habituellement, « en route », lieu de choix des contacts fortuits. Sur « la grande route » se croisent au même point d'intersection spatio-temporel les voies d'une quantité de personnes appartenant à toutes les classes, situations, religions, nationalités et âges. Là peuvent se rencontrer par hasard des gens normalement séparés par une hiérarchie sociale, ou par l'espace, et peuvent naître toutes sortes de contrastes, se heurter ou s'emmêler diverses destinées. Les séries des destins et de la vie de l'homme sous leur aspect spatio-temporel peuvent y connaître des combinaisons variées, compliquées et concrétisées par des *distances sociales*, ici dépassées. En ce point se nouent et s'accomplissent les événements. Il semble qu'ici le temps se déverse dans l'espace et y coule (en formant des chemins), d'où une si riche métaphorisation du chemin et de la route : « le chemin de la vie », « prendre une nouvelle route », « faire fausse route », et ainsi de suite... Les métaphores sont variées, et de divers niveaux, mais leur noyau initial, c'est le cours du temps.

La route est particulièrement propre à la représentation d'un événement régi par le hasard (mais pour d'autres également). On comprend donc l'importance thématique de la route pour l'histoire du roman : elle passe par le roman de mœurs et de voyages antique, par le *Satiricon*, de Pétrone, par l'*Ane d'or*, d'Apulée. Les héros du roman de chevalerie médiéval prennent la route, où souvent, toutes les péripéties du récit se déroulent ou se concentrent des deux côtés et, alentour. Dans un roman tel que le *Parzifal*, de Wolfram von Eschenbach [1], le chemin réel pris par le héros pour se rendre à Monsalvat, devient insensiblement une métaphore de la route, du chemin de la vie, de l'âme, qui tantôt se rapproche de Dieu, tantôt s'en éloigne, selon les erreurs et les chutes du personnage et les occurrences survenues sur sa vraie route. Celle-ci a marqué les sujets du roman picaresque espagnol du XVIe siècle : *Lazarillo*, *Gusman* [2]. Au seuil des XVIe et XVIIe siècles, c'est *Don Quichotte* qui s'en va cheminer à la rencontre de toute l'Espagne, depuis le forçat qui va aux galères, jusqu'au duc. Cette route-là est profondément marquée par le cours du temps historique, par les empreintes et les signes de son écoulement, par les indices de l'époque. Au XVIIe siècle, sur une route dramatisée par les événements de la guerre de Trente Ans, on voit apparaître *Simplicissimus* [3]. Par la suite, tout en conservant sa signification de grande voie, la route traverse des œuvres cruciales pour l'histoire du roman, telles que *Francion*, de Sorel, *Gil Blas*, de Le Sage. Son sens demeure, quoique affaibli, dans les romans

1. Voir note p. 193.
2. *La Vie de Lazarillo de Tormès* est attribuée à Hurtado de Mendoza (1503-1575). *Guzman de Alfarache* (cf. note 2, p. 310).
3. *Simplicius Simplicissimus*, célèbre roman allemand de Christophe von Grimmelshausen (1622-1676).

(picaresques) de Defoe, et chez Fielding. La route et les rencontres qu'on peut y faire ont encore une portée même dans les *Années d'Apprentissage* et les *Années de Voyages de Wilhelm Meister*, bien qu'ici le sens idéologique se modifie de façon notable, comme aussi sont radicalement repensées les catégories du « hasard » et du « destin ». *Henri d'Ofterdingen*, de Novalis, comme d'autres héros du roman romantique, s'avancent sur une route mi-matérielle, mi-métaphorique. Enfin, la signification des rencontres en cours de route demeure dans le roman historique, chez Walter Scott, et tout particulièrement dans le roman historique russe : par exemple, *Iouri Miloslavski*, de Zagoskine, est bâti sur ce thème [1]. La rencontre entre Griniov et Pougatchov, « sur la route, par une tempête de neige », détermine le sujet de *La Fille du Capitaine*, de Pouchkine. Et n'oublions pas le rôle de cette route dans les *Ames Mortes*, de Gogol et dans *Qui mène la bonne vie en Russie?* de Nekrassov [2].

Sans aborder le problème du changement des fonctions de la « route » et de la « rencontre » dans l'histoire du roman, arrêtons-nous à un trait fort important, commun à toutes les variantes énumérées : *la route traverse le pays natal*, et non *un monde exotique et inconnu*. (L'Espagne de *Gil Blas* est conventionnelle; quant au séjour temporaire de *Simplicissimus* en France, il n'a pas de consistance, car l'étrangeté du pays étranger est ici fictive, et il n'est pas question d'exotisme.) On nous découvre, on nous précise *les multiples aspects socio-historiques du pays natal* (si bien qu'on ne peut parler d'exotisme que s'il s'agit d'un *exotisme social :* « taudis », « bas-fonds », monde des truands). Dans cette fonction-là, la « route » a été traitée également dans des genres « hors sujet », tels que les récits de voyages centrés sur la vie politique ou sociale, au XVIIIe siècle (dont l'exemple classique est le *Voyage de Pétersbourg à Moscou*, de Radistchev [3]) et dans les carnets de route des publicistes du XIXe siècle, tel Henri Heine. Les particularités de ces œuvres les distinguent d'une autre ligne romanesque : celle des pérégrinations, représentée dans l'Antiquité, celle des sophistes grecs (étudiée dans la première étude) comme aussi celle du roman baroque du XVIIe siècle. Dans ces romans un « monde

1. M. N. Zagoskine (1789-1853), fortement inspiré par Walter Scott, écrivit *Iouri Miloslavski, ou les Russes en 1612*, qui lui valut une renommée soudaine... et une nombreuse postérité.

2. Nicolas Nekrassov (1821-1877), poète social, ardent polémiste, chantre du paysan russe et de ses souffrances.

3. Alexandre Radistchev (1749-1802) toucha, dans cet ouvrage, aux problèmes brûlants de la Russie de Catherine II et encourut la colère de l'impératrice, qui le fit arrêter et exiler en Sibérie.

étranger » a une fonction analogue à celle de la route : c'est un monde séparé du pays natal par la mer et la distance.

Vers la fin du XVIIIe siècle, en Angleterre, s'élabore et s'impose dans ce qu'on nomme le roman « gothique », ou « noir », un nouveau territoire pour les événements romanesques : le *château*, traité pour la première fois dans ce contexte par Horace Walpole, dans *Le Château d'Otrante*, puis par Mrs. Radcliffe, Lewis, etc. Le château est tout pénétré par le temps, un temps historique au sens étroit du mot, c'est-à-dire le temps du *passé historique*. Le château, c'est la demeure des seigneurs de l'époque féodale, et par conséquent des figures historiques d'autrefois; les siècles et les générations ont déposé leur empreinte visible sur différentes parties de l'édifice, sur l'ameublement, les armes, la galerie des portraits ancestraux, les archives de famille, sur les relations humaines, marquées par la succession dynastique et la transmission des droits héréditaires. Enfin, tous les coins du château et ses environs sont animés par le souvenir des légendes et des traditions. C'est ce qui crée la matière narrative qui se déploie dans les romans « gothiques ».

Le caractère historique des châteaux féodaux leur permit de jouer un rôle considérable dans l'évolution du roman historique. Le château a pour origine les siècles écoulés; il est tourné vers son passé. Il est vrai que les traces du temps y ont un certain caractère de musée et d'antiquités. Walter Scott a su échapper à ce danger d'anachronisme en s'orientant surtout sur la *légende* du château, sur ses affinités avec le paysage, perçu et interprété historiquement. Dans ce château, s'opère la fusion organique des aspects-indices spatio-temporels, et l'intensité historique de ce chronotope détermine sa fécondité figurative au cours des différentes étapes de l'évolution du roman historique.

Dans les romans de Stendhal et de Balzac apparaît une nouvelle et notable localisation des péripéties : le *salon* (au sens large). Naturellement, ils ne sont pas les premiers à en parler, mais c'est chez eux qu'il acquiert sa signification pleine et entière, comme lieu d'intersection des séries spatiales et temporelles du roman. Du point de vue du sujet et de la composition, c'est là qu'ont lieu les rencontres qui n'ont plus l'ancien caractère spécifique de la rencontre fortuite, faite « en route », ou dans « un monde inconnu ». Là se nouent les intrigues et ont lieu souvent les ruptures, enfin (et c'est très important), là s'échangent des *dialogues* chargés d'un sens tout particulier dans le roman, là que se révèlent les caractères, les « idées » et les « passions » des personnages.

La signification du salon de réception pour le sujet et la composition est parfaitement compréhensible : sous la Restauration et la monarchie de Juillet, on y trouve le baromètre de la vie politique et celui des affaires. Les réputations politiques, bancaires, sociales, littéraires y sont édifiées ou détruites; les carrières y naissent et s'effondrent, les destins de la haute politique, de la haute finance s'y jouent, le succès ou l'échec d'un projet de loi, d'un livre, d'une pièce, d'un ministre, d'une courtisane-chanteuse, s'y décident. Les échelons de la nouvelle hiérarchie sociale y sont assez complètement représentés (et réunis au même endroit, au même moment). Enfin, sous ses formes concrètes et visibles apparaît l'omniprésent pouvoir du nouveau maître de la vie : l'argent!

Mais le principal, ici, c'est la conjugaison de ce qui est historique, social, public, avec ce qui est privé, et même foncièrement intime, l'association de l'intrigue personnelle, commune, avec l'intrigue politique et financière, du secret d'État avec le secret d'alcôve, la fusion de la série historique avec la série des mœurs et de la biographie. Ici, concentrées, condensées, évidentes et visibles, se trouvent les marques d'un temps historique, d'un temps biographique ou d'un temps quotidien, et en même temps tout cela est confondu, fondu dans les seuls indices de l'époque, et celle-ci est perçue concrètement, comme sujet.

Il est clair que les grands réalistes, un Stendhal, un Balzac, n'ont pas recours uniquement au salon comme lieu d'intersection des séries spatiales et temporelles, de condensation des traces de la marche du temps dans l'espace. C'est un lieu parmi d'autres. Balzac avait la capacité exceptionnelle de « voir » le temps dans l'espace. Rappelons-nous ne serait-ce que sa façon de représenter les maisons comme une incarnation de l'Histoire, ses images des rues, des villes, du paysage rural, au plan de son élaboration de l'Histoire, du temps...

Voyons encore un exemple d'intersection des séries spatio-temporelles. L'action de *Madame Bovary* se déroule dans une « petite ville de province ». Ces petites villes, avec leurs mœurs surannées, servent très fréquemment de scène aux péripéties des romans du XIXe siècle, avant Flaubert et après lui. Elles offrent plusieurs variantes, parmi lesquelles — très importante (chez les écrivains régionalistes), une variante idyllique. Mais nous n'aborderons que la variante flaubertienne (créée, il est vrai, par un autre que lui).

Une telle ville est le lieu du temps cyclique de la vie quotidienne. Il ne s'y passe aucun événement, rien que la répétition de « l'ordinaire ». Le temps y est privé de son cours historique progressif. Il avance en cycles étroits : le cycle du jour, de la semaine, du mois, de toute une vie. Un jour n'est jamais un jour, une année n'est jamais une année, la vie n'est pas une vie. De jour en jour se répètent les mêmes actes habituels, les mêmes sujets de conversation, les mêmes mots... Dans ce temps, les gens mangent, boivent, dorment, ont des épouses, des maîtresses (sans romanesque), s'adonnent à de mesquines intrigues, sont assis dans leurs boutiques ou leurs bureaux, jouent aux cartes, clabaudent. C'est cela, le temps cyclique de la vie commune, courante, quotidienne... Il nous est familier, dans ses diverses variantes, d'après Gogol et Tourguéniev, Gleb Ouspenski, Chtchédrine [1] et Tchékov. Ses indices sont simples, rudimentaires, matériels. Ils sont solidement soudés aux particularités locales, aux maisonnettes et chambrettes de la petite ville, à ses rues somnolentes, à sa poussière, ses mouches, ses clubs, ses billards, etc. Le temps y est dénué d'événements et semble presque arrêté. Ni « rencontres », ni « séparations ». C'est un temps épais, visqueux, qui rampe dans l'espace; c'est pourquoi il ne peut devenir le temps principal du roman. Le romancier peut y avoir recours comme à un temps accessoire. Il se mêle à d'autres séries, non cycliques, ou il est recoupé par elles. Souvent il sert de fond contrastant aux séries temporelles énergiques et événementielles.

Abordons encore un chronotope imprégné de grande valeur émotionnelle, de forte intensité : le *chronotope du seuil*. Il peut s'associer au thème de la *rencontre*, mais il est notablement plus complet : c'est le chronotope de la *crise*, du *tournant d'une vie*. Le terme même du « seuil » a déjà acquis, dans la vie du langage (en même temps que son sens réel) un sens métaphorique; il a été associé au moment de changement brusque, de crise, de décision modifiant le cours de l'existence (ou d'indécision, de crainte de « passer le seuil »). En littérature, le chronotope du seuil est toujours métaphorique et symbolique, parfois sous une forme explicite, mais plus souvent implicite. Par exemple, chez Dostoïevski, le seuil et les chronotopes de l'escalier, de l'antichambre, du couloir, qui lui sont contigus, de même que ceux de la rue et de la grand-place qui les prolongent, apparaissent comme les principaux lieux d'action de son œuvre, lieux où s'accomplit l'événement de la crise, de la chute, de la résurrection, du renouveau de vie, de la clairvoyance, des décisions qui infléchissent une vie entière. En somme, dans ce chronotope le temps apparaît comme un instant, comme s'il n'avait pas de durée, et s'était détaché du cours normal du temps biographique. Chez Dostoïevski, tous ces temps voisinent de façon originale; ils se recoupent, s'entrelacent, comme ils le firent de longs

1. M.E. Saltykov-Chtchédrine, l'un des plus grands satiriques russes (1826-1889). Son œuvre principale est *La Famille Golovlev*.

siècles durant sur les places publiques, au Moyen Age et à la Renaissance, et (sous des formes un peu différentes) sur les places antiques de la Grèce et de Rome. La grand-place des anciens carnavals et mystères semble s'animer et filtrer chez Dostoïevski dans ses rues, dans ses scènes d'ensemble à l'intérieur des demeures, principalement dans les salons [1]. Les chronotopes, chez Dostoïevski ne sont pas épuisés pour autant : ils sont complexes et multiformes, de même que les traditions qui se renouvellent en eux.

A la différence de Dostoïevski, le chronotope essentiel de l'œuvre de Léon Tolstoï, c'est le temps biographique qui s'écoule dans les espaces intérieurs des maisons et manoirs de la noblesse. Naturellement, les œuvres de Tolstoï contiennent, elles aussi, des crises et des chutes, des régénérations et des résurrections, mais elles ne sont pas momentanées, et n'échappent pas au cours du temps biographique, lui étant fermement soudées. Par exemple, la crise et la lucidité *d'Ivan Ilitch* [2] dure tout au long de la dernière période de sa maladie, et ne s'achève que juste avant sa mort. La régénération de Pierre Bezoukhov *(Guerre et Paix)* est longue et progressive, pleinement biographique. Moins longues, mais nullement fugaces sont la régénération et la pénitence de Nikita, dans *La Puissance des Ténèbres*. Nous ne trouvons chez Tolstoï qu'une seule exception, que rien ne prépare, qui est tout à fait inattendue : la régénération radicale de Brekhounov, à son heure dernière *(Maître et Serviteur)*. Tolstoï n'aimait point l'instant fugace, ne cherchait pas à l'emplir de quelque chose d'essentiel, de décisif. On trouve rarement chez lui le mot « soudain », et il ne le fait pas déboucher sur un événement de quelque importance. A la différence de Dostoïevski, Tolstoï prisait la durée, l'étendue du temps. Pour lui, après le temps et l'espace biographiques, ce qui avait une importance capitale, c'étaient les chronotopes de la nature et de l'idylle familiale, voire le chronotope de l'idylle champêtre (dans ses images du labeur des paysans).

★

Quelle est la signification des chronotopes que nous avons examinés ? En premier lieu, leur signification pour le *sujet* est

1. Les traditions culturelles et littéraires (y compris les plus antiques) se conservent et vivent non dans la mémoire individuelle, subjective, d'un homme isolé, dans je ne sais quel « psychisme » collectif, mais dans les formes objectives de la culture elle-même (y compris dans ses formes linguistiques et verbales); dans ce sens, elles sont mi-subjectives, mi-individuelles (et donc sociales); de là elles entrent dans l'œuvre littéraire, parfois passant outre à la mémoire subjective, individuelle. des auteurs *(N.d.A.)*.

2. *La Mort d'Ivan Ilitch.*

évidente. Ils se présentent comme les centres organisateurs des principaux événements contenus dans le sujet du roman, dont les « nœuds » se nouent et se dénouent dans le chronotope. C'est lui, on peut l'affirmer, qui est le principal générateur du sujet.

En même temps, on voit au premier coup d'œil la signification *figurative* des chronotopes. En eux, le temps acquiert un caractère sensuellement concret; dans le chronotope, les événements du roman prennent corps, se revêtent de chair, s'emplissent de sang. On peut relater cet événement, informer à son propos, même donner des indications précises quant au lieu et au temps de son occurrence. Pourtant l'événement ne devient point une image. Le chronotope ne fournit pas un terrain substantiel pour l'image-démonstration des événements, et ceci grâce à la condensation et la concrétisation des indices du temps — temps de la vie humaine, temps historique, dans différents secteurs de l'espace. C'est cela qui crée la possibilité d'élaborer l'image des événements dans le chronotope (et autour de lui). Il sert de point principal pour le déroulement des « scènes » du roman, alors que d'autres événements « de liaison » qui se trouvent à l'écart du chronotope, sont présentés sous la forme sèche d'une information, d'une communication, ce qui, chez Stendhal, pèse d'un grand poids : la représentation est concentrée, serrée, dans un petit nombre de scènes qui éclairent, en les concrétisant, les parties « informatives » du roman. (Voir, par exemple, la construction d'*Armance*.) De la sorte, le chronotope, principale matérialisation du temps dans l'espace, apparaît comme le centre de la concrétisation figurative, comme l'incarnation du roman tout entier. Tous les éléments abstraits du roman — généralisations philosophiques et sociales, idées, analyse des causes et des effets, et ainsi de suite, gravitent autour du chronotope et, par son intermédiaire, prennent chair et sang et participent au caractère imagé de l'art littéraire. Telle est la signification figurative du chronotope...

Les chronotopes examinés ont un caractère typique en ce qui concerne les genres, ils se placent à la base de variantes précises du genre « roman », qui s'est formé et s'est développé au long des siècles. (A dire vrai, les fonctions se modifient au cours de ce processus d'évolution, par exemple en ce qui concerne le chronotope de « la route ».) Cependant, toute image de l'art littéraire est chronotopique, comme l'est aussi, essentiellement, le langage, trésor des images. La forme interne du mot, c'est-à-dire le signe médiateur qui contribue à transporter les significations spatiales initiales dans les relations temporelles (au sens le plus large), est également chronotopique. Ce n'est pas le lieu, ici, d'aborder ce problème assez particulier. On doit se référer au chapitre correspondant de la *Philosophie des formes symboliques* de Kassirer : à partir d'un matériau riche, il analyse le reflet du temps dans le langage (son assimilation par le langage).

Le principe spatio-temporel de l'image dans l'art littéraire fut révélé pour la première fois, dans toute sa clarté, par Lessing, dans son *Laokoon*. Il y précise le caractère temporel de cette image. Tout ce qui est statiquement spatial doit être décrit de manière non statique et entraîné dans la série temporelle des événements représentés et du récit-image lui-même. Ainsi, dans l'exemple célèbre de Lessing, Homère ne décrit pas la beauté d'Hélène, mais la montre dans son effet sur les vieillards troyens, dans une suite de gestes et d'actions de ces vieillards. La beauté s'introduit dans un enchaînement d'événements représentés, et en même temps se présente non comme objet d'une description statique, mais comme celui d'une narration dynamique.

Mais Lessing a beau poser de façon substantielle et féconde le problème du temps dans la littérature, il le place, somme toute, sur un plan formel et technique (pas au sens des formalistes, bien entendu). Il ne pose pas franchement et directement le problème de l'assimilation du temps réel, autrement dit, de l'assimilation, dans l'image poétique, de la réalité historique, bien qu'il l'effleure dans son œuvre.

Les singularités des chronotopes typiques des divers genres « à sujets », dont nous avons parlé jusqu'à présent, s'éclairent sur le fond du caractère général (formel et matériel) de l'image poétique, comme celle d'un art temporel figurant des phénomènes spatio-sensuels dans leur mouvement et leur devenir. Il s'agit de chronotopes spécifiques, romanesques et épiques, qui servent à assimiler la réalité existante, temporelle (historique jusqu'à un certain point) et permettent de refléter et d'introduire, au plan de l'art littéraire du roman, les moments essentiels de cette réalité.

⋆

Nous ne parlons ici que des grands chronotopes fondamentaux, qui englobent tout. Mais chacun d'eux peut inclure une quantité illimitée de chronotopes mineurs, et chaque thème peut avoir son chronotope propre, comme nous l'avons déjà dit.

Dans les limites d'une seule œuvre et de l'art d'un seul auteur, nous observons quantité de chronotopes, et leurs interférences, complexes, spécifiques de l'œuvre et de l'auteur; il arrive, au surplus, que l'un de ces chronotopes recouvre tout, ou prédomine. (Ce sont ceux que nous avons analysés ici en priorité.) Ils peuvent s'imbriquer l'un dans l'autre, coexister, s'entrelacer, se succéder, se juxtaposer, s'opposer, ou se trouver dans des relations réciproques plus compliquées. Le caractère général de ces interrelations apparaît comme *dialogique* (au sens large de ce terme). Or, ce dialogue ne peut pénétrer dans l'image représentée, ni dans aucun de ses chronotopes : il est en dehors, bien qu'il ne soit pas exclu de l'œuvre entière. Ce dialogue entre dans le monde de l'auteur, de l'exécutant, et dans celui des auditeurs et des lecteurs, mondes chronotopiques, eux aussi.

Comment nous sont transmis les chronotopes de l'auteur, et de l'auditeur-lecteur ? D'abord par le fait extérieur, matériel de l'œuvre, par l'évidence de sa composition. Mais son matériau n'est pas inerte : il est parlant, signifiant (ou sémiotique). Non seulement le voyons-nous, le touchons-nous, mais nous y entendons toujours des voix, même au cours d'une lecture silencieuse, « par-devers soi. » Un texte nous est donné. Il occupe une place précise dans l'espace, ce qui veut dire qu'il est localisé. Mais sa création, la connaissance que nous en avons, se déroulent dans le temps. Le texte, en tant que tel, ne se présente pas comme mort : que l'on parte de n'importe quel texte pour passer parfois par une longue suite de chaînons intermédiaires, on parviendra, en fin de compte, à la voix humaine, on se cognera, si l'on peut dire, à l'homme. Or, un texte est toujours fixé dans un matériau inerte : aux premiers stades de la littérature, c'étaient des sonorités audibles, au stade de l'écriture ce furent des manuscrits (sur la pierre, la brique, le cuir, le papyrus, le papier). Plus tard, le manuscrit put prendre la forme d'un livre (volume-rouleau, volume-*codex*). Mais quelle que soit la forme des manuscrits et des livres, ils se trouvent déjà à la frontière entre la nature inerte et la culture. Et si nous les abordons comme porteurs de textes, ils entrent dans le domaine de la culture et, dans le cas présent, dans celui de la littérature. Dans le temps et l'espace tout à fait réels où retentit l'œuvre, où se situe le manuscrit ou le volume, l'homme réel, qui a composé ce discours, cet écrit, ce livre, se trouve aussi, ainsi que les êtres vrais qui écoutent ou lisent les textes. De toute évidence, auteurs, auditeurs, lecteurs peuvent se situer (et se situent fréquemment) dans des temps et des espaces différents, séparés parfois par des siècles ou des distances énormes, mais peu importe : ils sont tous réunis dans un monde unique, réel, inachevé, historique, séparé par une frontière brutale et rigoureuse *du monde représenté dans le texte*. Nous pouvons donc parler de ce monde comme *créateur* du texte : tous ses éléments — tant le reflet de la réalité, que les auteurs, les exécutants (s'ils existent), enfin les auditeurs-lecteurs qui reconstituent et, ce faisant, renouvellent le texte, tous participent à part égale à la création d'un monde représenté. Des chronotopes réels de ce monde *créateur*, se dégagent les chronotopes reflétés et *crées* du monde dont l'œuvre (le texte) donne l'image.

Entre ces deux mondes, nous l'avons dit, passe une frontière radicale. Il ne faut jamais l'oublier. On ne peut confondre, comme on l'a fait jusqu'à présent (comme on le fait encore), le monde représenté et le monde représentant (réalisme naïf), ni l'auteur-créateur de l'œuvre avec l'auteur-individu (biographisme naïf), ni davantage l'auditeur-lecteur de diverses (et nombreuses) époques, qui recrée et renouvelle l'œuvre, avec l'auditeur-lecteur passif contemporain. (Conception et jugement dogmatiques.) Les confusions de cet ordre sont tout à fait inadmissibles du point de vue de la méthodologie. Toutefois, il n'est pas plus admissible de concevoir cette frontière radicale comme absolue et impénétrable (spécification d'un dogmatisme simpliste). En dépit de l'impossibilité de confondre le monde représenté et le monde représentant, en dépit de la présence immuable de la frontière rigoureuse qui les sépare, ils sont indissolublement liés l'un à l'autre, et se trouvent dans une action réciproque constante : entre eux ont lieu des échanges ininterrompus, pareils à ceux de l'organisme vivant avec son milieu ambiant : tant que cet organisme reste en vie, il ne se confond pas avec son milieu, mais il mourra si on l'en arrache. L'œuvre et le monde dont elle donne l'image pénètrent dans le monde réel et l'enrichissent. Et le monde réel pénètre dans l'œuvre et dans le monde qu'elle représente, tant au moment de sa création, que par la suite, renouvelant continuellement l'œuvre au moyen de la perception créative des auditeurs-lecteurs. Ce processus d'échanges est, par lui-même, chronotopique, de toute évidence : il s'accomplit dans un monde social qui évolue selon l'Histoire, mais jamais séparé de l'espace historique changeant. On pourrait même parler d'un chronotope particulier, *créateur*, au dedans duquel a lieu cet échange entre l'œuvre et la vie, où se passe la vie singulière d'une œuvre.

⋆

Il est indispensable de s'arrêter, brièvement, sur l'auteur, créateur de l'œuvre, et sur son activité.

Cet auteur, nous le rencontrons *hors* de son œuvre, en tant qu'homme qui vit son existence biographique; mais nous le rencontrons en tant que créateur dans l'œuvre elle-même, toutefois *en dehors* des chronotopes représentés, comme sur leur tangente.

Nous le trouvons (nous trouvons son activité), en premier lieu dans la composition de son ouvrage, qu'il divise en parties (chants, chapitres, etc.), ceux-ci, bien entendu, reçoivent une expression extérieure, qui, toutefois, ne trouve pas un reflet direct dans les chronotopes. Ces divisions varient selon les divers genres, et certains d'entre eux ont conservé, traditionnellement, les subdivisions qui avaient été imposées par les conditions matérielles d'exécution et d'audition des œuvres appartenant à ces genres, aux époques primitives, prégraphiques (verbales). C'est ainsi que nous distinguons assez nettement le chronotope du chantre et de son auditoire dans l'articulation des chants épiques de l'Antiquité, ou celui de la narration, dans les contes. Mais dans l'articulation des œuvres des temps modernes, on prend en considération tant les chronotopes du monde représenté, que ceux des lecteurs et des créateurs d'œuvres; autrement dit, l'interaction du monde représentant et du monde représenté s'y accomplit également. Elle se découvre clairement dans certains aspects compositionnels élémentaires : toute œuvre a *un début et une fin*, de même l'événement qui s'y trouve représenté. Cependant, ces commencements et ces fins sont placés dans des mondes et des chronotopes différents, qui jamais ne pourront fusionner ou s'identifier les uns aux autres, et qui, pourtant, sont interrelatés et indissolublement liés. On pourrait dire que nous avons, devant nous, deux événements : celui qui nous est raconté dans l'œuvre, et celui de la narration elle-même (et nous participons nous-mêmes à ce dernier, comme auditeurs-lecteurs). Ces événements se déroulent à des moments différents (par leur durée, aussi) et en des lieux différents. Simultanément, ils sont inséparablement réunis dans un événement unique, mais compliqué, que nous pourrions désigner comme l'œuvre dans sa plénitude événementielle, en y incluant sa donnée matérielle, externe, son texte, le monde dont elle donne l'image, l'auteur-créateur et l'auditeur-lecteur. Si nous percevons cette plénitude dans son entité indivisible, nous comprenons en même temps tout ce qui différencie les éléments dont elle est constituée.

L'auteur-créateur se meut librement dans son époque. Il peut commencer son récit par le commencement, la fin, le milieu, partir de n'importe quel moment des événements qu'il représente, sans détruire pour autant le cours objectif du temps. C'est là que se révèle avec une grande clarté la différence entre le temps qui représente et celui qui est représenté. Mais ici surgit un problème plus général : à partir de quel point spatio-temporel l'auteur considère-t-il les événements qu'il représente ?

D'abord, il les regarde à partir de son époque contemporaine inachevée, dans toute sa complexité et son entité, se trouvant lui-même comme sur la tangente de l'actualité dont il donne l'image. La contemporanéité de l'auteur comprend, tout d'abord, le domaine de la littérature, non seulement contemporaine, au sens restreint du mot, mais celle du passé, qui continue à vivre et à se renouveler dans le présent. Le domaine littéraire, et, plus largement, celui de la culture (dont on ne peut séparer la littérature) constitue le contexte indispensable de l'œuvre littéraire, et de la position, en son sein, de l'auteur; hors de ce contexte, on ne peut comprendre ni une œuvre, ni les intentions de l'auteur qu'elle reflète [1].

La relation de l'auteur aux diverses manifestations de la littérature et de la culture porte un caractère dialogique, analogue aux relations mutuelles entre les chronotopes à l'intérieur d'une œuvre (dont nous avons parlé plus haut). Mais ces relations dialogiques entrent dans une sphère *sémantique* spéciale, sortant des cadres de cette étude consacrée aux seuls chronotopes.

On l'a dit, l'auteur-créateur, tout en se trouvant hors des chronotopes du monde qu'il représente, est comme sur la même tangente. Il donne l'image de son monde du point de vue soit d'un personnage participant à l'événement évoqué, soit du narrateur, ou de l'auteur-substitut; enfin, ne recourant à aucun intermédiaire, il conduit sa narration directement, comme venant de lui, de l'auteur en tant que tel (dans un discours direct, et dans ce cas aussi, il lui est possible de représenter un monde spatio-temporel, avec ses événements, *comme s'il* le voyait, l'observait, *comme s'il* en était le témoin omniscient. Même dans le cas où il composerait une autobiographie, ou la plus authentique des confessions, il resterait tout de même en dehors du monde qui y serait représenté, car il en serait le créateur. Si je narre (ou relate par écrit) un événement qui vient de m'arriver, je me trouve déjà, comme *narrateur* (ou écrivain), hors du temps et de l'espace où l'épisode a eu lieu. L'identité absolue de mon « moi », avec le « moi » dont je parle, est aussi impossible que de se suspendre soi-même par les cheveux! Si véridique, si réaliste que soit le monde *représenté*, il ne peut jamais être identique, du point de vue spatio-temporel, au monde réel, *représentant*, celui où se trouve l'auteur qui a créé cette image. Voilà pourquoi

1. Nous ferons abstraction, ici, des autres domaines de l'expérience sociale et personnelle de l'auteur-créateur *(N.d.A.)*.

le terme « image d'auteur » ne me paraît pas heureux : tout ce qui, dans une œuvre, est devenu image et qui, par conséquent, entre dans ses chronotopes, apparaît comme *créé*, et non *créateur*. « Image d'auteur », s'il faut comprendre par là l'auteur-créateur, se présente comme une *contradiction dans les termes*. Toute image, c'est toujours quelque chose de créé, non créateur. Naturellement, l'auditeur-lecteur peut créer pour lui-même une image de l'auteur (c'est ce qu'il fait habituellement, en se représentant l'auteur d'une façon ou d'une autre); de surcroît, il peut utiliser des documents autobiographiques et biographiques, étudier l'époque où vivait et créait l'auteur, consulter d'autres matériaux à son sujet. Toutefois, cet auditeur-lecteur arrivera à former uniquement une image artistico-historique de cet auteur, image plus ou moins véridique et sérieuse, c'est-à-dire soumise aux critères qu'on applique généralement à ces images; mais, naturellement, il ne pourra jamais s'intégrer dans la trame imagée de l'œuvre. Néanmoins, si l'image de l'auteur est véridique et approfondie, elle permet à l'auditeur-lecteur de comprendre plus exactement, plus profondément l'œuvre de cet auteur.

Nous n'aborderons pas ici le problème compliqué de l'auditeur-lecteur, de sa situation spatio-temporelle et de son rôle de *rénovateur* de l'œuvre (dans le processus de sa durée). Nous voulons simplement indiquer que toute œuvre littéraire est tournée *en dehors*, non vers elle, mais vers l'auditeur-lecteur, et qu'elle anticipe, en une certaine mesure, ses réactions éventuelles.

★

Touchons, pour conclure, à un problème important de plus . celui des limites de l'analyse des chronotopes. La science, l'art et la littérature ont à faire à des éléments *sémantiques* qui, en tant que tels, ne se prêtent pas à des définitions temporelles et spatiales. Telles sont, par exemple, toutes les notions des mathématiques : nous y avons recours pour mesurer les manifestations du temps et de l'espace, mais en elles-mêmes, elles n'ont point de définitions spatio-temporelles : il s'agit pour nous d'un objet de réflexion abstraite. C'est une formation abstraitement conceptuelle, indispensable à la formalisation et à l'étude strictement scientifique de bien des phénomènes concrets. Mais les sens n'existent pas que dans la réflexion abstraite : la réflexion artistique est concernée également. Ces sens artistiques ne se prêtent pas davantage à des définitions spatio-temporelles. De plus, nous arrivons à donner quelque *interprétation* à tout phénomène, ce qui veut dire que nous l'intégrons non seulement dans une sphère d'existence spatio-temporelle, mais également dans une sphère sémantique. Cette interprétation comprend aussi un élément d'appréciation. Mais les problèmes de la forme d'existence de cette sphère et ceux du caractère et de la forme des interprétations et appréciations, sont purement philosophiques (mais pas, bien sûr, métaphysiques). Nous ne pouvons en débattre ici. L'important pour nous, c'est ceci : pour faire partie de notre expérience (qui est, de plus, sociale), les sens, quels qu'ils soient, doivent assumer une expression spatio-temporelle quelconque, autrement dit, une *forme sémiotique*, audible, visible pour nous : un hiéroglyphe, une formule mathématique, une expression verbale, linguistique, un dessin, etc. Sans cela, même la réflexion la plus abstraite est impossible. En conséquence, toute pénétration dans la sphère des sens ne peut se faire qu'en passant par la porte des chronotopes.

Nous l'avons dit en commençant ces essais, l'étude des relations spatio-temporelles dans les œuvres littéraires n'a débuté que tout récemment; au surplus, on a surtout analysé les relations temporelles en les séparant des relations spatiales, qui leur sont obligatoirement liées, c'est-à-dire sans démarche chronotopique conséquente. Pour ce qui est de la démarche que nous proposons dans cette étude, seule l'évolution future de la science littéraire pourra décider de son importance et de sa fécondité.

1937-1938 [1].

1. Les « Observations finales » ont été écrites en 1973.

Quatrième étude

DE LA PRÉHISTOIRE DU DISCOURS ROMANESQUE

I

Il y a longtemps qu'on a commencé à étudier le roman du point de vue stylistique. La pensée classique des XVIIe et XVIIIe siècles ne tenait pas le roman pour un genre poétique autonome, et le rattachait aux genres rhétoriques mixtes. Les premiers théoriciens du roman : Huet (*Essay sur l'Origine des Romans*, 1670), Wieland, dans la célèbre préface à son *Agathon* (1766-1767), Blankenburg (*Versuch über den Roman*, paru anonymement en 1774), les romantiques — Frédéric Schlegel, Novalis — ne touchèrent quasiment jamais à la stylistique [1]. Dans la seconde moitié du XIXe siècle naît un vif intérêt pour la théorie du roman, genre alors prédominant en Europe [2], mais que l'on étudie en se fixant presque exclusivement sur les problèmes liés à la composition et aux thèmes [3]. La stylistique est effleurée en passant, traitée sans aucune méthode.

A partir des années 20 de notre siècle, la situation change assez brusquement : un certain nombre d'ouvrages paraissent, qui étudient le style de certains romanciers, de certains romans. Ces travaux sont souvent riches en observations précieuses [4]; il

1. Les Romantiques affirmaient que le roman était un genre mixte, mélange de vers et de prose, contenant des genres variés (en partie lyriques), mais ils n'en tirèrent aucune conclusion concernant le style.

2. En Allemagne, cela commença avec les ouvrages de Spielhagen (qui parurent à partir de 1864) et surtout avec celui de R. Rieman, *Goethes Romantechnik* (1902). En France, cela débuta surtout avec Brunetière et Lanson.

3. Le problème fondamental des styles et plans multiples du roman a été approché de près par les tenants de la technique dite du « cadre » *(Ramenerzählung)* de la prose littéraire et du narrateur dans le genre épique. (Käte Friedmann, *Die Rolle des Erzählers in der Epik*, Leipzig, 1910.) Mais ce problème ne fut pas défriché sur le plan du style.

4. L'ouvrage de H. Hatzfeld, *Don Quijote als Wortkunstwerk*, Berlin, 1927, est particulièrement intéressant.

n'empêche que les particularités du verbe romanesque, le *specificum* stylistique du genre, demeurent inexplorés. De surcroît, le problème même de ce *specificum* n'a pas encore été posé avec toute la rigueur nécessaire.

On peut considérer cinq types de démarches stylistiques en ce qui concerne le verbe romanesque : 1° On analyse uniquement la « partie » de l'auteur dans son roman, c'est-à-dire son seul discours direct (plus ou moins bien dégagé), en partant de la représentation et de l'expression poétiques directes : métaphores, comparaisons, choix du vocabulaire, etc. 2° A l'analyse stylistique du roman en tant qu'entité littéraire, on substitue une étude linguistique neutre [1]. 3° On choisit, dans le langage du romancier, les éléments qui caractérisent l'école littéraire à laquelle on le rattache [2]. (Par exemple, le romantisme, le naturalisme, l'impressionnisme...) 4° Dans le matériau linguistique du roman, on cherche ce qui traduit la personnalité même de l'auteur, autrement dit, on analyse ce style comme étant personnel à tel romancier [3]. 5° On aborde le roman comme un genre rhétorique, en examinant ses procédés en fonction de leur valeur rhétorique [4].

Tous ces types d'analyse stylistique s'écartent, dans une mesure plus ou moins grande, des originalités du genre romanesque, des conditions spécifiques de la vie du discours dans le roman. Le langage et le style du romancier sont traités non comme langage et style *du roman*, mais comme expression d'une personnalité littéraire précise, du style de telle école, ou comme phénomène du langage poétique en général. Dans chacun des cas, la personnalité de l'auteur, le mouvement littéraire auquel il appartient, les particularités communes au langage poétique ou littéraire d'une époque, nous dissimulent toujours *le genre* lui-même, avec ses propres exigences à l'égard du langage, et les possibilités spécifiques qu'il lui ouvre. Comme résultat, dans la plupart des ouvrages sur le roman, des variantes stylistiques assez minimes, individuelles à un auteur, ou particulières à un courant littéraire, nous dérobent complètement les grandes lignes stylistiques définies par l'évolution du roman en tant que

1. Tel est, par exemple, l'ouvrage de L. Sainéan, *La Langue de Rabelais*, Paris, T. I, 1922, T. II, 1923.

2. Cf. G. Loesch, *Die Impressionistisch Syntax der Goncourts*, Nuremberg, 1919.

3. Telles sont les œuvres sur le style des disciples de Fossler. Notons, en particulier, les travaux, précieux pour leurs observations, de Leo Spitzer sur la stylistique de Charles-Louis Philippe, de Charles Péguy et de Marcel Proust, dans le recueil *Stilstudien* (*Stilsprachen*, T. II, 1928).

4. C'est la thèse défendue par V. V. Vinogradov : « De la Prose Littéraire » (*O Khoudojestvénnoï Prosé)*, Moscou-Leningrad, 1930.

genre à part. Or, dans le roman, le verbe vit de façon spéciale, insaisissable sous l'angle des catégories stylistiques fondées sur les genres poétiques (au sens étroit).

Entre le roman et certaines formes qui lui sont proches, d'une part, et de l'autre, tous les divers genres poétiques (au sens strict), la différence est si substantielle, si radicale, que toute tentative de transférer sur le roman les notions et les normes de l'image poétique est vouée à l'échec. Si le pittoresque poétique (au sens strict) trouve bien sa place dans le roman (principalement dans le discours direct de l'auteur), c'est secondaire. Au surplus, ce pittoresque direct assume très souvent dans le roman des fonctions spéciales, indirectes. Voici, par exemple, comment Pouchkine caractérise la poésie de Lenski :

Docile à l'amour, il chantait l'amour,
Et son chant était clair,
Comme les pensées d'une vierge ingénue,
Comme le sommeil d'un petit enfant,
Comme la lune [1]...

(Suit le développement de cette dernière comparaison.)

Ici, les images poétiques (entendons : les comparaisons métaphoriques) qui peignent le « chant » de Lenski, n'ont pas du tout un sens poétique direct. On ne peut les tenir pour les images poétiques spontanées de Pouchkine lui-même, encore que, formellement, leur caractéristique vienne de l'auteur. Le « chant » de Lenski se détermine lui-même, dans son langage à lui, selon sa manière poétique propre. Quand Pouchkine donne directement la caractéristique de ce « chant » (on la trouve ailleurs dans le roman), cela a une tout autre résonance :

Tels sont ses vers, obscurs et flous [2]...

Dans les vers cités plus haut on entend le chant de Lenski lui-même, sa voix, son style poétique, mais ici l'auteur les imprègne de ses accents ironiques, parodiques. C'est pourquoi ils ne sont détachés du discours direct de l'auteur, ni par leur composition, ni par leur grammaire. Nous voyons l'*image* du chant de Lenski, non point poétique au sens étroit, mais typiquement *romanesque :* c'est l'*image* du langage d'autrui, dans le cas présent, du style poétique (sentimental et romanti-

1. A. Pouchkine, *Eugène Onéguine*, chap. II, X.
2. *Id.*, chap. VI, XXIII.

que) d'un autre. Les métaphores poétiques de ces vers (« tel qu'un songe d'enfant », « la lune au ciel pur », et autres) ne se présentent nullement comme *moyen primaire de représentation*, telles qu'elles le seraient dans le « chant » sérieux, direct, de Lenski : elles deviennent à leur tour *objet de représentation*, très précisément de stylisation parodique.

Cette représentation (propre au roman) *du style d'autrui*, avec les métaphores qu'elle contient, dans le système du discours direct de l'auteur (que nous postulons) est placée entre des guillemets, *qui lui prêtent une intonation ironique, parodique.* Si nous rejetions ces guillemets, si nous appréhendions les métaphores employées ici comme des procédés figuratifs directs de l'auteur lui-même, nous détruirions la représentation romanesque du style d'autrui, celle-là même que Pouchkine, comme romancier, a façonnée ici. Le langage poétique de Lenski, ainsi représenté, est fort éloigné du discours direct de l'auteur tel que nous le postulons : il ne sert que d'objet de représentation (presque comme une « chose »), alors que l'auteur est presque totalement en dehors, et seuls ses accents ironiquement parodiques s'infiltrent dans ce « langage de quelqu'un d'autre ».

Mais voici un autre exemple tiré d'*Eugène Onéguine :*

A qui pense et vit, l'impossible
Est sans mépris de voir les gens,
Et vient troubler un cœur sensible
Le spectre sans retour des temps.
Celui-là plus rien ne l'enchante,
Des serpents sa mémoire hantent,
Le repentir est son enfer [1]...

On croirait une sentence poétique directe de l'auteur lui-même, mais déjà les vers suivants :

Mais, tout cela souvent confère
Du charme aux choses que l'on dit...

(les choses que disent l'auteur supposé et « Onéguine ») jettent sur cette sentence une légère ombre d'objectivation. Elle entre bien dans les paroles de l'auteur, mais dans le rayon d'action de la voix d'Eugène Onéguine, et dans son style. Devant nous apparaît à nouveau une représentation, propre au roman, du style d'autrui, mais construite de façon un peu différente. Toutes les images de cet extrait apparaissent comme objets de représen-

1. *Eugène Onéguine,* I. XLVI, trad. de Louis Aragon (cf. note 1, p. 143).

tation du style d'Onéguine, de sa vision du monde. A cet égard, elles sont semblables au « chant » de Lenski. Toutefois, à la différence de celui-ci, les images de la sentence citée étant objets de représentation, à leur tour représentent (ou, plus exactement, expriment) en même temps la pensée de l'auteur; car l'auteur en est, dans une large mesure, solidaire, même s'il perçoit les limites et l'insuffisance de cette vision du monde, de ce style « à la Byron » d'Onéguine. Si bien que l'auteur (c'est-à-dire le discours direct de l'auteur, postulé par nous) est beaucoup plus proche du « langage » d'Eugène Onéguine que de celui de Lenski : déjà il n'est plus seulement en dehors de ce « langage », mais aussi au-dedans; il ne se contente pas de le représenter, mais, d'une certaine façon, il y recourt lui-même. Le personnage se trouve dans une zone de conversation possible avec l'auteur, une zone de *contact dialogique*. L'auteur aperçoit l'étroitesse et les lacunes du langage et de l'optique (alors encore « à la mode ») d'Onéguine; il voit son aspect comique, « différent », artificiel (« Un Moscovite sous la cape de Childe Harold. » « Un vrai lexique de mots en vogue. » « Ne serait-ce pas un pastiche? »). Pourtant, il ne peut exprimer quantité de réflexions et d'observations importantes qu'à l'aide de ce seul « langage », tout en le sachant historiquement condamné dans son ensemble. Cette image du langage d'un autre et de sa conception du monde, représentée en même temps qu'elle représente, est extrêmement typique du roman. D'elles relèvent, précisément, les plus grandes figures romanesques, tel Don Quichotte. Parties intégrantes d'une telle figure, les procédés poétiques de représentation et d'expression conservent leur signification directe, mais sont en même temps soumis à une restriction, « extériorisés », montrés dans leur relativité historique, avec leur étroitesse et leur insuffisance; ils sont, si l'on peut dire, autocritiques dans le roman. Ils éclairent le monde et en sont eux-mêmes éclairés. De même que l'homme ne coïncide jamais totalement avec sa situation concrète, de même le monde ne coïncide jamais totalement avec le discours qui le décrit. Tout style existant est limité. On ne peut s'en servir qu'avec des réserves.

Quand il représente le « langage réservé et loquace » d'Onéguine, orienté par sa vision du monde, l'auteur est loin d'être neutre à l'égard de cette représentation. Dans une certaine mesure, il polémique avec ce langage, il le conteste sur certains points, il acquiesce avec des réserves, il l'interroge, lui prête une oreille attentive, mais aussi le raille, le pastiche à outrance, et ainsi de suite. Autrement dit, l'auteur se trouve en rapport de dialogue avec le langage d'Onéguine, il converse vraiment avec lui, et cet entretien est l'élément constitutif essentiel de tout le style de ce roman, comme aussi de l'image du langage d'Onéguine, que l'auteur représente, tout en conversant avec son héros. Cette causerie s'introduit dans cette image du langage, et c'est de l'intérieur qu'elle lui donne son aspect dialogique. Telles sont toutes les représentations majeures du roman : représentations intérieurement dialogisées des langages, styles, des visions du monde « d'un autre » (inséparables d'une incarnation concrète de la langue et du style). Les théories sur l'image pittoresque poétique, actuellement en vogue, n'ont aucune portée face à l'analyse de ces représentations complexes du langage dialogué « de l'intérieur »...

En procédant à l'analyse d'*Eugène Onéguine*, on peut constater sans peine qu'à côté du langage d'Onéguine et de Lenski, on trouve le langage compliqué et infiniment profond de Tatiana. Il est fondé sur une association originale, sous forme de dialogue intérieur, du discours rêveusement sentimental, « à la Richardson », d'une « demoiselle de Préfecture », avec le parler populaire des contes de nourrice, des récits traditionnels, des chants paysans, des prophéties naïves, etc. L'aspect borné, presque comique et démodé de ce langage, s'unit à l'authenticité du parler populaire, direct et infiniment grave.

Non seulement l'auteur représente-t-il ce langage, il le parle également. Des passages importants sont rendus dans le registre de la voix de Tatiana (qui, comme celle des autres personnages, ne s'isole du discours de l'auteur, ni dans la composition, ni dans la syntaxe : c'est un registre purement stylistique).

Si les zones des personnages monopolisent une part importante du discours de l'auteur, nous trouvons également dans *Eugène Onéguine* diverses stylisations parodiques propres aux différents courants et genres du langage de cette époque : par exemple, des pastiches des préambules épiques néo-classiques, des parodies d'épitaphes. Même des digressions les plus lyriques de l'auteur ne sont pas dépourvues d'aspects parodiquement stylisés, ou parodiquement polémiques qui, par certains côtés, font partie des zones des personnages. Ainsi, d'un point de vue stylistique, les digressions lyriques de son roman sont radicalement distinctes de la poésie directe de Pouchkine. Il ne s'agit point ici de poésie, mais de représentations romanesques de la poésie (et du poète lyrique). Un examen attentif permet de voir que ce roman se décompose en représentations des langages, reliées entre elles, et liées à l'auteur, par de singulières relations de dialogue. Dans leurs grandes lignes, ces langages apparaissent comme des variantes des orientations, des genres, des manies du langage littéraire du temps, langage en devenir et toujours renouvelé. Tous ces langages, avec toutes leurs possibilités figuratives au premier degré, deviennent ici objets de représentation, sont montrés comme des images typiques du langage, limitées et quasi-comiques. Mais en même temps, tout en étant représentés, ils représentent, dans une large mesure. L'auteur participe à son roman (il y est omniprésent) mais presque sans langage direct propre. Le langage du roman, c'est un système de langages qui s'éclairent mutuellement en dialoguant. On ne peut ni le décrire, ni l'analyser comme s'il était seul et unique.

Arrêtons-nous encore à un autre exemple. Prenons quatre citations, tirées de différents chapitres d'*Eugène Onéguine :*

1° *Ainsi pense un jeune gredin...*

2° *... le chanteur juvénile*
Trouva une fin prématurée !

3° *Je chante mon ami juvénile*
Et nombre de ses fantaisies...

4° *Que faire si votre pistolet*
A abattu votre jeune ami ?

Par deux fois nous voyons le mot « jeune » — *molodoï*, écrit en slavon d'Église : *mladoï*, et deux fois nous avons la forme russe vocalisée : *molodoï*. Peut-on dire que les deux formes appartiennent au même langage d'auteur, au même style, et qu'il a préféré une forme à une autre, disons « pour le mètre » ? Ce serait absurde ! Et pourtant, dans les quatre citations c'est l'auteur qui a la parole. Mais voici que l'analyse vient nous persuader que ces formes appartiennent à des systèmes stylistiques différents. Les mots « chanteur juvénile » (deuxième extrait) sont placés dans le registre de Lenski et donnés dans son style, qui est celui, quelque peu archaïsant, du romantisme sentimental. Précisons que les mots « chanter » *(pet')* et « chanteur » *(pévetz)*, dans le sens d' « écrire des vers » et « poète », sont employés par Pouchkine dans le registre de Lenski ou dans d'autres registres parodiques et objectivés. (Dans son langage propre, Pouchkine dit de Lenski : « Il écrivait... ») La scène du duel, et celle du « thrène » sur Lenski *(Mes amis, vous pleurez le poète...)* sont, pour une part importante, composés dans le registre et le style poétique de Lenski, mais s'y mêle sans cesse la voix réaliste et lucide de l'auteur. L'orchestration de cette partie du roman est assez compliquée et très intéressante.

Les mots « je chante mon ami juvénile » (troisième extrait)

s'insèrent dans un pastiche des préambules épiques néo-classiques. Les exigences du travestissement parodique expliquent la conjonction extra-stylistique de *mladoï*, mot noblement archaïque, et *molodoï*, de niveau inférieur. Les mots « jeune gredin » et « jeune ami » sont placés au plan du discours direct de l'auteur, rendu dans l'esprit du style parlé familier, propre au langage littéraire du temps.

De la sorte, les différentes formes linguistiques et stylistiques appartiennent à différents systèmes du langage romanesque. Si nous supprimions tous les guillemets qui donnent « l'intonation », toutes les subdivisions des voix, des styles, des divers écarts entre les « langages » figurés et les paroles directes de l'auteur, nous aboutirions à un conglomérat de formes linguistiques et stylistiques hétérogènes, sans style, ni signification. On ne peut faire tenir le langage d'un roman sur un seul plan, le déployer au long d'une ligne unique, car c'est un système de plans intersectés. Dans *Onéguine* il n'y a pratiquement pas une seule parole qui vienne de Pouchkine directement, sans aucune réserve, comme il en va de ses poésies lyriques et ses poèmes, par exemple. C'est pourquoi ce roman ne contient ni un langage, ni un style uniques. Il a, néanmoins, un centre linguistique (littéraire et idéologique). L'auteur (en tant que créateur du roman dans son entier) est introuvable sur les divers plans du langage : il se trouve au centre où s'organise l'intersection des plans qui, à divers degrés, s'éloignent de ce centre.

Bélinski qualifiait le roman de Pouchkine d' « encyclopédie de la vie russe » [1]. Ce n'est pas une encyclopédie inerte d'objets d'usage courant. C'est, par toutes ses voix, tous ses parlers, tous ses styles, la vie russe qui s'exprime. Le langage littéraire ne s'y présente point comme unique, parachevé, indiscutable, mais apparaît dans son multilinguisme vivant, dans son devenir et ses innovations. La langue de l'auteur s'efforce de transcender la « littérarité » superficielle des styles vieillis, périmés, les orientations littéraires en vogue, et de se renouveler aux frais des éléments essentiels du parler populaire, sans tomber cependant dans une dissonance rude et vulgaire.

Le roman de Pouchkine est une autocritique du langage littéraire de son temps, rendue possible en éclairant les unes par les autres toutes les principales variantes des tendances, des genres et des coutumes. Il est évident qu'il ne s'agit pas d'éclairage linguistique abstrait : les représentations du langage sont inséparables des visions du monde et de ceux qui les portent

1. Vissarion Bélinski (1810-1848), le plus grand critique littéraire de son temps. Il a, entre autres, « découvert » Dostoïevski.

en eux — hommes qui réfléchissent, parlent et agissent dans des conditions sociales et historiques concrètes. Du point de vue stylistique, nous avons devant les yeux un système complexe de modèles du langage de l'époque, enveloppé par un mouvement de dialogue. En outre, les divers « langages » s'écartent chacun à sa manière du centre littéraire et idéologique qui les unifie.

La structure stylistique d'*Eugène Onéguine* est typique de tout vrai roman. Un roman est, dans une plus ou moins grande mesure, un système de dialogues, comprenant la représentation des « parlers », des styles, des conceptions concrètes, inséparables du langage. Le langage du roman n'est pas seulement représenté, il sert à son tour d'objet de représentation. Le verbe romanesque est toujours autocritique. C'est en cela que le roman se différencie radicalement de tous les genres directs : poèmes épiques, poésie lyrique, drame au sens strict. Tous les moyens directs de représentation et d'expression de ces genres, et ces genres en eux-mêmes, en entrant dans le roman y deviennent objets de représentation. Dans le roman tel qu'il se présente, tout discours direct — épique, lyrique, dramatique — s'objective plus ou moins, devient même limité, et, fréquemment, comique, du fait même de cette limitation de sa représentation.

Les représentations spécifiques des langages et des styles, leur organisation et leur typologie (très variées), leur fusion dans l'entité du roman, les transformations et substitutions des langages et des voix, leurs interrelations dialogiques, tels sont les problèmes fondamentaux de la stylistique du roman. On ne peut les résoudre par l'étude stylistique des genres directs ou du discours poétique strict.

Nous parlons du verbe romanesque, parce que c'est dans le roman seulement que le discours peut révéler toutes ses possibilités originales et atteindre à des profondeurs réelles. Or, le roman est un genre relativement tard venu, alors que le discours indirect (la représentation du discours d'autrui, du parler d'autrui entre des « guillemets qui donnent le ton ») remonte à une haute Antiquité. Nous le trouvons déjà aux tout premiers stades de la culture verbale. Mieux encore : longtemps avant l'apparition du roman, on découvre un univers riche de formes variées, qui traduisent, contrefont, figurent sous divers angles de vision, le discours, la parole, la langue d'autrui et, parmi ces formes, le langage des genres directs. Ces formes multiples préparèrent le roman, longtemps avant qu'il parût. Le verbe romanesque eut une longue préhistoire, qui se perd dans la nuit des siècles et des millénaires. Il a pris forme, il a mûri au sein des genres oraux familiers de la langue parlée populaire, mal connus encore, et parmi certains genres folkloriques et littéraires inférieurs. Dans le processus de sa naissance, et à ses débuts, le verbe romanesque reflète l'antique conflit des tribus, des populations, des cultures et des langues; il est pénétré par les résonances de ces antagonismes. A la vérité, il a toujours évolué à la lisière des cultures et des langues. Sa préhistoire est fort intéressante, et ne manque pas d'un certain esprit dramatique qui lui est propre.

Dans la préhistoire du verbe romanesque on peut observer l'action de facteurs nombreux et souvent tout à fait hétérogènes. De notre point de vue, deux facteurs paraissent essentiels : l'un, c'est *le rire*, l'autre, le *plurilinguisme*. Le rire orchestra les formes les plus anciennes de la représentation du langage qui, à l'origine, ne furent rien d'autre qu'un *persiflage* du langage et de la parole directs d'une autre personne. La multiplicité des langages et (en liaison avec elle) *leur éclairage mutuel*, haussèrent ces formes à un niveau littéraire et idéologique nouveau, où le « genre-roman » devint possible.

A ces deux facteurs nous consacrons la présente étude...

II

L'une des formes les plus anciennes et les plus largement répandues de la représentation du discours direct d'autrui, c'est la *parodie*. En quoi consiste, dès lors, l'originalité de la forme parodique ?

Prenons, par exemple, les *sonnets* parodiques par lesquels s'ouvre *Don Quichotte*. Si parfaitement qu'ils soient composés comme sonnets, on ne peut les rattacher à ce genre. Ici, ils font partie d'un roman, mais fussent-ils indépendants, ils n'appartiendraient pas davantage au « genre-sonnet ». Dans un sonnet parodique, la forme « sonnet » n'est pas celle d'un genre, d'un ensemble, mais un *objet de représentation ;* le sonnet est, dans le cas présent, *le héros d'une parodie.* Il faut que nous puissions reconnaître un sonnet dans la parodie que l'on en a fait, reconnaître sa forme, son style particulier, sa manière de voir, de saisir, de juger le monde, sa conception du monde, si l'on peut dire. Une parodie peut figurer et ridiculiser les singularités d'un sonnet bien ou mal, de manière pénétrante ou superficielle, mais en tout état de cause, nous avons sous les yeux non point un sonnet, mais l'*image d'un sonnet.*

Selon ces mêmes principes, on ne peut en aucun cas classer dans le genre-poème la parodie de la *Guerre des Souris et des Grenouilles :* elle est une *image du style homérique*, et c'est ce style, précisément, qui apparaît comme le vrai héros de cette œuvre. Il en va de même pour le *Virgile travesti*, de Scarron. On ne peut rapporter les *Sermons joyeux* du xve siècle au genre des homélies, ni les pastiches du *Pater Noster* et de l'*Ave Maria* aux liturgies.

Tous ces pastiches des genres et de leurs styles (« langages ») s'intègrent dans le monde immense et hétéroclite des formes verbales qui raillent le discours direct grave dans toute la variété de ses genres. Ce monde est extrêmement riche, bien plus qu'on ne le pense ordinairement. Le caractère même et les procédés de persiflage montrent une grande diversité qui ne s'épuise pas avec la parodie et le travestissement, au sens strict. Cela n'a guère été exploré encore...

Les érudits se sont fait une idée générale du travestissement parodique sur la base des formes tardives du pastiche littéraire, dans le genre de l'*Énéide* de Scarron ou de *La Fourchette fatale*, de Platen, formes indigentes, superficielles, sans grande importance historique. Ils ont appliqué au monde foisonnant et varié des œuvres parodiques de l'Antiquité leurs théories fragiles et étriquées sur la nature du discours parodique. La part des formes parodiques dans l'art verbal du monde est énorme. Quelques données témoignent de cette richesse et de son importance particulière.

Arrêtons-nous d'abord à l'Antiquité. La littérature antique tardive, ou « littérature d'érudition » — Aulu-Gelle, Plutarque (dans *Moralia*), Macrobe, et surtout Athénée — nous fournit d'assez abondantes indications qui nous permettent de juger de l'ampleur et du caractère particulier du travestissement parodique dans les œuvres antiques. Les remarques, citations, références et allusions de ces érudits, étoffent substantiellement les authentiques œuvres comiques de l'Antiquité, dont seuls des éléments disparates et fortuits nous sont parvenus. Les travaux de chercheurs tels que Dieterich, Reich, Kornford et autres, nous ont préparés à une appréciation plus juste du rôle et de la signification des formes parodiques dans l'art verbal de l'Antiquité.

Nous nous rendons compte qu'il n'y avait, littéralement, pas un seul genre direct strict, pas un type de discours direct, littéraire, rhétorique, philosophique, religieux, usuel, qui n'eût son « double », son travesti parodique, sa *contre-partie* [1] comico-ironique. De plus, ces doubles parodiques, ces reflets comiques du discours direct, étaient bien souvent consacrés par la tradition, et aussi canoniques que leurs prototypes sublimes.

Abordons le problème de ce qu'on a nommé le « quatrième drame » : le drame satirique. Faisant suite à la trilogie tragique, il développait, dans la plupart des cas, les mêmes thèmes tirés de la mythologie que la trilogie qui le précédait. De cette façon, il devenait la *contre-partie* singulière, déguisée et parodique, de l'élaboration tragique du mythe correspondant : le drame satirique montrait le même mythe, sous un aspect différent. Ces « contre-épreuves » qui parodiaient et travestissaient les grands

1. En français dans le texte.

mythes nationaux étaient aussi légitimes et canoniques que leur modèle tragique direct. Tous les auteurs tragiques : Phrynice, Sophocle, Euripide, furent également des auteurs de drames satiriques; Eschyle, le plus sérieux, le plus dévot d'entre eux, l'*Épopte* des mystères d'Éleusis, était tenu par les Grecs pour le plus grand maître du genre satirique. D'après les fragments de son drame satirique, *Le Collectionneur d'Ossements*, nous le voyons représenter, sous forme de travesti parodique, les péripéties et les héros de la Guerre de Troie, en particulier la querelle d'Ulysse avec Achille et Diomède, au cours de laquelle, on lançait à la tête d'Ulysse un pot de chambre puant.

Il faut préciser que l' « Ulysse comique », travestissement parodique de son noble modèle épico-tragique, était l'une des figures les plus populaires du drame satirique, de l'antique farce dorique, de la comédie d'avant Aristophane, d'une série de petites épopées burlesques, des harangues et débats parodiques, pléthoriques dans l'art comique de l'Antiquité, particulièrement en Italie du Sud et en Sicile. Retenons le rôle spécial, dans la représentation de l' « Ulysse comique », du « thème de la folie » : comme on le sait, Ulysse coiffa le bonnet burlesque du bouffon *(pileus)* et attela à sa charrue un cheval et un bœuf, simulant la déraison pour échapper à la guerre. Ce thème de l'aliénation mentale faisait passer le personnage d'Ulysse d'un premier plan noble au plan comique et parodique [1]. Mais la figure la plus populaire du drame satirique et des autres formes de la parodie, c'est l' « Hercule comique ».

Hercule, puissant et bonasse serviteur du roi Eurysthée, est faible, poltron et menteur; il a vaincu la mort en luttant avec elle, il est descendu au royaume des ombres. C'est un prodigieux glouton, un joyeux luron, un ivrogne, un bagarreur, et surtout un fol. Ces thèmes dessinent son aspect comique; sa nature héroïque et sa force physique demeurent, mais s'allient au rire et aux images de la vie matérielle et charnelle.

L' « Hercule comique » était des plus populaire non seulement en Grèce, mais à Rome, et plus tard à Byzance, où il devint l'un des personnages principaux du jeu des marionnettes. Il n'y a pas longtemps, il vivait encore dans un jeu d'ombres turc : le *Karaguèz*. L' « Hercule comique » est l'une des figures les plus fouillées du héros jovial et bon enfant; elle eut une portée immense sur toute la littérature mondiale.

Le « quatrième drame », complément *indispensable* de la trilogie tragique, les personnages tels que l' « Ulysse comique » et

1. Cf. J. Schmidt, *Ulixes comicus (N.d.A.)*.

l' « Hercule comique », nous montrent que la pensée littéraire des Grecs ne décelait ni profanation ni blasphème dans les transformations parodiques et le travestissement de leurs mythes nationaux. Fait significatif, ils ne se gênaient pas pour attribuer à Homère lui-même cette œuvre parodique qu'est la *Guerre des Souris et des Grenouilles*. Ils lui attribuaient également un texte (un poème) comique sur « Marguitte le Sot ». N'importe quel genre, n'importe quel discours direct — épique, tragique, lyrique, philosophique — peut et doit devenir lui-même objet de représentation, « persiflage » parodique, travestissant. Ce persiflage semble arracher le discours à son objet, les séparer et montrer que tel discours direct d'un genre (épique ou tragique) est unilatéral, borné, et ne peut épuiser son objet; la parodie oblige de percevoir les aspects de l'objet qui ne se casent pas dans le genre, le style en question. L'œuvre qui pastiche et parodie introduit constamment dans le sérieux étriqué du noble style direct, le correctif du rire et de la critique, le correctif de la réalité, toujours plus riche, plus substantielle, et surtout plus *contradictoire et plus multilingue*, que ce que peut contenir le genre noble et direct. Les genres nobles sont monotones, alors que le « quatrième drame » et les genres proches de lui, corroborent l'antique bi-tonalité de la parole. La parodie antique ne connaît pas la négation nihiliste. En effet, elle ne parodie nullement les héros, la guerre de Troie et ses protagonistes, mais leur *héroïsation épique*. Elle ne parodie pas Hercule et ses travaux, mais leur *héroïsation tragique*. C'est le genre lui-même, c'est son style, son langage, qui sont comme insérés entre des guillemets qui leur donnent un ton moqueur et désopilant, et placés sur le fond d'une réalité contradictoire, qui ne s'insère pas dans leur cadre. Le discours direct sérieux, devenu image comique d'un discours, se révèle comme borné et insuffisant, mais ne se déprécie pas pour autant. Voilà pourquoi on a pu penser qu'Homère avait lui-même écrit une parodie du style homérique.

Avec la littérature romaine, le problème du « quatrième drame » reçoit un éclairage complémentaire. A Rome, sa fonction incombait aux *atellanes* littéraires. Quand, au temps de Sylla, ils acquirent une élaboration plus littéraire et un texte complet, on commença à les jouer après la tragédie, dans l'*exodium*. Ainsi les *atellanes* de Pomponius et de Novius étaient-ils représentés après la tragédie d'*Accius*. Entre ces *atellanes* et les tragédies existait un rapport très étroit. En terre romaine, l'exigence d'une parfaite homogénéité entre le texte sérieux et le texte comique était beaucoup plus stricte et plus systématique qu'en Grèce. Plus tard, dans l'*exodium* des tragédies, on remplaça les *atellanes* par des *mimes* qui, semble-t-il, travestissaient également les données de la tragédie qui les précédait.

La volonté d'accompagner toute affabulation tragique (et sérieuse en général) d'une affabulation comique, parodique, travestie, qui était son pendant, se reflète dans les arts plastiques des Romains. Par exemple, dans ce qu'on appelle les *Distiques consulaires* : ils représentent généralement à gauche des scènes comiques, avec des masques grotesques, à droite, des scènes tragiques; on observe une juxtaposition analogue sur les fresques murales de Pompéi. Dieterich, qui se réfère à la peinture pompéienne pour résoudre le problème des formes comiques dans l'Antiquité, décrit, entre autres, deux de ces fresques, disposées en vis-à-vis. L'une représente Andromède délivrée par Persée, l'autre, en face, une femme nue se baignant dans un étang et enlacée par un serpent, pendant que des paysans, armés de bâtons et de pierres, volent à son secours [1]. C'est un travestissement parodique patent de la première des deux scènes mythologiques : le sujet du mythe est transposé dans une réalité tout à fait prosaïque. Persée lui-même est remplacé par des paysans munis d'armes rustiques. (Songeons au monde chevaleresque de *Don Quichotte*, traduit dans le langage de Sancho.)

Grâce à des sources nombreuses, en particulier au Livre XIV d'Athénée, nous connaissons l'existence d'un monde immense de formes parodiques des plus hétéroclites. Nous sommes renseignés (par exemple) sur les spectacles des *phallophores* et les *déïkélistes*, qui d'une part travestissaient les mythes nationaux et locaux, et de l'autre, contrefaisaient les « langues » et les parlers particuliers et typiques des médecins étrangers, des proxénètes, des hétaïres, des paysans, des esclaves, etc. Les œuvres parodiques de l'Italie du Sud étaient tout spécialement riches et multiformes. Là fleurissaient les jeux et « énigmes » burlesques et parodiques, les pastiches des harangues savantes et des plaidoyers, les dialogues parodiques *(agones)*, dont une variante entrait comme élément constructif dans la comédie grecque. La parole vivait là, tout autrement que dans les genres nobles et directs de la Grèce.

Rappelons que le mime le plus primitif, l'acteur ambulant le plus médiocre, était toujours censé disposer, comme « minimum professionnel », de deux talents : imiter le cri des oiseaux et des animaux et contrefaire le parler, la mimique, les gesticulations de l'esclave, du paysan, du proxénète, du maître pédant, de

1. A. Dieterich : *Pulcinella. Pompeyanische Wandbilder und römische Satyrspiele*, Leipzig, 1897, p. 131 *(N.d.A.)*.

l'étranger. Tel est encore de nos jours le baladin-persifleur des baraques de foire.

La culture comique romaine n'était pas moins riche, moins variée que la grecque. L'infrangible vitalité des moqueries rituelles est particulièrement caractéristique des Romains. Chacun sait que les soldats dénigraient, légalement et rituellement, le triomphateur. Chacun connaît le rire rituel des Romains au cours des funérailles. On sait que le comique licencieux des mimes était chose admise. Point n'est besoin d'insister sur les Saturnales. Ce ne sont pas tant les racines rituelles du rire qui nous importent, que la façon dont il s'est donné libre cours dans les œuvres littéraires et le rôle qu'il a joué dans la vie des œuvres verbales. Car ce rire s'est révélé comme une création de Rome aussi profondément féconde et immortelle que le Droit romain. Il s'est frayé un chemin au travers de la nuit épaisse de l'austère Moyen Age, afin de fertiliser la plus grande des œuvres littéraires de la Renaissance. Il continue à résonner dans nombre d'œuvres de la littérature européenne.

En matière d'art littéraire, les Romains ne concevaient pas une forme sérieuse sans son équivalent comique. La forme sérieuse directe ne leur apparaissait que comme un fragment, la moitié d'un tout, dont l'intégralité n'était rétablie qu'après adjonction de la *contre-partie* [1] comique. Tout ce qui était sérieux, se devait d'avoir, et avait, sa doublure comique. De même que dans les Saturnales le bouffon doublait le roi, l'esclave le maître, de même toutes les formes de culture et de littérature avaient leurs « doubles » comiques. Aussi la littérature romaine, et en particulier celle qui était inférieure, populaire, produisit-elle une quantité inimaginable de formes du travestissement parodique : elles envahissaient les mimes, les épigrammes, les propos de table, les genres rhétoriques et épistolaires, les manifestations diverses du genre comique populaire de bas niveau. La tradition orale (principalement) transmit au Moyen Age un grand nombre de ces formes, leur style même, et continua hardiment la parodie romaine. Rome apprit aux cultures européennes à rire et à persifler, mais son immense héritage comique, sous sa forme écrite, est parvenu jusqu'à nous en quantité infime : les hommes dont dépendait sa transmission étaient des *agélastes* [2], qui sélectionnaient le discours grave et rejetaient comme une profanation son reflet comique. (C'est le cas, par exemple, de nombreuses parodies de Virgile.)

Donc, à côté des grands modèles des genres directs, du discours

1. En français dans le texte.
2. « Réviseurs » chargés d' « épurer » les textes anciens.

direct non allusif, l'Antiquité donna le jour à tout un monde riche de formes, de types, de variantes les plus diverses du discours indirect, allusif, *parodiquement travesti*. Ce dernier terme est évidemment loin d'exprimer toute la profusion des types, variétés et nuances du discours comique. Mais où réside l'unité de toutes ces formes comiques ? Quel rapport ont-elles avec le roman ?

Certaines œuvres parodiques reproduisent directement la forme des genres parodiés : pastiches des poèmes, des tragédies (comme la *Tragopodagra*, de Lucien), parodies de plaidoyers, etc. Ce sont là déguisements et parodies au sens strict. Ailleurs, nous découvrons la forme des genres spéciaux : le drame satirique, la comédie improvisée, la satire, le dialogue sans argument. Nous avons déjà dit que les genres parodiques n'appartiennent pas au genre qu'ils parodient : un poème parodique n'est pas du tout un poème; et les genres parodiques spéciaux énumérés sont mouvants, de structure floue, ils n'ont pas une ossature solide et achevée. Sur le sol antique, le discours parodique en tant que genre ne trouvait à se caser nulle part. Ses modèles multiformes formaient comme un monde à part, « hors-genres » ou « inter-genres ». Toutefois ce monde était unifié, premièrement par le désir commun de créer un « correctif » comique et critique pour tous les genres directs, langages et styles et d'obliger de percevoir derrière eux une réalité contradictoire, inaperçue des genres directs. Deuxièmement, toutes ces formes sont unies par leur objet commun : le langage lui-même, dans ses fonctions directes. Ici, il devient représentation du langage direct, du discours direct. Par conséquent, ce monde « hors genres » ou « inter-genres » présente une unité intérieure, voire une cohésion particulière. Chacune de ses manifestations — dialogue parodique, scène de genre, scène comique, bucolique, etc. — se présente comme un fragment d'un tout unique. Quant à ce « tout », je me le représente comme un immense roman, multigenre, multistyle, impitoyablement critique, lucidement ironique, reflétant toute la plénitude et la diversité des langages, des voix, d'une culture, d'un peuple et d'une époque donnés. Dans ce grand roman, miroir d'un plurilinguisme en devenir, tout discours direct, surtout s'il fait autorité, est reflété comme plus ou moins borné, caractérisé, typique, vieillissant, moribond, mûr pour la relève. Et de fait, sortant de ce grand ensemble de mots et de voix parodiquement répercutés sur le sol antique, le roman était prêt à naître comme une composition de formes et de styles multiples; or, il ne sut pas absorber et utiliser tout ce matériau d'images du langage qui lui avait été préparé. Je fais allusion au « roman grec », à Apulée et à Pétrone. Apparemment, le monde antique n'était pas capable de faire plus...

Les formes parodiques et travestissantes préparèrent le roman de plusieurs façons importantes et déterminantes : elles délivrèrent l'objet du pouvoir du langage, dans lequel cet objet était empêtré comme dans des rets; elles détruisirent la puissance absolue du mythe sur le langage; elles libérèrent la conscience de l'emprise du discours direct; elles permirent à la conscience d'échapper à la prison opaque et close de son propre discours, son propre langage. Alors, entre le langage et la réalité, fut créée la distance, qui était la condition indispensable pour donner naissance aux formes authentiquement réalistes du discours.

La conscience linguistique, en parodiant le discours et le style directs, en cherchant à tâtons ses limites, ses côtés comiques, en révélant son aspect typique, se plaçait *en dehors* de ce discours direct et de tous ses procédés figuratifs et expressifs. Un nouveau mode d'élaboration créatrice du langage naissait : l'écrivain apprend à le regarder de l'extérieur, avec les yeux d'un autre, du point de vue d'un autre langage, d'un autre style *possibles*. Car c'est justement à la lumière d'un autre langage et style *possibles* que le discours direct donné est parodié, travesti, raillé. La conscience créatrice se tient comme à la lisière des langages et des styles. C'est là sa position particulière à l'égard du langage. L'aède ou le rhapsode se sentaient tout autrement dans leur langage et leur discours propres que l'auteur de *La Guerre des Souris et des Grenouilles*, ou ceux de *Marguitte*, dans les leurs.

L'auteur d'un discours direct — épique, tragique, lyrique — a affaire à l'objet qu'il célèbre, représente, exprime, et à son langage propre, considéré comme instrument unique et parfaitement approprié à la réalisation de son dessein direct objectal. Ce dessein, et sa composition thématique et objectale, sont inséparables du langage direct du créateur : ils sont nés, ils ont mûri dans son langage à lui dans le mythe national, qui l'imprègne, dans la tradition nationale. Autres sont la position et l'orientation de la conscience parodique : elle s'oriente autant sur l'objet que sur le discours d'un autre qui le parodie, discours qui devient alors représentation, et se produit cette distance entre le langage et la réalité dont nous avons parlé. Et le langage qui paraissait un dogme absolu, tant qu'il était emprisonné et soumis à un unilinguisme obtus, devient hypothèse de travail, pour accéder à la réalité et l'exprimer.

Or, pareille métamorphose, pour être radicale et plénière, ne peut avoir lieu qu'à la seule condition d'un *polylinguisme* substantiel. Lui seul délivre totalement la conscience de l'emprise de son langage propre, de son mythe linguistique. Les formes de la parodie travestissante fleurissent dans un climat de polylinguisme, et là seulement peuvent atteindre à un sommet idéologique tout à fait nouveau.

La conscience littéraire romaine était bilingue. Les genres latins purement nationaux, conçus au temps d'un langage unique, s'étiolèrent et n'acquirent pas une forme littéraire. Du début à la fin, les Romains créèrent des œuvres littéraires sur le fond de la langue et des formes grecques. Dès ses premiers pas, le discours littéraire latin se voyait à la lumière et « par les yeux » du discours grec, et dès le commencement, ce fut un discours de type stylisateur « avec un regard en arrière », comme placé entre des guillemets spéciaux, indiquant une stylisation révérencieuse.

La langue littéraire latine, dans toute la diversité de ses genres, se créait à la lumière de la langue grecque littéraire. Son originalité nationale, sa pensée linguistique particulière, étaient saisies par la conscience littéraire créatrice d'une manière qui eût été absolument impossible dans le climat d'un langage unique. Car on ne peut objectiver son propre langage avec sa forme interne, sa vision du monde originale, son *habitus* linguistique spécifique, qu'à la lumière d'un langage autre, « étranger », mais presque aussi « sien » que son langage propre.

U. Willamowitz-Moellendorff écrit dans son ouvrage sur Platon : « Seule la connaissance d'un langage reflétant *une pensée différente* permet de comprendre correctement son langage à soi [1]... » Je ne poursuis pas sa citation, où il s'agit surtout d'une conception linguistique purement théorique de son langage propre, possible seulement à la lumière du langage d'autrui. Mais cette thèse peut tout autant s'appliquer à la conception du langage littéraire dans le processus de la création artistique. De plus, au cours de ce processus, l'éclairage réciproque des langages éclaire aussi et objectivise l'aspect de *la « vision universelle »* de son langage à soi (et de celui d'autrui), sa forme interne, son système propre de valeurs et d'accents. Pour la conscience qui crée l'œuvre littéraire, sur le fond éclairé par le langage d'autrui, ce qui se détache, ce n'est pas, évidemment, le système phonétique de son langage, ses particularités morphologiques ou son lexique abstrait, mais justement ce qui fait de son langage une vision du monde concrète et totalement intraduisible : *le style du langage en tant qu'entité*.

Pour une conscience littéraire créatrice bilingue (comme celle du Romain cultivé), l'ensemble du langage (le sien propre et l'autre, devenu « sien ») se présente non comme un système linguistique abstrait, mais comme un *style* concret. Trait caractéristique du Romain cultivé : il percevait le langage tout entier

1. U. Willamovitz-Moellendorff, *Platon*, t. I, Berlin, 1920, p. 290 *(N.d.A.)*.

comme un *style*, perception assez froide et « extériorisante ». Il écrivait et parlait en *stylisant*, non sans une certaine froide aliénation à l'égard de son langage à lui. C'est pourquoi *la manière directe*, objectale et expressive du discours littéraire latin est toujours assez *conventionnelle* (comme l'est toute stylisation). L'élément stylisateur est inhérent à tous les grands genres directs de la littérature romaine, et existe même dans cette grande œuvre des Romains, l'*Énéide*.

Mais il ne s'agit pas seulement de la culture bilingue de la Rome littéraire. Les débuts de la littérature romaine sont caractérisés par son « trilinguisme ». « Trois âmes » vivaient dans le sein d'Énée; mais aussi trois âmes — trois langages, trois cultures vivaient dans le sein de quasiment tous les initiateurs du discours littéraire romain, de tous ces traducteurs-stylisateurs venus à Rome de la Basse-Italie, où s'entrecroisaient les lignes frontières de trois langues, trois cultures : la grecque, l'osque [1] et la romaine. La Basse-Italie fut le foyer de la culture spécifique des formes littéraires mixtes et hybrides. La naissance de la littérature romaine est essentiellement liée à ce foyer culturel trilingue : elle vit le jour à la lumière mutuelle de trois langues : la sienne, et deux autres, étrangères devenues *siennes*.

Du point de vue du plurilinguisme, Rome n'est que l'ultime étape de l'hellénisme, étape qui s'est achevée avec l'importante transmission de langues nombreuses au monde barbare de l'Europe, et avec la création d'un nouveau type de plurilinguisme, au Moyen Age.

L'hellénisme créa pour tous les peuples barbares qui lui étaient rattachés une puissante instance de langues étrangères, qui fut fatale aux formes directes nationales du discours littéraire : elle étouffa presque tous les rameaux de l'épopée et de la poésie nationales, issus des profondeurs opaques d'un langage unique; elle transforma le discours direct des peuples barbares, discours épique et lyrique, en un discours tronqué, à demi stylisé. En revanche, elle favorisa exceptionnellement le développement de toutes les formes du discours travestissant parodique.

Sur le sol hellénistique et romano-hellénistique une distance maximale put s'établir entre le locuteur (le créateur) et son langage, et entre son langage et un monde objectal et thématique. C'est dans ces conditions-là seulement que fut possible la puissante évolution du rire romain.

1. *Osques :* habitants préhistoriques de l'Italie du Sud. *(Ofici, Oboci, Osci.)* Strabon nous apprend que les farces atellanes, *seule forme littéraire osque connue,* se jouaient à Rome en son temps. (Mort en 21 avant notre ère.)

L'hellénisme se caractérise par un plurilinguisme complexe. L'Orient, aux langues et aux cultures multiples, tout sillonné par les frontières entrelacées des cultures et des langues antiques, était moins que tout un monde naïf, unilingue, passif à l'égard de la culture grecque. Il était lui-même un vecteur du plurilinguisme antique et compliqué. Sur toute la surface du monde hellénistique étaient disséminés des centres, des villes, des villages, où cohabitaient directement, s'entremêlant à leur manière, plusieurs cultures, plusieurs langues. Voici, par exemple, Samosate, patrie de Lucien, qui joua un rôle énorme dans l'histoire du roman européen. Les habitants autochtones de Samosate sont des Syriens, parlant la langue araméenne. Tous les notables cultivés de cette ville parlaient et écrivaient le grec. La langue officielle, administrative et bureaucratique, était le latin; tous les fonctionnaires étaient romains; une légion romaine était postée dans la cité. Une grande voie, d'une grosse importance stratégique, traversait Samosate et véhiculait les langues de la Mésopotamie, de la Perse, voire de l'Inde. En ce point d'intersection des cultures et des langues naquit et se forma la conscience culturelle et linguistique de Lucien. Le milieu d'Apulée l'Africain était analogue, pour ce qui était de la culture et des langues, comme aussi celui d'autres auteurs de romans grecs : barbares hellénisés pour la plupart.

Dans son ouvrage sur le roman grec, Erwin Rohde analyse le processus de décomposition, en milieu hellénistique, du mythe national grec, et, liés à lui, la désintégration et l'abâtardissement des formes de l'épopée et du drame, qui n'étaient possibles que fondés sur un mythe national, unique et total [1]. Rohde n'éclaire pas le rôle joué par le plurilinguisme. A ses yeux, le roman grec est un produit de la décomposition des grands genres directs. En un sens, il a raison : toute chose nouvelle naît de la mort d'une chose ancienne. Mais Rohde n'est pas dialecticien. Il ne voit pas, justement, ce qui est nouveau. Il définit à peu près correctement la signification du mythe national unique et global pour la création des grandes formes nobles de l'épopée, de la poésie et du drame grecs. Mais voici que le processus de décomposition du mythe national, fatal aux genres helléniques directs unilingues, se révèle fécond quand naît et évolue un nouvel art littéraire : le discours romanesque en prose. Le rôle du plurilinguisme dans ce processus de la mort du mythe et des débuts lucides du roman, a une importance singulière. Tandis que langues et cultures s'éclairaient mutuelle-

1. Erwin Rohde, *Der Griechiesche Roman und seine Vorläufer*, 1876 *(N.d.A.)*.

ment et activement, le langage est devenu tout différent; sa qualité même s'est modifiée : à la place du monde linguistique ptoléméen clos, seul et unique, apparaît le monde galiléen, ouvert, avec ses langages multiples, s'éclairant les uns les autres.

Malheureusement, le roman grec représente dans une très faible mesure le langage nouveau de la conscience polylingue. En fait, ce roman n'a résolu que le problème du sujet (et encore, en partie seulement). Un nouveau et grand genre se créait, *réunissant des genres nombreux*, incluant toutes sortes de dialogues, pièces lyriques, lettres, tirades, descriptions de pays et de villes, nouvelles. En somme, une encyclopédie de genres. Mais ce roman « multigenres » est quasiment « monostyle ». Le discours y est ambigu et stylisé. Ici trouve son expression éclatante *un mode de stylisation* du langage, caractéristique de tout plurilinguisme. Toutefois, on y trouve également des formes semi-parodiques, travestissantes, ironiques, plus nombreuses sans doute que ne l'admettent les chercheurs. Entre le discours mi-stylisé et le discours mi-parodique, les frontières peuvent être très mobiles. Il suffit, en effet, de souligner légèrement, dans un mot stylisé, ce qu'il a de convenu, pour qu'il acquière un caractère de pastiche et de moquerie, une clause de réserve : « A dire vrai, ce n'est pas moi qui dis cela; peut-être pourrais-je le dire, mais autrement. » Mais le roman grec ne contient presque pas de « langages-images » — reflétant une époque à langages multiples. A cet égard, certaines variantes de la satire hellénistique et romaine sont incomparablement plus « romanesques » que le roman grec.

Il nous faut élargir quelque peu la notion de « plurilinguisme ». Nous n'avions jusqu'ici parlé que de l'éclairage mutuel des grandes langues nationales, *constituées et unifiées* (le grec et le latin) après être passées par la longue étape d'un « unilinguisme » relativement stable et calme. Mais nous avons vu que déjà dans leur période classique, les Grecs disposaient d'un monde infiniment riche de formes parodiques et travestissantes. Il est peu vraisemblable que pareil trésor de représentations du langage eût pu naître dans les conditions d'une langue unique, obtuse et close. Il ne faut pas oublier que tout unilinguisme est, en somme, relatif. Car même notre propre langue n'est pas seule : il demeure toujours en elle des vestiges et des potentialités d'autres langues, perçues de façon plus ou moins aiguë par la conscience linguistique qui crée l'œuvre littéraire.

La science contemporaine a accumulé quantité de faits qui témoignent du conflit acharné entre les langues et au-dedans d'elles, conflit qui précéda l'état, relativement stable, de la langue grecque. De très nombreuses racines du grec viennent de l'ethnie qui peuplait le territoire des Grecs avant eux. Dans la langue grecque littéraire, on découvre, selon les genres, la singulière permanence des dialectes. Derrière ces faits bruts se dissimule le processus complexe du conflit des langues et des dialectes, de leur hybridisation, de leur purification, de leurs mutations et renouvellements, longue et tortueuse voie d'une lutte pour l'unité du langage littéraire et de ses divers genres. Plus tard, vient une longue période de stabilisation relative. Toutefois, le souvenir de ces tempêtes linguistiques du passé demeure non seulement dans certaines empreintes figées, mais aussi dans les formations littéraires et stylistiques, avant tout dans les formes de l'art verbal parodique.

Pendant toute la période historique des Hellènes, stable du point de vue du langage et unilingue, toutes leurs affabulations, tout leur matériau objectivé et thématique, tout leur fond original d'images, d'expressions, d'intonations, naissaient du sein de leur langue maternelle. Considérant avec dédain le plurilinguisme du monde barbare, leur milieu à langage unique, puissant, sûr de lui et clos, assimilait tout ce qui lui arrivait du dehors (ce qui était considérable). Du sein de cet unilinguisme assuré et incontestable, naquirent les grands genres directs des Hellènes : leur poésie épique et lyrique, leur tragédie, qui traduisaient les tendances centralisatrices de leur langue. Mais, parallèlement, surtout dans les basses couches populaires, fleurissait l'art de la parodie, qui conservait le souvenir de l'antique conflit linguistique et se nourrissait constamment des processus de stratification et de différenciation linguistique.

Au problème du plurilinguisme est indissolublement lié celui de la différenciation, de la stratification de toute langue nationale. Ce problème est d'importance primordiale pour qui veut comprendre le style et les destins historiques du roman européen des temps modernes, c'est-à-dire à partir du XVIIe siècle. De par sa structure stylistique, ce roman reflète le conflit des tendances centralisatrices (unificatrices) et décentralisatrices (stratifiantes) des langues des peuples de l'Europe. Le roman est conscient de se trouver sur la frontière entre un langage littéraire achevé et prédominant, et les langages extra-littéraires du plurilinguisme : tantôt il sert les tendances centralisatrices du nouveau langage littéraire en formation (avec ses normes grammaticales, stylistiques, idéologiques), tantôt, au contraire, il lutte pour renouveler un langage littéraire vieilli pour le compte des strates de la langue nationale, restées (plus ou moins) hors de l'emprise centralisatrice et unificatrice du langage littéraire prédominant. Le roman des temps modernes, conscient du langage et de la littérature, se sent à la lisière des divergences littéraires et extra-littéraires, et également à la lisière du temps. Il est particulièrement sensible au temps dans le langage, à ses mutations, son vieillissement et son renouvellement, à son passé et son avenir.

Naturellement, tous ces processus de relève et de rénovation de la langue nationale, reflétés par le roman, n'y présentent pas un caractère linguistique abstrait : ils sont inséparables des luttes sociales et idéologiques, des processus du devenir et du renouvellement de la société et des peuples.

Ainsi la divergence interne du langage a une signification capitale pour le roman, mais elle ne peut atteindre à la plénitude de sa conscience créatrice que dans les conditions d'un plurilinguisme actif. Le mythe d'un seul langage et celui d'un langage unique périssent en même temps. Aussi, le roman européen des temps modernes, qui reflète la diversité à l'intérieur du langage, comme aussi le vieillissement-rajeunissement du langage littéraire et de ses divers genres, a pu être préparé par ce plurilinguisme médiéval par lequel passèrent tous les peuples d'Europe, et par la vigoureuse interaction des langages, à l'époque de la Renaissance, dans le processus de la relève de la langue idéologique (le latin), et du passage des nations de l'Europe à l'unilinguisme critique des temps modernes.

III

La littérature comique et parodique médiévale fut extrêmement riche. La profusion et la diversité de ses formes parodiques apparentent le Moyen Age à Rome, et par plusieurs aspects de ses œuvres comiques, il apparaît aussi comme l'héritier direct de Rome. En particulier, la tradition des Saturnales se maintint, sous une forme différente, au long des siècles médiévaux. Rome et son grand rire des Saturnales, Rome couronnée du bonnet du bouffon, la *Pileata Roma* [1] de Martial, sut conserver sa vigueur et son attrait aux plus sombres jours du Moyen Age. Toutefois, la production comique originale des peuples européens, issue d'un folklore local, fut également considérable.

L'un des problèmes stylistiques les plus intéressants de l'hellénisme, c'est celui des citations. Leurs formes étaient infiniment diverses, qu'elles fussent avouées, semi-cachées ou cachées, enchâssées dans un contexte, entre guillemets suggestifs, s'aliénant du discours d'autrui, ou l'assimilant. Ici se pose souvent le problème de savoir si l'auteur cite avec respect ou avec ironie et persiflage. Cette ambiguïté à l'égard de la parole d'autrui était souvent voulue.

Au Moyen Age, la relation au discours d'autrui ne fut pas moins compliquée et ambiguë. A cette époque, la parole « d'un autre » jouait un rôle grandiose : la citation était claire, respectueuse avec insistance, semi-voilée, occulte, mi-consciente, inconsciente, exacte, gauchie à dessein ou non, réinterprétée volontairement, et ainsi de suite... Les frontières entre « sa » parole et celle « d'autrui » étaient fragiles, équivoques, souvent tortueuses et confuses à dessein. Certaines variétés se façon-

1. « Rome en bonnet de fête ».

naient comme une mosaïque, avec des textes étrangers. Par exemple, le *cento* (genre particulier) ne se composait que de vers et d'hémistiches étrangers. L'un des meilleurs connaisseurs de la parodie médiévale, Paul Lehmann, n'hésite pas à affirmer que l'histoire de la littérature médiévale, et la latine en particulier, est « l'histoire de l'adoption, du remaniement et de l'imitation du bien d'autrui »[1] Nous dirions : « de la langue, du style, de la parole d'autrui ».

Cette parole d'autrui en une langue étrangère fut, avant toute chose, la sublime parole sacrée de la Bible, des Évangiles, des Apôtres et des Pères et Docteurs de l'Église. Dans sa haute autorité, elle pénètre constamment le contexte de la littérature médiévale et les énonciations des érudits, ou clercs. Mais comment s'y introduit-elle ? Et comment réagit le contexte qui la reçoit ? Entre quels guillemets lui donnant son ton s'inscrit-elle ? Voici que se révèle toute une gamme de relations à cette Parole, depuis la citation pieuse et passive, mise en relief et enchâssée telle une icône, jusqu'à son emploi parodique, travestissant, fort équivoque et licencieux! Les transitions entre les diverses nuances de cette gamme peuvent être si fragiles, si ambiguës, qu'il est souvent difficile de déceler si l'on cite la Parole sacrée avec componction ou familièrement, s'il s'agit d'un jeu parodique, et dans ce cas, jusqu'où va-t-il ?

Dès l'aube du Moyen Age apparaît une suite d'œuvres parodiques remarquables. L'une d'elles est la célèbre *Cena Cipriani*, « la Cène de Cyprien ». C'est un *symposium* gothique des plus intéressants. Mais comment est-il fabriqué ? On dirait que toute la Bible, tout l'Évangile, ont été découpés en petits morceaux rassemblés ensuite pour faire apparaître le tableau grandiose d'un banquet, où boivent, mangent, se divertissent tous les personnages de l'Histoire Sainte, depuis Adam et Ève, jusqu'au Christ et ses Apôtres. Tous les détails de cette œuvre correspondent de manière stricte et précise à l'Écriture, mais celle-ci est en même temps métamorphosée en carnaval, ou, plus exactement, en Saturnale. C'est la *Pileata Biblia* [2].

Quel est donc le dessein de l'auteur ? Quelle est son attitude à l'égard des Saintes Écritures ? Les chercheurs répondent à ces questions de façons diverses. Naturellement, tous s'accordent pour y voir une sorte de jeu avec la Parole, mais en appréciant différemment le degré de licence et la signification de ce jeu. Plusieurs savants affirment que son dessein est fort innocent.

1. Paul Lehmann, *Die Parodie im Mittelalter*, Munich, 1922, p. 10 *(N.d.A.)*.
2. « La Bible en bonnet de fête. »

C'est un système de mémorisation : « instruire en amusant ». Pour permettre aux chrétiens, naguère païens, à mieux se souvenir des personnages et des événements de l'Écriture, l'auteur de la *Cène* a tissé cette tapisserie comme instrument mnémotechnique. D'autres voient dans cette œuvre une parodie sacrilège évidente.

Nous n'avons cité ces jugements que pour l'exemple. Ils témoignent de la façon complexe et ambiguë dont les gens du Moyen Age abordaient la Parole sainte « étrangère ». Il est évident que la *Cène de Cyprien* n'est pas un système de mémorisation. C'est une parodie et, plus précisément, un travestissement parodique. Mais il ne faut pas appliquer à la parodie médiévale (ni à la parodie antique) nos idées contemporaines sur le texte parodique. A l'époque moderne, les fonctions de la parodie sont étriquées et futiles. Elle s'est étiolée. Sa place dans la littérature est inexistante. Nous vivons, nous écrivons, nous nous exprimons dans un monde de langage libre et démocratisé. L'antique hiérarchie des mots, des formes, images et styles qui, fortement graduée, infiltrait tout le système du langage officiel et de la conscience linguistique, fut balayée par la révolution des langues, au temps de la Renaissance. Les langues *littéraires* — le français, l'allemand, l'anglais — furent créées dans le processus de destruction de cette hiérarchie. En outre, les genres comiques et parodiques de la fin du Moyen Age et de la Renaissance — nouvelles, jeux de Carême, soties, farces, romans enfin — contribuèrent à la formation de ces langues. La prose littéraire française fut créée par Calvin et Rabelais, mais même la langue de Calvin, celle des couches moyennes de la population (des « boutiquiers et des artisans ») était intentionnellement, consciemment une réduction, presque un travestissement, de la langue sacrée de la Bible. Les couches moyennes des langues populaires devenaient celles des hautes sphères idéologiques et de l'Écriture, et étaient perçues comme les travestis dénigrants de ces sphères élevées. Aussi, étant donné ces langues nouvelles, la parodie n'eut pas (et ne connaissait point) les mots sacrés et, dans une certaine mesure, elles sont elles-mêmes nées de la parodie de la Parole sacrée. Mais au Moyen Age le rôle de la parodie fut capital car elle préparait la nouvelle conscience linguistique et littéraire, elle préparait le grand roman de la Renaissance.

La *Cène de Cyprien* est le modèle le plus ancien et le plus beau de la *parodia sacra* médiévale, ou, pour mieux dire, de la parodie des textes et des rites sacrés. Ses racines s'enfoncent dans les profondeurs de l'antique parodie rituelle, dans l'humiliation et la ridiculisation rituelles des puissances suprêmes. Mais ces racines sont fort lointaines; l'aspect rituel antique est réinterprété. La parodie remplit les fonctions nouvelles et capitales dont nous avons déjà parlé.

Il faut tout d'abord noter la liberté acceptée, légalisée, de la parodisation. Avec des restrictions plus ou moins importantes, le Moyen Age respectait la liberté du bonnet du bouffon, et accordait au rire et à la parole comique des droits assez larges. Cette liberté se limitait essentiellement aux fêtes et récréations scolaires. Le rire médiéval est un rire de fête. On connaît la *fête des fous*, *la fête de l'âne* célébrées par le clergé jusque dans les églises. Très caractéristique est le *risus paschalis* (« le rire de Pâques »). Durant le temps de Pâques, la tradition admettait que l'on rît dans les sanctuaires. Le prédicateur se permettait de plaisanter librement, de raconter de joyeuses historiettes du haut de la chaire pour susciter la gaieté de ses paroissiens, comprise comme signe d'une joyeuse renaissance après les jours d'affliction et de jeûne. Ce « rire pascal » est relaté à un grand nombre d'œuvres parodiques du Moyen Age. Non moins efficace était le rire de Noël *(risus natalis)*. A la différence du *risus paschalis* il se manifestait par des chansons plutôt que des récits. On chantait de solennels cantiques religieux sur l'air des chansonnettes des rues, ce qui en transformait la portée. En même temps fut créée une quantité énorme de chants de Noël, où le thème sacré de la Nativité s'entrelaçait avec des refrains populaires célébrant la mort joyeuse de l'ancienne année et la naissance de l'An neuf. La note dominante de ces chansons était souvent une ridiculisation parodique du passé, particulièrement en France, où le *Noël* devint l'un des genres les plus populaires de la chanson des rues révolutionnaire. (Rappelons-nous le *Noël* de Pouchkine, où est exploité parodiquement le thème de la Nativité [1]).

Le rire des fêtes avait presque tous les droits. Laisser-aller et licences étaient largement tolérés au cours des récréations scolaires, qui jouèrent un grand rôle dans la vie culturelle et littéraire du Moyen Age. Les œuvres récréatives étaient, par excellence, parodiques et travestissantes. Au cours de ses ébats, l'escholier des monastères médiévaux (plus tard étudiant), raillait avec une conscience pure tout ce qui avait été le sujet de ses pieuses études de l'année scolaire : tout, depuis les Écritures jusqu'à la grammaire. Le Moyen Age produisit une suite de variations parodiques sur la grammaire latine. Les déclinaisons, les formes verbales, les catégories grammaticales en général,

1. Texte satirique sur le tsar Alexandre Ier.

furent réinterprétées, soit au plan érotique et obscène, soit au plan des ripailles et des beuveries, enfin au plan de la ridiculisation de la hiérarchie et de la discipline ecclésiastique et monastique. En tête de cette singulière tradition grammaticale, on trouve une œuvre du VIIe siècle : *Virgilius Maro Grammaticus*. Écrit infiniment savant, il est saturé d'une incroyable quantité de références et citations de toutes les autorités possibles et imaginables du monde antique, dont certaines n'ont jamais existé. Dans de nombreux cas, ces citations sont des pastiches. Des analyses grammaticales sérieuses et assez subtiles se mêlent aux frappantes exagérations parodiques de ces subtilités, ou à de scrupuleuses argumentations savantes. On dépeint, par exemple, une dispute savante de quinze jours, où est évoqué le problème du *vocatif* de *ego*. Dans son ensemble, *Virgilius Grammaticus* se présente comme une superbe et fine parodie des idées formelles et grammaticales de la fin de l'Antiquité. Ce sont des Saturnales grammaticales, la *grammatica pileata* [1].

Il est intéressant de constater que nombre de médiévistes paraissent considérer ce traité de grammaire comme un texte vraiment sérieux! Même de nos jours, les chercheurs sont loin d'être unanimes à en déceler le caractère parodique. C'est une preuve supplémentaire de la fragilité des frontières entre la parole directe et la parole parodiquement réfractante, dans la littérature médiévale.

Le rire des célébrations festives et des récréations scolaires était parfaitement légitime. On était autorisé à sortir, si l'on peut dire, du tombeau de la vie grave, disciplinée et dévote, à cacher la Parole sacrée sous le masque d'un déguisement parodique. Dans ces conditions, on comprend pourquoi la *Cène de Cyprien* a connu une immense popularité jusque dans les austères milieux ecclésiastiques. Au IXe siècle, le sévère abbé de Fulda, Raban Maure, transforme cette *Cène* en poème : elle est lue aux tables des banquets royaux, représentée au cours des récréations pascales par les élèves des moines [2].

La grandiose littérature parodique du Moyen Age est née dans un climat de fêtes et d'ébats. Il n'y avait ni genre, ni texte, ni invocation, ni sentence, qui ne reçût son équivalent parodique. Nous connaissons des pastiches liturgiques : *La Liturgie des Ivrognes*, *La Liturgie des Joueurs*, *La Liturgie de l'Argent*, nous

1. « La grammaire en bonnet de fête. »

2. Toute cette partie concernant le rire, les fêtes, etc., a été développée longuement dans la thèse de M. Bakhtine : *Tvortchestvo François Rabelais*, Moscou, 1965. En français : *L'Œuvre de François Rabelais et la culture populaire au Moyen Age et sous la Renaissance*, dans la minutieuse traduction de Mme Andrée Robel (éd. Gallimard, « Bibliothèque des Idées », Paris, 1970).

sont parvenus, ainsi que d'innombrables exégèses parodiques des Évangiles, qui commencent par le traditionnel *ab illo tempore* (« en ce temps-là »), mais quelquefois contiennent des récits tout à fait licencieux. Nous connaissons quantité de prières et d'hymnes parodiques. Le savant finnois, Eero Ilvoonen, dans sa thèse — *Parodies des thèmes pieux dans la poésie française du Moyen Age* (Helsingfors, 1914), publie six parodies du *Pater Noster*, deux du *Credo*, une de l'*Ave Maria*, mais n'en donne que la version mixte, franco-latine. On n'imagine pas le nombre de prières et de cantiques parodiques en latin ou mixtes, trouvés dans les *codex* manuscrits médiévaux... R. Novati, dans sa *Parodia Sacra*, passe en revue seulement une faible partie de cette littérature [1]. Les procédés stylistiques de ces pastiches, déguisements, réinterprétations et réaccentuations, sont d'une grande diversité. Ils ont été, jusqu'ici, fort peu étudiés et approfondis.

A côté de la *parodia sacra* proprement dite, existent encore de nombreuses formes de parodisation et de travestissement dans d'autres genres et œuvres comiques du Moyen Age, par exemple dans les épopées comiques des animaux.

Cette littérature parodique grandiose, surtout latine mais en partie mixte, avait pour « héros » la Parole sacrée directe, faisant autorité en une langue étrangère. Cette Parole, son style, son sens, devenaient objets de représentation, se transformaient en image circonscrite et comique. La *parodia sacra* latine se construit sur le fond de la langue vulgaire nationale, dont le système de prononciation s'infiltre dans le texte latin. Dès lors, la parodie latine apparaît en somme comme un phénomène bilingue : la langue est unique, mais elle se construit et se perçoit à la lumière d'une autre langue. Il arrive que non seulement les accents, mais même les formes syntaxiques de la langue vulgaire soient nettement décelables dans la parodie latine. Celle-ci est un *hybride bilingue* prémédité. Nous allons arriver à ce problème.

Toute parodie, tout déguisement, toute parole employée de façon restrictive, ironiquement, placée entre guillemets et, en général, tout discours indirect, est un hybride prémédité, mais unilingue, dans l'ordre du style. En fait, dans un discours parodique convergent et se croisent d'une certaine manière deux styles, deux « langages » (interlinguistiques) : le langage parodié, par exemple celui d'un poème héroïque, et celui qui parodie : langage vulgaire prosaïque, langage parlé familier, langage

1. F. Novati, *Parodia sacra nelle letterature moderne*, in *Novatis Stud' critici e letterari*, Turin, 1889 *(N.d.A.)*.

des genres réalistes, langage « normal », « sain », littéraire, tel que se le représente l'auteur de la parodie. Ce langage second, parodiant, sur le fond duquel se construit et s'interprète la parodie, n'entre point lui-même dans celle-ci (si elle est stricte). Il y est invisible, mais présent. Car toute parodie déplace les accents du style parodié, y condense certains éléments, en laisse d'autres dans l'ombre. Elle est partiale. Sa partialité est dictée par les particularités du langage parodique, par son système de prononciation, son ordre. Nous repérons, nous reconnaissons la main, comme il nous arrive de reconnaître à l'évidence le système d'accents, la syntaxe, les modes et le rythme de telle langue vulgaire dans une parodie purement latine (j'entends : nous savons reconnaître si l'auteur est un Français ou un Allemand). Théoriquement, on peut pressentir et reconnaître dans toute parodie la langue et le style « normaux », à la lumière desquels elle fut créée, mais dans la pratique, ce n'est ni si simple, ni toujours possible.

Ainsi, dans la parodie, se croisent deux langages, deux styles, deux points de vue, deux pensées linguistiques et, en somme, deux textes de discours. Il est vrai de dire que l'un de ces langages (celui qu'on parodie) est vraiment présent, tandis que l'autre est présent, mais invisible, comme arrière-plan actif de l'œuvre et de sa perception. Il s'agit d'un hybride intralinguistique, qui se nourrit aux dépens de la stratification du langage littéraire en langages des genres et des orientations.

N'importe quel hybride stylistique délibéré est, dans une certaine mesure, dialogisé. Ceci implique que les langages qui s'y entrecroisent sont corrélatifs, sont les répliques d'un dialogue; c'est une dispute entre langages, entre styles du langage. Mais ce dialogue n'est ni fondé sur le sujet, ni abstraitement sémantique, mais le dialogue de deux points de vue linguistiques concrets, qui ne peuvent se traduire réciproquement. Toute parodie est donc un hybride dialogisé, délibéré. En elle, langages et styles s'éclairent réciproquement et activement.

Toute parole utilisée de façon restrictive, placée entre des guillemets qui lui donnent son ton, devient également un hybride délibéré, si le locuteur la refuse en tant que « langage » et style, si elle lui paraît trop vulgaire ou, au contraire, trop recherchée ou pompeuse, ou si elle suggère une orientation précise, un maniérisme verbal défini.

Mais revenons à la *parodia sacra* latine. C'est un débat entre l'austère Parole sacrée et l'allègre parler populaire, quelque chose comme les fameux dialogues médiévaux entre le roi Salomon et le joyeux fripon « Marcoul ». Mais, tandis que « Marcoul » discutait avec Salomon en latin, ici l'on discute en langues différentes. La Parole sacrée d'autrui, en langue étrangère, se pénètre d'accents des langues vulgaires populaires, elle est réaccentuée et réinterprétée sur fond de ces langues, se constitue en image facétieuse, en masque comique carnavalesque du pédant morose et borné, du vieux bigot hypocrite et patelin, ou du « grigou » avare et desséché. Cette « parodie sacrée » manuscrite, presque millénaire, de proportions grandioses, est un document remarquable, encore mal exploré, sur le conflit acharné des langues et leur interférence sur toute l'étendue de l'Europe occidentale. C'est un drame linguistique, joué en joyeuse farce, ce sont les saturnales linguistiques : *lingua sacra pileata*[1] *!*

La Parole sacrée latine, c'est un corps hétérogène qui a envahi l'organisme des langues européennes. Tout au long du Moyen Age, les organismes des langues nationales rejetèrent ce corps. Ce n'était pas ce corps étranger qu'elles rejetaient, mais une parole au sens précis, qui avait investi tous les niveaux supérieurs de la pensée idéologique nationale. Ce rejet de la Parole sacrée hétérogène avait le caractère d'un dialogue et s'abritait derrière le rire des fêtes et des récréations. C'est ainsi que dans les temps reculés, le peuple en liesse chassait le vieux roi, la vieille année, l'hiver, le carême. Telle est la *parodia sacra*.

En fait, tout le reste de la littérature latine du Moyen âge se présente comme un grand hybride compliqué et dialogisé. Ce n'est pas pour rien que Paul Lehmann la qualifie « d'appropriation, remaniement et imitation du bien d'autrui », autrement dit, du discours d'autrui. L'orientation mutuelle avec le discours étranger passe par tous les diapasons, depuis l'acquiescement fervent jusqu'à la moquerie parodique, et on a souvent beaucoup de mal à déceler où, précisément, finit la ferveur, où commence le sarcasme. Cela ressemble au roman des temps modernes où souvent on ne sait où se termine le discours direct de l'auteur, où débute le jeu du langage parodisant ou stylisateur des personnages. Seulement dans la littérature latine médiévale, les processus complexes et contradictoire d'acceptation ou de refus du discours d'autrui, son « écoute » fervente ou sa ridiculisation, se déroulent à l'échelle grandiose du monde de l'Europe occidentale, et marquent ineffaçablement la conscience linguistique et littéraire des peuples.

Nous avons dit qu'à côté de la parodie latine il existait une parodie mixte. C'est déjà un hybride délibéré, pleinement évolué, dialogisé, bilingue, parfois trilingue. Dans cette littérature médiévale bilingue, nous découvrons aussi tous les types

1. « La langue sacrée en bonnet de fête. »

possibles et imaginables d'attitude à l'égard de la parole « étrangère » : depuis la vénération jusqu'à l'impitoyable dérision. En France, par exemple, avaient cours ce qu'on nommait les *Épîtres farcies :* les textes scripturaires des épîtres apostoliques, lues pendant la messe, sont accompagnées de vers français octosyllabiques, traduisant et paraphrasant dévotement le texte latin. Le même caractère de commentaire dévot se retrouve dans une suite de prières « mélangées », en français. Prenons, par exemple, la fin de la dernière strophe d'un *Pater Noster* « mixte », du XIIIe siècle :

Sed libera nos, mais délivre nous, Sire,
A malo, de tout mal et de cruel martire.

Dans cet hybride, le répons français traduit et complète pieusement le répons latin. Mais voici le début d'un *Pater Noster* du XIVe siècle, évoquant les malheurs de la guerre :

PATER NOSTER, tu n'ies pas foulz
Quar tu t'ies mis en grand repos
Qui es montez haut IN CELIS.

Ici le répons français raille âprement la Parole sacrée latine, interrompant le début de l'invocation et figurant le séjour céleste comme une situation paisible, comparée aux malheurs terrestres. Le style français ne correspond point au style élevé de l'intercession, comme il le fait dans le premier texte cité; il est vulgaire à dessein, et représente une réplique grossière et terre à terre de la céleste sainteté de la prière.

Nombreux sont les textes mélangés, plus ou moins pieux, plus ou moins parodiques. Les plus connus sont les vers mixtes de la *Carmina burana.* Je rappellerai encore l'aspect mélangé des drames liturgiques, où la langue vulgaire sert souvent de réplique comique dénigrante aux nobles passages en latin. La littérature mixte du Moyen Age constitue également un document important et intéressant sur le conflit et les interférences des langues.

Il n'est nul besoin de s'étendre sur la grandiose littérature parodique en langues vulgaires nationales. Elle édifia toute une superstructure comique au-dessus de tous les genres directs sérieux. Là, comme à Rome, on visait au maximum à donner l'effet de la « doublure comique ». Songeons au rôle des bouffons médiévaux, créateurs professionnels du « second plan », qui par le truchement de leur sosie facétieux recréèrent intégralement le discours comico-sérieux. Rappelons-nous toute la suite des intermèdes et entractes comiques, qui jouèrent le rôle du « quatrième drame » grec, ou le joyeux *exodium* romain. Un exemple éclatant de ce doublage facétieux, c'est le « second plan » du bouffon dans les tragédies et comédies de Shakespeare. Les échos de ce parallélisme comique subsistent encore aujourd'hui, au cirque, par exemple, dans le doublage assez fréquent des numéros difficiles et périlleux du programme par le clown, ou dans le rôle semi-bouffon de nos « conférenciers » russes.

Toutes les formes du travestissement parodique gravitaient au Moyen Age comme dans l'Antiquité autour des joyeuses festivités populaires; tout au long de l'époque médiévale elles conservèrent leur caractère carnavalesque et gardèrent l'empreinte ineffaçable des Saturnales.

A la fin du Moyen Age et au temps de la Renaissance le discours parodique travestissant rompit toutes les digues. Il s'engouffra dans tous les genres directs, stricts et fermés, résonna bruyamment dans l'épopée des *spielman* et des *cantastors*, pénétra dans le grand roman de chevalerie.

Les diableries effacèrent quasiment les Mystères, dont elles avaient été partie intégrante. On vit apparaître de grands genres, très importants, tels les « soties »; enfin parurent les grands romans de la Renaissance, ceux de Rabelais et de Cervantes. C'est justement dans ces deux œuvres que le discours, préparé par toutes les formes que nous avons énumérées, comme aussi par l'héritage antique, découvrit ses possibilités et joua un rôle titanesque dans l'élaboration d'une nouvelle conscience linguistique de la littérature.

L'éclairage mutuel des langues dans le processus de liquidation du bilinguisme, atteignit à son point culminant à la Renaissance, et de surcroît, se compliqua singulièrement. Ferdinand Brunot, dans le tome II de son ouvrage classique, *Histoire de la Langue française*, se demande comment on a pu résoudre le problème du passage à la langue vulgaire, précisément sous la Renaissance, avec ses tendances classiques? Il répond fort justement que l'aspiration même de la Renaissance à rétablir le latin dans sa pureté classique le transforma inévitablement en langue morte. On ne pouvait dans la vie quotidienne du monde objectal du XVIe siècle, conserver et utiliser le pur latin classique de Cicéron pour exprimer des notions et des choses contemporaines. Le rétablissement du latin classique et pur limitait son application au domaine de la stylisation. C'était comme si on avait essayé d'adapter le latin aux mesures du monde nouveau, et qu'il se fût révélé trop étriqué. Simultanément, le latin classique éclaira le « visage » du latin médiéval et en révéla la laideur, ce qu'on ne pouvait constater qu'à la lumière du latin classique. Et voici que se créa une représentation remarquable du langage : les *Lettres des Gens obscurs.*

Il s'agit d'une satire, d'un hybride complexe, délibéré. Le langage des *gens obscurs* est parodié, c'est-à-dire épaissi, exagéré, donné comme typique, sur un arrière-plan du latin correct et châtié des Humanistes. En même temps, derrière le latin des *gens obscurs* transparaît de façon très nette leur langue d'origine, l'allemand : ils se servent de sa syntaxe, en la farcissant de mots latins, et en outre, traduisent mot à mot, en latin, des tournures spécifiquement germaniques, en y insistant grossièrement, à l'allemande. De leur point de vue, ce n'est pas un hybride délibéré : ils écrivent comme ils peuvent. Mais c'est à dessein que cette satire hybride latino-germanique est outrée et dominée par la volonté parodique de son auteur. Il faut toutefois constater qu'elle porte un caractère assez érudit, parfois abstraitement grammatical.

La poésie macaronique est, elle aussi, une satire linguistique compliquée, mais elle ne pastiche pas le « latin de cuisine ». C'est un travestissement dénigrant du latin des puristes cicéroniens, de leurs normes lexico-logiques, élevées et strictes. A la différence des *gens obscurs*, les macaroniques utilisent les constructions latines correctement, mais y introduisent une pléthore de mots de leur langue vulgaire natale (l'italien), en leur conférant une forme d'apparence latine. Leur entreprise a pour arrière-plan actif la langue italienne et le style des genres inférieurs italiens, facéties, « novelettes », et des thèmes résolument triviaux, matériels, charnels. La langue des cicéroniens impliquait un style noble. C'était à vrai dire, non une *langue* mais un *style.* C'est lui que pastichèrent les auteurs macaroniques.

Dans les satires linguistiques de la Renaissance (*Lettres des Gens obscurs*, poésie macaronique) trois langues s'éclairent mutuellement : le latin médiéval, le latin épuré et strict des Humanistes, la langue nationale vulgaire. En même temps, ce sont deux mondes qui s'éclairent mutuellement : celui du Moyen Age et le monde nouveau, populaire et humaniste. Nous entendons ici la même dispute folklorique du vieux et du neuf, la même stigmatisation et ridiculisation des choses anciennes : l'ancienne puissance, l'ancienne vérité, le mot ancien. Les *Lettres des Gens obscurs*, la poésie macaronique et une suite de manifestations analogues, démontrent que l'éclairage mutuel des langues et leur adaptation à la réalité et à l'époque se déroulèrent de façon tout à fait consciente. En outre, on peut constater à quel point les formes linguistiques et les conceptions du monde étaient inséparables les unes des autres. Enfin, on constate à quel point le monde ancien et le monde nouveau étaient caractérisés par leurs langues, par la représentation de leurs langues. Elles étaient en conflit, certes, mais, comme il en va toujours du conflit des grandes forces essentielles historico-culturelles, ce conflit ne pouvait être traduit à l'aide d'un dialogue abstrait, sémantique, ou purement dramatique, mais uniquement grâce à des hybrides complexes, dialogisés. Les grands romans de la Renaissance furent des hybrides de cet ordre, mais stylistiquement unilingues.

Au cours du processus de relève des langues, les dialectes à l'intérieur des langues nationales se mirent eux aussi à bouger. C'en était fini de leur coexistence obtuse et obscure. Leur originalité propre commença à se faire sentir de façon nouvelle à la lumière de la norme générale, centralisatrice, de la langue nationale. La ridiculisation des singularités dialectologiques, le persiflage des maniérismes verbaux et linguistiques des populations des différentes régions et cités d'un pays, constituent le plus antique fond de représentations de la langue de chaque peuple. Mais à l'époque de la Renaissance, vu dans l'éclairage mutuel de toutes les langues et dans le processus d'élaboration d'une norme nationale de la langue populaire, ce persiflage réciproque des divers groupes ethniques prend un sens neuf et capital. Les images parodiques des dialectes commencent à recevoir une forme d'art littéraire plus profonde, et à pénétrer dans la grande littérature. Ainsi, dans la *Commedia dell'arte*, les dialectes italiens se soudent aux masques types définis. Dans ce sens, on pourrait parler de « comédie des *dialectes* ». Il s'agit d'un hybride dialectologique délibéré.

Ainsi donc, les langues s'éclairaient réciproquement au temps où naissait le roman européen. Le rire et le multilinguisme avaient préparé le verbe romanesque des temps modernes...

★

Dans la présente étude, nous avons abordé deux facteurs seulement de la préhistoire du verbe romanesque. Un autre problème capital, c'est l'étude des genres verbaux, principalement des strates familières de la langue populaire. Ils jouèrent un rôle énorme dans la formation du verbe romanesque et, sous un aspect différent, entrèrent dans l'entité du genre romanesque. Mais cela sortirait des cadres de notre recherche. Nous voudrions simplement conclure, en soulignant que le verbe du roman n'est pas né, n'a pas évolué au sein d'un processus étroitement littéraire de tendances, de styles, de conceptions du monde abstraites, mais au milieu du conflit plusieurs fois séculaire des cultures et des langues. Il est lié aux grandes mutations et crises des destins des langues européennes et de la vie verbale des peuples.

La préhistoire du verbe romanesque ne s'insère pas dans les cadres étroits de l'histoire des styles littéraires.

1940.

Cinquième étude

RÉCIT ÉPIQUE ET ROMAN

(MÉTHODOLOGIE DE L'ANALYSE DU ROMAN)

L'étude du roman en tant que genre littéraire présente des difficultés particulières. Elles sont déterminées par la singularité du sujet : le roman est le seul genre en devenir, et encore inachevé. Il se constitue sous nos yeux. La genèse et l'évolution du genre romanesque s'accomplissent sous la pleine lumière de l'Histoire. Son ossature est encore loin d'être ferme, et nous ne pouvons encore prévoir toutes ses possibilités plastiques.

Nous connaissons les autres genres en tant que tels sous leur aspect achevé — moules solides où se coule l'expérience de l'art littéraire. L'antique processus de leur formation se place au-delà des temps historiques. Le récit épique se découvre à nous comme un genre non seulement achevé de longue date, mais déjà extrêmement vieilli. On peut en dire autant, avec certaines restrictions, des autres genres initiaux, voire de la tragédie. Leur existence historique, telle que nous la connaissons, est celle de genres constitués, avec une ossature calcifiée et déjà raidie. Chacun d'eux a son canon, qui, en littérature, agit comme une force historique réelle.

Tous ces genres, ou en tout cas leurs éléments principaux, sont infiniment plus anciens que l'écriture et le livre. Ils conservent, à un degré plus ou moins grand, leur nature des temps immémoriaux, orale et déclamatoire. Parmi les grands genres, seul le roman est plus jeune que l'écriture et le livre, et seul il est adapté organiquement aux formes nouvelles de la réception silencieuse, c'est-à-dire à la lecture. Mais l'important c'est que, contrairement aux autres genres, le roman ne possède pas de canons : historiquement, se présentent des spécimens isolés, mais non des canons romanesques en tant que tels. L'étude des autres genres équivaut à celle des langues mortes, l'étude du roman à celle des langues vivantes, et surtout jeunes.

De là vient l'extraordinaire difficulté d'une théorie du roman, car elle a pour objet quelque chose de tout différent de la théorie des autres genres. Le roman n'est pas simplement un genre parmi d'autres. Il est unique à évoluer encore au milieu de genres depuis longtemps formés et partiellement morts. Il est le seul à avoir été enfanté et nourri par l'ère moderne de l'histoire universelle; il lui est donc profondément apparenté, alors que les autres genres nobles, reçus comme un legs, et constitués, ne font que s'adapter, bien ou mal, à leurs nouvelles conditions d'existence. Si on le compare à eux, le roman apparaît comme d'une autre nature. Il s'accommode mal des autres genres. Il combat pour sa suprématie en littérature, et là où il l'emporte, les autres genres se désagrègent. Ce n'est pas pour rien que le meilleur ouvrage sur l'histoire du roman dans l'Antiquité, celui d'Erwin Rohde, n'en fait pas tant l'historique qu'il retrace le processus de désagrégation de tous les genres nobles antiques.

Très important et intéressant est le problème de l'interaction des genres à l'intérieur d'une période donnée. A certaines époques (classicisme grec, siècle d'or romain, époque classique), dans la grande littérature — celle des groupes sociaux prépondérants, tous les genres se complètent harmonieusement, et toute la littérature, en tant qu'ensemble des genres, se présente, dans une grande mesure, comme une entité organique d'un ordre supérieur. Or, fait caractéristique, le roman n'entre jamais dans cette entité, ne participe pas à l'harmonie des genres et, à ces époques-là, mène une existence « officieuse », sans franchir le seuil de la grande littérature. Celle-ci — ensemble organique hiérarchiquement organisé, n'intègre que des genres constitués, avec des personnages fixés et définis; ils peuvent se limiter et se compléter mutuellement en conservant la nature de leur genre. Ils sont uniques, et apparentés entre eux par leurs profondes particularités structurelles.

Les grandes poétiques organiques du passé, celles d'Aristophane, d'Horace, de Boileau, sont profondément sensibles à l'entité de la littérature et à l'harmonieuse unicité de tous les genres qu'elle englobe. Ces poétiques semblent percevoir concrètement cette harmonie; là est leur force, leur irremplaçable et totale plénitude, leur caractère exhaustif. Toutes, systématiquement, ignorent le roman. Les poétiques scientifiques du XIXe siècle n'ont pas la même plénitude : elles sont éclectiques, descriptives, aspirant à une totalité non point vivante et organique, mais abstraitement encyclopédique. Elles ne sont pas orientées vers la possibilité effective d'une coexistence de genres précis dans l'entité vivante de la littérature d'une époque donnée, mais vers une anthologie aussi vaste que possible. D'évidence, elles ne peuvent plus méconnaître le roman, mais se contentent de l'ajouter (à une place d'honneur) aux genres existants. (En tant que genre parmi d'autres, il a sa place dans une anthologie; mais c'est d'une tout autre façon qu'il pénètre dans l'ensemble vivant de la littérature.)

Redisons que le roman ne vit pas en bonne intelligence avec les autres genres. Il ne peut être question d'aucune harmonie, fondée sur une limitation ou un remplacement réciproques. Le roman parodie les autres genres (justement, en tant que genres); il dénonce leurs formes et leur langage conventionnels, élimine les uns, en intègre d'autres dans sa propre structure en les réinterprétant, en leur donnant une autre résonance. Les historiens de la littérature sont parfois enclins à n'y voir qu'une lutte de courants et écoles littéraires. Bien sûr, cette lutte existe, mais c'est un épiphénomène historiquement infime. Il faut savoir apercevoir au-delà un conflit des genres plus profond, plus historique, un devenir et une croissance de l'ossature des genres littéraires.

On observe des phénomènes particulièrement intéressants aux époques où le roman devient genre prédominant. Toute la littérature est alors affectée par ce processus d'évolution, par une sorte de « criticisme des genres ». Cela s'est passé à certaines périodes de l'hellénisme, à la fin du Moyen Age, à la Renaissance, et, de manière particulièrement frappante et éclatante, à partir de la seconde moitié du XVIIIe siècle. Quand le roman est maître, tous les autres genres, ou presque, se « romanisent » plus ou moins : ainsi en va-t-il du drame, par exemple de celui d'Ibsen, de Hauptmann, de tout le drame naturaliste, du poème, par exemple le *Childe Harold* et le *Don Juan* de Byron, et même de la poésie lyrique (celle de Henri Heine est un exemple évident). Quant aux genres qui conservent obstinément leur ancien canon, ils tendent à la stylisation. En général, tout genre qui garde une stricte fidélité à lui-même, malgré la volonté de l'auteur, commence à avoir des velléités de stylisation, parfois même de stylisation parodique. En présence du roman devenu genre dominant, les langages conventionnels des genres strictement canoniques commencent à avoir une résonance nouvelle, autre que celle qu'ils avaient au temps où le roman ne faisait pas partie de la grande littérature.

Les stylisations parodiques des genres et des styles occupent, dans le roman, une place majeure. Quand l'art du roman prend son essor (et surtout quand cet essor se prépare), la littérature est inondée de parodies et travestissements de tous les genres nobles (précisément des genres, non de certains auteurs ou certains courants), parodies qui apparaissent comme les précurseurs, les satellites et, dans un certain sens, les esquisses du roman. Mais il est remarquable que le roman ne permette la stabilisation d'aucune de ses variantes. Au travers de toute son histoire, se déroule systématiquement une parodisation ou un travestissement des principales variétés du genre, prédominantes ou en vogue à telle époque, et tendant à se banaliser : parodies du roman de chevalerie (la première remonte au XIIIe siècle, c'est le *Dit d'Aventures*), du roman baroque, du roman pastoral (*Le Berger Extravagant*, de Sorel), du roman sentimental (Fielding, et *Grandison* II, de Musäus [1]), et ainsi de suite... Cette autocritique du roman est un de ses traits remarquables...

Comment s'exprime la « romanisation » des autres genres ? Ils deviennent plus libres, plus souples, leur langue se renouvelle aux frais du plurilinguisme extra-littéraire et des strates « romanesques » de la langue littéraire. Ils se dialogisent. De plus, ils s'imprègnent de rire, d'ironie, d'humour, d'éléments d'autoparodisation. Enfin, et c'est le plus important, le roman y introduit une problématique, un inachèvement sémantique spécifique, un contact vivant avec leur époque en devenir (leur présent inachevé). Comme nous le verrons, tous ces phénomènes s'expliquent par la transposition des genres dans une nouvelle zone de structuration des représentations littéraires (zone de contact avec le présent non achevé), zone pour la première fois assimilée par le roman.

On ne peut, bien sûr, expliquer le phénomène de la « romanisation », par la seule influence directe et spontanée du roman lui-même. Même là où cette influence peut être constatée et démontrée elle se trouve indissolublement liée à l'action directe des transformations de la réalité elle-même, qui déterminent également le roman, et ont conditionné sa suprématie à telle époque. Le roman, étant le seul genre en devenir, reflète plus profondément, plus substantiellement, plus sensiblement et plus vite, l'évolution de la réalité elle-même : seul celui qui évolue peut comprendre une évolution. Le roman est devenu le personnage principal du drame de l'évolution littéraire des temps nouveaux, précisément parce que c'est lui qui traduit au mieux les tendances évolutives du monde nouveau. Car il est l'unique genre né de ce monde-là, en tous points de la même nature que lui. Il a anticipé, il anticipe encore, l'évolution future de toute la littérature. Voilà pourquoi, devenu le maître, il contribue au renouveau de tous les autres genres, il les conta-

1. K. A. Musäus, (1735-1787) parodia dans *Grandison II*, le célèbre roman de Richardson, qui faisait fureur en son temps.

mine par sa propre évolution, son propre inachèvement. Il les entraîne impérieusement dans son orbite, parce que son évolution coïncide avec l'orientation fondamentale de toute la littérature en devenir. Là réside l'importance exceptionnelle du roman comme objet d'étude tant pour la théorie que pour l'histoire de la littérature.

Malheureusement, les théoriciens de la littérature ramènent généralement cette rivalité du roman et des genres constitués, ainsi que tous les phénomènes de « romanisation », à l'existence et au conflit des écoles et des courants. Ils qualifient, par exemple, de « poème romantique » (ce qui est juste) un poème romanisé, et croient que tout est dit. Au-delà de la diaprure superficielle et du brouhaha du processus littéraire, ils n'aperçoivent pas les grands destins essentiels de la littérature et de la langue, dont les personnages principaux sont, avant tout, les genres, alors que les tendances et les écoles ne sont que des personnages de deuxième et troisième ordre.

Dès qu'il s'agit du roman, la théorie littéraire révèle sa totale impuissance. Les autres genres lui permettent d'œuvrer de façon assurée et précise : objet tout prêt, formé, défini et clair. Ils ont toujours conservé, à toutes les époques classiques de leur développement, leur stabilité et leur canon. Selon les époques, les courants, les écoles, leurs variations sont périphériques, et ne touchent pas à leur structure solide. A vrai dire, la théorie de ces genres tout faits n'a pu, jusqu'à nos jours, ajouter quoi que ce soit de substantiel à ce qui avait déjà été fait par Aristote. Sa poétique demeure le fondement immuable de la théorie des genres, même s'il lui arrive de s'enfoncer dans des profondeurs où l'on ne peut plus le suivre. Tout va bien tant qu'on ne touche pas au roman, mais déjà les genres « romanisés » poussent la théorie dans une impasse. Face au problème du roman, la théorie des genres se trouve devant la nécessité absolue d'une refonte radicale.

Grâce au travail minutieux des savants, on a amassé une énorme documentation historique. On a éclairci une série de questions liées à l'origine de telle ou telle variante du roman. Et cependant, le problème du genre, vu de façon intrinsèque, n'a encore trouvé aucune solution de principe satisfaisante. On continue à le considérer comme un genre parmi les genres, on tente de fixer ce qui le distingue des genres constitués, on cherche à lui découvrir un canon interne, qui serait un système précis d'indices stables et sûrs. Dans la grande majorité des cas, les recherches sur le roman reviennent à recenser et à décrire le plus grand nombre possible de ses variétés, mais, en fin de compte, on n'arrive jamais à une formule de synthèse du roman en tant que genre. Mieux : les chercheurs ne réussissent pas à dégager un seul indice précis et stable du genre romanesque, sans faire une réserve qui, du coup, réduit à néant cet indice.

Voici quelques exemples de ces indices « restrictifs » : le roman est un genre à plans nombreux, mais il existe des romans remarquables à un seul plan; le roman est un genre qui implique un argument frappant et dynamique, mais certains romans sont à la limite de la description pure; le roman est un genre à problèmes, mais l'ensemble de la production courante présente un caractère divertissant et frivole, inaccessible à tout autre genre. Le roman est une histoire d'amour, mais les plus hauts modèles du roman européen sont complètement dépourvus de thématique amoureuse; le roman est un genre qui utilise la prose, mais on connaît de remarquables romans en vers. Nous pourrions citer encore beaucoup d' « indices », annulés par la restriction qui leur est accolée en toute honnêteté.

Bien plus intéressantes et logiques sont les définitions normatives données par les romanciers eux-mêmes, qui font valoir une variante précise, en la déclarant seule forme correcte, nécessaire et actuelle. Telle est, par exemple, la célèbre préface de Rousseau pour *La Nouvelle Héloïse*, celle de Wieland pour son *Agathon*, de Wetzel, pour *Tobias Knaut* [1]. Telles sont les nombreuses déclarations et affirmations des Romantiques à propos de *Wilhelm Meister* et de *Lucinde*. [2] etc. Ces jugements, qui n'essaient pas d'embrasser toute la diversité du roman ou de lui donner une définition éclectique, contribuent pourtant au devenir vivant de ce genre, et souvent reflètent profondément et exactement le conflit du roman, à tel stade de son évolution, avec d'autres genres et avec lui-même (avec ses formes dominantes et en vogue). Ils approchent d'assez près la position singulière du roman dans la littérature, position sans commune mesure avec celle des autres genres.

A cet égard, la naissance d'un nouveau type de roman, au XVIIIe siècle, est accompagnée de toute une suite de jugements particulièrement significatifs. Viennent d'abord les jugements de Fielding, à propos de son roman et son héros, *Tom Jones*, puis la préface de Wieland, pour *Agathon*. Mais le maillon essentiel c'est *L'Essai sur le Roman*, de Blankenburg [3]. La série se parachève, en fait, avec la théorie du roman proposée plus

1. Johann-Karl Wetzel (1747-1819), *L'Histoire de Tobias Knaut le Sage* (roman en 4 volumes, 1774-1796).
2. Frédéric Schlegel.
3. Cf. note 2, p. 205.

tard par Hegel. Toutes les déclarations à propos de l'évolution du genre, à l'une de ses étapes importantes (*Tom Jones*, *Agathon*, *Wilhelm Meister*), se caractérisent par les exigences suivantes vis-à-vis du roman : 1° Il ne doit pas être « poétique » au sens où sont poétiques les autres genres littéraires. 2° Un personnage de roman ne doit pas être « héroïque », au sens épique ou tragique du terme : il doit réunir en sa personne des traits tant positifs que négatifs, vils et nobles, comiques et graves. 3° Ce personnage doit être présenté non comme tout fait et immuable, mais comme un être qui évolue, se transforme, qui est éduqué par la vie. 4° Le roman doit devenir pour son temps ce que fut l'épopée pour le monde antique (idée exposée de la façon la plus nette par Blankenburg, puis reprise par Hegel).

Toutes ces exigences-thèses ont un côté très important et fécond : il s'agit d'une critique (du point de vue du roman) des autres genres et de leur relation à la réalité, de leur héroïsation emphatique, de leur nature conventionnelle, leur poétisme étriqué et inerte, leur monotonie et leur abstraction, de l'aspect « fini » et immuable de leurs héros. C'est là, en somme, une critique de principe de la « littérarité » et du « poétisme » propres aux autres genres et aux formes antérieures du roman (roman héroïque baroque, roman sentimental de Richardson). Ces jugements sont, pour une grande mesure, étayés dans la pratique par les romanciers eux-mêmes. Ici, le roman (tant dans la pratique que dans la théorie qui lui est corrélatée) se présente de façon directe et consciente comme un genre critique et autocritique, appelé à renouveler les fondements mêmes de la littérarité et du poétisme prépondérants. La confrontation (et l'opposition) du roman et du récit épique, apparaît comme un aspect de la critique des autres genres littéraires, en particulier du type même de l'héroïsation épique, mais a aussi pour but de rehausser la signification du roman comme maître-genre de la nouvelle littérature.

Les exigences-thèses citées sont l'un des sommets de la prise de conscience du roman. Elles ne constituent pas, d'évidence, une théorie du roman, et ne se distinguent pas par leur grande pénétration philosophique ; néanmoins, elles témoignent de la nature du roman en tant que genre, non moins et peut-être plus que les théories existantes.

Je m'efforcerai à présent d'aborder le roman précisément comme un genre en devenir, marchant en tête de l'évolution de toute la littérature des temps modernes. Je ne proposerai pas une définition d'un canon du roman, qui agirait dans la littérature (dans son histoire) comme un système d'indices stables propres à un genre, mais je tenterai de déceler les particularités structurelles fondamentales du plus souple de tous les genres, particularités qui déterminent l'orientation de sa versatilité, de son influence et son action sur le reste de la littérature.

Je découvre trois particularités fondamentales qui distinguent le roman de tous les genres : 1° Son style tridimensionnel, relaté à la conscience plurilingue qui se réalise en lui. 2° La transformation radicale des coordonnées temporelles des représentations littéraires dans le roman. 3° Une nouvelle zone de structuration des représentations littéraires dans le roman : une zone de contact maximum avec le présent (la contemporanéité) dans son aspect inachevé.

Ces trois particularités sont organiquement liées et conditionnées par une certaine crise dans l'histoire des sociétés européennes : le passage d'un monde clos, semi-patriarcal, opaque, aux conditions nouvelles des relations et des liens internationaux et interlinguistiques. La pluriformité des langues, des cultures, des époques, se révèle à l'homme du continent européen et devient un facteur déterminant de son existence et de sa pensée.

J'ai analysé ailleurs la première particularité stylistique du roman, celle qui concerne le plurilinguisme dynamique de ce monde nouveau, de cette culture, de cette conscience littéraire nouvelle. Je n'en rappellerai que brièvement l'essentiel [1].

Le plurilinguisme a toujours eu sa place, étant plus ancien que l'unilinguisme canonique et pur. Mais il n'était pas un facteur de création, un choix de l'art littéraire, le cœur d'un processus littéraire et linguistique. Le Grec classique était sensible aux « parlers », aux époques du langage, aux multiples dialectes littéraires grecs (la tragédie est un genre plurilingue), mais l'art créateur se réalisait dans les langues pures, fermées sur elles-mêmes (fussent-elles, en fait, hybrides). Les divers genres organisèrent entre eux et rendirent canonique le plurilinguisme.

La nouvelle conscience culturelle et créatrice de textes littéraires s'épanouit dans un monde devenu activement plurilingue une fois pour toutes. L'époque de coexistence des langues nationales en circuit fermé est terminée. Les langues s'éclairent mutuellement, car une langue ne peut être consciente d'elle-même qu'à la lumière d'une autre. La coexistence naïve et ancrée des « parlers » à l'intérieur d'une langue nationale, autrement dit, des dialectes du terroir, des dialectes et jargons sociaux et professionnels, du langage littéraire et des langages particuliers qu'il contient, est finie aussi. Tout s'est mis en mouvement, tout est entré dans un processus d'action, tout s'éclaire mutuellement.

1. Cf. mon étude intitulée *Préhistoire du discours romanesque*, dans le présent volume *(N.d.A.)*.

La sensibilité a changé vis-à-vis du discours, de la langue, qui ont cessé d'être ce qu'ils étaient. Dans cette interaction extérieure et intérieure, chaque langue donnée, même si sa structure linguistique (phonétique, vocabulaire, morphologie) est absolument immuable, semble naître à nouveau, devient qualitativement autre pour la pensée créatrice qui y recourt.

Dans ce monde activement plurilingue, entre la langue et son objet (le monde réel) s'établissent des relations tout à fait neuves, lourdes de conséquences énormes pour tous les genres achevés, formés aux époques d'une langue unique, fermée sur elle-même. A la différence des autres grands genres, le roman s'est formé et a grandi précisément dans ces conditions d'activité aiguë du plurilinguisme interne et externe. C'est son élément naturel. C'est pourquoi il a pu se placer, au plan linguistique et stylistique, à la tête du processus de développement et de renouvellement de la littérature.

J'ai tenté d'éclairer, dans l'étude mentionnée, la profonde originalité stylistique du roman, déterminée par sa relation au plurilinguisme. Je passe maintenant à deux autres particularités, qui concernent les aspects thématiques de la structure du genre romanesque. Elles se dévoilent et s'expliquent très bien lorsqu'on compare le roman avec le récit épique.

Sous l'angle de notre problème, l'épopée, genre précis, comporte trois traits constitutifs : 1° Elle cherche son objet dans le passé épique national, le « passé absolu », selon la terminologie de Goethe et de Schiller. 2° La source de l'épopée, c'est la légende nationale (et non une expérience individuelle et la libre invention qui en découle). 3° Le monde épique est coupé par la distance épique absolue du temps présent : celui de l'aède, de l'auteur et de ses auditeurs.

Voyons en détail chacun de ces traits constitutifs.

Le monde du récit épique, c'est le passé héroïque national, le monde des « commencements » et des « sommets » de l'Histoire nationale, celui des pères et des ancêtres, des « premiers » et des « meilleurs ». L'important ce n'est pas que le passé se présente comme le contenu de l'épopée. La référence et la participation du monde représenté au passé, voilà le trait constitutif *formel* du genre épique. Jamais l'épopée ne fut un poème sur l'actualité, sur son temps, et ne devint un poème sur le passé que pour la postérité. Comme genre connu, précis, elle fut d'emblée un poème sur le passé; l'option de l'auteur (celui qui prononce le discours épique), immanente à l'épopée et pour elle partie constitutive, est celle d'un homme qui se réfère à un passé inaccessible; c'est la pieuse ferveur d'un descendant. Par son style, son ton, son caractère imagé, le texte épique est infiniment éloigné de la façon dont un contemporain parle d'un contemporain à ses contemporains. *(Onéguine, un ami que j'ai / sur la Néva qui vint à naître. / Ainsi que vous fîtes peut-être / Ou connûtes votre apogée* [1]*...)* Tant l'aède que son auditoire, immanents au genre épique, se situent à la même époque et à un même niveau de valeurs (hiérarchiques), mais le monde des héros se situe à un tout autre niveau de temps et de valeurs, inaccessible, coupé par la distance épique. Entre eux, un intermédiaire : la légende nationale Représenter un événement au même niveau temporel et axiologique que soi-même et ses contemporains (et donc fondé sur une expérience et une fiction personnelles) implique de faire une révolution radicale, et passer du monde épique au monde romanesque.

Bien entendu, nous pouvons percevoir « notre temps » comme héroïque et épique en nous plaçant du point de vue de sa signification historique, à distance, comme vu de loin dans le temps (non pas loin de nous, les contemporains, mais à la lumière de l'avenir); et le passé peut être perçu de façon familière (comme *notre* présent). Mais ce faisant, nous ne percevons point le présent dans le présent, ni le passé dans le passé : nous nous arrachons à « notre temps », à sa zone de contact familier avec nous.

Nous parlons de l'épopée comme d'un genre précis, réel, qui est parvenu jusqu'à nous. Nous la voyons comme un genre complètement achevé et même figé, presque sclérosé. Sa perfection, sa haute tenue, l'absence totale de toute naïveté littéraire, la désignent comme un genre vieilli au long passé. Mais sur ce passé, nous ne pouvons qu'émettre des hypothèses, et il faut bien avouer que jusqu'à présent, nos hypothèses s'avèrent assez fausses! Que savons-nous des hypothétiques chants primitifs antérieurs à la formation de l'épopée et à la naissance d'une tradition du récit épique, poèmes qui chantaient leurs contemporains, et faisaient spontanément écho à des événements qui venaient d'arriver ? Nous les ignorons et ne pouvons que supputer sur la nature de ces chants primitifs des aèdes, ou ces cantilènes. Nous n'avons aucune raison de penser qu'ils ressemblaient plus aux chants épiques postérieurs (que nous connaissons) que, par exemple, à nos chroniques ou nos couplets populaires sur l'actualité. Les chants épiques héroïsants à la gloire des contemporains (qui nous sont accessibles et parfaitement réels) sont nés d'une tradition épique ancienne et puissante *après* que fut créé le récit épique. Ils transfèrent sur les événements et les hommes de leur temps une forme épique accomplie, autrement dit, ils transfèrent sur eux la forme chrono-

1. Pouchkine, *Eugène Onéguine*, trad. de Louis Aragon, *op. cit.*, note 1, p 143

topique du passé, les font participer au monde des « pères », des « commencements », des « sommets », ils les canonisent, en quelque sorte, de leur vivant. En un certain sens, dans une société patriarcale, les représentants des classes dominantes appartiennent en tant que tels au monde des ancêtres, et sont séparés des autres hommes par une distance quasi « épique ». La communion du « héros » contemporain au monde de ses ascendants et aïeux, est un phénomène spécifique, issu d'une tradition épique achevée de longue date, et donc expliquant aussi peu les origines de l'épopée, que ne le fait l'Ode néo-classique, par exemple.

Quelle qu'en soit l'origine, l'authentique récit épique parvenu jusqu'à nous est la forme parachevée et parfaite d'un genre, dont le trait constitutif est la relation du monde représenté au passé absolu des « origines » et des « sommets » nationaux. Le passé absolu, c'est une catégorie (une hiérarchie) des valeurs. Pour la vision du monde épique « commencement », « premier », « fondateur », « ancêtre », « prédécesseur », etc., ne sont pas des catégories purement temporelles, mais également axiologiques; c'est le degré superlatif de valeur dans le temps, en ce qui concerne tant les individus que les choses, que les phénomènes du monde épique : dans ce passé tout est bon, et tout ce qui est essentiellement bon (« premier ») n'est que dans ce passé. Le passé absolu épique apparaît comme l'unique source et seul principe de tout ce qui est bénéfique pour les temps futurs, également. Ainsi l'affirme la forme épique.

La mémoire, non l'activité de la connaissance, voilà ce qui donne à la littérature antique ses capacités créatives essentielles et sa force. « Il en était ainsi » et on n'y doit rien changer. La tradition du passé est sacrée. On n'a pas encore conscience de la relativité de tout passé.

L'expérience, la connaissance et la pratique (le futur) définissent le roman. A l'époque de l'hellénisme commence le contact avec les héros du cycle épique de la guerre de Troie. Le récit épique devient roman. Le matériau épique est transposé en matériau romanesque; il passe dans une zone de contact, après avoir traversé le stade de la familiarisation et du comique. Lorsque le roman devient genre prééminent, la discipline principale de la philosophie devient la théorie de la connaissance.

Ce n'est pas pour rien que le passé épique est qualifié de « passé absolu » car, étant aussi un passé de valorisation (hiérarchique), il est dépourvu de toute relativité, c'est-à-dire des transitions graduelles, purement temporelles, qui le lieraient au présent. Il est séparé par une frontière absolue de tous les temps à venir, et, avant tout, de celui où se trouvent le chantre et son auditoire.

Cette barrière est donc immanente à la forme même de l'épopée; elle est perceptible et résonne dans chacun de ses mots.

Anéantir la frontière, c'est détruire la forme du genre épique. Mais justement parce que ce passé épique est séparé de toutes les époques futures, il est absolu et parfait; il est fermé comme un cercle et tout en lui est réalisé et achevé pleinement. Dans le monde épique il n'y a point place pour l'inachevé, l'irrésolu, le problématique. Il ne demeure en lui aucune échappatoire vers l'avenir. Il se suffit à lui-même, ne présume aucun prolongement, n'en a nul besoin. Les définitions temporelles et axiologiques s'y fondent en un tout indissoluble (comme dans les antiques strates sémantiques du langage). Tout ce qui participe à ce passé, participe du même coup à ce qu'il a de véritablement essentiel et significatif, et en même temps acquiert un achèvement, un « fini » qui lui font perdre, si l'on peut dire, tous droits et toute prétention à un prolongement effectif. Son parachèvement absolu et son « fini » sont des traits remarquables du passé épique.

Passons à la légende. Le passé épique, séparé par une frontière infranchissable des époques ultérieures, ne demeure et ne se dévoile que sous forme de légende nationale. C'est sur elle seule que s'appuie le récit épique. Qu'elle soit la source authentique de l'épopée, n'est pas ce qui importe le plus. L'important, c'est que l'étai de la légende soit immanent à la forme même de l'épopée, comme lui est également immanent le passé absolu. Le discours épique est un discours énoncé selon la légende. Le monde épique du passé absolu, de par sa nature même, est inaccessible à l'expérience personnelle, et n'admet point d'opinions et jugements individuels. On ne peut le voir, le palper, le toucher, ni non plus l'apercevoir sous *n'importe quel* angle, le mettre à l'épreuve, l'analyser, le décomposer, le fouiller. Il n'existe que comme tradition sacrée et péremptoire, impliquant une appréciation de portée universelle et commandant une attitude révérencieuse. Répétons-le avec insistance : l'affaire n'est pas dans les sources effectives de l'épopée, ni les aspects de son contenu ou les affirmations de ses auteurs, mais dans ce trait formel (plus exactement, formel et signifiant), qui est aussi constitutif du genre épique : le point d'appui sur une légende anonyme, irrécusable, une appréciation et un point de vue de portée générale, excluant toute possibilité d'une autre option, une profonde vénération pour l'objet de la représentation et pour le discours lui-même qui l'évoque, en tant qu'inspiré par la légende.

Le passé absolu comme objet du récit épique, la légende irrécusable comme source unique, déterminent le caractère de la « distance épique », troisième trait constitutif du genre. Le passé épique, nous l'avons dit, est clos et séparé par une frontière infranchissable des époques postérieures et surtout du présent des enfants et des descendants, de durée ininterrompue, où se trouvent l'aède et ses auditeurs, où se déroule leur existence et prend forme le récit direct épique. D'autre part, la légende isole l'épopée de toute expérience personnelle, de toute découverte nouvelle, toute initiative pour la comprendre et l'interpréter, de tous nouveaux points de vue et appréciations. Le monde de l'épopée est totalement achevé, non seulement comme événement réel d'un passé lointain, mais aussi quant à son sens et sa valeur : on ne peut ni le changer, ni le réinterpréter, ni le réévaluer. Il est tout prêt, achevé, immuable, comme événement réel, comme sens et comme valeur. C'est ce qui détermine la distance épique absolue. On ne peut accepter le monde épique qu'avec révérence, mais on ne peut l'approcher; il est hors de l'activité humaine, portée aux mutations et aux réévaluations. Cette distance existe non seulement par rapport au matériau épique, c'est-à-dire aux péripéties et aux héros représentés, mais aussi par rapport au point de vue et au jugement porté sur eux; point de vue et jugement se sont soudés à leur objet dans un « tout » indissoluble. Le verbe épique est inséparable de son objet, car sa sémantique se caractérise par une imbrication absolue entre ses éléments objectaux et spatio-temporels, et ses éléments axiologiques (hiérarchiques). Cette imbrication et, corrélativement, la dépendance de l'objet ne furent transcendés pour la première fois qu'à partir de la pluralité active et de l'interaction des langages. (Et dès lors, l'épopée devint un genre à demi conventionnel, à demi mort.)

Grâce à la distance épique qui exclut toute possibilité d'activité et de modification, quelles qu'elles soient, le monde épique acquiert sa perfection exceptionnelle, non seulement du point de vue de son contenu, mais aussi de son sens et de sa valeur. Il se construit dans une zone de représentation lointaine, hors de toute sphère de contact possible avec le présent en devenir, inachevé, et donc sujet à réinterprétation, à réévaluation.

Les trois traits constitutifs de l'épopée dont nous avons donné le caractère, sont plus ou moins propres aux autres genres nobles et parachevés de l'Antiquité classique et du Moyen Age qui ont pour fondement la même évaluation du temps, le même rôle de la légende, une distance hiérarchique analogue. Pour aucun d'eux « l'actualité » n'est admissible comme objet de représentation. Elle ne peut s'introduire dans les genres nobles qu'à ses niveaux hiérarchiques supérieurs, déjà distanciés par leur place même dans l'actualité. Mais en entrant dans les genres nobles (dans les *Odes* de Pindare, par exemple, ou chez Simonide), événements, héros et vainqueurs d'une actualité « sublime », communient en quelque sorte au passé, se mêlent par la médiation de maillons et liens intermédiaires à la trame uniforme du passé et de la tradition héroïque. Ils acquièrent leur valeur, leur éminence, grâce à cette communion au passé, source de toute substance et toute valeur authentiques. On pourrait dire qu'ils s'arrachent à leur temps, avec ce qu'il a d'inachevé, d'irrésolu, d'ouvert, ses possibilités de réinterprétation, de réévaluation. Ils se hissent au niveau des valeurs anciennes, y acquièrent leur « fini ». On ne doit pas oublier que le « passé absolu » n'est pas un temps au sens limité et précis que nous donnons à ce mot, mais une certaine catégorie axiologique, temporelle et hiérarchique.

On ne peut être « grand » en son temps. La grandeur en appelle toujours à la postérité pour qui elle sera du passé (apparaîtra sous forme d'image lointaine), deviendra objet de souvenir, non de vision, de contact vivants. Dans le genre « mausolée », le poète édifie son image dans la lointaine perspective de sa postérité future. (Cf. les épitaphes des stèles des despotes orientaux et celles d'Auguste.) Dans le monde de la mémoire, un phénomène apparaît dans un contexte tout à fait singulier, dans des conditions conformes à des lois particulières, bien différentes de celles d'un monde de vision réelle, de contact concret et familier. Le passé épique, c'est une forme particulière de perception littéraire de l'homme et de l'événement; elle s'est substituée presque intégralement à toute perception et représentation littéraires communes. La représentation littéraire se place *sub specie aeternatis*. L'art littéraire ne doit représenter, immortaliser, que ce qui est digne d'être commémoré et conservé dans le souvenir de la postérité. La représentation est créée pour les descendants, et c'est dans le plan anticipé de leur lointain avenir qu'elle prend forme. Pour ses contemporains, l'actualité (qui ne prétend pas au souvenir) est commémorée dans l'argile, celle qui regarde vers l'avenir (vers la postérité) est commémorée dans le marbre et le bronze.

La corrélation des temps a une grande importance : l'impact des valeurs ne porte pas sur l'avenir. Ce n'est pas pour lui, devant lui, que se déploient les mérites (ils sont devant une éternité intemporelle), ils servent la future mémoire du passé, l'élargissement du monde du passé absolu, ils enrichissent (aux dépens de l'actualité) avec des images nouvelles, un monde qui toujours, par principe, s'oppose à tout passé transitoire.

La légende elle aussi conserve son importance dans les genres nobles et achevés, mais son rôle, dans les conditions de la création individuelle, devient plus conventionnel que dans l'épopée.

Dans son ensemble, le monde de la grande littérature de l'époque classique est projeté dans le passé, dans le plan lointain de la mémoire, mais ce n'est pas dans un passé réel et relatif, relié au présent par de constantes transitions temporelles, mais dans le passé des valeurs, des commencements et des sommets. Ce passé-là est distancié, achevé, fermé tel un cercle. Cela ne signifie pas qu'il n'y ait en lui aucun mouvement. Au contraire, les catégories temporelles relatives qui sont en lui, sont abondamment et finement élaborées. (Les nuances de « plus tôt », « plus tard », la succession des temps, de la vitesse, de la durée, etc.). Il y a là une haute technique littéraire du traitement du temps. Néanmoins, tous les points de ce temps fermé, arrondi, parachevé, s'écartent du temps réel et mouvant de l'actualité; dans son entité, ce temps n'est ni localisé dans un processus historique réel, ni corrélaté au présent ou au futur : on pourrait dire qu'il renferme en lui-même toute la plénitude des temps. Aussi, tous les grands genres de l'époque classique, autrement dit, toute la grande littérature, s'édifie dans une zone de représentation lointaine, hors de tout contact possible avec une contemporanéité inachevée.

L'époque contemporaine, en tant que telle, avec son aspect d'actualité vivante, ne pouvait — nous l'avons vu — servir d'objet de représentation pour les genres élevés. Elle était une actualité de « bas niveau », comparée au passé épique. Moins que tout, pouvait-elle servir de point de départ pour une interprétation et une évaluation littéraires, uniquement centrées sur le passé absolu. Le présent est transitoire, fugace, c'est une sorte de continuité éternelle, sans commencement ni fin. Il n'a aucun « fini » véritable, donc, pas de substance. Le futur était pensé soit comme le prolongement du présent, soit comme fin, destruction ultime, catastrophe. Les catégories axiologiques et temporelles du commencement et de la fin absolus ont une importance énorme pour la perception du temps et des idéologies des temps révolus. Le commencement est idéalisé, la fin est assombrie (la catastrophe, le « crépuscule des dieux »). Cette perception du temps, et la hiérarchie des temps qu'elle détermine, imprègnent tous les genres nobles de l'Antiquité et du Moyen Age et pénètrent si profondément dans les fondements mêmes de ces genres, qu'elles continuent à y vivre aux époques ultérieures, jusqu'au XIXe siècle, et même au-delà.

L'idéalisation du passé dans les genres nobles présente un caractère officiel. Toutes les manifestations extérieures de la force et de la vérité dominantes (de tout ce qui est « accompli »), se sont constituées dans la catégorie axiologique et hiérarchique du passé, dans une représentation distanciée, lointaine (depuis le geste et le vêtement jusqu'au style, tout est symbole du pouvoir), tandis que le roman, lui, est lié au déploiement éternellement vivant de la parole et de la pensée non officielles (forme festive, propos familiers, profanation).

Les morts sont aimés de façon différente. Retirés de la sphère de contact, ils peuvent et doivent être évoqués dans un autre style. Le discours sur un défunt est, stylistiquement, très différent de ce qu'on dirait d'un vivant.

Dans les grands genres, tout pouvoir, tout privilège, toute éminence et suprématie (vêtements, étiquette, style du discours du héros, style de ce qu'on dit de lui) passent de la zone de contact familier au plan lointain. Leur orientation sur la perfection révèle le classicisme de tous les genres non romanesques.

L'actualité instable, le présent « vil », ce qui est transitoire, la vie « sans commencement ni fin », ne figuraient que dans les genres inférieurs. Mais surtout, elle était l'objet principal de représentation dans le domaine si vaste, si riche des œuvres satiriques populaires. Dans le texte auquel je me suis référé, j'ai tenté de montrer l'énorme importance de ce domaine, tant dans l'Antiquité qu'au Moyen Age, pour la genèse et la formation du verbe romanesque. Il eut la même portée pour tous les autres aspects du genre roman, tant à leur début qu'au cours de leur constitution. C'est là, dans ce comique populaire, qu'il faut chercher les véritables racines folkloriques du roman. Le présent, l'actualité contemporaine comme telle, « moi-même », « mes contemporains », « mon époque », furent, dès l'origine, l'objet d'un rire ambivalent, joyeux et destructeur. Là, précisément, se constitue une relation nouvelle et radicale à la langue, au mot. A côté de la représentation directe, de la satire de l'actualité vivante, fleurissent la parodisation et le travestissement de tous les grands genres, de toutes les grandes figures de la mythologie nationale. « Le passé absolu » des dieux, demi-dieux et héros « s'actualise » dans les parodies et surtout dans les travestissements : il est rabaissé, représenté au niveau de l'actualité, dans son cadre habituel, dans le « bas langage » de son temps.

A partir de cet élément naturel du rire populaire, surgit spontanément du sol classique, une littérature antique au domaine assez vaste et divers, que les Anciens eux-mêmes nommaient, de façon expressive, *spoudogelion :* domaine du « sérieux comique » Il faut y rapporter les mimes à petit sujet, de Sophron [1], toute la poésie bucolique, la fable, les tout premiers Mémoires

1. Sophron de Syracuse (né vers 480 av. J.-C.), « mimographe », auteur des *Syracusaines*.

(l'*Epidémaï*, de Ion de Chios [1], l'*Omiliaï*, de Critias [2]) et les pamphlets. Les Anciens y rattachaient également les *Dialogues socratiques* (en tant que genre); nous pouvons y ajouter la satire romaine (Lucilius, Horace, Persius, Juvénal), la vaste littérature des *symposions* (banquets) et enfin la Satire Ménippée (comme genre) et les dialogues à la manière de Lucien. Tous ces genres, englobés dans le concept du « sérieux-comique », apparaissent comme les authentiques prédécesseurs du roman. De plus, certains d'entre eux sont des genres de pur type romanesque et contiennent en germe (et parfois même sous une forme développée) les principaux éléments des variantes postérieures du roman européen. Le véritable esprit du roman, en tant que genre en devenir, y est présent à un degré infiniment plus important que dans ce que l'on appelle les « romans grecs » (seul genre antique honoré de cette qualification).

Le roman grec a exercé une forte influence sur le roman européen, plus précisément sur le roman baroque, exactement au moment où l'on commençait à élaborer une théorie du roman (l'abbé Huet), et où ce terme même de « roman » se précisait et s'imposait; c'est pourquoi, parmi toutes les œuvres romanesques de l'Antiquité, il ne resta attaché qu'au seul roman grec. Et pourtant les genres que nous nommons « sérieux-comiques », même dépourvus de cette ossature solide du sujet et de la composition que nous sommes habitués à exiger du genre romanesque, préfigurent les étapes capitales de l'évolution du roman des temps modernes. Ceci concerne particulièrement les *Dialogues socratiques*, qu'on pourrait, pour paraphraser Frédéric Schlegel, qualifier de « romans de ce temps-là », et aussi la *Satire Ménippée* (en y incluant le *Satiricon*, de Pétrone), qui joua dans l'histoire du roman un rôle colossal, loin d'être suffisamment apprécié par les savants. Tous ces genres « sérieux-comiques » représentent l'étape première, essentielle, de l'évolution du roman comme genre en devenir.

En quoi consiste, dès lors, l'esprit « romanesque » de ces genres ? De quelle manière constituent-ils la première étape du roman en formation ? L'actualité de leur temps leur sert d'objet et, plus important encore, de point de départ pour leur compréhension, leur appréciation, leur forme. Pour la première fois, l'objet d'une représentation littéraire sérieuse (et comique en même temps) est présenté sans aucune distanciation, au niveau de son temps, dans une zone de contact rude et direct. Même

1. Ion de Chios (né vers 450 av. J.-C.).
2. Critias (ou Kritias) (mort vers 403), poète et orateur, disciple de Socrate, figure dans les *Dialogues socratiques*.

quand ces genres choisissent de représenter le passé et le mythe, la distance épique est abolie, puisque c'est l'actualité qui fournit son point de vue. Dans ce processus d'abolition des distances, le principe satirique de ces genres, puisé dans le folklore (le rire populaire), revêt un sens particulier. C'est le rire, qui abolit la distance épique et, en général, toute distance hiérarchique, facteur d'éloignement. Une figure vue de loin ne peut être comique; il faut absolument la rapprocher pour la rendre comique. Tout ce qui est comique est proche. Toute œuvre comique fonctionne dans une zone de proximité maximale. Le rire a le pouvoir remarquable de rapprocher l'objet, il l'introduit dans une zone de contact direct, où l'on peut le tâter, le retourner, le mettre à l'envers, l'examiner en haut et en bas, détruire son enveloppe externe, inspecter son intérieur, s'interroger sur lui, le disséquer, démembrer, dénuder, démasquer, analyser et expérimenter en toute liberté! Le rire anéantit la peur et la vénération devant l'objet, devant le monde; il en fait un objet de contact familier, et de ce fait prépare son exploration absolument libre. Le rire est un facteur essentiel pour créer cette prémisse de l'intrépidité indispensable à toute approche réaliste du monde. En rapprochant, en familiarisant l'objet, le rire semble le confier aux mains intrépides de l'expérience, tant scientifique que littéraire — et de l'imagination qui expérimente librement et sert cette expérience. La familiarisation du monde par le rire et le parler populaire, représente une étape majeure et nécessaire sur la voie de la création des œuvres libres, aussi bien celles de la connaissance scientifique que celles de l'art et de la réalité, création de l'humanité européenne.

Le plan de l'image comique (satirique) est spécifique tant du point de vue du temps que de celui de l'espace. La mémoire joue ici un rôle minime. Le souvenir et la tradition n'ont rien à faire dans le monde du comique, on raille pour oublier. C'est la zone de contact familier et brutal au maximum : rire, injures, coups. Au fond, il s'agit de démystifier, de dégager l'objet du plan lointain; c'est l'abolition de la distance épique, la prise d'assaut et la destruction du plan éloigné en général. Dans ce plan (du rire), on peut faire irrespectueusement le tour de l'objet. Mieux : le dos, le derrière (et aussi les tripes, qu'il ne convient pas de montrer) prennent un sens singulier. L'objet est décortiqué, dénudé (dépouillé de sa parure hiérarchique). Nu, il est ridicule, comme aussi ses vêtements séparés de sa personne, « vides ». C'est l'opération comique du *démembrement*.

Le comique peut être joué, c'est-à-dire « actualisé ». L'objet du jeu, c'est la symbolique littéraire originelle de l'espace et du temps : le haut, le bas, le devant, le derrière, l'avant, l'après, le premier, le dernier, le passé, le présent, le bref (l'immédiat), le long, etc. La logique littéraire de l'analyse, du démembrement, de la mise à mort, est ici prééminente.

Nous possédons un document remarquable qui reflète la naissance à la fois du concept scientifique et du nouveau personnage romanesque dans l'art littéraire en prose. Il s'agit des *Dialogues socratiques*. Tout est caractéristique dans ce genre remarquable, né vers la fin de l'Antiquité classique. Caractéristique est le fait qu'il surgit comme *apomnémoneumate* — comme genre du type « Mémoires », comme des notes d'après le souvenir personnel d'entretiens véridiques avec des contemporains [1]. Caractéristique est le fait que la figure centrale est un homme qui parle, qui converse; caractéristique encore est l'association, dans le personnage de Socrate, — héros principal du genre, du masque populaire du sot qui ne comprend rien (presque un « Margitte »), avec les traits d'un sage sublime (dans l'esprit des légendes des *Sept Sages*). Le résultat de cet amalgame, c'est l'image ambivalente de la « sage ignorance ». Caractéristique, enfin, est l'autoglorification ambivalente du dialogue socratique : « Je suis plus sage que tous les autres, parce que je sais que je ne sais rien. » A travers la figure de Socrate on décèle un type nouveau d'héroïsation prosaïque. Autour de cette figure, naissent des légendes carnavalesques, comme celle des relations de Socrate avec Xanthippe. Le héros se transforme en bouffon. (Voyez la carnavalisation ultérieure des légendes entourant Dante, Pouchkine, etc.)

Caractéristique en outre, est le dialogue rapporté, serti dans une narration dialoguée, canonique pour ce genre, caractéristique est le voisinage (aussi proche que cela était possible pour la Grèce classique) du langage de ce genre avec le parler populaire. Remarquons encore que ces dialogues ont révélé la prose attique, et joué un rôle important dans le renouveau de la prose littéraire comme dans la relève des langues. En même temps, ce genre est caractéristique comme système assez complexe de styles, voire de dialectes, qui y pénétrèrent en tant que modèles des langages et des styles, parodiques à des degrés différents. Nous voyons donc un genre multistyle, comme l'est le roman véritable. La figure même de Socrate est caractéristique comme exemple remarquable d'héroïsation romanesque (si différente

1. Dans les Mémoires et les autobiographies la « mémoire » a un caractère particulier : c'est la mémoire qu'on a de son époque et de soi-même. Elle n'est pas héroïsante. Elle a un élément d'automatisme et de notes (non monumentales). C'est la mémoire individuelle, sans référence, limitée par les bornes d'une vie personnelle (sans ancêtres, ni générations). Ce qui est « mémoire » appartient déjà au genre des dialogues socratiques *(N.d A.)*

de l'héroïsation épique). Enfin (et pour nous c'est le plus important) profondément caractéristique est la conjonction du rire, de l'ironie socratique, de tout le système des dénigrements socratiques, avec une investigation sérieuse, d'un haut niveau, libre pour la première fois, du monde, de l'homme, de la pensée humaine. Le rire de Socrate (nuancé jusqu'à l'ironie) et les dénigrements socratiques (tout un système de métaphores et de comparaisons empruntées aux basses sphères de l'existence, aux métiers, à la vie quotidienne, etc.) rapprochent le monde et le rendent familier, permettent de l'explorer sans crainte, et librement. Le point de départ, c'est l'actualité, les vivants qui y gravitent et leurs opinions. A partir de là, de ce monde contemporain multivocal et multilingue, il est possible, par l'expérience et la quête personnelles, de s'orienter dans le monde et dans le temps (entre autres, dans le « passé absolu » légendaire). Il arrive même, le plus souvent à dessein, que le prétexte apparent et immédiat du dialogue soit un motif futile et fortuit (c'était canonique pour ce genre); c'est comme si l'on soulignait « aujourd'hui », avec une conjoncture fortuite (une rencontre imprévue, par exemple...).

Dans d'autres genres du sérieux-comique on peut découvrir d'autres aspects, nuances, conséquences du même transfert radical du centre axiologique et temporel de l'orientation de l'œuvre, le même bouleversement de la hiérarchie des époques.

Disons quelques mots de la Satire Ménippée. Ses racines folkloriques sont les mêmes que celles du dialogue socratique, avec lequel elle a des liens génétiques. (On la tient habituellement pour le résultat de la désagrégation de ce dialogue.) Le rôle familiarisant du rire y est beaucoup plus net, incisif et grossier. On peut parfois être choqué par la licence des dénigrements, par une certaine façon de retourner sens dessus dessous les aspects nobles de l'univers ou des conceptions humaines. Mais à cette singulière familiarité du comique s'associent une problématique aiguë et un fantastique utopique. Il ne reste rien de la lointaine représentation épique du passé absolu. Le monde entier, et tout ce qu'il contient de plus sacré, sont présentés sans aucune distanciation, dans une zone de contact brutal, où l'on peut tout saisir avec ses mains. Dans ce monde rendu totalement familier, le sujet se déploie avec une liberté exceptionnelle, fantasque, du ciel à la terre, de la terre aux enfers, du présent au passé, du passé au futur. Dans les visions satiriques d'outre-tombe de la Satire Ménippée, les héros du « passé absolu », les personnages des diverses époques de l'Histoire (par exemple Alexandre le Grand) et les contemporains vivants se retrouvent pour converser et même pour se colleter! Ce téléscopage des époques dans le donné de l'actualité est fort typique. Arguments et situations de la Satire Ménippée, d'une fantaisie effrénée visent uniquement à mettre à l'épreuve et démystifier idées et idéologues. Ce sont des sujets sciemment expérimentaux et provocateurs.

L'apparition de l'élément utopique est exemplaire dans ce genre, élément encore hésitant et superficiel. Le présent inachevé commence à se sentir plus proche du futur que du passé, à y chercher des supports valables, même si ce futur se dessine, pour l'heure, comme un retour à l'age d'or de Saturne. (Sur le sol romain la Satire Ménippée était étroitement liée aux Saturnales et à la liberté de leur rire.)

La Satire Ménippée est dialogique, pleine de parodies et de travestis, dotée de styles nombreux ne craignant même pas un certain bilinguisme. (Chez Varron, et surtout dans *La Consolation de la Philosophie* de Boèce [1].) Le *Satiricon* de Pétrone témoigne que la Satire Ménippée pouvait grandir jusqu'à former une toile gigantesque, réaliste, reflétant le monde socialement multiforme et polyphonique de son époque.

Presque tous les genres « sérieux-comiques » que nous avons cités se caractérisent par la présence d'un élément autobiographique et mémoratif, intentionnel et avoué. Le déplacement du centre temporel de l'œuvre littéraire, qui place l'auteur et ses lecteurs d'une part, les héros et le monde représentés de l'autre, sur un même plan axiologique et temporel, et au même niveau, qui en fait des contemporains, des relations des amis possibles, qui rend familières leurs relations (je rappellerai à nouveau, le début appuyé, souligné, romanesque d'*Onéguine*), permet à l'auteur, sous tous ses masques et faux visages, de se déplacer librement dans ce champ du monde représenté qui, dans l'épopée, était absolument inaccessible et clos. Ce champ change selon les genres et les époques, selon l'évolution de la littérature. Il est organisé de diverses façons, diversement délimité dans l'espace et le temps. Il est toujours spécifique.

Le roman est en contact avec les forces élémentaires du présent non achevé, ce qui empêche ce genre de se figer. Le romancier gravite autour de tout ce qui n'est pas encore fini. Il peut paraître dans le champ de l'imagination dans n'importe quelle attitude d'écrivain, évoquer les moments réels de son existence ou y faire allusion, se mêler aux conversations de ses personnages, polémiquer ouvertement avec ses ennemis littéraires, etc. Ce n'est pas seulement l'apparition du personnage de l'auteur dans le champ de la représentation qui compte, mais aussi ce fait

1. Boetius, Ancius Manlius Severinus, ou Boèce (480-525).

que l'auteur véritable, formel, premier (l'auteur de l'image de l'auteur) se trouve en relations nouvelles avec la représentation du monde qu'il a élaborée : ils ont les mêmes mesures temporelles et axiologiques, le discours de l'auteur qui représente est au même plan que le discours représenté du personnage, et peut former avec lui (plus exactement : ne peut s'empêcher de former) des relations dialogiques et des combinaisons hybrides.

Ce nouveau statut de l'auteur premier, formel, dans une zone de contact avec le monde représenté, rend possible l'apparition de son image propre dans le champ de sa représentation. Cette nouvelle situation est un des résultats les plus importants de l'abolition de la distance épique (hiérarchique). Il n'est pas nécessaire d'insister sur la signification capitale, compositionnelle et stylistique, pour la spécificité du genre romanesque, de ce nouveau statut de l'auteur.

Dans ce contexte, jetons un regard sur *Les Ames Mortes*, de Gogol. Gogol voulait donner à son épopée la forme de la *Divine Comédie*, y voyant son but sublime, mais il n'élabora qu'une Satire Ménippée. Incapable d'échapper à la sphère du contact familier une fois qu'il y était entré, il ne put y transposer des images distanciées concrètes. Il n'était pas possible de réunir sur un même plan de représentation les images distanciées de l'épopée et celles du contact familier. Le pathétique faisait irruption dans le monde de la Satire Ménippée comme un corps hétérogène; de concret, ce pathétique devenait abstrait, tout en échappant à l'œuvre. Gogol ne pouvait passer de l'enfer et du purgatoire au paradis avec les mêmes personnages, dans une seule et même œuvre : les passages continus étaient impossibles. Sa tragédie c'est, dans une certaine mesure, celle du *genre* lui-même (en entendant ce terme non pas dans le sens des formalistes russes, mais en tant que zone et champ de la perception des valeurs et de la représentation du monde). Gogol perdit de vue la Russie, entendons : il perdit le plan qui lui permettait de la comprendre et de la représenter. Il s'embrouilla entre la mémoire et le contact familier. Pour parler simplement : il ne sut pas mettre au point ses jumelles.

Or, la contemporanéité, nouveau point de départ de l'orientation littéraire, n'interdit pas la représentation du passé héroïque, et sans travestissement, de surcroît. Citons en exemple la *Cyropédie*, de Xénophon (qui, naturellement, n'appartient pas au domaine du sérieux-comique, mais se place à sa lisière). L'objet représenté, c'est le passé. Le héros, c'est le Grand Cyrus. Mais la base, c'est l'époque de Xénophon; elle dicte les points de vue, oriente vers les valeurs. Trait distinctif : le passé héroïque choisi par l'auteur n'est pas national, mais étranger, mais barbare.

Déjà le monde s'est déverrouillé. Le monde monolithique, clos, familier (tel qu'il était dans l'épopée) a cédé la place au vaste monde ouvert, aussi bien celui des Grecs que des autres. Le choix des hauts faits d'un étranger est dicté par l'extrême curiosité portée, au temps de Xénophon, à l'Orient, à sa culture, son idéologie, ses formes socio-politiques. De l'Orient on attendait la lumière. La réciprocité des cultures, des idéologies, des langues, commençait. Typique aussi est l'idéalisation d'un despote oriental. On y décèle l'écho de l'idée (partagée par Xénophon et un cercle considérable de ses contemporains) de la nécessité de renouveler les formes politiques de la Grèce dans un sens proche de l'autocratie orientale. De toute évidence, pareille idéalisation d'un autocrate oriental est foncièrement antinomique à tout l'esprit de la tradition nationale hellénique. Caractéristique, encore, et tout à fait actuelle pour l'époque, est l'idée de l'éducation de l'homme. Elle deviendra par la suite l'une des idées dominantes et constructives du nouveau roman européen. Notons également, le transfert délibéré et évident des traits du Grand Cyrus sur Cyrus le Jeune, contemporain de Xénophon, qui avait pris part à sa campagne. On perçoit aussi l'influence d'un autre personnage du temps, proche de Xénophon : Socrate. Par son truchement, l'élément « Mémoires » entre dans cette œuvre. La forme elle-même de l'œuvre, des dialogues enchâssés dans le récit, n'est pas moins caractéristique. Ainsi, l'actualité et sa problématique sont le point de départ et le centre d'une interprétation et d'une appréciation littéraire et idéologique du passé. Ce passé est donné sans distance au niveau du présent, à son plan élevé il est vrai, dans ses couches supérieures, non dans ses bas niveaux, et à l'échelle de sa problématique avancée. Notons dans cette œuvre comme une nuance d'utopie, comme le reflet léger (et timide) du mouvement qui porte le présent à partir du passé vers l'avenir. La *Cyropédie* est un roman, au sens intrinsèque du mot.

Représenter le passé dans un roman n'implique nullement qu'on le modernise (bien que l'on trouve, chez Xénophon, une certaine modernisation). Au contraire, la représentation véritablement objective du passé n'est possible que dans le roman. L'actualité, avec son expérience nouvelle, persiste dans la forme même de la vision, dans sa profondeur, son acuité, son ampleur et sa vivacité; mais elle n'est pas obligée de pénétrer dans le contenu du roman comme une force qui modernise et altère le passé. Car toute actualité importante, sérieuse, a besoin d'une image authentique du passé, de l'authentique langage étranger d'un passé étranger.

La révolution dans la hiérarchie des temps commande également une révolution radicale dans la structure de la représentation littéraire. Le présent dans son « ensemble », si l'on peut dire (bien que, justement, il ne soit pas un «ensemble ») est, par son principe et son essence, inachevé; de tout son être, il exige une suite. Il marche vers l'avenir, et plus il avance activement, consciemment, plus est sensible et notable son inachèvement. Aussi, quand le présent devient le centre d'orientation de l'homme dans le temps et dans le monde, ceux-ci perdent le « fini » de leur entité et de chacune de leurs parties. Le modèle temporel du monde se modifie fondamentalement, et on passe à un monde où le « premier mot » (celui du début idéal) fait défaut, où le « dernier » n'a pas encore été prononcé...

Pour une conscience littéraire et idéologique, le temps et le monde deviennent historiques pour la première fois. Ils se découvrent (fût-ce d'abord de manière brouillée et confuse) comme un devenir, un mouvement perpétuel qui les porte vers un avenir réel, comme un processus unique, inachevé, embrassant toutes choses. Chaque événement, quel qu'il soit, chaque phénomène, chaque chose, en général chaque objet d'une représentation littéraire, perdent cette perfection, ce fini, ce désespérant aspect « tout prêt », immuable, qu'ils avaient dans le monde du « passé absolu », épique, défendu par une frontière infranchissable contre un présent qui continue, qui n'est pas fini. Grâce à son contact avec le présent, l'objet s'intègre dans le processus inachevé d'un monde en devenir, et il est frappé du sceau de l'imperfection. Si éloigné soit-il de nous dans le temps, il est relié à notre présent incomplet par de continuelles mutations temporelles, relié à notre imperfection, à notre présent, et ce présent avance vers un avenir inaccompli. Dans ce contexte de l'inachevé disparaît le caractère d'immuabilité sémantique de l'objet; son sens et sa signification se renouvellent et grandissent à mesure que ce contexte se développe. Cela entraîne des transformations radicales de la représentation littéraire, qui acquiert une actualité spécifique. Elle entre en relations (sous une forme ou une autre, dans une mesure plus ou moins grande) avec tel événement de la vie en train de se dérouler, et auquel nous — auteur et lecteurs — participons de façon substantielle. Alors apparaît une zone de structure des représentations romanesques toute nouvelle, une zone de contact maximum de l'objet de la représentation avec le présent dans son imperfection et, par conséquent, avec l'avenir.

La prophétie est propre à l'épopée, la prédiction est propre au roman. La prophétie épique se réalise totalement dans les limites du « passé absolu » (si ce n'est dans tel récit épique, c'est du moins dans les limites de la tradition qui l'enveloppe).

Elle ne concerne point le lecteur et son temps réel. Le roman ne cherche pas à prophétiser des faits, à prédire, à influencer l'avenir de l'auteur et des lecteurs. Il a ses problèmes nouveaux et spécifiques. Son trait distinctif c'est la réinterprétation et la réévaluation permanentes. Le centre de la dynamique de la perception et de la justification du passé est transféré dans le futur.

Le « modernisme » du roman est inépuisable. Il confine à une injuste appréciation des époques passées. Pensons à la révision des valeurs anciennes par la Renaissance (« les ténèbres de l'âge gothique »), par le XVIIIe siècle (Voltaire), par le positivisme (dénonciation des mythes, des légendes, de l'héroïsation, rejet maximum du souvenir), et (avant l'empirisme) à la réduction du concept de « connaissance », au « progressisme » mécaniste comme critère suprême...

*

Abordons quelques particularités littéraires relatives à ces questions. Le manque d'achèvement, de « fini » interne aboutit à un vigoureux renforcement des impératifs de la perfection externe et formelle, surtout en ce qui concerne le sujet. Le problème du « début », de la « fin », de la « consistance », se pose de façon nouvelle. Le récit épique ne se soucie guère d'un début formel; il peut être incomplet, c'est-à-dire qu'il peut avoir une fin quasiment due au hasard. Le « passé absolu » est clos et fini, tant dans sa totalité que dans n'importe quelle partie, et chacune d'elles peut être élaborée et présentée comme un tout. On ne saurait englober le monde entier du « passé absolu » (pourtant à sujet unique) dans un seul récit épique : cela reviendrait à re-raconter toute la tradition nationale; il est même malaisé d'englober entièrement l'une de ses parties significatives. Cela importe peu, car la structure du tout se répète dans chacune de ses parties, dont chacune est parachevée et « arrondie » comme un tout. On peut commencer le récit à tout moment, le terminer de même. *L'Iliade* se présente comme un extrait fortuit du cycle troyen. Sa fin — les funérailles d'Hector, ne pourrait en aucun cas servir de fin à un roman, mais la perfection du récit épique n'en souffre point. L'intérêt particulier suscité par la « fin » : (« Comment finira la guerre ? » « Qui sera vainqueur ? » « Qu'adviendra-t-il d'Achille ? » etc.) est totalement exclu du matériau épique pour des motifs tant extérieurs qu'intérieurs : le côté « sujet » de la tradition était connu d'avance de bout en bout. L'intérêt spécifique pour « la suite » (« qu'est-ce qui va se passer ? ») et pour la conclusion (« comment cela finirat-il ? ») ne caractérise que le roman, n'est possible que dans une zone de proximité et de contact, impossible dans une représentation lointaine. La représentation « à distance » donne l'événement dans son entier et l'intérêt pour le sujet (qu'on ignore) ne peut y exister. Le roman spécule sur la catégorie de l'ignorance. Il y a diverses formes et méthodes pour profiter du « trop-plein » de l'auteur (tout ce qu'un personnage ignore ou ne voit pas). On peut se servir de ce « trop-plein » pour le sujet (forme extérieure) ou pour un parachèvement (et une extériorisation particulière au roman) de la représentation de l'homme.

Il y a aussi le problème d'une éventualité différente...

Les singularités de la zone romanesque dans ses différentes variantes se manifestent diversement. Un roman peut être démuni de tout problème. Prenons, par exemple, le « roman-feuilleton ». Il ne contient nulle problématique philosophique ou socio-politique, nulle psychologie. Par conséquent, ce n'est pas à travers ces sphères-là que peut s'établir un contact avec l'événement inachevé de notre existence contemporaine. On traitera donc tout différemment l'absence de distance et la zone de contact : à la place de notre morne existence on nous offre, il est vrai, un succédané, mais c'est celui d'une existence fascinante et brillante. Nous pouvons participer aux aventures des personnages, nous identifier à eux. Ces romans-là peuvent presque servir de substitut à notre existence. Rien de tel n'est possible en ce qui concerne le récit épique et les autres genres distanciés. C'est ici que se révèle le danger inhérent à la zone de contact dans le roman : nous pouvons nous introduire dans le roman (jamais dans l'épopée ou autres genres du passé absolu), d'où le danger des phénomènes tels que la lecture immodérée de romans, les rêveries romanesques (le héros des *Nuits blanches*), le bovarysme, « l'apparition » de personnages de roman, désenchantés, démoniaques, etc., phénomènes de remplacement de la vie personnelle. Ils ne peuvent être engendrés par les autres genres que si ceux-ci « se romanisent », autrement dit, s'ils sont transposés dans la zone de contact romanesque, par exemple comme les poèmes de Byron.

Une autre manifestation, de la plus haute importance pour l'histoire du roman, tient à la nouvelle orientation temporelle et à la zone de contact : il s'agit des rapports particuliers du roman avec les genres extra-littéraires, centrés sur la vie courante e l'idéologie. Déjà à ses débuts, le roman et ses précurseurs s'appuyèrent sur les diverses formes extra-littéraires de la vie privée et publique, surtout sur les formes rhétoriques. (Il existe même une théorie qui fait sortir le roman de la rhétorique.) Et dans la suite de son évolution, le roman utilisa largement et substantiellement de lettres, journaux intimes, confessions et des formes et méthodes de la rhétorique judiciaire. En s'édifiant dans une zone de contact avec l'événement contemporain inachevé, le roman souvent franchit les bornes de l'art littéraire spécifique, et se transforme tantôt en sermon moralisateur, tantôt en traité philosophique, tantôt en véritable diatribe politique, ou dégénère en confession intime primaire, pleine d'une sensiblerie que n'éclaire pas la forme, ou en « cris du cœur »... Tous ces phénomènes sont très caractéristiques du roman en tant que genre en devenir. Car enfin les frontières entre ce qui est art et ce qui ne l'est pas, entre littérature et non-littérature, n'ont pas été fixées par les dieux une fois pour toutes. Toute spécificité est historique. Le devenir de la littérature, ce n'est pas sa croissance et ses transformations dans les seules limites immuables de sa spécificité; elle dérange même ces frontières. Le processus de leur modification dans le domaine de la culture (dont la littérature fait partie) est fort lent et complexe. Telles violations de ces frontières (comme celles indiquées plus haut) n'en sont que des symptômes, qui se déroulent à une grande profondeur. Ces symptômes des modifications de la spécificité se révèlent dans le genre romanesque en devenir beaucoup plus souvent, de façon plus frappante, plus exemplaire, car c'est le roman qui les mène. Il pourrait servir de document pour la prévision des grands destins, lointains encore, de la littérature en évolution.

Mais nulle part la modification de l'orientation temporelle et de la zone d'édification des représentations, ne se révèle plus profondément, de façon plus notable, que dans la restructuration de la représentation de l'homme en littérature. Toutefois, dans les limites de cette étude, je ne puis aborder ce grand problème compliqué que de façon rapide et superficielle.

L'homme des grands genres distanciés est l'homme d'un « passé absolu », et d'une représentation lointaine. Comme tel, il est entièrement achevé et terminé, sur un haut niveau héroïque, certes, mais désespérément achevé, il est tout entier présent, coïncidant avec lui-même, absolument égal à lui-même. De plus, il est complètement extériorisé. Entre son être véritable et son aspect extérieur il n'existe pas la moindre antinomie. Tout son potentiel, toutes ses virtualités sont réalisés de bout en bout dans sa situation sociale, dans toute sa destinée, même dans son apparence. Il ne reste rien de lui, à part cette destinée et cette situation précises. Il est devenu tout ce qu'il pouvait devenir, et il ne pouvait devenir autre que ce qu'il est devenu. Il est entièrement extériorisé dans un sens plus élémentaire aussi, et presque littéral : tout en lui est à découvert et clamé à haute voix.

son monde intérieur, tous ses traits extérieurs, comportements et actions sont au même niveau. Son point de vue sur lui-même coïncide pleinement avec celui des autres : son milieu (sa collectivité), son chantre, ses auditeurs.

Parlant de ce problème, abordons celui de « l'autoglorification », chez Plutarque et d'autres. « Moi, Je », sur le plan éloigné, existe non en soi et pour soi, mais pour le souvenir anticipé de la postérité. « Je perçois ma personne et mon image dans le plan lointain, distancié, de la mémoire, où la conscience que j'ai de moi-même est aliénée de moi. Je me vois avec les yeux d'un autre. » Cette coïncidence des formes, des points de vue sur soi et sur les autres, est naïve et entière. Il n'y a pas encore de divergence, de confession-auto-accusation. Celui qui représente coïncide avec qui est représenté [1].

Il ne voit, il ne sait de lui-même que ce que les autres voient et savent. Tout ce qu'un autre ou l'auteur peuvent dire de lui, il pourrait le dire lui-même et inversement. En lui, rien à chercher, rien à deviner; on ne peut le démasquer ou le provoquer : il est tout au-dehors, sans enveloppe, ni noyau. En outre, l'homme épique est démuni de toute initiative idéologique (de même que les personnages et l'auteur). Le monde épique ne connaît qu'une seule et unique conception du monde, « toute prête », aussi obligatoire qu'indiscutable pour les personnages, l'auteur, les auditeurs. L'homme épique est également privé d'initiative linguistique : le monde épique ne connaît qu'un langage seul et unique, déjà constitué. Ainsi, ni la vision du monde, ni le langage, ne peuvent servir de facteurs de délimitation et de constitution des représentations de l'homme, de leur individualisation. Ici les individus sont délimités, constitués, individualisés par des situations et des destinées diverses, mais pas par des « vérités » différentes. Les dieux eux-mêmes ne sont pas séparés des humains par quelque « vérité » autre : ils ont le même langage qu'eux, la même vision du monde, la même destinée, la même totale extroversion.

Ces particularités de l'homme épique, partagées, dans l'ensemble, par les autres grands genres du « passé absolu », créent l'exceptionnelle beauté, la cohésion, la cristalline clarté, le « poli » littéraire de cette représentation de l'homme. Mais en même temps, elles engendrent sa limitation, et une certaine

1. Le récit épique se désintègre quand commence la recherche d'un nouveau point de vue sur soi-même (sans adjonction du point de vue d'autrui). Le geste romanesque expressif se présente comme un refus de la norme, mais ce geste « erroné » révèle précisément son sens subjectif. D'abord vient le refus de la norme, puis le problème de cette norme elle-même *(N.d.A.)*.

inertie dans les conditions nouvelles de l'existence humaine.

L'annihilation de la distance épique, le passage du plan lointain à la zone de contact avec l'événement inachevé du présent (et donc avec l'avenir), conduisent à une restructuration de la représentation de l'homme dans le roman et, par la suite, dans toute la littérature

Dans ce processus, les sources folkloriques du comique populaire jouent également un rôle considérable. Première et capitale étape de ce devenir . la familiarisation comique de la figure humaine. Le comique a détruit la distance épique. Il s'est mis à explorer l'homme en toute liberté, familièrement, à le mettre sens dessus dessous, à dénoncer la divergence entre son apparence et son tréfonds, entre ses possibilités et leur réalisation. Une importante dynamique est introduite dans la représentation de l'homme : la dynamique de l'incompatibilité et de la discordance entre ses divers aspects. L'homme a cessé de coïncider avec lui-même et, partant, le sujet du récit a cessé de révéler l'homme tout entier. De toutes ces incohérences et discordances le rire tire avant tout des effets comiques (et pas seulement comiques), mais dans les genres sérieux-comiques de l'Antiquité, elles font jaillir déjà des figures d'un autre ordre, par exemple, la figure grandiose, héroïque, de Socrate, traitée dans sa totalité de manière neuve et complexe.

Caractéristique est la structure littéraire des masques populaires stables, qui ont exercé une influence si grande sur la représentation de l'homme dans le roman aux stades importants de son évolution. (Les genres comico-sérieux de l'Antiquité, Rabelais, Cervantes.) Le héros épique et tragique n'est rien en dehors de son destin et du sujet qui l'impose. Il ne peut devenir le héros d'un destin différent, d'un autre sujet. Les masques populaires, eux, — Makkus, Pulcinella, Arlequin — peuvent se choisir un destin à volonté, figurer dans n'importe quelle situation (ce dont ils ne se privent pas, parfois même à l'intérieur d'une seule et même pièce) mais ils ne s'annihilent pas ce faisant, et conservent toujours, à n'importe quelle occasion, quel que soit leur destin, leur excédent de gaieté, leur face humaine, peu compliquée, mais qui n'a jamais fini de se découvrir entièrement. Aussi peuvent-ils agir et parler « hors-du-sujet ». Mieux . c'est dans leurs représentations improvisées, dans les *trices* des atellanes, les *lazzi* de la comédie italienne, qu'ils découvrent le mieux leur visage. De par sa nature même, le héros épique ou tragique ne peut se produire dans un intermède, ou improviser pendant l'entracte : il n'a pour cela ni le visage, ni le geste, ni les mots nécessaires. Là est sa force, là aussi sa limite. Épique ou tragique, il est le héros qui périt, car telle est sa nature

Mais jamais ne périssent les masques populaires : pas un seul thème des atellanes, pas une comédie italienne, ou une comédie française « italianisante », n'envisagent et ne peuvent envisager la mort réelle de Makkus, de Polichinelle ou d'Arlequin. En revanche, beaucoup d'entre elles prévoient leur mort fictive et comique, suivie de leur résurrection. Ils sont les héros des improvisations libres, non ceux de la tradition, les héros du processus indestructible, éternellement renouvelé, toujours actuel, de la vie, non les héros du « passé absolu ».

Ces masques et leur structure (non-coïncidence avec eux-mêmes, et avec une situation donnée, débordement de gaieté, verve intarissable) ont exercé — nous l'avons dit — une influence énorme sur l'évolution de la représentation de l'homme dans le roman. Celui-ci garde cette structure, mais sous une forme plus complexe, plus approfondie quant à son contenu, et plus sérieuse (ou sérieusement-comique).

L'un des principaux thèmes romanesques intérieurs est justement l'inadéquation d'un personnage à son destin, à sa situation. L'homme est supérieur à son destin ou inférieur à son humanité. Il ne peut devenir tout entier et totalement fonctionnaire, hobereau, marchand, fiancé, rival, père, etc. Si un personnage de roman le peut (un personnage « de genre », de la vie quotidienne, la plupart des héros de roman secondaires), autrement dit, s'il se case entièrement dans sa situation et son destin, son excédent d'humanité peut se réaliser dans le personnage du héros; mais cet excédent sera toujours réalisé selon la forme constante et l'orientation de l'auteur, selon sa vision et sa représentation de l'homme. La zone de contact avec le présent inachevé et, partant, avec le futur, crée la nécessité d'une telle non-coïncidence de l'homme avec lui-même. Toujours demeurent en lui des virtualités irréalisées, des besoins inassouvis. Il y a un avenir qui ne peut manquer de se relater à l'homme, d'avoir des racines en lui

L'homme ne peut pas s'incarner totalement dans la substance socio-historique de son temps. Il n'existe pas de formes qui pourraient incarner la totalité de ses possibilités et exigences humaines, où il pourrait aller jusqu'au bout de lui-même, jusqu'à son dernier mot, comme le héros épique ou tragique, qu'il pourrait remplir à ras bords, mais sans en déborder. Il reste toujours un excédent d'humanité non réalisé, toujours demeure la nécessité d'un futur, de sa place indispensable. Tous les habits existants sont trop étroits pour l'homme, et donc comiques. Or, cette humanité excédentaire, inincarnable, peut se réaliser non dans un personnage, mais dans le point de vue de l'auteur (cf Gogol). Quand à la réalité romanesque elle n'est que l'une des réalités éventuelles. Elle n'est pas indispensable, elle est fortuite, et contient d'autres possibilités.

Dans le roman, l'entité épique de l'homme se désagrège selon d'autres lignes également : on constate une frappante antinomie entre l'homme apparent et l'homme intérieur, qui aboutit à ce que l'aspect subjectif de l'homme devient objet d'expérience et de représentation, et tout d'abord au plan comique, familiarisant. Alors apparaît l'antinomie spécifique des aspects : l'homme vu par lui-même et l'homme vu par autrui. Cette désintégration de l'entité épique et tragique de l'homme dans le roman va de pair avec les prodromes de son entité nouvelle et complexe, à un stade plus élevé de l'évolution de l'humanité.

Enfin, dans le roman, l'homme acquiert une initiative idéologique et linguistique qui modifie sa figure. (Type nouveau et supérieur d'individualisation du personnage.) Déjà au stade antique de son évolution, le roman présente les figures remarquables des héros-idéologues, telle est la figure de Socrate, telle est celle d'Épictète riant dans ce qu'on a appelé le *Roman d'Hippocrate*, telle est la figure profondément romanesque de Diogène dans la vaste littérature dialoguée des Cyniques, et dans la Satire Ménippée (où elle se rapproche de façon frappante du masque populaire), telle est, enfin, la figure de Ménippe, chez Lucien. En règle générale, le héros de roman est plus ou moins un idéologue.

Voilà le schéma assez abstrait et simplifié de la façon dont a été restructurée la représentation de l'homme dans le roman. Tirons-en quelques conclusions.

Le présent, avec son caractère inachevé, considéré comme point de départ et centre de l'orientation littéraire et idéologique, c'est une révolution grandiose dans la conscience créatrice de l'homme. Dans le monde de l'Europe, cette réorientation, cet anéantissement de l'ancienne hiérarchie des temps, trouvèrent à s'exprimer fortement dans les genres placés à la frontière de l'Antiquité classique et de l'hellénisme, et, dans les temps modernes, à la fin du Moyen Age et à la Renaissance. Au cours de ces époques sont posées les fondations du genre romanesque, bien que ses éléments soient préparés de longue date, et que ses racines plongent dans le folklore. Tous les autres grands genres étaient depuis longtemps constitués, vieux, presque sclérosés, imprégnés de haut en bas par l'ancienne hiérarchie des temps. Le roman lui, en tant que genre, s'est dès le début constitué et développé à partir de la nouvelle sensibilité au temps. Le « passé absolu », la tradition, la distance hiérarchique, ne jouèrent aucun rôle dans sa formation (et seulement un rôle insignifiant à certains stades de son évolution, quand il était touché par *l'epos*, comme dans le roman baroque).

C'est précisément au cours du processus de destruction de la distance épique, de familiarisation comique du monde et de l'homme, d'abaissement de l'objet de la représentation artistique au niveau d'une réalité actuelle, fluide et inachevée, que s'est constitué le roman. Dès le commencement, le roman se construisit non dans les lointains du « passé absolu », mais dans la zone de contact direct avec ce présent inachevé. Il eut pour fondement l'expérience personnelle et la libre invention créatrice. La nouvelle et lucide image de l'art littéraire romanesque en prose, et le nouveau concept d'une critique scientifique, fondée sur l'expérience, se formèrent côte à côte et en même temps. Le roman est donc, dès le commencement, pétri dans une autre pâte que celle des genres achevés. Il est d'une nature différente. Avec lui, en lui, est né, dans une certaine mesure, l'avenir de toute la littérature. C'est pourquoi, une fois né, il ne pouvait devenir simplement un genre parmi les genres, ni établir avec eux les relations mutuelles d'une coexistence pacifique et harmonieuse. Face au roman, tous les genres commencent à résonner autrement. C'est un long conflit qui commence, pour « romaniser » les autres genres, pour les attirer dans la zone de contact de l'actualité inachevée. Ce conflit aura un cours compliqué et sinueux.

La « romanisation » de la littérature ne signifie pas l'application aux autres genres du canon d'un genre qui n'est pas le leur. Car le roman ne possède pas le moindre canon! Par sa nature même il est a-canonique. Il est tout en souplesse. C'est un genre qui éternellement se cherche, s'analyse, reconsidère toutes ses formes acquises. Ce n'est possible que pour un genre qui se construit dans une zone de contact direct avec le présent en devenir. Aussi, la « romanisation » des autres genres n'est pas leur soumission à des canons qui ne sont pas les leurs. Au contraire, il s'agit de leur libération de tout ce qui est conventionnel, nécrosé, ampoulé, amorphe, de tout ce qui freine leur propre évolution, et les transforme en stylisations des formes périmées.

J'ai développé mes positions sous une forme quelque peu abstraite, ne les illustrant que par quelques exemples empruntés au stade antique du roman en devenir. Mon choix a été dicté par la constatation que chez nous, en Russie, on sous-estime carrément la portée de ce stade. Si même on se réfère au « stade antique du roman », il s'agit traditionnellement du « roman grec ». Or l'étape antique du roman est extrêmement importante pour qui veut comprendre correctement la nature de ce genre. Il est toutefois exact que l'Antiquité ne pouvait développer toutes les possibilités du roman qui se sont révélées dans le monde moderne. Nous avons noté que dans certaines œuvres antiques, le présent inachevé commença à se sentir plus proche du futur que du passé. Toutefois, étant donné le manque de perspective de la société antique, ce processus de réorientation sur un avenir réel ne pouvait se concevoir : cet avenir réel n'existait pas. La nouvelle orientation ne s'accomplit qu'à la Renaissance. Là, pour la première fois, le présent, l'époque, furent perçus non seulement comme la suite non finie du passé, mais aussi comme un nouvel et héroïque début. Percevoir les choses au niveau de son temps, signifiait désormais non seulement rabaisser l'actualité, mais aussi la hausser vers une nouvelle sphère héroïque. Pour la première fois, à l'époque de la Renaissance, le présent se sentit de façon très nette, très consciente, infiniment plus proche du futur que du passé, plus apparenté à lui.

Le roman n'a pas terminé son évolution. Il entre actuellement dans une phase nouvelle. Notre époque se distingue par la complexité et l'extension insolites de notre monde, par l'extraordinaire croissance des exigences, de la lucidité et de l'esprit critique des hommes.

Ces traits définissent également l'évolution du roman.

1941.

Sixième étude

RABELAIS ET GOGOL

ART DU RÉCIT ET COMIQUE POPULAIRE

Dans notre ouvrage sur Rabelais [1] nous avons tenté de montrer que les principes fondamentaux de son œuvre sont déterminés par la culture comique du passé. L'un des défauts essentiels de la critique littéraire moderne consiste en ceci qu'elle essaie de faire tenir toute la littérature, et celle de la Renaissance en particulier, dans les cadres de la culture « officielle ». Or, l'œuvre de Rabelais ne peut être vraiment comprise que dans le courant de la culture populaire, qui toujours, à toutes les étapes de son évolution, a résisté à la culture « officielle »; elle a élaboré sa vision particulière du monde et ses formes propres pour la refléter.

La critique littéraire et l'esthétique partent en général des manifestations étriquées et appauvries de la littérature comique des trois derniers siècles; elles tentent d'y caser également le rire de la Renaissance. Pareil procédé ne suffirait même pas à faire comprendre Molière.

Rabelais est l'héritier et l'aboutissement de millénaires de rire populaire. Son œuvre est la clé irremplaçable des manifestations les plus vigoureuses, les plus profondes, les plus originales de la culture européenne.

Nous allons examiner le phénomène le plus significatif de la littérature comique des temps modernes : l'œuvre de Gogol. Nous ne nous attacherons qu'aux éléments de culture comique populaire qu'elle contient, sans toucher au problème de l'influence directe ou non de Rabelais sur Gogol (à travers Sterne et l'école naturaliste française). Seuls nous importent les traits qui, dans l'œuvre de Gogol, indépendamment de Rabelais,

1. M. Bakhtine, *L'Œuvre de François Rabelais...*, *op. cit.*, note 2, p. 429

sont conditionnés par son lien direct avec les formes des réjouissances populaires de sa terre natale.

Très familière à Gogol, la vie du peuple de l'Ukraine, telle qu'elle se déroulait dans l'ambiance des fêtes et des foires, organise la plupart des récits qui font partie des *Soirées du Hameau : La Foire de Sorotchintsy, Une Nuit de Mai, La Nuit de Noël, La Nuit de la Saint-Jean...* [1] *Le thème de la fête elle-même, et son atmosphère de liberté et de liesse, commandent le sujet*, les images et le ton de ces récits. La fête, les croyances populaires qui lui sont attachées, son ambiance particulière de licence et de gaieté, tirent l'existence de son ornière et rendent possible l'impossible, entre autres la conclusion de mariages tenus auparavant pour inimaginables. Dans les récits franchement joviaux comme dans les autres, une joyeuse démonologie joue un rôle important. Elle est profondément apparentée par son caractère, son ton et ses fonctions, à la facétieuse imagerie carnavalesque des enfers et des diableries [2]. Dans ces récits, les ripailles, les beuveries, la vie sexuelle, revêtent le caractère joyeusement carnavalesque de la mi-carême. Soulignons également le très grand rôle des déguisements et mystifications de toute espèce, comme aussi des bastonnades et des « découronnements ». Enfin, dans ces histoires, le rire gogolien est l'authentique rire du peuple en liesse. Il est ambivalent et naturellement matérialiste. Ce fonds populaire comique subsistera chez Gogol jusqu'à la fin, en dépit de son importante évolution postérieure.

Les *Avant-propos* des *Soirées* (surtout dans la première partie) sont proches des « Prologues » de Rabelais par leur structure et leur style. Ils sont élaborés sur le ton intentionnellement familier d'un bavardage avec le lecteur. L'*Avant-propos* de la première partie débute par une assez longue invective, attribuée il est vrai, non à l'auteur, mais, par anticipation, au lecteur :

> ... Les soirées du hameau près de Dikanka ? En voilà encore une nouveauté ! Drôles de soirées ! C'est un apiculteur, s'il vous plaît, qui vous lance ça sur le marché !...

Plus loin, ce sont des injures caractéristiques :

> ... Le dernier gamin en guenilles, un moins que rien à le voir, qui farfouille dans les arrière-cours [3]...

1. Nicolas Gogol, *Œuvres complètes*, Bibliothèque de la Pléiade, Gallimard, Paris, 1966, édition établie sous la direction de Gustave Aucouturier.

2. Soulignons l'image proprement carnavalesque des joueurs de cartes en enfer, dans le récit intitulé *La Dépêche disparue (N.d.A.)*.

3. N. Gogol, *op. cit., Soirées du Hameau*, pp. 11-12. (trad. Michel Aucouturier).

Ce sont ensuite des blasphèmes et des malédictions :

> Puisse le diable pousser son père dans l'eau en passant sur ce pont!

On trouve cette image typique :

> La main de Foma Grigoriévitch, au lieu de faire chiche, s'est allongée vers la miche...

Gogol insère l'histoire d'un écolier latiniste, qui rappelle l'épisode de l'étudiant limousin chez Rabelais. A la fin de l'*Avant-propos*, on nous présente quantité de victuailles, c'est-à-dire les images d'un festin. Citons une représentation fort caractéristique : celle de la « vieillesse qui danse » (quasiment une danse macabre), dans *la Foire de Sorotchintsy* :

> ... Tout volait, dansait. Mais plus étrange, plus indéfinissable encore le sentiment qui se serait éveillé au tréfonds de l'âme du spectateur, à la vue des vieilles, dont les visages décrépits respiraient l'indifférence de la tombe et qui se pressaient dans la foule, mêlées à des hommes neufs, riants et vivants. Que d'insouciance! Sans l'ombre d'une joie, même enfantine, sans une étincelle de sympathie, elles que l'ivresse seule animait comme un mécanicien son automate sans vie, leur faisait accomplir les gestes d'apparence humaine, elles dodelinaient doucement leurs têtes enivrées et dansaient avec la foule en liesse, sans même tourner les yeux vers les jeunes mariés [1]..

Dans *Mirgorod*, dans *Tarass Boulba*, apparaissent les traits du réalisme grotesque, dont la tradition demeurait, en Ukraine comme en Biélorussie, vigoureuse et vivace, disséminée surtout par les écoles religieuses, les séminaires et les académies. (Kiev avait sa « Montagne Sainte-Geneviève », avec des traditions analogues.) Les étudiants (séminaristes) itinérants et le bas clergé colportaient la littérature récréative orale : facéties, anecdotes, jeux de mots triviaux, grammaire parodique, etc., dans toute l'Ukraine. Les récréations scolaires, avec leurs mœurs spécifiques et leur droit à la licence, jouèrent un rôle prépondérant dans le développement de la culture ukrainienne. A l'époque de Gogol, voire plus tard, les traditions du grotesque réaliste subsistaient, vivaces, dans les écoles ukrainiennes, et pas seulement dans les institutions religieuses. Elles vivaient dans les propos de table de l'intelligentsia multiclasse, issue principalement du milieu clérical. Il est impossible que Gogol ne les connût pas directement, sous leur forme orale, vivante De surcroît, il les connaissait parfaitement par ses lectures

1. *Op. cit.*, p. 47

Enfin, il avait assimilé d'importantes connaissances du réalisme grotesque par l'intermédiaire de Narejny [1], dont les œuvres en étaient profondément pénétrées. *Le rire libre et délassant du séminariste était apparenté au rire du peuple en liesse qui résonne dans les Soirées*, et nous pouvons y déceler *l'écho lointain du « risus paschalis » (le rire pascal) de l'Occident.* Voilà pourquoi les éléments du folklore ukrainien, dans ses joyeuses manifestations populaires, et ceux du réalisme grotesque des séminaristes, s'associent si organiquement, si harmonieusement dans *Vii*, dans *Tarass Boulba*, tout comme trois siècles plus tôt des éléments analogues fusionnaient de façon aussi organique dans l'œuvre de Rabelais. Le personnage du séminariste démocratique, sans famille, un Thomas Brutus [2], qui rassemble en lui la sagesse latine, le comique populaire, la force du preux, un appétit et une soif incommensurables, paraît infiniment proche de ses « compagnons » occidentaux, de Panurge, et surtout de Frère Jean.

En sus de tous ces traits, une analyse attentive découvrirait dans *Tarass Boulba* des images assez proches de Rabelais : la joyeuse chevalerie, les hyperboles de type rabelaisien, les bagarres sanglantes et les beuveries. Enfin, dans l'évocation même de l'organisation et des mœurs singulières de la *Sìètch* libre [3], on verrait les traits frappants de l'utopie des fêtes populaires, des *saturnales ukrainiennes*, en quelque sorte. Dans *Tarass Boulba* existent aussi de nombreux éléments de type carnavalesque. Au début du récit, par exemple, l'arrivée des séminaristes et le pugilat d'Ostap avec son père. Jusqu'à un certain point, ce sont là les échanges de coups fictifs des Saturnales romaines.

Dans les *Nouvelles pétersbourgeoises*, comme dans toute l'œuvre postérieure de Gogol, nous découvrons de nouveaux éléments de la culture comique populaire, avant tout dans le style lui-même. Ici apparaît à coup sûr l'influence directe du comique populaire de la place publique et des tréteaux de foire. Assurément, les images et le style du *Nez* se rapportent à Sterne et à ses épigones; à l'époque, ces images étaient courantes. Mais en même temps, Gogol découvrait tant ce *nez* grotesque, qui

1. Vassili Narejny (1780-1825), écrivain satirique, qui mit au pilori les fonctionnaires russes de son temps. Ses personnages sont les prototypes de ceux de Gogol dans *Les Ames mortes*, mais il ne fut apprécié qu'après la mort de Gogol.

2. *Thomas Brutus*, personnage principal de *Vii*, nouvelle insérée dans *Mirgorod, op. cit.*, pp. 283-325 (trad. H. Mongault).

3. Région et sorte de « république » des Cosaques Zaporogues, aux mœurs et libertés spécifiques.

aspirait à une vie autonome, que les autres *thèmes du nez*, dans les baraques de foire, chez notre Pulcinella russe : Pétrouchka. Là aussi il trouvait *le style du bonimenteur de foire*, intervenant dans la représentation avec ses intonations gouailleuses, pour vanter et prôner sa camelote, ses alogismes, ses inepties intentionnelles (éléments du coq-à-l'âne). Dans tout le style et l'imagerie de Gogol, l'influence de Sterne (et donc indirectement, de Rabelais) se confond avec l'influence directe du comique populaire.

Chez Gogol, les coq-à-l'âne hors de toute logique et les jeux de mots plus étudiés sont fort nombreux. Ils sont surtout fréquents dans la représentation des chicanes des commis bellâtres, dans l'évocation des cancans et commérages. On les trouve dans les supputations des fonctionnaires au sujet de Tchitchikov, dans le verbiage de Nozdrev sur ce même thème, dans l'entretien des « deux dames », et celui de Tchitchikov avec les propriétaires, à propos de l'achat des « âmes mortes », et ainsi de suite. Il ne peut subsister de doute quant aux affinités entre les diverses formes du comique populaire et ce réalisme grotesque.

Abordons enfin un dernier élément. Une étude sérieuse révélerait, à la base des *Ames mortes*, les formes d'une allègre et carnavalesque randonnée dans les enfers, dans le pays de la mort. *Les Ames mortes* nous présentent un parallèle des plus intéressants avec le *Quart Livre* de Rabelais, c'est-à-dire, avec le voyage de Pantagruel. Ce n'est évidemment pas par hasard que l'outre-tombe figure dans le projet, comme dans le titre même du roman : *Les Ames mortes*. Ce monde-là, c'est un enfer joyeux. Vu de l'extérieur, il ressemblerait plutôt aux enfers de Quevedo [1], mais par son essence intime, au monde du *Quart Livre*. Nous y trouvons les résidus et le bric-à-brac d'un « enfer de carnaval », et toute une série d'images évocatrices et de métaphores osées. Une recherche minutieuse révélerait un grand nombre d'éléments traditionnels de l'enfer carnavalesque et du « bas » terrestre et charnel. Et le voyage (« pèlerinage ») de Tchitchikov est le type même du déplacement dans l'espace et le temps. Il est évident que ce fonds très profond et traditionnel des *Ames mortes* s'est enrichi, s'est compliqué, d'importants apports d'un autre ordre et venant de traditions différentes.

L'œuvre de Gogol renferme à peu près tous les éléments de

1. Francesco Gomez Quevedo y Villegas, poète satirique espagnol (1580-1645). Les *Songes* de Quevedo furent écrits de 1607 à 1613, et publiés en 1627. Dans son enfer défilent les personnages de toutes les classes et professions, de tous les vices et faiblesses humaines. Cette satire est quasiment dénuée d'ambivalence profonde et véritable *(N.d.A.)*.

la culture populaire festive. Une perception carnavalesque du monde lui était propre, très souvent teintée, il est vrai, par les couleurs du romantisme. Chez lui, cette perception trouve à s'exprimer sous des formes variées. Il suffit de rappeler la célèbre description, purement carnavalesque, de la course effrénée et de l'homme russe :

> Et quel est le Russe qui n'aime pas la course rapide ? Pourrait-il en être autrement, alors que son âme aspire à s'étourdir, à voltiger, à dire parfois : *Que le diable emporte tout !* Pourrait-on ne pas aimer cette course ?

Et, un peu plus loin :

> La route tout entière vole et se perd dans le lointain. Il y a quelque chose d'effrayant dans ces brèves apparitions, où les objets n'ont pas le temps de se fixer [1].

Soulignons cette destruction de toutes les frontières statiques entre ces manifestations. Cette curieuse perception gogolienne de la « route », si souvent exprimée, revêt également un caractère purement carnavalesque.

Gogol n'est pas non plus étranger à une conception grotesque du corps humain. Voici une ébauche, très caractéristique, pour le premier tome des *Ames mortes :*

> .. C'est à ne pas croire ce qu'il peut y avoir de trognes sur cette terre! Et aucune d'elles ne ressemble à une autre, chez l'un, c'est le nez qui fait fonction de commandant, chez l'autre, ce sont les lèvres, chez un troisième, les joues, qui ont agrandi leur domaine, jusqu'à empiéter sur les yeux, les oreilles, et le nez lui-même, qui de ce fait ne paraît guère plus important qu'un bouton de gilet. Cet homme-là possède un menton qu'il doit à tout instant couvrir avec un mouchoir, pour ne pas l'inonder de crachats. Et combien n'y en a-t-il pas qui ne ressemblent même pas à des êtres humains! Un tel, on dirait un chien en frac, au point qu'on s'étonne de lui voir porter une canne. Le premier venu va la lui arracher...

Nous trouverons aussi, chez Gogol, une méthode fort logique pour transformer les noms propres en sobriquets. Avec quelle précision, quasiment pédante, se révèle l'essence même du sobriquet ambivalent, fait de louange et de dénigrement, dont il affuble une ville, au second tome des *Ames mortes : Tfouslavl!* De même, on découvre des échantillons de sa façon d'allier compliments et invectives sous forme de malédictions émerveillées

1. *Les Ames mortes. op. cit.*, pp. 1348-1349 (trad. de H. Mongault).

et bénisseuses. Par exemple : « Le diable vous emporte steppes, que vous êtes belles! »

Gogol ressentait profondément le caractère universel de son rire, reflet de sa vision du monde, mais dans le contexte de la culture « sérieuse » du XIXe siècle, il ne pouvait lui trouver ni place adéquate, ni fondement théorique, ni interprétation. Lorsqu'il expliquait dans ses digressions pourquoi il riait, il n'osait pas, semble-t-il, révéler jusqu'au bout la nature de ce rire, son caractère populaire, universel, englobant toutes choses Souvent il se justifiait par allusion à la morale étriquée de son temps. Dans ces justifications, qu'il pensait adaptées au niveau mental de ceux à qui elles s'adressaient, il minimisait, limitait machinalement, parfois s'efforçait de bonne foi à caser dans les cadres conventionnels l'énorme force transfiguratrice qui s'échappait impétueusement de ses œuvres comiques. L'effet premier, extérieur, goguenard, négatif, heurtait et bousculait les idées reçues, ne permettant point aux observateurs directs de déceler l'essence positive de cette force :

> Mais pourquoi la tristesse envahit-elle mon cœur ?

interroge Gogol, dans *La Sortie d'un Théâtre* (1842). Et il répond

> Personne n'a remarqué le personnage honnête qui vit dans ma pièce!

Révélant plus loin que ce personnage honnête, c'est... *le rire*, il poursuit :

> Il était noble parce qu'il s'est décidé à paraître sur la scène, malgré la basse signification qu'on lui donne dans le monde [1].

Selon la définition de Gogol, c'est sa « signification basse », inférieure, populaire, qui donne précisément au rire sa « noblesse »; il eût pu ajouter sa « divinité », car ainsi rient les dieux dans l'antique comédie populaire. Mais ce rire-là (par le fait même qu'il fût un « personnage ») n'était pas explicable dans les conditions de son temps.

> ... Oui, le rire est plus important, et plus profond qu'on ne le pense, écrit Gogol, dans le même texte.
> ... Non pas le rire engendré par une irritation momentanée, par une disposition bilieuse, maladive, du caractère; non pas non plus le rire léger qui sert à la distraction oisive et à l'amusement des gens, mais le rire qui prend tout entier son essor au fond de la nature

1. *Op. cit.*, p. 1088 (trad. de M. Derrida).

lumineuse de l'homme, qui y prend son essor parce que là se trouve sa source sans cesse jaillissante.

... Non, ils sont injustes, ceux qui disent que le rire provoque la révolte. Seul, ce qui est sombre provoque la révolte, mais le rire est lumineux. Bien des choses révolteraient les gens si elles étaient présentées dans leur nudité, mais éclairées par la force du rire, elles apaisent l'âme.

... Mais on ne sent pas la force puissante d'un tel rire : « Ce qui fait rire est bas », dit le monde; cela seul est qualifié d'élevé qui est dit d'une voix sévère et tendue...

« Positif », « lumineux », « élevé », le rire de Gogol, qui s'éleva du sol de la culture comique populaire, ne fut pas compris (et, en bien des points, demeure encore incompris). *Ce rire est incompatible avec celui du satiriste* [1], et c'est lui qui détermine le trait le plus important de l'œuvre de Gogol. On peut dire que la nature intime de l'écrivain l'entraînait à rire « comme les dieux », mais il jugeait indispensable de justifier son rire en se référant à la morale humaine, bornée, de ses contemporains.

Néanmoins, le rire de Gogol se déployait totalement dans sa *poétique, dans la structure même de sa langue*, dans laquelle entrait librement la vie verbale non littéraire du peuple, de ses couches extra-littéraires. Gogol a recours aux sphères verbales impubliables. Ses carnets sont littéralement bourrés de mots extravagants, énigmatiques, équivoques par leur sens et leur consonance. Il avait même l'intention de publier un « Dictionnaire explicatif de la langue russe », et affirmait dans le préambule : « Ce dictionnaire me paraissait d'autant plus indispensable, que les mœurs étrangères de notre société, répondant si peu à l'esprit de notre terre et de notre peuple, dénaturent le sens réel des mots russes originaux : on attribue aux uns une fausse signification, d'autres sont complètement oubliés... »

Gogol ressent de façon aiguë qu'il est indispensable pour la langue de lutter contre *les strates extériorisantes d'une langue morte*. La conscience de l'absence d'une langue unique, autoritaire, irréfutable — caractéristique de la Renaissance — trouve son écho dans son œuvre grâce à son organisation d'une interaction comique des sphères de la langue sous tous leurs aspects. Nous observons constamment dans son discours une libération des significations oubliées ou interdites.

Perdues dans le passé, ces significations oubliées commencent à intercommuniquer, à sortir de leur coquille, cherchant à s'appliquer et à s'adapter les unes aux autres. Des liens sémantiques qui n'existaient que dans le contexte d'énonciations précises,

1. La notion de « satire » doit être comprise au sens précis établi par l'auteur dans son ouvrage, *L'Œuvre de François Rabelais... (N.d.A.)*, cf. note 2, p. 429.

dans les limites des sphères verbales indissolublement liées aux situations qui les engendraient, reçoivent dans ces conditions la possibilité de renaître, de participer à une vie nouvelle. Sinon, ces liens seraient restés invisibles, seraient comme inexistants. En règle générale, ils n'étaient ni conservés, ni fixés dans des contextes sémantiques abstraits (travaillés dans les discours écrits ou imprimés), comme s'ils avaient disparu à jamais, à peine formés et prêts à exprimer quelque événement vivant, unique en son genre. Dans un langage normatif abstrait, il ne leur était pas permis d'entrer dans un système de vision du monde, parce que ce n'était pas un système de significations et de concepts, mais la vie elle-même qui parle. Se présentant habituellement comme l'expression de situations hors de la littérature, hors des affaires et des choses sérieuses : situations de gens qui rient, chantent, s'invectivent, festoient, se gobergent, en bref, sortent du train-train coutumier, les liens sémantiques ne pouvaient prétendre à s'imposer comme représentants d'un langage sérieux. Or, ces situations, ces tournures verbales ne meurent point, même si la littérature les oublie, ou même les évite.

C'est pourquoi un retour au verbe populaire vivant était indispensable. Il s'accomplit, perceptible à chacun, dans l'œuvre de ce porte-parole génial de la conscience populaire qu'était Gogol. Ici s'abolit l'idée primaire, habituellement formée dans les milieux normatifs, d'un prétendu mouvement rectiligne en avant. Il est clair que tout pas en avant important s'accompagne d'un retour au début (« aux sources ») ou pour mieux dire d'un renouveau du stade initial. La mémoire retourne au début, lui rendant sa nouveauté. Naturellement, les termes mêmes : « en avant », « en arrière », ainsi compris, perdent leur caractère clos, absolu, ou, plutôt, révèlent par leur interférence la nature vivante et paradoxale du mouvement, analysée et diversement interprétée par les philosophes (depuis les Éléates [1] jusqu'à Bergson). Appliqué au langage, un tel retour en arrière signifie que les souvenirs efficaces accumulés reviennent dans toute leur plénitude romantique. L'un des moyens de ce renouveau, c'est la culture comique populaire, exprimée de façon si éclatante chez Gogol. Son discours comique s'organise de telle sorte que son but n'est pas l'évocation de certains phénomènes négatifs, mais *la révélation d'un aspect particulier du monde comme un « tout »*.

Dans ce sens, *la zone du rire gogolien* devient *zone de contact*. Ici s'accordent les contradictions, l'incompatible sert de lien vivant. Les mots entraînent à leur suite des impressions de

1. *Eléates*, philosophes de l'École grecque d'Élée (VIe et Ve siècles), qui affirmaient l'identité et l'éternité de l'être.

contact total entre des genres verbaux, presque toujours fort éloignés de toute littérature. Dans ce contexte, le simple bavardage d'une dame sonne comme un problème verbal, comme quelque chose d'important qui filtre des mots vifs qui paraissaient insignifiants.

Ce langage s'échappe constamment des normes littéraires de l'époque, correspondant à des réalités différentes, qui font exploser l'apparence officielle, directe, « décente », de mots. L'action de manger et toutes les manifestations de la vie matérielle et charnelle : un nez de forme incongrue, une verrue, etc., imposent un langage qui les caractérise, des astuces et des consonances nouvelles. C'est le corps à corps avec l'obligation de s'exprimer correctement, sans heurter le canon; et pourtant il est clair qu'on ne peut l'éviter. Alors se produit une dissociation, un va-et-vient du sens entre un pôle et l'autre, le désir de maintenir l'équilibre et, en même temps, des « dérapages » : le travestissement comique d'un mot dévoile sa nature multiforme et montre les chemins de son renouveau.

Les desseins de Gogol sont servis par les danses débridées, les traits bestiaux qui percent sous le masque humain... Il prête une attention particulière au trésor populaire des gestes, des blasphèmes, sans faire fi d'aucune singularité spécifique du parler facétieux du peuple. Il est irrésistiblement attiré vers une existence sans uniforme, ni *rang* [1], lui qui, en sa jeunesse rêvait d'uniforme et de grades! Les droits du rire, si bafoués, trouvent en lui leur défenseur, leur porte-parole, bien que sa vie durant il songeât à une littérature sérieuse, tragique et morale.

Ainsi voyons-nous la collision et l'interaction de deux mondes : d'une part un monde tout à fait légal, officiel, fait de grades et d'uniformes, brillamment exprimé dans le rêve d'une « vie dans la capitale »; d'autre part, un monde *où tout est drôle et rien n'est sérieux, si ce n'est le rire.* Ses inepties et absurdités se révèlent, au contraire, comme le véritable principe unificateur de l'autre — le monde extérieur. C'est l'absurdité joyeuse des sources populaires, d'une langue aux correspondances multiples fixées avec précision par Gogol.

Par conséquent, le monde gogolien se trouve constamment dans une zone de contact, comme toute représentation comique. Dans cette zone, tous les objets redeviennent tangibles : les mets, évoqués par le truchement de certains mots, peuvent vous mettre en appétit; l'on peut analyser et décomposer tel geste sans qu'il perde son entité. Tout devient vrai, « contem-

1. Il s'agit du classement des fonctionnaires selon la *Table des rangs* créée par Pierre Ier. Les fonctionnaires portaient un uniforme.

porain », réellement présent. Chose frappante : lorsque Gogol veut exprimer un fait important, il ne le place jamais dans le domaine du souvenir. Par exemple, le passé de Tchitchikov se présente *dans une zone éloignée* sur *un plan verbal différent* de celui de la quête des « âmes mortes ». Ici, point de rire. Les forces élémentaires du rire se déchaînent, en revanche, lorsque l'on nous révèle vraiment un caractère : alors elles rassemblent, mettent en contact, en collision tout ce qui se trouve alentour.

Il est important que ce monde du rire soit constamment ouvert à des interférences nouvelles. La notion traditionnelle, habituelle, d'un ensemble, dont chaque *élément* ne reçoit son sens que relaté à cet ensemble, doit être reconsidérée en profondeur. En effet, chacun des éléments est en même temps le représentant d'un autre ensemble (de la culture populaire, par exemple), qui lui donne avant tout sa signification. C'est ainsi que l'entité du monde gogolien se présente radicalement comme n'étant ni close, ni se suffisant à elle-même.

C'est grâce à la culture populaire seulement que l'actualité de Gogol est en communion avec « les grandes époques ». C'est elle qui donne leur profondeur et leur lien aux figures carnavalisées des ensembles : la Perspective Nevski, le corps des fonctionnaires, la Chancellerie, le Ministère (voir le début du *Manteau*, les invectives, « le Bureau des bassesses et des sornettes » etc.). Elle seule rend compréhensible « la mort joyeuse », les « joyeuses destructions » : Boulba qui perd le berceau, l'héroïsme facétieux, la transfiguration d'Akaki Akakiévitch moribond, son délire d'agonisant mêlé d'imprécations et de révolte, ses péripéties de fantôme. En fait, ces collectivités carnavalesques sont, grâce au rire populaire, soustraites à la vie « vraie », « sérieuse », « correcte ». Aucun « sérieux » ne peut être mis en opposition au rire. Il est le seul « personnage positif »!

Donc le grotesque n'est pas chez Gogol une simple rupture de la norme, mais la négation de toutes les normes abstraites, fixes, prétendant à l'absolu, à l'éternel. Il nie l'apparence. Il nie un monde « qui va de soi », au nom d'une vérité inattendue et imprévisible. Il a l'air de dire qu'il ne faut pas espérer de bienfaits de ce qui est stable et coutumier, mais du seul « miracle ». Il enferme en lui l'idée populaire, régénératrice et vivifiante.

Dans ce sens, l'achat des « âmes mortes », comme les diverses réactions aux propositions de Tchitchikov, révèlent également leur affinité avec les idées populaires sur la relation de la vie et de la mort, et sur leur ridiculisation carnavalesque. On perçoit également un élément du jeu carnavalesque de la mort et de ses frontières avec la vie. (Par exemple, dans les considérations de Sobakévitch sur les vivants qui ne servent pas à grand-chose, la terreur de la Korobotchka devant les défunts, le dicton « un mort ne saurait même pas étayer une palissade », etc.). Nous avons également le jeu carnavalesque de la rencontre entre le trivial et le sérieux ou le terrifiant, la représentation carnavalesque de l'infini, de l'éternité (les chicanes et les farces sans fin). Et le voyage de Tchitchikov n'a pas de fin...

Dans cette perspective, nous voyons aussi plus précisément les confrontations avec les figures et les sujets réels liés au système du servage. (L'achat et la vente d'êtres humains.) Figures et sujets prennent fin avec le servage, les personnages et les situations de Gogol sont immortels, sont dans « les grandes époques ». Telle représentation des « petites époques » peut être franchement négative, simplement déplaisante, ou admise, mais dans les « grandes époques », elle est ambivalente et toujours plaisante, car elle participe à la vie quotidienne. Tous ces Pliouchkine, Sobakévitch et autres, sont passés du plan où on ne peut que les annihiler, les détester, ou seulement les admettre, où déjà ils ne sont plus, au plan où ils demeureront à jamais; ils sont montrés comme participant à part entière à des mœurs et coutumes en devenir permanent, mais immortelles.

Le satiriste qui rit n'est jamais gai. A la limite, il est morne et sombre. Mais le rire de Gogol est victorieux de tout. En fait, il crée comme une catharsis de la trivialité.

Le problème du rire gogolien ne peut être correctement posé et résolu que fondé sur l'étude de la culture comique populaire

1940-1970.

DU MÊME AUTEUR

Aux Éditions Gallimard

L'ŒUVRE DE FRANÇOIS RABELAIS ET LA CULTURE POPULAIRE AU MOYEN ÂGE ET SOUS LA RENAISSANCE. Traduit du russe par Andrée Robel. *Bibliothèque des Idées,* 1970.

ESTHÉTIQUE ET THÉORIE DU ROMAN. Traduit du russe par Daria Olivier. Préface de Michel Aucouturier. *Bibliothèque des Idées,* 1978.

ESTHÉTIQUE DE LA CRÉATION VERBALE. Traduit du russe par Alfreda Aucouturier. Préface de Tzvetan Todorov. *Bibliothèque des Idées,* 1984.

Chez d'autres éditeurs

PROBLÈMES DE LA POÉTIQUE DE DOSTOÏEVSKI, L'Âge d'Homme, 1970, et Éd. du Seuil, 1970.

LE MARXISME ET LA PHILOSOPHIE DU LANGAGE, Éd. de Minuit, 1977.

LE FREUDISME, L'Âge d'Homme, 1981.

Ouvrage reproduit
par procédé photomécanique.
Impression Bussière Camedan Imprimeries
à Saint-Amand (Cher), le 5 août 1997.
Dépôt légal : août 1997.
Premier dépôt légal : septembre 1987.
Numéro d'imprimeur : 1/1955.

ISBN 2-07-071104-8./Imprimé en France.

83350